Welche Verantwortung für die Verfolgung und Ermordung der Juden trifft das deutsche Volk als ganzes? Diese Frage wurde seit dem Zusammenbruch des Deutschen Reiches immer wieder diskutiert und hat bis heute nichts von ihrer Brisanz verloren.

Die historische Forschung bemüht sich seit Jahren, das Verhalten der Deutschen in der NS-Zeit genauer zu klären, vieles ist aber noch umstritten. Nicht mehr allein die Maßnahmen des Staats- und Parteiapparats, sondern die Beteiligung bzw. Reaktion der Bevölkerung auf Ausgrenzung, Entrechtung und Vernichtung der Juden stehen im Mittelpunkt des Interesses.

In dem vorliegenden Buch wird ein systematischer Überblick über die Haltungen der verschiedenen gesellschaftlichen Gruppen und Eliten gegeben. Sechzehn Historiker, Politologen und Theologen behandeln

- mentalitätsgeschichtliche Aspekte der Judenverfolgung,
- die Rolle der Bürokratie, der Justiz und der Wehrmacht,
- die Haltung der Ärzteschaft, Unternehmer und der christlichen Kirchen,
- die Erfahrungen jüdischer Jugendlicher,
- die Auseinandersetzung mit der Judenverfolgung nach 1945.

Ursula Büttner, geboren 1946, Studium der Geschichte und Germanistik in Hamburg, Heidelberg und Cambridge. Seit 1975 wissenschaftliche Referentin an der Forschungsstelle für Zeitgeschichte in Hamburg; apl. Professorin am Institut für Sozial- und Wirtschaftsgeschichte der Universität Hamburg. 1995 Max-Brauer-Preis. Zahlreiche Veröffentlichungen zur Geschichte der Weimarer Republik, des Nationalsozialismus und zum politischen Wiederaufbau in der Nachkriegszeit.

Unsere Adresse im Internet: www.fischer-tb.de

Die Deutschen und die Judenverfolgung im Dritten Reich

Mit Beiträgen von
Werner T. Angress, Avraham Barkai, Wolfgang Benz, Heinz Boberach, Ursula Büttner, Constantin Goschler, John A. Grenville, Martin Greschat, Wolf Gruner, Siegfried Hermle, Werner Johe, Dirk van Laak, Horst Matzerath, Bernd Nellessen, Wolfgang Petter und Clemens Vollnhals

Herausgegeben
von Ursula Büttner

Fischer Taschenbuch Verlag

Die Zeit des Nationalsozialismus
Eine Buchreihe
Herausgegeben von Walter H. Pehle

Eine Veröffentlichung der Forschungsstelle für Zeitgeschichte in Hamburg

Gedruckt mit freundlicher Unterstützung der
Alfred Krupp von Bohlen und Halbach-Stiftung, Essen

Überarbeitete Neuausgabe
Veröffentlicht im Fischer Taschenbuch Verlag,
einem Unternehmen der S. Fischer Verlag GmbH,
Frankfurt am Main, November 2003

Die Originalausgabe erschien im Hans Christians Verlag, Hamburg 1992

Satz: Fotosatz Otto Gutfreund GmbH, Darmstadt
Druck und Bindung: Druckerei C. H. Beck, Nördlingen
Printed in Germany
ISBN 3-596-15896-6

Werner Jochmann
zum Gedenken

Inhalt

Vorwort zur Taschenbuchausgabe

Das vorliegende Buch, das 1992 erstmals veröffentlicht wurde, war seit längerem vergriffen. Seither wurde immer wieder nach ihm gefragt. Wie sich darin zeigt, hat das Thema nichts von seiner Bedeutung verloren. Auch die Beiträge entsprechen im großen und ganzen noch dem heutigen Erkenntnisstand. In einigen Fällen wurden die Ergebnisse durch weitere Forschungen untermauert oder ihnen neue Details hinzugefügt. In den Fußnoten zu den einzelnen Aufsätzen wird auf relevante neuere Literatur hingewiesen. Der einleitende Forschungsüberblick wurde darüber hinaus bis zur Gegenwart fortgeführt.

An dem Zustandekommen des Bandes haben die Alfried Krupp von Bohlen und Halbach-Stiftung und ihr Vorsitzender, Herr Professor Dr. h. c. Berthold Beitz, einen besonderen Anteil: Sie ermöglichten 1991 eine Tagung zu dem Thema: »Die Deutschen und die Judenverfolgung im Dritten Reich« und unterstützten 1992 die Veröffentlichung des Buches durch eine großzügige Beihilfe. Sie bewilligten auch jetzt den nötigen Druckkostenzuschuß für die aktualisierte zweite Auflage. Für alle Hilfe sei ihnen herzlich gedankt.

Zu danken ist ferner den beteiligten Verlagen: dem Hans Christians Verlag in Hamburg und Susanne Liebelt, die zur kostenfreien Überlassung ihrer Rechte bereit waren, sowie dem Fischer Taschenbuch Verlag und Dr. Walter H. Pehle, die das Buch in die Schwarze Reihe aufgenommen haben.

Der Band ist dem Andenken an Werner Jochmann (1921–1994) gewidmet. Das Leben der Juden in der deutschen Gesellschaft und ihre Behandlung durch die Mehrheit in den 75 Jahren zwischen 1870 und 1945 waren ein zentrales Thema seiner wissenschaftlichen

Arbeit. Immer wieder spürte er der Ausbreitung des Antisemitismus im deutschen Bürgertum nach. Er hat viele wichtige Anstöße für die Erforschung der deutsch-jüdischen Geschichte gegeben. Die Zusammenarbeit mit jüdischen Kollegen und Einrichtungen, insbesondere dem Leo Baeck-Institut, war ihm ein großes Anliegen; vielen war er in Freundschaft verbunden.

Halstenbek, Juli 2003 U. B.

Ursula Büttner

Die deutsche Gesellschaft und die Judenverfolgung – ein Bericht über Forschungserträge und ungelöste Fragen

Der Zusammenbruch von Unrechtsregimen hinterläßt die Frage nach der Schuld. Waren die Untaten allein eine Angelegenheit der Machthaber? Wie groß war der Kreis der Verantwortlichen? Wer war beteiligt, und inwieweit haben Teile der Bevölkerung durch stummes Zuschauen oder bewußtes Wegsehen, durch passive Duldung oder partielle Zustimmung den Verbrechen Vorschub geleistet? Opfer, Täter und wirklich oder vermeintlich unbeteiligte Zeitgenossen beurteilen diese Fragen aufgrund ihrer unterschiedlichen Erfahrungen und Interessen sehr verschieden. Die Geschichtswissenschaft ist gefordert, mit schnellen, eindeutigen, einfachen und verbindlichen Antworten die Diskussion zu klären, kann diese Erwartung angesichts der Komplexität der Verhältnisse aber nicht erfüllen. Die Suche nach der Schuld lenkt von der eigentlichen Aufgabe des Historikers ab, die gesellschaftlichen Bedingungen und Kräfte zu bestimmen, die die Politik des Regimes ermöglichten. Auf diese Gefahr haben Martin Broszat und Ian Kershaw im Hinblick auf die NS-Diktatur nachdrücklich hingewiesen,[1] und wir erleben dasselbe zur Zeit bei den Auseinandersetzungen um die »Stasi«-Verwicklungen in der ehemaligen DDR.

Mit dieser Beobachtung wurde das vorliegende Buch 1992 eingeleitet. Sie war mit der Befürchtung verbunden: »Angesichts der aktuellen Anforderungen an die Zeitgeschichtsforschung im Hinblick auf die DDR-Vergangenheit droht das öffentliche Interesse an anderen zentralen Bereichen ihrer Arbeit nachzulassen. Die ›Vergangenheit, die nicht vergehen will‹ – wie Ernst Nolte 1986 mit bedauerndem Unterton bemerkte[2] – scheint ein gutes Stück weiter zurückgetreten zu sein. Darin mag die Chance zur ›Historisierung‹, besser: zur verstärkten Bearbeitung der NS-Geschichte mit den Methoden und Urteilskriterien der Wissenschaft, liegen. Aber die

Gefahr ist nicht von der Hand zu weisen, daß Forschungsaufgaben aus dem Bewußtsein geraten, die noch nicht gelöst sind.«

Diese Sorge erwies sich als unbegründet. 1995/96 boten eine Ausstellung und ein Buch den Anlaß für heftige Debatten in der Öffentlichkeit über das Verhalten der Deutschen zur nationalsozialistischen Judenverfolgung. Bei der Ausstellung, die 1995 in Hamburg eröffnet wurde, ging es um die Verbrechen der Wehrmacht als Institution und die Beteiligung von einzelnen Kommandeuren, Offizieren und Soldaten am Judenmord.[3] Die Grundaussagen waren in der Geschichtswissenschaft längst anerkannt, wie auch der Beitrag von Wolfgang Petter in diesem Band beweist. Aber einer breiteren Öffentlichkeit wurde die Rolle der Wehrmacht im Vernichtungskrieg offenbar erst durch die Ausstellung bewußt. Grausige Bilder und besonders Photos, auf denen sich die Mörder stolz oder zynisch vergnügt mit ihren Opfern präsentierten, wirkten verstörend. Neben Bestürzung und Entsetzen rief die Ausstellung empörte Abwehr hervor, oft mit der Weigerung verbunden, das dargebotene Material überhaupt zur Kenntnis zu nehmen. Den Ausstellungsmachern wurde vorgeworfen, sie beschuldigten pauschal alle Wehrmachtsangehörigen. Auch wenn die Gattung Ausstellung plakative Aussagen bedingt, einige Bildunterschriften Kritik verdienten und einzelne Formulierungen von Hannes Heer und Klaus Naumann im Begleitband in diesem Sinne mißverstanden werden konnten, traf das tatsächlich nicht zu. Heer hat sich später eindeutig von allen Pauschalurteilen distanziert.

Ganz anders Daniel Jonah Goldhagen: In seinem im März 1986 in den USA und schon im August 1986 in Deutschland veröffentlichten Buch: »Hitler's Willing Executioners« zog er entschlossen aus begrenzten empirischen Befunden weitreichende allgemeine Schlüsse. Die Quintessenz seiner Argumentation kam schon im Titel zum Ausdruck, im Deutschen sogar noch stärker als im Amerikanischen: »Hitlers willige Vollstrecker. Ganz gewöhnliche Deutsche und der Holocaust« (im Original: »Hitler's Willing Executioners. Ordinary Germans and the Holocaust«).[4] Von einer grauenhaft anschaulichen Schilderung der Judenmorde eines Polizeibataillons in Polen und der Brutalität gegen Lagerhäftlinge noch auf den »Todesmärschen« in der Endphase des Dritten Reichs ausgehend, fragte Goldhagen, was die Täter, bis dahin unauffällige, normale Deutsche, bis zuletzt zu so schrecklichen Verbrechen befähigt habe, und fand die Ursache in einem tief in der deutschen Geschichte und Kultur verwurzelten »eliminatorischen Antisemitismus«. Seine einlinige, leicht eingängige Beweisführung, die zudem den Deutschen der Nachkriegszeit die Möglichkeit offenließ, sich durch Zustimmung zu seinen Thesen auf die Seite der Guten zu schlagen, fand in den Medien und bei unzähligen Vortragsveranstaltungen und Podiumsdiskussionen mit dem Autor ein überwältigendes, wenn auch kurzlebiges Interesse. Von der Geschichtswissenschaft wurde Goldhagens Buch wegen seiner methodischen Mängel und inhaltlichen Verkürzungen, u. a. wegen seiner schmalen Quellengrundlage, der monokausalen Erklärung und der ungerechtfertigten Pauschalurteile, mehr oder weniger scharf abgelehnt; allerdings wurde ihm dabei meistens zugestanden, daß es auf wichtige, bisher zu sehr vernachlässigte Probleme hingewiesen habe. »Falsche Antworten auf richtige Fragen«, brachte Ulrich Herbert den Tenor der Kritik auf den Punkt.[5]

Die erregte Debatte über Goldhagen oder die Wehrmachtsausstellung zeigt, daß es – trotz der inzwischen kaum mehr überschaubaren Fülle von Veröffentlichungen – noch längst keinen Konsens über die Geschichte der Judenverfolgung im Dritten Reich und gar die Verantwortung der deutschen Gesellschaft für das Geschehen gibt. Die Erforschung dieses Themenkomplexes kam nur zögernd in Gang. Als erste legten deutsche Emigranten noch zur Zeit des Dritten Reichs Studien vor, in denen sie die Judenverfolgung als integralen Bestandteil des nationalsozialistischen Herrschaftssystems zu begreifen suchten. Sie waren auf veröffentlichte Quellen angewiesen, kamen aber aufgrund ihres wegweisenden methodischen Ansatzes zu bemerkenswerten Ergebnissen.[6] Gustav Warburg betonte in seinem 1939 erschienenen Buch die Bedeutung des Antisemitismus als Propagandamittel und als Konstante in der NS-Ideologie und bemühte sich auch schon, die Einstellung der Bevölkerung zur eskalierenden Gewalt gegen die Juden zu beschreiben.[7] Konrad Heiden registrierte etwa gleichzeitig in seiner einzigen, speziell der Judenverfolgung gewidmeten Arbeit, wie die nationalsozialistische Führung die Juden systematisch aller Voraussetzungen für ein menschenwürdiges Dasein beraubte und sie dadurch von der normalen mitmenschlichen Solidarität ausschloß; er sah die Möglichkeit ihrer physischen Vernichtung voraus.[8] Nach dem Bekanntwerden des Massenmords herrschte dann lange Zeit Schweigen. Eine distanzierte, dem wissenschaftlichen Anspruch gemäß um Analyse und Erklärung bemühte Auseinandersetzung war unter dem Schock dieses Ereignisses jüdischen Gelehrten offenbar zunächst nicht möglich. Erst in den fünfziger Jahren erschienen wieder Versuche der Aufarbeitung aus der Gruppe der Verfolgten, darunter das nach mehreren Bearbeitungen zum unangefochtenen Standardwerk gewordene Buch von Raul Hilberg »Die Vernichtung der europäischen Juden«.[9] Das Leo Baeck-Institut begann, die Geschichte der deutschen Juden zu dokumentieren und zu erforschen. Inzwischen liegen wichtige Werke aus jüdischer Sicht u.a. von Leni Yahil und Saul Friedländer vor.[10]

Auch die deutsche Geschichtswissenschaft vermied es lange Zeit, den nationalsozialistischen Judenmord zum Thema zu machen. In einem ersten Rückblick auf das Dritte Reich mit dem bezeichnenden Titel »Die deutsche Katastrophe« erwähnte der Altmeister der deutschen Historiker, Friedrich Meinecke, die Katastrophe der Juden nur beiläufig. Er brachte seinen Abscheu über den Massenmord zum Ausdruck, hatte aber keine Bedenken, den traditionellen Vorwurf zu wiederholen, daß es in Deutschland Probleme im Zusammenleben mit den Juden gegeben habe, die der Lösung bedurften, wenn das auch niemals mit den Methoden der Nationalsozialisten hätte geschehen dürfen.[11] Diese Äußerung des prominenten Liberalen zeigt, wie tief verwurzelt Antipathien gegen die Juden in der deutschen Gesellschaft waren. Der Antisemitismus der braunen Machthaber unterschied sich durch den Drang zum Handeln und durch seine mörderische Konsequenz grundlegend von dem älteren, auf kulturelle Abgrenzung bedachten Antisemitismus der Kaiserzeit und der Weimarer Republik; darauf hat Shulamit Volkov hingewiesen.[12] Im Bewußtsein dieses Unterschieds konnten Menschen, die den Nationalsozialismus abgelehnt hatten, nach seiner völligen Diskreditierung problemlos an die älteren Denkmuster und Vorurteile wieder anknüpfen, ohne sich klarzumachen, inwieweit diese die Durchsetzung der nationalsozialistischen Politik erleichtert hatten. Fortdauernde Befangenheit in solchen traditionellen Vorbehalten gegen die Juden und Scham über die im Dritten Reich verübten Verbrechen hinderten diese Historikergeneration, sich dem Thema Judenverfolgung zuzuwenden. Insofern ist das Buch Meineckes typisch für die Forschungssituation der vierziger und fünfziger Jahre. Nur in einigen Darstellungen von Verfolgten wurde des Terrors gegen die Juden gedacht.[13] Im übrigen standen andere Themen, vor allem die Ursachen für den Untergang der Weimarer Republik und den Aufstieg des Nationalsozialismus sowie die Konsolidierung seiner Herrschaft, im Mittelpunkt des zeitgeschichtlichen Forschungsinteresses.

Seit den sechziger Jahren änderte sich das Bild. Nachdem das Münchener »Institut für Zeitgeschichte« mit einer Reihe von Dokumentationen vorangegangen war, begann eine neue Generation von Wissenschaftlern, die nationalsozialistische Judenpolitik und die antisemitischen Traditionen in Deutschland genauer zu untersuchen. Neu zugänglich gewordene umfangreiche Aktenbestände machten jetzt fundierte empirische Arbeiten möglich, und eine durch den Eichmann-Prozeß in Jerusalem und die großen Judenmordprozesse in der Bundesrepublik aufgestörte Öffentlichkeit sicherte den Ergebnissen Beachtung. Auch die 1960 als Reaktion auf eine antisemitische Schmierkampagne gegründete »Forschungsstelle für die Geschichte des Nationalsozialismus in Hamburg« entschied sich unter ihrem ersten Leiter Werner Jochmann, der Untersuchung von Judenfeindschaft und -verfolgung besondere Bedeutung beizumessen. Studien über antisemitische Organisationen, wie den »Deutschnationalen Handlungsgehilfenverband« oder den »Deutschvölkischen Schutz- und Trutzbund«, sowie Jochmanns eigene Arbeiten zur Geschichte des Antisemitismus und des Nationalsozialismus zeugen von dem Bemühen, die Judenfeindschaft als wichtige gesellschaftliche Voraussetzung für den Erfolg der braunen Bewegung zu erkennen.[14]

Inzwischen ist die Zahl der Veröffentlichungen über die nationalsozialistische Judenverfolgung international auf Tausende von Titeln angewachsen; jedes Jahr kommen einige hundert hinzu.[15] Die Fakten sind im großen und ganzen bekannt,[16] zahlreiche spezielle Aspekte untersucht. Trotzdem gibt es noch immer erhebliche Wissenslücken, insbesondere was das Verhalten der Gesellschaft betrifft, Interpretationsprobleme und Kontroversen über die Einordnung und Bewertung der Fakten. Konrad Kwiet beschrieb die Lage 1980: »Trotz der Fülle von Monographien, Aufsätzen, Dokumentationen und Erlebnisberichten blieben empirische Detailaufhellung und Theoriebildung fragmentarisch und unbefriedigend. Dies galt nicht nur für die Aufdeckung des konkret-historischen Entscheidungsprozesses oder die Absicherung einer überzeugenden Interpretation der Judenvernichtung, sondern vor allem auch für die Fragen nach der Verantwortung der Gesellschaft und den Verhaltensweisen der Juden.«[17] Ein israelischer Historiker, Mosche Zimmermann, kam zehn Jahre später zu dem Schluß: Über die Quantität der Veröffentlichungen zur deutsch-jüdischen Geschichte könne man nicht mehr klagen, und auch im Schulunterricht werde sie gebührend berücksichtigt. Aber nach wie vor würden Leben und Verfolgung der Juden in Deutschland nicht als integraler Bestandteil der deutschen Geschichte gesehen, ihre Ausgrenzung und Ausmerzung nicht als Angriff auf die deutsche Gesellschaft empfunden.[18] Dieser Mangel, der weiterbesteht, verweist auf das sozialgeschichtliche Defizit, daß das Verhalten der deutschen Bevölkerung zur Judenverfolgung – trotz beachtlicher Anstrengungen in den letzten Jahren – erst unzureichend erforscht ist. Es fehlt daher das Bindeglied, um die Geschichte der nichtjüdischen und der jüdischen Deutschen als *eine* Geschichte zu erfassen.

Daraus ergeben sich Konsequenzen für die Gesamtdarstellung des Dritten Reichs. Martin Broszat hat mit seinem »Plädoyer für eine Historisierung des Nationalsozialismus« bei nichtjüdischen Kollegen verbreitet Zustimmung gefunden; seine Forderung ist fast zum Schlagwort geworden. Jüdische Kollegen haben dagegen mit Skepsis und Widerspruch gegen manche Implikationen reagiert. Nicht umstritten ist Broszats Ziel, die NS-Zeit durch verstärkte wissenschaftliche Erforschung anstelle moralischer Deklamationen in die langfristigen Trends der deutschen Sozialgeschichte einzuordnen und ihr dadurch neues Interesse zu sichern. Als problematisch wurde aber ein Teil seiner methodischen Vorschläge empfunden. Neben der mißverständlichen Feststellung, bei der Behandlung des Dritten Reichs gingen die Autoren ausnahmslos auf Distanz, brächen das »Einfühlen in historische Zusammenhänge« und »die Lust am geschichtlichen Erzählen« plötzlich ab, wirkte vor allem die Forderung irritierend, die Zäsuren 1933 und 1945 zu überdenken. Vom Erleben des deutschen Durchschnittsbürgers her gesehen, waren andere Einschnitte, z.B. der Einbruch der Weltwirtschaftskrise um 1930 und die Währungsreform von 1948, vielleicht wichtiger. Für die Juden und anderen Opfer der nationalsozialistischen Verfolgung, das haben Saul Friedländer und Dan Diner betont, markieren die Jahre der Errichtung und Zerstörung des Terrorregimes jedoch eine Periode, in der sie aus jeder Kontinuität menschlichen Daseins herausgerissen waren, die für sie in extremster Weise eine Ausnahmezeit darstellte. Wenn demgegenüber die Kontinuitätslinien der deutschen Sozialgeschichte betont und die Alltagserfahrungen »normaler« Deutscher zur Periodisierung herangezogen würden, so könne das – ganz im Gegensatz zu Broszats Absicht – einer Relativierung und Banalisierung der NS-Zeit den Weg bereiten. Charakteristisch für das Dritte Reich war weder die sozialgeschichtliche Kontinuität noch der »normale« Alltag des Durchschnittsbürgers, sondern, wie Friedländer im Anschluß an Hannah Arendt formuliert hat, der Anspruch der Herrschenden, »zu entscheiden, wer die Welt bewohnen dürfe und wer nicht. Das hat tatsächlich kein anderes Regime zu tun unternommen, wie verbrecherisch es auch war.« Das mache die Einzigartigkeit dieser Periode aus.[19] Die Perspektive der Opfer, so hat Dan Diner den Gedanken weitergeführt, sei daher die umfassendere, das Wesentliche begreifende Sicht auf das Dritte Reich. Den Alltag der Mehrheit zum Ausgangspunkt für eine Gesamtdarstellung zu wählen führe in die Irre; denn »erlebter Alltag« der Mehrheit der Deutschen und »existentielle Ausnahme« auf seiten der jüdischen Minderheit lassen sich »als eine Geschichte theoretisch nicht mehr erzählen. Historiographisch folgt daraus, daß zwei Welten nebeneinander existieren und eine wirklich synthetisierende Geschichtsschreibung nicht mehr möglich wird.«[20]

Die Diskussion zeigt exemplarisch, welche Schwierigkeiten die Integration des Judenmords in Gesamtdeutungen des Dritten Reichs bereitet. Die Vernichtung von Millionen von Menschen aus dem einzigen Grund, daß sie Juden waren, entzieht sich jeder rationalen Erklärung und damit im letzten aller wissenschaftlichen Methodik und Theoriebildung; nur über diese negative Feststellung sind sich die Vertreter der verschiedenen Forschungsrichtungen einig. Nicht einmal die grundlegende Frage, die bei der Auseinandersetzung um die »Historisierung des Nationalsozialismus« eine Rolle spielte und im »Historikerstreit« mit anderer, apologetischer Akzentuierung wieder auftauchte, ob die Schoah von einzigartiger oder universeller Bedeutung sei, wird einheitlich beantwortet. Jüdische Historiker betonen meistens die Einzigartigkeit des Geschehens, während andere eher versuchen, es in generelle Zusammenhänge, die Entwicklung des Totalitarismus, Faschismus, Rassismus, einer pervertierten Moderne usw., einzuordnen.

Der Jerusalemer Religionsphilosoph Emil L. Fackenheim hat auf die Problematik beider Ansätze hingewiesen: Bei der Betonung der Einzigartigkeit der Schoah verzichte man von vornherein auf den Versuch einer Erklärung, denn das absolut Einmalige sei nicht zu erklären. Deutsche gewännen die Möglichkeit, die Judenvernichtung als Ausnahmeereignis aus ihrer Geschichte auszuklammern und an verhängnisvolle Traditionen wieder anzuknüpfen. Ebenso könnten Christen den Judenmord als etwas Fremdes von sich weisen und so der Notwendigkeit entgehen, ihre seit fast zwei Jahrtausenden gepflegte antijüdische Theologie und kirchliche Praxis zu revidieren. Für Juden würde die Schoah zu einer katastrophalen Episode, die keine Schlußfolgerungen erfordere und irgendwann aus dem Gedächtnis verschwinde. Vor allem werde die *scientific community* bei einer Betonung der Singularität der Schoah in zwei unverbundene, einander sprachlos gegenüberstehende Gruppen gespalten. Eine Minderheit werde sorgsam Fakten sammeln, die aber nicht zu verstehen seien, weder in sich noch im weiteren Rahmen der Geschichte, da das Einzigartige von Natur aus unverständlich sei. Die übrigen Wissenschaftler würden die Ergebnisse dieser Forschung in Fußnoten begraben oder ignorieren, jedenfalls als unwesentlich behandeln. Wenn dagegen die universelle Bedeutung der Schoah hervorgehoben werde, in der die prinzipielle Inhumanität des Menschen, die pathologische Seite der Moderne oder dergleichen zum Ausdruck komme, gerate der Judenmord zu einem bloßen Sonderfall von »Verfolgung im allgemeinen«, »Rassismus im allgemeinen«, und die Folge wäre die Abwendung von der Geschichte hin zum generellen Kampf gegen Unrecht, wie die Apartheid in Südafrika oder den Hunger in Indien. Juden, denen die Toten von Maidanek, Auschwitz und Bergen-Belsen unauslöschlich im Gedächtnis seien, könnten sich dann nur noch leise davonstehlen.[21]

Der Gang der Forschung hat Fackenheims Einschätzung bestätigt. Die umfangreiche Spezialliteratur über die Entrechtung, Austreibung und Vernichtung der Juden ist in Gesamtdarstellungen über das Dritte Reich nur unzureichend integriert worden; die Geschichte der jüdischen Minderheit ist ein abgesondertes Arbeitsgebiet geblieben. In den wichtigsten Theorien zur Erklärung des Nationalsozialismus spielt die Judenverfolgung nur eine untergeordnete Rolle. In der *Totalitarismustheorie,* die sich vor allem auf die Herrschaftsmethoden konzentriert und die durch Ideologie, Propaganda und Terror erzeugte Fiktion der Übereinstimmung von Herrschenden und Beherrschten betont, findet hauptsächlich die antisemitische Besessenheit und Zielstrebigkeit der nationalsozialistischen Elite Beachtung. Der Antisemitismus erscheint außerdem als Mittel, die erstrebte Einheit von Volk und Führung herzustellen. Bei dieser Deutung werden eigenständige Tendenzen in der Gesellschaft wenig berücksichtigt, und so wird auch übersehen, daß die Judenpolitik für die deutsche Bevölkerung meistens kein zentrales Thema und daher als Integrationsmittel schlecht brauchbar war.

Aber auch bei den stärker auf gesellschaftliche Prozesse abhebenden *Faschismustheorien* bereitet die Judenverfolgung Schwierigkeiten. Nach orthodox-kommunistischer Auffassung war der Faschismus an der Macht »die offene terroristische Diktatur der reaktionärsten, am meisten chauvinistischen, am meisten imperialistischen Elemente des Finanzkapitals«, wie Georgi Dimitroff 1935 verbindlich formulierte;[22] die faschistischen Massenbewegungen und ihre Führer waren »Agenten« im Dienst des Monopolkapitals. Autoren, die in dieser Tradition stehen, müssen nachweisen, daß auch der Judenmord dem Profitinteresse dieser Klasse nutzte[23] – ein aussichtsloses Unterfangen, denn allzu offenkundig ist die ökonomische Unsinnigkeit des Unternehmens, Transportkapazitäten, Energie und Personal zu binden, um Millionen als Arbeitskräfte und Experten dringend benötigter Menschen umzubringen. In einer modifizierten Version der »Agententheorie« wird daher mehr das Interesse der herrschenden Klasse betont, durch die Mobilisierung antisemitischer Leidenschaften von den inneren Spannungen des Systems abzulenken und Massenunterstützung für die Ostexpansion zu finden.[24] Antisemitismus und Antibolschewismus erscheinen als zwei Seiten derselben Medaille. Auch gegen diese funktionalistische Deutung, die in ähnlicher Form auch bei westlichen Autoren erscheint, sind jedoch Einwände erhoben worden: Der Gleichordnung von Antisemitismus und Antibolschewismus widerspricht die Tatsache, daß für das NS-Regime zwar ein vorübergehendes taktisches Bündnis mit den »Bolschewisten« in der Sowjetunion, nicht aber mit den Juden möglich war. Der Antisemitismus war außerdem nicht so populär, daß er sich als Ablenkungsmittel besonders gut geeignet hätte. Wenn ihm nur funktionelle Bedeutung zukam, war der Jude als Feind austauschbar, und die Fixierung auf diesen speziellen Feind muß erklärt werden.[25]

Insgesamt haben Antisemitismus und Judenverfolgung in der Forschung der DDR nur wenig Beachtung gefunden, da sie sich in keiner historischen Kontinuität mit dem Dritten Reich sah und da die »Judenfrage« nach der klassischen marxistischen Doktrin für die sozialistische Gesellschaft ohnehin kein Problem mehr darstellte. Der Autor der wichtigsten Beiträge der DDR-Geschichtsschreibung zu diesem Fragenkomplex, Kurt Pätzold, hat sich ausdrücklich gegen die angebliche Überbewertung des Themas in der westlichen Literatur gewandt: »Innerhalb der bürgerlichen Historiographie setzt sich jene Betrachtungsweise immer mehr durch, die Rassismus und Antisemitismus zum Ausgangs- und Endpunkt jeglicher Faschismusforschung erklärt.«[26]

Nichtmarxistische Faschismusanalysen, die darauf zielen, im Vergleich die gemeinsamen sozialgeschichtlichen Voraussetzungen und Merkmale der rechten Massenbewegungen im Europa der Zwischenkriegszeit zu erkennen, stehen vor der Schwierigkeit, daß die Judenfeindschaft in der Politik der italienischen und spanischen Faschisten nur eine geringe Rolle spielte und daher bei der Suche nach übereinstimmenden Faktoren als zweitrangig gewertet werden muß. Ernst Nolte, der als erster den Faschismus in dieser vergleichenden Perspektive betrachtete – allerdings nicht sozialgeschichtlich, sondern »phänomenologisch« –, hat deshalb in seinem einflußreichen Buch »Der Faschismus in seiner Epoche« den Antimarxismus und nicht den Antisemitismus als das hervorstechende ideologische Motiv aller faschistischen Bewegungen herausgestellt und damit schon damals, bevor er aus dieser Deutung eine unhaltbare Aussage über historische Prioritäten und Kausalitäten ableitete, bei jüdischen Kollegen Widerspruch gefunden.[27]

Die größte Bedeutung als Leitkonzeption für sozialgeschichtlich orientierte Gesamtdarstellungen der NS-Zeit hat inzwischen die *Modernisierungstheorie* erlangt. Im Anschluß an Überlegungen des amerikanischen Soziologen Talcott Parsons aus den vierziger Jahren wird die Ursache für das Aufkommen des Nationalsozialismus in der Diskrepanz zwischen der Entwicklung moderner ökonomischer und sozialer Strukturen und dem Fortbestand traditioneller Haltungen und Wertsysteme gesehen, ein Konflikt, dem man nicht durch Anpassung an die veränderten Verhältnisse, sondern durch Flucht in Irrationalität und Gewalttätigkeit zu entkommen versucht habe. Dieser Bezug auf die Ambivalenz des Modernisierungsprozesses ermöglicht es, das Neben- und Ineinander von Fortschritt und Zerstörung, Leistung und Kriminalität in der NS-Diktatur zu erfassen. Dem Judenmord werden beim Rückgriff auf die Modernisierungstheorie unterschiedliche Funktionen zugeschrieben: Die einen sahen im Genozid das unmittelbare Ergebnis eines wissenschaftlichen modernistischen Kalküls: Die Massenmorde in den eroberten Ostgebieten dienten danach der Verwirklichung als modern geltender bevölkerungswissenschaftlicher und ökonomischer Planungen. Auschwitz war »ein spezifisch deutscher Beitrag zur Entwicklung der europäischen Moderne«, so spitzten Götz Aly und Susanne Heim ihre – inzwischen stark modifizierte – Deutung zu.[28] Andere stellten moderne Züge und Modernisierungsleistungen des Nationalsozialismus zusammen und verwiesen darauf, daß »Rassenhygiene« und »Menschenzüchtung« als moderne wissenschaftliche Errungenschaften verstanden wurden.[29]

Bedeutender waren Vorschläge, den Judenmord in Beziehung zu den gesellschaftspolitischen Utopien des Nationalsozialismus zu setzen: Durch Ausmerzung aller als hemmend oder störend empfundenen Menschen und Gruppen wollten die Nationalsozialisten die äußerste Geschlossenheit und Effektivität der Gesellschaft erreichen. In jüngerer Zeit fand Zygmunt Baumann viel Anklang mit seinem Versuch, den Holocaust in einer vielschichtigen Argumentation als ein Phänomen der Moderne, als eine Form des *social engineering*, darzustellen.[30] Schon Hannah Arendt hatte 1964 den Judenmord als Teil einer umfassenden biologischen »Bereinigung« auf pseudowissenschaftlicher Grundlage verstanden und die Befürchtung geäußert, daß eine Gesellschaft in pervertierter Wissenschaftsgläubigkeit und Fortschrittsbesessenheit auf diesem Weg fortschreiten könnte: »Es ist sehr gut denkbar, daß in einer absehbaren Zukunft automatisierter Wirtschaft Menschen in die Versuchung kommen, alle diejenigen auszurotten, deren Intelligenzquotient unter einem bestimmten Niveau liegt.«[31] Schwer zu erklären bleibt bei dieser Sichtweise aber, warum sich der »Verwaltungsmassenmord« im Dritten Reich ausgerechnet gegen die Juden richtete, die ein besonders leistungsfähiges Potential darstellten. Es ist daher folgerichtig, daß die Judenvernichtung bei Autoren, die ihre Darstellung auf diese Version des Modernisierungsmodells beziehen, stark in den Hintergrund tritt. Detlev Peukerts Versuch einer sozialgeschichtlichen Synthese der NS-Zeit, in der der Judenmord nur auf 1½ Seiten behandelt wird, bietet dafür ein hervorragendes Beispiel. Er selbst hat in dieser marginalen Erwähnung der Schoah später ein Manko gesehen und in Übereinstimmung mit Dan Diner betont, daß jede Geschichte der nationalsozialistischen Zeit von Auschwitz her geschrieben werden müsse.[32] Fackenheim hat mit seiner Warnung recht gehabt: Als Teil eines universellen Prozesses gesehen, geht der Antisemitismus in einem allgemeinen Rassismus auf, verschwindet der Judenmord hinter generellen genozidalen Tendenzen.

Eine solche Reduzierung des Stellenwerts der Schoah in Gesamtdarstellungen der NS-Zeit muß insbesondere auf jüdische Forscher, aber nicht nur auf sie, befremdend wirken. Um deutlich zu machen, daß das Dritte Reich durch den millionenfachen Judenmord seine einzigartige Signatur erhielt, hat Saul Friedländer vorgeschlagen, den Nationalsozialismus als *»politische Religion«* zu beschreiben. Auf diese Weise hoffte er, das Sendungsbewußtsein und die unerschütterliche, geradezu besessene Fixierung vieler NS-Führer auf »den Juden« als den Hauptfeind erfassen zu können.[33] In einigen Werken, am deutlichsten in dem Buch von Arno J. Mayer »Der Krieg als Kreuzzug« und jetzt in Michael Burleighs Gesamtdarstellung der »Zeit des Nationalsozialismus«, wurde diese Interpretation zum Leitkonzept.[34] Besonders nachdrücklich hat sich auch Michael Ley für die Deutung des Nationalsozialismus als politische Religion stark gemacht und in der Judenpolitik das entscheidende Argument für diese Beschreibung gesehen. »Eine rationale Interpretation des nationalsozialistischen Antisemitismus und des Holocaust ist der Prüfstein für jede Theorie über den Nationalsozialismus.« Die manichäische Weltanschauung, die kultischen Feiern, die Sakralsprache, die messianisch-völkische Bewegung der NSDAP: alles das erweise den Nationalsozialismus als politische Religion. »Der totalitäre Antisemitismus ist das heilige Dogma des Nationalsozialismus«, die Ermordung der Juden das sakrale Sühneopfer.[35] Friedländer selbst vertritt die Konzeption der politischen Religion im Blick auf den Nationalsozialismus nur mit Vorsicht, weil es in der NS-Zeit »keine Massenbewegung gegen die Juden« gegeben habe, »nicht einmal den Kreuzzug einer fanatischen Sekte«. Er steht in vielem den Anhängern der Modernisierungstheorie nahe, ohne allerdings die überragende, den Charakter des Dritten Reichs bezeichnende Bedeutung des Judenmords irgendwie zu verkleinern: »Die Lähmung der Historiker resultiert aus der Gleichzeitigkeit und Verquickung völlig heterogener Phänomene: messianischer Fanatismus und bürokratische Strukturen, pathologische Handlungsantriebe und administrative Erlasse, archaische Denkweisen in einer hochentwickelten Industriegesellschaft.«[36]

Bei allen diesen Versuchen, den Judenmord in den Zusammenhang der NS-Geschichte einzuordnen, kommt es zu vagen Aussagen über das Verhalten der Eliten und der Masse der Bevölkerung: Sie war mit der Führung eins in der ideologischen Feindschaft gegen die Juden; sie sollte durch den Antisemitismus integriert und mobilisiert werden; der Antisemitismus sollte von den inneren Spannungen des Regimes ablenken; er sollte dem Betätigungsdrang der nationalsozialistischen Bewegung ein Ziel geben, oder umgekehrt: Er war für die breite Bevölkerung nur von untergeordneter Bedeutung; es gab keine fanatisierte Massenbewegung gegen die Juden. Die Spannweite dieser unterschiedlichen Deutungen zeigt, wie wichtig die genauere empirische Untersuchung des gesamten Fragenkomplexes: Verhalten der Deutschen zur Judenverfolgung ist, um einer allgemein anerkannten Interpretation des Dritten Reichs näher zu kommen. Nur wenn dieser sozialgeschichtliche Aspekt der Judenverfolgung weiter geklärt ist, sind Konzeptionen zu erwarten, die die Schoah gebührend berücksichtigen und die Geschichte der NS-Zeit nicht in eine Geschichte der Verfolger und eine der Verfolgten auseinanderfallen lassen.

Auch als die Schoah Anfang der sechziger Jahre zu einem stärker bearbeiteten Thema der Geschichtswissenschaft wurde, fanden die

Einstellungen in der Gesellschaft zur Judenverfolgung weiterhin fast keine Beachtung. Die Entscheidungen der nationalsozialistischen Führung standen zunächst im Mittelpunkt des Interesses. Da die totalitäre ideologische Übereinstimmung von Führung und Gefolgschaft vorausgesetzt wurde, erübrigte es sich, die Meinungen, Emotionen und Handlungen der Menschen an der Basis näher zu untersuchen. Die Bedeutung des Antisemitismus in der nationalsozialistischen Ideologie wurde herausgearbeitet und Hitlers pathologischer Judenhaß als Triebkraft der mit großer Konsequenz verfolgten Vernichtungspolitik erkannt.[37] Der Jude, so wurde in den Untersuchungen von Jäckel, Bracher, Thamer, Hildebrand, Jehuda Bauer, Saul Friedländer, Uriel Tal u. a. deutlich, war der Inbegriff alles Schlechten, der Weltfeind des zur Rettung der Menschheit berufenen »Ariers«, keine andere »Rasse«, sondern die »Anti-Rasse« schlechthin. Durch diese Verbindung von biologisch-rassistischem Determinismus und politischer Eschatologie erhielt der nationalsozialistische Judenhaß seine furchtbare Dynamik.[38] Im Kampf um die rassische Bewahrung des deutschen Volkes gehörten aus dieser Sicht Antisemitismus und Antibolschewismus, der Krieg um »Lebensraum« im Osten und der Vernichtungskrieg gegen die Juden zusammen, wie vor allen Andreas Hillgruber schon 1972 gezeigt hat.[39]

Diese stark auf Hitler und seine Intentionen konzentrierte Darstellung erfuhr Widerspruch, als das nationalsozialistische Herrschaftssystem nicht mehr als monolithischer Block erschien, sondern seine polykratische Struktur entdeckt wurde. Die Sprünge und scheinbaren Widersprüche in der Judenpolitik wurden nun als Beweis dafür gedeutet, daß der Massenmord keineswegs von vornherein durch die Ideologie vorprogrammiert gewesen sei, sondern sich in einem ungesteuerten Eskalationsprozeß aus dem Konkurrenzkampf der verschiedenen Machtträger und den durch sie geschaffenen, anders schließlich nicht mehr lösbaren »Sachzwängen« ergeben habe. Hitler, so hat Hans Mommsen die These zugespitzt, war auch im Bereich der Judenpolitik ein »schwacher Diktator«.[40] Den Vertretern dieser Argumentation, neben Mommsen an erster Stelle Martin Broszat, geht es darum, die strukturellen Voraussetzungen für den Judenmord zu klären und einen größeren Kreis des nationalsozialistischen Führungspersonals in den Blick zu bekommen. Die ausschlaggebende Verantwortung Hitlers, der in allen

Phasen über die Maßnahmen gegen die Juden informiert war und sie billigte, wird von ihnen nicht bestritten, ebensowenig die Tatsache, daß sein Judenhaß dem Ehrgeiz der konkurrierenden Unterführer das Ziel gab.

Auch Götz Aly, der mit einer neuen Variante der funktionalistischen Deutung in die Diskussion eingegriffen hat, betont diese Zusammenhänge. Er sieht die Ursache für die Schoah im Scheitern der bevölkerungspolitischen Pläne der Nationalsozialisten und ihrer Experten. Die Judenpolitik eskalierte nach seiner Meinung in Schüben von den Konzeptionen für eine »territoriale Lösung der Judenfrage« über die Massendeportationen zur Zeit der raschen Landeroberung in Rußland zur systematischen Massenvernichtung, als die Kriegswende im Osten den Bevölkerungsverschiebungen eine Grenze setzte. Dabei ist für Aly klar: »Zweifelsfrei ist die Entscheidung zur ›Endlösung der Judenfrage‹ mit der antisemitischen Doktrin des damaligen deutschen Staates verwoben«, und zweifelsfrei »korrespondierten die mörderischen Ideen« der unteren Chargen »mit ähnlichen Erwägungen und Praktiken an der Spitze der Diktatur«.[41]

Die Kontrahenten im Streit um die Rolle Hitlers beim Judenmord sind nicht so weit auseinander, wie es die Heftigkeit der Debatte vermuten lassen könnte. In seiner neuesten Veröffentlichung zum Thema nimmt Hans Mommsen ausdrücklich eine vermittelnde Position ein.[42] Aber schon immer haben auch die Historiker, die den Fokus stärker auf Hitler richteten, betont, daß er die Vernichtungspolitik nur mit Hilfe einer großen Zahl von Beamten und Funktionären sowie mit schweigender Duldung der Bevölkerungsmehrheit durchführen konnte.[43] Andreas Hillgruber wies z. B. in einem Aufsatz von 1972 bereits auf die Notwendigkeit hin, die Mitwirkung der Funktionseliten zu untersuchen, und stellte selbst die Verwicklung der Wehrmacht in den Judenmord dar.[44] Seine Anregung blieb aber lange unbeachtet. Die Polarisierung im Streit um Hitler führte statt dessen zu einer Verengung der Perspektive. Die Argumente beider Seiten beziehen sich auf die nationalsozialistische Führungsebene: Hitler oder die Polykratie; die Einstellungen und Reaktionen an der Basis der Gesellschaft wurden nicht berücksichtigt.[45]

Außerdem konzentrierte sich das Interesse auf die Phase der physischen Vernichtung der Juden seit 1941. Diese Tendenz hat sich in den letzen Jahren noch verstärkt. Die Öffnung der osteuropäischen Archive machte es möglich, die Vernichtungspolitik in den verschiedenen Teilen des besetzten Europas genauer zu untersuchen, die Rolle der eingesetzten Verbände – SS, Wehrmacht, Polizei – beim Judenmord zu klären und das Zusammenspiel zwischen den Befehlshabern und Truppen im jeweiligen Okkupationsgebiet und den zentralen Stellen zu ergründen.[46] Im Anschluß an die 1992 erstmals erschienene bahnbrechende Studie von Christopher Browning über das Reserve-Polizeibataillon 101[47] fanden die Motive der Exekutoren der Mordpolitik besondere Aufmerksamkeit. Die »Täterforschung«, die sich inzwischen entwickelt hat, beschäftigte sich bisher vor allem mit den Tätern im engeren Sinn, den KZ-Kommandanten, Höheren SS- und Polizeiführern, Judenreferenten, Schützen und Mordbrennern.[48] Dabei kam hauptsächlich die Zeit des Krieges und besonders des Vernichtungskrieges seit 1941 in den Blick.[49]

So wichtig die erzielten Forschungsfortschritte sind, ist eine Gefahr nicht von der Hand zu weisen, vor der Reinhard Rürup nachdrücklich gewarnt hat: Durch die Konzentration auf die Vernichtungspolitik seit 1941 verliert die vorangegangene Aufhebung der Emanzipation, durch die die Juden in Deutschland in eine unhaltbare Paria-Existenz gedrängt und ihre Überlebensmöglichkeiten in der Heimat zerstört wurden, an Bedeutung.[50] Sie gerät zur bloßen »Vorgeschichte« des späteren Mordens und wird dadurch in unangemessener Weise relativiert. Die alles andere als harmlose antijüdische Politik der Jahre 1933 bis 1938 stieß auf wesentlich mehr Zustimmung in der Bevölkerung als der Massenmord seit 1941. Indem sich die Aufmerksamkeit von der Vorkriegsära abwendet, wird auch von diesem Problem abgelenkt.

Aufgrund der skizzierten Forschungsentwicklung wurde die Frage nach der Haltung der deutschen Bevölkerung zur Verfolgung und Vernichtung der Juden von der Geschichtswissenschaft erst spät aufgegriffen. Den einen, die von der Vorstellung einer »gleichgeschalteten« homogenen Gesellschaft ausgingen, schien eine Untersuchung unnötig zu sein; die anderen hielten eindeutige Antworten wegen des Fehlens einer von den Machthabern unbeeinflußten Massenüberlieferung für unmöglich. Eva Reichmann beendete ihre Studie über die Ausbreitung des Antisemitismus in Deutschland deshalb mit dem Beginn der nationalsozialistischen Herrschaft.[51] Gestützt auf erste Veröffentlichungen von Lageberichten des Sicherheitsdienstes der SS und weitere Archivalien, wies dann Marlis G. Steinert 1970 nach, daß es auch im Dritten Reich eine differenzierte öffentliche Meinung gegeben hatte und daß die Möglichkeit bestand, sie bei sorgfältiger Quellenkritik zu ermitteln. Der Haltung der Deutschen zur Judenverfolgung war ein eigenes Kapitel in dem Buch gewidmet.[52] Auf dem von Marlis Steinert bezeichneten Weg gingen Lawrence D. Stokes, Ian Kershaw, Otto Dov Kulka, Sarah Gordon, David Bankier und einige andere weiter.[53] Die erste Frage, was die Deutschen über die Judenvernichtung wußten, ist inzwischen im Sinne der pointierten Formulierung von Walter Laqueur geklärt: »Es ist zwar richtig, daß nur eine Handvoll Deutscher *alles* über die Endlösung wußte, aber nur sehr wenige wußten gar nichts.«[54] Über die weitere Frage, wie sich die Deutschen zur Judenverfolgung verhielten, ist vor allem zwischen Kershaw und Kulka eine Kontroverse entstanden. Kershaw meint, die dominierende Haltung – bei einem antisemitischen Grundkonsens, der aber nur auf Dissimilation zielte – mit den Begriffen »Indifferenz« und »Desinteresse« für das Schicksal einer ungeliebten, zunehmend depersonalisierten Minderheit beschreiben zu können. Kulka möchte dagegen lieber von »passiver Komplizenschaft« sprechen, obwohl er in früheren Aufsätzen selbst die Termini »Indifferenz«, »Apathie« und »Mangel an Interesse« gebraucht und wie Kershaw zur Erklärung die wachsende Depersonalisierung der Juden angeführt hat.[55] Abgesehen von der stärkeren moralischen Akzentuierung bei Kulka, geht es um graduelle Unterschiede und die schwierige Einschätzung, welche der wahrnehmbaren Einstellungen am stärksten verbreitet bzw. repräsentativ waren. Auch Kershaw rechnet mit einer Spannbreite von Verhaltensweisen, die bis zu »aktiver Komplizenschaft« vor allem in Kreisen der Bürokratie, der Wehrmacht und der Industrie reichte.[56]

Bankiers Untersuchung der öffentlichen Meinung in den verschiedenen Phasen der Judenverfolgung bestätigt diese differenzierte Darstellung. Trotzdem wagt er eine generelle Aussage: Ein konventioneller Antisemitismus war in der deutschen Gesellschaft tief verwurzelt. Deshalb unterstützte die große Mehrheit alle rechtlichen Schritte zum Nachteil der Juden, lehnte offene Gewalt aber ab, jedoch nicht aus ethischen und humanitären Gründen, sondern aus eigennützigen Motiven: wegen der Störung der öffentlichen Sicherheit und Ordnung, wegen der Vernichtung von Sachwerten, wegen der Schädigung des deutschen Ansehens im Ausland.[57] Bei der Frage nach den Motiven der Kritiker stößt die Analyse der Überwachungsberichte allerdings an eine Grenze. Während das Faktum des Widerspruchs feststeht, muß bei der Begründung bedacht werden, daß es einfacher und risikoloser war, deutsche Interessen ins Feld zu führen, als Sympathie für die Juden zu äußern.

Neben den Berichten haben die an einigen Orten erhaltenen Akten der Gestapo in den letzten zehn Jahren verstärkt Beachtung gefunden.[58] Sie lassen erkennen, wie selbst die Gestapo bei der Überwachung der deutschen Bevölkerung auf die Mitwirkung »pflichtbewußter Bürger« angewiesen war und welche Bedeutung Anzeigen und Denunziationen von Nachbarn, Bekannten oder zufälligen Zeugen insbesondere bei der Durchsetzung der nationalsozialistischen Rassenpolitik hatten. Der Gestapo fehlte das Personal, um von sich aus die Einhaltung der vielen antijüdischen Bestimmungen zu kontrollieren. Ohne die Bereitschaft zahlreicher Bürger, Kontakte mit Juden oder Regelverstöße dieser Verfemten den Behörden – oder auch dem »Stürmer« – zur Kenntnis zu bringen, wären die Isolation und alltägliche Drangsalierung der Juden nicht möglich gewesen. So folgenschwer die antijüdischen Denunziationen waren, lassen die erhaltenen einigen hundert Fallakten jedoch keine Schlüsse zu, wie typisch die Einstellungen und Motive der Informanten für die Deutschen insgesamt waren.

Generell ist es gerade bei der NS-Zeit schwer, von »*den* Deutschen« als Personenkollektiv zu sprechen, da die Gesellschaft stark fragmentiert und die Kommunikation zwischen den Gruppen und den einzelnen weitgehend reduziert war.[59] Die Frage nach dem Verhalten der Deutschen zur Judenverfolgung, die für Kershaw, Kulka und Bankier wie für andere Autoren im Mittelpunkt des Interesses steht, hat außerdem den Nachteil, daß dadurch die Vorstellung gestützt wird, die Vernichtungspolitik sei eine Angelegenheit der nationalsozialistischen Führungskader gewesen, zu der die deutsche Bevölkerung lediglich aus einer Beobachterposition heraus Stellung genommen habe. Zweierlei scheint daher notwendig zu sein: zum einen das Verhalten der Deutschen, differenziert nach sozialen und konfessionellen Gruppen sowie Regionen, genauer zu untersuchen; zum anderen nicht allein die Einstellung zur Judenpolitik zu betrachten, sondern diese selbst darzustellen und dabei zu fragen, wer an ihr in vielfältigen, zum Teil ganz untergeordneten Funktionen und durch, für sich genommen, »banale« Handlungen mitwirkte. Diesen Ansatz wählte zuerst Walter Laqueur bei seinem kurzen Überblick über die Verwicklung des deutschen Volkes in die nationalsozialistische Judenverfolgung;[60] er findet sich jetzt u.a. bei Konrad Kwiet, Hans Mommsen und Dieter Obst sowie in vielen Lokalstudien und einigen Spezialuntersuchungen über bestimmte Ereignisse, z.B. den Ablauf der Pogromnacht 1938 oder die Abwicklung der Deportationen.[61] Aufschlußreich sind Studien über die Bevölkerung in der Umgebung von Konzentrationslagern. Doch ist dieses Thema bisher erst ansatzweise erforscht.[62] Durch die sorgfältige Auswertung vieler Erfahrungsberichte, hauptsächlich Memoiren, von überlebenden Juden gelingt es Marion Kaplan, auch die unterschiedlichen Verhaltensweisen der Deutschen im Umkreis der Verfolgten zu erfassen, vor allem das bereitwillige Mittun bei der alltäglichen Diskriminierung, die häufigen Initiativen »von unten« und die verbreitete Gleichgültigkeit. Der »soziale Tod« der Juden, so lautet ihr Ergebnis, wurde von der Regierung verordnet, aber von der Bevölkerung verwirklicht.[63]

Auf eine ganz andere, interessante Weise hat Sarah Gordon versucht, weiterzukommen: Aufgrund einer größeren Sammlung von Polizeiakten über »Judenfreunde« und »Rassenschänder« ergänzt sie ihre mit den üblichen Methoden erarbeitete Darstellung durch eine Sozialstatistik der Menschen, die besonders wenig Vorurteile im Umgang mit Juden zeigten. Abgesehen von dem nicht überraschenden Ergebnis, daß Angestellte und Angehorige der freien akademischen Berufe unter den Beschuldigten stark überrepräsentiert waren, stellt sie fest, daß konfessionelle Unterschiede auf die Einstellung zu den Juden keinen Einfluß hatten und daß jüngere Deutsche weniger Kontakte zu Juden unterhielten, daß also die nationalsozialistische Erziehung und Propaganda wohl ihre Wirkung getan hatten.[64]

Trotz der Forschungsfortschritte, die hier nur in groben Zügen angedeutet werden konnten, sind, was das Verhalten der Bevölkerung zur Judenverfolgung betrifft, noch viele Fragen offen. Das gilt insbesondere auch für die Rolle der traditionellen Eliten. Am besten ist inzwischen wohl die Mitverantwortung der beiden Institutionen bekannt, die sich lange Zeit für am wenigsten betroffen hielten: der Wehrmacht, die die Ermordung jüdischer Zivilisten ermöglichte und unterstützte;[65] der christlichen Kirchen, die durch ihr Schweigen zur Entrechtung und Vernichtung der Juden ihr moralisches Wächteramt verfehlten.[66] Im Blick auf die Funktionselite Verwaltung hat zunächst hauptsächlich die Ministerialbürokratie Beachtung gefunden, wobei sich manche von Beteiligten aufgebrachten Legenden über die Bemühungen der konservativen Spitzenbeamten um Mäßigung der Judenpolitik bis heute in der Forschung gehalten haben.[67] Andere Zweige der Verwaltung, z. B. die Kommunalverwaltungen und einzelne Fachverwaltungen, sind erst neuerdings hinsichtlich ihrer Beteiligung an der Judenverfolgung untersucht worden.[68] Verhältnismäßig wenige empirische Arbeiten gibt es – nicht zuletzt wegen der Unzugänglichkeit vieler Firmenarchive – über die Einstellung und das konkrete Verhalten der Wirtschaft zu den judenfeindlichen Maßnahmen des Regimes.[69] Nur zwei für die Wirtschaft besonders relevante Themenkomplexe wurden inzwischen gründlicher untersucht: die als »Arisierung« bezeichnete Enteignung jüdischer Unternehmen[70] und die Zwangsarbeit von Juden in deutschen Betrieben.[71] Auch über die Rolle deutscher Großbanken und Versicherungsunternehmen bei der Judenverfolgung ist heute mehr bekannt.[72] Die notorische Verwicklung der IG Farben in den Völkermord wurde weiter erforscht.[73] Ausgehend von der Ausschaltung der jüdischen Kollegen aus den akademischen Berufen, fand das Verhalten von Ärzten, Juristen und Hochschullehrern zur Judenpolitik einige Beachtung.[74] Über andere soziale Gruppen ist in dieser Hinsicht dagegen so gut wie nichts bekannt.

In dem vorliegenden Band wird versucht, das breite Spektrum der Themen und Probleme sichtbar zu machen, die bei der sozialgeschichtlichen Frage nach dem Verhalten der Deutschen zur Judenverfolgung auftauchen. Die Beiträge geben einen Überblick über den erreichten Forschungsstand und schließen, indem die Autoren neue Themen aufgreifen oder bislang übersehene Aspekte in den Mittelpunkt stellen, einige der skizzierten Lücken. Die – notwendigerweise kursorischen – Übersichtsartikel von *Benz* und *Büttner* werden durch Einzelstudien ergänzt: Neben den Beiträgen von *Matzerath, Johe und Petter* über die Funktionseliten – Bürokratie, Justiz und Wehrmacht – stehen Aufsätze über Ärzte und Lehrer *(Grenville, Angress)* gleichsam stellvertretend für die Verwicklung anderer sozialer Gruppen in die judenfeindliche Politik. Die Mitwirkung der unteren Verwaltungsebene sowie vieler normaler Bürger wird in dem Beitrag von Gruner über die frühen Zwangsarbeitslager für Juden am konkreten Beispiel verdeutlicht. Durch Konkretion zeichnet sich auch der Artikel von *van Laak* über die »Arisierung« der Wirtschaft aus. In einem größeren Rahmen stellt *Barkai* die vielfältigen Aspekte der Verwicklung von Unternehmern in die Judenpolitik des Dritten Reichs dar.

Starke Berücksichtigung finden in diesem Band mit den Beiträgen von *Nellessen, Greschat* und *Hermle* die Kirchen. Sie sind von der Zeitgeschichtsforschung in der falschen Meinung, daß sie in der säkularisierten modernen Gesellschaft keine Rolle mehr spielten, allzu lange ignoriert worden. Die kritische Auseinandersetzung mit ihrer Haltung zur nationalsozialistischen Judenverfolgung zeigt aber, daß sie als moralische Instanzen, die über ein öffentliches Forum verfügten, noch immer Bedeutung hatten, weshalb sie von den Machthabern auch gefürchtet wurden. Eine Sozialgeschichte, die sich für Mentalitäten, geistige Prägungen und politische Einstellungen interessiert, kann auf die Kirchen- und Konfessionsgeschichte nicht verzichten.

Der thematischen Vielfalt der Beiträge entsprechend, kommen in dem Band unterschiedliche Methoden und Perspektiven zur Geltung. Die Perspektive der Opfer findet in dem Artikel von *Angress* über die Erfahrungen jüdischer Jugendlicher die stärkste Berücksichtigung. Die komplizierten quellenkritischen Probleme, vor allem bei der Auswertung der Lage- und Stimmungsberichte der verschiedenen Behörden, werden von *Boberach in* einem speziellen Beitrag kenntnisreich erörtert. Eine Sonderfrage der Quellenkritik wird in dem Aufsatz von *Angress* angesprochen: Seine Darstellung basiert auf der Überlegung, daß in der Erinnerung zwar Daten und Fakten unscharf werden, daß sich aber emotional besonders belastende – oder als unerwartet hilfreich empfundene – Erlebnisse unauslöschlich einprägten. Er plädiert deshalb dafür, den Aussagewert von Memoiren nicht zu unterschätzen.

Die meisten der in diesem Band versammelten Aufsätze gehen auf Vorträge zurück, die bei einer Tagung zur Erinnerung an die Deportation der deutschen Juden vor fünfzig Jahren im Oktober 1991 in Hamburg stattfand. Solche symbolischen Daten sind hilfreich, um den Erkenntnissen wissenschaftlicher Forschung breiteres öffentliches Interesse zu sichern. Sie bergen aber auch die Gefahr, daß sich die Aufmerksamkeit allzu sehr auf ein einziges Ereignis konzentriert und der historische Kontext, in dem es steht, die vorangegangenen Entwicklungen und die weiterwirkenden Tendenzen ausgeblendet werden. Um eine derartige Verengung zu vermeiden, wird in diesem Band die Periodengrenze von 1945 bewußt überschritten. Damit soll die Einzigartigkeit der zwölf Jahre NS-Herrschaft, in denen der Völkermord zum Staatsziel wurde, nicht verwischt werden. Aber es soll sichtbar werden, daß geistige Vorprägungen, Mentalitäten, Einstellungen und Weltdeutungen, die das Verhalten im Dritten Reich beeinflußten, auch nach dem Zusammenbruch des Unrechtsregimes noch wirksam waren. Dies zeigen die Beiträge von *Hermle*, der die Haltung der evangelischen Kirche zur Judenverfolgung und zu den überlebenden Juden behandelt, und von *Goschler*, der die Widerstände gegen die Rückerstattung von ehemals jüdischem Eigentum schildert. Bis in die siebziger Jahre geht *Vollnhals* bei seinem Überblick über die Auseinandersetzung mit der Judenverfolgung in den öffentlichen Medien. Er weist nach, wie nach zögerndem Beginn mit dem Generationenwechsel in den sechziger Jahren eine breite Aufarbeitung einsetzte, die aber keine entsprechend intensive Aufnahme fand. In den meisten Beiträgen werden außerdem auch die Linien in die Weimarer Republik zurückverfolgt.

Wie das breite Spektrum der Beiträge in diesem Band zeigt, kann schnelle Generalisierung nur in die Irre führen. Geduldige empirische Forschung mit dem Ziel, immer genauer zu unterscheiden, ist weiter gefragt. So müssen weitere soziale Gruppen in die Untersuchung einbezogen und die Binnendifferenzierung der Gruppen, z. B. der Bürokratie oder der Justiz, deutlich werden. Unterscheidung ist auch im Hinblick auf die Motive der an der Judenverfolgung Beteiligten vonnöten. Oft war kein genuiner Antisemitismus im Spiel, sondern persönliches Karrierestreben oder, noch wichtiger, der Wunsch, die Position der eigenen Behörde oder Institution im nationalsozialistischen Herrschaftssystem zu sichern oder auszubauen.

Bei der Vielschichtigkeit des Themas: »Die Deutschen und die Judenverfolgung« kann der vorliegende Band keine abschließenden Ergebnisse erbringen. Er soll den erreichten Forschungsstand reflektieren, Desiderate verdeutlichen und Impulse geben, das Thema mit neuen Methoden und Fragestellungen weiterzuverfolgen. Die Einstellung der deutschen Bevölkerung zur Entrechtung und Vernichtung der Juden ist ein Kernproblem der NS-Geschichte. Nur wenn wir hier weiterkommen, ist eine sozialgeschichtliche Synthese denkbar, die aus einer einheitlichen Perspektive das Ganze erfaßt und dennoch der Vernichtungspolitik ihren zentralen Stellenwert läßt. Durch die Frage nach dem Verhalten der deutschen Mehrheit zu ihren jüdischen Nachbarn, Kollegen, Schülern usw. wird zudem die abstrakte, auch in der Forschung »depersonalisierte« Geschichte der Judenverfolgung zur Geschichte einer konkret sichtbaren leidenden Menschengruppe.

Anmerkungen

1 Broszat, Martin, Plädoyer für eine Historisierung des Nationalsozialismus, in: ders., Nach Hitler. Der schwierige Umgang mit unserer Geschichte, hrsg. v. Hermann Graml und Klaus-Dietmar Henke, München 1986, S. 159–173; Kershaw, Ian, Der NS-Staat. Geschichtsinterpretationen und Kontroversen im Überblick, Reinbek 1988, S. 180 f.

2 Nolte, Ernst, Vergangenheit, die nicht vergehen will, in: FAZ v. 6. 6. 1986, abgedr. in: ders., Das Vergehen der Vergangenheit. Antwort an meine Kritiker im sogenannten Historikerstreit, Berlin/Frankfurt a. M. 1987, S. 171–179.

3 Hamburger Institut für Sozialforschung (Hrsg.), Ausstellungskatalog: Vernichtungskrieg. Verbrechen der Wehrmacht 1941 bis 1944, Hamburg 1995, 4. Aufl. 1999; Heer, Hannes/Naumann, Klaus (Hrsg.), Vernichtungskrieg. Verbrechen der Wehrmacht 1941–1944, Hamburg 1995; Thiele, Hans Günther (Hrsg.), Die Wehrmachtsausstellung. Dokumentation einer Kontroverse, Bremen 1997 [Dokumentation einer Fachtagung und der Bundestagsdebatten am 13. 3. und 24. 4. 1997]; Prantl, Heribert (Hrsg.), Wehrmachtsverbrechen. Eine deutsche Kontroverse, Hamburg 1997 [Sammlung wichtiger Presseartikel]; Kühne, Thomas, Der nationalsozialistische Vernichtungskrieg und die »ganz normalen« Deutschen. Forschungsprobleme und Forschungstendenzen der Gesellschaftsgeschichte des Zweiten Weltkrieges, Tl. 1, in: Archiv für Sozialgeschichte 39 (1999), S. 581–662, speziell S. 650 ff.

4 Goldhagen, Daniel Jonah, Hitler's Willing Executioners. Ordinary Germans and the Holocaust, New York 1996, London 1996; ders., Hitlers willige Voll-

strecker. Ganz gewöhnliche Deutsche und der Holocaust, Berlin 1996, 10. Aufl. 1997; Schoeps, Julius H. (Hrsg.), Ein Volk von Mördern? Die Dokumentation der Goldhagen-Kontroverse um die Rolle der Deutschen im Holocaust, Hamburg 1996; Heil, Johannes/Erb, Rainer (Hrsg.), Geschichtswissenschaft und Öffentlichkeit. Der Streit um Daniel J. Goldhagen, Frankfurt a. M. 1998; Finkelstein, Norman G./Birn, Ruth Bettina, Eine Nation auf dem Prüfstand. Die Goldhagen-These und die historische Wahrheit, Hildesheim 1998 (zuerst am. 1998); Pohl, Dieter, Die Holocaust-Forschung und Goldhagens Thesen, in: Vierteljahrshefte für Zeitgeschichte 45 (1997), S. 1–48; Rechtshistorisches Journal 16 (1997), S. 601–702; Littell, Franklin (Hrsg.), Hyping the Holocaust: Scholars answer Goldhagen, Merion Station 1997; Husson, Edouard, Une culpabilité ordinaire? Hitler, les Allemands et la Shoah. Les enjeux de la controverse Goldhagen, Paris 1997; Ely, Geoff, The »Goldhagen Effect«: History, Memory, Nazism – Facing the German Past, Ann Arbor 2000. Die Fülle der Bücher, Aufsätze und Artikel zur Goldhagen-Debatte ist nicht mehr überschaubar und kann hier nicht nachgewiesen werden; vgl. die laufende Bibliographie im Leo Baeck Institute Year Book unter dem Stichwort »Goldhagen Debate«.

5 Herbert, Ulrich, Die richtige Frage, in: Schoeps, Volk von Mördern? (wie Anm. 4), S. 214–224; ders., Vernichtungspolitik. Neue Antworten und Fragen zur Geschichte des »Holocaust«, in: ders. (Hrsg.), Nationalsozialistische Vernichtungspolitik 1939–1945. Neue Forschungen und Kontroversen, Frankfurt a. M. 1998, S. 9–66, speziell S. 12.

6 Dazu gehören insbes.: Neumann, Franz, Behemoth. The Structure and Practice of National Socialism, London/New York/Toronto 1942 (dt.: 1977); Fraenkel, Ernst, The Dual State. A Contribution to the Theory of Dictatorship, London/New York/Toronto 1941 (dt.: Der Doppelstaat, Frankfurt a. M. 1974). Vgl. Kulka, Otto D., Die deutsche Geschichtsschreibung über den Nationalsozialismus und die »Endlösung«. Tendenzen und Entwicklungsphasen 1924–1984, in: Historische Zeitschrift 240 (1985), S. 599–640.

7 Warburg, Gustav, Six Years of Hitler. The Jews under the Nazi Regime, London 1939.

8 Heiden, Konrad, The New Inquisition, New York 1939.

9 Hilberg, Raul, The Destruction of the European Jews, Chicago 1961, dt.: Die Vernichtung der europäischen Juden, Berlin 1982 (zuerst Columbia University Diss. 1955). Hierher gehören u. a. Poliakov, Léon, Bréviaire de la haine. Le IIIe Reich et les Juifs, Paris 1951; Poliakov, Léon/Wulf, Josef, Das Dritte Reich und die Juden, Berlin 1955; Adler, H. G., Theresienstadt 1941–1945. Das Antlitz einer Zwangsgemeinschaft, Tübingen 1955; Reitlinger, Gerald, Die Endlösung. Hitlers Versuch der Ausrottung der Juden Europas 1939–1945, Berlin 1956 (engl.: London 1953).

10 Yahil, Leni, Die Schoah: Überlebenskampf und Vernichtung der europäischen Juden, München 1998 (hebr. 1987, engl. 1990); Friedländer, Saul, Das Dritte Reich und die Juden, Bd.1: Die Jahre der Verfolgung 1933–1939, München 1998.

11 Meinecke, Friedrich, Die deutsche Katastrophe. Betrachtungen und Erinnerungen, Wiesbaden 1946, S. 29, 53, 125.

12 Volkov, Shulamit, Kontinuität und Diskontinuität im deutschen Antise-

mitismus 1878–1945, in: Vierteljahrshefte für Zeitgeschichte 33 (1985), S. 221–243.

13 Kogon, Eugen, Der SS-Staat. Das System der deutschen Konzentrationslager, Frankfurt a. M. 1946.

14 Hamel, Iris, Völkischer Verband und nationale Gewerkschaft. Der Deutschnationale Handlungsgehilfen-Verband 1893–1933, Frankfurt a. M. 1967; Lohalm, Uwe, Völkischer Radikalismus. Die Geschichte des Deutschvölkischen Schutz- und Trutz-Bundes 1919–1923, Hamburg 1970; Jochmann, Werner, Im Kampf um die Macht. Hitlers Rede vor dem Hamburger Nationalklub von 1919, Frankfurt a. M. 1960 (Einleitung); ders., Nationalsozialismus und Revolution. Ursprung und Geschichte der NSDAP in Hamburg 1922–1933. Dokumente, Frankfurt a. M. 1963; ders./Jakobsen, Hans-Adolf, Dokumente zur Geschichte des Nationalsozialismus 1933–1945. Kommentar, Bielefeld 1966; ders., Gesellschaftskrise und Judenfeindschaft in Deutschland 1871–1945, Hamburg 1989.

15 Mehr als 2000 Bücher nennt: Laska, Vera, Nazism, Resistance and Holocaust in World War II: A Bibliography, Metuchen N. Y. 1985. Für die Neuerscheinungen vgl. die entsprechenden Kapitel in der Jahresbibliographie des Leo Baeck Institute Year Book. Einen guten Überblick geben die Literaturberichte von Kwiet, Konrad, Zur historiographischen Behandlung der Judenverfolgung im Dritten Reich, in: Militärgeschichtliche Mitteilungen 27 (1980), H. 1, S. 149–192; Kulka, Geschichtsschreibung (wie Anm. 6); Marrus, Michael R., The History of the Holocaust: A Survey of Recent Literature, in: Journal of Modern History 59 (1987), S. 114–160. Wichtige englischsprachige Aufsätze sind jetzt leicht zugänglich in der Sammlung: Marrus, Michael R. (Hrsg.), The Nazi Holocaust. Historical Articles on the Destruction of European Jews, Bd. 1–9, Westport/London 1989.

16 Longerich, Peter, Politik der Vernichtung. Eine Gesamtdarstellung der nationalsozialistischen Judenverfolgung, München 1998 (mit umfangreichem Literaturverzeichnis).

17 Kwiet, Historiographische Behandlung (wie Anm. 15), S. 150. Soweit die vorliegende Literatur das ermöglicht, versuchen Friedländer und Yahil (vgl. Anm. 10), in ihren Gesamtdarstellungen auch die Verhaltensweisen der Juden zu integrieren. Durch sorgfältige Auswertung der Erinnerungsliteratur gelingt es Marion Kaplan, ihr Buch aus der Perspektive des jüdischen Bevölkerungsteils zu schreiben: Between Dignity and Despair. Jewish Life in Nazi Germany, New York/Oxford 1998; dt.: Der Mut zum Überleben. Jüdische Frauen und ihre Familien in Nazi-Deutschland, Berlin 2001.

18 Zimmermann, Moshe, Jewish History and Jewish Historiography. A Challenge to Contemporary German Historiography, in: Leo Baeck Institute Year Book 35 (1990), S. 35–52.

19 Friedländer, Saul, Überlegungen zur Historisierung des Nationalsozialismus, in: Diner, Dan (Hrsg.), Ist der Nationalsozialismus Geschichte? Zu Historisierung und Historikerstreit, Frankfurt a. M. 1987, S. 34–50, insbes. S. 49 f. Vgl. neben dem in Anm. 1 zitierten Artikel auch den Briefwechsel zwischen Martin Broszat und Saul Friedländer: Um die »Historisierung des Nationalsozialismus«, in: Vierteljahrshefte für Zeitgeschichte 36 (1988), S. 339–372. Dazu: Rüsen, Jörn, Die Logik der Historisierung. Meta-historische Überlegungen zur Debatte zwischen Friedländer und Broszat, in:

Koch, Gertrud (Hrsg.), Bruchlinien. Tendenzen der Holocaustforschung, Köln/Weimar/Wien 1999, S. 19–60.

20 Diner, Dan, Zwischen Aporie und Apologie. Über Grenzen der Historisierbarkeit des Nationalsozialismus, in: ders., Ist der Nationalsozialismus Geschichte (wie Anm. 19), S. 62–73, insbes. S. 67 und 71.

21 Fackenheim, Emil L., Concerning Authentic and Unauthentic Responses to the Holocaust, in: Holocaust and Genocide Studies 1 (1986), S. 101–120.

22 Dimitroff, Georgi, Bericht auf dem VII. Weltkongreß der Kommunistischen Internationale, 2. 8. 1935, abgedr. in: ders., Ausgewählte Schriften, Bd. 2: 1921–1935, Berlin 1958, S. 525.

23 Diese Deutung findet sich in der älteren DDR-Literatur, in der der nationalsozialistische Judenmord aber insgesamt wenig behandelt wurde. Vgl. Kwiet, Konrad, Historians of the German Democratic Republic on Antisemitism and Persecution, in: Leo Baeck Institute Year Book 21 (1976), S. 173–198; Groehler, Olaf, Der Holocaust in der Geschichtsschreibung der DDR, in: ders./Herbert, Ulrich, Zweierlei Bewältigung. Vier Beiträge über den Umgang mit der nationalsozialistischen Vergangenheit in den beiden deutschen Staaten, Hamburg 1992, S. 41–66.

24 Wichtigster Vertreter dieser Richtung ist Kurt Pätzold: Faschismus, Rassenwahn, Judenverfolgung, Berlin 1975.

25 Vgl. vor allem Friedländer, Saul, Vom Antisemitismus zur Judenvernichtung. Eine historiographische Studie zur nationalsozialistischen Judenpolitik und Versuch einer Interpretation, in: Jäckel, Eberhard/Rohwer, Jürgen (Hrsg.), Der Mord an den Juden im Zweiten Weltkrieg. Entschlußbildung und Verwirklichung, Stuttgart 1985, S. 18–60, speziell S. 22–26. – Besonders nachdrücklich hat Hans Mommsen eine »westliche« funktionalistische Deutung vertreten; vgl. Mommsen, Hans, Die Realisierung des Utopischen: Die »Endlösung der Judenfrage« im »Dritten Reich«, in: Geschichte und Gesellschaft (1983), S. 381–420; ders., Was haben die Deutschen vom Völkermord an den Juden gewußt?, in: Pehle, Walter H. (Hrsg.), Der Judenpogrom 1938. Von der »Reichskristallnacht« zum Völkermord, Frankfurt a. M. 1988, S. 176–200; ders./Obst, Dieter, Die Reaktion der deutschen Bevölkerung auf die Verfolgung der Juden 1933–1943, in: ders./Willems, Susanne (Hrsg.), Herrschaftsalltag im Dritten Reich. Studien und Texte, Düsseldorf 1988, S. 374–421.

26 Pätzold, Kurt, Von der Vertreibung zum Genozid. Zu den Ursachen und Bedingungen der antijüdischen Politik des faschistischen deutschen Imperialismus, in: Eichholz, Dietrich/Gossweiler, Kurt (Hrsg.), Faschismusforschung. Positionen, Probleme, Polemik, Berlin (DDR)/Köln 1980, S. 181–208, hier S. 181.

27 Nolte, Ernst, Der Faschismus in seiner Epoche, München 1963; Friedländer, Saul, Some Aspects of the Historical Significance of the Holocaust, in: Jerusalem Quarterly 1976, S. 36–59, abgedr. in: Marrus, Nazi Holocaust (wie Anm. 15), Bd. 1, S. 138–161, hier S. 140.

28 Heim, Susanne/Aly, Götz (Bearb.), Bevölkerungsstruktur und Massenmord. Neue Dokumente zur deutschen Politik der Jahre 1938–1945, Berlin 1991, S. 12; ferner: dies., Vordenker der Vernichtung. Auschwitz und die deutschen Pläne für eine neue europäische Ordnung, Hamburg 1991; dies., Die Ökonomie der »Endlösung«. Menschenvernichtung und wirtschaftliche Neuord-

nung, in: Aly, Götz u. a., Sozialpolitik und Judenvernichtung. Gibt es eine Ökonomie der Endlösung, Berlin 1987, S. 11–90; dies., Sozialplanung und Völkermord. Thesen zur Herrschaftsrationalität der nationalsozialistischen Vernichtungspolitik, in: Schneider, Wolfgang (Hrsg.), Vernichtungspolitik. Eine Debatte über den Zusammenhang von Sozialpolitik und Genozid im nationalsozialistischen Deutschland, Berlin 1991, S. 11–23; Zurückweisung der Thesen u. a. durch: Herbert, Ulrich, Rassismus und rationales Kalkül. Zum Stellenwert utilitaristisch verbrämter Legitimationsstrategien in der nationalsozialistischen »Weltanschauung«, ebenda, S. 25–35; Graml, Hermann, Irregeleitet und in die Irre führend. Widerspruch gegen eine »rationale« Erklärung von Auschwitz, in: Jahrbuch für Antisemitismusforschung 1 (1992), S. 286–295; Diner, Dan, Rationalisierung und Methode. Zu einem neuen Erklärungsversuch der »Endlösung«, in: Vierteljahrshefte für Zeitgeschichte 40 (1992), S. 359–382. In neueren Veröffentlichungen deutet Aly die Kausalzusammenhänge anders: Der Genozid ist nicht mehr das Ziel der Bevölkerungspolitik, sondern der Ausweg aus dem Chaos, das bei der Realisierung der vermessenen bevölkerungspolitischen Pläne angerichtet wurde; vgl. Aly, Götz, »Endlösung«. Völkerverschiebung und der Mord an den europäischen Juden, Frankfurt a. M. 1995.

29 Insbesondere: Zitelmann, Rainer, Nationalsozialismus und Moderne. Eine Zwischenbilanz, in: Süß, Werner, Übergänge. Zeitgeschichte zwischen Utopie und Machbarkeit, Berlin 1990, S. 195–223, bes. S. 217 f.; ders., Die totalitäre Seite der Moderne,in: Prinz, Michael/Zitelmann, Rainer (Hrsg.), Nationalsozialismus und Modernisierung, Darmstadt 1991, S. 1–20; kritisch dazu (wie zu Aly/Heim): Frei, Norbert, Wie modern war der Nationalsozialismus? In: Geschichte und Gesellschaft 19 (1993), S. 367–387, bes. S. 372–377; Dipper, Christof, Modernisierung des Nationalsozialismus, in: Neue Politische Literatur 36 (1991), S. 450–456.

30 Baumann, Zygmunt, Modernity and the Holocaust, Oxford 1989; dt.: Dialektik der Ordnung. Die Moderne und der Holocaust, Hamburg 1992.

31 Arendt, Hannah, Eichmann in Jerusalem. Ein Bericht von der Banalität des Bösen, Leipzig 1990 (1. Aufl. München 1964), S. 58.

32 Peukert, Detlev J. K., Volksgenossen und Gemeinschaftsfremde. Anpassung, Ausmerze und Aufbegehren unter dem Nationalsozialismus, Köln 1982; zum Judenmord S. 247–248; korrigierend: ders., Die Genesis der »Endlösung« aus dem Geist der Wissenschaft, in: ders., Max Webers Diagnose der Moderne, Göttingen 1989, S. 102.

33 Friedländer in seinem Brief an Broszat vom 8. 11. 1987 (vgl. Anm. 19), in: Vierteljahrshefte für Zeitgeschichte 36 (1988), S. 352 f.; vorsichtiger in: Vom Antisemitismus (wie Anm. 25), S. 48. Ebenso: Tal, Uriel, On the Study of the Holocaust and Genocide, in: Yad Vashem Studies 13 (1979), S. 7–52.

34 Mayer, Arno J., Der Krieg als Kreuzzug. Das Deutsche Reich, Hitlers Wehrmacht und die »Endlösung«, Reinbek 1989; Burleigh, Michael, Die Zeit des Nationalsozialismus. Eine Gesamtdarstellung, Frankfurt a. M. 2000. Die beiden Autoren kommen zu entgegengesetzten Deutungen: Mayer wendet sich gegen die These, die Gewalttätigkeit der Jahre 1914 bis 1945 sei das spezifische Ergebnis der Moderne, und stellt statt dessen den nationalsozialistischen Eroberungskrieg und den Judenmord als »ideologischen Kreuzzug« in Parallele zum Dreißigjährigen Krieg. Seine Beweisführung erfordert viele gewagte

Kombinationen und Vergleiche. Burleigh kombiniert das Konzept der politischen Religion dagegen mit der Totalitarismus-Theorie und betont die modernen, ja »postmodernen« Formen und Methoden der nationalsozialistischen Politik (S. 23). Ihn interessiert, wie er gleich im dritten Absatz seines Buches hervorhebt, der »fortschreitende, zuletzt fast totale moralische Bankrott einer hochmodernen Industriegesellschaft im Herzen Europas« (S. 13).

35 Ley, Michael, Genozid und Heilserwartung. Zum nationalsozialistischen Mord am europäischen Judentum, Wien 1993, S. 16 und 32. Die apokalyptische Dimension des Judenhasses in der nationalsozialistischen Ideologie wird in diesem Kontext meistens stark betont; vgl. ders. / Schoeps, Julius H. (Hrsg.), Der Nationalsozialismus als politische Religion, Bodenheim 1997. – Die einschlägige Literatur ist nachgewiesen bei Burleigh, Zeit des Nationalsozialismus (wie Anm. 34), S. 954, Anm. 20 f.

36 Friedländer, Vom Antisemitismus (wie Anm. 25), S. 98.

37 Als Beispiele seien genannt: Bracher, Karl Dietrich, Die deutsche Diktatur. Entstehung, Struktur, Folgen des Nationalsozialismus, Köln/Berlin 1969; Jäckel, Eberhard, Hitlers Weltanschauung. Entwurf einer Herrschaft, 2. Aufl. Stuttgart 1981 (1. Aufl. 1969); Dawidowicz, Lucy S., Der Krieg gegen die Juden 1933 – 1945, München 1979 (engl. 1975).

38 Bauer, Yehuda, The Place of the Holocaust in Contemporary History, in: Studies in Contemporary Jewry 1 (1984), S. 210 – 224, abgedr. bei: Marrus, Nazi Holocaust (wie Anm. 15), Bd. 1, S. 225 – 248; Tal, Study of Holocaust (wie Anm. 33) und viele andere.

39 Hillgruber, Andreas, Die »Endlösung« und das deutsche Ostimperium als Kernstück des rassenideologischen Programms des Nationalsozialismus, in: Vierteljahrshefte für Zeitgeschichte 20 (1972), S. 133 – 153. Inzwischen ist Hillgrubers Erkenntnis durch eine umfangreiche Literatur bestätigt worden; vgl. Anm. 46.

40 Mommsen, Realisierung (wie Anm. 25); Broszat, Martin, Hitler und die Genesis der »Endlösung«, in: Vierteljahrshefte für Zeitgeschichte 25 (1977), S. 759 – 775. Schon Adam, Uwe Dietrich, Judenpolitik im Dritten Reich, Tübingen 1972, betonte die Bedeutung der vielfältigen Initiativen konkurrierender Machtträger; seine Konzeption war stark von Broszats Analyse des nationalsozialistischen Herrschaftssystems beeinflußt: Broszat, Martin, Der Staat Hitlers, München 1969. – Gegen die These, die Judenpolitik sei durch weitgehende Planlosigkeit gekennzeichnet gewesen, hat sich viel Widerspruch erhoben, u. a. von Friedländer, Vom Antisemitismus (wie Anm. 25), S. 39; Browning, Christopher, Zur Genesis der »Endlösung«. Eine Antwort an Martin Broszat, in: Vierteljahrshefte für Zeitgeschichte 29 (1981), S. 97 – 109; Graml, Hermann, Reichskristallnacht. Antisemitismus und Judenverfolgung im Dritten Reich, München 1988; ders., Zur Genesis der »Endlösung«, in: Büttner, Ursula (Hrsg.), Das Unrechtsregime. Internationale Forschung über den Nationalsozialismus, Bd. 2: Verfolgung – Exil – Belasteter Neubeginn, Hamburg 1986, S. 2 – 18; Marrus, Michael R., The Holocaust in History, Hanover/London 1987, S. 34 – 46; Barkai, Avraham, Regierungsmechanismen im Dritten Reich und die »Genesis der Endlösung«, in: Jahrbuch des Instituts für Deutsche Geschichte, Tel Aviv, Bd. 14 (1985), S. 371 – 384; Rürup, Reinhard, Das Ende der Emanzipation: Die antijüdische Politik in Deutschland von der »Machtergreifung« bis zum

Zweiten Weltkrieg, in: Paucker, Arnold (Hrsg.), Die Juden im nationalsozialistischen Deutschland, Tübingen 1986, S. 97–114, speziell S. 108: »Das in der Literatur weitverbreitete Bild einer vollständigen Planlosigkeit der antijüdischen Politik wird der historischen Wirklichkeit nicht gerecht.«

41 Aly, »Endlösung« (wie Anm. 28), S. 374 und 386.

42 Mommsen, Hans, Auschwitz, 17. Juli 1942. Der Weg zur europäischen Endlösung der »Judenfrage«, München 2002. In seiner Bilanz heißt es (S. 185): »Die Frage nach dem Verhältnis zwischen ideologischen und strukturellen Faktoren, die dem Konflikt zwischen Funktionalisten und Intentionalisten zugrunde lag, stellt sich im Licht der jüngeren Forschung nicht mehr mit der ihr ursprünglich anhaftenden Ausschließlichkeit.« Sein berühmter Aufsatz: »Die Realisierung des Utopischen« (wie Anm. 25) wird im Literaturverzeichnis nicht mehr eigens genannt. – Die Frage nach der »Genesis der Endlösung« hat die Forschung weiter beschäftigt: Burrin, Philippe, Hitler und die Juden. Die Entscheidung für den Völkermord, Frankfurt a. M. 1993 (franz. 1989); Browning, Christopher R., Der Weg zur »Endlösung«: Entscheidungen und Täter, Bonn 1998/Reinbek 2002; Longerich, Peter, Der ungeschriebene Befehl. Hitler und der Weg zur »Endlösung«, München 2001.

43 Bracher, Diktatur (wie Anm. 37), S. 396–401; Hillgruber, Andreas, Der geschichtliche Ort der Judenvernichtung, in: Jäckel/Rohwer, Mord (wie Anm. 25), S. 223; Friedländer, Vom Antisemitismus (wie Anm. 25), S. 20.

44 Hillgruber, Endlösung (wie Anm. 39), S. 152 f.

45 Vgl. die Kritik von Mann, Reinhard, Protest und Kontrolle im Dritten Reich. Nationalsozialistische Herrschaft im Alltag einer rheinischen Großstadt, Frankfurt a. M./New York 1987, S. 37 f.

46 Einen guten Überblick bietet Herbert, Nationalsozialistische Vernichtungspolitik (wie Anm. 5). In den Beiträgen fassen die Autoren die Ergebnisse größerer Studien zusammen: Pohl, Dieter, Von der »Judenpolitik« zum Judenmord: der Distrikt Lublin des Generalgouvernements 1939–1944, Frankfurt a. M./New York 1993; ders., Nationalsozialistische Judenverfolgung in Ostgalizien 1941–1944. Organisation und Durchführung eines staatlichen Massenverbrechens, München 1996; Sandkühler, Thomas, »Endlösung« in Galizien. Der Judenmord in Ostpolen und die Rettungsinitiative von Berthold Beitz 1941–1944, Bonn 1996; Gerlach, Christian, Kalkulierte Morde. Die deutsche Wirtschafts- und Vernichtungspolitik in Weißrußland 1941 bis 1944, Hamburg 1999; Manoschek, Walter (Hrsg.), Die Wehrmacht im Rassenkrieg. Der Vernichtungskrieg hinter der Front, Wien 1996; ders., »Serbien ist judenfrei«. Militärische Besatzungspolitik und Judenvernichtung in Serbien 1941/42, Hamburg 4. Aufl. 1999; ferner u. a.: Bartov, Omer, The Eastern Front, 1941–1945. German Troops and the Barbarisation of Warfare, Houndmills usw. 1985; Musial, Bogdan, Die deutsche Zivilverwaltung und Judenverfolgung im Generalgouvernement. Eine Fallstudie zum Distrikt Lublin 1939–1944, Wiesbaden 1999.

47 Browning, Christopher R., Ordinary Men. Reserve Police Bataillon 101 and the Final Solution in Poland, New York 1992; dt.: Ganz normale Männer. Das Reserve-Bataillon 101 und die »Endlösung« in Polen, Reinbek 1993.

48 Einen guten Überblick bietet Paul, Gerhard (Hrsg.), Die Täter der Shoah. Fanatische Nationalsozialisten oder ganz normale Deutsche?, Göttingen 2002 (mit ausführlichem Forschungsbericht und Hinweisen auf weiterfüh-

rende Literatur). Er unterscheidet zwischen Tätern im engeren und weiteren Sinn und beschränkt sich in seinem Buch auf die erste Gruppe. Ebenso verfährt: Mann, Michael, Were the Perpetrators of Genocide »Ordinary Men« or »Real Nazis«? Results from fifteen hundred Biographies, in: Holocaust and Genocide Studies, 14 (2000), S. 331 – 366 [hauptsächlich Angeklagte der Kriegsverbrecherprozesse]; Vgl. Browning, Christopher R., German Killers' Behaviour and Motivation in the Light of New Evidence, in: Nazi Policy: Jewish Workers – German Killers, Cambridge 2000, S. 143 – 169, deutsch unter dem entschärften Titel: Judenmord. NS-Politik, Zwangsarbeit und das Verhalten der Täter, Frankfurt a. M. 2001; Sandkühler, Thomas, Die Täter des Holocaust. Neuere Überlegungen und Kontroversen, in: Pohl, Karl Heinrich (Hrsg.), Wehrmacht und Vernichtungspolitik. Militär im nationalsozialistischen System, Göttingen 1999, S. 40 – 65.

49 Auch Longerich, Politik der Vernichtung (wie Anm. 16) und Yahil, Schoah (wie Anm. 17) legen den Schwerpunkt ihrer Darstellung auf diese Zeit.

50 Rürup, Ende der Emanzipation (wie Anm. 40).

51 Reichmann, Eva G., Die Flucht in den Haß. Die Ursachen der deutschen Judenkatastrophe, Frankfurt a. M. 1957.

52 Steinert, Marlis G., Hitlers Krieg und die Deutschen. Stimmung und Haltung der deutschen Bevölkerung im Zweiten Weltkrieg, Düsseldorf/Wien 1970. Einen wichtigen Impuls für ihre Untersuchung verdankte sie: Boberach, Heinz (Hrsg.), Meldungen aus dem Reich. Auswahl aus den geheimen Lageberichten des Sicherheitsdienstes der SS 1939 – 1944, Neuwied/Berlin 1965.

53 Stokes, Lawrence D., The German People and the Destruction of the European Jews, in: Central European History 6 (1973), S. 167 – 191; Kershaw, Ian, Antisemitismus und Volksmeinung. Reaktionen auf die Judenverfolgung, in. Broszat, Martin/Fröhlich, Elke, Bayern in der NS-Zeit II: Herrschaft und Gesellschaft im Konflikt, München/Wien 1979; ders., The Persecution of the Jews and German Popular Opinion in the Third Reich, in: Leo Baeck Institute Year Book 26 (1981), S. 261 – 289; ders., German Popular Opinion and the »Jewish Question« 1939 – 1943. Some Further Reflections, in: Paucker, Juden (wie Anm. 40), S. 365 – 386; Kulka, Otto Dov »Public Opinion« in Nazi Germany and the »Jewish Question«, in: Jerusalem Quarterly 25 (1982), S. 121 – 144; ders., »Public Opinion« in Nazi Germany: The Final Solution, in: Jerusalem Quarterly 26 (1983), S. 34 – 45, beide Artikel abgedr. bei Marrus, Nazi Holocaust (wie Anm. 15), Bd. 5, S. 115 – 150; Kulka, Otto Dov/Rodrigue, Aron, The German Population and the Jews in the Third Reich: Recent Publications and Trends in Research on German Society and the »Jewish Question«, in: Yad Vashem Studies 16 (1984), S. 421 – 435; Gordon, Sarah, Hitler, Germans and the »Jewish Question«, Princeton 1984; Bankier, David, Die öffentliche Meinung im Hitler-Staat. Die »Endlösung« und die Deutschen. Eine Berichtigung, Berlin 1995; besser englisch: The Germans and the Final Solution. Public Opinion under Nazism, Oxford 1992.

54 Laqueur, Walter, Was niemand wissen wollte. Die Unterdrückung der Nachrichten über Hitlers »Endlösung«, Frankfurt a. M. 1981 (engl. 1980), S. 26. Vgl. Gellately, Robert, Hingeschaut und weggesehen. Hitler und sein Volk, Stuttgart 2002 (engl.: Backing Hitler: Consent and Coercion in Nazi Germany, Oxford/New York 2001). Zur genaueren Klärung der Frage bereitet Bernward Dörner am Zentrum für Antisemitismusforschung eine Mono-

graphie vor über: »Der Mord an den europäischen Juden und die deutsche Gesellschaft: Wissen und Haltung der Bevölkerung 1941 bis 1945«.

55 So in den beiden Aufsätzen von 1982/83 in Jerusalem Quarterly: Kulka, »Public Opinion« (wie Anm. 53).

56 Kershaw, Persecution (wie Anm. 53), S. 289.

57 Bankier, Öffentliche Meinung (wie Anm. 53), passim, bes. S. 73, 87, 155 f.

58 Gellately, Robert, Die Gestapo und die deutsche Gesellschaft. Die Durchsetzung der Rassenpolitik 1933–1945, Paderborn 1993; engl.; The Gestapo and German Society. Enforcing Racial Policy 1933–1945, Oxford 1991; Diewald-Kerkmann, Gisela, Politische Denunziation im NS-Regime oder die kleine Macht der »Volksgenossen«, Bonn 1995; Johnson, Eric A., The Nazi Terror: the Gestapo, Jews and Ordinary Germans, New York 1999/London 2000; Berschel, Holger, Bürokratie und Terror. Das Judenreferat der Gestapo Düsseldorf 1935–1945, Paderborn 1998; früher schon: Gordon, Hitler, (wie Anm. 53).

59 Mommsen, Was haben die Deutschen gewußt (wie Anm. 25), S. 176.

60 Laqueur, Was niemand (wie Anm. 54), S. 26–44.

61 Kwiet, Konrad, Nach dem Pogrom: Stufen der Ausgrenzung, in: Benz, Wolfgang (Hrsg.), Die Juden in Deutschland 1933–1945. Leben unter nationalsozialistischer Herrschaft, München 1988, S. 545–659; Mommsen/Obst, Reaktion (wie Anm. 25); Obst, Dieter, »Reichskristallnacht«. Ursachen und Verlauf des antisemitischen Pogroms vom November 1938, Frankfurt a. M. usw. 1991; Kropat, Wolf-Arno, Kristallnacht in Hessen. Der Judenpogrom vom November 1938, Wiesbaden 1988; Faust, Anselm (Bearb.), Die »Kristallnacht« im Rheinland. Dokumente zum Judenpogrom im November 1938, Düsseldorf 1987; Hilberg, Raul, Sonderzüge nach Auschwitz, Mainz 1981; Zimmermann, Michael, Die Deportation der Juden aus Essen und dem Regierungsbezirk Düsseldorf, in: Borsdorf, Ulrich/Jamin, Mathilde (Hrsg.), Über Leben im Krieg. Kriegserfahrungen in einer Industrieregion 1939–1945, Reinbek 1989, S. 126–142; ders., Die Gestapo und die regionale Organisation der Judendeportationen. Das Beispiel der Stapo-Leitstelle Düsseldorf, in: Paul, Gerhard/Mallmann, Klaus-Michael (Hrsg.), Die Gestapo. Mythos und Realität, Darmstadt 1995, S. 357–372.

62 Steinbacher, Sybille, Dachau – die Stadt und das Konzentrationslager in der NS-Zeit: die Untersuchung einer Nachbarschaft, Frankfurt a. M./New York 1993; dies., Auschwitz. Die »Musterstadt« und das Vernichtungslager, in: Dachauer Hefte, Jg. 17, H. 17: Öffentlichkeit und KZ. Was wußte die Bevölkerung?, München 2001, S. 42–55; Sprenger, Isabell, »Erbarmungsloses Schweigen« – Bevölkerung und Konzentrationslager in Groß-Rosen, in: Die alte Stadt 20 (1993), S. 385–394.

63 Kaplan, Between Dignity (wie Anm. 17), S. 232 f.

64 Gordon, Hitler (wie Anm. 53), S. 210–245. Gellately, Gestapo (wie Anm. 58), S. 189 f., übt heftige Kritik an Gordon, weil ihr Sample auch zu Unrecht beschuldigte Personen enthält. Er selbst bietet aber keine entsprechende Statistik und bleibt bei der Sammlung von Einzelfällen stehen, so daß nicht zu erkennen ist, inwieweit Gordons methodischer Fehler ihre Ergebnisse verändert hat. – Der Versuch, anhand nachträglicher, in der Bundesrepublik durchgeführter Bevölkerungsumfragen quantitative Aussagen zu machen, ist quellenkritisch und methodisch eher noch schwieriger: Reuband, Karl-

Heinz, Gerüchte und Kenntnisse vom Holocaust in der deutschen Gesellschaft vor Ende des Krieges. Eine Bestandsaufnahme auf der Basis von Bevölkerungsumfragen, in: Jahrbuch für Antisemitismusforschung 9 (2000), S. 196–233.

65 Vgl. Anm. 1 und 46, außerdem: Messerschmidt, Manfred, Die Wehrmacht im NS-Staat. Zeit der Indoktrination, Hamburg 1969, S. 353–361, 390–415; ders., Harte Sühne am Judentum. Befehlswege und Wissen in der deutschen Wehrmacht, in: Wollenberg, Jörg (Hrsg.), »Niemand war dabei und keiner hat's gewußt.« Die deutsche Öffentlichkeit und die Judenverfolgung 1933–1945, München/Zürich 1989, S. 113–128; Förster, Jürgen, Das Unternehmen »Barbarossa« als Eroberungs- und Vernichtungskrieg, in: Das deutsche Reich und der Zweite Weltkrieg, hrsg. v. Militärgeschichtlichen Forschungsamt, Bd. 4: Der Angriff auf die Sowjetunion, Stuttgart 1983, S. 413–447; ders., Die Sicherung des »Lebensraumes«, ebenda, S. 1030–1070; Bartov, Eastern Front (wie Anm. 46); ders., Hitler's Army. Soldiers, Nazis and War in the Third Reich, New York usw. 1991; dt.: Hitlers Wehrmacht. Soldaten, Fanatismus und die Brutalisierung des Krieges, Reinbek 1995; Pohl, Wehrmacht und Vernichtungspolitik (wie Anm. 48); Müller, Rolf-Dieter/Volkmann, Hans-Erich (Hrsg.), Die Wehrmacht. Mythos und Realität, München 1999, bes. S. 923–965; Manoschek, Walter, »Wo der Partisan ist, ist der Jude, und wo der Jude ist, ist der Partisan«. Die Wehrmacht und die Shoah, in: Paul, Täter (wie Anm. 48), S. 167–185; Meyer, Ahlrich, Die deutsche Besatzung in Frankreich 1940–1944. Widerstandsbekämpfung und Judenverfolgung, Darmstadt 2000; Manoschek, Walter (Hrsg.), »Es gibt nur eines für das Judentum: Vernichtung«. Das Judenbild in deutschen Soldatenbriefen 1939–1944, Hamburg 1995; Humburg, Martin, Feldpostbriefe aus dem Zweiten Weltkrieg: Zur möglichen Bedeutung im aktuellen Meinungsstreit unter besonderer Berücksichtigung des Themas »Antisemitismus«, in: Militärgeschichtliche Mitteilungen 58 (1999), S. 321–343. – Besondere Beachtung fanden seit der Arbeit von Browning, Ordinary Men (wie Anm. 47) die Polizeibataillone: Kohl, Paul, Der Krieg der Wehrmacht und der Polizei 1941–1944, Frankfurt a. M. 1995; Kwiet, Konrad, Auftakt zum Holocaust. Ein Polizeibataillon im Osteinsatz, in: Benz, Wolfgang u. a. (Hrsg.), Der Nationalsozialismus. Studien zur Ideologie und Herrschaft, Frankfurt a. M. 1993, S. 191–208; Angrick, Andrej u. a., »Da hätte man schon ein Tagebuch führen müssen.« Das Polizeibataillon 322 und die Judenmorde im Bereich der Heeresgruppe Mitte während des Sommers und Herbstes 1941, in: Grabitz, Helge u. a. (Hrsg.), Die Normalität des Verbrechens. Bilanz und Perspektiven der Forschung zu den nationalsozialistischen Gewaltverbrechen, Berlin 1994, S. 325–386; Mallmann, Klaus-Michael, Vom Fußvolk der »Endlösung«. Ordnungspolizei, Ostkrieg und Judenmord, in: Tel Aviver Jahrbuch für deutsche Geschichte 26 (1997), S. 355–391; Matthäus, Jürgen, »Warum wird über das Judentum geschult?«. Die ideologische Vorbereitung der deutschen Polizei auf den Holocaust, in: Paul, Gerhard/Mallmann, Klaus-Michael (Hrsg.), Die Gestapo im Zweiten Weltkrieg. »Heimatfront« und besetztes Europa, Darmstadt 2000, S. 100–124 .Vgl. auch den Beitrag von Petter in diesem Band.

66 Für die Bereitschaft der Evangelischen Kirche, sich nach langem Zögern mit ihrer problematischen Haltung zur Judenverfolgung auseinanderzusetzen,

steht die späte Veröffentlichung der Arbeit von Gerlach, Wolfgang, Als die Zeugen schwiegen. Bekennende Kirche und die Juden, Berlin 1987 (theol. Diss. 1970). Vgl. die Beiträge von Greschat und Nellessen sowie die von ihnen genannte Literatur.

67 Sehr einflußreich war beispielsweise der Bericht von Bernhard Lösener, Als Rassereferent im Reichsministerium des Innern, in: Vierteljahrshefte für Zeitgeschichte 9 (1961), S. 264–330. Mommsen/Obst, Reaktion (wie Anm. 25), S. 395, akzeptieren die Sichtweise, daß viele der klassischen Ressorts versucht hätten, die Eskalation der antijüdischen Maßnahmen zu bremsen. Scharf ablehnend äußert sich Rürup, Ende der Emanzipation (wie Anm. 40), S. 110 f., gegen Löseners Darstellung wie generell gegen die »Legenden« von der größeren Mäßigung der Bürokratie und der Wirtschaftselite. Genaue Untersuchungen liegen für das Auswärtige Amt vor: Browning, Christopher, The Final Solution and the German Foreign Office, New York/London 1978; Döscher, Hans-Jürgen, Das Auswärtige Amt im Dritten Reich. Diplomatie im Schatten der »Endlösung«, Berlin 1987, S. 213–256.

68 Gruner, Wolf, Öffentliche Wohlfahrt und Judenverfolgung. Wechselwirkungen lokaler und zentraler Politik im NS-Staat (1933–1942), München 2002; Lohalm, Uwe, Fürsorge und Verfolgung. Öffentliche Wohlfahrtsverwaltung und nationalsozialistische Judenpolitik in Hamburg 1933 bis 1942, Hamburg 1998; Willems, Susanne, Stadtmodernisierung, Wohnungsmarkt und Judenverfolgung in Berlin 1938 bis 1943, phil. Diss. Bochum 1999; dies., Der entsiedelte Jude. Albert Speers Wohnungsmarktpolitik für den Berliner Hauptstadtbau, Berlin 2000. – Mehl, Stefan, Das Reichsfinanzministerium und die Verfolgung der deutschen Juden 1933–1945, Berlin 1990; Schilde, Kurt, Bürokratie des Todes. Lebensgeschichten jüdischer Opfer des NS-Regimes im Spiegel von Finanzamtsakten, Berlin 2002; Kenkmann, Alfons/Rusinek, Bernd A. (Hrsg.), Verfolgung und Verwaltung. Die wirtschaftliche Ausplünderung der Juden und die westfälischen Finanzbehörden, Münster 1999; Schmid, Hans-Dieter, »Finanztod«. Die Zusammenarbeit von Gestapo und Finanzverwaltung bei der Ausplünderung der Juden in Deutschland, in: Paul/Mallmann, Gestapo im Weltkrieg (wie Anm. 65), S. 141–154; Friedenberger, Martin, Das Berliner Finanzamt Moabit und die Enteignung der Emigranten des Dritten Reichs 1933–1942, in: Zeitschrift für Geschichtswissenschaft 50 (2001), S. 677–694; Felix, Günther, Scheinlegalität und Rechtsbeugung. Finanzverwaltung, Steuergerichtsbarkeit und Judenverfolgung im »Dritten Reich«, in: Steuer und Studium, H. 5, Herne 1995, S. 197–204; Mußgnug, Dorothee, Die Reichsfluchtsteuer 1931–1953, Berlin 1993.

69 Hauptsächlich die staatlichen Maßnahmen behandelt: Genschel, Helmut, Die Verdrängung der Juden aus der Wirtschaft im Dritten Reich, Göttingen 1966. Den gesellschaftlichen Aspekt berücksichtigt stärker: Barkai, Avraham, Vom Boykott zur »Entjudung«. Der wirtschaftliche Existenzkampf der Juden im Dritten Reich 1933–1943, Frankfurt a. M. 1987.

70 Einen Überblick bieten: Wirtz, Stefan/Kolbe, Christian, Enteignung der jüdischen Bevölkerung in Deutschland und nationalsozialistische Wirtschaftspolitik. Annotierte Bibliographie, Frankfurt a. M. 2000. Wojak, Irmtraud/Hayes, Peter (Hrsg.), »Arisierung« im Nationalsozialismus. Volksgemeinschaft, Raub und Gedächtnis, Frankfurt a. M. 2000 (Jahrbuch des Fritz-

Bauer-Instituts zur Geschichte und Wirkung des Holocaust); Mönninghoff, Wolfgang, Enteignung der Juden. Wunder der Wirtschaft – Erbe der Deutschen, Hamburg 2001; ertragreich sind regionale Studien, besonders: Bajohr, Frank, »Arisierung« in Hamburg. Die Verdrängung der jüdischen Unternehmer 1933 – 1945, Hamburg 1997; Bruns-Wüstefeld, Alex, Lohnende Geschäfte. Die »Entjudung« der Wirtschaft am Beispiel Göttingens, Hannover 1997; Dahlmann, Hans-Christian, »Arisierung« und Gesellschaft in Witten. Wie die Bevölkerung einer Ruhrgebietsstadt das Eigentum der Juden und Jüdinnen übernahm, Münster 2001; Rappl, Marian, »Arisierungen« in München. Die Verdrängung der jüdischen Gewerbetreibenden aus dem Wirtschaftsleben der Stadt, 1933 – 1939, in: Zeitschrift für bayerische Landesgeschichte 63/1 (2000), S. 80 – 121; ferner Untersuchungen über einzelne Wirtschaftssektoren: Hayes, Peter, Big Business and »Aryanisation« in Germany 1933 – 1939, in: Jahrbuch für Antisemitismusforschung 3 (1994), S. 254 – 281; Verse-Herrmann, Angela, Die »Arisierungen« in der Land- und Forstwirtschaft 1938 – 1942, Stuttgart 1997

71 Als hervorragender Überblick: Herbert, Ulrich, Arbeit und Vernichtung. Ökonomisches Interesse und Primat der »Weltanschauung« im Nationalsozialismus, in: ders. (Hrsg.), Europa und der »Reichseinsatz«. Ausländische Zivilarbeiter, Kriegsgefangene und KZ-Häftlinge in Deutschland 1938 – 1945, Essen 1991, S. 384 – 429; vgl. ferner neben zahlreichen Arbeiten über einzelne Orte und Firmen: Kaienburg, Hermann (Hrsg.), Konzentrationslager und deutsche Wirtschaft 1939 – 1945, Opladen 1996; Frei, Norbert/Steinacher, Sybille/Wagner, Bernd C. (Hrsg.), Ausbeutung, Vernichtung, Öffentlichkeit. Neue Studien zur nationalsozialistischen Lagerpolitik, München 2000.

72 James, Harold, Die Deutsche Bank und die »Arisierung«, München 2001; Ziegler, Dieter, Die Deutschen Großbanken im »Altreich« 1933 – 1939, in: Stiefel, Dieter (Hrsg.), Die politische Ökonomie des Holocaust. Zur wirtschaftlichen Logik von Verfolgung und »Wiedergutmachung«, Wien/München 2001, S. 118 – 145; Lorentz, Bernhard, Die Beteiligung der Commerzbank an der »Arisierung« im Altreich. Vergleichende Studien über Netzwerkstrukturen, Handlungsspielräume und Wettbewerb von Großbanken in der NS-Zeit, in: Vierteljahrshefte für Zeitgeschichte 50 (2002), S. 237 – 268; Ziegler, Dieter, Die Verdrängung der Juden aus der Dresdner Bank 1933 – 1938, in: Vierteljahrshefte für Zeitgeschichte 47 (1999), S. 187 – 216. Feldman, Gerald D., Die Allianz und die deutsche Versicherungswirtschaft 1933 – 1945, München 2001; Surminski, Arno, Versicherung unterm Hakenkreuz, Berlin 1999.

73 Wagner, Bernd C., IG Auschwitz. Zwangsarbeit und Vernichtung von Häftlingen des Lagers Monowitz, 1941 – 1945, München 2000; Hayes, Peter, Industry and Ideology. IG Farben in the Nazi Era, Cambridge usw. 1987.

74 Vgl. die Nachweise in den Beiträgen von Grenville und Johe.

Heinz Boberach

Überwachungs- und Stimmungsberichte als Quellen für die Einstellung der deutschen Bevölkerung zur Judenverfolgung

Einen ersten Versuch, alle erreichbaren Quellen, die über die Reaktionen der Bevölkerung auf die Verfolgung der Juden Aufschluß geben könnten, zu erfassen und auszuwerten, hat – beschränkt auf die Kriegszeit – Marlis Steinert 1970 unternommen.[1] Ian Kershaw, Otto Dov Kulka und – in besonders spektakulärer Weise – Daniel J. Goldhagen[2] haben sich seither neben einigen anderen Autoren mit diesem Thema befaßt, sind dabei aber zu unterschiedlichen Ergebnissen gekommen. Während Kershaw urteilte, daß »Apathie und moralische Indifferenz« offensichtlich die am meisten verbreiteten Haltungen waren, sprach Goldhagen von der »großen Bereitschaft der meisten gewöhnlichen Deutschen, die rabiate Verfolgung der Juden [...] zunächst zu tolerieren, zu unterstützen, oft sogar tätig daran mitzuwirken«.[3]

Eine erneute Sichtung der Quellen scheint demnach angebracht, auch wenn sie sich hier auf die Überlieferung in den Zentralarchiven und den alten Bundesländern beschränken muß.[4] Ergebnisse systematischer Meinungsumfragen wird man freilich nicht erwarten können; es liegen lediglich Angaben über eine nicht repräsentative Befragung von Parteimitgliedern aus verschiedenen Berufen und sozialen Schichten im November 1938 und Herbst 1942 vor.[5] Danach billigten 1938 5 % Gewalt, waren 32 % zurückhaltend oder indifferent und 63 % uneingeschränkt entrüstet. 1942 bejahten 5 % das Recht, die Juden zu vernichten, waren 69 % indifferent, 21 % für einen eigenen Judenstaat, und 5 % lehnten eindeutig den Antisemitismus ab.

Um so wichtiger könnten die Berichte des Sicherheitsdienstes (SD) der SS sein, sollten sie doch die nationalsozialistische Führung über »die im Volke vorhandenen oder entstehenden Auffassungen« informieren.[6] In seinen Lageberichten und »Meldungen aus dem

Reich«[7] hat die Einstellung der Bevölkerung zu den Maßnahmen gegen die Juden jedoch kaum einen Niederschlag gefunden. Dafür gibt es verschiedene Gründe. Einmal liegt es daran, daß der SD ursprünglich nur die Aufgabe hatte, Informationen über die tatsächlichen und vermeintlichen Gegner des Regimes zu sammeln, um sie bekämpfen zu können. Bis 1936 behandeln die – relativ wenigen noch vorhandenen – Berichte des mit jüdischen Angelegenheiten befaßten Referats II 112 des SD-Hauptamtes ausschließlich die Verhältnisse der Juden selbst, vor allem ihre Organisationen und ihre öffentlichen Äußerungen, ihre Emigration und ihren wirtschaftlichen Einfluß.[8] Lediglich in Meldungen über andere Gegner wird deren Reaktion auf die Judenverfolgung erwähnt, etwa die Äußerungen von Kardinal Faulhaber gegen den Antisemitismus 1934 oder das Flugblatt eines Pfarrers der Bekennenden Kirche 1935.[9] In den Arbeitsrichtlinien wird die Beobachtung der Haltung der »Volksgenossen« zu den Juden nicht aufgeführt, und in den Restakten des Referats[10] ist nur dokumentiert, daß der Boykott der jüdischen Warenhäuser am Verhalten der Bevölkerung scheiterte und selbst Parteigenossen, »teilweise sogar in Uniform«, sich nicht scheuten, dort zu kaufen; auch vom Einkauf von Pferden bei jüdischen Viehhändlern durch die Wehrmacht ist die Rede und von der Vertretung jüdischer Parteien durch Rechtsanwälte, die der NSDAP angehörten.[11] Noch in einem Richtlinienentwurf vom April 1937 heißt es, Hauptaufgaben seien die »personelle Erfassung« der Juden, Erhebungen über ihren Einfluß auf die Wirtschaft und über ihre Unterstützung durch »konfessionelle und politische Gegner«.

Ein anderer Grund für die geringe Beachtung der Reaktionen auf die antisemitischen Maßnahmen in den ersten Jahren des NS-Regimes dürfte in der geringen Qualifikation der im Gegnernachrichtendienst tätigen SS-Leute zu suchen sein, zu denen ab 1934 auch der 28jährige ehemalige Handelsvertreter Adolf Eichmann zählte.[12] Für die später hinzugekommenen jungen Akademiker der »Lebensgebietsforschung« mag die Zurückhaltung darin begründet gewesen sein, daß jede Meldung über negative Reaktionen auf die Judenverfolgung das Eingeständnis von Mängeln der Gegnerverfolgung und der Propaganda enthielt, eine zu positive Darstellung ihrer Wirkung aber auch die Beschränkung der Tätigkeit von

Gestapo und SD im Reich zugunsten des Einsatzes in den besetzten Gebieten zur Folge haben konnte. Dieses Dilemma konnte freilich auch zu ausgewogenen Berichten führen.

Die ersten Berichte, in denen die Ergebnisse der Meinungsforschung auf den »Lebensgebieten« präsentiert wurden, der Jahreslagebericht 1938 und der erste Vierteljahresbericht 1939 des SD-Hauptamts, beschränkten sich ebenfalls darauf, die Situation der Juden selbst und ihrer Organisationen sowie das »Weltjudentum« zu behandeln und weitere Beispiele für kirchliche Kritik am Antisemitismus anzuführen.[13] Das gleiche Bild bieten die – zeitweise zweimal wöchentlich vorgelegten – insgesamt über 600 »Berichte zur innenpolitischen Lage«, »Meldungen aus dem Reich« und »SD-Berichte zu Inlandsfragen«, die zwischen Oktober 1939 und April 1944 neben den allgemeinen Stimmungsanalysen ca. 4000 Einzelthemen behandelten. In ihnen ist die Verfolgung der Juden nur etwa sechzigmal erwähnt, überwiegend in den Jahren 1940 und 1941. Von den ausschließlich Juden betreffenden 28 Einzelmeldungen behandeln 18 ihre Diskriminierung im Zivil-, Straf- und Verwaltungsrecht, u. a. die Maßnahmen zur Verhinderung der Bemühungen, durch die Behauptung außerehelicher Abstammung Verfolgungsmaßnahmen zu entgehen. Angaben über die Haltung der Bevölkerung sind lediglich folgenden Berichten zu entnehmen: Am 29. April 1940 wird gemeldet, daß man mit der Zurückweisung des polnischen Schwarzbuchs über die Massenerschießungen im Generalgouvernement und den eingegliederten Ostgebieten durch die Presse »nicht überall einverstanden« sei: »Vielfach hätten Urlauber aus Polen über solche Erschießungen berichtet, und es sei ja nicht mehr als recht und billig, daß die Mörder der Volksdeutschen erschossen worden seien.«[14] Im Sommer wurde dann eine Rede des Generalgouverneurs Hans Frank Anlaß für den Wunsch, etwas über die »Lösung der Judenfrage« in Polen zu erfahren.[15] Im Juli 1940 rief ein Urteil des Berliner Arbeitsgerichts, das jüdischen Arbeitnehmern die ihnen vorenthaltene Lohnfortzahlung für die »Hermann-Göring-« und andere Feiertage zuerkannte, »Mißstimmung und erhebliches Aufsehen« in der »arischen« Belegschaft hervor[16], und einen Monat später wunderte man sich, daß im neuen Berliner Fernsprechbuch noch sämtliche Synagogen aufgeführt seien.[17]

Der Film »Jud Süß« wurde nach einer Meldung vom 28. November 1940 vor allem wegen der »beängstigend echten« Darstellung von Juden als schauspielerische Leistung gewürdigt und deshalb dem Film »Die Rothschilds« vorgezogen; in Berlin sei der im Film gezeigte Einzug der Juden in Stuttgart mit Ausrufen »Vertreibt die Juden vom Kurfürstendamm! Raus mit den letzten Juden aus Deutschland« kommentiert worden.[18]

Nicht ganz so wirkungsvoll war der »mit großer Spannung« erwartete politische Aufklärungsfilm »Der ewige Jude«, wie am 20. Januar 1941 gemeldet wurde:[19] Der anfangs außerordentlich starke Besuch ließe oft nach, weil sich herumgesprochen habe, daß er gegenüber »Jud Süß« nichts wesentlich Neues bringe, und weil gegen die sehr realistische Darstellung vor allem des Schächtens als »Nervenbelastung« in manchen Orten »Mundpropaganda« betrieben werde. Beide Filme dürften allerdings dazu beigetragen haben, daß nach dem Angriff auf die Sowjetunion die Wochenschauaufnahmen von der Zwangsarbeit der Juden in Riga und der Lynchjustiz der Letten an ihnen »mit lebhafter Zustimmung« aufgenommen und sogar in der Weise kommentiert wurden, man gehe mit ihnen »noch viel zu loyal« um.[20]

Die Einführung des Judensterns durch die Polizeiverordnung vom 1. September 1941 wurde nach einer ersten Meldung vom 9. Oktober »vom überwiegenden Teil der Bevölkerung begrüßt und nur in geringem Umfang, vor allem in katholischen und bürgerlichen Kreisen«, mit Mitleid aufgenommen; man befürchte auch, daß diese »mittelalterlichen Methoden« zu Repressalien gegen Deutsche im Ausland führen könnten.[21] Am 24. November wurden die Versuche der Kirchen, die judengegnerische Haltung der Bevölkerung zu untergraben, besonders behandelt; als Indiz dafür galt die Zurückweisung der Forderung, »Sternträger« vom Gottesdienst auszuschließen, durch Geistliche der Bekennenden Kirche und die Kardinäle Bertram und Innitzer.[22] Ein abschließender Bericht vom 2. Februar 1942 befaßte sich vor allem mit der Kritik von Nationalsozialisten daran, daß die jüdischen Partner in »Mischehen« und »Halbjuden« von der Kennzeichnungspflicht ausgenommen worden waren; »böswillige Deutschblütige« könnten nun annehmen, daß der Umgang mit diesem Personenkreis gestattet sei. Man erwartete die Aufhebung dieser Bestimmungen, würde »am meisten jedoch die baldige Abschiebung aller Juden begrüßen«.[23] Wie sich die antijüdische Propaganda bei der zunehmenden Verknappung von Lebensmitteln auswirkte, zeigte zur gleichen Zeit eine Einzelmeldung aus Bielefeld: Daß jüdische Kinder die gleichen Vollmilchzuteilungen erhielten wie deutsche, habe »in weiten Kreisen der Bevölkerung eine ständig wachsende Erbitterung« hervorgerufen.[24]

Die letzte relevante Meldung vom 19. April 1943 schließlich belegt nochmals, daß die Ermordung der osteuropäischen Juden in der Bevölkerung nicht unbekannt geblieben war. Die Propaganda anläßlich der Entdeckung der Massengräber von Katyn wurde als »heuchlerisch« bezeichnet, »weil deutscherseits in viel größerem Umfang Polen und Juden beseitigt worden sind«; selbst Parteigenossen hätten der Argumentation »gegnerisch eingestellter Kreise«, daß »wir selbst mit Polen, Juden und Bolschewiken nicht gerade wählerisch umgegangen« seien, nichts entgegenzusetzen.[25] Im September 1943 berichtete der SD Würzburg über die Meinung, die Gräber in Katyn könnten auch für die ermordeten polnischen und russischen Juden angelegt worden sein.[26]

In der Überlieferung der regionalen und lokalen SD-Dienststellen, die das Material für die Berichte lieferten, sind im übrigen nur wenige Informationen über das Verhältnis der Bevölkerung zu den Juden zu finden. Die entsprechenden Meldungen aus dem Raum Koblenz für die Jahre 1937 bis 1941[27] behandeln ausschließlich die Lage der Juden selbst, die Behinderung ihrer wirtschaftlichen Betätigung mit Einschluß der »Arisierung« und die Äußerung von Sympathien für Juden und Kritik an ihrer Verfolgung in kirchlichen Kreisen. Eine Auswertung der Lageberichte und Aktenreste der SD-Abschnitte und -Außenstellen Bielefeld, Bremen, Darmstadt, Dortmund, Frankfurt/M., Kassel, Stuttgart, Weimar und Wiesbaden[28] dürfte zum selben Ergebnis führen.

Gleichzeitig und bis 1937 in Konkurrenz mit dem SD befaßte sich auch die Gestapo mit den Juden als Gegnern. Zusammenfassende Berichte über ihre Tätigkeit für das ganze Reichsgebiet scheint es allerdings – ausgenommen für die Zeit von Oktober 1936 bis Februar 1937[29] – nicht gegeben zu haben; die aus der Kriegszeit überlieferten »Meldungen wichtiger staatspolizeilicher Ereignisse« addieren lediglich Einzelmeldungen und haben keinen eigenen Abschnitt über Juden. Die von den einzelnen Staatspolizeistellen monatlich erstatteten Berichte sind vor allem aus Preußen für die Jahre 1933/34 bis 1936 im Geheimen Staatsarchiv Preußischer Kulturbesitz und in der im Bundesarchiv Berlin-Lichterfelde vereinigten gesamten Restüberlieferung des Reichssicherheitshauptamtes vorhanden, aus späterer Zeit nur vereinzelt, und fehlen für die meisten außerpreußischen Länder. Ob eine Anweisung Heydrichs vom 8. April 1936 zur Einstellung der Berichterstattung, deren Pessimismus Göring kritisiert hatte,[30] später rückgängig gemacht wurde, ist nicht zu klären. Von diesen Berichten sind diejenigen der Staatspolizeistellen Aachen,[31] Hannover und Hildesheim,[32] Frankfurt und Kassel,[33] Stettin und Köslin,[34] ferner des Badischen Geheimen Staatspolizeiamtes (später Stapo Karlsruhe)[35] veröffentlicht worden.

Der darin regelmäßig enthaltene Abschnitt »Juden«, z.T. auch »Juden und Freimaurer«, behandelt wie die SD-Berichte überwiegend die Lage der Juden und ihre verschiedenen Organisationen, die Emigration und die Wirkung diskriminierender Maßnahmen. Die Angaben über die Reaktionen der Bevölkerung beschränken sich meistens auf die immer wiederkehrende Feststellung, daß die Aufrufe zum Boykott jüdischer Geschäfte weitgehend erfolglos blieben und die Landwirte nicht bereit seien, die Geschäftsbeziehungen zu jüdischen Viehhändlern einzustellen.[36] Aus Aachen wird zusätzlich die Kritik katholischer Kreise am Antisemitismus gemeldet,[37] in einem Fall jedoch auch eine Predigt gegen die Juden verzeichnet.[38] Während die Auswahl der Aachener Berichte Demonstrationen gegen Juden nur zweimal erwähnt[39] und sie auch in den Meldungen aus Pommern relativ selten vorkommen – Ausschreitungen gegen Geschäfte in Stettin und Stralsund und gegen »Rassenschänder«[40] –, hatten sie in Nordhessen[41] und im südlichen Niedersachsen[42] größere Bedeutung. Aus beiden Bereichen wird auch über die Wirkung berichtet.

Die Kasseler Gestapo glaubte im Juni 1935 feststellen zu können, »der Antisemitismus im Volke« halte sich »frisch und tatkräftig«, so daß Ausschreitungen gegen Geschäfte und Personen, die sich »frech und anmaßend« benähmen, unvermeidlich seien.[43] Aber im August hieß es dann, daß die Exzesse vielleicht auf »dunkle Elemente« oder gar »Provokationen staatsfeindlicher Elemente« zurückzuführen seien und es daher wichtiger sei, die »Aufklärung«

der »Volksgenossen« zu verstärken.[44] Diese Aufklärung sollte aber weniger durch den »Stürmer« erfolgen, gegen dessen »unsittliche Artikel« die Gestapo einschritt, und auch nicht durch eine »sinnlose, mit abgedroschenen Redensarten gespeiste Hetze« in Versammlungen, die die Gleichgültigen nicht für den Antisemitismus gewinnen könne.[45] Im Dezember 1935 schließlich mußte registriert werden: »Ein Teil der bürgerlichen Bevölkerung hält die Judenpolitik der Regierung immer noch für zu radikal.«[46]

Die Staatspolizeistelle Hannover berichtete für Juli 1935 von einer unter anderem wegen der Demonstrationen gegen Juden »wesentlich« angespannten innenpolitischen Lage; die behördlichen und besonders parteiamtlichen Maßnahmen würden »vielfach« abgelehnt, und Ausschreitungen von SA-Leuten gegen jüdische Geschäfte in Einbeck seien von der Bevölkerung allgemein verurteilt worden.[47] Im August hatte zwar angeblich die antisemitische Stimmung »erheblich zugenommen«, der »weit größte Teil der Bevölkerung« verstehe aber nicht die »sinnlosen Terrorakte«; auch hier wurde die »Stürmer«-Propaganda als jugendgefährdend angesehen.[48] Ablehnung der »Antijuden-Propaganda« vor allem durch frühere Angehörige der Arbeiterparteien, die »nun erst recht« bei Juden einkauften, wurde für September registriert,[49] aber im Februar 1936 fand »die Notwendigkeit des Kampfes gegen das Judentum« in Hannover angeblich »mehr und mehr Verständnis«,[50] und auch die Gestapo Hildesheim meldete als Reaktion auf die Propaganda nach der Ermordung des NSDAP-Landesgruppenleiters in der Schweiz, Wilhelm Gustloff, durch einen Juden, »vielfach werde gesagt«, daß man die Juden »noch viel zu human« behandele.[51]

Die für den Zeitraum von Januar 1936 bis November 1937 überlieferten Monatsberichte der Bayerischen Politischen Polizei bzw. Staatspolizeistelle München[52] belegen die Wirksamkeit der Propaganda durch Meldungen über Anpöbelungen jüdischer Kartenspieler in einem Café während einer Hitlerrede und eines Kaufmanns, der die Nichtbeachtung der Verkehrsstille aus Anlaß der Beisetzung Gustloffs registriert hatte. Ferner wird über die positive Aufnahme der Urteile wegen Rassenschande berichtet, wobei die Forderung nach Bestrafung auch der beteiligten deutschen Frauen erhoben werde. Andererseits wird es als Zeichen für die Erfolglosigkeit der »Aufklärungsarbeit« gewertet, daß bei der Beerdigung eines jüdischen Kriegsteilnehmers Salut geschossen wurde; daß beide Kirchen für die Juden einträten, wird durch drei Meldungen über entsprechende Äußerungen von Geistlichen belegt.[53]

Die Meldungen der preußischen Gestapo gingen vielfach in die gleichzeitig erstatteten Lageberichte der Ober- und Regierungspräsidenten ein, die ebenfalls bis 1936 überliefert und zum Teil in die Editionen der Gestapoberichte aufgenommen worden sind.[54] Sie setzten die schon im 19. Jahrhundert beginnende periodische Berichterstattung in den sog. »Zeitungsberichten« fort. Ein Erlaß Fricks vom 7. Juli 1934 schrieb die Gliederung vor; über »Juden, Freimaurer« war jeweils unter Nr. 7 zu berichten.[55] Auch diese Berichte befassen sich überwiegend mit den innerjüdischen Verhältnissen und ergänzen die aus den Erhebungen von Gestapo und SD gewonnenen Erkenntnisse über die Haltung der Bevölkerung kaum. Soweit noch konservative und deutschnationale Regierungspräsidenten im Amt waren, neigten diese allerdings wohl eher dazu, kritische Äußerungen zu verzeichnen. So schrieb der hannoversche Regierungspräsident Stapenhorst, der der NSDAP nicht angehörte und 1936 abgelöst wurde, im Bericht für August/September 1935 von seinen Bedenken gegen die antisemitische Propaganda und insbesondere gegen Schilder an Ortseingängen, daß Juden unerwünscht seien. Daß die Bevölkerung, vor allem auf dem Lande, nicht überall damit einverstanden sei, zeige ein Fall aus dem Kreis Nienburg, wo Bauern sie durch andere ersetzt hätten, auf denen ausdrücklich alle Besucher willkommen geheißen wurden. Nachdrücklich wandte er sich gegen den »Stürmer« und gegen willkürliche Aktionen der Partei.[56] Aus Kassel meldete der ebenfalls konservative Regierungspräsident von Monbart zwar einmal, die »ablehnende Haltung der Bevölkerung gegenüber den Juden beruhe auf einer jahrhundertealten wirtschaftlichen Bedrückung«, mußte sonst aber stets wiederholen, daß die Handelsbeziehungen mit ihnen weiter bestünden.[57]

Eine geschlossene Überlieferung für die Zeit von 1933 bis 1943 liegt bei den Berichten der Regierungspräsidenten von Oberbayern, Niederbayern/Oberpfalz, Mittel- und Oberfranken, Unterfranken, Schwaben und Pfalz vor;[58] bis Juli 1934 wurden sie halbmonatlich, dann monatlich erstattet. Soweit sie auszugsweise veröffentlicht[59] oder durch Regesten erschlossen sind,[60] entsprechen sie den preußischen und enthalten kaum Angaben über die Reaktionen der Bevölkerung und die vielfach berichteten antijüdischen Demonstrationen, für die gelegentlich auswärtige SS- und Reichsarbeitsdienst-Angehörige verantwortlich gemacht werden. Kritik an den Schildern, die Juden aus Gemeinden fernhalten sollten, wird 1935 auch hier registriert, vor allem in den oberbayerischen Fremdenverkehrsorten, in denen man »wirtschaftliche Ausfälle« fürchtet.[61] In München richteten sich 1934 Demonstrationen gegen Kabarett- und Filmaufführungen, Angriffe auf Juden mit ausländischer Staatsangehörigkeit machten Probleme. Judenfeindlichen Äußerungen deutschchristlicher Pfarrer werden Predigten von Bekenntnispfarrern in Ober- und Mittelfranken gegenübergestellt.[62] Für Oberbayern wird Anfang 1939 der gemeldete Erfolg der antisemitischen Rundfunkpropaganda dadurch relativiert, daß die »von der Kirche beeinflußten Kreise in der Judenfrage noch nicht mitgingen«. Die wenigen aus der Kriegszeit stammenden Meldungen verzeichnen im Oktober 1941, daß die Judenkennzeichnung in Franken und Schwaben nicht zu Störungen geführt habe,[63] aber »großes Aufsehen« in Bad Tölz entstanden sei, als im April 1943 die Witwe eines nichtjüdischen Arztes, deren Sohn im Krieg gefallen war, nach Theresienstadt deportiert wurde. Reaktionen auf die Deportationen in den Osten wurden von den Regierungspräsidenten nicht gemeldet, jedoch berichtete der Nürnberger Generalstaatsanwalt im Dezember 1941, die Bevölkerung habe den Abtransport von mehr als 1000 Juden nach Riga »zustimmend zur Kenntnis« genommen;[64] als Begründung dafür, daß »ein beachtlicher Teil« das »mit besonderer Genugtuung begrüßt habe«, gab er das Gerücht an, Juden hätten verraten, daß in Nürnberg wenig Flak stehe, und damit Luftangriffe veranlaßt.

In den Berichten der Generalstaatsanwälte und Oberlandesgerichtspräsidenten an den Reichsjustizminister ist für die Jahre 1940 bis 1944 eine weitere Quelle für die Stimmung der Bevölkerung vorhanden, aber auch sie ist für die Frage der Reaktion auf die Judenverfolgung wenig ergiebig.[65] Diese Berichte beschränken sich darauf, Auswirkungen auf die Justiz, z. B. auf die Stellung der ehemaligen jüdischen Anwälte als Rechtskonsulenten, und auf die Rechtsprechung, u. a. bei Vaterschaftsfeststellungen und in Rassenschandefällen, zu behandeln. Lediglich der Düsseldorfer OLG-Präsident berichtete im März 1940, daß eine auf seine Veranlassung verbreitete antisemitische Schrift wegen ihrer Angriffe auf das Christentum bei den Beamten Anstoß erregt habe. Sein Braunschweiger Kollege rügte im November 1943, daß »Stimmen« nicht fehlten, die der Partei die Schuld an dem Bombenterror zuschieben wollten, den sie mit ihrer Behandlung der Juden herausgefordert habe.

Alle diese Berichte von regionalen Behörden können nicht als repräsentativ für das ganze Reichsgebiet angesehen werden. Abgesehen davon, daß sie teils von Berufsbeamten eher konservativer Einstellung (so in Hannover, Kassel, Wiesbaden, München und Ansbach), teils von den Leitern der Gestapo als deren zuständigen Referenten, in Schwaben und Unterfranken sogar von Gauleitern stammten, die zugleich Regierungspräsidenten waren, muß bei ihrer Bewertung berücksichtigt werden, daß der Anteil der jüdischen Bevölkerung in weiten Teilen Deutschlands äußerst gering war.[66] Schon bei der Volkszählung von 1933 waren von den rund 500 000 Glaubensjuden oder knapp 0,77 % der Gesamtbevölkerung 160 564 in Berlin ansässig gewesen und hatten dort 3,78 % der Einwohner gestellt. Mit insgesamt rund 92 000 Juden in Frankfurt am Main, Breslau, Hamburg mit Altona, Köln und Leipzig hatten über 50 % der deutschen Juden ihren Wohnsitz in sechs der zehn größten deutschen Städte, weitere ca. 90 000 in 27 anderen Großstädten. Über dem Reichsdurchschnitt des jüdischen Bevölkerungsanteils lagen mit mehr als 1 % der Regierungsbezirk Wiesbaden (mit Frankfurt) mit 2,32 %, das Land Hessen mit 1,25 %, die Regierungsbezirke Kassel mit 1,18 %, Köln mit 1,2 %, Breslau mit 1,15 %, Mittelfranken mit 1,12 % und Unterfranken mit 1,07 %; relativ hoch war der Anteil ferner in Baden, in Teilen der Pfalz, im südöstlichen Westfalen und im Norden der Provinz Grenzmark Posen-Westpreußen. Nur in den Großstädten und in diesen Gebieten konnte man allenfalls davon reden, daß die Bevölkerung das Zusammenleben mit Juden erfahren und einen Eindruck von ihrer Verfolgung gewinnen konnte.

Im Norden und im Süden der alten Bundesrepublik Deutschland, in Mitteldeutschland und östlich der Elbe waren schon 1933 in weiten Gebieten außerhalb der großen Städte nur einzelne Juden ansässig gewesen. Das gilt vor allem für Schleswig-Holstein, die Regierungsbezirke Lüneburg und Stade, Niederbayern, Oberbayern mit Ausnahme von München, die Oberpfalz, die Bezirke Merseburg und Zwickau, Thüringen und Mecklenburg mit jüdischen Bevölkerungsanteilen von wenig mehr oder gar weniger als einem Tausendstel; in 23 Kreisen und vergleichbaren Verwaltungseinheiten lebte damals kein einziger jüdischer Mitbürger.

Bei der nächsten Volkszählung am 17. Mai 1939, die mit einer Sonderzählung aller Juden und jüdischen »Mischlinge« verbunden war und nun auch die »Juden« anderer Religionsbekenntnisse gesondert auswies, hatte sich die Konzentration in den Großstädten noch fortgesetzt. Von den damals knapp 250 000 Juden des »Altreichs« wurden 35,3 % in Berlin, weitere 14 % in Frankfurt, Breslau und Hamburg, nochmals 18,5 % in weiteren 19 Städten gezählt. Die Zahl der »judenfreien« Landkreise war auf 31 gestiegen, in zahlreichen anderen lag die Zahl unter zehn jüdischen Einwohnern.

Soweit also die Quellen überhaupt etwas über die Haltung der »Volksgenossen« zu den Juden aussagen, ist sorgfältig zu prüfen, ob diese auf eigenem Erleben oder nur auf von der Propaganda vermittelten Informationen beruht. Freilich dürften sich die meisten Deutschen damals schon ebenso falsche Vorstellungen vom Anteil der Juden an der Einwohnerzahl gemacht haben wie heute, wo häufig vermutet wird, sie habe etwa dem Anteil der Türken in der alten Bundesrepublik entsprochen. Umfrageergebnisse aus den neuen Bundesländern beweisen, daß die Abneigung gegen Ausländer dort ebenfalls größer ist, als es ihrem Anteil an der Einwohnerzahl entspricht.[67]

Der relativ geringe Aussagewert der Berichte von SD, Gestapo, Regierungen, Justizbehörden macht es nötig, nach weiteren Quellen zu suchen, die über die Einstellung der Bevölkerung zu Juden und Judenverfolgung Aufschluß geben können. Dabei ist zunächst nach den Akten zu fragen, in denen Vorgänge dokumentiert sind, die in den Berichten erwähnt werden. Das ist zum Teil bei den edierten Berichten sowohl der Gestapo[68] als auch der bayerischen Regierungspräsidenten[69] geschehen. Die bei Landräten, Bürgermeistern, Polizeiposten entstandenen Schriftstücke sind jedoch so unterschiedlich, daß sie allgemeine Rückschlüsse nur in begrenztem Umfang zulassen. Die systematische Durchsicht der bei der Überlieferung der zentralen Reichs- und Landesbehörden und der Regionalbehörden oberhalb der Kreisebene nachgewiesenen Judenbetreffe dürfte vom Aufwand her nicht zu rechtfertigen sein.[70] Neue Erkenntnisse könnte vielleicht eine Auswertung der für zahlreiche Land- und Sondergerichte ermittelten Akten aus Rassenschandeprozessen ergeben, wenn man sie nicht wie meistens bisher im Hinblick auf die verurteilten Juden betrachtet, sondern sie nach dem sozialen Umfeld der beteiligten »arischen« Partner, nach über- und unterrepräsentierten Bildungsschichten untersucht. Die beim Reichsdienststrafhof geführten Akten aus Verfahren gegen Zoll- und andere Beamte, die Juden bei der Auswanderung geholfen haben, sind bisher gar nicht herangezogen worden.

Zeugnisse für Judenhaß wie auch für denunzierte »Judenfreundschaft« aus dem ganzen Reichsgebiet enthält schließlich das Redaktionsarchiv des »Stürmers« im Stadtarchiv Nürnberg.[71] Das Findbuch weist unter den Abschnitten »Judenknechte« (Nr. 1387–1407), »Rassenschande« (Nr. 1212–1244) und »Christentum« (Nr. 956–1036) Zuschriften[72] und andere Informationen über den Einkauf in jüdischen Geschäften u. a. in Hamburg, Köln, Berlin und Düsseldorf aus, über Deutsche, die sich mit Juden fotografieren ließen oder an jüdischen Beerdigungen teilnahmen, sowie über zwölf Geistliche, die sich gegen den Antisemitismus gewandt hatten. Der Bestand enthält ferner eine Liste der Rassenschandeprozesse in 21 OLG-Bezirken zwischen 1935 und 1937. Briefe aus der Bevölkerung liegen auch in den Akten des Reichspropagandaministeriums von 1943/44 vor, darunter Vorschläge für weitere Verfolgungsmaßnahmen einschließlich der Erschießung von zehn Juden für jeden bei Luftangriffen getöteten Deutschen.[73] Sie sind so wenig repräsentativ wie Auszüge aus zehn Feldpostbriefen,[74] die sich sämtlich positiv oder neutral zu erlebten Verfolgungsmaßnahmen in Polen, Rußland und Frankreich äußern mit der Tendenz: »die Masse sind eben Schweinehunde«,[75] oder Äußerungen zum Judenmord »aus der Sicht der Gaffer«.[76] Dasselbe gilt für gelegentlich zitierte Tagebucheintragungen von Frauen, die auf Gerüchte über die Massenmorde reagierten.[77]

Unter den publizistischen Quellen ist ebenfalls das Hetzblatt »Der Stürmer« zu nennen. Seine Artikel sind für 1934 bis 1943 durch die Redaktionskartei erschlossen, die in einer Mikroficheedition des Instituts für Zeitgeschichte zugänglich ist.[78] Unter den Stichworten »Judenfreunde« und »Judengenossen« werden darin allein für das Jahr 1936 nicht weniger als 180 Artikel (u. a. über Professoren, Bürgermeister, Geistliche, Frauen von SA-Leuten) nachgewiesen, für 1937 und 1938 nur noch je 27, für 1939 und 1940 keiner, 1941 sechs und 1942 nochmals einer. Ein Teil dieser Artikel dürfte auch in die Zeitungsausschnittsammlung der Wiener Library eingegangen sein, die u. a. Abschnitte wie »Aid to the Persecuted 1933–1945« und »Penalising People for Intercourse with Jews« enthält.[79]

Ein Gegenbild zum »Stürmer« liefern die von 1934 bis April 1940 vom Parteivorstand der Exil-SPD veröffentlichten »Deutschland-Berichte«, die über die Grenzsekretariate eingegangene Berichte aus dem ganzen Reichsgebiet wiedergaben.[80] Sie enthielten im Juli, August, September 1935, Januar, August, Dezember 1936, Juli und November 1937, Februar, Juli, November und Dezember 1938, Februar und Juli 1939 und April 1940 umfangreiche Abschnitte über den »Terror gegen Juden« bzw. »Die Judenverfolgungen«.[81]

Wie die anderen Quellen verzeichnen sie immer wieder die Wirkungslosigkeit der Aufrufe zum Boykott jüdischer Geschäfte und Kritik an den gegen sie gerichteten Demonstrationen der SA,[82] nennen als Begründung dafür ebenso wie für die fortgesetzte Konsultation jüdischer Ärzte nicht den Wunsch, Juden zu helfen, sondern »die Nazis zu ärgern«.[83] Die Ausschreitungen, die 1935 auf die »Nürnberger Gesetze« vorbereiten sollten, wurden nach den Berichten »fast allgemein verurteilt«: »Trotz aller Anstrengungen sei die Rassentheorie dem Volk fremdgeblieben«,[84] die Vertreibung von Juden aus einem Mannheimer Schwimmbad sei »bis in die Nazikreise hinein« abgelehnt worden, und auch in Berlin seien die »Pogrome« bei Leuten, die mit der NSDAP sympathisierten, auf Widerspruch gestoßen, desgleichen in Bayern.[85] Um so gewichtiger sind die gleichzeitigen Feststellungen, daß vor allem die Propaganda gegen die wirtschaftliche Bedeutung jüdischer Unternehmen nicht erfolglos war. Schon 1934[86] hatten viele Berliner Kleingewerbetreibende geglaubt, daß Außenhandelsprobleme auf »geheime Tricks der Juden« zurückzuführen seien, und 1935 hieß es, manche lehnten die Fortsetzung der antisemitischen Maßnahmen nur deshalb ab, weil ihre Hoffnungen enttäuscht worden seien, diese würden zu einer raschen Besserung der Wirtschaftslage beitragen.[87] Ein anderer Bericht meinte, »unmerklich« hinterlasse die Rassenpropaganda doch ihre Spuren, die Leute verlören die Unbefangenheit im Umgang mit Juden, und aus Sachsen wurde zunächst Gleichgültigkeit gemeldet, bald darauf aber, daß die Hetze auf viele Menschen auch die gewollte Wirkung habe und »genug Leute im Bann der Judenverfolgung« ständen und sich zu Denunziationen verleiten ließen.

Im Januar 1936[88] stimmte »die Mehrzahl der Berichte überein, daß zwar die Methoden Streichers allgemeine Ablehnung erfahren, daß aber doch die antisemitische Propaganda nicht ohne Einfluß auf die Einstellung der Bevölkerung zu den Juden bleibt«; andere meinten jedoch durch Beispiele aus Gasthäusern belegen zu können, daß der Judenboykott boykottiert werde. Als Beleg für Wirkungslosigkeit der Rassenschandeprozesse wurde ein Aufruf in der sächsischen NS-Presse zitiert, in dem es hieß, leider beweise die Erfahrung, daß es noch immer »Unbelehrbare« gebe, die »in aller Öffentlichkeit Verkehr mit Juden pflegen und sogar für sie eintreten«.[89]

Die Deutschland-Berichte des Jahres 1937 nennen mehrfach Beispiele für Solidarität mit entlassenen oder von Entlassung bedrohten jüdischen Arbeitskollegen[90] und zitieren einen Juden, »daß es immer wieder Arier gibt, die helfen und Schwierigkeiten aus dem Weg räumen«;[91] derselbe Bericht spricht aber auch davon, daß der Antisemitismus am stärksten unter den Intellektuellen, besonders unter den Ärzten, sei. Ein Hamburger Informant stellte dagegen fest,[92] der Antisemitismus habe im Bürgertum viele Gegner, auch der Kern der organisierten Arbeiterschaft wolle damit nichts zu tun haben, aber in der breiten Masse der indifferenten Arbeiter habe das ständige Trommelfeuer seine Wirkung getan, man schiebe alles Unheil auf die Juden. In Württemberg waren die »Bauern längst nicht so erfaßt, wie Propagandisten es wünschen«. Die Bevölkerung Mitteldeutschlands wurde als im Grunde zumindest nicht aktiv antisemitisch bezeichnet, aber: »Schreier bestimmen den Ton.«

In Bayern machte man 1938[93] einen Unterschied zwischen Juden und Juden und bedauerte es, wenn beliebte Juden das Land verließen; wie schon früher berief man sich auf die Erfahrung, daß christliche Geschäftsleute schlimmer als jüdische seien. Aus einem sächsischen Bezirk, in dem es nur wenige Juden gab, wurde gemeldet, die Leute stimmten zu, wenn sie von Maßnahmen gegen die Juden in den Großstädten läsen, werde aber ein Jude aus dem näheren Bekanntenkreis betroffen, dann »jammern sie über den Terror des Regimes«. Insgesamt zeigten die Berichte aber, »daß die Bevölkerung zum großen Teil die Judenverfolgung nach wie vor nicht billigt«.[94] Die Redakteure der Deutschland-Berichte glaubten auch in ihrem letzten Bericht vom April 1940 aus dem vorliegenden Material den Schluß ziehen zu können:[95] »Da das deutsche Volk in seiner Mehrheit den antisemitischen Exzessen weniger Sympathie entgegenbringt denn je, bemühen sich die Nationalsozialisten um die Aufputschung des Judenhasses, indem sie den Juden die Schuld am Kriege zuschieben [. . .] Soweit wir die Wirkung der Propaganda überblicken können, macht dieses Kriegsschuldmanöver auf das deutsche Volk wenig Eindruck, und die Judenverfolgungen werden nach wie vor abgelehnt.«

Sehr eingehend hatten die Deutschland-Berichte den Judenpogrom der sogenannten »Reichskristallnacht« 1938 behandelt. Sie waren schon unmittelbar nach den Ereignissen zu dem Ergebnis gekommen, sie seien »von der großen Mehrheit des deutschen Volkes scharf verurteilt« worden,[96] hätten aber »die Vorstellung gefestigt«, Widerstand gegen die nationalsozialistische Gewalt sei zwecklos. Verhaftungen von »vielen hundert« Kritikern und Zeugnisse der Empörung wurden registriert, Beispiele für Hilfsmaßnahmen für die Opfer angeführt, jedoch auch die beifälligen Äußerungen vor allem von Frauen und von Geschäftsleuten, die sich von unerwünschten Konkurrenten befreit sahen, wiedergegeben. Der hier vermittelte Eindruck wird vom Jahreslagebericht 1938 des SD bestätigt, der allerdings nur im Abschnitt über »Liberalismus im Inland« Reaktionen auf den Pogrom verzeichnet: Die Maßnahmen seien »sehr schlecht aufgenommen worden«, aber vor allem, weil man die Zerstörung von Wirtschaftsgütern für unverantwortlich hielt oder Gegenmaßnahmen des Auslands fürchtete; allerdings hätten »viele« geglaubt, »aus liberalistischer Grundhaltung offen für das Judentum eintreten zu müssen«; im Süden und Westen Deutschlands, bei der überwiegend katholischen und städtischen Bevölkerung, sei die Ablehnung weit stärker gewesen als im protestantisch-ländlichen Norden.

»Viele Fälle von Mitleid mit den Juden« hatte denn auch der Koblenzer SD gemeldet und mit dem Einfluß von Geistlichen erklärt, wie auch der SD-Unterabschnitt Württemberg-Hohenzollern Ablehnung der Aktion in »kirchlichen Kreisen« beider Konfessionen und »bei eingefleischten Demokraten« festgestellt hatte.[97] Die bayerischen Regierungspräsidenten betonten zunächst das »grundsätzliche« Verständnis für die Ausschreitungen (Schwaben, Niederbayern/Oberpfalz), das aber »bis weit in Parteikreise hinein« mit der Kritik an der »unnötigen Vernichtung« von Werten verbunden werde, die »dem deutschen Volksvermögen« hätten zugute kommen können (auch Unterfranken); lediglich in Oberbayern richtete sich die Kritik »insbesondere bei der ländlichen Bevölkerung« gegen die angewendete Gewalt.[98] Die über »Die Reichskristallnacht im Rheinland«[99] zusammengestellten Dokumente anderer Provenienz, so ein Bericht des britischen Generalkonsuls in Köln[100] und Erinnerungen Kölner Bürger, vermitteln denselben Eindruck, daß lediglich die Gewaltanwendung mißbilligt wurde, die gesetzlichen Maßnahmen gegen die Juden aber Verständnis fanden. Ein differenzierteres Bild ergibt sich aus den für Hessen[101] ausgewerteten Quellen, insbesondere den Zeugenaussagen in den nach 1945 geführten Strafverfahren. Mit Einschränkung für Wiesbaden, Frankfurt und andere Großstädte kommt der Herausgeber zu dem Ergebnis, daß nicht allein organisierte Schlägertrupps und der »Mob« die Gewalttaten begangen, sondern »Teile der Bevölkerung« nicht nur sensationslüstern zugeschaut, sondern sich aktiv daran beteiligt hätten, oft ohne daß es dazu gezielter Provokationen durch die örtliche NSDAP bedurft habe. Unter den späteren Angeklagten fand er »Handwerker, Kaufleute, Angestellte« und auch einen Juristen, »das breite Spektrum des Mittelstandes, insbesondere das Kleinbürgertum«.

Das hessische Beispiel macht deutlich, daß die Quellen es nicht zulassen, ein Urteil über die Einstellung der Deutschen zur Verfolgung der Juden zu fällen, das für alle Zeitabschnitte, für alle getroffenen Maßnahmen, alle Landschaften und Bevölkerungsschichten gleicherweise gilt. Allenfalls sind folgende Feststellungen zulässig: Die wirtschaftlichen Boykottmaßnahmen blieben lange Zeit wirkungslos, Gewaltakte und die Zerstörung jüdischen Eigentums wurden – aus unterschiedlichen Motiven – verabscheut, die Tatsache der Ermordung polnischer und russischer Juden war vielfach bekannt.[102] Wichtig ist wohl auch, daß die »Meldungen aus dem Reich« immer wieder von Sympathieäußerungen für ausländische

Zwangsarbeiter und Kriegsgefangene trotz der Strafdrohungen für verbotenen Umgang mit ihnen berichten, von ähnlicher Sympathie für Juden aber nichts wissen, andererseits jedoch auch im Februar 1944 feststellen müssen, daß »ausgesprochene Haßgefühle« nur gegen die Italiener festzustellen seien und daß selbst gegen Deutschland gerichtete Äußerungen »führender Juden« des Auslands nur zu »Äußerungen des Abscheus und des Hasses im Volk« führten, die »meist rasch verblassen«.[103] Stärker als bisher wird man wohl die Aussagen der verallgemeinernden Berichte durch Fallstudien anhand von Einzelakten auch der Nachkriegszeit, z. B. der Wiedergutmachungs- und Entschädigungsbehörden, ergänzen müssen.

Anmerkungen

1 Steinert, Marlis, Hitlers Krieg und die Deutschen, Düsseldorf 1970, S. 236–263.
2 Kershaw, Ian, Antisemitismus und Volksmeinung. Reaktion auf die Judenverfolgung, in: Bayern in der NS-Zeit, hrsg. von Martin Broszat, Elke Fröhlich u. Falk Wiesemann, Bd. 2: Herrschaft und Gesellschaft im Konflikt, München/Wien 1979, S. 281–348; ders., Popular Opinion and Political Dissens in the Third Reich. Bavaria 1933–1945, Oxford 1983; ders., German Popular Opinion and the Jewish Question, 1939–1943. Some further Reflections, in: Die Juden im nationalsozialistischen Deutschland 1933–1943, hrsg. v. Arnold Paucker, Tübingen 1986, S. 365–386. Kulka, Otto Dov, Public Opinion in Nazi Germany and the Jewish Question, in: The Jerusalem Quarterly, 25/26 (1982), S. 121–144; ders., The Final Solution, ebenda (1983), S. 35–45; ders., Publications and Trends in Research on German Society and the »Jewish Question«, in: Yad Vashem Studies, XVI (1984), S. 422–435; ders., Die Nürnberger Rassengesetze und die deutsche Bevölkerung im Lichte geheimer NS-Lage- und Stimmungsberichte, in: Vierteljahrshefte für Zeitgeschichte, 32 (1984), S. 582–624. Goldhagen, Daniel Jonah, Hitlers willige Vollstrecker, Berlin 1996.
3 Kershaw, German Popular Opinion (wie Anm. 2), S. 386; Goldhagen, Vollstrecker (wie Anm. 2), S. 9.
4 Inventar archivalischer Quellen des NS-Staates. Die Überlieferung von Behörden und Einrichtungen des Reichs, der Länder und der NSDAP, Teil I: Reichszentralbehörden, regionale Behörden und wissenschaftliche Hochschulen für die zehn westdeutschen Länder sowie Berlin, Teil 2: Regionale Behörden und wissenschaftliche Hochschulen für die fünf ostdeutschen Länder, die ehemaligen preußischen Ostprovinzen und eingegliederte Gebiete in Polen, Österreich und der Tschechischen Republik, mit Nachträgen zu Teil 1, im Auftrag des Instituts für Zeitgeschichte bearbeitet von Heinz Boberach, München/London/New York/Paris 1991 und 1995; Regimekritik, Widerstand und Verfolgung in Deutschland und den besetzten Gebieten. Meldungen

und Berichte aus dem Geheimen Staatspolizeiamt, dem SD-Hauptamt der SS und dem Reichssicherheitshauptamt 1933–1945. Mikrofiche-Edition, hrsg. v. Heinz Boberach in Zusammenarbeit mit dem Bundesarchiv, Teil 1–2 und Supplement, München 1999–2001 (Erschließungsband in Vorbereitung). Vgl. auch die Bibliographie bei: Paul, Gerhard/Mallmann, Klaus Michael (Hrsg.), Die Gestapo. Mythos und Realität, Darmstadt 1995, S. 563–564.

5 Müller-Claudius, Michael, Der Antisemitismus und das deutsche Verhängnis, Frankfurt a. M. 1948, S. 162 f., mit berechtigtem Vorbehalt zitiert bei Steinert, Die Deutschen (wie Anm. 1), S. 244, Anm. 147.

6 Otto Ohlendorf über den von ihm geschaffenen Inlandnachrichtendienst in einer Denkschrift vom Mai 1945, in: Meldungen aus dem Reich. Auswahl aus den geheimen Lageberichten des Sicherheitsdienstes der SS 1939–1944, hrsg. v. Heinz Boberach, Neuwied/Berlin 1965, S. 533–539.

7 Ab 1938, soweit überliefert, vollständig veröffentlicht in: Meldungen aus dem Reich. Die geheimen Lageberichte des Sicherheitsdienstes der SS 1938–1945, hrsg. v. Heinz Boberach, 18 Bde., Herrsching 1984.

8 Z. B. Lagebericht für April–Mai 1936, Bundesarchiv Koblenz, R 58/991.

9 Vgl. Berichte des SD und der Gestapo über Kirchen und Kirchenvolk in Deutschland 1934–1944, bearb. von Heinz Boberach, Mainz 1974, S. 7 f., 21, 77, 202 f., 207.

10 Findbücher zu Beständen des Bundesarchivs, Bd. 22: Bestand R 58, Reichssicherheitshauptamt, bearb. von Heinz Boberach, Koblenz 1982, S. 106–118. Alle die Juden betreffenden Aktenreste des RSHA sind nachgewiesen in: www.archivschule.de/midosa.de/beispiele/index.html.

11 Bundesarchiv Koblenz, R 58/544, 981, 991, 996.

12 Vgl. Aronson, Shlomo, Reinhard Heydrich und die Frühgeschichte von Gestapo und SD, Stuttgart 1971, S. 199 ff.

13 Meldungen aus dem Reich (wie Anm. 7), S. 20–32, 38, 221–226, 235 f.

14 Ebenda, S. 1073.

15 26. August 1941, ebenda, S. 1507.

16 15. Juli 1941, ebenda, S. 1386.

17 15. August 1941, ebenda, S. 1472.

18 Ebenda, S. 1811 f.

19 Ebenda, S. 1917 ff.

20 Zur Wochenschau vom 19.–26. Juli 1941, ebenda, S. 2563 f.

21 Ebenda, S. 2894.

22 Ebenda, S. 3021 f.

23 Ebenda, S. 3245 f.

24 16. Februar 1942, ebenda, S. 3335 f.

25 Ebenda, S. 5145 ff.

26 Wiesemann, Falk, Judenverfolgung und nichtjüdische Bevölkerung 1933–1942, in: Bayern in der NS-Zeit (wie Anm. 2), Bd. 1: Soziale Lage und politisches Verhalten der Bevölkerung im Spiegel vertraulicher Berichte, München/Wien 1977, S. 341.

27 Brommer, Peter, Die Partei hört mit. Lageberichte und andere Meldungen des Sicherheitsdienstes der SS aus dem Großraum Koblenz 1937–1941, Koblenz 1988.

28 Inventar archivalischer Quellen (wie Anm. 4), Teil 1, S. 157–160; Hey, Bernd,

Bielefeld und seine Bevölkerung in den Berichten des Sicherheitsdienstes (SD) 1939–1942, in: 70. Jahresbericht des Historischen Vereins für die Grafschaft Ravensburg, Bielefeld 1976, S. 227–273.

29 Kulka, Rassengesetze (wie Anm. 2), S. 394, Anm. 43.

30 Ebenda, Anm. 48.

31 Vollmer, Bernhard, Volksopposition im Polizeistaat. Gestapo- und Regierungsberichte 1934–1936, Stuttgart 1957 (nur Auswahl).

32 Mlynek, Klaus, Gestapo Hannover meldet... Polizei- und Regierungsberichte für das mittlere und südliche Niedersachsen zwischen 1933 und 1937, Hildesheim 1986.

33 Klein, Thomas, Die Lageberichte der Geheimen Staatspolizei über die Provinz Hessen-Nassau 1933–1936 mit ergänzenden Materialien, 2 Teilbde., Köln 1985.

34 Thèvoz, Robert/Branig, Hans/Lowenthal-Hensel, Cecile, Pommern 1934/35 im Spiegel von Gestapo-Lageberichten und Sachakten, 2 Bde., Köln und Berlin 1974.

35 Schadt, Jörg, Verfolgung und Widerstand in Baden, Die Lageberichte der Gestapo und des Generalstaatsanwalts Karlsruhe 1933–1940, Stuttgart 1976.

36 Z. B. Thèvoz/Branig/Lowenthal-Hensel, Pommern (wie Anm. 34), S. 69, 103, 118, 151, 173, 177, 182, 189, 196; Klein, Hessen-Nassau (wie Anm. 33), S. 88, 110, 136, 195, 262, 272, 432, 455, 469, 515, 543; Mlynek, Gestapo Hannover (wie Anm. 32), S. 242, 257, 302 und 17 weitere Meldungen.

37 Vollmer, Volksopposition (wie Anm. 31), S. 113, 259, 277, 285, 291.

38 Ebenda, S. 302.

39 Ebenda, S. 199, 230.

40 Thèvoz/Branig/Lowenthal-Hensel, Pommern (wie Anm. 34), S. 69, 103, 118.

41 Klein, Hessen-Nassau (wie Anm. 33), S. 88, 110, 136, 195, 262, 272, 432, 455, 469, 515, 543, im Frankfurter Bezirk nur S. 252, 456, 477, 485 f., 566.

42 Mlynek, Gestapo Hannover (wie Anm. 32), S. 254, 284, 289, 307, 319, 334, 341, 352, 360, 374, 393, 408, 416, 474.

43 Klein, Hessen-Nassau (wie Anm. 33), S. 283.

44 Ebenda, S. 308.

45 Septemberbericht 1935, ebenda, S. 321.

46 Ebenda, S. 365.

47 Mlynek, Gestapo Hannover (wie Anm. 32), S. 392, 397.

48 Ebenda, S. 411, 417.

49 Ebenda, S. 423.

50 Ebenda, S. 502.

51 Ebenda, S. 524.

52 Bayerisches Hauptstaatsarchiv, Best. MA, Regesten in: Widerstand und Verfolgung in Bayern 1933–1945. Archivinventare, Bd. 6, Teil 1–2: Spezialinventar zu den Berichten des Regierungspräsidenten von Oberbayern, des Polizeipräsidiums München und der Gestapo-Leitstelle München, München 1977. Auszüge bei Wiesemann, Judenverfolgung (wie Anm. 26), S. 460, 463 f., 466.

53 Weiteres Beispiel im Bericht vom 1. 10. 1935, ebenda, S. 453.

54 So bei Mlynek, Gestapo Hannover (wie Anm. 32), Vollmer, Volksopposition

(wie Anm. 31), Thèvoz/Branig/Lowenthal-Hensel, Pommern (wie Anm. 34), gesondert für den Reg. Bez. Kassel: Klein, Thomas, Der Regierungsbezirk Kassel 1933–1936. Die Berichte des Regierungspräsidenten und der Landräte, 2 Teile, Marburg 1985.

55 Thèvoz/Branig/Lowenthal-Hensel, Pommern (wie Anm. 34), S. 210 f.

56 Mlynek, Gestapo Hannover (wie Anm. 32), S. 431 f., zur Person S. 29 f.

57 Klein, Kassel (wie Anm. 54), S. 772, sonst 72, 142, 182, 359, 408, 456, 523, 599, 692, 762, zur Person ders., Hessen-Nassau (wie Anm. 33), S. 16 ff.

58 Witetschek, Helmut, Die bayerischen Regierungspräsidentenberichte 1933–1943 als Geschichtsquelle, in: Historisches Jahrbuch, 87 (1967), S. 355–372, zu einzelnen Bezirken Zittel, Bernhard, Die Volksstimmung im Dritten Reich im Spiegel der Geheimberichte des Regierungspräsidenten von Schwaben, in: Zschr. des Historischen Vereins für Schwaben, 66 (1972), S. 1–58; desgl. in den Geheimberichten des Regierungspräsidenten von Niederbayern-Oberpfalz, in: Verhandlungen des Historischen Vereins für Niederbayern, 98 (1972), S. 96–138; desgl. in den Geheimberichten des Regierungspräsidenten von Unterfranken, in: Würzburger Diözesangeschichtsblätter, 37/38 (1975), S. 601–625.

59 Wiesemann, Judenverfolgung (wie Anm. 26), S. 432–486.

60 Oberbayern in: Widerstand und Verfolgung (wie Anm. 52), Bd. 6, 1.

61 Wiesemann, Judenverfolgung (wie Anm. 26), S. 448, 453.

62 Ebenda, S. 465, 473, 479.

63 Ebenda, S. 483

64 Ebenda, S. 484.

65 Michelberger, Hans, Berichte aus der Justiz des Dritten Reiches. Die Lageberichte der Oberlandesgerichtspräsidenten von 1940–1945 unter vergleichender Heranziehung der Lageberichte der Generalstaatsanwälte, Jur. Diss. Tübingen 1989, S. 500–512.

66 Vgl. für 1933 Statistik des Deutschen Reiches, Bd. 451, Heft 5: Die Glaubensjuden im Deutschen Reich, bearb. im Statistischen Reichsamt, Berlin 1936; für 1939 ebd., Bd. 552, Heft 4: Die Juden und jüdischen Mischlinge im Deutschen Reich, Berlin 1944, danach Arndt, Ino/Boberach, Heinz, Deutsches Reich, in: Dimension des Völkermords. Die Zahl der jüdischen Opfer des Nationalsozialismus, hrsg. v. Wolfgang Benz, München 1991, S. 23–67, speziell S. 24 f., 32 f.

67 Studie der Freudenberg-Stiftung zu Ausländerfeindlichkeit und Rechtsradikalismus in Sachsen, zitiert in der FAZ Nr. 178 vom 3. 8. 1991, S. 23.

68 Thèvoz/Branig/Lowenthal-Hensel, Pommern (wie Anm. 34), S. 413–420, Klein, Hessen-Nassau (wie Anm. 33), Teilband 2.

69 Wiesemann, Judenverfolgung (wie Anm. 26).

70 Das Inventar archivalischer Quellen (wie Anm. 4) weist allein in Teil 1 auf 193 von 523 Seiten Akten betr. Juden nach, weitere zu sieben anderen Stichworten wie Berufsbeamtengesetz und Rassenschande.

71 Vgl. Müller, Arnd, Das Stürmer-Archiv im Stadtarchiv Nürnberg, in: Vierteljahrshefte für Zeitgeschichte, 32 (1984), S. 326–329.

72 Eine Auswahl aus dem kleineren Teilbestand im Leo Baeck Institute New York bei Hahn, Fred, Lieber Stürmer! Leserbriefe an das NS-Kampfblatt 1924–1945. Eine Dokumentation aus dem Leo Baeck-Institut New York, Stuttgart 1978.

73 Steinert, Die Deutschen (wie Anm. 1), S. 260.
74 Buchbender, Ortwin/Sterz, Reinhold, Das andere Gesicht des Krieges. Deutsche Feldpostbriefe 1939–1945, München 1982, S. 168–173.
75 Die Auswertung der gesamten Sammlung von rund 25 000 Briefen, jetzt in der Bibliothek für Zeitgeschichte, Stuttgart, wie auch der von russischen Truppen erbeuteten rd. 10 000 Briefe in Moskau, aus denen Jürgen Reulecke (zus. mit Anatoly Golovchansky u. a.: »Ich will raus aus diesem Wahnsinn«. Deutsche Briefe von der Ostfront 1941–1945 aus sowjetischen Archiven, Wuppertal 1991) eine Auswahl veröffentlicht hat, kann weitere Erkenntnisse vermitteln, vgl. auch den Brief des Soldaten Heinrich Schuhmacher über Massenmorde bei Minsk vom 23. 12. 1941: »In einem Tag waren 9500 von diesen üblen Elementen weg, nun so ist es schon oft gegangen«, in: Europa unterm Hakenkreuz. Die faschistische Okkupationspolitik in den zeitweilig besetzten Gebieten der Sowjetunion, hrsg. v. Norbert Müller, Berlin 1991, S. 239.
76 »Schöne Zeiten«. Judenmord aus der Sicht der Täter und Gaffer, hrsg. v. Ernst Klee, Willi Dreßen und Volker Rieß, Frankfurt a. M. 1988.
77 Paula Stuck v. Reznicek und Ruth Andreas-Friedrich bei Steinert, Die Deutschen (wie Anm. 1), S. 256, 262.
78 Redaktionskartei »Der Stürmer« 1934–1943, hrsg. v. Archiv des Instituts für Zeitgeschichte München in Zusammenarbeit mit der Stadtbibliothek Nürnberg, bearb. v. Sybille Claus, München 1984 (Microfiche-Edition).
79 Kopien im Institut für Zeitgeschichte.
80 Deutschland-Berichte der Sozialdemokratischen Partei Deutschlands (Sopade) 1933–1940. Neuausgabe in 7, durch ausführlichen Index erschlossenen Bänden, Salzhausen und Frankfurt a. M. 1980.
81 Ebenda, Bd. 2, S. 800–814, 920–937, 1026–1045; Bd. 3, S. 20–42, 973–992, 1648–1664; Bd. 4, S. 931–947, 1563–1576; Bd. 5, S. 176–206, 732–771, 1177–1211, 1329–1358; Bd. 6, S. 201–226, 898–940; Bd. 7, S. 256–268.
82 Z. B. Bd. 1, S. 392; Bd. 2, S. 35, 534, 1043; Bd. 4, S. 201 ff. (Weihnachtsboykott 1937).
83 Bd. 2, S. 920.
84 Ebenda, S. 665 (Juni 1935).
85 Ebenda, S. 800 ff., 920 ff.
86 Ebenda, S. 50, 1043.
87 Ebenda, S. 655.
88 Bd. 3, S. 24.
89 Ebenda, S. 992 (August 1936).
90 Bd. 4, S. 337, 354.
91 Ebenda, S. 941 ff. (Bericht aus Berlin).
92 Ebenda, S. 1572.
93 Bd. 5, S. 194
94 Ebenda, S. 748 f. (Juli).
95 Bd. 7, S. 257.
96 »Ablehnung im Volke«, Bd. 5, S. 1204 ff.
97 Döscher, Hans-Jürgen, »Reichskristallnacht«. Die Novemberpogrome 1938, Frankfurt a. M. 1988, S. 118 ff.
98 Wiesemann, Judenverfolgung (wie Anm. 26), S. 470 ff.
99 Faust, Anselm, Die Kristallnacht im Rheinland. Dokumente zum Judenpogrom im November 1938, Düsseldorf 1987, S. 166 f.

100 Auf die Berichte diplomatischer und konsularischer Vertreter in den Archiven der Außenministerien der USA, Großbritanniens, Belgiens, der Niederlande, Schwedens und der Schweiz als Quellen kann hier nur verwiesen werden.

101 Kropat, Wolf Arno, Kristallnacht in Hessen. Der Judenpogrom vom November 1938, Wiesbaden 1988, S. 241 ff.

102 Vgl. auch den Erlaß Bormanns vom Oktober 1942 zu den Gerüchten »über sehr scharfe Maßnahmen«, der die »völlige Ausschaltung mit rücksichtsloser Härte von Millionen von Juden« zugibt, bei Steinert, Die Deutschen (wie Anm. 1), S. 256 f.

103 »Gefühlsmäßige Einstellung der Bevölkerung gegenüber den Feinden«, SD-Bericht zu Inlandsfragen vom 7. 2. 1944, in: Meldungen aus dem Reich (wie Anm. 6), S. 481 ff.

Wolfgang Benz

Die Deutschen und die Judenverfolgung: Mentalitätsgeschichtliche Aspekte

Gegen die Erinnerung an die Ausgrenzung, Vertreibung, Verfolgung und Ermordung der Juden, gegen die Konfrontation des Bewußtseins mit der Tatsache des Völkermords, seiner Vorgeschichte und seines Umfeldes wurden und werden von allem Anfang an Abwehrkräfte und Verdrängungsmechanismen mobilisiert. Das ist erklärbar und verständlich, wenngleich nicht befriedigend.

Am wenigsten befriedigend ist die Haltung individueller und kollektiver Verweigerung natürlich für die Opfer und ihre Nachkommen. Ihnen gegenüber wurden ganz unterschiedliche Argumentationsmuster eingeübt. Man habe nichts gewußt, lautet eine Standardformel, mit der unterstellt wird, die Tarnung des Völkermords habe lückenlos funktioniert. Die juristischen Diskriminierungen konnten und sollten aber den Nichtjuden in Deutschland ebensowenig verborgen bleiben wie die Ausgrenzungen durch die Nürnberger Gesetze, der Novemberpogrom und seine Folgen, die Verordnung, den Stern zu tragen, die weithin öffentliche Zwangsarbeit und schließlich die Deportationen. Selbst wenn der Exodus der Juden aus den deutschen Städten und Dörfern nach Möglichkeit mit Diskretion – also z.B. im Morgengrauen – betrieben wurde, so war dann doch das Verschwundensein der Nachbarn ein Faktum, das nicht unbemerkt geblieben sein kann.

In Korrespondenz mit dem Argument, man habe nichts gewußt, steht die Projektion allen Übels auf eine kleine Minderheit von Bösewichten, exponierten Funktionären des Regimes; sie seien, so der Erlösungswunsch, allein und ausschließlich haftbar für das Schicksal der Juden in Deutschland und Europa. Auf die SS, auf die Gestapo und auf die Potentaten des NS-Staats wird bei dieser Form der Verweigerung alles Verbrecherische am System delegiert.

Wieder eine andere Art des Nichtbewußtmachens ist die Beschwörung eigenen Leidens. Dafür gibt es reichlich Beispiele aus über vier Jahrzehnten. Da kommt etwa in den sechziger Jahren ein nach Palästina ausgewanderter deutscher Jude in seine ehemalige Heimatstadt zurück und erfährt die Abwehr der früheren Nachbarn und Bekannten. Der alte Lehrer, bei dem er als diskriminierter jüdischer Schüler damals ein bißchen Verständnis gefunden hat, ist verbittert, weil er in der NS-Zeit wegen seiner kritischen Haltung nicht zum Oberlehrer befördert wurde. Das nimmt seine Möglichkeiten zur Reflexion über das NS-Regime voll und ganz in Anspruch, der Zorn über seine Zurücksetzung läßt keinen Raum für Betrachtungen über das in größerer Dimension anderen geschehene Unrecht.

Die ehemalige Wohnungsnachbarin bittet der Besucher aus Israel um die Bestätigung etlicher Angaben für das Wiedergutmachungsverfahren seiner Mutter. »Und wie geht es Ihrer lieben Frau Mutter? Was wir hier durchgemacht haben, übersteigt jegliche Vorstellungskraft«, so beginnt das Gespräch: »Die schrecklichen Bombenangriffe [. . .] Nacht für Nacht mit allen Nachbarn im Keller sitzen [. . .] Ohne meinen Mann hätte ich die schreckliche Zeit nicht überstehen können. Stellen Sie sich vor: Erst mußte ich eine Nierenoperation über mich ergehen lassen, und dann hat man mir den halben Magen herausgenommen.« Und so geht es weiter, daß der Israeli gar nicht mehr wagt, nach dem Verbleib einer anderen jüdischen Familie aus dem gleichen Haus zu fragen, die wohl nicht rechtzeitig mehr auswandern konnte. »Bitte grüßen Sie Ihre verehrte Frau Mutter und richten Sie ihr aus, daß sie klug daran tat, rechtzeitig das Land zu verlassen, und ihr auf diese Weise erspart blieb, die Leiden, die über uns kamen, durchzumachen! [. . .] Ein Glück, daß Ihr das Verlorene zurückerstattet bekommt. Für uns sorgt keiner.«[1]

Ein weiterer Schritt, die unangenehme Erinnerung zu neutralisieren, ist dann das Aufrechnen deutscher Leiden gegen die Verbrechen des Nationalsozialismus: Die Saldierung der Luftangriffe auf deutsche Städte mit den Konzentrationslagern, die Vertreibung der Deutschen aus Ostmitteleuropa und der Verlust der deutschen Ostgebiete mit dem millionenfachen Mord an Sowjetbürgern, Polen, Juden, Roma und Sinti und vielen anderen. Die ärgste Form der

Abwehr schließlich besteht im Leugnen des Völkermords, wie es von Rechtsextremisten, Revisionisten und Unbelehrbaren betrieben wird.[2]

Die Zurückweisung der unsinnigen Thesen und Argumente im Umkreis der »Auschwitzlüge« steht hier nicht zur Debatte. Ebensowenig geht es um andere Reaktionen auf die Erinnerung wie die Forderung nach dem Schlußstrich, die dafür steht, Unangenehmes als abgeschlossen und unabänderlich zu erklären und damit aus dem Gedächtnis zu tilgen oder einzukapseln. Es geht auch nicht um Überkompensationen durch einen beflissen zur Schau getragenen Philosemitismus, und es geht nicht um den abstumpfenden Übereifer von Moral predigenden Aufklärern, die sich als Nachgeborene in die Opferrolle drängen, um stellvertretend für moralisch Anspruchslosere das Problem zu bewältigen. Gegenstand der folgenden Betrachtung ist der Umgang mit dem Wissen, das die deutsche Bevölkerung von der Judenverfolgung hatte. Es geht um Reaktionen auf die Realität der Ausgrenzung einer Minderheit bis zu ihrer letzten, tödlichen Konsequenz.

Daß die Zeitgenossen in Deutschland, ganz gleich ob an der Front oder in der Heimat, Kenntnis vom Völkermord an den Juden hatten, braucht Fachleuten und Aufgeklärten gegenüber nicht betont zu werden. Zeugnisse für die Kenntnis vom Genozid – in welchem Umfang, ob als Gewißheit oder Ahnung, sei dahingestellt – gibt es aus allen Bereichen: in privaten Tagebüchern und Aufzeichnungen, in Briefen, in amtlichen Dokumenten.

Anfang 1942 sprach Thomas Mann in einer seiner Rundfunkreden an die »Deutschen Hörer« über BBC von der Ermordung holländischer Juden durch Giftgas. Zweimal sagte er, die Geschichte klinge unglaubwürdig, »und überall in der Welt werden viele sich sperren, sie zu glauben. [...] die Neigung – um nicht zu sagen: die Tendenz, solche Geschichten als Greuelmärchen anzusehen, bleibt zum Vorteil des Feindes weit verbreitet.«[3] Aber so wie er selbst von der Richtigkeit der monströsen Nachricht überzeugt war, hat er wohl seine Hörer erreicht. Wehrmachtsurlauber aus dem Osten bestätigten die Gerüchte und Ahnungen. Zeitgenössische Belege für die Kenntnis vom Völkermord in der deutschen Bevölkerung gibt es genug. In Ulrich von Hassells Tagebuch etwa findet sich unter dem 15. Mai 1943 die Eintragung, während man vergeblich die Welt durch Katyn abzulenken suche, hause »die SS in Polen weiter in unvorstellbar beschämender Weise. Unzählige Juden werden in besonders dazu gebauten Hallen vergast, jedenfalls 100 000.«[4]

Am 18. Juni 1943 schrieb der Reichskommissar Ostland, Hinrich Lohse, aus Riga an Alfred Rosenberg, den Reichsminister für die besetzten Ostgebiete und Chefideologen der NSDAP, »daß die Juden sonderbehandelt werden, bedarf keiner weiteren Erörterung. Daß dabei aber Dinge vorgehen, wie sie in dem Bericht des Generalkommissars vom 1. 6. 43 vorgetragen werden, erscheint kaum glaubhaft. Was ist dagegen Katyn? Man stelle sich nur einmal vor, solche Vorkommnisse würden auf der Gegenseite bekannt und dort ausgeschlachtet! Wahrscheinlich würde eine solche Propaganda einfach nur deshalb wirkungslos bleiben, weil Hörer und Leser nicht bereit wären, derselben Glauben zu schenken.«[5]

Die alle Phantasie übertreffende Unglaublichkeit der Nachrichten über die Ermordung der Juden bildete tatsächlich die vielleicht noch größere Barriere für ihre Verbreitung als die amtlich verordnete Geheimhaltung. In den Berichten der Einsatzgruppen wurde auf jegliche Tarnung verzichtet, sie waren ja nur für den internen Gebrauch bestimmt. Deshalb finden sich Belege für die Interaktion von SS und Wehrmacht in den »Ereignismeldungen UdSSR« an das Reichssicherheitshauptamt ebenso wie in den Kriegstagebüchern der Wehrmacht. Bei der großen Zahl von Offizieren und Soldaten, Eisenbahnern, Bürokraten und Technikern, die in den besetzten Ostgebieten in irgendeiner Weise tätig waren und Zeugen des Geschehens wurden, ist es dann aber auch ganz unglaubwürdig, daß nicht eine allgemein verbreitete Kenntnis der Vorgänge geherrscht hat. Sogar den Medien konnten diejenigen, die sich engagiert interessierten, Hinweise auf das Schicksal der Juden entnehmen, etwa aus der Berichterstattung über Hitlers Reden.[6]

Zu fragen ist also demnach nicht, ob – und wieviel – die Deutschen von dem Völkermord wußten.[7] Die Frage lautet vielmehr: Wie gingen die Deutschen mit ihrem Wissen um, und das führt weiter zu dem Problem ihrer Zustimmung zur Judenpolitik des Regimes, beginnend mit dem Antisemitismus als partei- und staatstragender Ideologie über die einzelnen Stufen der Gewaltanwendung gegen die Juden in Deutschland bis zum Völkermord.[8]

Als erster Prüfstein diente der Boykottaufruf der NSDAP gegen jüdische Geschäfte und Unternehmungen am 1. April 1933. In der Literatur finden sich zahlreiche Hinweise, daß die Bevölkerung sich gegenüber den pöbelhaften Demonstrationen der SA vor Anwaltskanzleien, Arztpraxen, Apotheken, Läden, Warenhäusern ziemlich reserviert zeigte, und zwar nicht nur in Berlin und anderen Großstädten. In Wesel am Niederrhein stand einer der Inhaber des dort alteingeführten Kaufhauses »Leyens und Levenbach« auf der Straße, er trug seine Uniform des Kriegsfreiwilligen von 1914, dekoriert mit dem Eisernen Kreuz Erster Klasse. Er verteilte ein Flugblatt, das er in der Nacht zuvor hatte drucken lassen. Darin nahm er den Reichskanzler Hitler und seine Minister beim Wort, die erklärt hatten: »Wer im Dritten Reich einen Frontsoldaten beleidigt, wird mit Zuchthaus bestraft.« In Erich Leyens' Handzettel hieß es: »Wir fassen diese Aktion, die Hand in Hand mit verleumderischen Behauptungen in der Stadt geht, als Angriff auf unsere nationale und bürgerliche Ehre auf und als eine Schändung des Andenkens von 12 000 gefallenen deutschen Frontsoldaten jüdischen Glaubens. Wir sehen darüber hinaus in dieser Aufforderung eine Beleidigung für jeden anständigen Bürger.«

Erich Leyens, der Demonstrant, rechnete damit, von der SA vor den Augen der Mitbürger erschlagen zu werden, doch er hatte sich geirrt: »Meine Mitbürger bewiesen noch ihre wahre Gesinnung. Immer mehr Menschen sammelten sich an, die mit offensichtlicher Zustimmung das Flugblatt lasen. Es kam zu Demonstrationen. Die SA wurde zurückgezogen.« Am anderen Tag berichtete die Weseler Zeitung über das Ereignis, druckte unter der Überschrift »Selbsthilfe eines jüdischen Frontkämpfers« das Flugblatt ab und kommentierte es mit folgenden Worten: »Das entschlossene und mutige Auftreten von Leyens hat in Bürgerkreisen der Stadt allseits Sympathie und Anerkennung gefunden. Das Geschäft wurde nicht geschlossen, und auch die öffentlichen Boykottaufforderungen hörten sehr bald auf.«[9]

Auch wenn man diesen Fall nicht verallgemeinern will, ergibt sich doch nach der ersten spektakulären öffentlichen Aktion des NS-Regimes gegen die Juden der Befund, daß die Bevölkerung keineswegs begeistert dem Boykottaufruf folgte. Diese Methode, Antisemitismus zu praktizieren, war der bürgerlichen Schicht zu wenig subtil und zu wenig legal. Auf Druck der Straße wollte die Mehrheit der deutschen Bevölkerung offenbar nicht reagieren; es sind darüber hinaus auch zahlreiche Solidaritätsbeweise überliefert, Solidaritätsbeweise, die sich gegen die demonstrierende SA richteten.

Um ein Bild von der Einstellung und von der Bewußtseinslage der Deutschen gegenüber der antijüdischen Politik des Regimes zu gewinnen, müssen die Reaktionen auf die weiteren Stufen der Ausgrenzung und Gewaltanwendung untersucht werden. Das ist natürlich nur annäherungsweise möglich, denn der allgemeine Zustand der Gesellschaft, die Stimmung gegenüber und die Zustimmung zu der Regierung änderten sich ab 1933 rasch und gründlich, ebenso wie die Taktik der Regierung und ihres Repressionsapparates.[10]

Die Nürnberger Gesetze vom Herbst 1935 wurden trotz ihres diffamierenden Charakters und trotz der mit ihnen signalisierten Erosionen des Rechtsstaates aufgenommen, ohne daß es zu Unmutsreaktionen oder Demonstrationen der Solidarität mit den Juden wie beim Boykott 1933 gekommen wäre. Das war sicher nicht nur eine Auswirkung der inzwischen gewachsenen Zustimmung zum Hitlerstaat, die auf außenpolitischer Kraftentfaltung und innenpolitischer Konsolidierung beruhte. Daß die Nürnberger Gesetze – ein immerhin beispielloser Akt der Diskriminierung einer Minderheit aus »rassischen« Gründen – ohne Protest hingenommen wurden, war wesentlich der Tatsache zuzuschreiben, daß sie als formal legale Rechtsetzungsakte – eben als »Gesetze« – begriffen wurden, auch wenn der Gesetzgeber, der Reichstag, längst zum willigen Werkzeug des Diktators denaturiert war. Wesentlich blieb, daß die Nürnberger Gesetze als Rahmen staatlichen Handelns für alle Nichtbetroffenen abstrakt und gegenstandslos waren; die konkreten Auswirkungen konnten der Mehrheit der Bevölkerung verborgen bleiben, die weitaus meisten Folgen des legislativen Akts gingen sie nicht unmittelbar an.[11]

Dasselbe galt auch für die zahlreichen anderen Maßnahmen, mit denen Juden aus Stellungen, Berufen, dem öffentlichen Leben verdrängt wurden: das Gesetz zur Wiederherstellung des Berufsbeamtentums vom April 1933, das Gesetz gegen die Überfüllung der deutschen Schulen und Hochschulen (ebenfalls April 1933), das Schriftleitergesetz (Oktober 1933), der Verlust der Promotionsmöglichkeit für jüdische Studenten ab April 1937, die Einführung der

Zwangsvornamen Sarah und Israel im August 1938 und die schier unzähligen sonstigen Diskriminierungen, die auf gesetzlichem Fundament mit Hilfe von Verordnungen, Erlassen, Verfügungen und Durchführungsbestimmungen in Kraft gesetzt wurden.

Soweit die Maßnahmen nur die Juden insgesamt, einzelne Gruppen oder unbekannte Individuen betrafen, mußte man sie nicht unbedingt zur Kenntnis nehmen. Anders war es vielleicht mit dem Entzug der Kassenzulassung und dem Verlust der Approbation für jüdische Ärzte im September 1937 bzw. Juli 1938. Für das in der Natur der Sache gründende Vertrauensverhältnis zwischen Arzt und Patient bedeutete die erzwungene Trennung vom jüdischen Hausarzt einen Eingriff, der sicherlich häufig von Nachdenklichkeit, Unmut und Kritik auf der nichtjüdischen Seite begleitet war. Mit Solidaritätsaktionen hätte man sich aber strafbar gemacht, und die Furcht vor Denunziation war alles andere als unbegründet. Schließlich wäre dem jüdischen Arzt, so konnte man sich sagen, mit irgendwelchen Demonstrationen auch nicht geholfen gewesen.[12]

Gegenüber jüdischen Apothekern und Rechtsanwälten, Viehhändlern und Maklern, die ebenfalls ihrer beruflichen Existenz beraubt wurden, gab es die persönlichen Bindungen, die immerhin Mitleid und Verlustgefühle mobilisierten, in aller Regel weniger oder gar nicht. Die »Arisierungen« kleiner Geschäfte mochten traditionelle nachbarschaftliche und menschliche Beziehungen stören und deshalb Anlaß zur Reflexion bieten. Für die großen Betriebe traf das sicher nicht zu, denn die Inhaber der Tietzschen Warenhäuser oder des Textilhauses Grünfeld in Berlin bekam das Publikum wohl ebenso selten zu Gesicht wie der Bücherfreund den Verleger Samuel Fischer. Die »Arisierung« genannte Enteignung großer jüdischer Firmen ließ sich ebenso wie die kollektive Verdrängung von Juden aus der kulturellen Szene propagandistisch unterfüttern. Dafür war – auch aus Konkurrenzsituationen heraus – Beifall zu bekommen.[13]

Die vielfältigen pauschalen Schikanen gegen »die Juden« konnte man übersehen oder billigen, ohne daß man damit konkrete Personen wie Nachbarn oder Mitbürger verbinden mußte. Angesichts der Parkbänke mit der Aufschrift »Nur für Arier« oder den Schildern »Juden unerwünscht« oder »Zutritt für Juden verboten« konnte man sich einreden, das träfe nur irgendwelche anonyme fremde Personen, mit denen man nichts zu tun habe. Gegenüber den Juden, die 1933 bis 1938 auswanderten, und auch noch gegenüber denjenigen, denen 1939 und 1940 die Flucht gelang, konnte man argumentieren, sie verließen Deutschland aus eigenem Entschluß, sie gingen einer besseren Zukunft entgegen, hätten in Deutschland bald ohnehin nichts mehr zu verlieren. Man konnte sie geradezu beglückwünschen, denn die Demütigungen und Verluste, die bis zur Emigration erlitten waren, nahm man, je nachdem, schamvoll oder stumm zur Kenntnis.

Bis zum Herbst 1938 konnte man sich also arrangieren, konnte die Realität der judenfeindlichen Politik des nationalsozialistischen Staats zu ignorieren versuchen, konnte sie natürlich auch billigen. Man konnte in Übereinstimmung mit dem Regime konstatieren, die Juden hätten als Minderheit nur Anspruch auf minderes Recht, man konnte sich einreden, sie hätten zuviel Einfluß besessen, den man jetzt auf ein normales Maß zurückschrauben müsse, man konnte mehr oder weniger oder auch alles, was die nationalsozialistische Propaganda gegen die Juden vorbrachte, zur Rechtfertigung übernehmen. Man konnte die Ergebnisse und Wirkungen der judenfeindlichen Politik auch aus dem Bewußtsein verdrängen oder es mit der Versicherung oder Überzeugung beschwichtigen, alle die diskriminierenden Ereignisse seien Bestandteile einer notwendigen Neuordnung der Beziehungen von Juden und Nichtjuden in Deutschland, und diese Neuordnung sei nun im wesentlichen beendet mit dem Ergebnis, daß Juden zwar allen Einflusses im öffentlichen Leben, wesentlicher staatsbürgerlicher Rechte und vieler beruflicher Möglichkeiten beraubt seien, daß aber ihre physische Existenz auf bescheidenem Niveau gesichert und garantiert bliebe.

Das alles galt nach dem Novemberpogrom 1938 nicht mehr. Die Inszenierung der »Reichskristallnacht«, der auf staatliche Initiative entfesselten und ausgeübten rohen Gewalt gegen Juden, gegen Institutionen ihres Kults und gegen jüdisches Eigentum, bedeutete auch einen Wendepunkt im Bewußtsein und im Verhalten gegenüber Juden.[14]

Der Vandalismus der am organisierten Pogrom Beteiligten sprang gelegentlich auch über auf Unbeteiligte, als Frucht antisemitischer Propaganda, als Folge der Pressekampagne nach dem Grünspan-Attentat oder – was wohl am häufigsten und wahrscheinlichsten war – aus dumpfer Aggression, Sensations- und Zerstörungslust, wie sie durch den Pogrom in Gang gesetzt und sanktioniert worden war. Beispiele für spontane Gewalt finden sich in den Akten der Gerichte, die sich nach 1945 mit den Ereignissen der »Reichskristallnacht« beschäftigten. Sie stehen dafür, daß der Pogrom für nicht wenige zum Ventil für Mord- und Zerstörungsgelüste wurde, daß niedere Instinkte öffentlich abreagiert wurden, nachdem erst einmal die Aufforderung und Erlaubnis durch die Obrigkeit erteilt war.[15]

Kaum reputierlicher waren aber die Reaktionen von Schadenfreude und Genugtuung über das Schicksal der Juden, die sich in Plünderungen, Erpressungen, Denunziationen äußerten und die vor allem auf Bereicherung zu Lasten der rechtlos werdenden Juden zielten: Es ging um die Übernahme der zu arisierenden Geschäfte, um Wohnungen, um Arztpraxen, um Rechtsanwaltskanzleien, Apotheken, Läden usw. Diese Reaktionen setzten nicht erst nach dem Pogrom ein. Typisch in diesem Zusammenhang sind auch die zahlreichen Erpressungsmanöver, denen sich Juden bei ihren Auswanderungsvorbereitungen ausgesetzt sahen. Treue Bedienstete forderten im letzten Moment vor der Abreise Lösegelder, Nachbarn und Unbekannte erpreßten Summen oder Wertgegenstände von den Auswanderern.[16]

Andere – bürgerlicher Wohlanständigkeit eher entsprechende – Verhaltensmuster zeigten diejenigen, denen bei aller grundsätzlichen Billigung der nationalsozialistischen Judenpolitik deren Formen und Methoden zuwider waren. Der Novemberpogrom blieb, wenn man vom Test der Boykottaktion im Frühjahr 1933 absieht, die einzige Gelegenheit, bei der das Regime die Judenfeindschaft und die Bereitschaft zu physischer Gewalt gegen die jüdische Minderheit öffentlich exzessiv demonstrierte. Dagegen waren viele Bürger einig, daß diese Art der »Lösung der Judenfrage« zu brutal, zu pöbelhaft, zu unzivilisiert war. Es wurde auch häufig Bedauern um die vielen beim Pogrom vernichteten Sachwerte registriert. Bauern äußerten Verdruß über sinnlos vergeudete Lebensmittel.

In den amtlichen Berichten von der Gendarmeriestation bis zu den Regierungspräsidenten kam solcher Ärger immer wieder zur Sprache. Ein Beispiel aus dem Bericht des Regierungspräsidenten von Niederbayern und der Oberpfalz zeigt die verbreitete Ambivalenz von Mißbilligung und Zustimmung: »Die gegen das Judentum gerichteten gesetzlichen Maßnahmen fanden [...] vollstes Verständnis. Um so weniger Verständnis brachte der Großteil der Bevölkerung für die Art der Durchführung der spontanen Aktion gegen die Juden auf; sie wurde vielmehr bis weit in Parteikreise hinein verurteilt. In der Zerstörung von Schaufenstern, von Ladeninhalten und Wohnungseinrichtungen sah man eine unnötige Vernichtung von Werten, die letzten Endes dem deutschen Volksvermögen verloren gingen und die im krassen Gegensatz stehe zu den Zielen des Vierjahresplans, insbesondere auch zu den gerade jetzt durchgeführten Altmaterialsammlungen. Auch die Befürchtung wurde laut, daß bei den Massen auf solche Weise der Trieb zum Zerstören wieder geweckt werden könnte. Außerdem ließen diese Vorkommnisse unnötigerweise in Stadt und Land Mitleid mit den Juden aufkommen.«[17] Das letzte Argument war besonders bemerkenswert, kann man doch daraus – wenn die Bemerkung nicht als regimekritische Ironie eines Berichterstatters gewertet wird – einen hohen Grad von Übereinstimmung der Bevölkerung mit den Zielen des NS-Staats ablesen.

In der Weigerung, zum Winterhilfswerk zu spenden, weil mit Billigung der NSDAP so viele Sachwerte zerstört worden seien, kamen in ländlichen, insbesondere katholischen Gegenden Regimekritik und Opposition auf pragmatische Weise zum Ausdruck, und zwar ausgelöst durch die physische Gewalt gegen Juden im November 1938.

In recht erheblichem, wenngleich nicht exakt meßbarem Umfang wurden aber auch Mitleid und Solidarität mit den Opfern des Pogroms empfunden und artikuliert. Man schämte sich der Exzesse, wollte keinen Anteil daran haben und war in der Ablehnung einig, und zwar fast öffentlich. Für manche wurde der Pogrom Anlaß zu heimlicher Sympathiekundgebung an jüdische Nachbarn, für einige auch zu anhaltendem Widerstand und fortdauernder Hilfe. Zu nennen wären die Gruppen, die vor allem in Berlin bis 1945 Juden versteckten, sie ernährten und schützten. Die Aktivitäten im Umkreis der Gräfin Maltzan, die Gruppe um Ruth Andreas-Friedrich und manch andere organisierte Hilfe für Juden gehen auf die Scham vom November 1938 zurück.[18]

Man kann konstatieren, daß der inszenierte Pogrom nicht die Billigung der Mehrheit des deutschen Volkes gefunden hat. Die Motive der Ablehnung waren unterschiedlich. Sie reichten von der

Sorge um die Zerstörung des Rechtsbewußtseins, von der Mißbilligung der Übergriffe auf fremdes Eigentum über das Empfinden, diese Vorgänge stünden im Gegensatz zur kulturellen Tradition Deutschlands. Dazu kam die berechtigte Befürchtung, das brutale Vorgehen schade dem deutschen Ansehen im Ausland. Andere waren aus humanitären Gründen entsetzt oder empfanden das ohnmächtige Gefühl kollektiver Beschämung. Eine hochgestellte, dem Nationalsozialismus gegenüber grundsätzlich positiv eingestellte Person schrieb anonym zwei Tage nach dem Pogrom an Joseph Goebbels: »Weinen könnte man, schämen muß man sich, ein Deutscher zu sein [. . .] und niemand traut sich, ein Wort dagegen zu sagen, wenn auch 85 % der Bevölkerung empört ist wie nie.«[19]

Das bedeutete nicht, daß die judenfeindliche Politik grundsätzlich und mehrheitlich von den Deutschen abgelehnt wurde; sie sollte jedoch in Form von Gesetzen und Verordnungen auf einer formal legalen Grundlage vollzogen werden. Mißbilligt wurde die unzivilisierte und öffentliche Art und Weise der Ausgrenzung der Juden aus der deutschen Gesellschaft, nicht aber die Ausgrenzung selbst. Solange der Rahmen des bürgerlichen Formenkanons einigermaßen beachtet wurde, konnte die Politik der Ausgrenzung, Enteignung und Verdrängung der jüdischen Minderheit aus Deutschland mit erheblichem Konsens in der Bevölkerung rechnen.

Die Ereignisse des Novembers 1938 waren aber auch für die Nichtbetroffenen einschüchternd und von weitreichenden Wirkungen begleitet. Die mentalitätsmäßig traditionell geringe und angesichts des inzwischen perfekt ausgebauten Terrorapparats immer gefährlicher werdende Bereitschaft zum Widerstand und zu eventuell tödlicher Solidarität mit der bedrängten Minderheit wurde ab November 1938 deutlich geringer. Die »Reichskristallnacht« war auch ein Test der moralischen Widerstandsfähigkeit der deutschen Bürger gewesen, und sie hatten ihn mehrheitlich nicht bestanden, auch wenn Einsichtige die Dynamik des Geschehens richtig erkannten und die Preisgabe von Gesittung und Kultur, den Untergang der Idee vom Rechtsstaat in Deutschland beklagten.

Aber, und das war entscheidend, man schwieg bei aller Empörung über öffentlich geübte Gewalt gegen die Juden, man übte Mitleid und Hilfe nur im Verborgenen und nahm auch die dem Pogrom folgenden öffentlichen Aktionen des Regimes einschließlich der

Deportationen aus den Heimat- oder Wohnorten verschämt zur Kenntnis. Bei der »Fabrik-Aktion« vom Februar 1943 gab es eine Ausnahme, fast die einzige. Sie demonstrierte, was Protest vermochte, mitten in Berlin und am hellichten Tag. Vom Arbeitsplatz in der Fabrik waren jüdische Zwangsarbeiter zur Deportation nach Auschwitz abgeholt worden. Einige von ihnen, die mit nichtjüdischen Frauen verheiratet waren, kamen wieder frei, weil die Angehörigen lautstark und energisch protestierten.

Ungeheuer aufschlußreich für die Mentalitätsgeschichte der Deutschen wäre es, wenn protokolliert worden wäre, was in den unzähligen Augenblicken der Konfrontation geschah, was jeder einzelne empfand, wenn er Juden begegnete, als sie mit dem Stern als vogelfrei gebrandmarkt waren, wenn er beobachtete, wie sie für ihre kärglichen Lebensmittelrationen zu beschränkten besonderen Zeiten in den Läden anstanden oder ihre Rundfunkgeräte und Telefonapparate ablieferten; was der einzelne Deutsche empfand, als Juden keine Haustiere mehr halten konnten, in öffentlichen Verkehrsmitteln nicht mehr sitzen, sie schließlich gar nicht mehr benutzen durften, als sie als Zwangsarbeiter auf der vorletzten Station vor der Deportation angelangt waren. Für die Mehrheit der deutschen Bevölkerung war mit der Deportation »die Judenfrage« gelöst. Der Anblick Hunderter von Sammelstellen in den Städten mit Sack und Pack zum Bahnhof ziehender Juden wurde – wenn er sich bot – mit der Vermutung beschwichtigt, sie reisten irgendwohin in den Osten, um sich dort anzusiedeln. Daß die vorrückenden deutschen Armeen niemals solche Siedlungen sahen, hingegen die Spuren massenhaften Mordens – das wurde stillschweigend akzeptiert.

Daß es mehr oder weniger deutliches Wissen um den organisierten Völkermord im Osten des deutschen Herrschaftsgebiets, um das Treiben der Einsatzgruppen der SS, die Existenz der Vernichtungslager, die Gaswagen gab, ist evident. Dafür gibt es genügend Zeugnisse.[20] Tatsache ist auch, daß die Formel »Wir haben nichts gewußt« für viele, ja für die meisten Deutschen so lange als Überlebensstrategie diente, bis sie zum Trauma wurde.[21] Das Stereotyp des Nichtsgewußthabens mußte schließlich in einem weiteren Akt der Rechtfertigung aggressiv verteidigt werden.

Wer nur wollte im Deutschen Reich, konnte sich die Wahrheit der Judenverfolgung und -vernichtung zusammenreimen, und zwar vor allem aus drei Quellen: aus der Zeitung (wenn man die Drohungen gegen die Juden ernst nahm und die Prophezeiungen dechiffrierte), durch das Radio (wenn man die Sendungen von BBC London hörte) und durch die Berichte deutscher Soldaten, die von der Ostfront und aus den besetzten östlichen Gebieten auf Urlaub nach Hause kamen. Aber die Tarnung des Völkermords und die Geheimhaltung seiner technischen Details durch das Regime wurden wirkungsvoll ergänzt durch die Bereitschaft der meisten Deutschen, nicht an das Grauenhafte zu denken, zufällige Beobachtungen zu ignorieren, Unerwünschtes nicht wahrzunehmen.

Die Zeitgenossen erlebten, während der NS-Herrschaft wie unmittelbar danach, mit Schmerzen die Diskrepanz zwischen ihrer Wahrnehmung und ihrem Gewissen. Die Wahrnehmung umfaßte von der Ahnung über die Vermutung bis zum vollen Wissen die Wahrheit über den Völkermord. Aber das Gewissen sagte allen, die die Ermordung der Juden nicht billigten – und das war natürlich die Mehrheit –, diese Wahrheit dürfe nicht sein. Sie verboten sich, Zeugen (und damit Mitwisser und Mitschuldige) dieser Realität zu sein. Die Wahrnehmung erwies sich in dem Dilemma als schwächer, das Gewissen als stärker, so muß bis zum heutigen Tag die Wahrheit verdrängt werden. Wahrheit bedeutet in diesem Zusammenhang: Wir haben es gewußt, aber wir wollten es nicht wissen.

Diese Wahrheit hielt Thomas Mann schon im Herbst 1941 den Deutschen vor: »Das Unaussprechliche, das in Rußland, das mit den Polen und Juden geschehen ist und geschieht, wißt ihr, wollt es aber lieber nicht wissen aus berechtigtem Grauen vor dem ebenfalls unaussprechlichen, dem ins Riesenhafte heranwachsenden Haß, der eines Tages, wenn eure Volks- und Maschinenkraft erlahmt, über euren Köpfen zusammenschlagen muß. Ja, Grauen vor diesem Tage ist am Platz, und eure Führer nutzen es aus. Sie, die euch zu allen diesen Schandtaten verführt haben, sagen euch: Nun habt ihr sie begangen, nun seid ihr unauflöslich an uns gekettet, nun müßt ihr durchhalten bis aufs Letzte, sonst kommt die Hölle über euch.«[22]

Aber die apokalyptische Prophezeiung hätte nach dem Ende der nationalsozialistischen Herrschaft im kollektiven Bewußtsein der Deutschen nicht so peinlich fortwirken müssen. Nach dem 8. Mai 1945 sind die Chancen der Erlösung vom Trauma aus Scham und

Schuld, Mitwissen und Billigung, ohnmächtiger Gegnerschaft und weitreichender Zustimmung zum Regime versäumt worden. Die Chancen lagen im Erinnern und Bewußtmachen.

In der Erinnerung der Deutschen blieb Auschwitz das Tabu überhaupt, selbst wenn das Problem thematisiert wurde. Wenn die Vertreter der Evangelischen Kirche im Oktober 1945 in ihrer Stuttgarter Erklärung von einer »Solidarität der Schuld« sprachen, so blieb das Bekenntnis doch ebenso allgemein (»durch uns ist unendliches Leid über viele Völker und Länder gebracht worden«) wie christlich-selbstbezogen (»wir klagen uns an, daß wir nicht mutiger bekannt, nicht treuer gebetet, nicht fröhlicher geglaubt und nicht brennender geliebt haben«).[23] Von den Juden war noch lange Zeit nicht die Rede.

Indizien für die Beklommenheit im Umgang mit dem Thema »Juden« im weitesten Sinne finden sich vielfach in der deutschen Nachkriegsgeschichte. Theodor Heuss, der einheitsstiftende erste Bundespräsident, als Demokrat und eloquenter Literat gleicherweise populär, blieb in seinen offiziellen Reden merkwürdig sprachlos, wenn Probleme der Juden mit den Deutschen oder der Deutschen mit den Juden zu benennen waren. In den großen Reden an die Deutschen, die das Staatsoberhaupt jeweils zum Jahresende hielt, gibt es in seiner ganzen Amtszeit – im ersten Jahrzehnt der Bundesrepublik also – kaum Erwähnungen der Katastrophe der Juden: Möglicherweise hielt Heuss die Zeit noch nicht für reif oder er unterlag auch der schamhaften Berührungsangst bürgerlicher Honorität, die das Klima der Zeit prägte und das kollektive Schweigen der präzisen öffentlichen Benennung des historischen und konkreten Sachverhalts vom millionenfachen Judenmord vorzog. So ist auch 1952 nicht von Juden die Rede, als die doch ganz beachtliche Anstrengung der Bundesregierung zur materiellen Wiedergutmachung des Völkermords Vertragsform fand: Lediglich in einem Nebensatz wird der »Israelvertrag« erwähnt. Oder 1955, als Heuss des Todes von Albert Einstein gedachte und an den 200. Todestag Heinrich Heines erinnerte, scheute er sich, zu erwähnen, daß diese Männer Juden gewesen und deshalb in Deutschland angefeindet und ins Exil getrieben worden waren.

In der politischen Kultur der Bundesrepublik hat die Erinnerung an den Holocaust heute selbstverständlich ihren Platz. Die Klagen, daß alles verdrängt und verschwiegen worden sei, daß in den Schulen nichts über die Judenverfolgung gelehrt werde, daß die Schulbücher nichts oder zuwenig darüber enthielten, sind zwar verbreitet, aber überzogen.[24] Zum speziellen Anlaß, gar an Gedenktagen, wird in der dem Ereignis als je angemessen empfundenen Rhetorik des Holocaust gedacht, große Städte entwickelten einen Formenkanon zur Betreuung ihrer ehemaligen Bürger, die sich ins Exil retten konnten, die Pflege jüdischer Friedhöfe ist gewährleistet, es gibt keinen Mangel an Gedenkstätten und Erinnerungstafeln (etwa an den Orten zerstörter Synagogen). Der Verdacht allerdings scheint begründet, es handele sich meist um Feiertagsrituale, nicht um alltägliches Bewußtsein. Die Selbstverständlichkeit des Erinnerns, ohne falsche Attitüde, frei vom Gefühl, lästige Pflichtübungen zu absolvieren, ohne die ebenso beflissen wie oberflächlich zur Schau getragene »Betroffenheit«, bleibt immer noch das anzustrebende Ziel.

Anmerkungen

1 Tamir, Arnon, Eine Reise zurück. Von der Schwierigkeit, Unrecht wiedergutzumachen, Frankfurt a. M. 1992, S. 35 f.

2 Die Argumentation der Revisionisten besteht aus einigen wenigen Stereotypen der Leugnung des Völkermordes, immer wieder vorgetragen von einigen Autoren, die durch gegenseitige Zitierung den Eindruck von wissenschaftlicher Beweisführung und Seriosität zu erwecken suchen. Ab und zu werden neue »Beweise« und »Tatsachen« in die Debatten eingeführt wie etwa der »Leuchter Report«, die zwar leicht als Varianten rechtsextremer Propaganda zu entschlüsseln sind, auf naive Interessenten trotzdem den gewünschten Eindruck machen. Vgl. Wellers, Georges, Der »Leuchter-Bericht« über die Gaskammern von Auschwitz: Revisionistische Propaganda und Leugnung der Wahrheit, in: Dachauer Hefte 7 (1991), S. 230–241.

3 Mann, Thomas, Deutsche Hörer! Fünfundzwanzig Radiosendungen nach Deutschland, in: Politische Schriften und Reden, Band 3, Frankfurt a. M. 1968, S. 216 (Januar 1942).

4 Hassell, Ulrich von, Vom anderen Deutschland. Aus den nachgelassenen Tagebüchern 1938–1944, Zürich 1946, S. 314.

5 Nürnberger Dokument NO 2607.

6 Vgl. Wilhelm, Hans-Heinrich, Wie geheim war die »Endlösung«?, in: Miscellanea. Festschrift für Helmut Krausnick zum 75. Geburtstag, hrsg. von Wolfgang Benz, Stuttgart 1980, S. 131–148.

7 Vgl. Mommsen, Hans, Was haben die Deutschen vom Völkermord an den Juden gewußt?, in: Pehle, Walter H. (Hrsg.), Der Judenpogrom 1938. Von der

»Reichskristallnacht« zum Völkermord, Frankfurt a. M. 1988, S. 176–200. Dort zahlreiche Belege und Verweise auf weitere Literatur; s. a. Laqueur, Walter, Was niemand wissen wollte. Die Unterdrückung der Nachrichten über Hitlers »Endlösung«, Frankfurt a. M. / Berlin / Wien 1981, S. 26 f.

8 Wichtige Bausteine zur Mentalitätsgeschichte, insbesondere zur Wechselwirkung von öffentlicher Meinung und individueller Einstellung bilden die Arbeiten von Kershaw, Ian, The Persecution of the Jews and German Popular Opinion in the Third Reich, in: Leo Baeck Institute Year Book 26 (1981), S. 261–289; ders., German Popular Opinion and the »Jewish Question«, 1939–1943: Some further Reflections, in: Paucker, Arnold u. a. (Hrsg.), Die Juden im Nationalsozialistischen Deutschland, Tübingen 1986, S. 366–386; ferner Wiesemann, Falk, Judenverfolgung und nichtjüdische Bevölkerung 1933–1944, in: Bayern in der NS-Zeit. Soziale Lage und politisches Verhalten der Bevölkerung im Spiegel vertraulicher Berichte, hrsg. von Martin Broszat, Elke Fröhlich und Falk Wiesemann, München 1977, S. 427–486; zur Rolle des Judenmords in der Geschichtsschreibung vgl. Kulka, Otto Dov, Singularity and its Relativization. Changing Views in German Historiography on National Socialism and the »Final Solution«, in: Yad Vashem Studies 19 (1988), S. 151–186; ders., Major Trends and Tendencies in German Historiography on National Socialism and the »Jewish Question«, in: Gutman, Yisrael/Greif, Gideon (Hrsg.), The Historiography of the Holocaust Period, Jerusalem 1988, S. 1–51; Mommsen, Hans, Holocaust und die deutsche Geschichtswissenschaft, ebenda, S. 79–97; vgl. auch Friedländer, Saul, The »Final Solution«: Unease in Interpretation, in: History and Memory. Studies in Representation of the Past, Bd. 1, Nr. 2, 1989, S. 61–76.

9 Leyens, Erich/Andor, Lotte, Die fremden Jahre. Erinnerungen an Deutschland, Frankfurt a. M. 1991, S. 16 f.

10 Vgl. Benz, Wolfgang, Herrschaft und Gesellschaft im nationalsozialistischen Staat. Studien zur Struktur- und Mentalitätsgeschichte, Frankfurt a. M. 1990.

11 Wie vernichtend dagegen Auswirkungen des Nürnberger Gesetzes »zum Schutze des deutschen Blutes und der deutschen Ehre« für den einzelnen sein konnten, beweist eindrucksvoll die Studie von Hans Robinsohn, Justiz als politische Verfolgung. Die Rechtsprechung in »Rassenschandefällen« beim Landgericht Hamburg 1936–1943, Stuttgart 1977.

12 Vgl. Das Tagebuch der Hertha Nathorff. Berlin–New York. Aufzeichnungen 1933–1945, hrsg. v. Wolfgang Benz, Frankfurt a. M. 1988.

13 Viele Beispiele bringt Kwiet, Konrad, Nach dem Pogrom: Stufen der Ausgrenzung, in: Die Juden in Deutschland 1933–1945. Leben unter nationalsozialistischer Herrschaft, hrsg. v. Wolfgang Benz, München 1988, S. 545–659.

14 Vgl. Graml, Hermann, Reichskristallnacht. Antisemitismus und Judenverfolgung im Dritten Reich, München 1988, insbes. S. 133 f.

15 Benz, Wolfgang, Der Rückfall in die Barbarei. Berichte über den Pogrom, in: Pehle, Walter H. (Hrsg.), Der Judenpogrom 1938. Von der »Reichskristallnacht« zum Völkermord, Frankfurt a. M. 1988, insbes. S. 33 ff.

16 Vgl. z. B. Das Tagebuch der Hertha Nathorff (wie Anm. 12), S. 110, 129 f.

17 Monatsbericht des Regierungspräsidenten von Niederbayern und der Oberpfalz, 8. 12. 1938, in: Bayern in der NS-Zeit. Soziale Lage und politisches Verhalten der Bevölkerung im Spiegel vertraulicher Berichte, hrsg. v. Martin Broszat, Elke Fröhlich, Falk Wiesemann, München 1977, S. 473 f.

18 Vgl. Andreas-Friedrich, Ruth, Der Schattenmann, Berlin 1947; Benz, Wolfgang, Überleben im Untergrund 1943–1945, in: Die Juden in Deutschland 1933–1945 (wie Anm. 13), S. 672.

19 Zit. nach Matzerath, Horst (Hrsg.), »... vergessen kann man die Zeit nicht, das ist nicht möglich...« Kölner erinnern sich an die Jahre 1929–1945, Köln 1985, S. 171 f.

20 Belege bei Benz, Wolfgang, Die Verfolgung und Vernichtung der Juden im Bewußtsein der Deutschen, in: Juden in Deutschland. Emanzipation, Integration, Verfolgung und Vernichtung, hrsg. v. Peter Freimark, Alice Jankowski, Ina S. Lorenz, Hamburg 1991, S. 435–449.

21 Zahlreiche Belege neuerdings auch bei Ullrich, Volker, »Wir haben nichts gewußt« – Ein deutsches Trauma, in: 1999. Zeitschrift für Sozialgeschichte des 20. und 21. Jahrhunderts 6 (1991), Heft 4, S. 11–46.

22 Mann, Deutsche Hörer! (wie Anm. 3), S. 213.

23 Greschat, Martin (Hrsg.), Die Schuld der Kirche. Dokumente und Reflexionen zur Stuttgarter Schulderklärung vom 18./19. Oktober 1945, München 1982.

24 Vgl. in diesem Band den Beitrag von Clemens Vollnhals, Zwischen Verdrängung und Aufklärung.

Ursula Büttner

Der Alltag der Judenverfolgung und der Anteil der Bevölkerung

Im Dezember 1944 versuchten Psychologen der amerikanischen Armee im bereits besetzten Gebiet um Aachen die Einstellung der deutschen Bevölkerung zum Nationalsozialismus zu erfassen. Sie kamen zu dem Ergebnis, daß »ein merkwürdiges Schuldempfinden gegenüber den Juden vorzuherrschen scheine, ein unbehagliches Gefühl und oft das offene Eingeständnis, daß großes Unrecht begangen wurde. Es besteht auch Furcht vor Vergeltung und oft ein Grauen davor, das Schlimmste zu erfahren; denn so viele Deutsche haben Gerüchte über die Greueltaten gegen die Juden in Polen gehört, daß sie der ganzen Wahrheit einfach nicht ins Auge zu schauen wagen.« Ihre Entlastungsstrategie sei nun, alle Schuld auf Hitler und die Nationalsozialisten zu wälzen, »der Welt einen Sündenbock zu präsentieren, der vor kurzem noch ein Halbgott war«.[1] Diese Beschreibung läßt vieles erkennen: Zumindest aufgrund von Gerüchten wußten oder ahnten die meisten Deutschen, daß mit den Juden im Osten Schreckliches geschah und ihre Deportation eine Reise in den Tod war. Sie hüteten sich aber wohlweislich, sich durch Nachforschungen Gewißheit zu verschaffen. Die Wahrheit wollten sie nicht zur Kenntnis nehmen. Die stereotype Behauptung: »Davon haben wir nichts gewußt«, konnte im Ausland und bei Nachgeborenen und erst recht bei den Überlebenden des Judenmords keinen Glauben finden. Dennoch war sie nicht einfach die Lebenslüge des deutschen Volkes, die ihm den Übergang in die Demokratie und die Eingliederung ins westliche Bündnis ermöglichte.[2] Viele Deutsche hatten tatsächlich vom letzten Akt der Vernichtung nichts »gewußt«, weil sie es vermieden hatten, aus Berichten und eindeutigen Hinweisen die zwangsläufige Schlußfolgerung zu ziehen. Das Wissen um den Judenmord wurde nicht nachträglich verdrängt, sondern schon zur Zeit, als er geschah, beiseite geschoben.[3] Diese Strategie konnte aber nur bei den Verbrechen im Osten funktionieren. Deshalb wurde die Phase des systematischen Massenmords seit Oktober 1941 isoliert und die gesamte Argumentation auf die unmittelbare physische Vernichtung abgestellt, über die vorangegangene Judenverfolgung in Deutschland, die sich vor aller Augen abgespielt hatte, aber geschwiegen. Ganz ließ sich der Gedanke an die eigene Mitverantwortung freilich nicht unterdrücken. In dem diffusen Schuldgefühl und der Furcht vor Vergeltung trat er undeutlich zutage.[4] Ein »Sündenbock« wurde gebraucht. Die Entrechtung der Juden hatte die Begeisterung über die innen- und außenpolitischen Erfolge Hitlers nicht beeinträchtigt. Erst die Angst, für die Verbrechen des Regimes zur Rechenschaft gezogen zu werden, führte nach der Niederlage zur Distanzierung der deutschen Bevölkerung von ihrer Führung, so lautete das irritierende Fazit der amerikanischen Beobachter. »Das deutsche Volk versuchte, der Welt einen Sündenbock zu präsentieren, den es vor kurzem noch als Halbgott verehrt hatte.«

Diese pointierte Formulierung fordert dazu heraus, das Verhalten der Deutschen angesichts der Judenverfolgung genauer zu betrachten. Stärkere Differenzierung ist notwendig: Wie war die Einstellung der verschiedenen Bevölkerungsgruppen und vor allem der gesellschaftlichen Eliten? Die schrecklichen Fakten muß ich als bekannt voraussetzen. Nach neuesten Untersuchungen wurden in der NS-Zeit rund 160 000 deutsche Juden umgebracht; in Europa, so hat dieses internationale Forschungsprojekt bestätigt, fielen wenigstens 5,3, vielleicht über 6 Millionen Menschen dem Judenmord zum Opfer.[5] Jeder einzelne steht für ein unvorstellbares Maß an Leiden.

In der Öffentlichkeit wurde die Frage nach der Mitschuld der deutschen Bevölkerungsmehrheit am Judenmord seit dem Zusammenbruch des Dritten Reichs erörtert, allerdings meistens mit der Tendenz, sie zu verneinen. Die Ablehnung der »Kollektivschuld« wurde zur unermüdlich wiederholten, stereotypen Wendung. Bemühungen von Karl Jaspers und anderen, durch stärkere Differenzierung des Schuldbegriffs die pauschale Abwehrhaltung aufzubrechen, zeigten wenig Wirkung.[6] Jede Gruppe fand ihre speziellen »Sündenböcke«, um sich selbst zu entlasten: die Wehrmacht den gefallenen General von Reichenau und die SS, die Justiz den bei einem Bombenangriff ums Leben gekommenen Vorsitzenden des Volksgerichtshofs, Roland Freisler, die Evangelische Kirche die »Glaubensbewegung Deutsche Christen« usw. Erfolgreicher waren Bestrebungen, durch Ersatzbegriffe wie »Kollektivscham«[7] und »Kollektivhaftung« wenigstens die besondere moralische Verpflichtung der Deutschen anzuerkennen, ohne von ihrer Schuld zu sprechen. Noch heute zeugen Formulierungen wie: die Verbrechen seien »in deutschem Namen« verübt worden, von der – oft gar nicht mehr bewußten – Absicht, die Täterschaft und Verantwortung der Deutschen herunterzuspielen. Zum Teil als Reaktion darauf kommen von anderer Seite pauschale Anklagen. Diese Auseinandersetzungen zeigen, wie notwendig es ist, daß sich die Geschichtswissenschaft der Frage nach dem Verhalten der deutschen Bevölkerung zur Judenverfolgung und -vernichtung annimmt und sich um eine methodisch abgesicherte Antwort bemüht.

Dies ist lange Zeit nicht geschehen. Anders als in der öffentlichen Diskussion hat das Thema in der historischen Forschung erst spät stärkere Beachtung gefunden. Überhaupt haben sich zunächst nur wenige nichtjüdische Wissenschaftler mit dem Fragenkomplex: Antisemitismus, Judenverfolgung und -vernichtung befaßt, und dann standen die staatlichen Maßnahmen im Mittelpunkt des Interesses. Als einer der ersten unter den nicht selbst von Verfolgung und Emigration betroffenen Gelehrten hat Werner Jochmann großes Gewicht auf die Erforschung der sozialgeschichtlichen Voraussetzungen der Schoah gelegt.[8]

Verschiedene Gründe lassen sich ausmachen, weshalb die deutsche Zeitgeschichtsforschung die Frage nach der Mitverantwortung der gesellschaftlichen Gruppen und Eliten für den Judenmord nur zögernd aufgriff: Quellenprobleme, Schwierigkeiten, diesen Völkermord in eine allgemeine Theorie des Faschismus einzuordnen,[9] mehr oder weniger bewußte Rücksicht auf die verbreitete apologetische Stimmung, Distanz zu den Juden, durch die ihr Schicksal nicht als Teil der *deutschen* Geschichte begriffen wurde.[10] Aber es gibt noch einen tieferen Grund: Vernichtung um der Vernichtung willen, ohne jede Zweckrationalität – dadurch steht »Auschwitz« für den fundamentalen Bruch mit allen Traditionen, Denkmustern und Wertvorstellungen unserer Zivilisation. Für die Wissenschaften vom Menschen ist es zur Herausforderung geworden, ob ihre

Methoden und Erklärungsmodelle noch reichen. In den Bemühungen, eine »Theologie nach Auschwitz« zu formulieren, tritt dieser Bruch bisher am deutlichsten zutage. Auch in der Geschichtswissenschaft ist eine Kontroverse darüber entstanden, ob sie dem Nationalsozialismus mit ihren gewohnten Forschungsstrategien und Darstellungstechniken beikommen kann, ob seine »Historisierung« möglich ist, wie vor allem Martin Broszat gefordert hat, oder ob dadurch dieser Phase der deutschen Geschichte eine angesichts der Singularität des Judenmords unangemessene »Normalität« zugestanden wird.[11] Einig sind sich die Kontrahenten aber darin, daß sich die Schoah im letzten jeder rationalen Erklärung und damit dem wissenschaftlichen Zugriff entzieht. Auch Broszat räumt ein: »Im singulären Ereignis von Auschwitz ist ein Punkt erreicht, wo die wissenschaftliche Versteh- und Erklärbarkeit dem epochalen Bedeutungsgehalt zweifellos ohnmächtig hinterherhinkt.«[12] Und Dan Diner formuliert radikal: »Auschwitz ist ein Niemandsland des Verstehens.«[13] Trotzdem können wir nicht einfach kapitulieren, sondern müssen versuchen, durch immer genauere Forschung die Grenze zwischen dem Erklärbaren und dem Unerklärlichen weiter hinauszuschieben.

Die Quellenproblematik ist dabei, gerade wenn es um Verhalten, Einstellungen und Mentalitäten geht, nicht zu unterschätzen. Persönliche Zeugnisse (Tagebücher, Briefe) aus der Zeit der Verfolgung selbst gibt es nur vereinzelt. Rückschauende Berichte spiegeln die Erfahrungen nur sehr selektiv und gebrochen wider; meistens werden die wenigen guten Erlebnisse, die inmitten der allgemeinen Feindseligkeit exzeptionelle Bedeutung erhielten, stark betont.[14] Die »gleichgeschaltete« Presse fällt als Stimmungsbarometer weitgehend aus; sie läßt eher erkennen, wie die Herrschenden die »Stimmung« beurteilten und zu beeinflussen versuchten. Als Hauptquelle stehen daher zwei Gruppen von zeitgenössischen Berichten zur Verfügung: zum einen die Meldungen der verschiedenen Behörden und Überwachungsorgane über die Haltung der Bevölkerung, zum anderen aus Deutschland herausgeschmuggelte Berichte sozialdemokratischer Regimegegner. Bei beiden ist die Darstellung stark von der Einschätzung der – unbekannten! – Verfasser geprägt, so daß die Relevanz der Beobachtungen schwer zu bewerten ist. Das scheint mir auch der wesentliche Grund für die

Differenzen zwischen Ian Kershaw und Otto Dov Kulka über die Einstellung der Deutschen zur Judenverfolgung zu sein.[15] Ich möchte deshalb anders vorgehen: Statt die Darstellung primär auf die Berichte zu stützen, will ich nach den konkreten Auswirkungen der Judenpolitik fragen und klären, inwieweit die nichtjüdische deutsche Bevölkerung davon erfuhr, inwieweit sie beteiligt war, vielleicht sogar Anstöße gab, passiv blieb oder auch zu helfen versuchte. Die Berichte der Überwachungsstellen und der Sopade sollen nur als zusätzliche Informationsquellen dienen.

Bei meiner Darstellung konzentriere ich mich bewußt auf die Phase *vor* dem Beginn der direkten physischen Vernichtung der Juden, die Zeit vor dem Oktober 1941, als ihre Verfolgung vor aller Augen in Deutschland stattfand. Auf diese Weise hoffe ich der Gefahr zu entgehen, ungewollt der bequemen Entschuldigung Vorschub zu leisten: »Das geschah weit weg, davon hat die Masse der Bevölkerung nichts gewußt.« Der polnische jüdische Rechtsgelehrte Rafael Lemkin hat 1943 im Exil in den USA für die Verbrechen der Nationalsozialisten den neuen Begriff »Genozid« vorgeschlagen. Nicht nur die sofortige Vernichtung eines Volkes oder einer Volksgruppe durch Massentötungen sollte darunter fallen, sondern auch der »planmäßige Einsatz verschiedener Methoden zur Zerstörung wesentlicher Lebensgrundlagen ethnischer Gruppen – ihrer politischen und sozialen Einrichtungen, ihrer Kultur, Sprache, Religion und ökonomischen Existenz – sowie die Zerstörung der persönlichen Sicherheit, Freiheit, Gesundheit, Würde und Leben der ihr zugehörigen Individuen, sofern das Ziel darin bestand, die Gruppe als solche auszulöschen«.[16] Lemkin dachte bei seiner Definition an die Politik der Achsenmächte in den besetzten Ländern Europas. Aber sie hat universelle Bedeutung. Wenn wir von ihr ausgehen, begann der nationalsozialistische Völkermord an den Juden lange vor 1941 mitten in Deutschland.

Das Ziel der nationalsozialistischen Judenpolitik stand von vornherein unverrückbar fest: »Vom Standpunkt der NSDAP aus könne entsprechend dem Parteiprogramm die Judenfrage erst dann als gelöst angesehen werden, wenn es in Deutschland keinen Juden mehr gibt«, so beschrieb 1936 ein hoher Parteifunktionär in einer Besprechung mit Ministerialbeamten die Leitlinie und fand dafür Zustimmung.[17] Dieses Ziel verfolgte die nationalsozialistische Führung mit großer Konsequenz; nur hinsichtlich der Methoden und der Zeitplanung war sie flexibel. So konnte der Eindruck entstehen, daß Phasen verschärfter Verfolgung und größerer Mäßigung in der Judenpolitik wechselten. Vor allem vier Gründe waren für die zeitweilige taktische Zurückhaltung maßgebend: Die Nationalsozialisten mußten auf ihre konservativen Verbündeten, auf das Ausland und auf die Bedürfnisse der Wirtschaft Rücksicht nehmen, und sie wollten die »gute Stimmung« in der Bevölkerung nicht beeinträchtigen. Die ersten drei Motive verloren nach der Konsolidierung ihrer Herrschaft und der Überwindung der Wirtschaftskrise an Bedeutung. Die Zustimmung der Bevölkerung zu bewahren, war ihnen dagegen gerade im Krieg besonders wichtig, da Hitler aufgrund seiner Deutung der Niederlage von 1918 nichts so fürchtete wie den psychischen Zusammenbruch der »Heimatfront«. Das Verhalten der Bevölkerungsmehrheit zur Judenverfolgung war daher nicht nur moralisch, sondern auch politisch von Bedeutung.

Sofort nach der Reichstagswahl vom 5. März 1933 kam es überall in Deutschland zu schweren Ausschreitungen gegen Juden. Passanten wurden von SA-Trupps zusammengeschlagen, andere Juden »verhaftet« – in Wahrheit illegal festgenommen – und in provisorischen »SA-Gefängnissen« brutal mißhandelt, wobei einige starben. Vor jüdischen Kaufhäusern und Geschäften zogen Boykottwachen auf.[18] Jüdische Rechtsanwälte und Richter wurden mit Gewalt an der Ausübung ihres Berufs gehindert. Die Polizei verweigerte den Angegriffenen den erbetenen Schutz. Am 1. April wurde auf Anordnung Hitlers ein wohlorganisierter Boykott jüdischer Betriebe, Arzt- und Rechtsanwaltspraxen durchgeführt. Die Initiative und Verantwortung Hitlers für diesen Boykott stehen außer Frage; er bestimmte Termin, Dauer und Ablauf.[19] Auch die vorangegangenen Gewalttaten wurden von der Führung gewollt und wurden durch entsprechende Reden und Presseartikel Görings, Goebbels' und anderer ausgelöst. Deshalb begannen sie pünktlich *nach* dem Ende der Reichstagswahl, als man sich nicht mehr den Anschein der Gesetzestreue und Friedfertigkeit geben mußte.[20] Erstmals wurde die typische Methode der nationalsozialistischen Judenpolitik sichtbar: Scheinbar spontaner, in Wahrheit organisierter und gesteuerter Druck »von unten« sollte die Notwendigkeit erweisen, »von oben« gesetzlich regelnd einzugreifen.

Mit dieser Feststellung will ich die Verantwortung nicht auf eine kleine Gruppe abschieben, um die breite Bevölkerung zu entlasten. Im März 1933 waren nur die Kommunisten in die Illegalität gedrängt, die übrigen Parteien und die Gewerkschaften bestanden noch und konnten mehr oder weniger stark behindert arbeiten. Die Deutschnationalen und andere konservative Kreise glaubten sogar, entscheidenden Einfluß auf die Regierung auszuüben. Noch waren also die organisatorischen Voraussetzungen dafür vorhanden, daß es nicht bei individuellen, vereinzelten Äußerungen der Ablehnung bleiben mußte, sondern gemeinschaftliche Formen des Protestes möglich waren. Aber nichts dergleichen geschah. Die staatlich geduldeten und betriebenen Gewaltaktionen gegen Juden hinderten die Parteien – mit Ausnahme der SPD – nicht, am 23. März dem »Ermächtigungsgesetz« zuzustimmen. Repräsentanten der Evangelischen Kirche hatten zwei Tage zuvor keine Bedenken getragen, bei einem feierlichen Gottesdienst in Potsdam ihre Freude über die Regierung Hitler zu betonen.

Am 1. April 1933 brachten vielerorts zwar *einzelne* Deutsche durch Einkäufe und Besuche bei Juden ihren Abscheu vor dem Boykott zum Ausdruck. Ihre Geste der Solidarität war für die Juden sehr wichtig und verdient alle Achtung.[21] Aber darüber darf das Faktum nicht vergessen werden, daß der Boykott überhaupt stattfinden und reichsweit bis in die kleinsten Dörfer getragen werden konnte. Wie viele Menschen mußten sich an der Vorbereitung beteiligen, Listen jüdischer Betriebe anfertigen, Plakate kleben, Flugblätter verteilen und Posten stehen, um das zu erreichen! Unbehelligt konnten SA-Männer Geschäfte blockieren, deren Inhaber bis vor kurzem angesehene Bürger der Gemeinde gewesen waren, vielleicht im Gemeinderat gesessen und viel für den Ort getan hatten. Keine Partei, kein Bürgerverein und kein Standesverband traten für sie ein, und auch die Kirchen schwiegen zu dem Unrecht. Dementsprechend entschieden sich die meisten Zeitgenossen, vor der Gewalt zurückzuweichen und die jüdischen Geschäfte an diesem Tag zu meiden. Es gab aber auch jene, die nun, da die Judenfeindschaft von der politischen Führung offiziell und demonstrativ sanktioniert wurde, ihrem Haß freien Lauf ließen. Nicht nur Nationalsozialisten beteiligten sich an den Beschimpfungen und Drohungen, die die für vogelfrei Erklärten über sich ergehen lassen mußten.

Da jetzt klar war, daß antijüdisches Engagement gewünscht und honoriert wurde, kamen in der Folgezeit häufig aus der Gesellschaft heraus Vorschläge und Anstöße zur Verschärfung der Judenpolitik, z. B. von Arbeitnehmern, die die Zusammenarbeit mit jüdischen Kollegen verweigerten, oder von Eltern, die die Unterrichtung ihres Kindes durch einen jüdischen Lehrer ablehnten.[22] Kaufleute und Handwerksmeister begannen schon am Boykott-Tag, als die NSDAP für die Brandmarkung der jüdischen Nachbarn sorgte, ihre eigenen Geschäfte als »rein arisch« oder »altchristlich« zu bezeichnen; sie behielten diese Methode, die jüdische Konkurrenz zu diskriminieren und daraus Vorteile zu ziehen, anschließend bei.[23] Auch die Presse, die erst zum Teil »gleichgeschaltet« war, erwies sich als willfährig und brachte neben den offiziellen Boykottaufrufen eigene Hetzartikel. Nicht Judenhaß, sondern »Geschäftssinn« gab dabei häufig den Ausschlag. Bei den Beratungen der Reichsregierung über den geplanten »Judenboykott« hatten die angeblich konservativen Minister, die die drei Nationalsozialisten im Kabinett »einrahmen« und »zähmen« sollten, Hitlers offene Ankündigung des Rechtsbruchs stillschweigend hingenommen. Entsprechend verhielten sich die untergeordneten Beamten und Polizisten vor Ort. Auch sie versuchten sich zu arrangieren und ließen die Boykotteure gewähren, selbst wenn sie sich manchmal vor jüdischen Bekannten wegen ihrer Zuschauerrolle schämten.[24]

Der Boykott am 1. April 1933 bezeichnete eine Zäsur: Zum ersten Mal seit der Emanzipation wurden die Juden wieder als Gruppe von dem Staat verfolgt, dem sie angehörten. Ihre Ausstoßung aus dem deutschen Volk wurde öffentlich als Ziel der herrschenden Partei, d. h. als Staatsziel, proklamiert und ohne nennenswerten Widerspruch akzeptiert. Schon bei diesem ersten Test gelang die Ausgrenzung der Juden in weitgehendem Maße.

Das gleiche Verhaltensmuster zeigte sich beim weiteren Vorgehen gegen die Juden immer wieder. Desinteressiert und gleichgültig reagierten die meisten Kollegen auf die Berufsverbote, die mit dem Berufsbeamtengesetz vom 7. April 1933 begannen und alle »Nichtarier«, Menschen mit wenigstens einem Juden unter den Großeltern, trafen. Nur die »Frontkämpfer« des Ersten Weltkriegs wurden auf Verlangen des Reichspräsidenten einstweilen ausgenommen. Die Berufsverbote wurden in den folgenden Jahren auf immer weitere Bereiche ausgedehnt: auf den öffentlichen Dienst im weitesten Sinn, auf die Rechtspflege, das Gesundheitswesen und den Kultursektor, ohne daß die Vernichtung so vieler Berufskarrieren spürbare Anteilnahme hervorgerufen hätte. Da sie auf gesetzlicher Grundlage basierte, wurde sie bedenkenlos hingenommen. Von einer Solidarisierung nichtjüdischer Kollegen mit den hinausgeworfenen Beamten, Richtern, Professoren ist nichts bekannt. Im Gegenteil: Als der Nobelpreisträger für Physik, James Franck, im Sommer 1933 aus Protest gegen die Entlassung »nichtarischer« Kollegen seinen Lehrstuhl an der Universität Göttingen aufgab – obwohl er als ehemaliger Kriegsteilnehmer noch hätte bleiben dürfen – und seine Gründe in einer in der lokalen Presse veröffentlichten Erklärung deutlich nannte, stieß er bei den nichtjüdischen Professoren auf Unverständnis: »Viele schwiegen dazu; aber von denen, die sprachen oder schrieben, erinnere ich mich an kaum einen, der ihn nicht tadelte, furchtsam wegen möglicher Folgen für andere oder – als Vorahnung später allgemeinen Verhaltens – als Auflehnung gegen eine nun legitime Regierung.«[25]

Die Standesverbände der Ärzte und Rechtsanwälte beteiligten sich aktiv an dem Bemühen, das »Frontkämpferprivileg« faktisch außer Kraft zu setzen und jüdische Kollegen, die weiter praktizieren durften, durch gezielte Benachteiligungen aus dem Beruf zu verdrängen.[26] Ungezählte Vereine beeilten sich, es dem Staat gleichzutun und, bevor es gefordert wurde, »Nichtarier« aus ihren Reihen auszuschließen. Oft wurde ihnen nicht einmal mehr für langjährige Tätigkeit gedankt. Hannah Arendt faßte die Erfahrungen des Jahres 1933 rückblickend zusammen: »Das Problem, das persönliche Problem war doch nicht etwa, was unsere Feinde taten, sondern was unsere Freunde taten. Was damals in der Welle von Gleichschaltung [geschah], die ja ziemlich freiwillig war, jedenfalls noch nicht unter dem Druck des Terrors vorging: das war, als ob sich ein leerer Raum um einen bildete.«[27] Der Schriftsteller Jochen Klepper, der selbst »Arier«, aber mit einer jüdischen Frau verheiratet war, empfand Ähnliches: Am 27. Juni 1933 schrieb er in sein Tagebuch: »Und daneben das stille Pogrom, das alle Juden und wer sich mit ihnen verband, trifft. Viele gehen mit dem kleinen Betrag, den man über die Grenze mitnehmen darf, ins Ausland. Mein Beruf bietet uns im Ausland keine Lebensmöglichkeit. Der stille

Krieg, das stille Pogrom machen Hannis und mein Schicksal zu einem von vielen. Als Jüdin in Deutschland, als Deutscher in Deutschland sind wir eingekreist, haben keinen Raum mehr.«[28] Bereits nach einem halben Jahr nationalsozialistischer Herrschaft waren Juden und ihre Angehörigen in Deutschland so isoliert, daß sie keine Zukunft für sich mehr sahen. Ihre Integration in das deutsche Volk, so mußten sie erkennen, war eine Illusion gewesen.

Besonders schwer litten jüdische oder genauer »nichtarische« Kinder und Jugendliche unter den neuen Verhältnissen. Der Zugang zu vielen Berufen wurde ihnen versperrt, an höheren Schulen und Universitäten ein Numerus clausus für sie eingeführt. Selbst wenn sie ihn überwanden, begann damit ihre Absonderung und Diskriminierung. Zwar versuchten manche Lehrer und Schulleiter mit besonderem Verständnis, die schwere Situation ihrer »nichtarischen« Schüler zu erleichtern, aber alle erlebten an den staatlichen Schulen doch unzählige Schikanen, Zurücksetzungen, physische und psychische Quälereien.[29] Welches Ausmaß das Treiben erreichte, zeigt ein Erlaß des badischen Kultusministers, eines Altparteigenossen von 1923. Im März und erneut im Dezember 1933 wies er die Lehrer an, auf keinen Fall zu dulden, »daß jüdische Schulkinder von ihren Mitschülern wegen ihres Judentums in und außerhalb der Schule beschimpft und sogar geschlagen werden«.[30] Wie die Wiederholung erkennen läßt, hatte die Mahnung wenig Erfolg. Eine Berliner Gymnasiallehrerin faßte ihr Entsetzen über die Not der jungen »Nichtarier« an den öffentlichen Schulen 1935 in der Frage zusammen: »Was soll aus den Seelen dieser Kinder werden, und was aus einem Volk, das solche Kindermartyrien duldet?«[31] Die meisten jüdischen Kinder wechselten an Schulen ihrer Glaubensgemeinschaft über, den übrigen »Nichtariern« fehlte dieser Ausweg.

Gleichgültigkeit, beflissenes oder überzeugtes Mittun, selten Anteilnahme und Hilfsbereitschaft: diese Verhaltensweisen ließen sich bei allen Etappen der Judenverfolgung immer wieder aufzeigen. Ob es sich um die gewaltsame Unterbindung aller persönlichen Beziehungen zwischen Juden und Nichtjuden durch die Nürnberger Gesetze, die finanzielle Ausplünderung und wirtschaftliche Vernichtung der Juden, ihre öffentliche Brandmarkung durch Zwangsvornamen und besondere Kennkarten oder ihre Vertreibung aus

Deutschland handelte: stets machten sie die gleichen Erfahrungen mit ihrer Umwelt. Deutlich sichtbar prangten überall Schilder: »Juden unerwünscht« oder gar: »Juden betreten den Ort auf eigene Gefahr«. Aber nur bei ausländischen Besuchern fürchteten die Machthaber entsetzte Reaktionen auszulösen, weshalb sie die Schilder an Fernverkehrsstraßen zeitweise beseitigen ließen.[32]

Ein besonders beschämendes Kapitel war die Verdrängung der Juden aus der Wirtschaft.[33] Nach der Rechtslage und nach dem erklärten Willen der nationalsozialistischen Führung sollten sie sich ungestört in ihr betätigen können. Tatsächlich kam es aber schon nach dem Boykott-Tag am 1. April 1933 zu massenhaften fristlosen Kündigungen. Unter dem Einfluß radikaler Betriebsobleute weigerten sich Belegschaften, weiter mit jüdischen Kollegen zusammenzuarbeiten; in einigen Kaufhäusern traten die Angestellten deshalb sogar in einen Streik – während Streiks sonst mit aller Härte unterbunden wurden. Selbständige jüdische Kaufleute und Handwerker wurden durch den »stillen« Boykott in den Ruin getrieben. Nur wenige Nichtjuden fanden – insbesondere in kleinen Städten und Dörfern – den Mut, bei den Verfemten einzukaufen. Die es taten, konnten auf keine Unterstützung rechnen: Gerichte erklärten die Anprangerung der »artvergessenen Volksgenossen« für rechtens, und ein Hamburger Gericht sah im Einkauf bei einem Juden sogar einen Scheidungsgrund.[34] In großer Zahl standen jüdische Unternehmen weit unter Wert zum Verkauf, bevor die letzten Anfang 1939 zwangsweise »arisiert« oder liquidiert wurden. An »arischen« Kaufinteressenten war kein Mangel. Zwar gab es darunter auch seriöse Geschäftsleute, die einen fairen Preis bezahlten, aber die meisten wollten einen guten Fang machen. Ein »Altparteigenosse« protestierte im April 1938: »Ich kann als alter, rechtschaffener, ehrlicher Kaufmann nicht mehr zusehen, in welcher schamlosen Weise von vielen ›arischen‹ Geschäftsleuten, Unternehmern etc. versucht wird, [...] die jüdischen Geschäfte, Fabriken etc. möglichst wohlfeil und um einen Schundpreis zu erraffen. Die Leute kommen mir vor wie die Aasgeier, die sich mit triefenden Augen und heraushängenden Zungen auf den jüd[ischen] Kadaver stürzen, um ein möglichst großes Stück Fleisch herauszureißen!«[35]

Ähnliches wiederholte sich im Krieg nach dem Beginn der Deportationen. Bei Versteigerungen der bescheidenen Hinterlassenschaft der Juden kam es teilweise zu wilden Szenen. Um die geräumten Wohnungen kämpften verschiedene Behörden – Gestapo, Finanzämter, in Marburg sogar die Universität –, um möglichst viele für ihre ausgebombten Bediensteten zu bekommen. Auch einzelne Bürger meldeten ihr Interesse an der schöneren, größeren oder besser gelegenen Wohnung eines Juden an und scheuten nicht einmal davor zurück, seine »Evakuierung« zu fordern.[36]

Nachdem die kontinuierliche Verschärfung der Judenverfolgung bei der Masse der Bevölkerung wenig Beachtung und noch weniger Widerspruch, nicht selten auch Zustimmung gefunden hatte, waren die negativen Reaktionen auf die Pogromnacht vom 9./10. November 1938 für die nationalsozialistische Führung und die Beobachter der Volksstimmung eine Überraschung. In zahlreichen Berichten kehrt die Feststellung wieder, daß die Zerstörung der Synagogen, jüdischen Wohnungen und Geschäfte, die häufigen Plünderungen und die Passivität der Staatsorgane angesichts der Gewalt auf Unverständnis und Ablehnung gestoßen seien.[37] Ob sich diese Kritik, wie in der Literatur oft hervorgehoben wird, wirklich nur gegen die Ungesetzlichkeit des Vorgehens und die Vernichtung großer materieller Werte richtete oder unausgesprochen doch dem Terror gegen die Juden überhaupt galt, ist schwer zu entscheiden; denn zweifellos war es leichter, ordnungspolitisch oder rein ökonomisch zu argumentieren, als für die Unversehrtheit von Juden einzutreten. Keinesfalls dürfen aber diese Äußerungen des Unwillens darüber hinwegtäuschen, wie viele Menschen reichsweit bis ins kleinste Dorf an den Zerstörungen, Plünderungen und Gewalttaten beteiligt waren, wie viele Dienststellen – Polizei, Feuerwehr, Staatsanwaltschaften, Gefängnisverwaltungen usw. – planmäßig funktionieren mußten, um den reibungslosen Ablauf der Aktion und die Verhaftung von fast 30 000 jüdischen Männern zu gewährleisten. Die Angreifer waren nicht alle nationalsozialistische Aktivisten, sondern oft ließen sich auch zufällige Passanten von der Orgie der Gewalt mitreißen.[38] In Würzburg drang der Rektor der Universität, ein Mediziner, an der Spitze einer Studententruppe in jüdische Wohnungen ein und demolierte sie.[39] Nicht immer gab dabei Judenhaß den Ausschlag; wichtiger waren oft andere Motive wie der Wunsch, dabei zu sein, »Volksnähe« zu demonstrieren, sich bei einer unbequemen Aufgabe zu bewähren, Disziplin und Gehorsam unter Beweis zu stellen usw.

Trotz der Ablehnung des Pogroms in verhältnismäßig großen Kreisen der Bevölkerung hatte das Regime bei der weiteren Verschärfung der *gesetzlichen* Unterdrückung der Juden keine Probleme.[40] Zum Jahresbeginn 1939 mußten die letzten ihre Betriebe aufgeben. Jüdische Kinder durften nicht länger deutsche Schulen besuchen, für die vielen verarmten Juden kam die öffentliche Fürsorge nicht mehr auf. Kinos, Theater, Museen, Konzerte durften Juden nicht mehr besuchen, ganze Stadtteile wurden für sie gesperrt. Diese Verbote setzten die Bereitschaft der nichtjüdischen Bekannten zur Denunziation voraus, denn auch im Dritten Reich gab es nicht genügend Polizisten, um die Einhaltung derartiger Vorschriften zu kontrollieren. Heydrich gab das offen zu: Görings Vorschlag, die Juden in Deutschland in Ghettos einzusperren, lehnte er bei einer Konferenz am 12. November 1938 mit der Begründung ab: »Die Kontrolle des Juden durch das wachsame Auge der gesamten Bevölkerung ist besser, als wenn Sie die Juden zu Tausenden und Abertausenden in einem Stadtteil haben, wo ich durch uniformierte Beamte eine Überwachung des täglichen Lebenslaufes nicht herbeiführen kann.«[41] Die gesamte deutsche Bevölkerung war als Hilfspolizei eingeplant.

Mit Kriegsbeginn verschlechterte sich die Situation weiter. Die Mehrheit der Deutschen war durch die eigenen Sorgen und Nöte vollkommen in Anspruch genommen; Gewalt und Tod wurden alltägliche Erfahrungen. Die Juden lebten als eine abgesonderte, fast ganz auf sich gestellte Notgemeinschaft, von deren Paria-Existenz und ständig bedrängteren Lage noch weniger Menschen Notiz nahmen als zuvor. Bezeichnend war das verbreitete Erstaunen bei der Einführung des »Judensterns« am 15. September 1941, daß es noch so viele Juden in Deutschland gab.[42] Diese Reaktion beweist, wie isoliert sie waren, aber sie zeigt auch, daß die Mehrheit um die Unerträglichkeit ihrer Lage wußte und die Flucht ins Ausland für die selbstverständliche Schlußfolgerung hielt. Überlebende vermerkten in ihren Erinnerungen später voller Dankbarkeit, daß sich manche Deutsche durch kleine Hilfen und Gesten des Respekts für die gebrandmarkten Juden von dieser neuen Schikane des Regimes distanzierten.[43] Aber es wird auch berichtet, daß »Sternträger«, z. B. in Berlin, nach schweren Bombenangriffen auf der Straße angepöbelt und attackiert wurden. SD-Beobachter teilten mit, daß die Kennzeichnung der Juden generell begrüßt werde.[44]

Die wenige Wochen später einsetzenden Deportationen führten zu keinen öffentlich bemerkbaren Äußerungen des Mitleids, der Scham oder gar des Widerspruchs. Obwohl die Zusammenstellung der Transporte von jeweils etwa tausend Juden inmitten der großen Städte stattfand, ging die Bevölkerung – mit Ausnahme der kleinen Schar der noch verbliebenen Freunde – achtlos darüber hinweg.[45] Dabei waren Informationen oder Gerüchte über die Massenmorde der Einsatzgruppen in den eroberten sowjetischen Gebieten zu dieser Zeit durch Berichte von Fronturlaubern in Deutschland weit verbreitet. In Briefen und Tagebüchern von Bürgern, die über keinerlei besondere Beziehungen oder Nachrichtenquellen verfügten, werden die Massaker erwähnt.[46] Sie zu leugnen, erschien der Parteikanzlei als unmöglich, weshalb sie im Oktober 1942 eine Sprachregelung zur Rechtfertigung der Morde herausgab.[47] In der Presse und in Reden nationalsozialistischer Politiker fanden sich genügend Hinweise, daß den deutschen Juden »im Rahmen der gesamteuropäischen Entjudung« das gleiche Schicksal wie den osteuropäischen Glaubensgenossen zugedacht war.[48] Kritische und aufmerksame Beobachter sahen das auch richtig voraus. So schrieb ein Lehrer am 15. Dezember 1941 in sein Tagebuch: »Die wenigen noch in Deutschland befindlichen Juden werden fortgeschafft, nach dem Osten, wie man sagt. Und das jetzt, im Winter! [. . .] Es ist sonnenklar, daß dies die Vernichtung bedeutet. Man wird sie in menschenleeres, verwüstetes Gebiet in Rußland schaffen und sie dort verhungern und erfrieren lassen. Wer tot ist, sagt nichts mehr.«[49] Die gleiche Vermutung äußerte Helmuth von Moltke bereits am 21. Oktober in einem Brief an seine Frau: »Seit Sonnabend werden die Berliner Juden zusammengetrieben; abends um 21.15 [Uhr] werden sie abgeholt und über Nacht in eine Synagoge gesperrt. Dann geht es mit dem, was sie in der Hand tragen können, ab nach Litzmannstadt [Lodz] und Smolensk. Man will es uns ersparen zu sehen, daß man sie einfach in Hunger und Kälte verrecken läßt, und tut das daher in Litzmannstadt und Smolensk. [. . .] Wie kann man so etwas wissen und dennoch frei herumlaufen? Mit welchem Recht?«[50] Doch solche Stimmen waren Ausnahmen. Die Mehrzahl der Deutschen quälte sich nicht mit derartigen Fragen. Sie wollten der offiziellen Sprachregelung glauben, daß die »evakuierten« Juden im Osten »Aufbauarbeit« zu leisten hätten, und dachten lieber nicht darüber nach, wie das mit dem proklamierten Ziel zu vereinbaren sei, ganz Europa von Juden zu »säubern«.

Bei diesem insgesamt bedrückenden Bild sollen die einzelnen und kleinen Gruppen nicht vergessen werden, die sich in ihrer vorurteilsfreien Einstellung zu Juden nicht beirren ließen, weiterhin Solidarität übten und, wo sie konnten, zu helfen versuchten. Zu erinnern ist hier besonders an die Menschen, die unter Einsatz ihres Lebens einige Tausend Juden in Deutschland versteckten und versorgten.[51] Zu Rettern wurden auch die Nichtjuden, die trotz wachsender Verfolgung zu ihren jüdischen Ehepartnern hielten, dem vielfältigen Druck, sich doch endlich scheiden zu lassen, widerstanden und dadurch ihre Lebensgefährten vor der Deportation und Ermordung bewahrten.[52] Die Erfahrungen dieser Menschen, die nicht nur von den Behörden, sondern oft auch von Freunden und nächsten Verwandten bedrängt wurden, sich von dem Juden oder der Jüdin zu trennen, die gemieden, ausgegrenzt und sogar förmlich aus der Familie ausgestoßen wurden, lassen aber auch besonders deutlich erkennen, wie isoliert die Juden und *alle* ihre Angehörigen im Dritten Reich waren.

Obwohl die nationalsozialistische Führung darauf bedacht blieb, die Zustimmung der Bevölkerungsmehrheit zu bewahren, konnte sie die Entrechtung der Juden und die Vernichtung ihrer Existenzgrundlagen, also den Völkermord im Sinne Lemkins, von den ersten Berufsverboten bis zur Deportation ungehemmt vorantreiben. Der Kreis derer, die dabei nicht nur stumme Zuschauer, sondern Mitwirkende waren, wurde immer größer. Da waren die Beamten, die die Zwangspensionierung ihrer Kollegen hinnahmen, die Arbeitgeber, die ihre jüdischen Mitarbeiter entließen, die Lehrer, die jüdische Kinder drangsalierten, die Geschäftsleute, die sich bei der »Arisierung« bereicherten, die Finanz- und Zollbeamten, Bank- und Leihhausangestellten, die bei der finanziellen Ausplünderung der Juden mitwirkten, die Arbeitsvermittler, die ihnen die schlechtesten Stellen zuwiesen und später von der SS die Zwangsarbeiterkontingente anforderten, die Bürokraten, die ihnen ihre Hungerrationen zuteilten und über ihre noch gar nicht geräumten Wohnungen verfügten, die Polizisten, Staatsanwälte und Richter, Feuerwehrleute, Eisenbahner usw., die auf irgendeine Weise mit der Judenverfolgung zu tun bekamen.

Am schwersten wog das Versagen der noch intakten Eliten: Konservative unter den hohen Ministerialbeamten dienten dem Unrechtsregime, weil sie »Schlimmeres verhüten« wollten; es gab in ihren Augen offenbar Schlimmeres als die Ausraubung, Austreibung und Ermordung von Juden. Die Wehrmacht führte noch vor dem Tod des Reichspräsidenten von Hindenburg, der die jüdischen »Frontsoldaten« zu schützen versucht hatte, im Februar 1934 den »Arierparagraphen« für die Offiziersränge ein. Beim Polenfeldzug wurde sie Mitwisserin, beim Rußlandfeldzug aktiv beteiligte Komplizin der SS-Einsatzgruppen bei deren Massenmorden an den Juden.[53] Wirtschaftsunternehmen profitierten von der Diffamierung und später der »Arisierung« der jüdischen Konkurrenz. Eine Zahl großer und kleiner Betriebe beteiligte sich an der Ausbeutung der aller Rechte beraubten jüdischen Arbeitskräfte und Zwangsarbeiter. Manche suchten in den besetzten Gebieten schnellen Gewinn zu machen, und einige Firmen unterhielten in den Ghettos billig produzierende Fabriken.[54] Bekannt ist der Aufbau eines großen Chemiewerks mit angeschlossenem Konzentrationslager in Auschwitz-Monowitz durch die I. G.-Farben.

Auch die großen christlichen Kirchen, die als maßgebende moralische Instanz gelten wollten und bei vielen noch immer galten, schwiegen zur Verfolgung der Juden. Der Kreis der Pfarrer und kirchlichen Mitarbeiter, die in beiden Konfessionen für sie eintraten, das Unrecht anprangerten und ihnen zu helfen versuchten, war sehr klein, und nicht zuletzt deshalb mußten diese wenigen einen hohen Preis für ihr Engagement bezahlen. Allein Dietrich Bonhoeffer erkannte darüber hinaus in der Judenverfolgung die Herausforderung an die christliche Theologie, mit ihren antijüdischen Traditionen zu brechen. Die Kirchenleitungen, katholische und evangelische, ließen sich öffentlich mit keinem Wort zum Mord an den Juden vernehmen. Die Erhaltung der Kirchen durch strenge Begrenzung auf den eigenen engen Bereich hatte für sie Priorität. Erst 1943 mahnten einzelne Bischöfe in vertraulichen Schreiben an Regierungsmitglieder den Respekt vor dem Leben auch von Menschen anderer Rassen an, wobei ihre Hauptsorge allerdings Christen jüdischer Abkunft galt.[55]

Die lange Gleichgültigkeit der Kirchenführer gegenüber dem Schicksal der Juden ist ein wichtiger Hinweis, um einer Erklärung für das erschreckende Verhalten der Deutschen angesichts des Völkermords näherzukommen. Den Bischöfen fehlte es nicht an Mut zum Protest, wie ihr Kampf in anderen Bereichen, z. B. für die katholischen Schulen und Sozialeinrichtungen oder gegen die »Euthanasie«, zeigte. Aber die Juden waren außerhalb ihres Blickfelds. Sie waren Fremde, deren Los nicht interessierte, ja, schlimmer: Sie galten vielen Christen noch immer als das Volk der Christusmörder. Ihre Leiden wurden allzu häufig mit dem Gericht Gottes erklärt, und nur wenige empfanden es als Blasphemie, die nationalsozialistischen Verbrechen auf diese Weise mit Gott in Verbindung zu bringen. Diese fast 2000 Jahre alte christliche Judenfeindschaft war über die Liturgie, über Legenden, Gebete und fromme Bräuche tief in die Mentalität eingedrungen und hatte die Ausbreitung des modernen politischen und rassistischen Antisemitismus erleichtert.[56] Als ein unreflektiertes Element der Mentalität beeinflußte sie das Denken, Handeln und Fühlen auch noch von Menschen, die sich längst nicht mehr als Christen verstanden und als aufgeklärte Geister auch »nichts gegen die Juden hatten«.

Eine Vielzahl von Gründen trug dazu bei, daß die permanente Verschärfung der Judenpolitik von der Mehrzahl der Deutschen hingenommen, wenn nicht unterstützt wurde: die Erleichterung über die Überwindung der Wirtschaftskrise und der Arbeitslosigkeit, die Freude über die außenpolitischen Erfolge im Kampf gegen »Versailles«, das Bedürfnis, in der homogenen, scheinbar konfliktfreien »Volksgemeinschaft« alle Spannungen auszugleichen, die Wirkung der jahrelangen antisemitischen Propaganda, die selbst Oppositionelle glauben ließ, daß es tatsächlich eine »Judenfrage« gebe,[57] die Verbindung des Kampfes gegen die Juden mit dem Feldzug gegen die »Bolschewisten«, die Überzeugung, im Krieg um jeden Preis zusammenstehen zu müssen usw. Wesentlich war bei alledem aber doch die innere Distanz zu den Juden, die Anteilnahme an ihrem Schicksal verhinderte, die es erlaubte, die »Judenfrage« ganz abstrakt zu behandeln und die Folgen der Entrechtung, Ausraubung, Vertreibung und Deportation zu übersehen. Die Juden waren Fremde im deutschen Volk, sie wurden nicht erst von den Nationalsozialisten dazu gemacht. Mit seiner Politik der Trennung der Juden von der nichtjüdischen Mehrheit setzte das Regime die bestehende Fremdheit in konkrete Wirklichkeit um; deshalb konnte es diese Voraussetzung für die verschärfte Verfolgung so leicht realisieren.

Die traditionelle Distanz zwischen Juden und Deutschen – schon in dieser meistens ganz selbstverständlich gebrauchten Gegenüberstellung, die den deutschen Juden ihr Deutschtum abspricht, wird sie deutlich – wirkte nach 1945 bei der Auseinandersetzung mit der nationalsozialistischen Vergangenheit weiter. Juden und Nichtjuden hatten verschiedene Erinnerungen an die Vernichtungspolitik. Juden hatten die konsequente Verschärfung der Verfolgung seit 1933 erlitten, die von Anfang an darauf gerichtet gewesen war, ihnen Lebensrecht und Lebensmöglichkeit in ihrer Heimat zu nehmen. Die Menschen in ihrer Umgebung waren dabei Zeugen oder Mittäter gewesen. Die nichtjüdische Mehrheit berief sich dagegen darauf, daß bis zum Mord, der außerhalb ihres Gesichtskreises stattgefunden hätte, alles rechtlich geregelt gewesen sei. Sie fühlte sich nicht schuldig.

Auch Trauer um die ermordeten Juden gab es nur wenig. Der Grund war nicht die »Unfähigkeit zu trauern« oder der Unwille, Trauerarbeit zu leisten, sondern die Tatsache, daß man gar keinen Verlust empfand. Trauer setzt Liebe voraus, die es im Verhältnis von Juden und Nichtjuden in Deutschland nur auf seiten der Minderheit gegeben hatte.

Gershom Scholem hat dies 1962 mit aller Schärfe und tiefer Wehmut festgestellt: »Gewiß, die Juden haben ein Gespräch mit den Deutschen versucht, von allen möglichen Gesichtspunkten und Standorten her, fordernd, flehend und beschwörend, kriecherisch und auftrotzend, in allen Tonarten ergreifender Würde und gottverlassener Würdelosigkeit [...]. Niemals hat etwas diesem Schrei erwidert [...]. Dem unendlichen Rausch der jüdischen Begeisterung hat nie ein Ton entsprochen, der in irgendeiner Beziehung zu einer produktiven Antwort an die Juden als Juden gestanden hätte.«[58] Für Scholem war diese Erfahrung schon zu Beginn der zwanziger Jahre Grund gewesen, »von der Illusion eines Deutschjudentums abzulassen«. Die Mehrzahl der deutschen Juden trennte sich erst unter dem Druck der nationalsozialistischen Verfolgung mühsam von dieser Vorstellung. Wie schwer und schmerzlich der Ablösungsprozeß war, brachte ihr großer Repräsentant, Leo Baeck, in seiner Reaktion auf Theodor Heuss' Rede vom Dezember 1949 zum Ausdruck. Sosehr er die gute Absicht der um Versöhnung bemühten Rede anerkannte und das Wort von der »Kollektivscham« als »rechtschaffen« würdigte, empfand er die Ausführungen des Bundespräsidenten insgesamt doch als bedrückend: »Von dem, warum wir Juden in Deutschland uns deutsche Juden nannten, was dort wuchs mit tiefen Wurzeln [...], was dort sein Leben, seinen Ausblick und seine Zuversicht hatte, dort, wo jetzt der schwarze Abgrund gähnt, davon weiß oder sagt diese Rede nichts. Mit all dem Guten, was diese Rede will, wird sie doch zum Zeugnis dessen, wie einsam wir Juden unter all den Menschen im deutschen Lande waren, und wir selber ahnten es kaum. Nur einige wenige hatten wir ringsumher...«[59]

Anmerkungen

1 Supreme Headquarters, Allied Expeditionary Force, Psychological Warfare Division: An Impression of Germany in Germany, 20.12.1944, in: Public Record Office: FO 371/46729.

2 Anders: Giordano, Ralph, Die zweite Schuld oder Von der Last Deutscher zu sein, Hamburg/Zürich 1987, S. 13 f., 261.

3 Vgl. u. a. Mommsen, Hans/Obst, Dieter, Die Reaktion der deutschen Bevölkerung auf die Verfolgung der Juden 1933–1943 in: Herrschaftsalltag im Dritten Reich, hrsg. v. Hans Mommsen und Susanne Willems, Düsseldorf 1988, insbes. S. 410 f.; Mitscherlich, Alexander und Margarete, Die Unfähigkeit zu trauern. Grundlagen kollektiven Verhaltens, 2. Aufl. München/Zürich 1977, S. 40.

4 Vgl. Giordano, Zweite Schuld (wie Anm. 2), S. 259 f., 277; Mitscherlich, Unfähigkeit (wie Anm. 3), S. 30.

5 Benz, Wolfgang (Hrsg.), Dimension des Völkermords. Die Zahl der jüdischen Opfer des Nationalsozialismus, München 1991, S. 17; über die deutschen Opfer: Arndt, Ino/Boberach, Heinz, Deutsches Reich, ebenda, S. 65.

6 Jaspers, Karl, Die Schuldfrage, Heidelberg 1946; vgl. Eberan, Barbro, Wer war an Hitler schuld? Die Debatte um die Schuldfrage 1945–1949, 2. Aufl. München 1985.

7 Der Begriff wurde durch Theodor Heuss in die öffentliche Diskussion eingeführt: Rede bei einer Feierstunde der Gesellschaft für christlich-jüdische Zusammenarbeit in Wiesbaden am 7.12.1949, abgedr. in: Th. Heuss, Die großen Reden. Der Staatsmann, Tübingen 1965, S. 101.

8 Jochmann, Werner, Gesellschaftskrise und Judenfeindschaft in Deutschland 1870–1945, Hamburg 1988; ders., Stoecker als nationalkonservativer Politiker und antisemitischer Agitator, in: Brakelmann, Günter/Greschat, Martin/Jochmann, Werner, Protestantismus und Politik. Werk und Wirkung Adolf Stoeckers, Hamburg 1982, S. 123–198; außerdem in allen Arbeiten zum Nationalsozialismus.

9 Vgl. Kershaw, Ian, Der NS-Staat. Geschichtsinterpretationen und Kontroversen im Überblick, Reinbek 1988.

10 Zimmermann, Moshe, Jewish History and Jewish Historiography. A Challenge to Contemporary German Historiography, in: Leo Baeck Institute Year Bock 35 (1990), S. 35–52; vgl. auch Jochmann, Werner, The Jews and German Society in the Imperial Era. Opening Address at the Session on German-Jewish History, Thirtieth Congress of German Historians, on 3rd October 1974, ebenda 20 (1975), S. 5–11.

11 Broszat, Martin, Plädoyer für eine Historisierung des Nationalsozialismus, zuerst in: Merkur, Mai 1985, abgedr. in: Broszat, Martin, Nach Hitler. Der schwierige Umgang mit unserer Geschichte, hrsg. v. Hermann Graml und Klaus-Dietmar Henke, München 1986, S. 159–173; dagegen u. a. Friedländer, Saul, Überlegungen zur Historisierung des Nationalsozialismus, in: Diner, Dan (Hrsg.), Ist der Nationalsozialismus Geschichte? Zu Historisierung und Historikerstreit, Frankfurt/M. 1987, S. 34–50; als wissenschaftliches Streitgespräch: Broszat, Martin/Friedländer, Saul, Um die »Historisierung des Nationalsozialismus«. Ein Briefwechsel, in: Vierteljahrshefte für Zeitgeschichte 36 (1988), S. 339–372.

12 Broszat in VfZ 36 (1988), S. 352; ebenso Kershaw, NS-Staat (wie Anm. 9), S. 16.

13 Diner, Dan, Zwischen Aporie und Apologie. Über Grenzen der Historisierbarkeit des Nationalsozialismus, in: Diner, Ist der Nationalsozialismus (wie Anm. 11), S. 73.

14 Vgl. z. B. die Bemerkung einer Stuttgarter Jüdin über ihre Erfahrungen vor der Deportation nach Theresienstadt: »Wir waren von Feinden und Gleichgültigen umgeben; Angst vor den Menschen hat mich nie verlassen. Wurde ich einmal höflich behandelt, [. . .] dann war das etwas Besonderes, das man nicht so leicht vergaß.« Müller, Roland, Stuttgart zur Zeit des Nationalsozialismus, Stuttgart 1988, S. 409.

15 Vgl. die skeptische Darstellung der quellenkritischen Schwierigkeiten durch den wohl besten Kenner der Stimmungs- und Lageberichte, Heinz Boberach, in diesem Band, S. 48, 57, 62 f.; dort in Anm. 2 auch die bibliographischen Angaben für die zahlreichen Aufsätze von Kershaw und Kulka. Dazu auch die vermittelnden Überlegungen von Marrus, Michael R., The Holocaust in History, Hanover/London 1987, S. 89–93. Die wichtigsten Beiträge sind jetzt zusammengestellt in der Sammlung: The Nazi Holocaust. Historical Articles and the Destruction of European Jews, hrsg. v. Michael R. Marrus, Bd. 5/1, London 1989.

16 Lemkin, Raphael, Axis Rule in Occupied Europe. Laws of Occupation – Analysis of Government – Proposals for Redress, Washington 1944, S. 79. Lemkin hat den Begriff ausdrücklich auch auf den Mord an den Juden bezogen, während andere jüdische Autoren zwischen dem »Holocaust« bzw. der »Schoah« und dem allgemeinen »Genozid« unterscheiden wollen, um die einzigartige eschatologische Zielsetzung des nationalsozialistischen Judenmords deutlich zu machen. Hier geht es aber um die vernichtende Qualität der vorangegangenen Verfolgung. Vgl. Tal, Uriel, On the Study of the Holocaust and Genocide, in: Yad Vashem Studies 13 (1979), S. 7; Bauer, Yehuda, The Place of the Holocaust in Comtemporary History, in: Studies in Contemporary Jewry 1 (1984), S. 210–224, auch in: Nazi Holocaust (wie Anm. 15), Bd. 1, S. 225–248. Wie Lemkin urteilte: Henkys, Reinhard, Die

nationalsozialistischen Gewaltverbrechen. Geschichte und Gericht, hrsg. v. Dietrich Goldschmidt, 2. Aufl. Stuttgart/Berlin 1965, S. 28: »Konsequent betrachtet begann der spezifisch nationalsozialistische Massenmord nicht erst mit Hadamar oder Auschwitz, sondern mit dem SA-Terror sofort nach dem 30. 1. 1933, mit dem Boykott jüdischer Geschäfte im April 1933 und mit Maßnahmen wie der, daß eines Tages an Geschäften und Cafés in allen deutschen Städten Schilder mit der Aufschrift auftauchten: ›Juden nicht erwünscht‹.«

17 Hauptamtsleiter Walter Sommer vom Stab des Stellvertreters des Führers bei einer Besprechung mit Vertretern des Reichsinnen- und des Reichswirtschaftsministeriums am 29. 9. 1936, Bundesarchiv Koblenz: R 18/5514.

18 Diese »Aktionen« werden in allen Gesamt- und Regionaldarstellungen der nationalsozialistischen Judenverfolgung beschrieben. Eindrucksvoll ist immer noch die Zusammenstellung der Fakten im »Schwarzbuch«: Das Schwarzbuch. Tatsachen und Dokumente. Die Lage der Juden in Deutschland 1933, hrsg. v. Comité des Délégations Juives, Paris 1934, Nachdruck: Frankfurt a. M./Berlin/Wien 1983.

19 Dies zeigen die Tagebucheintragungen Goebbels' vom 24., 26., 27., 28., 29. und 30. 3. 1933 sehr klar. U. a. notierte er: Der »Führer [...] ist nun zum Entschluß gekommen. [...] Wir müssen also zu einem groß angelegten Boykott aller jüdischen Geschäfte in Deutschland schreiten.« (26. 3.) »Ich gebe meinen Aufruf gleich mit Fernschreiber nach München weiter, damit er dem Führer übermittelt wird. Er wird entscheiden, wann die Aktion in Bewegung gesetzt werden soll.« (27. 3.) Am 29. 3. übernahm Hitler in einer Ministerbesprechung ausdrücklich die Verantwortung für den Boykott: »Er erklärte, daß er, der Reichskanzler, selbst den Aufruf der nationalsozialistischen Partei veranlaßt habe.« Fröhlich, Elke (Hrsg.), Die Tagebücher von Joseph Goebbels. Sämtliche Fragmente, Bd. 2/1: Aufzeichnungen 1931–1936, München usw. 1987; Akten der Reichskanzlei. Die Regierung Hitler, bearb. v. Karl-Heinz Minuth, Bd. 1, Boppard 1983, S. 270.

20 Anders sieht das u. a. Adam, Uwe Dietrich, Judenpolitik im Dritten Reich, Düsseldorf 1979, S. 47–50, 60 f.

21 Vgl. den Artikel von Robert Weltsch vom 13. April 1933: »Jüdische Zwischenbilanz«, abgedruckt in: Weltsch, Robert, Tragt ihn mit Stolz, den gelben Fleck. Eine Aufsatzreihe der »Jüdischen Rundschau« zur Lage der deutschen Juden, Nördlingen 1988, S. 34 f.

22 Beispiele für die Initiative von Belegschaften bei der Verdrängung jüdischer Arbeitskollegen aus dem Betrieb im »Schwarzbuch« (wie Anm. 18), S. 365–371, 390–391. Auch in einem Erlaß des Reichsarbeitsministers vom 24. 11. 1933 ist von »zahlreichen Fällen« die Rede, »in denen Betriebsvertretungen die Entfernung von jüdischen Arbeitnehmern gefordert bzw. die Einstellung solcher Arbeitnehmer unterbunden haben« (veröffentlicht u. a. in der Frankfurter Zeitung Nr. 11 v. 7. 1. 1934). Für das Verhalten von Eltern: Jochmann, Werner, Von der Ausgrenzung zum Pogrom, in: Gorschenek, Günter/Reimers, Stephan (Hrsg.), Offene Wunden – brennende Fragen. Juden in Deutschland von 1938 bis heute. Frankfurt a. M. 1989, S. 30–57.

23 Genschel, Helmut, Die Verdrängung der Juden aus der Wirtschaft im Dritten Reich, Göttingen 1966, S. 67 f.; Schwarzbuch (wie Anm. 18), S. 327 f., 353 f.

24 Über derartige Reaktionen eines Polizisten berichtet z. B. die nichtjüdische Frau eines pensionierten Majors jüdischer Abstammung: Marie-Luise Solmitz, Tagebucheintragung vom 11. 3. 1933, Archiv der Forschungsstelle für Zeitgeschichte in Hamburg: 11/S 11.

25 Dokumentensammlung über die Entrechtung, Ächtung und Vernichtung der Juden in Deutschland seit der Regierung Adolf Hitler, abgeschlossen am 15. Oktober 1936, S. 103 (o. O./o. J., im Exil veröffentlicht). Maier-Leibnitz, Heinz, Im Elfenbeinturm, in: Als Hitler kam... 50 Jahre nach dem 30. Januar 1933. Erinnerungen prominenter Augenzeugen, Freiburg 1982, S. 111 f. Der Tübinger Landgerichtspräs. Landerer setzte sich aber – vorübergehend mit Erfolg – für die Wiederzulassung des jüdischen Rechtsanwalts Heinz Hayum ein. Schönhagen, Benigna, Tübingen unterm Hakenkreuz. Eine Universitätsstadt in der Zeit des Nationalsozialismus, Stuttgart 1991, S. 123. 1942 versuchte der Stuttgarter Landgerichtspräs. Martin Rieger, durch eine Intervention die Deportation des ehemaligen Amtsgerichtsrats Robert Bloch zu verhindern. Er wurde daraufhin vorzeitig in den Ruhestand versetzt. Müller, Stuttgart (wie Anm. 14), S. 407.

26 Belege im »Schwarzbuch« (wie Anm. 18), insbes. S. 174–179, 221–232; Kater, Michael H., Everyday Antisemitism in Prewar Nazi-Germany: The Popular Bases, in: Marrus, Nazi Holocaust (wie Anm. 15), S. 151–181, hier S. 172–175.

27 Arendt, Hannah, Was bleibt?, in: Gespräche mit Hannah Arendt, hrsg. v. Adelbert Reif, München 1976, S. 20.

28 Klepper, Jochen, Unter dem Schatten deiner Flügel. Aus den Tagebüchern der Jahre 1932–1942, Stuttgart 1968, S. 78 f.

29 Vgl. Büttner, Ursula, Die Not der Juden teilen. Christlich-jüdische Familien im Dritten Reich. Beispiel und Zeugnis des Schriftstellers Robert Brendel, Hamburg 1988, S. 23–26; Angress, Werner T., Generation zwischen Furcht und Hoffnung. Jüdische Jugend im Dritten Reich, Hamburg 1985, S. 15–19.

30 Erlasse vom 31. 3. 1933 (Zitat) und 29. 12. 1933, abgedr. bei Sauer, Paul, Dokumente über die Verfolgung der jüdischen Bürger in Baden-Württemberg durch das nationalsozialistische Regime 1933–1945, Bd. 1, S. 247 f.

31 Schmitz, Elisabeth, Denkschrift: Zur Lage der deutschen Nichtarier, September 1935, abgedr. in: Meyer, Dietgard, Elisabeth Schmitz, in: Erhart, Hannelore/Meseberg-Haubold, Ilse/Meyer, Dietgard, Katharina Staritz 1903–1953. Dokumentation, Bd. 1: 1903–1942. Mit einem Exkurs: Elisabeth Schmitz, Neukirchen-Vluyn 1999, S. 187–385, speziell 218–268.

32 Solche Schilder sind abgebildet in: Dokumentensammlung 1936 (wie Anm. 25); Erlaß des Reichsinnenministers vom 11. 6. 1935, u. a. in: Landesarchiv Schleswig, Reg. Eutin : AVa 27e I.

33 Dazu: Barkai, Avraham, Vom Boykott zur »Entjudung«. Der wirtschaftliche Existenzkampf der Juden im Dritten Reich 1933–1943, Frankfurt a. M. 1987; Genschel, Verdrängung (wie Anm. 23).

34 Urteil des Landgerichts Frankfurt (Oder), wiedergegeben in: Frankfurter Zeitung Nr. 550 v. 27. 10. 1934; Urteil des Hanseatischen Oberlandesgerichts, mitgeteilt in: Deutschland-Berichte der Sozialdemokratischen Partei Deutschlands (Sopade), 4. Jg. (1937), Nachdruck: Salzhausen 1980, S. 937.

35 Hanke, Peter, Zur Geschichte der Juden in München zwischen 1933 und 1945, München 1967, S. 155.

36 Kulka, Otto Dov, »Public Opinion« in Nazi Germany: The Final Solution, in: The Jerusalem Quarterly, No. 26, 1983, abgedr. bei Marrus, Nazi Holocaust (wie Anm. 15), S. 140; Müller, Stuttgart (wie Anm. 14), S. 406; Kwiet, Konrad, Nach dem Pogrom: Stufen der Ausgrenzung, in: Benz, Wolfgang (Hrsg.), Die Juden in Deutschland 1933–1945. Leben unter nationalsozialistischer Herrschaft, München 1988, S. 545–659, hier S. 633, 636–638; Werner, Josef, Hakenkreuz und Judenstern. Das Schicksal der Karlsruher Juden im Dritten Reich, Karlsruhe 1988, S. 279; Schäfer, Hans Dieter (Hrsg.), Berlin im Zweiten Weltkrieg. Der Untergang der Reichshauptstadt in Augenzeugenberichten, München/Zürich 1985, S. 129. Schreiben des Kurators der Universität Marburg an den Reichsmin. f. Wissenschaft, Erziehung und Volksbildung vom 10. 3. 1942, auszugsweise abgedr. bei Mommsen/Obst, Reaktion (wie Anm. 3), S. 463.

37 Allen, William Sheridan, Die deutsche Öffentlichkeit und die »Reichskristallnacht«. Konflikte zwischen Werthierarchie und Propaganda im Dritten Reich, in: Peukert, Detlev/Reulecke, Jürgen (Hrsg.), Die Reihen fast geschlossen, Wuppertal 1981, S. 397–412; Graml, Hermann, Reichskristallnacht. Antisemitismus und Judenverfolgung im Dritten Reich, München 1988, S. 32–36; Döscher, Hans-Jürgen, »Reichskristallnacht«. Die Novemberpogrome 1938, Frankfurt/Berlin 1988; Faust, Anselm (Bearb.), Die »Kristallnacht« im Rheinland. Dokumente zum Judenpogrom im November 1938, Düsseldorf 1987; Thalmann, Rita/Feinermann, Emmanuel, Die Kristallnacht, Frankfurt a. M. 1987; Obst, Dieter, »Reichskristallnacht«. Ursachen und Verlauf des antisemitischen Pogroms vom November 1938, Frankfurt a. M./Bern/New York/Paris 1991.

38 Das ist vor allem für Hessen überzeugend dokumentiert: Kropat, Wolf-Arno, Kristallnacht in Hessen. Der Judenpogrom vom November 1938. Eine Dokumentation, Wiesbaden 1988, S. 66–74. Ähnliche Berichte gibt es aber auch aus anderen Regionen: vgl. Kershaw, Ian, The Persecution of the Jews and German Popular Opinion in the Third Reich, in: LBI Year Book 26 (1981), S. 275.

39 Boveri, Margret, Verzweigungen. Eine Autobiographie, München/Zürich 1972, S. 325.

40 Vgl. die Zusammenstellung bei Walk, Joseph, Das Sonderrecht für die Juden im NS-Staat. Eine Sammlung der gesetzlichen Maßnahmen und Richtlinien – Inhalt und Bedeutung, Heidelberg 1981.

41 Stenographische Niederschrift der Besprechung über die Judenfrage unter Vorsitz von Feldmarschall Göring am 12. 11. 1938, abgedr. in: Der Prozeß gegen die Hauptkriegsverbrecher vor dem Internationalen Militärgerichtshof, Nürnberg 1948, Bd. 28, S. 499–540, hier S. 534.

42 Boberach, Heinz (Hrsg.), Meldungen aus dem Reich 1938–1945. Die geheimen Lageberichte des Sicherheitsdienstes der SS, 18 Bde., Herrsching 1984, Bd. 8, S. 2849 (9. 10. 1941). Dazu neben dem Artikel von Boberach in diesem Band: Steinert, Marlis G., Hitlers Krieg und die Deutschen. Stimmung und Haltung der deutschen Bevölkerung im Zweiten Weltkrieg, Düsseldorf/Wien 1970, S. 239–244.

43 Müller, Stuttgart (wie Anm. 14), S. 402; Kwiet, Nach dem Pogrom (wie Anm. 36), S. 62 f. Ähnliche Beobachtungen vermerkte M. L. Solmitz (wie Anm. 24) am 20. 11. 1941 in ihrem Tagebuch.

44 Kwiet, Nach dem Pogrom (wie Anm. 36), S. 625–628; Steinert, Hitlers Krieg (wie Anm. 42), S. 238–244. Über die Anpöbelungen in Berlin berichtet z. B. die Frau des bekannten jüdischen Musikkritikers Ludwig Misch, der als Partner einer »nichtprivilegierten Mischehe« den Stern tragen mußte (Aufzeichnung o. D. [ca. 1950], Privatbesitz).

45 Steinert, Hitlers Krieg (wie Anm. 42), S. 238 f.; Mommsen/Obst, Reaktion (wie Anm. 3), S. 406 f.

46 Kershaw, Ian, German Popular Opinion during the »Final Solution«: Information, Comprehension, Reactions, in: Cohen, Asher/Gelber, Joav/Wardi, Charlotte (Hrsg.), Comprehending the Holocaust. Historical and Literary Research, Frankfurt a. M./Bern/New York/Paris 1988, S. 145–157. Vgl. das Schreiben des zwangsweise pensionierten Studienrats Robert Brendel an seine Schwester vom 30. 12. 1941, abgedr. bei Büttner, Not (wie Anm. 29), S. 169 f.

47 Verfügung vom 9. 10. 1942, in: Verfügungen/Anordnungen/Bekanntmachungen, hrsg. v. d. Parteikanzlei, München o. J., Bd. 2, S. 131 f.

48 Die zitierte Formulierung findet sich im Deportations-Erlaß der Staatspolizeileitstelle Stuttgart vom 18. 11. 1941, abgedr. bei Sauer, Dokumente (wie Anm. 30), Bd. 2, S. 272.

49 Ley, Karl, Wir glauben Ihnen, Siegen-Volnsberg 1973, S. 115.

50 Moltke, Helmuth James von, Briefe an Freya 1939–1945, hrsg. v. Beate Ruhm von Oppen, München 1988, S. 308.

51 Benz, Wolfgang, Überleben im Untergrund 1943–1945, in: Benz, Juden in Deutschland (wie Anm. 36), S. 660–700; dort auch die ältere Literatur zu dem Thema.

52 Büttner, Ursula, »Bollwerk Familie«. Die Rettung der Juden in »Mischehen«, in: Ginzel, Günther B. (Hrsg.), Mut zur Menschlichkeit. Hilfe für Verfolgte während der NS-Zeit, Köln 1993, S. 59–72.

53 Messerschmidt, Manfred, Harte Sühne am Judentum. Befehlslage und Wissen in der deutschen Wehrmacht, in: Wollenberg, Jörg (Hrsg.), »Niemand war dabei und keiner hat's gewußt«. Die deutsche Öffentlichkeit und die Judenverfolgung 1933–45, München/Zürich 1989, S. 113–128.

54 Barkai, Avraham, Die deutschen Unternehmer und die Judenpolitik im »Dritten Reich«, zuerst in: Geschichte und Gesellschaft 15 (1989), S. 227–247, in diesem Band in leicht überarbeiteter und durch die neuere Literatur ergänzter Fassung wieder abgedruckt; Ferencz, Benjamin B., Lohn des Grauens. Die Entschädigung jüdischer Zwangsarbeiter – Ein offenes Kapitel deutscher Nachkriegsgeschichte, Frankfurt a. M./New York 1986; Herbert, Ulrich, Von Auschwitz nach Essen. Die Geschichte des KZ-Außenlagers Humboldtstraße, in: Dachauer Hefte, Jg. 2/H. 2, S. 13–34; ders., Arbeit und Vernichtung. Ökonomisches Interesse und Primat der »Weltanschauung« im Nationalsozialismus, in: Diner, Ist der Nationalsozialismus (wie Anm. 11), S. 198–236; Grabitz, Helga/Scheffler, Wolfgang, Letzte Spuren. Getto Warschau, SS-Arbeitslager Trawniki, Aktion Erntefest, Berlin 1988; Hilberg, Raul, Die Vernichtung der europäischen Juden, Frankfurt a. M. (Tb.) 1990, S. 261–272, 550–568.

55 Neben den Beiträgen von Greschat und Nellessen in diesem Band vgl. insbes. Meier, Kurt, Kirche und Judentum. Die Haltung der evangelischen Kirche zur Judenpolitik des Dritten Reiches, Halle 1968; Gerlach, Wolfgang, Als

die Zeugen schwiegen. Bekennende Kirche und die Juden, Berlin 1987; Kaiser, Jochen-Christoph/Greschat, Martin, Der Holocaust und die Protestanten. Analysen einer Verstrickung, Frankfurt a. M. 1988; Müller, Christine-Ruth, Dietrich Bonhoeffers Kampf gegen die nationalsozialistische Verfolgung und Vernichtung der Juden, München 1990; Gotto, Klaus/Repgen, Konrad (Hrsg.), Kirche, Katholiken und Nationalsozialismus, Mainz 1980; Volk, Ludwig, Katholische Kirche und Nationalsozialismus. Ausgewählte Aufsätze, hrsg. v. Dieter Albrecht, Mainz 1987.

56 Berding, Helmut, Moderner Antisemitismus in Deutschland, Frankfurt a. M. 1988, S. 8–11; Jochmann, Werner, Antisemitismus im Deutschen Kaiserreich 1871–1914, in: Gesellschaftskrise (wie Anm. 8), S. 30–98.

57 Sopade-Berichte (wie Anm. 34), Jan. 1936, S. 24, 26 f.

58 Schreiben an Manfred Schlösser v. 19. 12. 1962: Wider den Mythos vom deutsch-jüdischen Gespräch, in: Scholem, Gershom, Judaica II, Frankfurt a. M. 1970, S. 7–11.

59 Leo Baeck an Robert Raphael Geis, 22. 2. 1950, in: Goldschmidt, Dietrich (Hrsg.), Robert Raphael Geis. Leiden an der Unerlöstheit der Welt. Briefe, Reden, Aufsätze, München 1984, S. 116.

Werner T. Angress

Erfahrungen jüdischer Jugendlicher und Kinder mit der nichtjüdischen Umwelt

Ich möchte diesem Beitrag, leider nur verbal, drei Bilder voranstellen, die, wie mir scheint, für mein Thema symptomatisch sind. Zuerst das Bild von zwei jüdischen Schülern, die mit gebeugtem Kopf vor ihrer Schulklasse stehen. Hinter ihnen, an der Wandtafel, steht ein nichtjüdischer Klassenkamerad, der mit einem Zeigestock auf die an die Tafel geschriebenen Sätze hinweist: »Der Jude ist unser größter Feind! Hütet euch vor dem Juden!« Darüber befindet sich ein mit Kreide gemalter Davidstern.[1] Das zweite Bild zeigt einen etwa achtjährigen Jungen, in Lumpen gehüllt, der bettelnd am Straßenrand sitzt. Er ist eines von vielen anderen hungernden und frierenden Kindern des Warschauer Ghettos. Schließlich steht mir das Bild einer gebeugten Frau mit drei kleinen Kindern auf der Rampe in Auschwitz vor Augen, auf dem Weg ins Gas.[2]

Die Machtübernahme der Nationalsozialisten 1933 und die Jahre, die folgten, brachten für die gesamte jüdische Bevölkerung in Deutschland – aber auch für die sog. »Nichtarier« unterschiedlichen Grades – ständig zunehmende seelische Belastungen. In noch stärkerem Maß traf das auf die damals heranwachsenden jüdischen Kinder und Jugendlichen zu. Die ältere Generation konnte dank ihrer größeren Lebenserfahrung zumindest verstehen, was politisch vor sich ging, konnte versuchen, sich der neuen Lage anzupassen, oder konnte Anstalten machen auszuwandern. Außerdem hatten die Erwachsenen zumeist langjährige Freunde und Bekannte, und wenn auch die meisten nichtjüdischen Freunde sich früher oder später zurückzogen, blieb dann fast immer noch ein jüdischer Freundeskreis, der Halt geben konnte. Schließlich hatte die ältere Generation der Juden über die Jahre hinweg auch den Antisemitismus kennengelernt, hatte zumindest versucht, damit umzugehen und vor allem ihre Kinder dagegen zu schützen. Jedoch war letzteres schon vor 1933 schwierig gewesen, wurde nun noch schwieriger und über kurz oder lang völlig unmöglich. Und da Kinder und Jugendliche wehrloser, empfindsamer und auch unwissender waren als die Generation ihrer Eltern, war der Schock, den die plötzlich über sie hereinbrechende Feindlichkeit der Umwelt bei ihnen auslöste, desto größer.

Es soll hier keine Zeit darauf verwendet werden, über die nach 1933 eintretenden praktischen Schwierigkeiten zu sprechen, denen aufwachsende junge Juden ausgesetzt waren, wie z. B. über die langsam unvermeidlich werdende Notwendigkeit, von staatlichen auf jüdische Schulen zu wechseln, und die sich immer schwieriger gestaltende Suche nach Lehrstellen. Das habe ich anderswo behandelt[3] und will mich deshalb auf unser Thema, die Erfahrungen jüdischer Jugendlicher mit der nichtjüdischen Umwelt, beschränken.

Wenn man die schriftlichen oder auch mündlichen autobiographischen Aussagen derjenigen miteinander vergleicht, die 1933 entweder Kinder oder schon Jugendliche waren, so ergibt sich häufig eine interessante Übereinstimmung von Reaktionen auf ihre Erlebnisse. Bei der Auswertung dieser Erinnerungen bin ich von der Voraussetzung ausgegangen, daß sich Menschen nach Jahrzehnten zwar über viele Sachverhalte ihrer eigenen Vergangenheit irren können, besonders was Daten und Personennamen anbelangt, daß aber emotionale Begebnisse, besonders Demütigungen, Beleidigungen, gehässige Bemerkungen (von Anwendung physischer Gewalt einmal ganz abgesehen) sich fest im Gehirn verankert haben und Aussagen darüber vom Historiker weitgehend als zuverlässig akzeptiert werden können.

Demütigungen und Anfeindungen seitens der Mitschüler – von den Lehrern und anderen Erwachsenen werde ich später sprechen – und damit verbunden eine ständig zunehmende Isolation in der Schule tauchen immer wieder in den Erinnerungen auf. »In der Klasse war niemand, der zu mir stand, Freundinnen hatte ich zu dieser Zeit gar nicht mehr. Auch als ich älter wurde, war es schwer, Freundschaften zu schließen. Ich weiß noch, daß eines Tages der Blockwart zu uns kam und sagte, daß ich nicht mit arischen Mädchen sprechen und zusammen sein dürfe, das sei verboten«, erinnert sich die Halbjüdin Petra S.[4] Edith Königsberger aus Ems fragte sich, warum man sie eigentlich haßte, warum Klassenkameradinnen, manche von ihnen ehemalige Freundinnen, in der Schule das Lied vom Judenblut, das vom Messer spritzt, sangen (übrigens ein Moment, das in vielen Erinnerungen vorkommt), und sie erzählt, wie sie zu Hause vor dem Spiegel stand und überlegte, inwiefern sie anders aussähe als ihre Schulkameradinnen. Ihre Bank und die ihrer jüdischen Mitschülerinnen waren mit den Worten »Jude« und »Judenschwein« beschmiert. »Wir konnten uns nicht beschweren, denn wir wurden nicht einmal angehört.«[5] Ediths Erfahrungen stellen keine Ausnahme dar, wie die hierzu eingesehenen Erinnerungen bezeugen. An den verschiedensten Orten machten junge jüdische Menschen in der NS-Zeit ähnliche Erfahrungen. Ihre Erlebnisse waren offenbar von der besonderen Prägung des regionalen Milieus unabhängig.

»Meine erste Erinnerung an Judenhaß«, so Lisel Goldschmidt aus Kassel, »hängen mit dem Kirchweg und seinen Nebenstraßen zusammen. An der zweiten Nebenstraße links erwartete mich eine Schar von Kindern, die, wenn sie mich sahen, im Singsang losschrien: Blond-de Jüdin vom Kirchweg, Blon-de Jüdin vom Kirchweg. [...] Der Haß und die Freude darüber, daß sie mich mit dem Geschrei immer in die Flucht jagten, war echt. Es war ein doppelter Haß. Ich war nicht nur Jüdin, ich hatte auch noch die Frechheit, nicht so auszusehen [...]. Übrigens haßte ich dieses helle Haar [...]. Ich empfand mich also selbst als irgendwie ›regelwidrig‹.«[6] Immer wieder sprechen die Erinnerungen vom Verlust der Freunde bzw. Freundinnen, die dann vielfach zu Peinigern wurden, von den andauernden Demütigungen, den physischen Angriffen und, mit all dem verbunden, dem Gefühl der Absonderung, der Isolierung. Ilse Oppenheim, auch aus Kassel, hatte »vorher« – »vorher« bedeutet immer vor 1933 – viele Freundinnen, die sie besuchten, mit ihr spielten und mit ihr lernten. »Plötzlich war alles aus. Wenn ich morgens in die Klasse kam, rümpften sie die Nase: ›Ja, was stinkt denn da so? – Ah, das jüdische Schwein, das immer Knoblauch frißt!‹«[7] Fred Zeller zitiert einen Vers, der ihm in Berlin von Hitlerjungen, die er kannte, gelegentlich nachgerufen wurde: »Jude Itzig, Nase spitzig, Augen [er schreibt ›Kinder‹] eckich, Arschloch dreckich«, ein Vers, an den sich in etwas abgewandelter Form auch eine ehemalige BDM-Führerin erinnert.[8] Und so war es fast überall. Eine nichtjüdische ehemalige Karlsruher Schülerin erinnert sich an die damals 14jährige Marianne Ettlinger, die 1936 oder 1937 in den Pausen abgesondert von den »arischen« Mitschülerinnen auf dem Schulhof stand. »Ich vergesse nie, wie Marianne allein, traurig, von allen gemieden an der Schulhofsmauer stand.«[9] Der Berliner Klaus Scheurenberg sah seine Freunde »abbröckeln«, nachdem sie in die Hitlerjugend eingetreten waren; sie verprügelten nun Mitschüler, die noch weiterhin mit Juden spielten. »Immer öfter schrie man uns zu: ›Ihr Juden!‹ und ›Juda verrecke!‹«[10] Mit erschreckender Übereinstimmung wurden jüdische Kinder in ganz Deutschland von ihren verhetzten »arischen« Mitschülern und -schülerinnen mit solchen und ähnlichen Beschimpfungen bedacht, ohne daß sie die Ursache dafür verstanden oder etwas dagegen unternehmen konnten, es sei denn, sie wechselten – wie viele von ihnen es in immer größerer Anzahl auch bald taten – in jüdische Schulen über.

Dabei war es keineswegs so, daß nun alle deutschen Schulkinder »arischer« Herkunft über Nacht zu ausgeprägten Antisemiten wurden oder sich gerne und freiwillig von ihren ehemaligen jüdischen Freunden und Freundinnen trennten. Aber der Druck von oben und von außen – ich werde darauf noch zurückkommen – war groß. Dazu kam aber noch etwas anderes, nämlich Gleichgültigkeit, vor allem seitens derjenigen, die auch vor 1933 keine engen Freundschaften mit Juden unterhalten hatten. Und diese Gleichgültigkeit gegenüber den jüdischen Mitschülern verbreitete sich im Laufe der Zeit immer mehr. Als die Juden im Kriege erst gezeichnet, dann enteignet und schließlich deportiert wurden, hatte man schon gelernt, in die andere Richtung zu schauen.[11]

Wie ambivalent die Haltung der nichtjüdischen Kinder zu ihren jüdischen oder zumindest »nichtarischen« Schulkameraden oder -kameradinnen oft war, geht aus Erinnerungen ersterer hervor. Keiner der drei hier ausgewählten Zeugen war antisemitisch. Im Gegenteil, alle hatten ein gutes Verhältnis zu einzelnen jüdischen Jugendlichen ihrer Umgebung – eine Situation, die wahrscheinlich nicht einmal sehr untypisch war. Dennoch blieb keiner der drei völlig verschont von den Spuren des damals vorherrschenden Zeitgeistes.

Nehmen wir zuerst Rudolf Augstein, der aus einer katholischen Familie des Rheinlandes kommt, dessen Eltern, wie viele Menschen dieser Gegend, Ressentiments gegen Juden hegten, aber ab 1933 zu regelrechten Judenfreunden wurden, weil sie die Nationalsozialisten und deren brutalen Antisemitismus ablehnten. Augstein saß nun 1936 als Sextaner aus eigener Wahl neben Helmut Ostermann, der heute in Israel unter dem Namen Uri Avnery journalistisch und politisch tätig ist. Augstein hatte eben nichts gegen Juden. Nun war da aber noch ein weiterer jüdischer Mitschüler, den Augstein »Simon« nennt, ein Kind, das »ein äußerst unglückliches Aussehen und Gebaren« hatte und das das »schwarze Schaf der Klasse« war, über das alle immer herfielen. Eines Tages geschah folgendes: »Wir hatten einen Deutschlehrer, der ein typischer Pauker und Spinner war. [...] Er ritt das Steckenpferd, uns die Konsonanten besonders stimmhaft sprechen zu lassen. Ich kam bei dem Buchstaben m an die Reihe. Welches Beispiel wählte ich? Dieses: ›Mieze mauschelt mit Simon.‹ Großes Gelächter, der Lehrer sagte kein Wort.«[12]

Etwas anders ging es Horst Krüger. Er und seine Freunde empfanden den Einbruch des NS-Regimes mit seiner Barbarei (die die damals Dreizehnjährigen natürlich noch gar nicht erkannt hatten) keineswegs als bedrückend, da vieles einfacher wurde, vor allem der Lehrplan. Das Verhältnis zu den Juden schien für die Jungen auch kein Problem. Krüger hatte jüdische Freunde. 1933/34 verschwanden sie langsam, einer nach dem anderen, und Krüger empfand das als einen Verlust. Ebenso bedauerte er den Abgang seines »nichtarischen« Englischlehrers, Dr. Gerstenberg, eines »Dreivierteljuden«. Aber nachdem der dann nicht mehr da war, vergaß er ihn langsam, so, wie er auch seine jüdischen Freunde vergaß. Und er fragte sich Jahrzehnte später, ob denn die Rassengesetze und der Exodus der jüdischen Mitschüler kein Signal gewesen seien für das große Morden, das folgte. Er schreibt dazu: »Die Ehrlichkeit [...] zwingt mich zu sagen: Von uns Unbetroffenen wurde das so dramatisch gar nicht erfahren.«[13]

Schließlich war da das recht ambivalente Verhältnis von Eva Sternheim-Peters – damals Eva Peters – in Paderborn zu ihrer jüdischen Mitschülerin Irmgard Müller. Irmgard war weder beliebt noch unbeliebt, aber als Kind bürgerlicher Eltern genoß sie mehr Achtung als die sechs oder sieben (»arischen«) Kinder der Klasse, die aus den untersten sozialen Schichten kamen. Doch schon vor

1933 war sich Eva bewußt, daß Irmgard halt anders sei als die anderen Schülerinnen. Beim Morgengebet in der vorwiegend katholischen Schule faltete sie die Hände anders und sprach auch die Gebete nicht mit, wie Eva schon als Sechsjährige beobachtete. Befreundet waren die beiden Mädchen nicht, aber Eva ließ sich zu Irmgards Geburtstag bei den Müllers einladen, weil sie mal sehen wollte, »wie es bei Juden zu Hause aussieht«. Eva war dann sowohl erleichtert als auch enttäuscht, denn es war eine ganz gewöhnliche Wohnung, wo nichts unheimlich oder fremd schien. Dennoch hielt Eva auf Distanz. 1934, so erinnert sie sich, stand Irmgard manchmal auf dem Schulhof mit einer Anzahl über alle Schulklassen verteilter jüdischer Schülerinnen zusammen, und Evas Reaktion war: »Ja, ja, die Juden, die halten zusammen.« Ein Jahr darauf, 1935, als Eva schon im Jungmädchenbund war, lud sie auf Geheiß ihrer Mutter die gesamte Klasse zum Geburtstag ein, einschließlich Irmgard. Sofort kam die Frage einer Mitschülerin: »Lädst du die Irmgard denn noch ein?« Da Evas Mutter darauf bestand, mußte Eva die Irmgard noch ganz speziell einladen, aber die kam dann doch nicht. Nichts Dramatisches ereignete sich von diesem Zeitpunkt an bis zu Irmgards plötzlichem Abgang von der Schule im November 1938. Aber Evas Bericht zeigt, wie auf einer Schule im katholischen Paderborn, auf einer Schule, wo es keinen ausgeprägten Antisemitismus gab, die jüdische Klassenkameradin zumindest von Eva immer als »anders« angesehen wurde, als eine, die nicht dazugehörte, obwohl sie das im täglichen Umgang mit Irmgard zu zeigen vermied.[14]

Viel typischer als das etwas gequälte Verhältnis dieser drei schon damals sehr aufgeweckten jungen Beobachter war die Gleichgültigkeit eines 1922 in Berlin geborenen Volksschülers, Kurt A. Als er zwölf Jahre alt war, wurde der Hitlergruß in seiner Schule eingeführt, was er und seine Klassenkameraden gut fanden. Und dann kommt er zur Rassenfrage: »Da fing es auch in der Schule an, daß man von Rassen sprach. In meiner Klasse waren fünf Juden. Die Eltern verzogen kurz darauf. Heute weiß ich, was passierte. Aber die zogen weg. Immer einer nach dem anderen. Wir haben nichts dabei empfunden. [...] Kein Mensch bei uns in der Klasse hatte sich Gedanken gemacht, wo die nun alle hingezogen sein könnten. [...] Den Gedankengang gab es gar nicht, weil wir sagten: Es ist alles prima!«[15]

Ich erwähnte vorher den Druck von außen und oben, dem fast alle Kinder und Jugendlichen in Deutschland seit Anfang des NS-Regimes ausgesetzt waren und bis zum Ende des Dritten Reiches auch ausgesetzt blieben. Antisemitische Propaganda wurde gezielt auf die junge Generation ausgerichtet, und Jungen wie Mädchen erhielten ihre Grundausbildung betreffs Antisemitismus in ihren nationalsozialistischen Jugendverbänden und in der Schule. Kurzum, sie wurden systematisch aufgehetzt.[16] Dazu kam noch die Furcht, sich im Umgang mit jüdischen Mitschülern anders zu verhalten, als das von ihnen verlangt wurde, auch wenn sie bis dahin keineswegs irgendwelche antisemitischen Gefühle gehegt hatten.

Da es den Rahmen dieses Beitrags sprengen würde, jetzt näher darauf einzugehen, wie der Judenhaß im Jungvolk, in der Hitler-Jugend und dem Bund deutscher Mädel, geschürt wurde, will ich mich hier auf den Einfluß der Erwachsenen beschränken, vor allem der Lehrer. Deren Autorität und Beispiel waren alle Kinder und Jugendlichen auf Jahre hinaus ausgesetzt, und das Vorbild, das sie in der Judenfrage setzten, verfehlte auch dann seine Wirkung nicht, wenn man sie, was oft der Fall war, als »Pauker« ablehnte oder sogar haßte. Nun hat der Lehrkörper in den deutschen Schulen schon seit der Reichsgründung eine oft recht zweifelhafte Rolle gespielt, wenn es sich um die Frage handelte, wer »deutsch« sei und wer nicht. Selbst weitgehend vom Untertanengeist beseelt, erzogen sie ihre Schüler vielfach – selbstverständlich nicht überall und immer – im gleichen Geiste, und der war hochgradig und unkritisch nationalistisch, gehorsamsfreudig und voller Vorurteile gegenüber denjenigen, die »anders« waren. So wurden Andersdenkende, also z. B. Schüler, von denen man wußte, daß der Vater Sozialdemokrat war, und eben oft auch Juden, im Kaiserreich als Außenseiter behandelt, teils in subtiler Form, teils ganz offen. Das änderte sich äußerlich, aber nicht grundlegend in der Weimarer Zeit und entfaltete sich im Dritten Reich zur vollen Blüte. Dennoch muß man sich fragen, warum so viele Männer und Frauen – und auch hier gab es zum Glück Ausnahmen –, die doch in den Lehrerseminaren zumindest einigen humanistischen und humanitären Gedanken und Werten ausgesetzt gewesen waren, sich nach dem 30. Januar 1933 oft so inhuman, niederträchtig und vor allem auch feige benahmen. Denn daß man sich als Lehrer oder Lehrerin sogar jüdischen Kindern gegenüber, wenn auch vielleicht zurückhaltend, aber doch anständig und fair benehmen konnte, ohne deshalb die berufliche Karriere zu gefährden, das bezeugen – leider nicht allzu häufige – Beispiele, zumindest für die Zeit bis zum 9. November 1938. Und unter diesen Anständigen waren auch Mitglieder der Partei, der SA, und sogar der SS.[17] Was allerdings die Mehrheit anbelangt, so hat es eine ehemalige jüdische Schülerin der Malwida-von-Meysenbug-Schule in Kassel präzise ausgedrückt: »Nette, solidarische, intelligente Menschen verwandelten sich auf einmal in eine feindselige Mauer. Persönlichkeiten, die man bewundert hatte ob ihrer Geistigkeit und der Ethik ihrer Gesinnung, ließen sich von der Massenhysterie aufsaugen, redeten Quatsch und wurden Feiglinge.«[18]

Hier wieder ein paar Beispiele: Jürgen Gaede, heute Schulleiter in Kassel, hat einen Vorgang in einer Berliner Schule beschrieben, dem er als Untersekundaner zugesehen hat. Einer seiner Klassenkameraden, Rudolf R., war »Halbjude«, der durch spinale Kinderlähmung stark gehbehindert war und mit schweren lederverkleideten Stahlstützen an den Beinen herumlaufen mußte. Eines Tages fiel auf dem Schulhof in der Pause ein Stück Papier aus der Tasche eines vorbeilaufenden Jungen. Der aufsichtsführende Lehrer, Doktor W., sah zur Gruppe hinüber, bei der Rudolf R. stand, und sagte: »Hier liegt Papier.« Keiner rührte sich, da man solche Aufgaben den Sextanern oder Quintanern überließ. Doktor W. wiederholte seine Aufforderung, woraufhin sich ein vorbeikommender Quintaner bückte, um das Papier aufzuheben. Der Lehrer trat schnell auf das Papier, wobei er den Jungen fast umwarf, und brüllte: »Wenn ich R. zum Papieraufheben befohlen habe, dann hebt der Jude das Papier auf!« Und als Gaede den Mann darauf hinwies, daß Rudolf R. doch schwer behindert sei, wurde er ebenso angefahren.[19] Kein dramatisches Ereignis, gewiß. Aber bezeichnend für den damaligen Zeitgeist.

Oder nehmen wir Klaus Scheurenbergs Turnlehrer, auch in Berlin, im Jahre 1935. Klaus war ein guter Turner, aber der einzige andere jüdische Schüler der Klasse war es nicht. Der Turnlehrer, ein strammer Nationalsozialist in SA-Uniform, schikanierte den unsportlichen Jungen, konnte aber an Klaus nicht viel aussetzen. Jedoch dessen Stunde kam auch, als er nämlich eines Tages beim

Hissen der Hakenkreuzflagge und beim Absingen des Deutschlandliedes und Horst-Wessel-Liedes nicht nur mitsang, sondern den Arm zum deutschen Gruß miterhob. Der Turnlehrer zog ihn vor den Augen der versammelten Schülerschaft aus dem Glied, verdrosch ihn und brüllte: »Du Judenjunge hast doch nicht den deutschen Gruß zu gebrauchen...«, und als Klaus weinend sagte, er sei doch auch ein Deutscher, brüllte der Mann noch lauter: »Was bist du? Ein Saujude bist du!«[20]

Manchmal kamen derartige Ausbrüche von Personen, die die Schüler vor 1933 als besonders freundliche und höfliche Menschen kannten. Einer von diesen war der Direktor der schon erwähnten Kasseler Malwida von Meysenbug Schule, Dr. Becker. Zwar hatte er schon einigen im März 1933 abgehenden jüdischen Studentinnen mit scheinbar menschlicher Wärme gesagt, daß sie wohl die letzten jüdischen Abiturientinnen im Deutschen Reich sein würden und er ihnen »von Herzen eine gute Zukunft« wünsche,[21] benahm sich dann aber einige Monate später einer anderen jüdischen Schülerin gegenüber wie ein Tyrann. Auch sie kannte ihn vor 1933 als brillanten Redner, als einen kulturell sehr aktiven Mann, gemäßigt und beliebt, und als Vorsitzenden der Deutschen Volkspartei in Kassel, der auch in jüdischen Kreisen der Stadt geschätzt wurde. Ende 1933 oder Anfang 1934 traf die besagte junge Frau, Lisel Goldschmidt, den Direktor allein im Korridor der Schule und wünschte ihm einen »Guten Morgen«. Daraufhin hielt er sie an und donnerte, daß man in seiner Schule mit »Heil Hitler« grüße. Stotternd sagte sie, daß sie Jüdin sei (was er auch wußte), aber er bestand auf dem Gruß – mit erhobenem Arm – und fügte hinzu: »... und bitte laut, so daß man es hört«. Ganz abgesehen davon, daß die meisten jüdischen Kinder damals nie wußten, ob sie mit dem »deutschen Gruß« grüßen sollten oder nicht – das war auf den verschiedenen Schulen in Deutschland ganz willkürlich geregelt und hing oft von den einzelnen Lehrern oder Schulleitern ab –, war es in dem eben geschilderten Fall reinste Schikane, da es keine Zeugen gab, die den Direktor hätten anzeigen können, wenn er *nicht* auf dem »deutschen Gruß« bestanden hätte.[22] Der Leiter der Schule Overbeck in Köln-Ehrenfeld, Max Burkert, schrieb gar einen Brief an den »Stürmer«, den Streicher am 24. Mai 1935 abdruckte; in ihm brüstete sich Burkert, er habe aus Streichers »herrliche[r] Kampfzeitung

[...] eine Reihe von Judenköpfen ausgeschnitten, und, wie Sie aus beiliegender Photographie ersehen, aufgezogen. Mit dieser Anschauungstafel versehen, halte ich in den oberen Klassen Vorträge über die Judenfrage.«[23] Angesichts solcher Berichte kann man sich von der Verhetzung der Lehrer, und damit dann auch wieder der Schüler, ein Bild machen.

Schließlich konnten aber auch andere Erwachsene, nicht nur Lehrer und Schulleiter, jüdischen Kindern gegenüber unglaublich brutal sein. 1938 war der damals sechsjährige W. J. aus Berlin Zeuge, wie sein »arischer« Onkel seiner Mutter, die mit einem Juden, also W.s Vater, verheiratet war, zuschrie: »Wann läßt du dich denn endlich von diesem Judenschwein scheiden? [...] Judenhure!« Und als W. um die gleiche Zeit dem Zeitungsjungen einen Gefallen tun wollte und einer Nachbarin den Völkischen Beobachter in den Briefschlitz steckte, schrie ihn diese an: »Wenn du nochmal mit deinen jüdischen Händen die Zeitung anfaßt, schlag ich dich tot.«[24] Es war nicht eben leicht, in den dreißiger Jahren in Deutschland als Jude aufzuwachsen.

Der Anfang vom Ende kam mit dem Pogrom vom 9./10. November 1938. War die sog. »Kristallnacht« schon für alle jüdischen Erwachsenen in Deutschland ein erschütterndes und traumatisches Ereignis, so war sie für die Kinder und Jugendlichen ein einziger Alptraum. Obwohl es nach dem 30. Januar 1933 hier und dort schon vorgekommen war, daß SA-Leute in Wohnungen von Juden eindrangen und diese »durchsuchten« und gelegentlich auch verwüsteten (zumeist in kleinen Ortschaften oder auf dem flachen Lande), so waren doch »Einzelaktionen« gegen Juden offiziell untersagt.[25] Mit dem organisierten Novemberpogrom hörte dann jegliche Zurückhaltung auf. Nicht alle jüdischen Jugendlichen kamen so glimpflich davon wie der fünfzehnjährige Arno Hamburger in Nürnberg, der dabei war, wie SA-Leute die Wohnung seiner Eltern zwar durchsuchten, dabei aber nichts zerstörten und kein Mitglied der Familie mißhandelten. Als er am nächsten Tag jedoch zu seiner Lehrstelle in einer jüdischen Elektrohandlung radelte, fand er das Geschäft völlig verwüstet vor. Und er erinnert sich, Jahrzehnte später: »Am 22. August 1939 bin ich dann ausgewandert. Allein. [...] Am 27. Mai 1945 kam ich [...] als Soldat in englischer Uniform in meine Heimatstadt zurück. Ich stand am Plärrer und sah keine

Häuser mehr, keine Straßen, keine Bäume, fast keine Menschen. Und ich habe an den 9. November 1938 denken müssen. An die Judensterne an den Hauswänden, an die Scherben im Haus von meinem Onkel Justin, an die verwüsteten Geschäfte, an die brennende Synagoge, an die Flammen in der ganzen Stadt. Diese Erinnerung wird in mir wohl nie verblassen.«[26]

Inge Deutschkron war sechzehn Jahre alt, als zwei Gestapobeamte am 10. November in die Wohnung ihrer Eltern kamen und nach dem Vater suchten. »Von mir nahmen die beiden Männer keine Notiz. Ich stand an der Tür und hatte unsagbare Angst.«[27] Aber sie hatte auch Glück, denn die beiden Männer gingen wieder, und dic Familic hielt sich während der nächsten Tage versteckt. Viel schlimmer ging es Hannele und Lotte Zürndorfer, 1938 zwölf bzw. acht Jahre alt, in Gerresheim bei Düsseldorf. In der Nacht vom 9. zum 10. November wurden die Kinder vom Geräusch von zerschellendem Porzellan und Glas aus dem Schlaf gerissen. Als sie auf den Flur stürzten, sahen sie ihre verängstigten Eltern inmitten einer Horde von SA-Leuten stehen, die systematisch und mit vom Haß verzerrten Gesichtern die Wohnung kurz und klein schlugen. Es gelang der Mutter, die Mädchen wieder in das Kinderzimmer und in die Betten zu bringen, aber auch hier hinein drängte sich kurz darauf der Mob. Die Beschreibung dieser Szenen, 50 Jahre später geschrieben und veröffentlicht, mutet an wie Dantes Inferno. Sie zeigt, wie sich die schrecklichen Einzelheiten dieser Nacht – die Bedrohung der Eltern, der hilflose Vater, der vergeblich versuchte, sein Lieblingsgemälde, eine schöne Landschaft, vor den Eindringlingen zu schützen, das demolierte Klavier, aber vor allem die haßerfüllten Gesichter der Männer – tief in das Gedächtnis der Verfasserin eingegraben haben. »Am deutlichsten, weil am erschütterndsten, ist mir das Bild meines Vaters haften geblieben, wie er, zusammengesunken auf einem Küchenstuhl neben dem Herd, hemmungslos weinte. Mein Herz krampfte sich zusammen und schien dann stehenzubleiben. Niemals in meinem ganzen Leben hatte ich meinen Vater weinen gesehen.«[28]

Bis zu diesem Zeitpunkt, also bis zur »Kristallnacht«, hatten jüdische Jugendliche und Kinder von 1933 an Demütigungen, Ausgrenzungen, Beleidigungen, Anfeindungen und in manchen Fällen auch körperliche Gewalt seitens ihrer nichtjüdischen Umwelt erleiden müssen. Sie hatten gelernt, daß man sie nicht wollte, daß sie nicht dazugehörten, daß sie »anders« waren als die nichtjüdischen Kinder, obwohl sie zumeist gar nicht verstanden, wieso. Unter diesen Umständen waren sie dankbar für jeden »Arier«, der ihnen mit Menschlichkeit und Anständigkeit begegnete. Und diese Menschen gab es; kaum eine Erinnerung aus jenen Jahren erwähnt nicht zumindest ein Beispiel, und oft auch mehrere. Nur sah die Regel leider anders aus. Dennoch gab es im Leben vieler jüdischer Jugendlicher keineswegs nur Verzweiflung und Trübsal. Trotz der Ausgrenzung in und außerhalb der Schule, trotz der Schilder »Juden sind hier unerwünscht« an Lokalen und den Eingängen zu Schwimmbädern oder Ortschaften konnten zumindest die meisten der in den Großstädten lebenden jüdischen Kinder und Jugendlichen – und das war in den dreißiger Jahren die große Mehrheit – ein verhältnismäßig »normales«, wenn auch eingeschränktes und von der »deutschen Volksgemeinschaft« abgesondertes Leben führen. Hatte man noch keine jüdischen Freunde, so suchte man sich diese jetzt. Oder man trat einer jüdischen Jugendbewegung bei, besann sich wieder auf das jüdische Erbe, auf jüdische Tradition, was vielen dieser jungen Menschen einen neuen Halt gab. Nach den Nürnberger Gesetzen im September 1935 reiften dann auch die Pläne zur Auswanderung – vielfach allein, ohne die Eltern –, und damit wuchs die Hoffnung auf eine Zukunft irgendwo auf der Welt, wo es keinen Haß und keine Verfolgung gab oder zumindest geben sollte. Aber vielen jungen Juden blieb die Verwirklichung dieses Traumes verwehrt. Bis Ende 1939, also über den Ausbruch des Krieges hinaus, waren seit 1934 ungefähr 18 000 Kinder und Jugendliche ausgewandert.[29] Ende Juli 1941, zwei Monate vor Himmlers Auswanderungsverbot für Juden, befanden sich noch 20 600 Juden im Alter von 0 bis 18 Jahren im »Altreich«.[30] Von ihnen hat nur ein Bruchteil überlebt.

Den Zeitraum vom November 1938 bis zur Vernichtung werde ich nur kurz umreißen. Der Ablauf der sog. »Endlösung« ist weithin bekannt und schloß, wie wir alle wissen, Menschen jedes Alters mit ein. Was sich für die jungen Menschen und, wie bekannt, für alle Juden im Herrschaftsbereich der Nationalsozialisten spätestens seit Ausbruch des Krieges im September 1939 rapide änderte, waren die Form und Intensität der Verfolgung. Waren Juden bis zum Novemberpogrom 1938 als Bürger zweiter Klasse behandelt worden, wie sie es ja auch seit September 1935 »rechtlich« waren, so wurden sie nunmehr rechtlos und damit Freiwild. Vor der »Kristallnacht« hatten jüdische Jugendliche und Kinder zwar oft in Angst gelebt – Angst vor den Hänseleien und Quälereien der Mitschüler und Lehrer, Angst vor Überfällen auf der Straße durch Hitlerjungen, vor allem beim Heimweg von der Schule –, aber sie hatten dabei auch gelernt, mit diesen Ängsten zu leben und den Ursachen der Ängste auszuweichen, z. B. durch den Übergang auf eine jüdische Schule. Nach dem November 1938 wurde ein Ausweichen immer schwerer und bald völlig unmöglich. Der pseudogesetzlichen Entrechtung auf allen Lebensgebieten folgten 1941 erst die Einführung des »Judensterns«, mit dem man vor der Umwelt gezeichnet war, und danach die Deportationen, die Ghettos im Generalgouvernement und schließlich die Gaskammern oder die Ermordung durch Einsatzgruppen. Dieses ihnen bevorstehende Schicksal ahnten zunächst allerdings weder erwachsene noch jugendliche Juden. Aber der nach dem November 1938 einsetzende hemmungslose Haß seitens der deutschen Umwelt, die Tatsache, daß man keine Entscheidungsfreiheit über das eigene Leben mehr hatte, sondern all das tun mußte, was die Machthaber anordneten und durch die »Reichsvereinigung der Juden in Deutschland« den Opfern zukommen ließen, das war den jungen Menschen ebenso bewußt wie der älteren Generation. Das bedeutete aber nicht, daß sie es begriffen. Schon am Anfang der NS-Zeit hatten Eltern es schwer, ihren Kindern zu erklären, warum »arische« Altersgenossen und Erwachsene sie demütigten und beleidigten. Nach dem Novemberpogrom wurde es dann noch viel schwerer, den jungen Menschen das Unbegreifliche begreiflich zu machen.

Was haben junge jüdische Menschen damals empfunden? Von den meisten können wir es nicht mehr erfahren, weil sie umgekommen sind. Hier nur einige wenige Beispiele, von Überlebenden aufgezeichnet. Der »Geltungsjude« Michael Wieck aus Königsberg schreibt: »Wie kann man den Zustand und das Gefühl beschreiben, mit einem Kennzeichen herumzulaufen, das zum Verabscheuen aufforderte? Mein Aussehen als dreizehnjähriger Junge würde man als typisch deutsch bezeichnet haben [...]. Jetzt, da es den Stern gab, brauchte man keine gebogene Nase mehr zu haben. Der gelbe Fleck genügte, um Haßreaktionen auszulösen.« Und er beschreibt, wie er von hinten über den Kopf geschlagen, als »Judensau« im brüllenden Befehlston vom Bürgersteig verwiesen, angespuckt wurde, daß er aber auch mitfühlenden Menschen begegnete.[31]

Oder nehmen wir die Kinderbaracke im holländischen Durchgangslager Westerbork. Die Liste war gekommen, wahrscheinlich für den Dienstag-Zug nach dem Osten (sprich: Auschwitz). Die jungen Pflegerinnen weckten diejenigen, die auf der Liste standen – und darunter waren zwei- und dreijährige Kinder –, ganz leise, damit die anderen nicht aufwachten. Aber dann: »Ein kleines Mädchen von sechs Jahren schlägt die Augen auf und weiß sofort Bescheid. Wild stößt sie die Decke fort und ruft immer wieder: ›Mammi, Mammi! Ich will nicht nach Polen.‹ Die Mutter ist irgendwo. Vielleicht schon in Polen, vielleicht überhaupt nicht mehr auf der Welt. Sie kann nicht helfen.«[32] Heute, ein halbes Jahrhundert später, mutet es um so erschreckender an, wenn man die Worte einer 39jährigen rumänischen Mutter, einer Asylbewerberin aus Hoyerswerda, vom September 1991 liest: »Meine Kinder liegen nachts mit offenen Augen im Bett und weinen. Sie verstehen nicht, was in ihrer Straße passiert.«[33]

Jehuda Bauer wurde 1943 im Alter von 14 Jahren von Theresienstadt nach Auschwitz transportiert. Er hatte das Glück, aus einer größeren Kindergruppe mit etwa 80 anderen im Alter von 12 bis 16 Jahren aussortiert und ins Männerlager überführt zu werden. Die anderen wurden sofort vergast. Jehuda kam zu einem Rollwagenkommando und mußte, zusammen mit etwa 20 anderen Jugendlichen, einen Wagen ziehen und Geräte usw. auf- und abladen. So lernte er alle Lagerabschnitte von Birkenau kennen. Eines Tages im Winter erlaubte ihnen der Kapo, weil sie so schnell abgeladen hatten, sich in einer der Gaskammern aufzuwärmen, wo zur Zeit keiner war. »So kam es, daß wir die Gaskammern, die Öfen und die ganze Einrichtung der Krematorien besichtigen konnten. Das war im Krematorium II. Wir waren jung, und uns interessierte alles [...]. Von unserer Kindergruppe leben heute noch 15. Alle anderen sind umgekommen.«[34]

Dann ist da Cordelia Edvardson, die älteste Tochter von Elisabeth Langgässer. Der Vorgang, den sie beschrieben hat, trug sich wahrscheinlich Anfang 1945 zu, als sie im Viehwagen aus Auschwitz nach Westen transportiert wurde. Der Zug hatte aus irgendeinem

Grunde gehalten, und die Insassen – alles Frauen – durften aussteigen und die Glieder recken. Außer von SS-Wachmannschaften wurden die Frauen von jungen flugzeuglosen Piloten bewacht, die am Waldrand Posten standen. Und sie erinnert sich: »Das Mädchen ging zu ihnen, vielleicht, so dachte sie, ist einer aus Berlin dabei [...], jemand, der verstehen würde, daß sie nicht nur Schutzhäftling A 3709 war, was sie freilich auch war, aber noch, noch war sie auch Cordelia, Dela, das Mädchen aus Berlin-Eichkamp. Sie begann ein Gespräch mit einem Jungen, dessen rundes Gesicht unter dem grauen Käppi immer blanker wurde, während er der stillen Erzählung des Mädchens lauschte. Als Antwort und Trost gab er ihr eine halbe Zwiebel und einen Brotkanten ...« Cordelia hatte vorher gesehen, daß ein SS-Mann die Szene vom Waldrand her mit einem Feldstecher beobachtete, »sie vermochte dem aber keine Beachtung zu schenken, jemand hörte ihr zu, jemand sprach mit ihr, sie konnte sich nicht losreißen. Und dann ist er über ihr. Brüllt und schlägt und schlägt. Das Mädchen weiß mit lähmender Gewißheit, daß er sie totschlagen wird, daß dies das Ende ist. Der junge Soldat sieht entsetzt zu, versucht dann, den SS-Mann zu hindern, der, verblüfft und wütend, seinen Zorn jetzt an ihm ausläßt.« Diese Gelegenheit benutzte Cordelia und rannte auf den Güterwagen zu, den sie künftig nicht wieder verließ.[35]

Schließlich will ich noch die Kinder und Jugendlichen erwähnen, die in Lagern zu medizinischen Experimenten mißbraucht worden sind, vor allem Mengeles Zwillinge[36] und die 20 jüdischen Kinder, an denen der Arzt Dr. Kurt Heißmeier im Konzentrationslager Neuengamme Tuberkulose-Experimente durchführte. Kurz bevor die Engländer im April 1945 Hamburg erreichten, ließ er die Kinder heimlich im Keller einer Hamburger Schule aufhängen, um dadurch alle Spuren zu verwischen.[37]

Ich kann hier nicht mehr auf die Frage eingehen, was die Täter dabei empfunden haben mögen, als sie Kinder und Jugendliche demütigten, mißhandelten, umbrachten. Schließlich kamen die meisten, ganz gleich, wo sie wirkten, nicht aus einem kriminellen Milieu. Rudolf Höß, der Kommandant von Auschwitz, hat in seinen Erinnerungen vor seiner Hinrichtung plastisch beschrieben, wie Mütter mit ihren Kindern an der Hand oder auf dem Arm in die Gaskammern gingen, viele von ihnen voll bewußt, was sie dort erwartete, während er, der, wie er schrieb, »am liebsten vor Mitleid von der Bildfläche verschwunden« wäre, »nicht die geringste Rührung zeigen« durfte, weil er ja einen »Führerbefehl« auszuführen hatte.[38] Klaus Barbie unseligen Angedenkens hat sicher nichts dabei empfunden, als er die 44 Kinder des jüdischen Kinderheims in Isieu von dort aus nach Auschwitz in den Tod schickte. Und Heinrich Himmler, jener labile Schreibtischmörder *par excellence* – hat er sich Gedanken gemacht, als er in seiner berüchtigten Posener Rede vom 6. Oktober 1943 den Reichs- und Gauleitern sagte, die Kinder müßten ebenso umgebracht werden wie die Männer und Frauen, damit sie später nicht als Rächer »für unsere Söhne und Enkel« aufwachsen würden?[39] Wir wissen es nicht.

Wie schon erwähnt, wissen wir aber, was einige jüdische Jugendliche empfanden. Wir können es den Erinnerungen derer entnehmen, die überlebt und sich dazu geäußert haben, wie auch den – allerdings seltenen – später gefundenen Aufzeichnungen einiger, die nicht überlebt haben. Ich möchte mit einem Gedicht schließen, dem die unbekannte Autorin, eine Schülerin des jüdischen Gymnasiums in Krakau, die Überschrift »An unsere Lehrer« gegeben hat:

Stets habt ihr uns gelehrt
dem Schönen, Guten, Wahren nachzustreben,
habt uns verzaubert
mit der Dichter Wort,
habt uns gelehrt,
auf Flügeln der Begeisterung
über den Alltag uns emporzuschwingen
und unsern Geist
in die Geheimnisse des Lebens zu versenken.

ihr lehrtet uns das jauchzende Entzücken
am Zauber des Gedichts,
die nimmermüde Lust,
der rätselhaften Schöpfung verborgenen Sinn
zu suchen
und vor des Menschen Genius
andächtig unser Knie zu beugen.

Sind meine Leiden jetzt der Preis dafür,
und daß ich ohne Waffen bin für diese Welt?

O hättet ihr uns doch gelehrt,
hervorzuspringen aus dem Hinterhalt,
mit starkem Griff das Leben am Genick zu packen,
es mit geballter Faust zu treffen zwischen beide Augen,
so daß es taumelt
und in die Knie geht!
Hättet ihr uns gelehrt zu schreien,
daß man uns hört,
und wie man eine Türe eintritt,
und wie man treten muß, damit man uns nicht tritt!
Und unsre Augen zu gewöhnen
ans grelle Rot vom Blut!

Habt ihr denn wirklich nicht gewußt,
gelehrte, weise Professoren,
daß Menschlichkeit auf dieser Erde
kein Dach mehr hat?
Warum habt ihr in unsre Seelen
Sehnsucht gesät?[40]

Anmerkungen

1 Ginzel, Günther Bernd, Jüdischer Alltag in Deutschland 1933–1945, Düsseldorf 1984, S. 83; siehe auch: Kennzeichen J. Bilder, Dokumente, Berichte zur Geschichte der Verbrechen des Hitlerfaschismus an den deutschen Juden 1933–1945, hrsg. v. Helmut Eschwege, Frankfurt a. M. 1979, S. 59.
2 Schoenberner, Gerhard, Der gelbe Stern. Die Judenverfolgung in Europa 1933–1945 Hamburg 1960, S. 66 und 144.
3 Angress, Werner T., Generation zwischen Furcht und Hoffnung. Jüdische Jugend im Dritten Reich, Hamburg 1985.
4 Heil Hitler, Herr Lehrer. Volksschule 1933–1945 hrsg. v. d. Arbeitsgruppe Pädagogisches Museum, Reinbek b. Hamburg 1983, S. 84 f.
5 Königsberger, Edith, Den Nazis entronnen. Die Flucht eines jüdischen Mädchens in die Schweiz. Autobiographischer Bericht 1933–1942, Frankfurt a. M. 1990, S. 10 und 12.
6 Heither, Dietrich/Matthäus, Wolfgang/Pieper, Bernd, Als jüdische Schülerin entlassen. Erinnerungen und Dokumente zur Geschichte der Heinrich-Schütz-Schule in Kassel, Kassel 1984, S. 45.

7 Ebenda, S. 80.
8 Zeller, Frederic, When Time Ran Out. Coming of Age in the Third Reich, Sag Harbor, N.Y. 1989, S. 94; Sternheim-Peters, Eva, Die Zeit der großen Täuschungen. Mädchenleben im Faschismus, Bielefeld 1987, S. 135.
9 Werner, Josef, Hakenkreuz und Judenstern. Das Schicksal der Karlsruher Juden im Dritten Reich, Karlsruhe 1988, S. 105.
10 Scheurenberg, Klaus, Ich will leben. Ein autobiographischer Bericht, Berlin 1982, S. 22.
11 Siehe z. B.: Terror und Hoffnung in Deutschland 1933–1945. Leben im Faschismus, hrsg. v. Johannes Beck/Heiner Boehncke/Werner Heinz/Gerhard Vinnai, Reinbek b. Hamburg 1980, S. 355 f.; Kupffer, Heinrich, Swingtime. Chronik einer Jugend in Deutschland 1937–1951, Berlin 1987, S. 42 f.; Stolze, Stephan, Innenansicht. Eine bürgerliche Kindheit 1938–1945, Frankfurt a. M. 1981, S. 56; Reich-Ranicki, Marcel (Hrsg.), Meine Schulzeit im Dritten Reich. Erinnerungen deutscher Schriftsteller, Köln 1982, S. 66; Sternheim-Peters, Täuschungen (wie Anm. 8).
12 Schule im Dritten Reich. Erziehung zum Tod? Eine Dokumentation, hrsg. v. Geert Platner und Schülern der Gerhart-Hauptmann-Schule in Kassel, München 1983, S. 47.
13 Reich-Ranicki (Hrsg.), Schulzeit (wie Anm. 11), S. 45.
14 Sternheim-Peters, Täuschungen (wie Anm. 8), S. 135–153.
15 Heil Hitler, Herr Lehrer (wie Anm. 4), S. 76.
16 Siehe z. B. den Lehrplan zur Behandlung der »Judenfrage« im Unterricht für die Volksschulen des Dritten Reiches, in: Der Nationalsozialistische Erzieher, Nr. 42, 1934, abgedruckt (teilweise) in: Kennzeichen J (wie Anm. 1), S. 57.
17 Siehe z. B. Reich-Ranicki (Hrsg.), Schulzeit (wie Anm. 11), S. 55–58; Heither u. a., Jüdische Schülerin (wie Anm. 6), S. 72, 100 f., 136. Auch der Verfasser dieses Aufsatzes hatte positive Erfahrungen mit einigen seiner Lehrer, bevor er 1936 von der Schule abging.
18 Heither u. a., Jüdische Schülerin (wie Anm. 6), S. 96.
19 Schule im Dritten Reich (wie Anm. 12), S. 50.
20 Scheurenberg, Ich will leben (wie Anm. 10), S. 7 f.
21 Heither u. a., Jüdische Schülerin (wie Anm. 6), S. 11, 73.
22 Ebenda, S. 98 f. Dazu muß allerdings bemerkt werden, daß nicht alle jüdischen Kinder und Jugendlichen, die zur NS-Zeit auf eine staatliche Schule gingen, dort nur unangenehme Erfahrungen gemacht haben. Wie ausgeprägt der Antisemitismus an den verschiedenen Schulen während der dreißiger Jahre war und wie stark er sich äußerte, war unterschiedlich und hing zumeist von der Haltung der Schulleiter oder sogar einzelner Lehrer ab. Auch die Zusammensetzung der Klasse war ein wesentlicher Faktor. Außerdem war die geographische Lage der Schule von Bedeutung. In den Großstädten war der Antisemitismus auf den Schulen oft nicht so stark und verbreitet wie in den Kleinstädten und auf dem flachen Lande, obwohl die Lage auch in den Großstädten unterschiedlich war. Jedoch hat es damals wohl kaum ein jüdisches Kind gegeben, das auf einer staatlichen Schule von antisemitischen Anfeindungen völlig verschont geblieben ist.
23 Huber, Karl-Heinz, Jugend unterm Hakenkreuz, Berlin 1982, S. 86; Kennzeichen J (wie Anm. 1), S. 56.

24 Rossberg, Alexandra, unveröffentlichter Bericht, S. 1f.
25 Siehe dazu: Angress, Werner T., Die »Judenfrage« im Spiegel amtlicher Berichte 1935, in: Büttner, Ursula (Hrsg.), Das Unrechtsregime. Internationale Forschung über den Nationalsozialismus, Bd. 2, Hamburg 1986, S. 19–43, bes. S. 27.
26 »Niemand war dabei und keiner hat's gewußt.« Die deutsche Öffentlichkeit und die Judenverfolgung 1933–1945, hrsg. v. Jörg Wollenberg, München 1989, S. 21–25.
27 Deutschkron, Inge, Ich trug den gelben Stern, München 1985, S. 37.
28 Zürndorfer, Hannele, Verlorene Welt. Jüdische Kindheit im Dritten Reich, hrsg. v. Rolf Schöcker, Pfaffenweiler 1988, S. 51–57.
29 Adler-Rudel, Salomon, Jüdische Selbsthilfe unter dem Naziregime 1933–1939. Im Spiegel der Berichte der Reichsvertretung der Juden in Deutschland, Tübingen 1974, S. 217.
30 Ebenda, S. 219
31 Wieck, Michael, Zeugnis vom Untergang Königsbergs. Ein »Geltungsjude« berichtet, Heidelberg 1988, S. 99–102.
32 Asscher-Pinkhof, Clara, Sternkinder, Frankfurt a. M. 1965, S. 150–152. Die fiktive Darstellung in diesem Jugendbuch beruht auf eigenen Erlebnissen der Autorin, so daß die Aussage als authentisch gelten kann.
33 Die Zeit, Nr. 40, 26. 9. 1991, S. 2.
34 Auschwitz. Zeugnisse und Berichte, hrsg. v. Hans G. Adler/Hermann Langbein/Ella Lingens-Reiner, 2. Aufl., Köln/Frankfurt a. M. 1979, S. 121–123.
35 Edvardson, Cordelia, Gebranntes Kind sucht das Feuer, München 1989, S. 32–35.
36 Siehe dazu: Stanic, Dorothea (Hrsg.), Kinder im KZ. Mit Kinderzeichnungen aus Theresienstadt, Berlin 1979, S. 66f.; Auschwitz (wie Anm. 34), S. 124–126; Meyer, Alwin, Die Kinder von Auschwitz, Göttingen 1990, S. 40f.; Gilbert, Martin, The Holocaust. The Jewish Tragedy. A History of the Jews of Europe during the Second World War, New York 1985, S. 687f.
37 Schwarberg, Günther, Der SS-Arzt und die Kinder, Hamburg 1979, S. 37–43.
38 Höß, Rudolf, Kommandant in Auschwitz. Autobiographische Aufzeichnungen, hrsg. v. Martin Broszat, München 1963, S. 129–132.
39 Himmler, Heinrich, Geheimreden 1933–1945 und andere Ansprachen, hrsg. v. Bradley F. Smith/Agnes Peterson, Berlin/Frankfurt a. M./Wien 1974, S. 169.
40 Deutschkron, Inge, ... denn ihrer war die Hölle. Kinder in Gettos und Lagern, Köln 1985, S. 149f.

Horst Matzerath

Bürokratie und Judenverfolgung

Das Thema »Bürokratie und Judenverfolgung« bildet einen Teilaspekt des umfassenderen Problems der Haltung der deutschen Gesellschaft zur »Judenfrage« und ihres Anteils an der nationalsozialistischen Judenverfolgung.[1] Einige der darin enthaltenen Grundfragen sind bereits in der bisherigen wissenschaftlichen Diskussion aufgegriffen worden. So etwa geht Raul Hilberg davon aus, daß die Bürokratie einen entscheidenden Anteil an der Judenverfolgung im Dritten Reich hatte: Bereits vor 1933 waren die Muster der Verfolgung vorgeprägt, war die Bürokratie antisemitisch eingestellt; es fehlte nur noch der Machtträger, sprich Hitler, der diese Ziele auch umzusetzen gewillt war.[2] Adam hat, angelehnt an Fraenkels Unterscheidung in »Maßnahmen-« und »Normenstaat«, die Doppelstruktur des nationalsozialistischen Herrschaftssystems betont, in deren Rahmen der Verwaltung eine wichtige Funktion bei der Durchsetzung der antisemitischen Ziele zukam.[3] Die nationalsozialistische Ideologie selbst hat schließlich die Unterscheidung vorgenommen in politische »Führung«, die Hitler und der Partei vorbehalten bleiben, und in »Durchführung«, die Aufgabe des Staates sein sollte.[4] Am umfassendsten hat bisher Adler die Frage nach der Rolle der Verwaltung im Prozeß der Verfolgung der Juden, vor allem im Holocaust, gestellt.[5]

Zwei Grundpositionen zeichnen sich damit für das Problem ab: Judenverfolgung als das eigentliche Ziel Hitlers und der Partei, wie es von Jäckel betont worden ist,[6] was letztlich der Bürokratie nur eine sekundäre Rolle zuweisen würde, oder die Bürokratie als einer der entscheidenden Träger der Judenverfolgung, wovon Hilberg ausgeht und wie es Pätzold zumindest für die frühe Phase der Judenverfolgung unterstellt.[7]

Definitionsbedürftig erscheinen zunächst einmal die Begriffe Bürokratie und Verwaltung, die im Verlauf der weiteren Diskussion synonym verwandt werden. Beide Begriffe werden im Sinne staatlich-kommunaler Durchführungsapparatur benutzt, von der zentralen Ebene der Ministerien bis hin zur lokalen Ebene der Städte und Landgemeinden. Träger dieser herkömmlichen Verwaltung ist das Beamtentum, das sich vermöge Tradition, strikter Laufbahnregeln, besonderer Denk- und Verhaltensweisen und eines gesellschaftlichen Sonderbewußtseins in spezifischer Weise als »Staatsdiener« begriff. Dieses Sonderbewußtsein nährte sich aus älteren preußischen Denkweisen von einer »unpolitischen« Verwaltung, den »Interessen« der Gesellschaft enthoben und im besonderen Maße dem Gemeinwohl und dem Ethos des Dienstes verpflichtet. So irreal dies bereits angesichts der Realität der Weimarer Republik war, so verstärkten sich gerade derartige Vorstellungen während der Schlußphase der Republik unter den Präsidialkabinetten zur Konzeption eines autoritären Beamtenstaates.

Mit zu den Grundproblemen gehört die vielfältig überlieferte Skepsis Hitlers und führender Nationalsozialisten gegenüber dem herkömmlichen Beamtentum und seiner Bindung an feste Normen. Die Versuche zur Schaffung eines genuin nationalsozialistischen Beamtentums, für das mit weitreichendem Wechsel in Spitzen- und Entscheidungsfunktionen in den ersten Jahren der Herrschaft die Voraussetzungen geschaffen worden waren, mußten aber an der Unvereinbarkeit von dezionistischem Führungsanspruch und bürokratisch-gesetzmäßiger Verfahrensweise der Verwaltung scheitern.[8] Ausdruck dieser spezifisch nationalsozialistischen Tendenzen sind neue Bürokratien, die sich für besondere Aufgaben im Bereich des Staatsapparates bildeten, wie etwa Gestapo und Reichssicherheitshauptamt. Diese neuen Bürokratien sind im Kern Teil des hier behandelten Problems, wenngleich ihre genauere Behandlung ein eigenes Thema wäre. Nicht unter dem Aspekt der Bürokratie behandelt werden in diesem Zusammenhang die sich im Bereich der NSDAP als Staatspartei neu bildenden bürokratischen Apparaturen, vor allem die Behörde des Stellvertreters des Führers bzw. der Partei-Kanzlei, obwohl diese Veränderungen für die Rolle der Verwaltung im Dritten Reich und für die Entwicklung des Bürokratiebegriffs in dieser Zeit von entscheidender Bedeutung waren. Eine weitere Eingrenzung bildet die Beschränkung auf die Entwicklungen im »Altreich«; die Einbeziehung der Verwaltung in den eingegliederten und eroberten Gebieten würde den Rahmen dieser Diskussion sprengen, auch wenn sich gerade in diesem Bereich wichtige Neuerungen vollzogen. Schließlich sollen hier lediglich die Fragen nach der Beteiligung der Bürokratie an den Verfolgungsmaßnahmen behandelt werden, die vor der eigentlichen Phase der »Endlösung« liegen. Selbst mit diesen Einschränkungen lassen sich lediglich die Grundprobleme an einzelnen Beispielen darstellen und veranschaulichen, da die Entwicklung auf diesem Gebiet in zahlreiche Aspekte zerfällt.

Bei allen Bemühungen um begriffliche Abgrenzung läßt sich doch nicht übersehen, daß gerade die Realität des nationalsozialistischen Herrschaftssystems einer scharfen Trennung von Politik und Verwaltung erhebliche Probleme bereitet. Auf zahlreichen Ebenen hatten Funktionäre der Partei zugleich Verwaltungsfunktionen inne: von Himmler als Reichsführer SS und Chef der deutschen Polizei über die Reichsstatthalter und im Krieg die Reichsverteidigungskommissare bis hin zu den Personalunionen von Kreisleitern und Landräten oder von Ortsgruppenleitern und Bürgermeistern. Es gehört mit zu den Strukturmerkmalen des NS-Staates, daß den Nationalsozialisten selbst solche Personalunionen zunehmend als problematisch erschienen.[9]

Es liegt auf der Hand, daß es sich hier um einen eingegrenzteren Begriff der Verwaltung handelt, als er bisweilen bei der Frage nach dem Verhältnis von Bürokratie und Judenverfolgung zugrunde gelegt wird, wenn vom Gesamtapparat des Systems ausgegangen wird. Zwangsläufig müssen sich daraus auch andere Akzentuierungen bezüglich Art und Ausmaß der Beteiligung der Bürokratie am Prozeß der Judenverfolgung ergeben.

Grenzt man Verwaltung in diesem Sinne ein, dann ergeben sich mehrere zentrale Fragen: Inwieweit hatte die Verwaltung Kenntnis vom vollen Ausmaß der Judenverfolgung? Inwieweit war sie in die Durchführung der Judenverfolgung einbezogen? Inwieweit war sie aktiv Träger der Judenverfolgung, sei es durch besonders willfährige Behandlung dieser Aufgabe, sei es durch eigene nichtverlangte Initiativen auf diesem Gebiet oder durch entsprechende Anregungen an übergeordnete Stellen oder sei es schließlich durch eigenständige Maßnahmen?

Umgekehrt lautet die Frage: Wie stark war der Widerstand in der Verwaltung gegen antijüdische Maßnahmen? Für die Anfangszeit des Systems erhebt sich noch die weitere Frage: Inwiefern war die Verwaltung selbst Objekt der Judenverfolgung, vor allem etwa im Bereich der Personalpolitik? Für die weitere Entwicklung ergibt sich schließlich noch das Problem: Wie veränderte sich die Verwaltung selbst durch Grundstrukturen der nationalsozialistischen »Judenpolitik«?

Diese Fragen stellen sich – so ist zu vermuten – in den einzelnen Phasen der nationalsozialistischen Judenverfolgung in je spezifischer Weise: während der Machtergreifung und der darauffolgenden Zeit anders als nach den Nürnberger Gesetzen, wiederum anders beim Novemberpogrom und den danach getroffenen Maßnahmen zur totalen Ausschaltung aus dem wirtschaftlichen und gesellschaftlichen Leben, und schließlich erneut anders in der Phase der Deportationen und des Holocaust.

Zwangsläufig tritt bei dieser Art der Fragestellung stärker der objektive Anteil der Bürokratie am Prozeß der Judenverfolgung in den Vordergrund als die Haltungen und Einstellungen von einzelnen Beamten.

Bürokratie und Antisemitismus in der Weimarer Republik

Zunächst ist die These von Hilberg kurz zu beleuchten, daß bereits vor 1933 Antisemitismus in der Beamtenschaft weit verbreitet war und daß die Muster der Verfolgung bereits früher entwickelt waren. So sehr es zutrifft, daß in der konservativen Beamtenschaft und den konservativen studentischen Verbindungen latent und teilweise offenkundig antisemitische Strömungen vorhanden waren und daß sie in der Endphase der Republik auch größere Teile der Studentenschaft erfaßten,[10] so muß man doch feststellen, daß in den Verwaltungen an prominenter Stelle, aber auch in subalternen Funktionen Beamte und Angestellte jüdischer Herkunft in unterschiedlichen Funktionen vertreten waren. Generell wird man von manifesten Diskriminierungen der Juden im öffentlichen Dienst – abgesehen von der sich zuspitzenden Entwicklung in der Schlußphase – in der Weimarer Zeit kaum sprechen können, wenngleich bei Personalbesetzungen neben politischer Orientierung durchaus Herkunft und Konfession eine Rolle spielten. Insgesamt gibt es im öffentlichen Dienst sowohl auf der staatlichen wie der kommunalen Ebene – wenn auch in den einzelnen Bereichen in sehr unterschiedlichem Umfang – hinreichend Beispiele von jüdischen Beamten, auch in leitender Funktion.[11] Dabei ist sicher zwischen den Großstädten der verschiedenen Landesteile wie auch zwischen Großstädten und kleineren Gemeinden zu differenzieren.[12] Schließlich war der Anteil auf den einzelnen Ebenen der Verwaltung sehr unterschiedlich: Waren jüdische Beamte 1925 in Preußen schwächer als in der Gesamtbevölkerung vertreten, so lag ihr Anteil bei den höheren Beamten spürbar darüber, konzentriert in Krankenanstalten, Erziehung und Bildung sowie in der Justiz.[13] Es bedürfte eingehenderer Untersuchungen, um präziser sagen zu können, worauf die unterschiedliche Vertretung in den einzelnen Beamtengruppen zurückzuführen ist, ob auf unterschiedliche Berufsorientierungen der Juden selbst oder aber auf objektive Schwierigkeiten, innerhalb bestimmter Berufsgruppen Fuß zu fassen, oder eventuell auf das Zusammenwirken beider Gründe. Andererseits war der Anteil der jüdischen Beamten nie so hoch, daß der Vorwurf der »Judenrepublik« von seiten der Rechten in bezug auf die öffentliche Verwaltung auch nur den Anschein einer Berechtigung gehabt hätte.

Läßt sich einerseits ein latenter Antisemitismus auch und gerade in weiten Teilen der konservativen Beamtenschaft durchaus nicht übersehen,[14] so wird man andererseits betonen müssen, daß es gerade seitens der demokratischen Beamtenschaft enge Beziehungen zu Juden gab, daß Beamte jüdischer Herkunft in der demokratisch gesinnten Beamtenschaft eine bemerkenswerte Rolle spielten. Sie wurden besonders bei der Bekämpfung des Antisemitismus und des Nationalsozialismus aktiv. So kam es in der Schlußphase der Republik zu einer intensiven Zusammenarbeit zwischen dem Centralverein deutscher Staatsbürger jüdischen Glaubens (CV) mit dem Reichsinnenministerium unter Wirth wie auch mit dem preußischen Innenministerium und der preußischen Polizei.[15] Vertreter des CV wirkten auch in dem von hohen preußischen Beamten und Vertretern der DDP, der SPD, des Zentrums, des Reichsbanners und der Gewerkschaften gebildeten Abegg-Ausschuß in Preußen mit, der sich die Bekämpfung der Nationalsozialisten zum Ziel gesetzt hatte.[16]

Speziell für die Großstädte ist festzustellen, daß zwischen den lokalen Verwaltungen und den jüdischen Gemeinden zumeist positive Beziehungen bestanden. In Köln war beispielsweise Oberbürgermeister Adenauer ostentativ um ein gutes Verhältnis zur jüdischen Gemeinde bemüht und wurde 1926 Vorsitzender des Komitees »Pro Palästina«[17]. Juden waren sowohl in den liberalen und linken Parteien als Mitglieder der Stadtverordnetenversammlung wie auch in führenden Positionen in der Stadtverwaltung tätig.[18] Auch für die Berufung in leitende Positionen in den Kultureinrichtungen oder etwa an der städtischen Universität waren jüdische Herkunft oder Konfession kein Hindernis.[19] Das bedeutete freilich auch, daß nicht selten Persönlichkeiten jüdischer Herkunft in staatlichen oder städtischen Diensten heftigen Angriffen von seiten der Rechten, vor allem der Nationalsozialisten, ausgesetzt waren. In den letzten Jahren der Weimarer Republik spitzten sich diese Angriffe immer weiter zu und nahmen – wie etwa im Falle des Berliner Polizeivizepräsidenten Dr. Bernhard (»Isidor«) Weiß – den Charakter systematischer Hetzkampagnen an.[20]

Bei dem von konservativen Kräften in Preußen betriebenen Staatsstreich im Juli 1932 wurden auch eine Reihe von jüdischen Beamten abgelöst, augenscheinlich aber mehr wegen ihrer republikanischen Gesinnung und ihrer politischen Orientierung denn aus erkennbar antisemitischen Gründen.[21]

Insgesamt wird man zwar nicht behaupten können, daß in dieser Zeit das Grundmuster jahrhundertealter Diskriminierung der Juden beseitigt worden sei. Aber gerade in der Weimarer Zeit war sie geringer als in allen anderen Phasen deutscher Geschichte, und gerade die erste deutsche Republik bot – auch nach Einschätzung vieler jüdischer Deutscher – Hoffnung auf eine Lösung der »Judenfrage«. Erst vor dem Hintergrund dieser Situation wird die spätere Entwicklung in ihrem Charakter und ihrer Bedeutung sichtbar.

Die Bürokratie in der Phase der Machtergreifung

Träger antisemitischer Maßnahmen in der Phase der Machtergreifung waren in erster Linie die NSDAP und ihre Organisationen. Das rasche Eindringen der Nationalsozialisten in die Apparate der

Verwaltung auf den verschiedensten Ebenen – zunächst durch sogenannte Kommissare – ermöglichte es freilich, auch auf dem Weg über die Verwaltungen antisemitische Ziele durchzusetzen. Dies war seit März 1933 – in den preußischen Kommunen vor allem seit den Wahlen vom 12. März – der Fall, als Schlüsselpositionen von Nationalsozialisten und konservativen Mitläufern besetzt wurden. Nicht immer koordiniert, erfolgten in den ersten Wochen von einzelnen Behörden Maßnahmen gegen Juden, die sich gegen bestimmte Personengruppen, vor allem die Angehörigen bestimmter Berufe, richteten; sie trugen insgesamt aber noch mehr zufälligen Charakter. So etwa schloß die Stadt Berlin am 18. März jüdische Rechtsanwälte und Notare von Rechtsgeschäften mit der Stadt aus,[22] oder die Stadt Köln untersagte die Berücksichtigung von Juden bei der Vergabe von städtischen Aufträgen und verbot jüdischen Sportlern die Benutzung städtischer Spiel- und Sportstätten.[23]

Diese Maßnahmen kulminierten im Judenboykott vom 1. April 1933, der von der Partei ausging, aber die Unterstützung der neuen Staatsführung hatte. Wenngleich die eigentlichen Aktionen der Straße hauptsächlich von NSDAP und SA durchgeführt wurden, so wurden sie von seiten der Kommunen auf vielfältige Weise unterstützt und begleitet.[24] In Berlin-Neukölln wurden bereits seit dem 23. März 1933 »Fremdstämmige« aus der Verwaltung ausgeschlossen.[25] Eine solche Verfügung nahm Regelungen vorweg, die erst später auf dem Wege der Gesetzgebung allgemein durchgesetzt wurden.

Freilich gab es in den Verwaltungen auch durchaus gegenläufige Tendenzen: So wandte sich das württembergische Oberamt Mergentheim am 28. März 1933 gegen unautorisierte Maßnahmen von SA-Leuten gegen Juden, insbesondere gegen polizeiliche Maßnahmen, Durchsuchungen und vorläufige Festnahmen und drohte Sanktionen dagegen an.[26]

Hand in Hand mit dem Boykott ging eine erste Institutionalisierung des Antisemitismus einher. Im Zuge der großen Welle des Antisemitismus Ende März/Anfang April 1933 wurde am 7. April 1933 das so genannte »Berufsbeamtengesetz« (»Gesetz zur Wiederherstellung des Berufsbeamtentums«) erlassen.[27] Eine seiner wesentlichen Intentionen war die, Beamte »nichtarischer« Abstammung – zunächst mit Ausnahme von ehemaligen Frontkämpfern bzw.

deren Witwen, Eltern und Kindern – in den Ruhestand zu versetzen und Ehrenbeamte zu entlassen. In zahlreichen Durchführungsverordnungen wurde verfügt, daß diese Bestimmungen auch für die Angestellten und Arbeiter des öffentlichen Dienstes galten. Die Zahl der nach § 3 entlassenen »Nichtarier« war in den einzelnen Behörden sehr unterschiedlich.[28] Das Berufsbeamtengesetz war die erste große gesetzgeberische Maßnahme, die staatlich den Antisemitismus sanktionierte, die die Diskriminierung einer speziellen Personengruppe zuließ und die systematische Ausgrenzung der jüdischen Bevölkerung aufgrund des Kriteriums der Rasse für rechtens erklärte. Die Widerstände der damit befaßten Reichsressorts, vornehmlich des Innen- und des Finanzministeriums, richteten sich weniger gegen die grundsätzlichen Intentionen, als vielmehr die verwaltungsmäßigen und die finanziellen Konsequenzen dieses Gesetzes.[29]

Von den staatlichen Behörden wurde in diesem Zeitraum eine Fülle von Bestimmungen sehr unterschiedlicher Art erlassen, die tief in die Lebensbereiche der jüdischen Bevölkerung eingriffen. An ihnen waren zahlreiche Ministerien beteiligt.[30] Eine Maßnahme von beruflicher Tragweite war beispielsweise das Verbot der Zulassung von jüdischen Ärzten zu Krankenkassen, wie sie vom Reichsarbeitsministerium verfügt wurde.[31] Solche Maßnahmen betrafen auch bereits sogenannte »Judenmischlinge«.[32]

Auch nach der akuten Phase der Machteroberung im März/April 1933 wurden die schikanösen Maßnahmen gegen die jüdische Bevölkerung fortgesetzt. Sie erfolgten faktisch auf allen Ebenen, von seiten der Zentralinstanzen, der Mittelbehörden wie auch der kommunalen Ämter. So verbot der Berliner Oberbürgermeister im Mai 1933, städtische Gebäude, Einzelräume und Grundstücke an jüdische Einzelpersonen zu vermieten, und ordnete – wo geschehen – die Kündigung zum nächstmöglichen Zeitpunkt an.[33] Aus vielen Anzeichen ergibt sich, daß die lokalen Behörden in stärkerem Maße dem Druck der NSDAP und ihrer Funktionäre ausgesetzt waren als die zentrale oder die mittlere Verwaltungsebene.[34] Bisweilen waren fanatische Nationalsozialisten und Antisemiten in das Amt gekommen. So etwa in der rheinischen Stadt Königswinter, wo der kommissarische Bürgermeister den Antrag auf Schließung des jüdischen Friedhofs an sich selbst als kommissarischen

Landrat weiterleitete, um dieses Vorhaben dann aktiv gegenüber dem Kölner Regierungspräsidenten zu betreiben.[35]

Auf lokaler Ebene setzte die Partei vielfach ihre Ziele über die zunächst noch formell fortbestehenden kommunalen Vertretungskörper durch, die jetzt ausschließlich in der Hand der Nationalsozialisten waren.[36] Auch im Amt verbliebene nichtnationalsozialistische Amtsinhaber ließen sich auf der Welle antijüdischer Aktivitäten mittreiben und besaßen häufig nicht die Kraft und den Mut, sich entsprechenden Anforderungen entgegenzustellen; bisweilen führten sie sogar selbständig derartige Maßnahmen durch.[37] Andererseits gibt es durchaus Gegenbeispiele: So widersetzte sich der Trierer Oberbürgermeister Weitz mit Verweis auf die fehlenden gesetzlichen Grundlagen dem Ansinnen des Ortsgruppenleiters, Juden nach dem Beispiel anderer Städte den Besuch im Stadtbad zu verwehren. Weitz freilich wurde kurz darauf abgelöst.[38] Insgesamt ließen die Maßnahmen der Verwaltung in dieser Zeit vielfach eine klare Linie vermissen.

Um die Jahresmitte kamen generelle Regelungen zum Zuge, die den Aktionismus der lokalen Parteistellen zurückdrängen und die zum Teil sehr unterschiedlichen Einzelmaßnahmen beenden sollten. Sie trugen wenigstens teilweise volkswirtschaftlichen Erwägungen, vor allem aber außenpolitischen Überlegungen Rechnung. So etwa verfügte das Reichskabinett am 14. Juli 1933, daß über Vergabe öffentlicher Aufträge nur die entsprechenden amtlichen Organe nach den behördlichen Bestimmungen zu entscheiden hätten, Einwirkungen anderer Organisationen, insbesondere des Kampfbundes für den gewerblichen Mittelstand, untersagt seien.[39] Derartige Richtlinien ließen zwar noch beträchtlichen Raum für die wirtschaftliche Diskriminierung der jüdischen Betriebe, Geschäfte und Handwerker, boten aber eine gewisse Handhabe gegen die Einwirkungen von Parteistellen unmittelbar auf die Verwaltung. Im Oktober 1933 verfügte das Wirtschaftsministerium sogar die Aufhebung aller städtischen Verbote, in jüdischen Geschäften einzukaufen oder Inserate jüdischer Firmen aufzunehmen.[40] Zu diesem Zeitpunkt trat damit eine gewisse Abschwächung der in der ersten Jahreshälfte verfolgten »Judenpolitik« ein. Auch gegen die zuweilen brutalen Drohungen gegen Juden durch Schilder am Ortseingang (»Juden betreten den Ort auf eigene Gefahr« etc.) regten sich seitens der Gemeinden zunehmend Unmut und Proteste, motiviert teilweise wohl auch durch Probleme im Fremdenverkehr und begründet mit außenpolitischen Erwägungen.[41] Mit Berufung auf eine Weisung Hitlers vom 8. August 1935 verbot daher der badische Reichsstatthalter und Gauleiter Wagner Maßnahmen insbesondere gegen ausländische jüdische Besucher.[42] Spürbar und beklagt wurde gerade für kleinere Gemeinden auch der Verlust jüdischer Wirtschaftsbetriebe.[43] Nicht selten wurden aber auch wegen Kontakten zu Juden Sanktionen gegen Beamte, auch Oberbürgermeister und Bürgermeister, ergriffen, wobei nicht immer eindeutig war, inwiefern dieser Vorwurf Grund oder Vorwand für das Vorgehen gegen mißliebige Beamte war.[44]

In dieser Zeit war gerade in der Verwaltung eine deutliche Unsicherheit in der Frage der »Judenpolitik« spürbar. Zudem standen aus verschiedenen Gründen staatliche Behörden bis hin zur Gestapo im Frühjahr und Sommer 1935 in Gegensatz zu antisemitischen Übergriffen,[45] wenngleich mehr der Form und der wirtschafts- und außenpolitischen Folgen wegen als aus grundsätzlichen oder humanitären Erwägungen. Insgesamt erscheint bemerkenswert, wie rasch und vollständig die Verwaltung sowohl im staatlichen wie im kommunalen Bereich die Grundsätze der nationalsozialistischen »Judenpolitik« übernahm, wenngleich zunächst weiterhin die Partei mit ihren Organisationen die eigentlich vorantreibende Kraft war.

Die »Nürnberger Gesetze«

Die Entstehungsgeschichte der »Nürnberger Gesetze« läßt am deutlichsten erkennen, wie die Gewichte in der nationalsozialistischen »Judenpolitik« sich veränderten.[46] Mit der Ausschaltung des Parlaments war der Einfluß der Ministerialbürokratie im Prinzip gestiegen, wobei ihr freilich im Stellvertreter des Führers und der dort neu entstehenden Parteibürokratie ein wichtiger Konkurrent erwuchs. In der ersten Jahreshälfte 1935 herrschte in den Ministerien, vor allem im Innenministerium unter Frick und im Wirtschaftsministerium unter Schacht, eine gewisse Zurückhaltung. Das betraf auch eine Vorlage, die die Stellung der sogenannten

»Mischlinge« betraf. Die Motive dafür auf seiten Schachts waren mehr wirtschaftspolitischer, die der Bürokratie des Innenministeriums mehr rechtspolitischer und rechtstechnischer Art, nämlich den Kreis der Betroffenen und damit auch die gesetzgeberische Interpretation eines solchen Gesetzes nicht unübersehbar weit auszudehnen. Es ist nicht erkennbar, inwiefern dabei eine grundsätzliche Gegnerschaft gegenüber der nationalsozialistischen »Judenpolitik« insgesamt wirksam war.[47] Freilich muß dabei auch in Rechnung gestellt werden, daß innerhalb des nationalsozialistischen Systems Strategien gegen bestimmte Maßnahmen nur unter grundsätzlicher Bejahung der Systemziele mit Aussicht auf Erfolg entwickelt und durchgesetzt werden konnten.[48]

Diese gesetzgeberischen Überlegungen mündeten ein in die »Nürnberger Gesetze« vom September 1935, das »Reichsbürgergesetz« und das »Blutschutzgesetz«. Auch unter Berücksichtigung der Kritik Rürups an Adams Darstellung der Entstehungsgeschichte dieser Gesetze[49] wird man daran festhalten müssen, daß der entscheidende Anstoß dazu unmittelbar von Hitler und seiner engsten Umgebung ausging und er selbst für den raschen Erlaß des Gesetzes sorgte. Die Ministerialbürokratie erschien bei diesem Verfahren als reines Durchführungsorgan.

Die Gesetze bildeten nicht nur eine neue Stufe in der Diskriminierung der jüdischen Bevölkerung, sie hatten auch tiefreichende Auswirkungen auf die Verwaltungen selbst. Die neue Gesetzgebung schuf komplizierte Rechtssituationen, für die die Ministerien durch die weitere Durchführungsgesetzgebung, durch Erlasse, eine umfangreiche Kommentierung und zahllose Einzelfallentscheidungen möglichst eine einheitliche Verfahrenspraxis herzustellen suchten.[50]

Die Aufhebung des Reichsbürgerrechts für Juden hatte zur Folge, daß es künftig keine jüdischen Beamten mehr geben konnte. Die Bestimmungen des Berufsbeamtengesetzes für die »Frontkämpfer« wurden aufgehoben. Bereits ein nicht veröffentlichter Runderlaß des Innenministeriums vom 30. September 1935 verfügte, daß Beamte, die von drei oder vier jüdischen Großeltern abstammten, mit sofortiger Wirkung zu beurlauben seien.[51] Die Kasuistik der »Nürnberger Gesetze« mit der Unterscheidung in »Volljuden« und »Mischlinge I. und II. Grades« schuf eine Fülle von Abgrenzungsproblemen, wobei das Innenministerium dazu tendierte, den Kreis der Betroffenen möglichst klein zu halten und insbesondere die sogenannten »Mischlinge« oder in einer rassischen »Mischehe« Lebenden von den Regelungen für Volljuden weitgehend auszunehmen.[52] In der Folgezeit war der sogenannte Ariernachweis die entscheidende Schwelle für den Eintritt oder den Verbleib im öffentlichen Dienst. Teile der Verwaltung (Standesämter, Archive, Personalämter, Gesundheitsämter) waren mit der Beschaffung dieser Unterlagen weitgehend ausgelastet.

Die staatlich verfügte Diskriminierung der Juden als einer rassisch definierten Bevölkerungsgruppe durch die »Nürnberger Gesetze« hatte Auswirkungen auf Rechtsstellung und Lage der Juden auf den verschiedensten Gebieten, u. a. auch bezüglich des Gemeindebürgerrechts.[53] Aus dem Wunsch nach Ausgrenzung ergab sich dann auch die Namensgesetzgebung von 1938, die angesichts von Widerständen aus der Ministerialbürokratie schließlich auf die Vornamen beschränkt blieb,[54] deren Ausführung der kommunalen Ebene, vor allem den Einwohnermelde- und Standesämtern, oblag. Die Kasuistik der »Nürnberger Gesetze« hatte darüber hinaus zur Folge, daß an den verschiedensten Stellen mit der Anlegung von Judenkarteien begonnen wurde.[55]

Auf der Grundlage der »Nürnberger Gesetze« ergingen in der Folgezeit zahlreiche diskriminierende Maßnahmen der einzelnen Ministerien, die Juden unter rassischen Gesichtspunkten in eine Sonderrolle verwiesen, so beispielsweise bei der Steuergesetzgebung, im Hinblick auf den Schulbesuch und im Bereich des Arbeitsministeriums durch das Verbot zahlreicher Berufe für Juden. Andererseits freilich wurden die Juden gesetzlich zum Arbeitsdienst verpflichtet.[56] Schließlich setzte sich die Politik eines mehr individuellen, schikanösen Vorgehens teilweise im Zusammenwirken von Partei und Verwaltung, teilweise auch allein aus der Verwaltung heraus fort.[57]

Staatliche und kommunale Bürokratie waren darüber hinaus in andere Aspekte der nationalsozialistischen »Judenpolitik« eingeschaltet. Im Rahmen der von der offiziellen Politik forcierten Auswanderung hatten die Emigranten zahlreiche Bescheinigungen beizubringen, u. a. auch solche der Kommunen. Die unter dem Begriff der Reichsfluchtsteuer maskierte wirtschaftliche Ausplünderung der Juden lag in den Händen der Oberfinanzdirektionen und der

Finanzämter. Mehr als je war damit die jüdische Bevölkerung mit der Bürokratie konfrontiert.

Im Verlauf der Jahre 1937 und 1938 verschärfte sich zunehmend die Wirtschaftspolitik gegen die Juden mit der Tendenz, Juden immer stärker aus der Wirtschaft auszuschalten. Instrument dafür war unter anderem der Vierjahresplan mit der Konsequenz, daß jüdische Unternehmen bei der Zuteilung von Einfuhrkontingenten, von Material oder von Devisen diskriminiert wurden.

In dieser Phase fehlte es nicht völlig an antijüdischen Maßnahmen im lokalen und regionalen Bereich. Es ist indessen bei den staatlichen Zentralbehörden die wachsende Tendenz festzustellen, lokale Sondererscheinungen und Vorstöße zu unterbinden und die Entwicklung mit allgemeinen Weisungen zu steuern. Aus diesem Grund ergingen auch Verbote lokaler Sonderaktionen, die 1936 zudem der Absicht entsprangen, die Olympischen Spiele nicht zu stören. Andererseits aber beeilte sich das Innenministerium, bestimmte örtliche Praktiken, etwa das Verbot des Besuchs von Schwimmbädern, durch allgemeine Verfügungen zu sanktionieren.[58] Damit wurde das Ziel verfolgt, den mit dem Tempo und dem Ausmaß der antijüdischen Maßnahmen unzufriedenen lokalen Parteistellen in gewissem Umfang entgegenzukommen. Auch entsprechende Anweisungen der Parteizentrale lassen deren Bestreben erkennen, lokale Aktionen soweit wie möglich zu steuern.

Ein anderer Faktor bürokratischen Charakters erwies sich als immer einflußreicher im Bereich der Überwachung der jüdischen Bevölkerung und der Einflußnahme auf ihr Schicksal: Himmler als Reichsführer SS, der SD bzw. das 1939 gegründete Reichssicherheitshauptamt, das Gestapa in Berlin und die regionalen Gestapoleitstellen und Gestapostellen. Ihre Anweisungen polizeilichen Charakters griffen weit in einzelne Bereiche des jüdischen Lebens ein und wurden über die Landräte und Oberbürgermeister sowie die lokalen Polizeistellen umgesetzt.

Alle diese Maßnahmen folgten keinem festen vorgegebenen Plan, sie ergaben sich teils aus dem Miteinander von Staats- und Parteistellen, teilweise auch aus der Konkurrenz dieser Stellen untereinander. Neben dem »Judenreferenten« im Reichsministerium des Innern, der primär für Gesetzgebungsfragen zuständig war, gab es in der Medizinalabteilung desselben Ministeriums, im Propaganda-, im Wirtschafts-, im Justiz- und im Erziehungsministerium, im Auswärtigen Amt und im Reichssicherheitshauptamt sowie vor allem auch in der Partei-Kanzlei »Judenreferenten«, die teils miteinander, häufiger aber noch gegeneinander entsprechende Maßnahmen vorbereiteten. Insgesamt sind sie Teil eines Systems von Hitler und der Partei ausgelöster, aber von der Bürokratie umgesetzter und unterstützter Ausgrenzung der Juden mit dem Ziel, sie rechtlos zu machen, aus Deutschland zu vertreiben und sich ihres Vermögens zu bemächtigen. Bereits vor den Ausschreitungen des Jahres 1938 war ein Prozeß der systematischen Diskriminierung von Juden auf nahezu allen Ebenen und in fast allen Bereichen der Verwaltung zum Alltag geworden, der die jüdische Bevölkerung zu immer größerer Zurückhaltung gegenüber den Behörden veranlaßte.

Pogrom und Arisierung

Der Novemberpogrom ist eher eine Unterbrechung denn eine Fortsetzung dieser Politik. Er widersprach der Institutionalisierung und Bürokratisierung der antisemitischen Maßnahmen und stellte einen »Rückfall« in Methoden der direkten Aktion aus der Phase der Machtergreifung dar.[59] Lediglich durch die Mitwirkung der Gestapo bei der Durchführung war die Bürokratie aktiv am Pogrom beteiligt. Freilich fanden sich Schutzpolizei und Feuerwehr entgegen ihrem eigentlichen Auftrag als Hüter der Rechtsordnung und Schützer vor Feuersgefahren – wenngleich nicht selten unter innerem Widerstreben – bereit, den staatlich sanktionierten Vandalismus und Terror sowie die öffentliche Brandstiftung zu ermöglichen und abzuschirmen, oder sie wurden sogar zu Hilfsdiensten bei der Durchführung der Maßnahmen herangezogen. Nur von einigen wenigen ist bekannt, daß sie sich dem widersetzten und wegen der Erfüllung ihrer eigentlichen Dienstaufgaben sich anschließend dienstlichen Problemen oder gar einer Strafverfolgung ausgesetzt sahen.[60] Klingt bei unteren Instanzen in der Berichterstattung über die Ereignisse bisweilen noch Kritik an, so ist davon auf der Ebene der Regierungspräsidenten nichts mehr zu spüren.[61]

Unmittelbar nach Abschluß der Aktionen mündete die antijüdische Politik wieder in die bürokratische Handhabung ein. In Konkurrenz zu Goebbels und dem Parteiapparat schaltete sich nunmehr Göring stärker in die Entwicklung ein. Sowohl die weitere »Abwicklung« des Pogroms, etwa durch die Verordnung über die Wiederherstellung des Straßenbildes durch die Juden selbst, als auch die Anordnung der »Sühneleistung« in Höhe von 1 Mrd. RM erfolgten durch Göring als den Bevollmächtigten für den Vierjahresplan.[62] Begleitet wurde dies durch weitreichende Bestimmungen über die Ausschaltung der Juden aus dem Wirtschaftsleben. Die »Arisierung« der jüdischen Gewerbebetriebe wurde dabei im Dezember 1938 offiziell zu einer Aufgabe des Staates erklärt.[63] In die Abwicklung der Handelsbetriebe wurden die Industrie- und Handelskammern eingeschaltet, die durch Sachverständige die Bewertung vornahmen. Diese Aufgabe fiel bei den Grundstücksarisierungen den Preisbehörden der Gemeinden zu.

Im Bereich der sogenannten »Arisierung« von Grundstücken verfolgten Staat und Gemeinden eigene Interessen. Eine Ausgleichsabgabe sollte sicherstellen, daß der eigentliche Erlös dieser Transaktionen dem Staat zugute kam. Zudem interessierten sich staatliche und kommunale Behörden für einzelne Grundstücke und Gebäude, die Gemeinden vor allem im Rahmen ihrer Grundstückspolitik und der Stadtplanung, besonders bei den sogenannten Neugestaltungsstädten.[64] Kommunalen Interessen dienten häufig auch die Maßnahmen zur Auflassung jüdischer Friedhöfe.[65]

An der nunmehr totalen Ausgrenzung der Juden und der Auflösung ihres Eigentums waren nahezu alle staatlichen Behörden beteiligt: Das Wirtschaftsministerium verfügte weitere Berufsverbote, das Wissenschaftsministerium ordnete den ausschließlichen Schulbesuch von Juden in jüdischen Schulen an, das Innenministerium verschärfte in zahlreichen Sonderbestimmungen bereits bisher erlassene Einzelverbote. Auch andere Ministerien, so etwa Justiz- und Verkehrsministerium, betätigten sich auf diesem Gebiet.[66]

Von besonderer Tragweite waren die Beschränkungen der Bewegungsfreiheit der Juden. Bereits am 28. November 1938 bestätigte das Innenministerium die Verbote aus einzelnen Landesteilen, bestimmte Bezirke zu betreten oder sich zu bestimmten Zeiten in der Öffentlichkeit zu zeigen. Von noch weiterreichender Bedeutung war das Gesetz über die Mietverhältnisse mit Juden vom 30. April 1939, das die Vertreibung der Juden aus ihren bisherigen Wohnungen ermöglichte und sie auf Häuser jüdischer Besitzer verwies. Diese Aufgabe wurde den Gemeinden zugewiesen, die dabei mit der Partei zusammenzuarbeiten hatten.[67]

Noch in einem anderen Lebensbereich erfolgten tiefreichende Einschnitte: Die Arbeitsämter wurden aufgrund eines Geheimerlasses des Arbeitsministeriums vom 20. Dezember 1938 aufgefordert, für die Beschäftigung arbeitsloser Juden bei öffentlichen und privaten Unternehmungen zu sorgen, eine Vorstufe der im Oktober 1941 nach langen Auseinandersetzungen zwischen den beteiligten Stellen verfügten Zwangsarbeit.[68]

In dieser Phase waren die staatlichen und kommunalen Behörden in vielfältiger Weise in die Durchführung zentral angeordneter Maßnahmen eingebaut. Fülle und Intensität der zentralen Maßnahmen ließen für örtliche Sonderaktivitäten kaum noch Raum. Sie wurden – wie bereits früher – auch ausdrücklich von staatlicher Seite verboten.[69] Vor allem unmittelbar nach Kriegsausbruch ordnete die Gestapo ein Verbot von Ausschreitungen gegen Juden an und verfügte, daß alle durch Bürgermeister angeordneten Beschränkungen (Ausgehverbot, Beschlagnahme von Rundfunkgeräten usw.) wieder rückgängig zu machen seien.[70] Widerstände gegen antijüdische Maßnahmen waren in dieser Phase in der Verwaltung nicht mehr spürbar.

Zu diesem Zeitpunkt verstärkten sich auch die Tendenzen, Juden aus den allgemeinen Leistungen der Daseinsvorsorge auszugrenzen, was in der Folgezeit zunehmend systematischer betrieben wurde. Das Gesundheitswesen wurde aus der allgemeinen Gesundheitsversorgung ausgegliedert und jüdischen Ärzten und Institutionen überwiesen.[71] Auch das Schulwesen wurde weitgehend vom öffentlichen Schulwesen abgekoppelt. Dies bedeutete einmal die fast totale Segregation der jüdischen Bevölkerung, zum anderen aber, daß Verwaltung nicht mehr auf die Gesamtheit der innerhalb ihres Gebiets lebenden Bevölkerung bezogen war, sondern nur noch auf diejenigen, die der »Volksgemeinschaft« angehörten.

Auch in dieser Phase gingen die eigentlichen Anstöße von politischer Seite aus. Stärker als zuvor wurde nunmehr die Verwaltung – sowohl auf der Ebene der Ministerialbürokratie wie auf der der lokalen Behörden – in die immer dichter werdende »Judenpolitik« einbezogen. Staatliche und kommunale Dienstleistungen und die technische Durchführung waren wesentliche Voraussetzungen für die Verwirklichung der politischen Maßnahmen. Immer stärker rückte dabei die Gestapo als Träger der Judenverfolgung in den Vordergrund. Landräte und Bürgermeister wurden mehr und mehr zu Durchlaufstellen und Handlungsgehilfen für Anordnungen der Gestapo. Umgekehrt wurden die Verwaltungen eingebunden in das System der Berichterstattung auch über jüdische Angelegenheiten. Die Berichte lassen im allgemeinen keine grundsätzliche Kritik erkennen und sind im Ton allgemeiner geschäftsmäßiger Anpassung oder deutlicher Zustimmung zu Maßnahmen und Intentionen des Systems geschrieben.

Die Bürokratie und der Beginn der »Endlösung«

Mit Kriegsbeginn setzten sich die Maßnahmen der Ausgrenzung und wirtschaftlichen Ausplünderung fort. Sie erfuhren nunmehr eine Ergänzung und Verschärfung durch Maßnahmen, die mit Kriegsbedingungen begründet wurden, so etwa die Ausgangssperre nach 8 Uhr abends damit, daß Juden die Verdunkelung benutzt hätten, um »arischen« Frauen nachzustellen. Die Durchführung dieser und zahlreicher weiterer Maßnahmen fiel den örtlichen Behörden zu. Zugleich verschärften sich die Maßnahmen gegen jüdisches Vermögen: Nach einem Erlaß vom 24. Oktober 1939 konnten bei Einleitung der Aberkennung der Staatsangehörigkeit gegen im Ausland befindliche Reichsangehörige die Vermögenswerte für beschlagnahmt und nach Aberkennung für verfallen erklärt werden.[72] Die lange Zeit in den Ministerien vorbereitete 11. Verordnung zum »Reichsbürgergesetz« vom 25. November 1941 erkannte allen im Ausland lebenden Juden das Staatsbürgerrecht und damit zugleich auch das Vermögen ab.[73] Auf die weitergehende Absicht, auch den im Inland lebenden deutschen Juden die Staatsangehörigkeit zu nehmen, wurde schließlich verzichtet.

Auf der lokalen Ebene ergaben sich weitere Veränderungen dadurch, daß die kommunale Verwaltung – zumeist auf zentrale Anweisung – dem jüdischen Bevölkerungsteil zunehmend Verwaltungsleistungen vorenthielt. Nicht nur wurden Juden im Rahmen der Bewirtschaftung nur stark reduzierte Zuteilungen an Lebensmitteln, Heizmaterial und Kleidung zuteil, die Verteilung erfolgte zunehmend auch über die Organe der Zwangsvereinigung der Juden selbst, über die Reichsvereinigung der Juden in Deutschland.[74] Das hieß beispielsweise, daß Juden ab Herbst 1942 keine Fleischwaren, Eier, Weizenerzeugnisse, Milch und andere Produkte mehr erhielten.

Zudem wurde auf lokaler Ebene laufend die Wohnsituation der Juden erschwert. So verbot der Oberpräsident der Rheinprovinz die Übersiedlung von Juden aus kleineren Städten in die Großstädte, da das deren Überwachung erschwere.[75] In Köln wie anderwärts wurden Juden gezwungen, ihre Wohnungen in »arischen« Häusern und in den Vororten zu räumen.[76] In württembergischen Orten wurden von zuziehenden Juden im Herbst 1941 »Kopfsteuern« erhoben als – wie es hieß – »Schadloshaltung der Gemeinde von der Judenzuwanderung«.[77]

Auch in dieser Zeit gab es lokale Initiativen, die zeigten, daß antijüdische Maßnahmen aus eigenem Antrieb auf lokaler Ebene in Gang gesetzt wurden: So ordnete beispielsweise der Oberbürgermeister von Hannover an, daß Juden die städtische Markthalle nur in der Zeit von 16–17 Uhr betreten durften.[78]

Eine neue Situation entstand mit der Wende in der »Judenpolitik« von der Auswanderung zur »Endlösung«.[79] Sie verlagerte die Entscheidung stärker als zuvor in den Kreis um Hitler, Himmler und das Reichssicherheitshauptamt einschließlich der Gestapo sowie die Partei-Kanzlei. Der eigentliche Teil der Durchführung dieser Maßnahmen durch die Gestapoapparatur muß hier ausgeklammert bleiben. Freilich waren auch die übrigen staatlichen und kommunalen Dienststellen für die Umsetzung des Völkermordes erforderlich. Dabei wandten sich die Gestapobehörden unmittelbar an die staatlichen und kommunalen Behörden, so u. a. auch an Landräte und Bürgermeister. Dies begann bei der Unterbringung der für die Deportation bestimmten Personen am Wohnort und reichte bis zur Verbringung an den eigentlichen Deportationsort, wo wiederum größere Auffangstellen bereitgestellt werden mußten. So beispielsweise wurde im Rheinland das Auffanglager Much eingerichtet, wobei Landrat und Bürgermeister auf Weisung der Gestapo die technische Durchführung zu besorgen hatten.[80] Bei der Deportation wurden die restlichen Vermögenswerte erfaßt und durch die Finanzverwaltung sorgfältig registriert.[81] Die verlassenen Wohnungen wurden neu belegt oder für andere freigemacht, wobei wiederum das lokale Wohnungsamt eingeschaltet war. Auch die Versorgung der deportierten Personen mußte sichergestellt bzw. die durch die Deportation bewirkte Veränderung registriert werden. Die Beförderung der Deportierten übernahm schließlich die Reichsbahn.[82] Über Möbel und teilweise die Kleidung der deportierten Juden wurde auf lokaler Ebene verfügt: sie sollten Bombengeschädigten zugute kommen.[83] Gerade bei der Verwertung des jüdischen Vermögens kam es zu einer intensiven Zusammenarbeit zwischen den Behörden.[84] Bei der Versteigerung des Besitzes von im Ausland befindlichen Juden waren die Zollämter beteiligt. Auch dabei kam es zu einem intensiven Zusammenspiel unterschiedlicher Behörden. Lediglich der eigentliche Vorgang der bürokratisch organisierten Vernichtung blieb der Gestapo und der SS vorbehalten.

Fazit

Im Jahre 1944 schien das Thema »Juden« für die Verwaltungswissenschaft »gelöst« zu sein: Die Frage, die mehr als ein Jahrzehnt Gegenstand zahlloser Gesetze, Verordnungen und Erlasse gewesen war, erscheint nicht einmal mehr als Stichwort in einem neu konzipierten Handbuch des Verwaltungsrechts.[85]

Es kann nach dem bisher Bekanntgewordenen kein Zweifel sein, daß die Verwaltung auf vielfältige und bisweilen auch sehr intensive Weise an der Judenverfolgung beteiligt war. Diskutierbar ist allenfalls die Frage, welches die Intentionen der Verwaltung dabei waren und wie stark ihr Anteil daran war. Gegenüber Jäckels Ansatz wird aus der Analyse des Anteils der Bürokratie deutlich, daß die Durchsetzung der Judenverfolgung des Konsenses oder zumindest der Mitarbeit breiter Teile der Gesellschaft bedurfte. Andererseits wird man gegenüber Pätzold, aber auch gegenüber Hilberg betonen müssen, daß die eigentliche Dynamik dieses Prozesses von Männern wie Hitler, Goebbels, Himmler sowie von der Partei und der SS ausging.

Sosehr das Problem »Bürokratie und Judenverfolgung« die Frage nach dem Verhalten des einzelnen Beamten aufwirft, es ist in erster

Linie kein moralisches und auch keines des Verhaltens des einzelnen Beamten. Was in der jeweiligen Situation die Motive des handelnden oder unterlassenden Beamten bestimmt hat, ist im Einzelfall schwer auszumachen: Antisemitismus, fehlgeleitetes Pflichtbewußtsein, Anpassung, Karrierestreben, Furcht, alle diese Motive sind erkennbar. Ebenso deutlich aber ist, daß viele Beamte diese Politik ablehnten, daß sie die ihnen aufgetragenen Aufgaben ohne persönliche Schärfen oder bisweilen sogar mit einer gewissen Großzügigkeit erledigten, daß sie im Einzelfall auch zu helfen suchten.[86] So sehr dies einzelnen Betroffenen sachlich und seelisch geholfen haben mag, an der Entwicklung der Judenverfolgung – sieht man ab von der Gruppe der sogenannten »Mischlinge« – hat dies kaum etwas geändert.

Ein exemplarischer Fall für dieses Problem ist die Person des »Rassereferenten« im Innenministerum, Dr. Bernhard Lösener, der als nationalsozialistischer Beamter aus der Zeit von vor 1933 im Innenministerium zum »Rassereferenten« aufstieg, sich dort vor allem zugunsten der sogenannten »Judenmischlinge« und der in »Mischehe« Lebenden einsetzte, aus Protest gegen die ihm bekannt werdenden Greuel der »Endlösung« ausschied und schließlich wegen Hilfeleistung für Beteiligte des 20. Juli 1944 gefangengenommen wurde und mit der Hinrichtung zu rechnen hatte.[87] Für ihn wie für andere Beamte, die subjektiv mit den antijüdischen Maßnahmen nicht übereinstimmten oder sie wenigstens teilweise ablehnten und bisweilen durch juristische und bürokratische Bedenken entgegenzuwirken suchten, aber gilt, daß sie objektiv am Prozeß der Judenverfolgung mitgewirkt haben.

Einen prinzipiellen Widerstand gegen diese Politik gab es insgesamt auf seiten der herkömmlichen Verwaltung nicht, allenfalls Versuche, die Prozeduren an bestimmte Regeln zu binden und die Auswirkungen der Maßnahmen damit zu begrenzen, oder aber auch Bemühungen, die Verfahren möglichst überschaubar zu halten. Der spezielle Beitrag der Verwaltung bei der Judenverfolgung besteht darin, daß sie mit bürokratischen Methoden für deren möglichst reibungsloses Funktionieren sorgte. Das konnte punktuell eine Abschwächung der von der Partei gewünschten Maßnahmen bedeuten; in der Konsequenz hat es den Verfolgungsprozeß immer weiter vorangetrieben. Insofern bildeten auch die Maßnahmen gegen individuelle Übergriffe von unteren Parteistellen letztlich keine Behinderung für den Fortgang der Judenverfolgung.

Die Mitwirkung der Verwaltung war in den einzelnen Phasen der nationalsozialistischen »Judenpolitik« sehr unterschiedlich. Während der Machtergreifung war die Verwaltung in doppelter Weise an der Diskriminierung beteiligt: über die von den Nationalsozialisten neu eroberten Positionen des Staates mit gesetzgeberischen Maßnahmen und staatlichen Verfügungen, über die Eroberung der lokalen Ämter mit Eingriffen von kommunaler Seite. In der Folgezeit versuchte die staatliche Seite mit einer antijüdischen Gesetzgebung und allgemeinen Erlassen – freilich vergeblich – die Fäden wieder in die Hand zu bekommen.

Mit dem Verlauf der weiteren Entwicklung, vor allem seit Kriegsbeginn, verlagerte sich die Judenverfolgung auf eine neuartige Apparatur, die sich weitgehend von den Bindungen des überkommenen Verwaltungssystems freizumachen verstand, den Machtapparat Himmlers in Form des Reichssicherheitshauptamtes und der Gestapo. Daneben war der Apparat der Partei mit Stellvertreter des Führers/Partei-Kanzlei und den zahlreichen mitbeteiligten Hauptämtern Mitträger der Entwicklung geworden.

Die hier vorgenommene Differenzierung zwischen einer Verwaltung im engeren Sinne und den übrigen Apparaturen, einschließlich Justiz, SS, Gestapo und Parteibehörden, hatte freilich für die Betroffenen selbst allenfalls theoretischen Charakter: Sie sahen sich einem Gesamtapparat gegenüber, der sie in ihrer Existenz und in allen ihren Lebensäußerungen bedrohte.

Aus diesen Sachverhalten ergibt sich auch die Beantwortung der eingangs gestellten Fragen: Durchgängig waren wesentliche Teile der Verwaltung über die Judenverfolgung informiert, wenngleich diese »Judenpolitik« nach Ressorts und Bereichen sehr stark segmentiert war und es immer schwieriger wurde, den vollen Überblick über die staatlich verordneten oder auch geduldeten Maßnahmen zu behalten. In den Vollzug dieser Maßnahmen waren die Verwaltungen der verschiedenen Ebenen eingeschaltet und wirkten dabei mit, wenngleich in jeweils begrenzten Sektoren. Es hat in bestimmten Zeiten, vor allem in der Anfangsphase, und hier vor allem auf der Ebene der Kommunen, sowie später auch im Bereich des Wirtschaftsministeriums eine aktive Mitgestaltung an der

»Judenpolitik« gegeben. Die eigentliche Dynamik dieses Prozesses wurde aber von den politischen Machtzentren aus gesteuert. Gleichwohl blieb der Beitrag der Verwaltung unverzichtbar für die Durchführung der »Judenpolitik« bis hin zum Holocaust.

Eine entscheidende Auswirkung dieses Prozesses auf die Verwaltung selbst kann nicht übersehen werden: Die zentrale Bedeutung, die der Judenverfolgung in der Politik zukam, und der hohe Stellenwert, den Hitler selbst dem Thema beimaß, hatten zur Folge, daß ein Wettbewerb um die Führungsrolle auf diesem Gebiet entstand und daß die »dynamischeren«, d. h. die skrupelloseren und machthungrigeren Kräfte sich dabei durchsetzten. Der Machtgewinn Himmlers, der SS und der Gestapo wie auch der Parteiapparatur ist unter anderem auch auf die radikalere »Judenpolitik« und die kompromißlosere Durchführung nationalsozialistischer Forderungen zurückzuführen. Gerade das Gebiet der »Judenpolitik« läßt mit besonderer Schärfe die Herausbildung polykratischer Strukuren erkennen. Damit aber wurden entscheidende Elemente des bisherigen Verwaltungssystems zugunsten von besonderen Behörden für spezielle Aufgaben zersetzt und wurde das bisherige Verwaltungssystem entscheidend geschwächt. Insgesamt zeigt dieses Gebiet somit auch, welchen Funktionsverlust die herkömmliche Bürokratie von der zentralen bis zur lokalen Ebene im nationalsozialistischen Herrschaftssystem erlitten hat.

Die Konkurrenz unter den Behörden und Organisationen schuf aber keine zusätzlichen Freiräume für die Juden, sondern führte zu einer permanenten Verschärfung der Maßnahmen gegen die jüdische Bevölkerung. Diese kumulative Dynamik eines gegen einen fiktiven Feind gerichteten Bewegungssystems, nicht die Durchführung eines von Anfang an feststehenden Konzepts, hat die permanente Zuspitzung in der antijüdischen Politik bewirkt.[88] Damit wird – bei aller Betonung des grundlegenden Antisemitismus von Hitler und seiner Partei – der Verlauf der Judenverfolgung mehr auf Bedingungen des nationalsozialistischen Systems als auf bereits vorher im Detail festliegende Zielsetzungen zurückgeführt. Der fundamentale, in eschatologische Dimensionen überhöhte Gegensatz, den die Nationalsozialisten zum Judentum aufgebaut hatten, rechtfertigte, ja erforderte in diesem Denk- und Reaktionsmuster sogar die extremsten Maßnahmen gegen einen derart begriffenen absoluten »Feind«. Zu dessen »Bekämpfung« wurden alle staatlichen Machtmittel eingesetzt. »Verwaltung« war hier nur noch als technische Durchführungsapparatur gefordert, nicht aber mehr begriffen als eine von eigenem Ethos erfüllte, auf die Durchsetzung sachrationaler Zwecke und Ziele und auf die Verwirklichung des Gemeinwohls orientierte Teilstruktur des Staates. Damit spiegelt sich gerade im Verhalten der Verwaltung zur Judenverfolgung zugleich auch die Zerstörung der Verwaltung im nationalsozialistischen Herrschaftssystem wider, nicht nur bezüglich ihrer moralischen Substanz, sondern letztlich auch hinsichtlich ihres Stellenwertes in der Herrschaftsapparatur des Dritten Reiches.

Das Gesamturteil kann nur lauten, daß auch die Verwaltung unleugbar ihren Anteil an der Judenverfolgung gehabt hat. Ihr Ethos von »Dienst« und »Pflicht« ist nicht nur mißbraucht, sondern pervertiert in den Dienst der Inhumanität gestellt worden. Wie zahlreiche andere Elemente gesellschaftlicher Kultur hat sie sich dem Nationalsozialismus gegenüber im Kern als hilflos und unwirksam erwiesen. Die Entwicklung während des Dritten Reiches veranschaulicht auf erschreckende Weise, daß Bürokratie und Terror in der Wirklichkeit des nationalsozialistischen Systems zwar widersprüchliche, aber keineswegs einander ausschließende Elemente waren. Dies gilt auch und vor allem für die Judenverfolgung. Letztlich erhielt sie durch die terroristischen Elemente zwar den Schrecken, durch die bürokratischen aber die Effizienz.

Anmerkungen

1 Diese Fragestellung ist von Werner Jochmann unter den verschiedensten Aspekten aufgegriffen worden, so unter anderem: Gesellschaftskrise und Judenfeindschaft in Deutschland 1870–1945, 2. Aufl. Hamburg 1991.

2 Hilberg, Raul, Die Vernichtung der europäischen Juden. Die Gesamtgeschichte des Holocaust, Berlin 1982, S. 28.

3 Adam, Uwe Dietrich, Judenpolitik im Dritten Reich, Düsseldorf 1972, S. 355 ff.

4 Bracher, Karl Dietrich, Grundlagen des nationalsozialistischen Herrschaftssystems, in: Deutsche Verwaltungsgeschichte, Bd. 4, Stuttgart 1985, bes. S. 655 ff. Grundsätzlich dazu auch die Studie von Rebentisch, Dieter, Führerstaat und Verwaltung im Zweiten Weltkrieg. Verfassungsentwicklung und Verwaltungspolitik 1939–1945, Stuttgart 1989; außerdem ders./Teppe, Karl (Hrsg.), Verwaltung contra Menschenführung im Staat Hitlers, Göttin-

gen 1986, S. 23 ff.; Laux, Eberhard, Führung und Verwaltung in der Rechtslehre des Nationalsozialismus, ebd., S. 33–64. Vgl. auch Matzerath, Horst, Nationalsozialismus und kommunale Selbstverwaltung, Stuttgart u. a. 1970, bes. S. 237 ff.

5 Adler, H. G., Der verwaltete Mensch. Studien zur Deportation der Juden aus Deutschland, Tübingen 1974. – Mit ähnlichen Intentionen (beschränkt auf Auswärtiges Amt, Justiz und Wehrmacht) bereits Poliakov, Leon/Wulf, Josef, Das Dritte Reich und seine Diener. Dokumente, 2. Aufl. Berlin-Grunewald 1956.

6 Jäckel, Eberhard, Hitlers Weltanschauung. Entwurf einer Herrschaft, 3. Aufl. Stuttgart 1981, S. 55 ff.; ders., Hitlers Herrschaft. Vollzug einer Weltanschauung, Stuttgart 1986, S. 89 ff.

7 Pätzold, Kurt, Faschismus, Rassenwahn, Judenverfolgung. Eine Studie zur politischen Strategie und Taktik des faschistischen deutschen Imperialismus (1933–1935), Berlin 1975, bes. S. 265 ff.

8 Broszat, Martin, Der Staat Hitlers, München 1969, S. 301 ff.

9 Mommsen, Hans, Beamtentum im Dritten Reich, Stuttgart 1966, S. 106 ff. u. 223 ff.; Matzerath, Kommunale Selbstverwaltung (wie Anm. 4), bes. S. 237 ff.

10 Zum Antisemitismus in der Studentenschaft vor allem: Jarausch, Konrad H., Deutsche Studenten 1800–1970, Frankfurt a. M. 1984, S. 152 ff.; Bleuel, Hans Peter/Klinnert, Ernst, Deutsche Studenten auf dem Weg ins Dritte Reich. Ideologie, Programme, Aktionen 1918–1935, Gütersloh 1967, bes. S. 130 ff.; Kater, Michael H., Studentenschaft und Rechtsradikalismus in Deutschland 1918–1933, Hamburg 1975, S. 145 ff.; Faust, Anselm, Der Nationalsozialistische Deutsche Studentenbund. Studenten und Nationalsozialismus in der Weimarer Republik, 2 Bde., Düsseldorf 1973; Kreutzberger, Wolfgang, Studenten und Politik 1918–1933. Der Fall Freiburg im Breisgau, Göttingen 1972, bes. S. 91 ff. – Zur Tradition des Antisemitismus in der Studentenschaft: Kampe, Norbert, Studenten und »Judenfrage« im Deutschen Kaiserreich, Göttingen 1988.

11 Vgl. dazu die Untersuchungen von Lowenthal, E. G., Die Juden im öffentlichen Leben, in: Mosse, Werner E./Paucker, Arnold (Hrsg.), Entscheidungsjahr 1932. Zur Judenfrage in der Endphase der Weimarer Republik, 2. Aufl. Tübingen 1966, S. 51–85.

12 Zur besonderen Rolle Berlins: Lowenthal, Juden im öffentl. Leben (wie Anm. 11), S. 53 f.

13 Statistik des Dt. Reichs, Bd. 451, H. 5, S. 22 ff., 91 ff. Die Volkszählung 1933 enthält für dieses Thema mehrere Probleme: Wie die früheren Zählungen ist sie bezüglich des öffentlichen Dienstes nicht hinreichend differenziert aufgegliedert und enthält nur die sogenannten »Glaubensjuden«; zudem läßt gerade die Zählung von 1933 bereits Auswirkungen des Berufsbeamtengesetzes erkennen. Für 1925: Silbergleit, Heinrich, Die Bevölkerungs- und Berufsverhältnisse der Juden im Deutschen Reich, 1. (Preußen), Berlin 1930, S. 90*; Lestschinksky, Jakob, Das wirtschaftliche Schicksal des deutschen Judentums: Aufstieg, Wandlung, Krise, Ausblick, Berlin 1932, S. 106 ff.; Gross, Walter, Das politische Schicksal der deutschen Juden in der Weimarer Republik, in: In zwei Welten. Siegfried Moses zum 75. Geburtstag, hrsg. v. Hans Tramer, Tel Aviv 1962, S. 547 ff. Vgl. auch Barkai, Avraham, Die Juden als sozioökonomische Minderheitsgruppe in der Weimarer Republik, in: Grab,

Walter/Schoeps, Julius H. (Hrsg.), Juden in der Weimarer Republik, Stuttgart/Bonn 1986, bes. S. 337, sowie Bennathan, Esra, Die demographische und wirtschaftliche Struktur der Juden, in: Mosse/Paucker (Hrsg.), Entscheidungsjahr 1932 (wie Anm. 11), S. 104 ff.

14 So u. a. Rürup, Reinhard, Das Ende der Emanzipation: Die antijüdische Politik von der »Machtergreifung« bis zum Zweiten Weltkrieg, in: Paucker, Arnold (Hrsg.), Die Juden im nationalsozialistischen Deutschland, Tübingen 1986, S. 100 ff.

15 Paucker, Arnold, Der jüdische Abwehrkampf, in: Mosse/Paucker (Hrsg.), Entscheidungsjahr 1932 (wie Anm. 11), S. 458 ff.; freilich auch mit den Grenzen: ebd., S. 478 ff.

16 Paucker, Der jüdische Abwehrkampf (wie Anm. 15), S. 442 u. 459 f.

17 Jüdisches Schicksal in Köln 1918–1945. Katalog, Köln 1988, S. 50, vgl. auch S. 29 f.

18 In Köln waren auf der Ebene der höheren städtischen Beamten die Stadtdirektoren Albert Kramer (Innere Verwaltung) und Hertha Kraus (Wohlfahrtsamt) Juden. Bei den Stadtverordneten war der prominenteste der liberale Stadtverordnete Bernhard Falk, zugleich Mitglied des Preußischen Landtags. Dazu und zu anderen Städten: Lowenthal, Juden im öffentl. Leben (wie Anm. 11), S. 57.

19 Im Kulturleben Kölns spielten Juden besonders in der Musik eine große Rolle: Otto Klemperer und Eugen Szenkar waren nacheinander Generalmusikdirektoren der Stadt. Viele der an die neugegründete städtische Universität berufenen Professoren waren jüdischer Herkunft, unter ihnen neben dem Rechtswissenschaftler Hans Kelsen auch Fritz Stier-Somlo als Rektor und der als Rektor vorgesehene Mediziner Gustav Aschaffenburg, der 1932 wegen der sich verschärfenden antijüdischen Agitation von seiner Kandidatur Abstand nahm. Vgl. dazu auch Greive, Hermann, Juden im öffentlichen Leben, in: Köln und das rheinische Judentum. Festschrift Germania Judaica 1959–1984, hrsg. v. Jutta Bohnke-Kollwitz, Köln 1984, S. 207 ff.; Golczewski, Frank, Jüdische Hochschullehrer an der neuen Universität Köln vor dem Zweiten Weltkrieg, ebd., S. 363–396.

20 Bering, Dietz, Kampf um Namen. Bernhard Weiß gegen Joseph Goebbels, Stuttgart 1991.

21 Runge, Wolfgang, Politik und Beamtentum im Parteienstaat. Die Demokratisierung der politischen Beamten in Preußen zwischen 1918 und 1933, Stuttgart 1965, S. 237 ff. Vgl. auch Lowenthal, Juden im öffentl. Leben (wie Anm. 11), S. 54 f.

22 Walk, Joseph (Hrsg.), Das Sonderrecht für die Juden im NS-Staat. Eine Sammlung der gesetzlichen Maßnahmen und Richtlinien – Inhalt und Bedeutung, Heidelberg/Karlsruhe 1981, S. 5 (Nr. I/10).

23 Widerstand und Verfolgung in Köln 1933–1945. Katalog, Köln 1974, S. 150 f.

24 Vgl. etwa die Anweisungen des Bezirksamts Ettlingen: Dokumente über die Verfolgung der jüdischen Bürger in Baden-Württemberg durch das nationalsozialistische Regime 1933–1945, bearb. v. Paul Sauer, Teil I, Stuttgart 1966, S. 9. – Zur Organisation insgesamt: Genschel, Helmut, Die Verdrängung der Juden aus der Wirtschaft im Dritten Reich, Göttingen u. a. 1966, S. 44 ff.

25 Kolland, Dorothea (Hrsg.), Zehn Brüder waren wir gewesen ... Spuren jüdischen Lebens in Berlin-Neukölln, Berlin 1988, S. 247. – Vgl. auch entsprechende Vorgänge in Köln: Jüdisches Schicksal (wie Anm. 17), S. 160.

26 Walk, Sonderrecht (wie Anm. 22), S. 160.
27 Vgl. dazu vor allem Mommsen, Beamtentum (wie Anm. 9), S. 39 ff.
28 Ebd., S. 53 ff. – Zu Köln: Hilpert, Wolfgang, Der Nationalsozialismus und sein Einfluß auf das gesellschaftliche Gefüge Kölns in den Vorkriegsjahren des Dritten Reiches, (unveröff.) Staatsexamensarbeit Köln 1987, S. 51: zwischen April 1933 und März 1935 nach dem Berufsbeamtengesetz insgesamt 587 Entlassungen, davon 42 (7,2 %) nach § 3 BBG.
29 Mommsen, Beamtentum (wie Anm. 9), S. 53.
30 Moser, Jonny, Die Entrechtung der Juden im Dritten Reich. Diskriminierung und Terror durch Gesetze, Verordnungen, Erlasse, in: Pehle, Walter H. (Hrsg.), Der Judenpogrom 1938, Frankfurt a. M. 1988, S. 118–131. – Vgl. dazu auch die Sammlungen: Blau, Bruno, Das Ausnahmerecht für die Juden in Deutschland 1933–1945, 3. Aufl. Düsseldorf 1965; Hoffmann, Bruno, Die Ausnahmegesetzgebung gegen die Juden von 1933–1945 unter besonderer Berücksichtigung der Synagogengemeinde Köln, Diss. Köln 1962; bes. Walk, Sonderrecht (wie Anm. 22). Speziell für 1933 und das Rheinland: Kurt Düwell, Die Rheingebiete in der Judenpolitik des Nationalsozialismus vor 1942. Beitrag zu einer vergleichenden zeitgeschichtlichen Landeskunde, Bonn 1967, S. 276 ff.; ferner: Gruner, Wolf, Judenverfolgung in Berlin 1933–1945. Eine Chronologie der Behördenmaßnahmen in der Reichshauptstadt, Berlin 1996; Hofmann, Klaus, Die Verdrängung der Juden aus öffentlichem Dienst und selbständigen Berufen in Regensburg 1933–1939, Frankfurt a. M. 1993.
31 Verordnung v. 17. 5.1934 (§ 24), RGBl. I, S. 399.
32 In Augsburg richteten sich politische Maßnahmen gegen sogenannte »Halbjuden«; jedoch wurden Lösungen außerhalb des § 3 BBG gesucht: Hetzer, Gerhard, Die Industriestadt Augsburg, in: Bayern in der NS-Zeit, Bd. 3, München 1981, S. 85.
33 Walk, Sonderrecht (wie Anm. 22), S. 20 (Nr. I/89).
34 Vgl. auch Genschel, Verdrängung (wie Anm. 24), S. 72.
35 van Rey, Manfred, Königswinter in Geschichte und Gegenwart, Bonn 1985, S. 97 ff.
36 Beispielsweise in Baden: Dokumente (wie Anm. 24), I, S. 68 ff. Vgl. auch Buchloh, Ingrid, Die nationalsozialistische Machtergreifung in Duisburg, Duisburg 1980, S. 108 u. 131.
37 Versagung eines Standes bei einer städtischen Marktveranstaltung: Hanko, Helmut M., Kommunalpolitik in München 1933–1935, in: Bayern in der NS-Zeit, Bd. 3, München 1981, S. 399 f.
38 Juden in Trier, Katalog, Trier 1988, S. 110 ff. – Zu Weitz und den Hintergründen seiner Entlassung vgl. auch Bollmus, Reinhard, Trier und der Nationalsozialismus (1925–1945), in: Düwell, Kurt/Irsigler, Franz (Hrsg.), Trier in der Neuzeit, Trier 1988, S. 523 ff. – Vgl. auch Matzerath, Selbstverwaltung (wie Anm. 4), S. 305 (Anm. 386).
39 Walk, Sonderrecht (wie Anm. 22), S. 37 (Nr. I/173); MBliV, S. 983; Akten der Reichskanzlei. Die Regierung Hitler, Teil I, bearb. v. Karl-Heinz Minuth, Boppard am Rhein 1983, S. 676 ff.
40 Walk, Sonderrecht (wie Anm. 22), S. 58 (Nr. I/280).
41 Beispielsweise Dokumente (wie Anm. 24), I, S. 52 ff.; Matzerath, Selbstverwaltung (wie Anm. 4), S. 306.

42 Rundschreiben Wagners vom 15. 8. 1935, verbreitet als geheimer Erlaß des Badischen Ministers des Innern vom 28. 8. 1935: Dokumente (wie Anm. 24), I, S. 66 f.

43 Ebd., S. 172 ff.

44 Beispielsweise Dokumente (wie Anm. 24), I, S. 152 ff.

45 Angress, Werner T., Die »Judenfrage« im Spiegel amtlicher Berichte 1935, in: Büttner, Ursula (Hrsg.), Das Unrechtsregime, Bd. 2, Hamburg 1986, S. 21 u. 36 f.

46 Vor allem Adam, Judenpolitik (wie Anm. 3), bes. S. 125 ff. – Vgl. dazu auch Gruchmann, Lothar, »Blutschutzgesetz« und Justiz. Zu Entstehung und Auswirkung des Nürnberger Gesetzes vom 15. September 1935, in: Vierteljahrshefte für Zeitgeschichte 31 (1983), S. 418–434.

47 Adam, Judenpolitik (wie Anm. 3), S. 125 kennzeichnet dies als »latenten Widerstand der Bürokratie«.

48 Adam, ebd., S. 186 spricht in diesem Zusammenhang von der »Technik, eine reservatio mentalis in die Form verbalen Einverständnisses zu verkleiden, dann aber auf dem Wege des Umkehrschlusses doch anzuführen«.

49 Dazu die Kontroverse zwischen Rürup, Ende (wie Anm. 14), S. 111 ff., und Adam, Judenpolitik (wie Anm. 3), S. 125 ff.

50 Vgl. Walk, Sonderrecht (wie Anm. 22), S. 131 ff. Vgl. dazu auch die Kommentare: Stuckart, Wilhelm/Globke, Hans, Reichsbürgergesetz vom 15. September 1935, Gesetz zum Schutze des deutschen Blutes und der deutschen Ehre vom 15. September 1935, Gesetz zum Schutze der Erbgesundheit des deutschen Volkes vom 18. Oktober 1935, München/Berlin 1936, sowie Lösener, Bernhard/Knost, Friedrich A., Die Nürnberger Gesetze über das Reichsbürgerrecht und den Schutz des deutschen Blutes und der deutschen Ehre, Berlin 1936.

51 Adam, Judenpolitik (wie Anm. 3), S. 133 ff.

52 Lösener, Bernhard, Das Reichsministerium des Innern und die Judengesetzgebung. Dokumentation, in: Vierteljahrshefte für Zeitgeschichte 9 (1961), bes. S. 272 ff.; Adam, Judenpolitik (wie Anm. 3), bes. S. 143 ff.

53 § 2 der Ausführungsanweisung vom 31. 3. 1937 zur 2. Durchführungsverordnung zur Deutschen Gemeindeordnung (MBliV, S. 518).

54 Zur Entstehungsgeschichte: Adam, Judenpolitik (wie Anm. 3), S. 169 ff. – Entsprechende Anregungen waren bereits Ende 1935 vom Gauamt für Kommunalpolitik Groß-Berlin an das Hauptamt für Kommunalpolitik gerichtet und von dort an den Stellvertreter des Führers weitergeleitet worden; Matzerath, Selbstverwaltung (wie Anm. 4), S. 208.

55 Derartige Judenkarteien wurden bereits früh konzipiert, in Württemberg bereits im November 1933: Erlaß des Württembergischen Innenministeriums vom 22. 11. 1933; Dokumente (wie Anm. 24), I, S. 52. – Die Gestapo verlangte am 17. 8. 1935 die Aushändigung von Mitgliederlisten der jüdischen Organisationen, um eine »Judenkartei« für das ganze Reich anzulegen: Walk, Sonderrecht (wie Anm. 22), S. 124 (Nr. I/620). Innerhalb der einzelnen Gemeinden oder der Parteibehörden entstanden in der Folgezeit derartige Karteien.

56 2. Durchführungsverordnung vom 1. 10. 1935 zum Reichsarbeitsdienstgesetz; vgl. Walk, Sonderrecht (wie Anm. 22), S. 134 (Nr. II/20).

57 So beispielsweise schlugen im rheinischen Königswinter Landrat und Bürgermeister für jüdische Pensionen Kennzeichnungen bzw. unvermutete

Kontrollen durch die Staatspolizei vor: van Rey, Königswinter (wie Anm. 35), S. 112 ff. Zum Zusammenspiel von staatlicher und kommunaler Bürokratie und zur Koordinierungsfunktion des Deutschen Gemeindetages vgl. jetzt: Gruner, Wolf, Die öffentliche Fürsorge und die deutschen Juden 1933–1942. Zur antijüdischen Politik deutscher Städte, des Deutschen Gemeindetages und des Reichsinnenministeriums, in: Zeitschrift für Geschichtswissenschaft 45 (1997), S. 597–616; ders., Der Deutsche Gemeindetag und die Koordinierung antijüdischer Kommunalpolitik. Zum Marktverbot für jüdische Händler und zur »Verwertung« jüdischen Eigentums, in: Archiv für Kommunalwissenschaften 37 (1998), S. 261–291; ders., Die NS-Judenverfolgung und die Kommunen. Zur wechselseitigen Dynamisierung von zentraler und lokaler Politik 1933–1941, in: Vierteljahrshefte für Zeitgeschichte 48 (2000), S. 75–126; ders., Öffentliche Wohlfahrt und Judenverfolgung. Wechselwirkungen lokaler und zentraler Politik im NS-Staat (1933–1942), München 2002. – Auch die im folgenden Abschnitt angesprochene Beteiligung der Finanzbehörden wurde inzwischen unter verschiedenen Aspekten näher untersucht: Mehl, Stefan, Das Reichsfinanzministerium und die Verfolgung der deutschen Juden 1933–1945, Berlin 1990; Dressen, Wolfgang (Bearb.), Betrifft »Aktion 3«. Deutsche verwerten ihre jüdischen Nachbarn, Berlin 1998; Kenkmann, Alfons/Rusinek, Bernd A. (Hrsg.), Verfolgung und Verwaltung. Die wirtschaftliche Ausplünderung der Juden und die westfälischen Finanzbehörden, Münster 1999; Schilde, Kurt, Bürokratie des Todes. Lebensgeschichten jüdischer Opfer des NS-Regimes im Spiegel von Finanzamtsakten, Berlin 2002; Schmid, Hans-Dieter, »Finanztod«. Die Zusammenarbeit von Gestapo und Finanzverwaltung bei der Ausplünderung der Juden in Deutschland, in: Paul, Gerhard/Mallmann, Klaus-Michael (Hrsg.), Die Gestapo im Zweiten Weltkrieg. »Heimatfront« und besetztes Europa, Darmstadt 2000, S. 141–154; Friedenberger, Martin, Das Berliner Finanzamt Moabit und die Enteignung der Emigranten des Dritten Reichs 1933–1942, in: Zeitschrift für Geschichtswissenschaft 50 (2001), S. 677–694; Felix, Günther, Scheinlegalität und Rechtsbeugung. Finanzverwaltung, Steuergerichtsbarkeit und Judenverfolgung im »Dritten Reich«, in: Steuer und Studium, H. 5, Herne 1995, S. 197–204; Mussgnug, Dorothee, Die Reichsfluchtsteuer 1931–1953, Berlin 1993.

58 Walk, Sonderrecht (wie Anm. 22), S. 48 (Nr. I/225): Badeverbote in einzelnen Orten bereits 1933. Generell in Baden durch Erlaß des Ministers des Innern vom 27. 5. 1936: Dokumente (wie Anm. 24), I, S. 87 f.

59 Vgl. Adam, Judenpolitik (wie Anm. 3), S. 204 ff.

60 Kropat, Wolf-Arno, Kristallnacht in Hessen. Der Judenpogrom vom November 1938, Wiesbaden 1988, S. 237. Vgl. auch Faust, Anselm, Die Kristallnacht im Rheinland. Dokumente zum Judenpogrom vom November 1938, Düsseldorf 1987, S. 111 ff.: Der Gendarmeriebeamte in Ruppichteroth (Siegkreis) hinderte zunächst SS-Angehörige an der Brandstiftung und ließ sie erst nach ausdrücklicher Anweisung seiner vorgesetzten Stellen zu.

61 Benz, Wolfgang, Der Novemberpogrom 1938, in: ders. (Hrsg.), Die Juden in Deutschland 1933–1945, München 1988, S. 536 ff.

62 Bes. Genschel, Verdrängung (wie Anm. 24), S. 180 ff.

63 Walk, Sonderrecht (wie Anm. 22), S. 265 (Nr. III/61).

64 Neben Beispielen aus einzelnen Städten auch der Erlaß des Innenministers

vom 7.4.1941 mit der Feststellung, daß sich »in der letzten Zeit die Anträge der Gemeinden auf Zustimmung zur Zwangsentjudung von Grundstücken häuften«; Matzerath, Selbstverwaltung (wie Anm. 4), S. 306.

65 Dokumentation zur Geschichte der jüdischen Bevölkerung in Rheinland-Pfalz und im Saarland von 1800 bis 1945, Bd. 6, Koblenz 1974, S. 103; Matzerath, Selbstverwaltung (wie Anm. 4), S. 305.

66 Dazu Walk, Sonderrecht (wie Anm. 22), passim.

67 Zum Gesetz: Adam, Judenpolitik (wie Anm. 3), S. 220 f. Vgl. den Beitrag von Gruner in diesem Band.

68 Dazu Adam, Judenpolitik (wie Anm. 3), S. 285 ff.

69 Vertraulicher Erlaß des Präsidenten der Reichsanstalt für Arbeitsvermittlung und Arbeitslosenversicherung vom 20.12.1938, Dokumente (wie Anm. 24), II, S. 72 f.

70 Ebd., S. 172 f.

71 Insbesondere durch die Verordnung vom 19.11.1938 (RGBl. I, S. 1649). Vgl. dazu Dokumente (wie Anm. 24), II, S. 132 ff. – Zur Entwicklung im Bereich des Wohlfahrtswesens: Lohalm, Uwe, Fürsorge und Verfolgung. Öffentliche Wohlfahrtsverwaltung und nationalsozialistische Judenpolitik in Hamburg 1933 bis 1942, Hamburg 1998.

72 Walk, Sonderrecht (wie Anm. 22), S. 307 (Nr. IV/27).

73 RGBl. I, S. 722. Dazu bes. Adam, Judenpolitik (wie Anm. 3), S. 292 ff.

74 Dokumente (wie Anm. 24), I, S. 307 ff.; ebd., II, S. 190 f. u. 225 ff.

75 Dokumentation Rheinland-Pfalz/Saarland (wie Anm. 65), S. 207.

76 Verfügung der Kölner Gestapo vom 12.5.1941; Jüdisches Schicksal in Köln (wie Anm. 17), S. 288.

77 Dokumente (wie Anm. 24), II, S. 199 f.; Düwell, Rheingebiete (wie Anm. 30), S. 286 ff.

78 Anordnung v. 6.8.1940; Walk, Sonderrecht (wie Anm. 22), S. 326 (Nr. IV/118).

79 Vor allem Reitlinger, Gerald, Die Endlösung. Hitlers Versuch der Ausrottung der Juden Europas 1939–1945, 5. Aufl. Berlin 1979. Außerdem bes. Hilberg, Vernichtung (wie Anm. 2), S. 282 ff.; Adam, Judenpolitik (wie Anm. 3), S. 303 ff.

80 Generell zur Durchführungsapparatur dieser Maßnahmen: Adler, Der verwaltete Mensch (wie Anm. 5), passim. Konkret zur Durchführung am Ort: Reifenrath, Bruno H., Die Internierung der Juden in Much, Siegburg 1982, S. 29 ff. In diesem Fall war der Bürgermeister zugleich Ortsgruppenleiter und betrieb eigenständig eine Verschärfung der Lagerbedingungen, die er auf Weisung der Kölner Stapostelle zurücknehmen mußte (ebd., S. 44). Zu Württemberg: Dokumente (wie Anm. 24), II, S. 272 ff.

81 Dazu Düwell, Rheingebiete (wie Anm. 30), S. 296 ff.; Dokumente (wie Anm. 24), II, S. 248 ff.

82 Vgl. Lichtenstein, Heiner, Mit der Reichsbahn in den Tod. Massentransporte in den Holocaust 1941–1945, Köln 1985 (mit Fahrplänen für Sonderzüge und eigenen Abrechnungen). – Vgl. dazu auch Adler, Der verwaltete Mensch (wie Anm. 5), S. 438 ff.

83 Besonders Adler, Der verwaltete Mensch (wie Anm. 5), S. 594 ff. – Außerdem zu Köln: Der Tausendbomber-Angriff vom 31. Mai 1942, bearb. von Martin Rüther, Köln 1992, S. 93 ff.

84 Beispielsweise die Verfügung des Oberfinanzpräsidenten zu Köln v.

14. 2. 1944 an die Regierungspräsidenten betr. Einschaltung der Standesämter in die Erfassung der Judenvermögen, Dokumentation Rheinland-Pfalz/Saarland (wie Anm. 65), S. 254. Vgl. Gruner, Wolf, Die Grundstücke der »Reichsfeinde«. Zur »Arisierung« von Immobilien durch Städte und Gemeinden zwischen 1938 und 1945, in: Wojak, Irmtraud/Hayes, Peter (Hrsg.), »Arisierung« im Nationalsozialismus. Volksgemeinschaft, Raub und Gedächtnis, Frankfurt a. M. 2000, S. 125–156.

85 Dennewitz, Bodo, Verwaltung und Verwaltungsrecht, Wien 1944.

86 Beispielsweise Lösener, Reichsministerium (wie Anm. 52), S. 307 ff.; Rebentisch, Dieter, Die politische Stellung der Oberbürgermeister im Dritten Reich, in: Schwabe, Klaus (Hrsg.), Oberbürgermeister, Boppard am Rhein 1981, S. 146. Vgl. auch Hetzer, Augsburg (wie Anm. 32), S. 85 und Matzerath, Selbstverwaltung (wie Anm. 4), S. 284.

87 Lösener, Reichsministerium (wie Anm. 52), bes. S. 310 ff.; Poliakov/Wulf, Diener (wie Anm. 5), S. 311.

88 Vgl. dazu auch Friedländer, Saul, Vom Antisemitismus zur Judenvernichtung, in: Jäckel, Eberhard/Rohwer, Jürgen (Hrsg.), Der Mord an den Juden im Zweiten Weltkrieg, Stuttgart 1985, S. 36 f.

Wolf Gruner

Terra incognita? – Die Lager für den »jüdischen Arbeitseinsatz« (1938–1943) und die deutsche Bevölkerung

Über seine Zeit in einem jüdischen Arbeitslager schrieb Heinz Rosenberg, ein Hamburger Jude, der die Verfolgung und Vernichtung der Juden überlebt hatte, nach dem Krieg: »I finished my apprenticeship in March, 1939 and went immediately to a work camp for Jews 200 miles from Hamburg. We had to dig small channels for water drainage. I lived in a barrack with 50 other Jewish workers under the supervision of the SS and Gestapo. The food and conditions were terrible. Once a month, we could visit our families if the digging quota was fulfilled. I finally was sent home in August, 1939 with a bad stomach condition.«[1]

Gegenüber dieser Schilderung klingt der Aktenvermerk eines Bürgermeisters über ein von ihm eingerichtetes »Judenlager« in Kelkheim/Taunus sehr neutral: »Betrifft: Einsatz einer Judenkolonne. Die Juden sind am 11. 4. 1939 verspätet 9.29 [Uhr] eingetroffen, dem Gasthaus Taunusblick zugeführt, mit Arbeitskleidung versehen und am gleichen Tage 1 Uhr zum Arbeitseinsatz gebracht worden. Als Kapo (Kasernenpolizist) wurde der Jude Bacharach eingesetzt, Verpflegung wird durch Fräulein Walter sichergestellt. Es ist vorgesehen, die Juden 60 Stunden in der Woche arbeiten zu lassen [...].«[2] Allein die 60 Stunden Wochenarbeitszeit, in der Vorkriegszeit noch keineswegs Norm, und die Erwähnung eines »Kapos« verraten die diskriminierenden Intentionen bei dem vom Kelkheimer Bürgermeister gewünschten und vom Arbeitsamt Frankfurt/Main angeordneten Einsatz jüdischer Männer in Kelkheim, einer kleinen Stadt in der Nähe der Mainmetropole. Die Gruppe der zeitweise bis zu 20 Juden war vom April bis Oktober 1939 für Straßenbauten nach Kelkheim verpflichtet und dafür lagermäßig im Saal des oben genannten Wirtshauses untergebracht worden: Die »erste *Abreibung* [!] und Anweisung«[3] sollte der vom Bürgermeister Graf beauftragte Wegemeister Hollerbach den jüdischen Männern bereits bei deren Ankunft verabreichen. In den folgenden Tagen und Wochen ließ er ständig kontrollieren, daß die eingesetzten Juden sich »nur in einem an den Taunusblick südlich gelegenen ca. 50 Meter langem und 20 Meter breitem [!] Waldstück aufhalten und durch ihre Anwesenheit nicht andere Waldgebiete verunzieren«.[4] Besonderen Wert legte der Bürgermeister von Beginn an auf Marschordnung und -lieder beim Arbeitsweg der Juden; er kümmerte sich persönlich um die Auswahl der Musikstücke und befahl, da ihm die Sangesleistungen der jüdischen Arbeitskräfte nicht genügten, daß diese nach Arbeitsschluß jeden Tag noch eine Stunde im Lager unter Anleitung eines Aufpassers zu üben hätten.[5] Dabei mußten die Juden schon früh vor 7 Uhr den Weg zu den Straßenarbeitsplätzen antreten und kamen erst gegen 20.30 Uhr wieder im Lager an.[6]

Entlassungen der meist verheirateten Männer aus dem Arbeitsverhältnis gab es trotz dringlicher Appelle der Familienmitglieder bei sozialen Härtefällen ebensowenig wie für Auswanderungsvorbereitungen,[7] was belegt, daß es sich bei diesem Einsatz nicht um das Ergebnis einer gewöhnlichen Arbeitsvermittlung handelte. Angesichts dieser diskriminierenden Alltagsbedingungen, die den Einsatz deutscher Juden schon im Sommer 1939 – und nicht erst 1942 während der laufenden Deportationen – charakterisierten, verwundert es wenig, daß in den Akten der Selbstmord eines jüdischen Arbeiters vermerkt wurde.[8]

Das von Heinz Rosenberg beschriebene Lager wie das Lager Kelkheim waren keine Ausnahmen, da bereits in der ersten Hälfte des Jahres 1939 für den »Arbeitseinsatz der Juden« im sog. Altreich ca. 30 von kommunalen Einrichtungen oder privaten Firmen unterhaltene »Judenlager« existierten, die von jüdischer Seite getragenen sog. Umschulungslager nicht mitgerechnet.[9] Ohne die in Kelkheim herrschenden Zustände schematisch auf alle anderen Lager übertragen zu wollen, sind sie doch als Indiz für die Tendenz der Arbeitseinsatzmaßnahme des NS-Staates gegen die Juden bereits im Jahr 1939 zu werten, worauf die eingangs zitierte Erfahrung von Heinz Rosenberg deutlich hinweist.

Aufgrund der schlechten Quellenlage sowie des bisher geringen systematischen Interesses der Wissenschaft am Zwangsarbeitseinsatz deutscher Juden im sog. Altreich zwischen 1938 und 1943 sind die damit verflochtene Entstehung und Geschichte jüdischer Arbeitslager ebensowenig thematisiert worden wie das Verhalten der für die Organisation zuständigen Verwaltungsbeamten, der Vertreter vom Zwangseinsatz profitierender Privatfirmen und sonstiger Verantwortlicher, Beteiligter und Unbeteiligter.[10] Anhand der folgenden Skizze zur Geschichte und Struktur jüdischer Arbeitslager von 1938 bis 1943 im sog. Altreich, also Deutschland in den Grenzen von 1937, soll der Frage nachgegangen werden, ob sie eine Terra incognita für die nichtjüdische deutsche Bevölkerung darstellten oder ob – und welche – Gruppen, neben der Gestapo und der Partei, in diese Seite der Judenverfolgung passiv oder aktiv involviert waren.

Schon vor dem Herbst 1938 war es vereinzelt auf Initiative städtischer Wohlfahrtsämter zur Einrichtung isolierter Arbeitsstellen oder Arbeitslager für die Pflichtarbeit fürsorgeunterstützter Juden gekommen. So plante z. B. die Fürsorgeverwaltung Hamburgs mindestens seit September 1937 separate Lager für wohlfahrtsunterstützte Juden zur Ableistung von Notstandsarbeiten, die dann im Frühjahr 1938 außerhalb des Hamburger Stadtgebietes eingerichtet wurden.[11]

Die im Sommer 1938 z. B. in Röbke bei Buxtehude von der Hamburger Wohlfahrtsverwaltung in der Herberge »Zur Heimat«, einer Einrichtung der Inneren Mission zur Wandererfürsorge, untergebrachten 44 Juden durften noch jedes Wochenende nach Hamburg zu ihren Familien fahren. Der Diakon der Herberge legte ihnen aber schon nahe, nach Feierabend das Lager nicht zu verlassen. Gleichzeitig bemängelte er gegenüber den Verantwortlichen aus der Verwaltung die Überfüllung des Lagers. Nichtjüdische Schachtmeister, die sich mißbilligend über die Leistung der mit Erdarbeiten beschäftigten »Judenkolonnen« äußerten, wurden von den Bauverantwortlichen auf die Notwendigkeit hingewiesen, den an physische Anstrengung oft nicht gewöhnten Juden eine Anpassungsphase zuzubilligen. Andererseits drangen dieselben Beamten auf eine totale Isolierung der jüdischen Arbeitsgruppen.[12]

Dies zeigt, wie ambivalent und widersprüchlich sich Organisatoren und Ausführende, hier Beamte aus der Hamburger Verwaltung, Angestellte und Arbeiter bauausführender Firmen und der Diakon der Inneren Mission, gegenüber den Juden und ihrem Arbeitseinsatz zu diesem Zeitpunkt verhielten. Im folgenden kann nur punktuell das Verhalten bestimmter Gruppen der deutschen Bevölkerung zu den Zwangseinsätzen und den dafür eingerichteten Lagern demonstriert werden, ohne vorschnell Ansätze für Verallgemeinerungen zu bieten.

Die lokalen Initiativen fielen im Lauf des Jahres 1938 auf fruchtbaren Boden. Forcierte Aufrüstung und Kriegsvorbereitung des NS-Staates hatten neue Rahmenbedingungen für Strategien und Pläne zur Vertreibung und Ausplünderung der jüdischen Bevölkerung gesetzt. Die besonders seit dem Novemberpogrom 1938 zentralisierte Politik der »Ausschaltung der Juden aus der Wirtschaft« trieb immer mehr Juden in Erwerbslosigkeit und Armut. Der Staat mußte, statt von seiner antijüdischen Politik ökonomisch zu profitieren, aufgrund der Zerstörung der jüdischen Sozialstruktur durch diese Politik mehr und mehr Geld für mittellose Juden ausgeben.[13] Nachdem im September 1938 in Österreich erstmals überregional »aus öffentlichen Mitteln unterstützte Juden bis zur Möglichkeit der Ausreise mit Erdarbeiten, Steinbrucharbeiten« beschäftigt worden waren,[14] forderte am 19. Oktober Friedrich Syrup, Präsident der Reichsanstalt für Arbeitsvermittlung und Arbeitslosenversicherung, alle Arbeitsämter auf, den Einsatz der bei ihnen gemeldeten Juden in isolierten Gruppen vorzubereiten.[15]

Im Kontext der neuen »Menschenplanung« für die Aufrüstung des Dritten Reichs und der radikalisierten Verfolgungsaktionen, wie des Pogroms 1938, wollte Göring sogar die Zwangsarbeit für alle in Deutschland lebenden Juden installieren, doch beschränkte man sich zunächst auf die Rekrutierung der Arbeits- und Mittellosen,[16] um durch extreme Deklassierung der Juden nicht deren Emigrationschancen zu schmälern.[17] Mit dem am 20. Dezember 1938 von Syrup herausgegebenen Erlaß über den »Arbeitseinsatz von Juden« sollten so alle von Fürsorge- oder Arbeitsämtern unterstützten erwerbslosen Juden in einer schnellen gemeinsamen Aktion der Arbeitsverwaltungen mit Ortsbehörden und Parteistellen für staatliche und kommunale Bauvorhaben sowie für private Unternehmen rekrutiert und dort in von »Ariern« getrennten »Judenkolonnen« beschäftigt werden.[18]

Diese Maßnahme implizierte die Errichtung von Arbeitslagern für den »jüdischen Arbeitseinsatz«, da sich die Mehrzahl der vorgesehenen Arbeitsplätze bei außerhalb von Städten gelegenen Bauprojekten, wie Meliorations-, Talsperren-, Straßen- und Deichbauten, fand. Lehnte der Leiter des Mannheimer Arbeitsamtes als Antwort auf den Erfassungserlaß vom 19. Oktober 1938 den Einsatz der Juden zunächst noch mit dem Hinweis ab, daß dazu »besondere Lager geschaffen werden« müßten, schlug er nun in Kenntnis des Erlasses vom 20. Dezember ebendies vor.[19] Der Präsident des Landesarbeitsamtes Brandenburg ordnete gleichzeitig, ohne zu zögern, an, daß die lokalen Arbeitsämter die »Voraussetzungen einer lagermäßigen Unterbringung« schaffen sollten, »damit von der Masse der Berliner Juden ein möglichst großer Teil in der Provinz angesetzt werden kann«.[20]

Bis zum Sommer 1939 wurden die so rekrutierten Juden dann von städtischen Verwaltungen und kommunalen Betrieben am Wohnort oder in dessen näherer Umgebung auf Müllplätzen, in Parkanlagen, beim Straßenbau oder bei der Straßenreinigung beschäftigt. Insbesondere den Juden aus Großstädten wiesen die Arbeitsämter Arbeitsplätze außerhalb ihrer Wohnorte bei staatlichen oder regionalen, teilweise kommunalen Bauvorhaben zu. Technisch wurde dies über Ausgleichsmaßnahmen der Landesarbeitsämter praktiziert und reichte vom Einsatz in der weiteren Umgebung der Heimatstadt, wie für Juden aus Frankfurt am Main im nahe gelegenen Kelkheim, bis zur exemplarischen »Verschickung« von über 100 österreichischen Juden zu Wasserschutzbauten in den hohen Norden Deutschlands nach Leer.[21] Ein Arbeitslager für Juden befand sich vor Kriegsbeginn z. B. in Harsefeld/Krs. Stade, eines von mehreren auf Initiative der Hamburger Fürsorgebehörde im Umland eingerichteten Lager, in dem ca. 30 mittellose Hamburger Juden bei der Fa. Emil Schmidt, Tief- und Straßenbau, Erdarbeiten leisten mußten.[22] Andere Lager existierten beim Hohewartetalsperrenbau der Arbeitsgemeinschaft »Obere Saale« in der Nähe von Saalfeld (Thüringen)[23] für ca. 20 zu Beginn überwiegend von dort stammende Juden, in Söhre bei Bergshausen (Kassel) für ca. 70 Juden, die von der Obersten Bauleitung der Reichsautobahnen Kassel beschäftigt wurden,[24] und in Sarstedt für ca. 120 bei der Straßenbaugesellschaft Kemma-Lenz GmbH tätige Juden.[25]

Abgesehen von der Rekrutierung jüdischer Männer durch örtliche Arbeits- oder Wohlfahrtsämter, überstellten ab und zu auch

Beamte örtlicher Gestapostellen Juden nach Verbüßung kurzer Gefängnisstrafen in die Arbeits- und Umschulungslager.[26]

Die Umschulungslager hatte die Gestapo zu Beginn des Jahres 1939 vermutlich reichsweit erfaßt und überprüft.[27] Die seit Jahren von verschiedenen jüdischen Vereinen zur Emigrationsvorbereitung betriebenen Umschulungslager sollten nun der zentralisierten und kontrollierten Vertreibungspolitik der Gestapo dienstbar gemacht[28] und die Juden in diesen Lagern zum zwangsweisen Arbeitseinsatz herangezogen werden. Nachdem im Anschluß an das Pogrom von 1938 das jüdische Vereinswesen zerstört und die Reichsvertretung der Juden als Zusammenschluß jüdischer Institutionen durch die Gestapo zur »Reichsvereinigung der Juden in Deutschland« zwangsreorganisiert worden war, hatte diese auch die Aufgabe zugewiesen bekommen, bestehende Umschulungslager zu unterhalten. Existenz oder gar Neuaufbau solcher Lager billigten die Behörden, wie in Paderborn, allerdings nur unter der Voraussetzung, daß deren Insassen von Behörden und Arbeitsämtern jederzeit für den Arbeitseinsatz abgerufen werden konnten.[29] Vor allem nach Kriegsbeginn entstanden aufgrund von Vereinbarungen der Reichsvereinigung und ihrer »Aufsichtsbehörde«, der Gestapo, mit Forstverwaltungen oder landwirtschaftlichen Stellen neue derartige Lager, wobei die Reichsvereinigung die Arbeitskräfte samt deren Unterkunft zu stellen hatte. Ende 1939 existierten im Altreich bereits 28 sog. »Umschulungslager für Landwirtschaft, Gärtnerei, Forstwirtschaft und sonstige Bodenbearbeitung« mit insgesamt 1800 jüdischen Insassen.[30]

Da durch den bis Mitte 1941 unabhängig von der Arbeitsverwaltung organisierten Einsatz von Juden aus Umschulungslagern jegliche Tarifvorschriften und Sozialversicherungspflichten wegfielen, war die Ausbeutung dieser meist jüngeren Arbeitskräfte äußerst profitabel.[31] Auch in anderen seit 1939 z. B. in Städten entstandenen Lagern dieser Kategorie herrschten von Beginn an ähnliche Bedingungen, so beim Einsatz der sog. jüdischen Praktikanten des Paderborner Umschulungslagers für die Stadtverwaltung: fehlende Arbeitsverträge und Sozialversicherung, keine oder mangelhafte Bezahlung, und das bei Schwerstarbeit für die städtische Müllabfuhr bzw. im Auftrage Paderborner Privatfirmen.[32]

Da von Emigrationsvorbereitung in diesen sog. Umschulungslagern keine Rede mehr sein konnte, auch wenn die Auswanderungsmöglichkeiten der meist sehr jungen Insassen aufgrund ihres Alters zeitweise etwas besser waren als die der Juden außerhalb der Lager, sollte man diese Einrichtungen eigentlich für die Zeit 1939 bis 1941 unter die Kategorie der Arbeitslager subsumieren, was hier jedoch unterbleibt, um die bis dahin bedeutenden strukturellen Unterschiede der Einsatzorganisation nicht zu verwischen.

Für die Unterbringung der Arbeitskräfte in den jüdischen Arbeitslagern hatten die Bauträger, die zuständigen Abteilungen in den kommunalen Verwaltungen oder auch die für die Baumaßnahmen von den Bauherren engagierten Privatfirmen selbst zu sorgen. Man griff auf bereits bestehende Barackenlager zurück, baute neue Barackenlager auf, mietete für diesen Zweck Wirtshaussäle wie in Kelkheim, benutzte Jugendherbergen[33] oder erklärte kurzerhand Privathäuser in jüdischem Besitz zu Lagern.[34]

Die Zweckentfremdung der Jugendherbergen oder Tanzsäle demonstriert, daß, obwohl die Verantwortlichen von Beginn an versuchten, die »Judenlager« an die Stadtränder oder auf das Land aus dem Blickfeld der »deutschblütigen« Bevölkerung zu rücken,[35] die Unterbringungsmöglichkeiten meist begrenzt waren und damit, von den täglichen Kontakten mit Behörden, Vorarbeitern oder Lieferanten abgesehen, auch sonst »Berührungen« mit der »deutschblütigen« Bevölkerung nicht vermieden werden konnten. Diese Situation wird durch die Beschwerde eines Kelkheimer Ratsherrn verdeutlicht, daß »die Juden die Gästeklosetts der Gastwirtschaft Taunusblick benutzen müß[t]en«, obwohl die Besucher des Wirtshauses daran Anstoß nehmen würden.[36]

Die in Kelkheim jede Woche alternierend von einem der Ratsherren vorgenommenen Kontrollvisiten dienten jedoch nicht nur der Aufdeckung solcher »Mängel«, sondern auch der Aufsicht über die Insassen. Die Juden des Kelkheimer Lagers wurden zudem ständig durch den zufällig im selben Hause logierenden Polizeibeamten überwacht[37] und mindestens einmal durch den Sicherheitsdienst der SS inspiziert. Bei diesem Anlaß wurden »aus Zweckmäßigkeitsgründen an jeden Juden ein Glas Bier und 6 Zigaretten« ausgegeben.[38] Im Altreich, wie teilweise auch in Österreich, verzichteten die Lagerverantwortlichen mindestens bis 1941 in den meisten Fällen auf eine direkte Bewachung der diversen jüdischen Arbeitslager, da die Kontrollmöglichkeiten durch die Ortsverwaltungen und

Polizeibehörden als ausreichend betrachtet wurden, die Hand in Hand mit den lokalen und regionalen Gestapostellen arbeiteten.[39] Die Überwachung war dagegen bei den sog. Umschulungslagern oft direkter, da die Gestapo die Reichsvereinigung als nominellen Träger dieser Lager zentral »beaufsichtigte« und sich vor Ort, wie in Bielefeld, täglich durch den jüdischen Lagerleiter Bericht erstatten lassen konnte.[40]

Schilderungen von Überlebenden bezeugen, daß Überwachung und Druck seitens der Behörden sowie die allgemeine Verfolgungsatmosphäre Fluchten verhinderten. Hinzu kam verschärfend die Kontrolle durch das »wachsame Auge der gesamten Bevölkerung«, die Heydrich bereits auf der sog. Ministerkonferenz nach dem Pogrom 1938 beschworen hatte.[41] Wenn es auch im Lager Präbichl-Paß (Österreich) keine Wachmannschaften gab, so fragte sich Esra P.: »Wie verläßt man es mit einem Koffer, ohne bemerkt zu werden?«[42] Wie konnten Juden, ohne Aufsehen zu erregen, vom Arbeitslager zum nächst gelegenen Bahnhof gelangen, und wie verschaffte man sich eine Fahrkarte...? Für einen ehemaligen Insassen des Paderborner Lagers spitzte sich dies letztendlich auf die eher resignierte Frage zu: »Aber wohin sollten wir auch flüchten?«[43]

Während einige der seit Anfang 1939 bestehenden »Judenlager« bis fast zum Ende des Krieges existierten, z. B. Werlte/Rastdorf (Moorkultivierung im Emsland 1939–1944) und Wendefurt/Harz (Bau der Rappbodetalsperre 1939–1945),[44] ist der Quellennachweis vieler Arbeitslager problematisch, da vor allem 1939 die Lagereinrichtung an die Fertigstellung bestimmter Baumaßnahmen zeitlich gebunden war, so daß viele dieser Lager oft nur einige Monate oder ein knappes Jahr bestanden. Dies betrifft auch Arbeitslager, die bis Ende 1939 von der Stillegung kriegs- und wehrunwichtiger Infrastrukturbauten betroffen waren.

Bis zum Kriegsbeginn wurde mit allen antijüdischen Maßnahmen, wie dem »Arbeitseinsatz«, dem »Gesetz über Mietverhältnisse mit Juden«,[45] der finanziellen Schlechterstellung bei der Besteuerung und der Zwangsorganisation der Juden in der Reichsvereinigung, die soziale und auch räumliche Trennung der Juden von der restlichen Gesellschaft vorangetrieben. Sichtbarer Ausdruck für diesen Prozeß der Erniedrigung und Isolierung waren die »Judenlager«.[46]

Mit dem Kriegsbeginn im September 1939 veränderten sich die politischen und wirtschaftlichen Rahmenbedingungen für den jüdischen Arbeitseinsatz. Die Mehrheit der Fluchtwege war für deutsche Juden versperrt. Aus den westlichen Wehrmachtsaufmarschgebieten wurde die jüdische Bevölkerung evakuiert; so schickten die Behörden Saarländer Juden bis nach Halle in das sog. Rückwandererlager Boelckestraße, ein ehemaliges Altersheim.[47]

Das Okkupationsregime in den besetzten Gebieten Polens, wo sofort Zwangsarbeit über die jüdische Bevölkerung[48] verhängt und mit der Errichtung vereinzelter Ghettos begonnen wurde, wirkte verschärfend auf die Planung der antijüdischen Praxis im Altreich zurück.[49] Die erneute Diskussion über die Einführung der Zwangsarbeit für alle Juden im Deutschen Reich hatte auch einen arbeitsmarktpolitischen Hintergrund, denn die aufgrund des Krieges zur Wehrmacht abgezogenen Arbeitskräfte hinterließen überall klaffende Lücken. Gleichzeitig erhöhte sich die Zahl der für den »Arbeitseinsatz« verfügbaren Juden durch die Überweisung bisher wohlfahrtsunterstützter Personen, vor allem jüdischer Frauen, an die Arbeitsämter, während die Zahl der möglichen Einsatzstellen für unqualifizierte Arbeiter abnahm. Da man zudem auf Kriegsgefangene in großer Zahl spekulierte, verkündete das Reichsarbeitsministerium Anfang November 1939, daß vorerst wie bisher – nur rigoroser – nach den gängigen Erlassen für den jüdischen Arbeitseinsatz zu verfahren sei.[50]

Die aktive Beteiligung einiger Verwaltungsbeamter an den antijüdischen Maßnahmen des NS-Staates war auch bisher offensichtlich, doch tritt bei der historischen Rekonstruktion des jüdischen Arbeitseinsatzes diese Gruppe, die augenscheinlich aktiv und initiativ antijüdische Verfolgung betrieben hat, noch deutlicher ins Blickfeld. Neben den Arbeits- und Wohlfahrtsämtern zeichneten für die Organisation des jüdischen Arbeitseinsatzes vor allem die Spitzen der Kommunalverwaltungen sowie Garten- und Tiefbauämter als bauzuständige Stellen verantwortlich. Regional waren Wasserbauämter, die preußischen Provinzialbauämter, Gesellschaften für den Talsperrenbau und verschiedene für den Straßenbau zuständige Stellen unter den Organisatoren und Nutznießern dieser antijüdischen Maßnahme.

Wenn bereits im Frühjahr 1939 der Kelkheimer Bürgermeister gegenüber dem Arbeitsamt Frankfurt am Main auf speziellen Niedriglöhnen für »seine« Juden bestand[51] und zur gleichen Zeit ein Mitarbeiter der Leda-Jümme Bauabteilung des Wasserwirtschaftsamtes Leer für die österreichischen Juden einen Sondertarif forderte, um nicht den Eindruck einer Gleichstellung mit dem »deutschen Arbeiter« zu erwecken,[52] so kennzeichnen diese Vorfälle verbreitete lokale Verhaltensmuster. Offensichtlich fühlten sich manche »Deutsche« aufgrund der allgemein radikalisierten Verfolgung legitimiert, die Deklassierung der Juden zu fordern und zu forcieren. Diese Initiativen auf der unteren Verwaltungsebene machten maßgeblich den von den Nationalsozialisten vielbeschworenen Druck der Bevölkerung auf die Führungsebene aus. Zugleich wurde so eine Fülle von Verfolgungsideen akkumuliert, aus der zu gegebener Zeit die Ministerialbeamten und Parteispitzen Anregungen für die weitere Radikalisierung der Judenverfolgung schöpfen konnten.

Aus dem Blick geraten dürfen auch nicht die Gruppen der deutschen Bevölkerung, wie Privatunternehmer oder Kaufleute, die ihren materiellen Profit aus dieser Situation zogen und damit Unrechtszustände zementierten. Das fast reibungslose Ineinandergreifen von verwaltungsamtlichem und privatwirtschaftlichem rassistischem Engagement läßt sich am Beispiel des Arbeitslagers in Leer zeigen. Nachdem sich der Firmenjunior des Bauunternehmens »arbeitsfähige« Juden in Wien persönlich hatte aussuchen können,[53] diskutierte der Bauunternehmer gleichrangig mit dem Arbeitsamt und dem Wasserwirtschaftsamt über Möglichkeiten, den schwer arbeitenden Juden »noch« rechtmäßig zustehende soziale Vergünstigungen zu nehmen. So sollten Familienheimfahrten nur alle 20 Wochen für die im Lager untergebrachten Juden gewährt werden und Trennungszuschläge ganz wegfallen.[54] Die gemeinsamen Ambitionen ermutigten den Chef der Baufirma später zu weiteren Forderungen: Statt bei der herrschenden Arbeitskräfteknappheit 1939 zufrieden zu sein, überhaupt Bauaufträge dank der »Judenkolonnen« ausführen zu können – deren Einsatz den Firmen nicht aufgezwungen war –, brachte er wegen ungenügender Leistungen der österreichischen Juden Unkostenzuschläge von 60 Prozent über den Normalkosten in Ansatz, die das für die Bauten verantwortliche Wasserwirtschaftsamt Leer als überzogen ablehnte.[55]

Daneben profitierten – unabhängig von ihrer persönlichen Einstellung – z. B. in Kelkheim: der Fleischermeister, der das Arbeitslager mit Lebensmitteln versorgte; der seinen Wirtshaussaal gegen Bezahlung überlassende Gasthausbesitzer, der sich offenbar noch gegen ein kleines Entgelt zur Bewachung der Juden anbot; die Betten und Spinde für das Lager vermietenden Eigentümer einer Ziegelei; und nicht zuletzt das als Wirtschafterin eingestellte Fräulein Walter, das die Versorgung des Judenlagers »Taunusblick« organisierte, dort sogar wohnte und ein Gehalt bezog, das statt aus der städtischen Kasse aus den von den Juden für die Lagerunterbringung gezahlten Lohnabzügen bestritten wurde. Als Aufpasser und Vorarbeiter hatte der Bürgermeister eigens den anfangs genannten Wegemeister Hollerbach eingesetzt, um seine repressiven Anweisungen für den Einsatz der Juden auszuführen. Die oben erwähnten Ratsherren, darunter ein Maurermeister und ein Möbelfabrikant, die aufgrund ihrer wöchentlichen Kontrollen über alle erniedrigenden Umstände des »Judeneinsatzes« informiert waren, vergrößerten die Schar derer, die die soziale Herabsetzung der Juden billigten oder akzeptierten.[56]

Wie in einem Fokus wird am Fall Kelkheim deutlich, daß dieser Teil der Judenverfolgung nicht nur direkt unter dem »wachsamen Auge der deutschen Bevölkerung« stattfand, sondern daß viele Einwohner der Lagerorte, auch ohne Funktion in der Partei- oder Verwaltungshierarchie, auf differenzierte Weise in den Verfolgungsprozeß involviert waren und dabei die Diskriminierung der Juden toleriert, aus ihr Nutzen gezogen oder sie sogar initiativ vorangetrieben haben.

Zu Beginn des Jahres 1940 war die Judenverfolgung im »Altreich« einerseits durch Gewaltaktionen, wie die Deportation der Stettiner Juden nach Lublin, gekennzeichnet, andererseits durch die fortschreitende Ghettoisierung der jüdischen Bevölkerung: durch die abendliche reichsweite Ausgangssperre, durch die lokale Anordnung limitierter ungünstiger Einkaufszeiten, durch die Beschränkung der Einkaufsmöglichkeiten auf gewisse, nur für Juden bestimmte Geschäfte und durch die Zusammenlegung in speziellen »Judenhäusern«.[57] Bei der Mißachtung kleinster Anordnungen der

Behörden, z. B. auch der Arbeitsverwaltung oder des jeweiligen Lagerleiters, drohte schon seit Kriegsbeginn jedem Juden die Einlieferung in ein Konzentrationslager.[58]

Mit der Ausweitung des Krieges 1940 drängte besonders das Problem fehlender qualifizierter Arbeitskräfte in den Privatunternehmen der Rüstungsindustrie. Sollten dort Juden angelernt und leistungsfähig im Sinne der Unternehmer eingesetzt werden, konnte man ihnen nicht nur Minimallöhne zahlen und alle Sozialzuschläge kürzen. Daher sollten die Juden zunächst von einzelnen Sozialleistungen ausgeschlossen werden. Das Reichsarbeitsministerium ermächtigte Anfang Juni 1940 die Reichstreuhänder der Arbeit, regionale Anordnungen zu erlassen, die u. a. den Wegfall der Lohnzahlung an Feiertagen, die Streichung sämtlicher Zulagen und Beihilfen und bei auswärtiger Lagerarbeit die Gewährung einer einzigen Familienheimfahrt im Jahr beinhalteten.[59] Unter diesen Bedingungen arbeiteten Juden nun in zunehmender Zahl in Rüstungsbetrieben, daneben auf kriegswichtigen Straßen- und Gleisbaustellen und im Transportwesen.

Mit dem verstärkten Zwangseinsatz der deutschen Juden in der Rüstungsindustrie vor allem seit Herbst 1940 wurde erstmals auch ein jüdisches Arbeitslager bei einem Industriekonzern eingerichtet, nämlich in Berlin bei der Firma Siemens für über 100 junge Jüdinnen aus Frankfurt am Main. Das Leben in diesem Lager und die Arbeit bei Siemens waren von der ständigen Furcht der Mädchen vor einer Anzeige bei der Gestapo überschattet, die wegen Sabotageverdachts oder Leistungsschwäche in der Fabrik, aber auch schon wegen eines illegal auf der Straße gekauften Brötchens erfolgen konnte. Einige der wenigen überlebenden Frauen erinnern sich daneben nicht nur an die ständigen Pöbeleien und Beschimpfungen auf dem Arbeitsweg, sondern vor allem an die von Siemens gestellten Lagerleiter und -leiterinnen, von denen jeweils abhing, wie diktatorisch all die Verbote und Anweisungen, die den jüdischen Alltag mittlerweile reglementierten, interpretiert und durchgesetzt wurden.[60]

Bis zum Beginn des Jahres 1941 wurden deutsche Juden vom NS-Staat beim sog. Arbeitseinsatz in zwei Kategorien von Lagern ausgebeutet, die zugleich – wie beschrieben – zwei verschiedene Typen der Einsatzorganisation repräsentierten: den von Behörden oder Privatunternehmen unterhaltenen Arbeitslagern sowie den Umschulungslagern der Reichsvereinigung mit der Doppelfunktion Emigrationsförderung und Zwangseinsatz. Mit der Radikalisierung der Verfolgung und der Reorganisation der Umschulungslager wurden im Lauf des Jahres 1941 diese strukturellen Unterschiede aufgehoben.

Auf einer am 8. Januar 1941 auf Initiative Görings und Einladung Wilhelm Stuckarts stattfindenden interministeriellen Besprechung wurde der schon längere Zeit praktizierte Zwangseinsatz der Juden für das Altreich juristisch geregelt. Die Veröffentlichung der dort abgesprochenen Verordnung erfolgte erst ein dreiviertel Jahr nach der Sitzung, da dies in der Praxis höchstens noch regulierende Wirkung für die Organisationsweise hätte haben können.[61] Wichtiger war eine Anordnung vom Februar 1941, die den bisher praktizierten Ausschluß der jüdischen Arbeitskräfte von bestimmten Sozialleistungen jetzt in stark erweiterter Form für das ganze Reich gültig festschrieb.[62] Vermehrte finanzielle Probleme für die jüdische Bevölkerung brachte zudem die Einführung einer langfristig geplanten Sondersteuer, der »Sozialausgleichsabgabe« für Juden, wegen der auch viele der in den Arbeitslagern beschäftigten Juden noch mehr verarmten und jüdische Wohlfahrtsstellen beanspruchen mußten.[63]

Die an der Jahreswende 1940/41 eingeleiteten radikalen antijüdischen Entscheidungen setzten sich im Frühjahr 1941 fort. Die Gestapo zwang die Reichsvereinigung unter Hinweis auf die mit ihrem Vermögen zu deckenden Kosten einer kommenden Gesamtumsiedlung aller jüdischen Deutschen, ihre auf Pachtverträgen beruhenden Umschulungseinrichtungen und ihre Eigenbetriebe zu schließen, soweit sie noch nicht hundertprozentig mit dem Arbeitseinsatz kooperierten. Angestellte jüdischer Institutionen mußten entlassen werden. Das Personal und die jugendlichen Praktikanten der Umschulungseinrichtungen waren sofort bei den Arbeitsämtern zu melden. In der »Judenpolitik« des NS-Staates waren nun die Konzentration aller Mittel und der Zwangseinsatz der Auswanderungsförderung übergeordnete Gesichtspunkte.[64]

Die sog. Umschulungslager und Forsteinsatzlager wurden im Zuge dieser antijüdischen Maßnahmen vom Frühjahr bis zum Sommer 1941 in der Form reorganisiert, daß sie jetzt nicht nur offiziell als »Einsatzbetriebe« klassifiziert wurden,[65] sondern auch der Modus des Arbeitseinsatzes nicht mehr auf Kontrakten zwischen jüdischen und deutschen Stellen basierte, sondern allein von den Arbeitsämtern geregelt wurde, was tarifliche Entlohnung der Juden, wenn auch meist auf der untersten Stufe, bedeutete und die jüdischen Fürsorgestellen entlastete. Die von der Gestapo befohlenen Einsparungsmaßnahmen hatten außerdem zur Folge, daß nunmehr statt der Reichsvereinigung die Institutionen oder Firmen, die die Juden beschäftigten, Einrichtung und Unterhalt der Arbeitslager zu bezahlen hatten.

Die radikalisierte Verfolgung führte zu einer drastischen Verschlechterung der Lebensumstände der jüdischen Arbeitskräfte in den Lagern, vor allem der Juden aus den ehemaligen Umschulungslagern: »Wir wurden in das Zwangsarbeiterlager Neuendorf [auch ein ehemaliges Umschulungslager, W. G.] bei Fürstenwalde an der Spree gebracht. Dieses Lager wurde von SS-Männern bewacht. Die meisten Insassen von Neuendorf arbeiteten tagsüber außerhalb des Lagers. Sie fuhren mit SS-Bewachung morgens zur Arbeit und abends wieder zurück. Aus privaten Gründen durfte man das Lager nicht verlassen. Wir arbeiteten von 7 Uhr morgens bis 7 Uhr abends [...]. Essen bekamen wir vom Lager.«[66]

Nicht zuletzt bewirkte das Bedürfnis der Arbeitsverwaltung nach einem reichsweit und zentral zu kontrollierenden wie zu regulierenden ausschließlich kriegsproduktiven Einsatz der jüdischen Zwangsarbeiter die Maßnahmen zur Umwandlung der Umschulungslager. Dieser Prozeß und die oben geschilderte Mobilisierung der letzten noch nicht erfaßten Juden für den Rüstungseinsatz wurden durch die forcierte Kriegsvorbereitung gegen die Sowjetunion und die Ausweitung der deutschen Okkupation auf den Balkan maßgeblich beeinflußt.

Um dem akuten Arbeitskräftemangel abzuhelfen, bemühten sich die Verantwortlichen ständig um Alternativen. Während Propagandaminister Goebbels sich am 22. März 1941 in seinem Tagebuch beklagte, daß die Juden aus Berlin noch nicht deportiert werden könnten, da sie inzwischen zu großen Teilen in der Rüstungsproduktion arbeiteten,[67] beschlossen zur gleichen Zeit der Reichsarbeitsminister und der Reichsstatthalter in Posen, ca. 73 000 polnische Juden aus dem Warthegau zum Zwangseinsatz an Brennpunkten der Kriegsproduktion oder -infrastruktur in das Altreich zu holen. Um jeden Kontakt mit der Bevölkerung zu vermeiden, ließ man Landesarbeitsämter und andere Regionalbehörden die Unterbringung der Juden in Arbeitslagern vorbereiten.[68] Dies hätte eine Zunahme der im sog. Altreich befindlichen jüdischen Bevölkerung um über 40 % bedeutet;[69] sicher ein Grund, weshalb Hitler bereits Anfang April dieses Projekt verbot.[70]

Das Vorhaben legt den Gedanken nahe, daß die Kasernierung von Arbeitskräften mittlerweile nicht nur im Reichssicherheitshauptamt, sondern auch im Arbeitsministerium eine feste Größe bei der allgemeinen Planung und eine Grundbedingung für den Einsatz jüdischer Zwangsarbeiter geworden war. Im Zusammenhang damit muß auch die seit dem Frühjahr 1941 durchgeführte lokale und regionale Konzentration von bisher nicht in Lagern untergebrachten jüdischen Familien gesehen werden. Noch im März waren Pläne zur Kasernierung von Münchner Juden in Baracken und ein Vorhaben in Brandenburg zur Einweisung jüdischer Familien in Kleingartenlauben vom RSHA abgelehnt worden.[71] War man in Berlin auch mit allgemeinen Wohnungsräumungen einverstanden, wurde kurze Zeit darauf ein Projekt der Kölner Gestapo zur Einrichtung mehrerer Lager kurzzeitig verboten, da »Ghettos nicht gebildet werden dürf[t]en«.[72] Bald ließ man diese »Vorbehalte« fallen, und besonders nicht zwangsarbeitende Juden in ländlichen Gegenden mußten ihre Wohnung verlassen und wurden in regionalen Lagern konzentriert.[73] Daneben wiesen die Behörden größerer Städte jüdische Familien in an den Stadträndern gelegene Lager ein.

Die Einquartierung von ca. 100 bisher nicht im Zwangsarbeitsprozeß befindlichen Juden aus Gemeinden im Siegkreis in ein ehemaliges Reichsarbeitsdienstlager der Gemeinde Much[74] erfolgte auch mit dem Ziel, die Juden nach der Umsiedlung in den Arbeitseinsatz zu zwingen. Landrat und Bürgermeister forderten bald in Verhandlungen mit Arbeitsamt und Privatunternehmen die zügige Organisation des Zwangseinsatzes der kasernierten Juden.[75] Neben besserer Kontrolle der Juden in den Lagern sollte durch die Wohnungsräumungen auch Platz für »deutschblütige Volksgenossen« geschaffen werden, ein Grund, der lokale Verwaltungen besonders für diese Aktion motivierte.[76] Deportationsvorbereitung und

Zwangseinsatz verbanden sich für die Behörden auf »ideale Weise« in der unbefristeten Kasernierung vieler jüdischer Familien in »Arbeits- und Wohnlagern«, wie man diese in Abgrenzung zu den 1939/40 bei speziellen Bau- und Arbeitsvorhaben errichteten Arbeitslagern bezeichnen sollte.

»Arbeits- und Wohnlager« wurden in den Folgemonaten u. a. in Tormersdorf bei Görlitz für Breslauer, später auch Görlitzer Familien,[77] in Friedrichssegen bei Koblenz für Juden aus den Kreisen Unterlahn-Limburg, Rheingau-St. Goarshausen und Westerwald,[78] ferner z. B. in München-Milbertshofen,[79] in Bonn-Kapellenstraße[80] und Essen-Steele[81] eingerichtet. Weitere Hinweise auf eine ganze Reihe solcher Lager liegen vor.[82] Während die Gauleitung der NSDAP in München Juden zwang, Baracken für das Lager Milbertshofen selbst aufzubauen, nutzten die Behörden andernorts stillgelegte Zechenanlagen (Essen, Friedrichssegen), ehemalige Anstalts- und Heimgebäude (Tormersdorf) oder konfiszierte Klosteranlagen (Bonn). Nach einigen Monaten konnte die Zahl der Insassen, etwa in München[83] und Tormersdorf,[84] eine Größenordnung von über 400 Personen erreichen.

Auch für Berlin bestand die Absicht, Juden aus ihren Wohnungen zu vertreiben und in Barackenlagern zu konzentrieren, wie bei einer Besprechung im Reichspropagandaministerium über die Einführung des »Judensterns« am 15. August 1941 vehement gefordert wurde.[85] Die Dimension dieses Vorhabens – es gab noch immer über 70 000 Juden in Berlin – muß die Planer zu diesem Zeitpunkt und auch später überfordert haben, da es zwar zu Zwangsräumungen und Wohnungszusammenlegungen in großer Zahl kam, aber bis zum Kriegsende keine Wohnlager für Juden in Berlin errichtet wurden.

Wie reduziert die Freizügigkeit der Juden in den Arbeits- wie auch den Arbeits- und Wohnlagern war, beweist anschaulich die Lagerordnung für das Lager Much im Siegkreis: »1. Es ist den jüdischen Insassen des Lagers untersagt, den Ort Much zu betreten. 2. Juden dürfen Geschäfte aller Art in Much und Umgebung nicht betreten. Die Lagerverwaltung hat zur Tätigung von Einkäufen [...] eine einzelne Person zu beauftragen. 3. Der Besuch von Gastwirtschaften ist Juden verboten. 4. Die Bänke in den Anlagen der Gemeinde Much stehen nur Einheimischen und den Kurgästen zur

Verfügung. 5. Die vorgeschriebenen Ausgehzeiten für Juden (vom 1. 4. bis 30. 9. zwischen 6 Uhr und 21 Uhr, vom 1. 10. bis 31. 3. zwischen 7 und 20 Uhr) sind einzuhalten. 6. Der Arbeitseinsatz von männlichen oder weiblichen Personen kann nur mit Genehmigung des Ortsbürgermeisters als Ortspolizeibehörde erfolgen. 7. Im übrigen ist jeglicher Verkehr von Juden mit der Bevölkerung untersagt. 8. Es ist verboten, als Entgelt für Arbeitsleistungen aller Art Lebensmittel anzunehmen. Die Löhnung für geleistete Arbeit darf nur in Bargeld erfolgen. 9. Die Nichtbeachtung vorstehender Weisungen zieht polizeiliche Maßnahmen nach sich.«[86]

Ähnlich drastisch waren die Verhältnisse, unter denen einige hundert zur Spargelernte 1941 in den Regierungsbezirk Magdeburg zwangsverpflichtete jüdische Mädchen aus Wien leben und arbeiten mußten, die nach Beendigung der Erntearbeiten bis zu ihrer Deportation im Jahr 1942 bei dortigen Privatunternehmen weiterbeschäftigt wurden. Fünf Arbeitslager sind bisher nachzuweisen: Aschersleben, Nordhausen, Stendal, Siems bei Mieste und Haldensleben.[87] Für die Lagerordnungen befand die Staatspolizeistelle Magdeburg eine Ausgehzeit »für Sonnabends 2 Stunden und für Sonntags 2 Stunden vormittags und 3 Stunden nachmittags für ausreichend«, um die »Arbeitsfreudigkeit« der Jüdinnen nicht zu beeinträchtigen. Bereits Ende Juni 1941 gab die Behörde allerdings grünes Licht, den Zwangsarbeiterinnen überhaupt jeden Ausgang zu verbieten, um »Unzuträglichkeiten« wegen »allzu enge[r] Berührung mit der deutschen Bevölkerung« zu vermeiden.[88]

Nachdem es auch in Much Kontakte zwischen den Juden und der einheimischen Bevölkerung gegeben hatte, kam eine vergleichbar krasse Reaktion des zuständigen Landrates für den Kreis Siegburg, der bei der Gestapo in Köln Anfang 1942 eine totale Ausgangssperre für die Juden des Lagers und damit die Verschärfung der Lagerordnung vom August 1941 beantragte.[89]

Zeugen diese Ausgangsverbote für jüdische Zwangsarbeiterinnen und Zwangsarbeiter von einer eskalierenden rassistischen Haltung der Verantwortlichen, sind die Anlässe dafür gleichzeitig Indizien für ständige Kontakte zwischen Juden und Nichtjuden trotz aller Verbote und Propagandabemühungen. Die Spannweite dieser Beziehungen konnte von Lebensmittelgeschenken, die das Los der Arbeitslagerinsassen erleichterten,[90] bis zum Schwarzhandel reichen. Nur vereinzelte Zeichen solidarischer Haltung von Deutschen sind in den amtlichen Quellen direkt oder indirekt überliefert worden. In Kelkheim akzeptierten nachweisbar vier von fünf mit der Kontrolle des Lagers beauftragten Ratsherren die Zustände beim Judeneinsatz. Nur ein Stadtrat, Josef Herr, bat mit Courage den oben hinreichend beschriebenen Bürgermeister Kelkheims, die Leistungen der Juden neu zu bewerten, da die meisten verheirateten Juden mit den unzureichenden Lohnzahlungen nicht auskämen.[91] Derselbe Bürgermeister hatte jedoch erst kurz zuvor einen um einen Einsatz der Juden ersuchenden Bauunternehmer abgewiesen, weil dieser in einer der antijüdischen Stimmung entgegengesetzten Normalität bereit gewesen war, 0,82 RM pro Stunde an die Juden zu zahlen, was dreißig Pfennig über dem vom Bürgermeister angestrebten Niedrigtarif lag.[92] Die große Bedeutung der nichtjüdischen Lagerleiter, Vorarbeiter und Arbeitseinsatzverantwortlichen läßt sich selbst aus den wenigen Berichten Überlebender ablesen. Für die jüdischen Mädchen im Berliner Siemenslager blieb die Lagerchefin, Frau Krurup, bis heute in positiver Erinnerung, da sie ihnen ihr schweres Los auf vielfältige Art, besonders durch bewußt legere Überwachung der Ausgangs- und Essensrestriktionen, erleichterte.[93]

Mit der Einführung des Sterns, der Veröffentlichung der Verordnung über die Zwangsarbeit, der Verhängung des Auswanderungsverbots und dem Beginn der Deportationen hatte die NS-Verfolgung im September und Oktober 1941 für die deutschen Juden ihre bis dahin radikalste Stufe erreicht. Nunmehr dominierte für die Gestapo mehr und mehr die Konzentration der zur Deportation vorgesehenen Juden als Motiv für die Lagererrichtung, wenn das Zwangsarbeitsmoment auch nicht verdrängt wurde, da in allen Lagern ein hoher Prozentsatz der Insassen Zwangsarbeit leisten mußte.

Die Einrichtung von Arbeits- und Wohnlagern wurde im Herbst 1941 deutlich forciert. Ende August 1941 verhandelte man in Riebnig/Schlesien bereits das zweite Lagerprojekt für Breslauer Juden, dessen Realisierung sich allerdings bis in den Oktober hinzog.[94] Die Gestapo im Sudetenland plante Anfang September 1941, nachdem kurz zuvor das Projekt eines Barackenlagers für Aussigs Juden verworfen worden war, die Umsiedlung der meisten dieser Menschen nach Schönwald/Erzgebirge in ein altes verfallenes Schloß, das vorher als Kriegsgefangenenlager gedient hatte.[95] Es wurden z. B. im Oktober 1941 die Lager in Grüssau bei Waldenburg[96] und Laupheim[97] sowie Stolberg-Atsch bei Aachen[98] und im Dezember 1941 die Lager in Hamm/Westfalen[99] und Hüpstedt/Eichsfeld[100] errichtet. Die seit Mitte 1941 geplante Aussiedlung der Juden aus Köln und Umgebung in die Forts und Baracken von Köln-Müngersdorf wurde ebenfalls forciert.[101] Für die jüdischen Arbeits- und Wohnlager nutzten die Behörden wieder stillgelegte Zechengelände (Hüpstedt, Laupheim) oder konfiszierte Klosteranlagen (Kloster Grüssau, München-Berg am Laim).[102]

Daneben gab es Zwangseinweisungen in bestehende Lager, so z. B. für Hannoversche Juden in die Gartenbauschule Ahlem im Zuge einer Wohnungsräumaktion des Gauleiters im September 1941 und dann noch einmal Anfang 1942.[103] Es kam auch vor, daß jüdische Alters- oder Pflegeheime geschlossen in Lager überführt wurden, so z. B. die Insassen des Beathe-Guttmann-Heims Breslau in das Tormersdorfer Lager.[104] In dieses Lager wurden von der Görlitzer Gestapo neben außerhalb der Rüstungsindustrie beschäftigten Zwangsarbeitern bevorzugt auch die nichtarbeitenden Familien jüdischer Rüstungsarbeiter eingewiesen, um diese von ihren Angehörigen zu trennen.[105]

Seltener wurden für deutsche Juden im »Altreich« zu dieser Zeit Lager allein für den Zwangseinsatz errichtet, wie das vom Beauftragten des Gauleiters initiierte Barackenlager für über 50 jüdische Münchnerinnen in München-Lohhof bei der Firma Flachsröste GmbH.[106]

In verschiedenen Berichten finden sich übereinstimmende Aussagen über schlechte hygienische und bauliche Zustände der den Juden zugewiesenen Lagerunterkünfte. Wie z. B. über Much, Riebnig und Schönwald heißt es ähnlich auch über Tormersdorf: »Man konnte keine Fenster öffnen, keine Tür schließen, die Toiletten funktionierten nicht, Wasser mußte man von der Straße holen.«[107]

Ansonsten lassen sich in Memoiren und Erinnerungen jüdischer Überlebender nur wenige Hinweise auf die Lebensbedingungen beim Zwangseinsatz in Deutschland finden und nahezu keine Informationen zum Alltag in den Arbeitslagern, da für viele dies nur Zwischenstation vor der Deportation in die Zwangsarbeits- oder

Todeslager der besetzten Ostgebiete war. Die Umstände des sog. jüdischen Arbeitseinsatzes insbesondere in der Zeit vor den Deportationen sind von den Betroffenen sehr verschieden reflektiert worden: Während ein Überlebender rückblickend den »Arbeitseinsatz« lediglich als »Vermittlung in Gelegenheitsarbeiten« bezeichnet,[108] schrieb Marga Spiegel drastischer über ihre Empfindungen: »Mein Mann mußte, wie alle Juden, Zwangsarbeit verrichten. Sie durften nur in Kolonnen von etwa 15 Mann beschäftigt werden und hatten einen nichtjüdischen Vorarbeiter. Für viele unserer Bekannten begann damals schon das Konzentrationslager. Sie hatten Vorarbeiter, die sie wie Sklaven kommandierten und nach ihren Launen schikanierten. Dabei bekamen sie nicht halb satt zu essen.«[109] Speziell für die Juden in den Lagern galt: »Unserer Freiheit waren wir beraubt, unsere Angehörigen durften wir nur nach einer bestimmten Zeit aufsuchen und [...] alles, weil wir Juden waren«, wie die resümierende Anklage eines anderen Juden über die Zeit seiner Zwangsarbeit im »Judenlager II« beim Bau der Rappbodetalsperre in Wendefurt/Harz lautete.[110]

Aufgrund des mit Ausweitung des Krieges immer akuteren Mangels an Arbeitskräften in der deutschen Kriegsindustrie wurde nun der, auf die Hitlerentscheidung vom Frühjahr 1941 zurückgehende, Grundsatz pragmatisch durchbrochen, keine nichtdeutschen Juden für den Zwangseinsatz in das Altreichsgebiet zu holen. Beim Reichsautobahnbau wie bei Rüstungsbauten wurden Arbeitslager für Tausende polnischer Juden in den östlichen Grenzgebieten Deutschlands errichtet.[111]

Den Widerspruch zwischen laufenden antijüdischen Deportationsmaßnahmen und dem Arbeitskräftedefizit versuchte die Gestapo zu Beginn des Jahres 1942, mindestens für Berlin, in dem Projekt aufzulösen, alle jüdischen Zwangsarbeiter in Lagern direkt bei den Industrieunternehmen zu »internieren«,[112] während die zwischenzeitlich gestoppte Deportation der Familienangehörigen im April wieder aufgenommen werden sollte. In den dazu stattfindenden Besprechungen mit Vertretern derjenigen Berliner Industrieunternehmen, die über 100 Juden bei sich beschäftigten, wurde diesen mitgeteilt, daß in den auf Werksgelände zu errichtenden Lagern die Juden wie Kriegsgefangene hinter Stacheldraht einzusperren seien und sie »ihre Arbeitskraft lediglich gegen freie Unterkunft und Verpflegung hergeben« müßten. »Um die Juden möglichst aus dem Stadtbild auszuschalten«, sollten diese die Lager nur noch zur Zwangsarbeit verlassen dürfen. Da die Industrievertreter die Errichtung der geplanten Barackenlager als sehr aufwendig ansahen, hielten die Gestapobeamten auch eine Unterbringung in Ghettos für möglich. »Die anwesenden Betriebsführer waren sich darüber einig, daß diese Lösung von seiten der Industrie für vorteilhaft gehalten würde.«[113]

Einen Monat später, am 12. März, räumte die Gestapo die gegenüber den Lagern bestehenden Bedenken mit dem Hinweis aus, daß Baracken »in ausreichender Menge gestellt« würden und nach »endgültiger Evakuierung der Juden [...] beliebige Verwendung finden« könnten. Der Arbeitslohn der getrennt nach Frauen und Männern unterzubringenden Juden würde nach Abzügen für Verpflegung und Barackenbenutzung an die Gestapo zu überweisen sein. Die an dem Gespräch beteiligten mehr als 50 Industriefirmen hätten bis zur persönlichen Entscheidung Hitlers, ob die Trennung der jüdischen Familien durch Kasernierung der Zwangsarbeiter und Deportation der Angehörigen nach dem Plan der Gestapo erfolgen könnte, schon Vorarbeiten für die Aufstellung der Lager zu leisten.[114] Die hier von der Berliner Gestapo projektierten Konditionen waren deutlich am Konzept der »Organisation Schmelt« für die Zwangsarbeit oberschlesischer Juden ausgerichtet worden.

Dem Sonderbeauftragen des Reichsführers SS und Chefs der Deutschen Polizei für fremdvölkischen Arbeitseinsatz in Oberschlesien, seit Oktober 1940 SS-Brigadeführer Albrecht Schmelt, waren in Schlesien über 160 Zwangsarbeitslager für ehemalige ostoberschlesische Juden unterstellt, die bei Reichsbahn-, Reichsautobahn- und Rüstungsbauten eingesetzt wurden.[115] Diese Lager unterschieden sich in Organisation und Funktion von den jüdischen Arbeitslagern im übrigen Altreich. Die Lebensbedingungen in den Lagern schildert ein Augenzeuge so: »Ich [...] bin am 5.11.1940 zusammen mit ca. 350 Juden der Stadt Krenau/Ob. Schles. in das Lager Sakrau/Ob. Schles. deportiert worden. Das Lager Sakrau war ein sog. ›Zwangsarbeitslager‹, in dem sich ausschließlich Juden befanden. [...] Schwerste Arbeit bei minimalster Verpflegung in Form von 200–400 Gramm Brot täglich und einer Wassersuppe. Es gab nur selten 20–25 Gramm Margarine zusätzlich. [...] Wie schon oben erwähnt, mußten wir im Winter ohne genügende Bekleidung oder Beschuhung die schwersten Arbeiten unter schwersten Mißhandlungen von Seiten der Bewachung wie auch zum Teil der Meister, die auch größtenteils S. A.-Leute oder sonstige P. G.s waren, verrichten. [. . .] Es sind auch in [den Lagern] Markstedt und Faulbrück [. . .] 12 und mehr Personen täglich gestorben.«[116] Die Lager wurden generell seit ihrer Einrichtung von Polizei oder SA bewacht,[117] wobei man auch zeitweise frontuntaugliche Baufacharbeiter und Hilfsarbeiter der Organisation Todt oder Soldaten der Wehrmacht als Wachpersonal verpflichtete.[118]

Die überlieferten Einsatzbedingungen lassen sich zu Übereinstimmungen mit dem Sklavenarbeitersystem der Konzentrationslager verdichten: Die unter drakonischer Strafandrohung[119] rekrutierten jüdischen Zwangsarbeiterinnen und Zwangsarbeiter wurden den Firmen gegen vertraglich fixiertes Entgelt, das an die Lagerverwaltung abzuführen war, überlassen. Es existierten keine Arbeitsverträge, was geltendes Tarifrecht ausschloß. Die Arbeitszeit betrug bis zu 12 Stunden täglich, auch sonntags. Nachtarbeit war üblich. Die Lager wie auch die Zwangsarbeiter wurden rund um die Uhr bewacht. Mißhandlungen und Unterernährung waren ständige Begleiterscheinungen des Lagerlebens für die Insassen.[120] Als ab Mitte 1943 die jüdischen Zwangsarbeiter der Organisation Schmelt nach Auschwitz deportiert wurden, übernahmen die Verwaltungen des KL Auschwitz und des KL Groß-Rosen einen Teil der kriegswichtigen Arbeitslager bei den großen Rüstungsbetrieben als Außenkommandos.[121]

Das organisatorisch vergleichbare Berliner Lagerprojekt vom Beginn des Jahres 1942 war spätestens seit Mai mit der Entscheidung Hitlers überholt, die familienweise Verschleppung der zwangsarbeitenden Juden zu favorisieren.[122] Die Chefs der Industriebetriebe »bedauer[te]n allgemein, daß der ursprüngliche Vorschlag«[123] der Errichtung kleiner jüdischer Werks-Konzentrationslager in Berlin gescheitert war, entging ihnen auf diese Weise doch die enorme Verbilligung der Produktionskosten durch die Transformation der jüdischen Arbeitskräfte von bereits angelernten Zwangsarbeitern zu Arbeitssklaven.

Viele Insassen jüdischer Arbeits- und Wohnlager wurden ungeachtet ihrer Arbeitsverpflichtungen in rüstungsrelevanten Industrien schon im Frühjahr und Sommer 1942 in die besetzten Ostgebiete verschleppt: so z. B. aus dem Lager in Hamm/Westfalen Ende April,[124] aus Stolberg-Atsch bei Aachen im Juni,[125] aus dem Lager Bonn-Kapellenstraße im Juli[126] und aus Much/Siegkreis Ende Juli 1942,[127] was die Auflösung dieser Lager zur Folge hatte. Andernorts kam es zur Deportation der Juden in Wellen, wie z. B. aus Laupheim im Juni und September 1942.[128] Bei einigen der Arbeits- und Wohnlager zog sich die Auflösung bis März 1943 hin, wie z. B. bei den schlesischen Lagern Riebnig,[129] Tormersdorf[130] und Grüssau.[131] Läßt sich bei den ehemaligen Umschulungslagern das gleiche Schema bei der Schließung des Lagers und der »Evakuierung« der Juden erkennen, so steht ein genauer chronologischer Nachweis der Deportationen aus den seit 1939 bestehenden jüdischen Arbeitslagern noch aus.

Im September 1942 drang Hitler persönlich noch einmal gegenüber Sauckel als dem Generalbevollmächtigten für den Arbeitseinsatz darauf, die jüdischen Arbeitskräfte aus den Rüstungsbetrieben in Deutschland zu entlassen und nach dem Osten zu deportieren.[132] Eine lokale Zwischenlösung, bei der es darum ging, die Juden bis zum Abtransport ausnahmslos in Lagern zu kasernieren und die einsatzfähigen zur Zwangsarbeit heranzuziehen, scheint die Errichtung eines jüdischen Arbeits- und Wohnlagers im November 1942 durch die Dresdner Gestapo und die Firma Zeiss-Ikon in Dresden-Hellerberg gewesen zu sein. Die in dem – im Gegensatz zur bisher üblichen Praxis – streng bewachten Lager untergebrachten Dresdner Juden mußten zunächst ausschließlich für die Firma Zeiss-Ikon arbeiten,[133] später dann auch für andere Unternehmen, bis im März 1943 ihre Deportation stattfand.[134]

Daneben gab es den Trend, die Juden und ihre Institutionen räumlich aufs engste zu konzentrieren. Zu Beginn des Jahres 1943 befand sich die Bezirksstelle Rheinland der Reichsvereinigung bereits in Fort V, einem Teil des Arbeits- und Wohnlagers Köln-Müngersdorf.[135] In Frankfurt/Main wurde erstmalig eine »Gemeinschaftsunterkunft« unter Aufsicht der örtlichen Gestapo geschaffen, in der alleinstehende Juden, die Angestellten der Bezirksstelle der Reichsvereinigung und eine Krankenstation untergebracht wurden.[136] Dieser Prozeß wurde von der Gestapo in der ersten Hälfte des Jahres intensiviert, bis letztlich auch die Reichsvereinigung gezwungen wurde, in die Iranische Straße, in das Jüdische Krankenhaus Berlin, umzuziehen.[137]

Daß die Arbeitslager generell eine besondere Variante im Rahmen der Verfolgungsplanung bildeten, wird durch den Fakt belegt, daß im Zuge der vielzitierten »Fabrikaktion« die in Arbeitslagern kasernierten Juden ausdrücklich nicht mit deportiert werden sollten.[138] Es dauerte trotzdem nicht lange, bis in den folgenden Monaten die Mehrzahl der noch existierenden Arbeitslager geschlossen und die Insassen zur Sklavenarbeit oder direkt in den Tod nach Osten »evakuiert« wurden: »Mittlerweile waren von den anderen Gütern viele junge Leute nach Neuendorf gekommen, da man diese Güter alle auflöste. Wir waren wieder ungefähr 250 Leute, die am 10. April 1943 nach Auschwitz transportiert wurden. Wir wurden alle in dem großen Heim der Hamburger Straße in Berlin gesammelt. [...] Bevor wir dann das Heim in der Hamburger Straße verließen, mußte jeder Einzelne unterschreiben, daß er sich kommunistisch betätigt hatte und darum die Staatsangehörigkeit verlor. Dann wurden wir, begleitet von der S. S. mit geladenen Revolvern, an einen Berliner Bahnhof gebracht und dort in Güterwagen verladen. Am nächsten Vormittag kamen wir in Auschwitz an.«[139]

Dies war das Ende der Arbeitslager im »Altreich«. Sie waren seit 1939 zunächst im Zusammenhang mit dem Arbeitseinsatz für erwerbslose Juden eingerichtet worden. Mit der Einweisung deutscher Juden in diese Lager hatten die Behörden zunächst pragmatische Absichten verfolgt, später war die Kasernierung der Juden mehr und mehr Ausdruck radikalisierter Verfolgung und Deportationsvorbereitung geworden.

Der von Beginn an öffentlich sichtbare Einsatz der Kolonnen aus den »Judenlagern« verweist darauf, daß sie, soweit sie im »Altreich« lagen, für die »arische« Bevölkerung keine Terra incognita oder gar verbotene Zone waren. Beispielsweise können Dorfbewohner, die aufgrund eines im Saal des Wirtshauses eingerichteten »Judenlagers« für lange Zeit auf Vereinsversammlungen und Dorftanz verzichten oder sich anderweitig Räume beschaffen mußten, kaum über die Verfolgungsmaßnahmen einfach hinweggesehen haben. Die Verantwortlichen für diese Lager und damit auch für die dort herrschenden diskriminierenden Umstände saßen zudem in den lokalen Verwaltungen, bei staatlichen Institutionen, regionalen

Baubehörden oder in mit den Bauten beauftragten Privatunternehmen. Waren die jüdischen Arbeitslager auch manches Mal eingezäunt, vor allem in der späteren Phase des Krieges, so waren sie doch nicht so unzugänglich wie Konzentrationslager. Informationen über die dortigen Bedingungen konnten frei kursieren.

Frühere jüdische Lehrgüter zur landwirtschaftlichen Umschulung sowie ab 1939 neu eingerichtete Umschulungslager wurden unter direkter Kontrolle der Gestapo verstärkt für den jüdischen Zwangseinsatz genutzt und 1941 auch in der Organisationsweise den bestehenden Arbeitslagern angepaßt. Seit 1941 differenzierte sich im »Altreich« das Arbeitslagersystem aufgrund des allgemeinen Arbeitskräftemangels und der Eskalation der Judenverfolgung, z. B. durch die Entstehung von Lagern nichtdeutscher Juden im »Altreich« und die Lager der Organisation Schmelt. Im Frühjahr 1941 entstand auf Initiative des Reichssicherheitshauptamtes neben den jüdischen Arbeitslagern ein neuer Typus von Lagern für deutsche Juden, bei dem die Kasernierung jüdischer Familien und der Zwangseinsatz erstmals vereint waren: die Arbeits- und Wohnlager. Mit dem Frühjahr 1942 begann die Gestapo aus den Arbeitslagern wie den Arbeits- und Wohnlagern nach und nach die Insassen in die Todeslager des okkupierten Ostens zu verschleppen, bis die letzten Lager für den jüdischen Arbeitseinsatz Mitte des Jahres 1943 geschlossen wurden. Allerdings existierten als Ausnahmen, die die Regel bestätigten, einige jüdische Zwangseinsatzlager bei kriegswichtigen Bauten noch bis fast zum Kriegsende.

An der hier skizzierten Geschichte der Lager für den jüdischen Arbeitseinsatz im »Altreich« 1938–1943 können vereinzelt strukturell, meist situativ Verhaltensweisen von spezifischen Gruppen der deutschen Bevölkerung fixiert werden. Bei der Organisation, Verwaltung und Versorgung der Arbeitslager, und damit auch bei der Schaffung diskriminierender Lagerbedingungen, waren viele Deutsche engagiert, die bisher nicht als potentielle Täter berücksichtigt worden sind. Kann man bei den involvierten Ämtern und Behörden schon von Tätergruppen sprechen, tauchen in diversen Fällen auch immer wieder Einzelpersonen auf, die durch Duldung oder häufig sogar Initiative die diskriminierende Verfolgung der Juden beim Zwangsarbeitseinsatz und in den Lagern unterstützten oder verschärften. Die sich aus der Deklassierung jüdischer Zwangsarbeiter ergebenden materiellen Vorteile beim Einsatz dieser Arbeitskräfte korrumpierten zudem viele Privatunternehmen, ihre Profitinteressen über die Rechte der verfolgten Minderheit zu stellen. Nur vereinzelt widerstanden Deutsche aller beteiligten Gruppen den materiellen wie ideellen Anreizen, sich an der Verfolgung der deutschen Juden und deren Zwangseinsatz in den Arbeitslagern des NS-Staates von 1938 bis 1943 zu beteiligen.

Anmerkungen

1 Leo Baeck Institute New York/Archives, Memoir Collection: My four years of horror through the holocaust. An authentic report by Heinz Rosenberg, S. 6; »digging quota« ist hier vermutlich die Arbeitsnorm beim Ausheben von Gräben.

2 Stadtarchiv (Stadt A) Kelkheim/Taunus, Aktenband: Arbeitseinsatz einer jüdischen Arbeitskolonne für den Straßenbau (April–Oktober 1939), unfol.: Aktenvermerk des Bürgermeisters von Kelkheim v. 17. 4. 1939; »Kasernenpolizist« als Interpretation des Begriffes Kapo stammt von diesem Bürgermeister.

3 Ebenda: Aktenvermerk des Bürgermeisters v. 5. 4. 1939, Hervorhebung im Original.

4 Ebenda: Aktenvermerk des Bürgermeisters v. 17. 4. 1939.

5 Ebenda: Aktenvermerk des Bürgermeisters v. 29. 4. 1939.

6 Ebenda: Aktenvermerk Bender für Bürgermeister v. 8. 5. 1939.

7 Ebenda: Schreiben des Bürgermeisters v. 10. und 19. 7. 1939.

8 Ebenda: Aktenvermerk des Bürgermeisters v. 24. 4. 1939.

9 Die Zahl ergibt sich aus Hinweisen, die sich verstreut in regionalen bzw. lokalen Archivbeständen sowie in diversen lokalgeschichtlichen Abhandlungen fanden; sie können in diesem Rahmen nicht alle angeführt werden.

10 Kapitel zu diesem Thema im Rahmen von Monographien, die allerdings kaum auf die Geschichte der jüdischen Lager eingehen, bei Adler, Hans G., Der verwaltete Mensch. Studien zur Deportation der Juden aus Deutschland, Tübingen 1974; Barkai, Avraham, Vom Boykott zur »Entjudung«. Der wirtschaftliche Existenzkampf der Juden im Dritten Reich 1933–1943, Frankfurt a. M. 1988 und bei Kwiet, Konrad, Nach dem Pogrom: Stufen der Ausgrenzung, in: Die Juden in Deutschland 1933–1945. Leben unter nationalsozialistischer Herrschaft. Unter Mitarbeit von Volker Dahm/Konrad Kwiet u. a. hrsg. von Wolfgang Benz, München 1988; oder in lokalgeschichtlicher Literatur z. B. bei Fliedner, Joachim, Die Judenverfolgung in Mannheim, 2 Bde., Mannheim 1971. Außerdem ähnlich wie 1988: Kwiet, Konrad, Forced Labour of German Jews in Nazi Germany, in: Leo Baeck Institute Year Book XXXVI, London 1991, S. 389–410. Seit 1992 erschien zu dem Thema: Maier, Dieter, Arbeitseinsatz und Deportation. Die Mitwirkung der Arbeitsverwaltung bei der nationalsozialistischen Judenverfol-

gung in den Jahren 1938–1945, Berlin 1994; Gruner, Wolf, Der geschlossene Arbeitseinsatz deutscher Juden. Zur Zwangsarbeit als Element der Verfolgung 1938 bis 1943, Berlin 1997; ders., Zwangsarbeit und Verfolgung. Österreichische Juden im NS-Staat 1938–1945, Innsbruck/Wien/München 2000.

11 Vgl. Staatsarchiv (StA) Hamburg, 351-10 Sozialbehörde I, AW 40.30: Schreiben des Arbeitsamtes Bassum an die Arbeitsfürsorge Hamburg v. 8. 9. 1937; vgl. dazu Lohalm, Uwe, Hamburgs öffentliche Fürsorge und die Juden 1933–1939 in: Die Juden in Hamburg 1590–1990. Wissenschaftliche Beiträge der Universität Hamburg zur Ausstellung »Vierhundert Jahre Juden in Hamburg«, hrsg. von Arno Herzig in Zusammenarbeit mit Saskia Rohde, Hamburg 1991, S. 505; ders., Fürsorge und Verfolgung. Öffentliche Wohlfahrtsverwaltung und nationalsozialistische Judenpolitik in Hamburg 1933 bis 1942, Hamburg 1998, S. 34 f.

12 StA Hamburg, 351-10 Sozialbehörde 1, AW 40.30, unfol.: Auszug aus dem Vermerk über eine Besprechung zu Arbeitsmaßnahmen im Arbeitsamtsbezirk Stade v. 6. 8. 1938.

13 Vgl. hierzu und zu folgendem: Gruner, Wolf, Arbeitseinsatz und Zwangsarbeit jüdischer Deutscher 1938/39, in: Beiträge zur nationalsozialistischen Gesundheits- und Sozialpolitik, Bd. 8: Arbeitsmarkt und Sondererlaß, hrsg. von Götz Aly u. a., Berlin 1990, S. 137 ff.

14 Schreiben an den Reichskommissar für die Wiedervereinigung Österreichs mit dem Deutschen Reich, Josef Bürckel, v. 20. 9. 1938, zit. bei Rosenkranz, Herbert, Verfolgung und Selbstbehauptung. Die Juden in Österreich 1938–1945, Wien 1978, S. 173–174.

15 Sauer, Paul (Bearb.), Dokumente über die Verfolgung der jüdischen Bürger in Baden-Württemberg durch das nationalsozialistische Regime 1933–1943, Teil 1–2, Stuttgart 1966, Teil 1, S. 207, Nr. 173 a: Erlaß des Präs. der RAfAA in der Übermittlung durch Erlaß des Präs. des LAA Südwestdeutschland an die Arbeitsämter v. 20. 10. 1938.

16 Vgl. Gruner, Arbeitseinsatz (wie Anm. 13), S. 139–140.

17 Vgl. Der Prozeß gegen die Hauptkriegsverbrecher vor dem Internationalen Militärgerichtshof, Nürnberg, 14. November 1945–1. Oktober 1946 (IMT), Bd. XXVIII, Nürnberg 1948, Dok. PS-1816, S. 532–540: Protokoll der sog. Ministerkonferenz zur Judenfrage am 12. 11. 1938.

18 Gruner, Wolf, Der Beginn der Zwangsarbeit für arbeitslose Juden in Deutschland 1938/39. Dokumente aus der Stadtverwaltung Berlin, in: Zeitschrift für Geschichtswissenschaft, Jg. 37 (1989), S. 139–140, Dok. Nr. 1.

19 Sauer, Dokumente (wie Anm. 15), Teil 1, S. 207, Nr. 173 b: Bericht Leiter des Arbeitsamtes Mannheim v. 26. 10. 1938; und Sauer, Teil 2, S. 72, Nr. 328: Bericht Arbeitsamt Mannheim an Präs. des LAA Südwestdeutschland v. 13. 1. 1939.

20 Gruner, Beginn (wie Anm. 18), S. 140–141, Dok. Nr. 2: Begleitschreiben des Präs. des LAA Brandenburg v. 24. 12. 1938 zum Erlaß v. 20. 12. 1938.

21 Österreichisches Staatsarchiv, Archiv der Republik, Bürckel-Mat., Karton 74, 2160/7, Bl. 11 RS: Bericht der Zweigstelle Österreich des RArbM an den Minister v. 18. 7. 1939; vgl. Rosenkranz, Verfolgung (wie Anm. 14), S. 209.

22 Bundesarchiv, Außenstelle Berlin (ehem. Archiv des Dokumentationszen-

trums der Staatlichen Archivverwaltung der DDR) [im folg.: BA, AS Berlin (ADZ)], Dok. K 839, S. 1: Anlage 5 zur Volkszählung Mai 1939, Aufstellung Arbeitslager u. ä.

23 Mittelsdorf, Harald, Die Geschichte der Saale-Talsperren (1890–1945) (Diss. MS), Berlin 1991, S. 201–204.

24 BA, Abteilungen Potsdam, 46.01 Generalinspekteur für das deutsche Straßenwesen, Nr. 1170, Bl. 242: OBR Kassel, Nachweisung über die vorhandenen Wohnlager und Unterkünfte, Stand v. 31. 7. 1939.

25 BA, AS Berlin (ADZ), Dok. K 839, S. 2.

26 Vgl. Schneider, Werner, Jüdische Heimat im Vest. Gedenkbuch der Jüdischen Gemeinden in Recklinghausen, Recklinghausen 1983, S. 206; Cramer, Hans-Donald, Das Schicksal der Goslarer Juden 1933–1945. Eine Dokumentation, Goslar 1986, S. 111.

27 Vgl. StadtA Göttingen, Pol. Dir. Göttingen 156, Nr. 5, Bl. 340: Runderlaß der Staatspolizeileitstelle Hildesheim v. 23. 3. 1939

28 Vgl. BA Koblenz, R 14 Reichsministerium für Ernährung und Landwirtschaft, Nr. 301, Bl. 217–218: Schreiben Heydrichs als Chef der Sicherheitspolizei an den Landwirtschaftsminister v. 6. 3. 1939.

29 Vgl. Naarmann, Margit, Die Paderborner Juden 1802 bis 1945. Emanzipation, Integration und Vernichtung, Paderborn 1988, S. 348 u. 464–466: Vertrag zwischen der Stadt Paderborn und der Reichsvertretung der Juden in Deutschland v. 23. 6. 1939 über die Einrichtung eines jüdischen Arbeits- und Umschulungslagers. Dessen Ziel war: »der Arbeitseinsatz von Juden und die [...] Umschichtung [...] von Juden als Vorbereitung ihrer Auswanderung«.

30 Nach dem Arbeitsbericht der Reichsvereinigung für das Jahr 1939 referiert bei Adler-Rudel, Salomon, Jüdische Selbsthilfe unter dem Naziregime 1933–1939. Im Spiegel der Berichte der Reichsvertretung der Juden in Deutschland, Tübingen 1974, S. 66.

31 BA, Abt. Potsdam, 75 C Re 1 Reichsvereinigung der Juden in Deutschland, Nr. 125, Bl. 265–266: Schreiben der Reichsvereinigung, Abt. Berufsbildung, an den Reichsnährstand-Bezirksförsterei Fürstenwalde v. 31. 7. 1941.

32 Vgl. Angreß, Erwin, Im Arbeitslager am Grünen Weg in Paderborn, in: Opfer und Täter. Zum nationalsozialistischen und antijüdischen Alltag in Ostwestfalen-Lippe, hrsg. im Auftrag der Gesellschaft für Christlich-Jüdische Zusammenarbeit Paderborn von Hubert Frankemöller, Bielefeld 1990, S. 72–86.

33 Vgl. Wolff, Ruth J., Verheiratet mit einem Juden – Erinnerungen an meinen Mann, in: Bierganz, Manfred/Kreutz, Annelie, Juden in Aachen, Aachen 1988, S. 141.

34 Vgl. Lager Bielefeld-Koblenzer Straße (Sept. 1939–März 1940). Meynert, Joachim, Was vor der »Endlösung« geschah. Antisemitische Ausgrenzung und Verfolgung in Minden-Ravensberg, Münster 1988, S. 236.

35 Vgl. StA Hamburg, 351-10 Sozialbehörde 1, AW 40.30: Schreiben des Arbeitsamtes Bassum an die Arbeitsfürsorge Hamburg v. 8. 9. 1937.

36 StadtA Kelkheim (wie Anm. 2): Vermerk eines Ratsherrn für den Bürgermeister von Kelkheim v. 18. 6. 1939.

37 Ebenda: Vermerk des Bürgermeisters v. 31. 3. 1939.

38 Ebenda: Vermerk des Bürgermeisters v. 5. 5. 1939.

39 Vgl. z. B. StadtA Kelkheim, wie Anm. 2; vgl. für ein sog. Umschulungslager: Meynert, »Endlösung« (wie Anm. 34), S. 235–246.
40 Meynert, »Endlösung« (wie Anm. 34), S. 240.
41 IMT, Bd. XXVIII, Dok. PS-1816, S. 534: Protokoll der sog. Ministerkonferenz zur Judenfrage am 12. 11. 1938.
42 Brief Esra P. v. 15. 10. 1991 über seine Erlebnisse 1940 im Lager am Präbichl-Paß, Österreich. (Im Besitz von W. G.)
43 Angress, Arbeitslager (wie Anm. 32), S. 77.
44 Cramer, Schicksal (wie Anm. 26), S. 143 u. 110.
45 BA, Abt. Potsdam, 46.06 Generalbauinspekteur für die Reichshauptstadt, Nr. 157, Bl. 205–207: Protokoll der Besprechung über Mieterschutz für Juden im Reichsjustizministerium am 22. 9. 1938; vgl. Blau, Bruno, Das Ausnahmerecht für die Juden in Deutschland 1933–1945, bearb. 3. Aufl., Düsseldorf 1965, S. 68–70, Dok. Nr. 234: Gesetz v. 30. 4. 1939.
46 Mit Hilberg könnte man für das Jahr 1939 sagen: Das jüdische Ghetto in Deutschland begann bereits Gestalt anzunehmen. Vgl. Barkai, Boykott (wie Anm. 10), S. 181. Im Gegensatz dazu Hilberg selbst, der dies erst für den Herbst 1941 formuliert, als der Prozeß seinem Ende entgegenging: Hilberg, Raul, Die Vernichtung der europäischen Juden, Bd. 1, durchges. und erw. Ausgabe, Frankfurt a. M. 1990, S. 181.
47 Zu diesem Vorgang vgl. Rudnick, Heinrich, Nachforschungen über das weitere Schicksal der am 22. Oktober 1940 aus dem Saarland nach Gurs verschickten Juden und Träger des Judensterns im Saarland, in: Jahrbuch für westdeutsche Landesgeschichte, hrsg. i. Auftr. der Landesarchivverwaltung Rheinland-Pfalz von Hans-Walter Herrmann/Franz-Josef Heyen u. a., Jg. 1 (1975), S. 341–342.
48 Hohlfeld, Johannes, Dokumente der deutschen Politik und Geschichte von 1848 bis zur Gegenwart, Bd. V, Berlin 1951, S. 151, Nr. 54: VO zur Einführung des Arbeitszwanges für die jüdische Bevölkerung im Generalgouvernement v. 26. 10. 1939.
49 Pätzold, Kurt (Hrsg.), Verfolgung, Vertreibung, Vernichtung. Dokumente des faschistischen Antisemitismus 1933–1942 Leipzig 1983, S. 233–234, Dok. Nr. 197: Fernschreiben des Gestapa v. 6. 9. 1939.
50 Vgl. Sauer, Dokumente (wie Anm. 15), Teil 2, S. 186–187, Dok. Nr. 404: Erlaß Präs. des LAA Südwestdeutschland v. 8. 11. 1939.
51 StadtA Kelkheim (wie Anm. 2): Vermerk v. 31. 3. 1939.
52 Niedersächsisches StA Aurich, Rep. 32, Nr. 2249, unfol.: Schreiben der Leda-Jümme Bauabteilung an Regierungspräs. in Aurich, 1. 6. 1939.
53 Nieders. StA Aurich, Rep. 16/3, Nr. 196, unfol.: Vermerk Wasserwirtschaftsamt Leer v. 24. 4. 1939.
54 Nieders. StA Aurich, Rep. 16/3, Nr. 196, unfol.: Vermerk Regierungspräs. in Aurich v. 26. 6. 1939.
55 Nieders. StA Aurich, Rep. 16/3, Nr. 196, unfol.: Schreiben des Wasserwirtschaftsamtes Leer an Baufirma Wurpts v. 12. 3. 1940.
56 Vgl. StadtA Kelkheim (wie Anm. 51).
57 Vgl. Barkai, Boykott (wie Anm. 10), S. 181–184.
58 Pätzold, Verfolgung (wie Anm. 49), S. 242, Dok. Nr. 207: Erlaß des Chefs der Sipo v. 16. 10. 1939.
59 BA Koblenz, R 43 II Reichskanzlei, Nr. 548 a, Bl. 73–74: Rundschreiben des

Reichsarbeitsmin. v. 3.6.1940; Reichstreuhänder der Arbeit für das Wirtschaftsgebiet Brandenburg, Jg. 7 (1940), S. 129: AO des Reichstreuhänders v. 27.7.1940.

60 Nach Interviews heute in den USA lebender Frauen: Zahn, Christine, Jüdische Zwangsarbeiterinnen im »Siemenslager«, Kommandantenstr. 58/59, in: Juden in Kreuzberg. Fundstücke, Fragmente, Erinnerungen, hrsg. v. d. Berliner Geschichtswerkstatt, Berlin 1991, S. 167–170.

61 Vgl. Pätzold, Verfolgung (wie Anm. 49), S. 280, Dok. Nr. 256: Sitzungsprotokoll.

62 Reichsarbeitsblatt 1941, Nr. 11/12, Teil 1, S. 195–196: Vorläufige AO des Reichstreuhänders für den öffentlichen Dienst über die arbeitsrechtliche Behandlung der Juden v. 19.2.1941.

63 RGBl., Teil 1, 1940, S. 1666: Zweite VO zur Durchführung der VO über die Erhebung einer Sozialausgleichsabgabe. Vgl. BA, Abt. Potsdam, 75 C Re 1, Nr. 2, Bl. 69, 72: Protokolle der Vorstandssitzungen der Reichsvereinigung der Juden in Deutschland (RV) v. 6.1.1941 u. 20.12.1940.

64 Vgl. BA, Abt. Potsdam, 75 C Re 1, Nr. 2, Bl. 47, 53–54, 57–58: Protokolle der Vorstandssitzungen der RV v. 26. 5., 7. 4., 31., 24. u. 17.3.1941; Nr. 45, Bl. 14–16, 26, 65–67, 77–78: Aktennotizen Dr. Eppsteins (RV) über Vorladungen ins RSHA v. 19., 17. u. 11. 3., 26. u. 20. 2. 1940.

65 BA, Abt. Potsdam, 75 C Re 1, Nr. 125, Bl. 229: Schreiben der RV an das Arbeitsamt Berlin v. 23.8.1941.

66 Bejarano, Esther, Man nannte mich Krümel. Eine jüdische Jugend in den Zeiten der Verfolgung, hrsg. vom Auschwitz-Komitee in der Bundesrepublik, Hamburg 1989, S. 15.

67 Die Tagebücher von Joseph Goebbels. Sämtliche Fragmente, hrsg. von Elke Fröhlich, Teil 1: Aufzeichnungen 1924–1941, Bd. 4: 1940–1941, München, New York, London, Paris, 1987, S. 547 (22.3.1941).

68 BA Koblenz, R 41 Reichsarbeitsministerium, Nr. 193, Bl. 98 RS–99 RS: Schnellbrief des RArbM v. 14.3.1941; vgl. Sauer, Dokumente (wie Anm. 15), Teil 2, S. 203, Dok. Nr. 421: Erlaß des Präs. des LAA Südwestdeutschland v. 25.3.1941; vgl. dazu Adler, Der verwaltete Mensch (wie Anm. 10), S. 211–212.

69 Am 31.7.1941 umfaßte die jüdische Bevölkerung im sog. Altreich 167245 Personen. Prochnik, Robert, Bericht über die organisatorischen und sonstigen Verhältnisse der jüdischen Bevölkerung des gesamten Altreichs vom 31.7.1941 (MS), Wien 1941, S. 3.

70 BA Koblenz, R 41, Nr. 193, Bl. 97: Schnellbrief des Reichsarbeitsministers v. 7.4.1941.

71 BA, Abt. Potsdam, 75 C Re 1, Nr. 45, Bl. 47: Aktennotiz Nr. 19 Dr. Eppsteins (RV) über Vorladung zum RSHA am 8.3.1941.

72 Nordrhein-Westfälisches Hauptstaatsarchiv (HStA) Düsseldorf, RW 18, Nr. 18, Bl. 142: Rundschreiben Staatspolizeistelle Köln v. 12.5.1941.

73 NW-HStA Düsseldorf, RW 18, Nr. 18, Bl. 141: Rundschreiben Staatspolizeistelle Köln v. 12.5.1941, Bl. 192: Schreiben Staatspolizeistelle Köln v. 3.6.1941. Vgl. zu Bonn: BA, Abt. Potsdam, 75 C Re 1, Nr. 129, Bl. 21: Bericht der RV an das RSHA v. 20.8.1942 über die Entstehung des Bonner Lagers. Vgl. ferner Zelzer, Maria, Weg und Schicksal der Stuttgarter Juden. Ein Gedenkbuch, hrsg. von der Stadt Stuttgart, Stuttgart 1964, S. 221.

74 NW-HStA Düsseldorf, RW 18, Nr. 18, Bl. 238: Schreiben Bürgermeister Much an Landrat Siegkreis v. 17. 6. 1941. Vgl. zu Much auch: Reifenrath, Bruno H., Die »Evakuierung« der Juden des Siegkreises unter besonderer Berücksichtigung ihrer Internierung im RAD-Lager Much, in: Linn, Heinrich, Juden an Rhein und Sieg, unter Mitarbeit von Horst Dahlhaus u. a., Siegburg 1983, S. 238–250.

75 NW-HStA Düsseldorf, RW 18/18, Bl. 240: Schreiben Bürgermeister Much an Landrat Siegkreis v. 17. 7. 1941.

76 Vgl. z. B. NW-HStA Düsseldorf, RW 18, Nr. 18, Bl. 142: Rundschreiben Staatspolizeistelle Köln v. 12. 5. 1941.

77 Als Jude in Breslau 1941, hrsg. v. Joseph Walk, [Gerlingen] 1984, S. 80, 86: Tagebucheintragungen v. 26. 7. u. 8. 8. 1941; vgl. Erlaß des Polizeipräs. von Breslau v. 26. 7. 1941 betr.: Judenwohnungsaktion in Breslau, in: Połomski, Franciszek, Ustawodawstwo rasistowskie III Rzeszy i jego stosowanie na Górnym Slasku, Katowice 1970, Anm. 93 (S. 327); sowie Otto, Roland, Die Verfolgung der Juden in Görlitz unter der faschistischen Diktatur 1933–1945, Görlitz 1990, S. 61.

78 Seibert, Hubertus, Zwischen Integration und Deportation. Zur Geschichte der Juden im Rhein-Lahn-Gebiet (1918–1945), in: Der Rhein-Lahn-Kreis. Landschaft – Geschichte – Kultur unserer Heimat, hrsg. von der Kreisverwaltung des Rhein-Lahn-Kreises, Oberwesel/Rhein 1987, S. 275–276.

79 Die Jüdischen Gemeinden in Bayern 1918–1945. Geschichte und Zerstörung, hrsg. und bearb. v. Baruch Z. Ophir/Falk Wiesemann, Oldenburg 1979, S. 55.

80 BA, Abt. Potsdam, 75 C Re 1, Nr. 129, Bl. 21: Bericht der RV an das RSHA v. 20. 8. 1942.

81 Geschichten und Schicksale der Essener Juden. Gedenkbuch für die jüdischen Mitbürger der Stadt Essen, hrsg. v. Hermann Schröter, Essen 1980, S. 54.

82 Z. B. Irsch bei Saarburg, Niederbardenberg bei Aachen, Burg Veynau bei Euskirchen, Sophienhöhe/Bergheim am Niederrhein bei: Düwell, Kurt, Die Rheingebiete in der Judenpolitik des Nationalsozialismus vor 1942. Beitrag zu einer vergleichenden zeitgeschichtlichen Landeskunde, Bonn 1968, S. 264; außerdem weitere Lagerorte in anderen lokalgeschichtlichen Studien zur Judenverfolgung oder in Statistiken der Reichsvereinigung aus dem BA, Abt. Potsdam, deren vollständige Aufzählung den Rahmen dieser Arbeit überschreiten würde.

83 Die Jüdischen Gemeinden in Bayern (wie Anm. 79), S. 55.

84 StadtA Görlitz, Rep. III, S. 990 Nr. 4, R 20; F 33 Magistrat der Stadt Görlitz, 0150 Wirtschaftsamt: Arbeitseinsatzbericht im Amtsbezirk Görlitz für Dezember 1941, S. 4–5.

85 Sitzungsvermerk zit. in: Lösener, Bernhard, Das Reichsministerium des Innern und die Judengesetzgebung, in: Vierteljahrshefte für Zeitgeschichte, Jg. 9 (1961), S. 302–303.

86 NW-HStA Düsseldorf, RW 18, Nr. 14, Bl. 289: Lagerordnung v. 15. 8. 1941.

87 Landeshauptarchiv Sachsen-Anhalt Magdeburg, Rep. C 20 I b, Nr. 3293, Bl. 107: Schreiben des Präs. des LAA Mitteldeutschland an den Oberpräs. in Sachsen v. 18. 4. 1942; vgl. Rosenkranz, Verfolgung (wie Anm. 14), S. 235 u. 272.

88 Verwaltungsarchiv Landkreis Oschersleben, Registrierung Hornhausen Nr. 184, Bl. 4–8: Rundschreiben der Gestapo Magdeburg v. 23. 5. 1941 und Nachtrag zum Rundschreiben v. 20. 6. 1941.
89 NW-HStA Düsseldorf, RW 18, Nr. 14: Entwurf eines Schreibens des Landrats v. 13. 3. 1942.
90 Vgl. Angreß, Arbeitslager (wie Anm. 32), S. 76.
91 StadtA Kelkheim (wie Anm. 2): Schreiben vom 15. 6. 1939.
92 StadtA Kelkheim (wie Anm. 2): Vermerk des Bürgermeisters v. 20. 5. 1939.
93 Zahn, Zwangsarbeiterinnen (wie Anm. 60), S. 169.
94 Archiwum Panstwowe we Wroclawiu (StA Breslau), Rejencja Wroclawska (Regierung Breslau) (im folg.: APW), 9985, Bl. 1–3: Schreiben des Landrats in Brieg an den Regierungspräs. in Breslau v. 29. 8. 1941; Bl. 4: Abschrift Schreiben des OB Breslaus, Ernährungsamt, an Landrat des Kreises Brieg v. 19. 9. 1941. (Die APW-Dokumente wurden dem Autor freundlicherweise v. Andreas Reinke, Berlin, zur Verf. gestellt.)
95 BA, Abt. Potsdam, 75 C Re 1, Film 52439, Nr. 362, Bl. 38: Schreiben der Bezirksstelle Sudetenland der RV v. 2. 9. 1941.
96 Rose, Ambrosius, Kloster Grüssau, Stuttgart 1974, S. 192.
97 Kwiet, Nach dem Pogrom (wie Anm. 10), S. 635.
98 Bierganz, Juden in Aachen (wie Anm. 33), S. 17–18; vgl. Wolff, ebenda, S. 142.
99 Gonsirowski, Max, Bericht über die Geschichte der jüdischen Gemeinde der Stadt Hamm/Westf. seit 1932 für die Stadtchronik, in: Spuren zur »Reichskristallnacht« in Hamm, Hamm 1988, S. 10; Kreienfeld, Rita, Bilder und Zeugnisse einer Familie, ebenda, S. 29.
100 Liesenberg, Carsten, Juden in Mühlhausen – ihre Geschichte, Gemeinde und bedeutende Persönlichkeiten (MS), Mühlhausen [1990], S. 95.
101 BA, Abt. Potsdam, 75 C Re 1, Nr. 46, Bl. 125: Aktennotiz F 38 Dr. Eppsteins (RV) über Rücksprache beim RSHA am 6. 1. 1942; vgl. ebenda, Nr. 2, Bl. 38: Protokoll der Vorstandssitzung der RV v. 11. 8. 1941.
102 Kwiet, Nach dem Pogrom (wie Anm. 10), S. 635.
103 Buchholz, Marlis, Die hannoverschen Judenhäuser. Zur Situation der Juden in der Zeit der Ghettoisierung und Verfolgung 1941 bis 1945, Hildesheim 1987, S. 155–160.
104 Otto, Verfolgung Görlitz (wie Anm. 77), S. 61.
105 StadtA Görlitz, Rep. III (wie Anm. 84), S. 4.
106 BA, Abt. Potsdam, 75 C Re 1, Film-Nr. 52430/24, unfol.: Aktennotiz v. 13. 8. 1941 betr. Unterbringung der Juden in München; vgl. BA, Abt. Potsdam, 75 C Re 1, Nr. 760, Bl. 10: Briefentwurf für Dr. Eppstein (RV) v. 23.(?) 2. 1942.
107 Zit. bei Brilling, Bernhard, Die Evakuierung der Breslauer Juden nach Tormersdorf bei Görlitz, Kreis Rothenburg, Oberlausitz, 1941/42, in: Mitteilungen des Verbandes ehemaliger Breslauer und Schlesischer Juden in Israel, Nr. 46/47, 1980, S. 16.
108 Aussage M. in: Wenke, Bettina, Interviews mit Überlebenden. Verfolgung und Widerstand in Südwestdeutschland, Stuttgart 1980, S. 149.
109 Spiegel, Marga, Es geschah bei uns im Münsterland. Der Leidensweg einer jüdischen Familie 1939–1945. Tatsachenbericht 1, in: Kirche und Leben, 10. 1. 1965, Nr. 2.
110 Brief von Charly J. an Martin W. v. 23. 11. 1949 (Kopie aus dem Nachlaß Familie Mahlert, Berlin, im Besitz W. G.).

111 Vgl. z. B. BA, Abt. Potsdam, 75 C Re 1, Nr. 762, Bl. 36: Schreiben Jüdische Kultusvereinigung Berlin an RSHA v. 2. 2. 1943 über seit 1941 in Autobahnlagern befindliche polnische Juden.

112 BA, AS Berlin (ADZ), Dok. K 568/1, Bl. 55 : Aktennotiz der Aceta GmbH Berlin v. 9. 2. 1942; Auszug dieses Dokuments in: Anatomie des Krieges. Neue Dokumente über die Rolle des deutschen Monopolkapitals bei der Vorbereitung und Durchführung des zweiten Weltkrieges, hrsg. und eingeleitet von Dietrich Eichholtz/Wolfgang Schumann, Berlin 1969, S. 380, Dok. Nr. 195; vgl. dagegen Kwiet, der annimmt, daß dieses Projekt von den Rüstungsinspektionen oder den Firmen ausging: Kwiet, Nach dem Pogrom (wie Anm. 10), S. 591.

113 BA, AS Berlin (ADZ), Dok. K 568/1, Bl. 55 : Aktennotiz der Aceta GmbH Berlin v. 9. 2. 1942.

114 BA, AS Berlin (ADZ), Dok. K 568/1, Bl. 46: Vermerk Aceta GmbH Berlin (?) v. 12. 3. 1942.

115 Konieczny, Alfred, Die Zwangsarbeit der Juden in Schlesien im Rahmen der »Organisation Schmelt«, in: Beiträge zur nationalsozialistischen Gesundheits- und Sozialpolitik, Bd. 5: Sozialpolitik und Judenvernichtung. Gibt es eine Ökonomie der Endlösung? Hrsg. v. Götz Aly/Jochen August u. a., Berlin 1987, S. 97–100. Die Zahl nach ISD Arolsen 1979, bei Konieczny, S. 104. Hierbei ist unsicher, ob wirklich alle niederschlesischen Lager der Organisation Schmelt unterstanden.

116 IMT, Bd. XXXIV, Dok. Nr. PS-4071, S. 143–144: Eidesstattliche Aussage v. 22. 7. 1946; Auszug zit. in: Adler, Der verwaltete Mensch (wie Anm. 10), S. 123.

117 Faschismus – Getto – Massenmord. Dokumentation über Ausrottung und Widerstand der Juden in Polen während des zweiten Weltkrieges, hrsg. v. Jüdischen Historischen Institut Warschau, ausgew., bearb. und eingel. von Tatiana Berenstein/Artur Eisenbach u. a., Berlin 1960, S. 226, Dok. Nr. 173: Aussage von Rudolf Höß 1946.

118 BA, Abt. Potsdam, 46.03 Reichsministerium für Rüstung und Kriegsproduktion, Nr. 30, Bl. 206–208 RS: Briefentwurf des Reichsministeriums f. Bewaffnung u. Munition, Abt. Rüstungsbau v. 4. 12. 1942 an den Baubevollmächtigten des Ministeriums in Breslau; sowie Vermerk der Abt. Rüstungsbau v. 11. 2. 1943; vgl. IMT, Bd. XXXIV, Dok. Nr. PS-4071, S. 143.

119 Z. B. Androhung von Straflager für nichterschienene rekrutierte Jüdinnen sowie Entzug der Lebensmittelkarten für deren Familien. Faschismus – Getto – Massenmord (wie Anm. 117), S. 232, Dok. Nr. 178: Schreiben Schmelts v. 15. 1. 1942.

120 Nach Aufstellung in: Vorläufiges Verzeichnis der Konzentrationslager und deren Außenkommandos sowie anderer Haftstätten unter dem Reichsführer SS in Deutschland und deutsch besetzten Gebieten (1933–1945), hrsg. vom Internationalen Suchdienst des Roten Kreuzes, Arolsen 1969, S. XXVI.

121 Faschismus – Getto – Massenmord (wie Anm. 117), S. 226, Dok. Nr. 173: Aussage Höß 1946; vgl. Hilberg, der den Beginn der Deportationen der Zwangsarbeiter auf August datiert: Hilberg, Vernichtung (wie Anm. 46), Bd. 2, S. 551.

122 Vgl. Tagebucheintragung Goebbels' v. 11. 5. 1942, Goebbels-Tagebücher (wie Anm. 67), Teil II, Bd. 4, München usw. 1995, S. 273.

123 Kriegstagebuch des Rüstungskommandos II Berlin v. Okt. 1942, zit. in: Kwiet, Nach dem Pogrom (wie Anm. 10), S. 591.

124 Gonsirowski, Bericht (wie Anm. 99), S. 10, sowie Kreienfeld, Bilder (wie Anm. 99), S. 29.

125 Bierganz, Juden in Aachen (wie Anm. 33), S. 17–18, vgl. Wolff, ebenda, S. 142.

126 BA, Abt. Potsdam, 75 C Re 1, Nr. 129, Bl. 21.

127 NW-HStA Düsseldorf, RW 18, Nr. 18, Bl. 21: Schreiben Bürgermeister Much an Landrat Siegkreis v. 28. 7. 1942.

128 Kwiet, Nach dem Pogrom (wie Anm. 10), S. 635.

129 APW, Urzad Skarbowy Provincii Dolnoslaskiej we Wroclawiu (Oberfinanzpräs. Niederschlesien in Breslau), 1395, Bl. 252: Schreiben der Gemeinnützigen Grundstücksverwaltung, Breslau an den Oberfinanzpräs. in Schlesien v. 22. 6. 1943.

130 Otto, Verfolgung Görlitz (wie Anm. 77), S. 65.

131 APW, OFP, 1395, Bl. 250: Schreiben der Gemeinnützigen Grundstücksverwaltung, Breslau, an den Oberfinanzpräs. in Schlesien v. 24. 6. 1943. Vgl. Rose, Kloster Grüssau (wie Anm. 96), S. 192.

132 BA Koblenz, R 3, Nr. 1505, Bl. 101: Vermerk des Ministerbüros Speer über »Führerbesprechungen« am 20., 21. und 22. 9. 1942, v. 28. 9. 1942, S. 16; vgl. Speer, Sklavenstaat (wie Anm. 122), S. 349–351.

133 BA, AS Berlin (ADZ), Dok. K, Nr. 785/1: Protokoll der Besprechung v. 10. 11. 1942 zwischen Gestapo Dresden und der Fa. Zeiss-Ikon über die Einrichtung eines Judenlagers, Bl. 1–3; vgl. Victor Klemperer, LTI. Notizbuch eines Philologen, Leipzig 1975, S. 101.

134 Brief Heinz Meyer an Rudolf Apt v. September 1945, in: Diamant, Adolf, Chronik der Juden in Dresden. Von den ersten Juden bis zur Blüte der Gemeinde und deren Ausrottung. Mit e. Geleitwort von Robert W. Kempner, Darmstadt 1973, S. 451–452.

135 BA, Abt. Potsdam, 75 C Re 1, Nr. 762, Bl. 10: Schreiben der Bezirksstelle Rheinland an die RV, Abt. Gesundheitswesen v. 24. 2. 1943.

136 Dokumente zur Geschichte der Frankfurter Juden, hrsg. von der Kommission zur Erforschung der Geschichte der Frankfurter Juden, Frankfurt a. M. 1963, S. 495, XIII 6: Bericht des Beauftragten der Gestapo Frankfurt a. M. bei der Jüdischen Wohlfahrtspflege v. 16. 4. 1943.

137 Barkai, Boykott (wie Anm. 10), S. 201–202.

138 Rundschreiben des Generalbevollmächtigten für den Arbeitseinsatz, Fritz Sauckel v. 26. 3. 1943, Auszug zit. in: Speer, Albert, Der Sklavenstaat. Meine Auseinandersetzungen mit der SS, Stuttgart 1981, S. 352.

139 LBI New York/Archives, Memoir Coll.: Winter, Mine, Zehn Jahre später, S. 9.

Wolfgang Petter

Wehrmacht und Judenverfolgung

Am 19. Dezember 1949 verurteilte im Hamburger Curio-Haus ein britisches Militärgericht den Generalfeldmarschall Erich v. Manstein wegen Kriegsverbrechen zu einer langjährigen Freiheitsstrafe. Gleichzeitig sprach es ihn von drei der vier auf das Kriegsverbrechen par excellence, die Ermordung jüdischer Zivilisten, bezogenen Anklagepunkte frei. In diesen drei zurückgewiesenen Punkten hatte die Anklage behauptet, Manstein habe in seinem Befehlsbereich generell die Ausrottung der Juden (Punkt 9) bzw. ihre Abgabe an den SD im Wissen um die folgende Tötung befohlen oder genehmigt und erlaubt (Punkt 11), sowie in einem Armeebefehl zum brutalen Vorgehen gegen sie aufgerufen (Punkt 12).[1] Schuldig gesprochen wurde er, weil in seinem Verantwortungsbereich als Inhaber der vollziehenden Gewalt (11. Armee, später Heeresgruppe Don) die öffentliche Ordnung und Sicherheit sowie die Rechte und das Leben der Bevölkerung im besetzten Gebiet in der Hinsicht nicht gesichert waren, daß die Einsatzgruppe D unter SS-Brigadeführer Otto Ohlendorf[2] etwa 90 000 Juden, Zigeuner, Krimtschaken und andere Sowjetbürger ermorden konnte (Punkt 10).[3] Nun ist es unstrittig, daß ein deutscher militärischer Befehlshaber das Morden der vom Reichssicherheitshauptamt entsandten, gesteuerten und kontrollierten Einsatzgruppen in der Sowjetunion[4] dienstlich nicht unterbinden konnte, so daß die Anwendung des Schuldprinzips hier als fragwürdig erscheinen darf. Mansteins Verteidiger und Apologeten haben deshalb den Schuldspruch zu Punkt 10 mit dem Hinweis bagatellisiert, daß das Gericht die persönliche Schuldformel »deliberately and recklessly« gestrichen und in den Bereich der allgemeinen, nicht notwendig mit Kenntnis der Vorgänge verbundenen, überpersönlichen Verantwortung verschoben habe, für deren Würdigung keine allgemein geltenden Grundsätze existieren.[5]

Folgerichtig haben sich u. a. die Generalleutnante Heusinger und Speidel für eine Rehabilitierung des Feldmarschalls eingesetzt und im Umfeld der Verantwortlichkeitsdebatte den NATO-Oberbefehlshaber General Eisenhower dazu bewegen können, sich von früher geäußerten Ansichten ausdrücklich zu distanzieren und am 23. Januar 1951 die Ehrenerklärung abzugeben, daß der deutsche Soldat tapfer und anständig für seine Heimat gekämpft habe.[6]

Mag nun der Begriff der Verantwortung rechtswissenschaftlich nicht faßbar sein, so läßt er sich geschichtswissenschaftlich doch sehr wohl analysieren. Gerald Reitlinger hat 1953 noch nicht über allzu viele detaillierte Hinweise auf die Verstrickung der Wehrmacht in die »Endlösung« verfügt, aber schon sein schmales Kapitel über ihre Mitschuld veranlaßte ihn, Eisenhowers Ehrenerklärung als »vorzeitig und unverantwortlich« zu bezeichnen.[7] Mansteins Chef des Stabes, Oberst Wöhler, hätte seinen Offizieren nur das Zuschauen bei den Massenmorden verboten und die Einsatzgruppe, deren Bewegungen mit dem Stab abzustimmen waren, angewiesen, ihre Aktionen deutlich abgesetzt vom Hauptquartier der 11. Armee durchzuführen; im übrigen hätte Wöhler Ohlendorfs Berichte abgezeichnet.[8] Andreas Hillgruber ließ in seinem Beitrag zu Mansteins 80. Geburtstag kryptisch durchblicken, daß ihm die Massaker eigentlich bekannt gewesen sein mußten, denn »sie ließen sich gar nicht völlig im geheimen vollziehen«.[9] Und Raul Hilberg urteilt heute in seiner umfassenden Darstellung der Vernichtung der europäischen Juden kategorisch: »Die Wehrmacht bildete eine der vier unabhängigen Hierarchien der Vernichtungsmaschinerie [...] Die Verstrickung der Wehrmacht reichte von der Spitze des Oberkommandos bis hinab zu den einzelnen Truppengliederungen.«[10]

Gerade in der Person Erich v. Mansteins, zu dessen weiterer Verwandtschaft ein zum orthodoxen Judentum konvertierter Offizier zählte,[11] wird die Problematik der Verwicklung der Wehrmacht in die Judenverfolgung deutlich. Als Oberst und Chef des Stabes des Wehrkreiskommandos II (Berlin) protestierte er 1934 – soweit nachweisbar – als einziger Reichswehroffizier dienstlich gegen die Übernahme des »Arierparagraphen« für Soldaten. Allerdings erfolgte dieser Protest intern gegenüber dem Chef des Truppenamts, Generalleutnant Beck, und mit dem Tenor, »daß wir die ganze Frage nicht nur vom Standpunkt der Betroffenen ansehen dürfen, sondern vielmehr in erster Linie von dem Gesichtspunkt aus, ob es mit der Ehre der Armee vereinbar ist, Kameraden nicht die Treue zu halten, um politischen Schwierigkeiten aus dem Wege zu gehen. Ich glaube, daß wir ein Recht darauf haben, den Soldaten anders zu beurteilen als den Beamten.«[12] Der gleiche Manstein verlangte in einem eigenhändig redigierten Armeebefehl siebeneinhalb Jahre später von den Soldaten der 11. Armee Verständnis »für die Notwendigkeit der harten Sühne am Judentum, dem geistigen Träger des bolschewistischen Terrors«, und weiter: »Das jüdisch-bolschewistische System muß ein für allemal ausgerottet werden.«[13] Aber die Dinge sind doppelbödig, denn den Vorwurf, daß dieser am 20. November 1941 erlassene und an die Regimenter ausgegebene Tagesbefehl eine Aufforderung zur Beteiligung an der Judenvernichtung des SD beinhaltete, hat Manstein vor dem britischen Militärgericht glaubwürdig entkräften können. Dagegen trat er in der philosemitisch klingenden Stellungnahme vom 21. April 1934 gar nicht für die Juden ein. In seinen Erinnerungen von 1958 offenbart er sein tatsächliches Vorurteil, wenn er zu dieser Sache schreibt, daß selbst »Vierteljuden« – sie bildeten aufgrund der Umstände die größte Gruppe der vom militärischen »Arierparagraphen« betroffenen Männer – mit dem Eintritt in die durch den Versailler Vertrag beschränkte, wenig Verlockendes bietende Reichswehr »ein klares Bekenntnis zu Deutschland abgelegt« und damit den Schutz der Vorgesetzten verdient hätten.[14] Er impliziert damit, daß von ihm als echte Juden empfundene Leute aus seinem Wir-Empfinden ausgegrenzt blieben. Diese Ansicht darf als prototypisch gelten.

In der preußischen Vorkriegsarmee sind, nach einigen Jahrzehnten relativer Toleranz, seit den achtziger Jahren wehrpflichtige oder einjährig-freiwillige Glaubensjuden im Truppendienst nicht Vorgesetzte geworden; nur im Sanitätsdienst und in der bayerischen Armee konnten jüdische Aspiranten eine gewisse Akzeptanz finden.[15] Die Umstände des Ersten Weltkrieges führten dann dazu, daß von 96000 Soldaten jüdischen Glaubens 19545 befördert wurden, davon 2022 zu Truppenoffizieren und 1159 zu Sanitätsoffizieren oder Militärbeamten im Offiziersrang.[16] Von dieser Entwicklung alarmierte, im Offizierskorps tonangebende Kräfte erreichten die Aufkündigung des »Burgfriedens« mit seinen sozialpolitischen Verheißungen für Juden in der Form, daß der preußische Kriegsminister zum 1. November 1916 die zahlenmäßige Nachweisung der dienenden bzw. nichtdienenden Juden anordnete, um den Grad an Patriotismus im deutschen Judentum überprüfen zu können.[17] Die Enttäuschung auf der betroffenen Seite war tief, und dementsprechend war zwei Jahre später der jüdische Anteil in den Soldatenräten überproportional hoch.[18] Die Folgen innerhalb des autonomen militärischen Sektors der Weimarer Republik liegen auf der Hand: Wo schon der Veteranenverband »Stahlhelm« sich zur Ausschließung von Juden berechtigt fühlte, hatten diese in den freiwilligen aktiven Streitkräften erst recht keine Chance.

Nach den Kriterien der Reichswehr gab es in der Zeit des Dritten Reichs keine jüdischen Offiziere, Unteroffiziere oder Soldaten. Daß gleichwohl Deutsche als solche verfolgt wurden, nahm sie als politisch begründet hin. Gesteuert vom Chef des Ministeramts im Reichswehrministerium, General v. Reichenau, gab das deutsche Militär in Anerkennung der Einheit von Partei und Staat und der sich daraus ergebenden Verbindlichkeit der »Weltanschauung« seine Dissidenten preis: am 28. Februar 1934 etwa 70 nichtmosaische, aber den Rassekriterien nach § 3 des Berufsbeamtengesetzes, das bereits aus einem jüdischen Großelternteil die Eigenschaft als »Nichtarier« herleitete, entsprechende Soldaten,[19] und am 30. Juni 1934 u. a. die im Zuge des »Röhm-Putsches« ermordeten Generale v. Schleicher und v. Bredow. Mit Wiedereinführung der Allgemeinen Wehrpflicht schloß der § 15 des Wehrgesetzes zunächst die »Nichtarier« gemäß Berufsbeamtengesetz aus. Nach Erlaß der beiden »Nürnberger Gesetze« schränkte die Fassung vom 26. Juni 1936 den Ausschluß auf »Juden« ein, während »Mischlinge« lediglich nicht Vorgesetzte werden konnten.[20] Die Radikalisierung des Krieges führte am 8. April 1940 zum Ausschluß derjenigen »Mischlinge ersten Grades« sowie der mit solchen oder Juden verheirateten Deutschen, die sich nicht durch »hervorragende Tapferkeit und Beweise soldatischer Einsatzbereitschaft im Kriege besonders bewährt« hatten, und am 25. September 1942 ordnete das Oberkommando der Wehrmacht (OKW) dann auch die Entlassung der Bewährten und Ausgezeichneten an.[21] Mit der Kontrolle darüber gelang dem Leiter der Parteikanzlei Bormann ein tiefer Einbruch in die Autonomie der Wehrmacht,[22] die sich auch der folgenden

Zwangsarbeit der Entlassenen nicht widersetzte. Die Diskriminierung weitete sich sukzessive auf die »Mischlinge zweiten Grades« aus, die das Heer schließlich mit Verfügung vom 20. Juni 1944 sogar als zivilbedienstete Gefolgschaftsmitglieder abstieß und schutzlos machte.[23] Die »Frontkämpferklausel«, mit der Hindenburg die vom jüdischen Frontkämpferbund dokumentierte Leistung und Zuverlässigkeit der jüdischen Weltkriegsteilnehmer anerkannte, hat jahrelang zahlreiche Maßnahmen der Judenverfolgung relativiert. Im Krieg beharrte der Garant dieser Regelung, die Wehrmacht, aber nicht mehr darauf, focht die Einbeziehung von Weltkriegsteilnehmern in die »Euthanasie« nicht an,[24] und hinterfragte weder die Deportationsziele noch die Zweckbestimmung des gerade für jüdische ehemalige Frontsoldaten geschaffenen »Vorzugslagers« Theresienstadt.

Betrachtete die Wehrmacht schon die deutschen Juden als *outgroup*, so war ihr das Schicksal der jüdischen Einwohner der im Krieg besetzten Gebiete erst recht gleichgültig und im konkreten Fall, wie sich schon 1939 in Polen zeigte, nur insofern eine Frage des Nutzens und der Methode, als Wehrmachtbelange berührt waren. Von Anfang an griff das Militär ad hoc speziell Juden, die es als freie Verfügungsmasse betrachtete, zu Hilfsarbeiten auf, was im Oktober in die geregelte Zwangsarbeit der »Judenkolonnen« und schließlich im Frühjahr 1940 in die Zwangsarbeitslager mit einer Sterberate von 3 Prozent/Tag überging;[25] die SS sollte dann die »Vernichtung durch Arbeit«, die sich unter Wehrmacht-Vorzeichen als keineswegs grundsätzlich gedachte, aber sich immanent entwickelnde Begleiterscheinung herausgebildet hatte, zum Prinzip erheben. Das Militär neigte sogar eher dazu, durch Zwangsarbeit gewonnenen Nutzen zu honorieren, wie Einzelfälle kärglicher Entschädigung und die geregelten Geschäftsbeziehungen zu den polnischen Ghettos belegen, deren Hauptabnehmer für militärische Ausrüstungsgegenstände die Wehrmacht war.[26]

Gegen willkürliche Ausschreitungen von Soldaten ging die Militärgerichtsbarkeit unnachsichtig vor, und unter dem Stichwort »Judenmorde – Disziplin!« ließ die obere Führung weder in Polen noch später, als der »Gerichtsbarkeitserlaß Barbarossa« regelrecht zu Kriegsverbrechen ermunterte, daran rütteln.[27] Soldaten haben einzeln oder in Gruppen Juden ausgeplündert, verhöhnt, mißhandelt oder ermordet, aber der hierarchische Apparat »Wehrmacht« hat das weder angeordnet noch zugelassen; allerdings hat sich der Ahndungsgrad vom anfänglich angestrebten Todesurteil für einen Mord auf ein Jahr Freiheitsentzug für ca. 75 Morde von 1939 auf 1942 deutlich verschoben.[28] Gegen den Terror, den die SS und andere Gruppen mit erteilten oder angemaßten Sonderaufträgen in Polen ausübten, suchten die Wehrmachtsbefehlshaber gleichermaßen vorzugehen, nachdem die erste Proklamation im Amtsblatt für die besetzten Gebiete Polens ausdrücklich besagt hatte, das Heer werde »alle völkerrechtlichen Bestimmungen beachten«.

Der Oberbefehlshaber des Heeres, General v. Brauchitsch, hatte sich für seinen Wehrmachtsteil jedoch gegenüber Hitler zur Indifferenz angesichts derartiger Sonderaufträge verpflichtet, und so hatte Oberst Wagner, sein Beauftragter vom Generalquartiermeisterstab, dem Chef der Sicherheitspolizei und des SD, Heydrich, nichts entgegenzusetzen, als dieser in den Verhandlungen über den Einsatz der SS von der »Flurbereinigung: Juden, Intelligenz, Geistlichkeit, Adel« sprach.[29] Heydrich ließ sich lediglich die Zusage abringen, daß die »Flurbereinigung« erst nach dem »Herausziehen des Heeres und der Übergabe [Polens] an [eine] stabile Zivilverwaltung« erfolgen werde,[30] die aber schon am 26. Oktober 1939 stattfand. Schon am 21. September hatte Heydrich angeordnet, daß »als erste Vorausmaßnahme für das Endziel [. . .] zunächst die Konzentration der Juden vom Lande in die größeren Städte [. . .] mit Beschleunigung durchzuführen« sei.[31] Das Endziel, »welches längere Fristen beansprucht und [. . .] streng geheimzuhalten« war, beinhaltete umfangreiche Deportationen, weshalb die »möglichst wenigen« Konzentrationsorte »entweder Eisenbahnknotenpunkte [sein] oder zum mindesten an Eisenbahnstrecken liegen« sollten. Deutsche Wirtschaftsinteressen, u. a. die kriegswichtigen, seien »selbstverständlich [. . .] zunächst« zu berücksichtigen. Damit konnte sich die Besatzungsmacht arrangieren, und Brauchitschs Festlegung sickerte langsam die Hierarchie herab, bis sie z. B. in Form einer Instruktion der 14. Armee zum »im Osten seit Jahrhunderten tobenden Volkstumskampf« die Truppe erreichte: »Der Soldat hat sich [. . .] aus diesen Aufgaben anderer Verbände herauszuhalten. Er darf sich nicht durch Kritik in diese Aufgaben einmischen.«[32] Gesetzliche Bindungen hob Hitler durch eine Erklärung gegenüber dem Oberkommando des Heeres am 17. Oktober 1939 auf, nachdem er für die mit dem »Volkstumskampf« verbundenen Verbrechen eine Amnestie ausgesprochen hatte.

Es war nun klar, daß die Politik, die die Wehrmacht militärisch sicherte, die Judenverfolgung im Reich weit überschritt, und daß die Versuche, Willkür und Greuel der SS zu verhindern, die grundsätzliche Billigung der Judenpolitik voraussetzten und sich nur gegen Übergriffe wenden konnten. »Es ist abwegig, einige Tausend Juden und Polen, so wie es augenblicklich geschieht, abzuschlachten«, formulierte der Oberbefehlshaber Ost General Blaskowitz in einem seiner verschiedenen umfangreichen Proteste, »denn damit werden angesichts der Masse der Bevölkerung weder die polnische Staatsidee totgeschlagen noch die Juden beseitigt.«[33] Nachdem Hitler am 17. Oktober 1939 der SS die eigene Sondergerichtsbarkeit gewährt hatte, die bei den Verbrechen mit weltanschaulichem Hintergrund das Anlegen ganz anderer als bürgerlich-moralischer Maßstäbe und bei ordinären Verbrechen die interne Erledigung gestattete, waren Proteste wirkungslos. Zwar wurden die mündlichen und schriftlichen Proteste von Blaskowitz und anderen Generalen mitsamt den zugrundeliegenden, unfaßbaren Sachverhalten einem so weiten Kreis bekannt, daß von einer »Vertrauenskrise gegenüber Oberster Stelle« gesprochen wurde,[34] aber zu Widerstand materialisierte sich die Empörung nicht. Als Himmler am 13. März 1940 in Koblenz den höheren Heeresbefehlshabern erklärte, er tue nichts, »was der Führer nicht weiß«,[35] verstummte mit wachsender Konzentration auf den Westfeldzug die Kritik in der nicht in Polen stehenden Truppe. Die Befehlshaber, die sich schon gegen Hitlers existenzgefährdende Kriegs- und Feldzugspläne nicht zu geschlossener Opposition zusammenzufinden vermochten, betrachteten die nationalsozialistische Judenpolitik nicht als Grund zur Rebellion. Nach dem Hitlers Genie zugeschriebenen Sieg im Westen, dem die von ihnen sowieso akzeptierte deutsche Judengesetzgebung nachfolgte,[36] verhielten sie sich wie Blaskowitz' Nachfolger Kurt Frh. v. Gienanth, nachdem dieser vom Chef des OKW, Generalfeldmarschall Keitel, »einen groben Brief« mit der Aufforderung erhalten hatte, »endlich aufzuhören, sich um Dinge zu kümmern, die ihn nichts angingen.«[37]

War die Wehrmacht schon mit der Ausschaltung der deutschen Juden aus der »Volksgemeinschaft« und der brutalen Entwurzelung und Deportation der polnischen Juden einverstanden, so hatte sie Gründe, bei einer dritten Gruppe sogar der Ermordung zuzustimmen: bei den Juden der Sowjetunion. Die Gleichsetzung von Judentum und Bolschewismus war eine grundsätzliche Sprachregelung unter nationalsozialistischer Herrschaft, deren Inhalt von der Propaganda vorgegeben und deren Gebrauch vom Terrorapparat überwacht wurde. Unabhängige Menschen mit Einsicht mußten sich in diesem System verheddern, wie etwa General v. Niedermayer, der bekannte »deutsche Lawrence« des Ersten Weltkrieges, der die militärischen Verhältnisse in der Sowjetunion als Mitglied der Rußland-Station der Reichswehr von 1928 bis 1931 kennengelernt hatte. Als Niedermayer in einem wehrpolitischen Vortrag vor Fähnrichen bestritt, daß die Juden in der Roten Armee dominierten, wurde er mit dem Hinweis denunziert, er wecke »eine gewisse Sympathie von Soldat zu Soldat« und habe »das Judenproblem gewissermaßen seiner Wertigkeit beraubt«.[38] Nur nachgewiesene »Verdienste« während der bayerischen Rätekämpfe konnten Niedermayer vor der Anklage wegen heimtückischer Gesinnung, auf die das nationalsozialistische Strafrecht abzuheben pflegte, bewahren.[39] Die Publizität der deutsch-sowjetischen Truppenparade in Brest-Litowsk am 22. September 1939, die General Guderian gemeinsam mit dem jüdischen Kommandeur Kriwoschein abnahm,[40] sollte subkutan die führende Rolle der Juden in der Roten Armee demonstrieren. Doch in der Regel wurde die Abhängigkeit des sowjetischen Militärs von den Juden als indirekt dargestellt, und zwar konkreter durch Hinweise auf die »politischen Kommissare meist jüdischer Rasse«,[41] und allgemeiner durch die Behauptung, daß die Juden als »Träger des jüdisch-bolschewistischen Systems einen uneingeschränkten Partisanenkrieg entfalten« würden.[42]

Diese Erwartungen kamen bei der Vorbereitung des »Falles Barbarossa« zum Tragen. Ihre Vernichtungsfunktion entwickelte die Sprachregelung aber erst im Zusammenwirken mit der Mechanik des militärischen Apparats. Zuerst erkennbar wurde diese Weichenstellung auf einem Nebenschauplatz des Krieges der Weltanschauungen, auf dem Balkan. Hier bemühte sich die an sich westlich orientierte Putschregierung Simović, die ihr Vorgängerkabinett zwei Tage nach dem Beitritt Jugoslawiens zum Dreimächtepakt unter öffentlichen Ovationen hinweggefegt hatte, angesichts der britischen Machtlosigkeit um Schutz durch einen Militärpakt mit der Sowjetunion. So kam in den noch am Putschtag von Hitler befohlenen Jugoslawienfeldzug ein unvorhergesehenes antisowjetisches Moment hinein, das den Generalquartiermeister veranlaßte, den mit Heydrich für »Barbarossa« bereits vereinbarten Heeresbefehl über die politische Gegnerbekämpfung durch Einsatzgruppen der SS und Geheime Feldpolizei für Jugoslawien um die Gruppe »Kommunisten, Juden« zu erweitern.[43] Im Mai/Juni 1941 waren es die serbisch-nationalistischen Četnici unter Mihajlović, die Widerstand leisteten. Als aber nach dem Kominternbefehl vom 1. Juli 1941 die kommunistischen Tito-Partisanen in den Kampf eintraten, übertrafen sie an Effektivität und spektakulären Erfolgen, wie der von August bis November 1941 gehaltenen »Volksrepublik« von Užice, die Nationalisten bei weitem. Das wurde im September deutlich, in dem eine wenig erfolgreiche deutsche Offensive die Schwäche der Besatzungsmacht offenlegte. Um andere Kräfte, namentlich die Polizei der Marionettenregierung Nedić und zur Kollaboration umschwenkende antikommunistische Četnici, einsetzen zu können, mußte die wahllose Exekution von Serben, die zur Vergeltung für österreichische Opfer von 1914[44] im September in 1126 Fällen praktiziert worden war, eingestellt werden. So fanden der Kommandierende General und der deutsche Gesandte, der sich um die Entfernung der serbischen Juden bemühte, auf Vorschlag des Auswärtigen Amtes in deren Erschießung einen gemeinsamen Nenner zur Lösung ihrer Probleme.[45] Gedeckt durch einen OKW-Befehl zur Quantität von Geiselerschießungen ließ die Wehrmacht die Juden und Zigeuner Serbiens von der SS in Lagern zusammenfassen und aus diesem »Vorrat« laufend Männer durch die Truppenteile exekutieren, die Verluste durch Partisanen erlitten hatten.[46] Zur Beschleunigung bot der Kommandierende General in Serbien dem Kollegen in Kroatien ein Deputat Juden an,[47] doch hielt man sich unter den dortigen Verhältnissen an Serben als Geiseln. Nach der Erschießung der männlichen Juden und Zigeuner im Herbst 1941 vollendete die SS im Frühjahr 1942 die Vernichtung durch Tötung der Frauen und Kinder in einem aus Deutschland herbeorderten Gaswagen. Die Opfer werden mit 10000 bis 11000 Juden und 10000 bis 16000 Zigeunern beziffert.[48] Im Spätsommer konnte man dem Oberbefehlshaber Südost, Generaloberst Löhr, stolz melden: »Serbien einziges Land, in dem Judenfrage und Zigeunerfrage gelöst.«[49]

An sich beabsichtigte die Wehrmacht keineswegs, einen Beitrag zur »Lösung der Judenfrage« zu leisten. Noch während des Angriffs auf die Sowjetunion galt eine Generalquartiermeister-Weisung, die z. B. die 6. Armee unter Generalfeldmarschall v. Reichenau am 22. Februar 1940 für den Westfeldzug folgendermaßen zitierte: »Ein Aufrollen der Rassenfrage ist zu unterlassen [...] Allein auf den Umstand hin, daß ein Landeseinwohner Jude ist, dürfen Sondermaßnahmen gegen ihn nicht gestützt werden.«[50] Diese Weisung orientierte sich an den Bedürfnissen der Logistik, die durch Ausschreitungen, wie die in Polen erlebten, beeinträchtigt wurde.

Als im Winter 1941/42 in den Vernichtungslagern des Generalgouvernements die »Aktion Reinhard« mit Massentötungen durch Gas einsetzte, engagierte sich die Wehrmacht bis zu einem gewissen Grad im Interesse der Kriegsproduktion für die Erhaltung jüdischer Arbeitskraft.[51] So eklatant wie in Przemysl, wo am 26. Juli 1942 die Truppe auf die Polizisten schoß, die ihre jüdischen Arbeiter abholen wollten,[52] geschah das freilich nur vereinzelt. Generell einigte sich der zuständige Oberquartiermeister mit dem Höheren SS- und Polizeiführer auf einen organisierten Abbau der jüdischen Arbeitskraft unter Vermeidung von Produktionsstörungen,[53] mit dem Ergebnis, daß die Angehörigen der Wehrmachtarbeiter so schnell wie möglich und diese selbst bis 1944 sukzessive ermordet wurden. Die Wehrmachtdienststellen wiesen u. a. auf die psychische Belastung der Arbeiter als Faktor der Produktionseinschränkung hin, aber es blieb bei der Zuweisung der Verantwortung für diese Destruktion an die SS, die niemand zur Verantwortung zog.

Mitte März 1941 sprachen der Generalquartiermeister und der Chef Sipo/SD die sicherheitspolizeilichen Maßnahmen ab, mit denen die militärischen Operationen in der kommunistischen Sowjetunion zu flankieren waren bzw. der Einsatz der mit dem unmittelbaren »vorbeugenden Schutz der Truppe« beauftragten Geheimen Feldpolizei,[54] die sich aus Gestapobeamten rekrutierte, ummantelt werden sollte. Es lag wohl an der bürokratischen Abwicklung dieses Befehls über die Tätigkeit der Einsatzgruppen von Sipo/SD im Verband des Heeres, den Wagner und Heydrich am 26. März 1941 konzipiert hatten, daß er bei seiner Ausgabe am 28. April 1941[55] unter den Zielgruppen die »Kommunisten und Juden« nicht enthielt, die ihm bei der Weiterentwicklung für Jugoslawien hinzugefügt worden waren. Doch bei den nach unten weiterzugebenden mündlichen Erläuterungen wurden Juden ausdrücklich unter die Träger der »staats- und reichsfeindlichen Bestrebungen« gezählt, gegen die unter den Augen der Wehrmacht die Einsatzgruppen mit »äußerster Schärfe und Härte aufzutreten« hatten.[56] Wenige Wochen vor dem Angriff legten Brauchitsch und Himmler ihren Konflikt um die Ausschreitungen in Polen bei. Der Reichsführer SS gewann freie Hand für die Behandlung der Zivilisten, die als Feinde betrachtet wurden. Die Unterstellung der Einsatzgruppen unter die vollziehende Gewalt der militärischen Befehlshaber, die eine einheitliche Besatzungspolitik gewährleistet hätte und ihm deshalb nahegelegt wurde, lehnte Brauchitsch ab, um dem Heer das, was er »Durchführung politischer Aufträge« nannte,[57] zu ersparen.

So kam es, daß die Einsatzgruppen nur in Koordination mit den Wehrmacht-Großverbänden in allen drei Streifen des dienstvorschriftmäßig definierten Operationsgebiets[58] wirkten. Koordinatoren für die frontfernen Einsatzkommandos waren die Befehlshaber der drei Rückwärtigen Heeresgebiete, für die frontnäheren die Kommandanten der Rückwärtigen Armeegebiete, und für die in den Gefechtsgebieten auftretenden Sonderkommandos die elf Armeeoberkommandos selbst. Die direkte Mitverantwortung des Heeres endete in den Abschnitten der Reichskommissariate Ostland und Ukraine hinter dem Operationsgebiet, an deren Verwaltungschefs mit dem Vorrücken der Front nach Osten die vollziehende Gewalt abgegeben worden war. Hier fiel die Judenvernichtung den mehr oder minder mit den Reichskommissaren harmonierenden Höheren SS- und Polizeiführern zu.[59] Im Operationsgebiet ergänzten sich die Kommandos der Einsatzgruppen von Sipo/SD und die Geheime Feldpolizei, von der die OKW-Richtlinie vom 19. Mai 1941 zum Schutz der Truppe »rücksichtsloses und energisches Durchgreifen gegen bolschewistische Hetzer, Freischärler, Saboteure, Juden« verlangte.[60]

Die Truppe selbst hat, wie zahlreiche Belege zeigen, in diesem Sinn auch von selbst »durchgegriffen« und dort, wo Sabotage und verdeckter Widerstand spür-, aber nicht faßbar war, dazu geneigt, sich in erster Linie an Juden schadlos zu halten.[61] Ein früher Bericht nennt sie als wahlweise »direkt oder indirekt« schuldig.[62] Zahlreiche erhalten gebliebene Truppenbefehle verbieten Eigenmächtigkeiten bei Vergeltungsmaßnahmen dieser Art von Heer oder Einsatzgruppen, sowie Zuschauen oder Hilfeleistung bei den Aktionen der letzteren. Der »Kriegsgerichtsbarkeitserlaß Barbarossa« des OKW vom 13. Mai 1941 ging an Permissivität über das Verfahren, mit dem die Ausschreitungen in Polen juristisch neutralisiert worden waren, hinaus, indem er für Straftaten von Soldaten gegenüber der Zivilbevölkerung nicht nur den kriegsgerichtlichen Verfolgungszwang aufhob, sondern sogar auf das Wünschenswerte einer Vergeltung für den einstigen kommunistischen Kampf gegen die Staats- und Gesellschaftsordnung in Deutschland sowie die NSDAP abhob.[63] Ausdrücklich erinnerte er an die Niederlage von 1918. Die militärische Disziplin sollte, im Widerspruch dazu, freilich gewahrt bleiben, was Brauchitsch in einem OKH-Mantelbefehl die Feststellung erlaubte: »Bewegung und Kampf mit der feindlichen Wehrmacht sind eigentliche Aufgabe der Truppe [...]. Besondere Such- und Säuberungsaktionen scheiden daher im allgemeinen für die kämpfende Truppe aus [...]. Der einzelne Soldat darf nicht dahin kommen, daß er gegenüber Landeseinwohnern tut und läßt, was ihm gutdünkt...«[64]

Die Beteiligung an Verbrechen war an einen Befehl gebunden, wobei die entsprechende Führungsinstanz sich zwischen den Maximen der Weisungen von OKW oder OKH entscheiden mußte. Denn wenn die Einsatzgruppen, die gerade 3000 Mann stark waren, auch hauptsächlich von Verbänden der Ordnungspolizei und der Waffen-SS unterstützt wurden, so sind doch auch Erschießungen bekannt, die Heereseinheiten in ihrem Auftrag vollzogen haben. Unter dem angeordneten Vorzeichen der Identität von Bolschewismus, Judentum und Partisanenkrieg kam vielfach, anders als zwei Jahre vorher in Polen, beim »Unternehmen Barbarossa« eine in der Regel als ersprießlich empfundene Zusammenarbeit von Wehrmacht und Einsatzgruppen zustande.[65] Wo es militärisch nützlich war, hat die Truppe auch sicherheitspolizeilich relevante Bedrohungen konstruiert und damit die sich eigentlich sträubende Sipo in Zugzwang gesetzt,[66] wie umgekehrt sich die Mörder bei einer Ausrottungsaktion die Zuarbeit der lokalen Heeresdienststelle sicherten, indem sie ungeklärte Sabotageakte ideologisch unanfechtbar dem jüdischen Bevölkerungsanteil anlasteten.[67] Der eklatanteste Fall der Zusammenarbeit spielte sich über die Kriegsjahre hinweg in den Kriegsgefangenenlagern ab, in denen die Wehrmacht jüdische Soldaten selektierte und an Sipo/SD auslieferte.

Der Massenmord an der jüdischen Zivilbevölkerung speziell im Operationsgebiet des Heeres war das Ergebnis eines zweifachen Eskalationsprozesses, der von den Einsatzgruppen und der Wehrmacht getragen wurde. Erstere waren im Mai/Juni 1941 in der Sipo-Schule Pretzsch zusammengezogen, geschult und offenbar im Sinne der Abmachung Heydrich-Wagner instruiert worden, Beweismaterial und Angehörige von politischen Organisationen in überschaubarer Größenordnung »sicherzustellen«. Was Juden betrifft, so scheint zu diesem Zeitpunkt ein gezielter Exekutierungsauftrag nur gegen »Juden in Partei- und Staatsstellungen« der Sowjetunion ergangen zu sein, wie Heydrich nach Beginn der Operationen präzisierte; gegen das dortige Judentum insgesamt wurde, schrecklich und mörderisch genug, Terror allgemeiner Art, namentlich in Form autochthoner Pogrome, angeordnet, die diskret anzustiften und zu unterstützen waren. Die Zielgruppe waren Funktionäre und Kommissare, wobei arbeitsteilig die Sicherheitspolizei nach den Befehlen des Reichssicherheitshauptamts vom 29. Juni und 2. Juli 1941[68] die jüdischen und die Wehrmacht nach dem Kommissarbefehl des OKW vom 6. Juni 1941[69] die bewaffneten Widerstand leistenden Angehörigen dieser Gruppe zu »erledigen« hatte. Unterlagen des Polizeiregiments Mitte zeigen, daß am Anfang nur die »jüdisch-bolschewistische Intelligenz« zu erschießen war.[70] Drei Wochen später wurde der Auftrag auf alle wehrdienstfähigen jüdischen Männer erweitert.

Terror wurde von Anfang an praktiziert, aber die regelrechte Entgrenzung über jüdische Kommunisten und Soldaten hinaus erfolgte erst im Zuge der allgemeinen Operationspause im Hochsommer, als der Generalstab des Heeres und der Kommandostab des Reichsführers SS nach Abschluß der ersten Phase von »Barbarossa« sich an die weiterreichenden militärischen und sicherheitspolizeilichen Planungen begaben. Nachdem die Abwehrgruppe (Ic) im SS-Kommandostab am 28. Juli aus den Einsatzgruppen- und Polizeimeldungen Zweifel abgeleitet hatte, »ob durch die Vielzahl der Erschießungen männlicher Juden allein das jüdische Problem einer grundsätzlichen Lösung zugeführt werden kann«,[71] erwirkte sich Heydrich daraufhin am 31. Juli 1941 bei Göring, dem Vorsitzenden des Ministerrats für die Reichsverteidigung, den Auftrag, »alle erforderlichen Vorbereitungen in organisatorischer, sachlicher und materieller Hinsicht zu treffen für eine Gesamtlösung der Judenfrage im deutschen Einflußgebiet in Europa«.[72] Die Nachweisung des Einsatzkommandos 3 über seine 137346 »Liquidierungen« vom 2. Juli bis 25. November 1941 spiegelt diese Entwicklung deutlich wider.[73] Bis Anfang August erschoß es, wenn auch als Minderheit, eine Reihe von Kommunisten, von da an praktisch nur noch Juden. Mitte August steigt die Anzahl der Frauen und erscheinen die ersten Kinder. Ab Ende August wird in schrecklicher Eintönigkeit wie beispielsweise zum 29. gemeldet: »Utena und Molctai 582 Juden, 1731 Jüdinnen, 1469 Judenkinder.« Mitte September fällte Hitler die Entscheidung, die deutschen Juden in die Rückwärtigen Heeresgebiete des Ostens, wo dieses Morden ablief, zu deportieren.[74]

Das Medium der Eskalation zum Völkermord über die Wehrmacht war der Partisanenkrieg, zu dem Stalin in seiner Rundfunkansprache vom 3. Juli 1941 erwartungsgemäß aufrief; Hitler begrüßte das als Möglichkeit, nun »auszurotten, was sich gegen uns stellt«.[75] Unter dem Eindruck der häufigen Begrüßung der deutschen Soldaten als Befreier mit Brot und Salz scheuten der Generalstab des Heeres und die Truppe vor den pauschalen Vergeltungsmaßnahmen zurück, die an sich angeordnet waren. Der Generalstab ordnete im Widerstandsfall, und zwar nur bei tatsächlichen Vorkommnissen, die Verhaftung nachweislich deutschfeindlicher Personen an, doch konnten die Geheime Feld- und die Sicherheitspolizei während des stürmischen Vormarschs der ersten Feldzugphase weder so differenziert vorgehen, noch beabsichtigten sie es überhaupt. Der für Sicherheitsmaßnahmen zuständige General z. b. V. beim Oberbefehlshaber des Heeres stellte fest, daß »nicht an allen Stellen mit der erforderlichen Härte durchgegriffen« wurde, und ordnete im Auftrag Brauchitschs kategorisch kollektive Gewaltmaßnahmen ohne Täterfeststellung gegen die schon so oft zitierten »Träger des jüdisch-bolschewistischen Systems« an.[76] Eine Schlüsselrolle bei der Eskalation kam SS-Standartenführer Fegelein zu, Eva Brauns Schwager, der als Führer der im Rückwärtigen Heeresgebiet Mitte eingesetzten 1. SS-Kavalleriebrigade behauptete, kein

»judenfreier« Ort habe je als Partisanenstützpunkt gedient, dagegen seien als Verbindungsglieder »vor allem Juden« nachgewiesen worden.[77] Der Befehlshaber Mitte wies daraufhin seine Sicherungsdivisionen an, sich nach Fegeleins Muster auf die Juden zu konzentrieren.[78] Ein Kursus mit Erfahrungsaustausch, den seitens der SS so prominente Mörder wie der Höhere SS- und Polizeiführer v. d. Bach-Zelewski und der Einsatzgruppenleiter Nebe (Chef der Kriminalpolizei) bestritten, ergab selbstverständlich das Resümee: »Wo der Partisan ist, ist der Jude, und wo der Jude ist, ist der Partisan.«[79] Ein Erlaß des OKW gab am 16. September 1941 im »Kampf gegen die von Moskau einheitlich geleitete Massenbewegung« der Partisanen – die in Wirklichkeit bislang nur sporadisch spürbar war[80] – als Richtzahl »50–100 Kommunisten als angemessene Sühne für ein deutsches Soldatenleben« vor.[81] Damit hatte sich in diesem »fateful month«[82] September 1941 auch die Wehrmacht aktiv in den Völkermord eingeschaltet. So kam es, daß z. B. um die Wende 1941/42 die 62. Infanteriedivision neben 45 Partisanen »die gesamte jüdische Bevölkerung von Mirgorod (168 Köpfe) wegen Verbindung mit den Partisanen« erschoß, oder die 707. Infanteriedivision bei »Kampfhandlungen« gegen Partisanen 5 Tote der eigenen Seite gegen 10 431 der anderen meldete,[83] die Juden waren.[84] Das erklärt, warum die Einsatzgruppen seit September an Erwachsenen überwiegend Frauen töteten: Die Männer starben als »Geiseln« unter den Kugeln militärischer Exekutionskommandos.

Es bedurfte erheblicher ideologischer Festigkeit oder krassestem Utilitarismus, um den von Anfang an postulierten und im weiteren Verlauf »bewiesenen« organischen Zusammenhang von Juden und Partisanen zu glauben. Der Glaube wurde befohlen: Als ein Judenmassaker bei der 281. Sicherungsdivision, die wirklich an der Partisanenfront stand, »zum Teil Unwillen« auslöste, verbot ihr Kommandeur nach Rücksprache mit dem vorgesetzten Befehlshaber Nord die Kritik per Dienstbefehl.[85] Doch selbst in der SS entstanden Zweifel daran, daß die Judenvernichtung im Operationsgebiet militärisch und sicherheitspolizeilich notwendig oder sinnvoll und nicht bloß das Ergebnis von Aktivismus in Richtung des geringsten Widerstands war: »Der bolschewistische Apparat ist in keiner Weise mit der jüdischen Bevölkerung identisch«, meldete der Einsatzgruppenleiter C, SS-Brigadeführer und Generalmajor der Polizei Rasch, am 17. September: »Bei dieser Sachlage würde das Ziel einer politisch-polizeilichen Sicherung verfehlt werden, würde man die Hauptaufgabe der Vernichtung des kommunistischen Apparates zugunsten der *arbeitsmäßig leichteren* Aufgabe, die Juden auszuschalten, in die zweite oder dritte Reihe stellen.«[86] Raschs militärischer Partner, Generalfeldmarschall v. Reichenau, sah den Nachweis von Effizienz, auf den es ihm ankam, auf andere Weise gegeben und genehmigte Hilfeleistungen der ihm unterstehenden 6. Armee bei den Morden der Einsatzgruppe C ausdrücklich, z. B. Absperrdienst bei den »Exekutionen an verbrecherischen, bolschewistischen, meist jüdischen Elementen«.[87] Beim »Aufräumen« der zerschlagenen sowjetischen 124. Division ordnete Reichenau die Beseitigung »der Anhänger des bolschewistischen Systems« in seinem rückwärtigen Armeegebiet gleich mit an, was die 1. SS-Brigade bei einer dreitägigen Aktion durch die Ermordung von 73 Rotarmisten, 165 Funktionären, 1685 Juden bewerkstelligte.[88]

Ihren Höhepunkt, und Ausgangspunkt für Weiteres, erreichte die militärisch-sicherheitspolizeiliche Zusammenarbeit bei der Judenvernichtung unter dem Vorwand pauschaler Partisanenbekämpfung am 29./30. September 1941 in Kiew: Nachdem in der von der 6. Armee genommenen Stadt Großbrände ausgebrochen waren, kam Rasch mit dem lokalen Sonderkommandoführer 4 a, SS-Standartenführer Paul Blobel, der ein Saisonergebnis von 50 000 Opfern anstrebte, und dem Stadtkommandanten, Generalmajor Eberhard, überein, die Kiewer Juden zu entfernen. Die Feldkommandantur 195 transportierte sie mit Hilfe der Propagandakompanie 637 der 6. Armee, die die Opfer in Ahnungslosigkeit wiegte, in einer angeblichen Umsiedlungsaktion zur Schlucht Babi Jar, wo das SoKo 4 a mit Unterstützung des Polizeiregiments Süd sie erschoß: 33 771 Menschen. In einer Kettenreaktion des Gehorsams verschärfte dieser Vorgang die unwahrhaftige Haltung der Wehrmacht. Denn Reichenau sah sich veranlaßt, der Kritik an Babi Jar mit einem dramatischen Armeebefehl entgegenzutreten, den der Chef und der Operationsoffizier (I a) des Stabes der 6. Armee sich im übrigen zu entwerfen weigerten. Mit der Behauptung, daß »Erhebungen im Rücken der Wehrmacht [...] erfahrungsgemäß stets von Juden angezettelt wurden«, verlangte Reichenau: »Deshalb muß der Soldat für die Notwendigkeit der harten, aber gerechten Sühne am jüdischen Untermenschentum volles Verständnis haben.«[89] Diese Topoi ergänzte er durch die Forderung, der Soldat habe zweierlei zu erfüllen: »1. die völlige Vernichtung der bolschewistischen Irrlehre, des Sowjetstaates und seiner Wehrmacht, 2. die erbarmungslose Ausrottung artfremder Heimtücke und Grausamkeit und damit die Sicherung des Lebens der deutschen Wehrmacht in Rußland. Nur so werden wir unserer geschichtlichen Aufgabe gerecht, das deutsche Volk von der asiatisch-jüdischen Gefahr ein für allemal zu befreien.« Generalfeldmarschall v. Rundstedt gab diesen Befehl – »mit dem ich mich voll einverstanden erkläre« – den übrigen Armeen seiner Heeresgruppe Süd zur Kenntnis[90] und meldete ihn nach oben. Hitler fand ihn »ausgezeichnet«. So gab ihn der Generalquartiermeister als Musterbefehl an alle Armeen der Ostfront aus, die ihn willig übernahmen. Mit Namen wie v. Manstein, Hoth, Busch, Kitzinger (Luftwaffe) u. a. verbundene Ausgaben dieses Befehls oder Nachfolgebefehle sind erhalten.[91] Zumindest Reichenau bemühte sich, mit Truppenbesuchen zu erreichen, »daß auch der letzte Mann weiß, worum es geht und weshalb im Ostraum Maßnahmen getroffen werden, die in kultivierten Ländern nicht zur Anwendung kommen«.[92]

Zur gleichen Zeit meldete Oberkriegsverwaltungsrat Peter-Heinz Seraphim, der für die Rüstungsinspektion im Reichskommissariat Ukraine arbeitete, daß hier 150 000 bis 200 000 Juden exekutiert worden seien. Zweifellos habe es sich bei den Toten um einen Bevölkerungsteil gehandelt, »der uns haßte«. Andererseits seien die Juden von vorneherein »ängstlich« und »willig« gewesen; sie hätten alles zu vermeiden gesucht, was die Deutschen gegen sie hätte aufbringen können, sich keine nennenswerte Beteiligung an Sabotageakten zuschulden kommen lassen und keine Gefahr für die Wehrmacht dargestellt. Außerdem hätten sie, sicher aus Angst, aber dennoch: in zufriedenstellendem Umfang Wirtschaftswerte produziert.[93] Weder Raschs noch Seraphims Argumente vermochten die sowjetischen Juden aus dem militärisch-sicherheitspolizeilichen Mahlstrom zu retten. In Form der »Aktion Reinhard« und der »Endlösung« griff die Vernichtung nach Westen zurück, mit noch höheren Tötungsziffern. Nur die exekutive Verwicklung der Wehrmacht ließ nach, als sie mit der Sommeroffensive 1942 Richtung Kaukasus und Stalingrad das Zentrum der jüdischen Bevölkerung, den bis 1917 als obligatorischen Aufenthaltsraum festgelegten »Ansiedlungsrayon«, verließ und die rückwärtigen Gebiete in die ausschließliche Zuständigkeit von SS und Polizei übergingen. Das heißt nicht, daß es in den Gebieten der Militärverwaltung neben Indolenz und Versuchen, die Judenvernichtung aus Humanität oder wegen der Priorität anderer Aufgaben zu behindern, nicht auch tatkräftige Unterstützung dafür gegeben hat. Aus Griechenland-Dodekanes ist in konkreten Einzelfällen beides belegt.[94] Aber das Exekutieren von Juden als scheinbar leichtester Weg, Aktivitäten nachzuweisen, ohne die Landeseinwohner zu entfremden, die namentlich in der Sowjetunion in großem Maßstab in deutschen Diensten bewaffnet wurden,[95] nahm ein Ende.

Der Krieg gab unter bestimmten Konstellationen dem logischen, aber nicht zwangsläufigen Vernichtungsprozeß, wie ihn Raul Hilberg analysiert hat, den entscheidenden Schwung. Die Ideologie allein war nicht stark genug dazu. Selbst ein Führerbefehl traf bei Massenmord, wie die »Euthanasie« zeigt,[96] auf seine Grenzen. Das Auftreten der Wehrmacht in der Sowjetunion mag Hinweise zur Beantwortung der Frage geben, wie ein Vorurteil in Mord umschlagen konnte.

Anmerkungen

1 Manstein, Rüdiger v./Fuchs, Theodor, Manstein. Soldat im 20. Jahrhundert. Militärisch-politische Nachlese, München 1981, S. 287 ff.
2 Todesurteil des US-Militärgerichtshofs II in Nürnberg vom 10.4.1948, vollstreckt Landsberg 7.6.1951.
3 Manstein/Fuchs, Soldat (wie Anm. 1), S. 295.
4 Krausnick, Helmut/Wilhelm, Hans-Heinrich, Die Truppe des Weltanschauungskrieges. Die Einsatzgruppen der Sicherheitspolizei und des SD 1938–1942, Stuttgart 1981.
5 Paget, Reginald T., Manstein. Seine Feldzüge und sein Prozeß, Wiesbaden 1952, S. 109.
6 Verteidigung im Bündnis. Planung, Aufbau und Bewährung der Bundeswehr, hrsg. v. Militärgeschichtlichen Forschungsamt, München 1975, S. 36.
7 Reitlinger, Gerald, Die Endlösung. Hitlers Versuch der Ausrottung der Juden Europas 1939–1945, 6. Aufl., Berlin 1983 (engl. 1953), S. 223.
8 Ebd.

9 Hillgruber, Andreas, Generalfeldmarschall von Manstein in der Sicht des kritischen Historikers, in: Geschichte und Militärgeschichte. Wege der Forschung, hrsg. v. Ursula v. Gersdorff, Frankfurt 1974, S. 349–362, dort S. 357.
10 Hilberg, Raul, Die Vernichtung der europäischen Juden, 3 Bde., Frankfurt a. M. 1990 (engl. 1961), dort Bd. 2, S. 288.
11 Adler, H. G., Der verwaltete Mensch. Studien zur Deportation der Juden aus Deutschland, Tübingen 1974, S. 293, 606, 753.
12 Bundesarchiv-Militärarchiv Freiburg (BA-MA), RH 2/v. 98: Der Chef des Stabes des Wehrkreises III, Berlin 21. 4. 1934.
13 »Unternehmen Barbarossa«. Der deutsche Überfall auf die Sowjetunion 1941, hrsg. v. Gerd R. Ueberschär und Wolfram Wette, Paderborn 1984, S. 343 f. (Befehl 11. Armee, 20. 11. 1941).
14 Manstein, Erich v., Aus einem Soldatenleben 1887–1939, Bonn 1958, S. 209.
15 Deutsche Jüdische Soldaten. Katalog zur Wanderausstellung, hrsg. v. Militärgeschichtl. Forschungsamt, 3. Aufl., Herford 1987, S. 109–140 (M. Messerschmidt).
16 Ebd., S. 120.
17 Angress, Werner T., Das deutsche Militär und die Juden im Ersten Weltkrieg, in: Militärgeschichtliche Mitteilungen 19 (1976), S. 77–146.
18 Deutsche Jüdische Soldaten (wie Anm. 15), S. 124.
19 Ebd., S. 128.
20 Ebd., S. 135.
21 Ebd.
22 Walk, Joseph: Das Sonderrecht für die Juden im NS-Staat. Eine Sammlung der gesetzlichen Maßnahmen und Richtlinien – Inhalt und Bedeutung, Karlsruhe 1981, S. 390, Nr. 440 (Leiter Parteikanzlei, 20. 10. 1942).
23 Ebd., S. 404, Nr. 512 (OKH, 20. 6. 1944).
24 BA-MA, H. 20/480: Meldung des Beratenden Psychiaters bei der Heeressanitätsinspektion, 29. 8. 1941.
25 Hilberg, Vernichtung (wie Anm. 10), Bd. 1, S. 261 ff.
26 Ebd., S. 263 und 271.
27 Müller, Klaus-Jürgen, Das Heer und Hitler. Armee und nationalsozialistisches Regime 1933–1940, Stuttgart 1969, S. 435.
28 Ebd., S. 426, Anm. 19 und Justiz im Dritten Reich. Eine Dokumentation, hrsg. v. Ilse Staff, Frankfurt a. M. 1978, S. 213–220 (Feldurteil Pjatigorsk 29. 9. 1942).
29 Müller, Heer (wie Anm. 27), S. 430.
30 Ebd.
31 Ebd., S. 668–671, Dokument 46.
32 Ebd., S. 453, Anm. 164. – Durch die Öffnung der osteuropäischen Archive für westliche Historiker erhielt die Forschung über die Beteiligung der Wehrmacht am »Vernichtungskrieg« gegen die Juden neue Impulse; die Debatte über die »Wehrmachtsausstellung« des Hamburger Instituts für Sozialforschung sicherte den – in Fachkreisen bekannten und anerkannten – Ergebnissen breite Aufmerksamkeit: vgl. die Literaturnachweise in dem Forschungsüberblick von Ursula Büttner, hier S. 35/Anm. 3 und S. 41/Anm. 46–48.
33 Ebd., S. 448.
34 Ebd., S. 444.
35 Ebd., S. 451.

36 Dimension des Völkermords. Die Zahl der jüdischen Opfer des Nationalsozialismus, hrsg. v. Wolfgang Benz, München 1991, S. 105 ff. (Juliane Wetzel), 137 ff. (Gerhard Hirschfeld).
37 Müller, Heer (wie Anm. 29), S. 453.
38 Bundesarchiv Koblenz (BA), NS 10/230: Anzeige 15. 2. 1935.
39 Ebd.: Stellungnahme des Reichsführers SS, 25. 6. 1935.
40 Piekalkiewicz, Janusz: Der Zweite Weltkrieg, Herrsching 1986, S. 107, 119, 122.
41 So als Ausdruck von common sense u. a. bei Müller, Sven v., Die Sowjetunion. Kulisse und Hintergrund, Hamburg 1941, S. 237.
42 Hilberg, Vernichtung (wie Anm. 10), Bd. 2, S. 315, Anm. 77 (OKH, 25.7. 1941); vgl. Wilhelm, Hans-Heinrich, Die »nationalkonservativen Eliten« und das Schreckgepenst vom »jüdischen Bolschewismus«, in: Zeitschrift für Geschichtswissenschaft 43 (1995), S. 333–349.
43 Das Deutsche Reich und der Zweite Weltkrieg, hrsg. v. Militärgeschichtl. Forschungsamt, Bd. 4, Stuttgart 1983, Beitrag Jürgen Förster, S. 423 (OKH-Befehl, 2. 4. 1941).
44 Browning, Christopher R., Wehrmacht Reprisal Policy and the Mass Murder of Jews in Serbia, in: Militärgeschichtliche Mitteilungen 33 (1983), S. 31–47, dort S. 36 (Befehle des Bevollmächtigten Kommandierenden Generals in Serbien, General d. Gebirgstruppen Böhme, vom 22./23. 9. 1941).
45 Hilberg, Vernichtung (wie Anm. 10), Bd. 2, S. 729 f.
46 Browning, Wehrmacht Reprisal Policy (wie Anm. 44), S. 37 ff.; Manoschek, Walter, »Serbien ist judenfrei«. Militärische Besatzungspolitik und Judenvernichtung in Serbien 1941/42, 4. Aufl., Hamburg 1999.
47 Glaise von Horstenau, Edmund, Ein General im Zwielicht. Die Erinnerungen E. Glaises v. H., hrsg. v. Peter Broucek, 3 Bde., Wien 1980–88, dort Bd. 3, S. 169.
48 Dimension des Völkermords (wie Anm. 36), S. 330 (Holm Sundhaussen); Kenrick, Donald/Puxon, Grattan, The Destiny of Europe's Gypsies, London 1972, S. 115; Zimmermann, Michael, Rassenutopie und Genozid. Die nationalsozialistische »Lösung der Zigeunerfrage«, Hamburg 1996, S. 248–258.
49 Hilberg, Vernichtung (wie Anm. 10), Bd. 2, S. 737 (Meldung Staatsrat Turner, 29. 8. 1941).
50 Zit. ebd., S. 632.
51 Ebd., S. 550 ff.
52 Ebd., S. 553/Anm. 456.
53 Ebd., S. 554 f. (Absprache 14./15. 10. 1942).
54 Heeresdienstvorschrift H. Dv. g. 150 vom 24. 7. 1939.
55 BA-MA, RH 22/155, OKH-Befehl vom 28. 4. 1941.
56 Das Deutsche Reich (wie Anm. 43), Bd. 4, Förster, S. 425.
57 Ebd., S. 424.
58 Ebd., S. 1032, nach H. Dv. 90 (1938/45).
59 Birn, Ruth Bettina: Die Höheren SS- und Polizeiführer. Himmlers Vertreter im Reich und in den besetzten Gebieten, Düsseldorf 1986.
60 BA-MA, RW 4/v. 524: Richtlinien für das Verhalten der Truppe in Rußland, Anlage 3 zu OKW-Befehl vom 19. 5. 1941.
61 Das Deutsche Reich (wie Anm. 43), Bd. 4, S. 1030 ff.
62 So das LVI. A. K. (Ic) am 22. 6. 1941, zit. ebd., S. 1043.

63 BA-MA, RW 4/v. 577: Der Führer/i. A. der Chef OKW, 13. 5. 1941.
64 BA-MA, RH 22/155: OKH-Befehl vom 24. 5. 1941.
65 Hilberg, Vernichtung (wie Anm. 10), Bd. 2, S. 315.
66 Deutsche Besatzungspolitik in der UdSSR. Dokumente, hrsg. v. Norbert Müller, Köln 1980, S. 78–80 (Panzergruppe 3, 29. 11. 1941; XXVIII. A. K., 20. 12. 1941; 18. Armee, 26. 12. 1941).
67 Das Deutsche Reich (wie Anm. 43), Bd. 4, S. 514 f. (Ernst Klink) gegen S. 1046 f. (Jürgen Förster).
68 BA, R 70 Sowjetunion/32: Bl. 384–392.
69 BA-MA, RH 2/v. 2082: OKW-Befehl vom 6. 6. 1941.
70 Kriegshistorisches Archiv Prag, PolRgt: Polizei-Regiment Mitte – I a 15 34 – gez. Montua.
71 Ebd., KdoS RFSS, Karton 5/Mappe 27: Tagebuch I c, 28. 7. 1941.
72 Hilberg, Vernichtung (wie Anm. 10), Bd. 2, S. 420.
73 Artzt, Heinz, Mörder in Uniform. Organisationen, die zu Vollstreckern nationalsozialistischer Verbrechen wurden, München 1979, Faksimile-Anhang S. 185–193 (1. 12. 1941).
74 Dimension des Völkermords (wie Anm. 36), S. 43 f. (Ino Arndt/Heinz Boberach).
75 Das Deutsche Reich (wie Anm. 43), Bd. 4, S. 1036 f.
76 BA-MA, RH 22/271: OKH-Befehl vom 25. 7. 1941.
77 BA-MA, RH 22/224: Erfahrungsbericht 1. SS-Kav. Brigade, 3. 9. 1941.
78 BA-MA, RH 26-221/13: Befehl Rückw. Heeresgebiet Mitte, 14. 9. 1941.
79 Krausnick/Wilhelm, Truppe (wie Anm. 4), S. 248.
80 Das Deutsche Reich (wie Anm. 43), Bd. 6, S. 911–926 (Bernd Wegner).
81 Kriegstagebuch des Oberkommandos der Wehrmacht (Wehrmachtsführungsstab) 1940–1945. Geführt von H. Greiner u. P. E. Schramm, hrsg. v. Percy Ernst Schramm, 8 Bde., Studienausgabe, Herrsching 1982, Bd. I/2, S. 1068 f.
82 Vgl. Browning, Christopher, Fateful Months. Essays on the Emergence of the Final Solution, New York 1985.
83 Das Deutsche Reich (wie Anm. 43), Bd. 4, S. 1055.
84 Ebd., S. 1046.
85 Krausnick/ Wilhelm, Truppe (wie Anm. 4), S. 227.
86 Hilberg, Vernichtung (wie Anm. 10), Bd. 2, S. 359 (Hervorhebung W. P.).
87 Das Deutsche Reich (wie Anm. 43), Bd. 4, S. 1047.
88 Hilberg, Vernichtung (wie Anm. 10), Bd. 2, S. 311.
89 BA-MA, RH 20-6/493: Befehl 6. Armee (Ic) vom 10. 10. 1941.
90 BA-MA, Alliierte Prozesse 9/NOKW 309: Oberbefehlshaber Heeresgruppe Süd, 12. 10. 1941.
91 BA-MA, RH 22/271, OKH-Befehl vom 28. 10. 1941; Das Deutsche Reich (wie Anm. 43), S. 1051 ff. Ein Befehl der Heeresgruppe Nord: RH 20-16/1015: Befehl 16. Armee (Busch) vom 6. 11. 1941.
92 Das Deutsche Reich (wie Anm. 43), Bd. 4, S. 1051.
93 Hilberg, Vernichtung (wie Anm. 10), Bd. 2, S. 395 f.
94 Hilberg, Vernichtung (wie Anm. 10), Bd. 2, S. 667, 686, 749 u. a. m.; Dimension des Völkermords (wie Anm. 36), S. 213 ff. (Liliana Picciotto Fargion).
95 Birn, Die Höheren SS- und Polizeiführer (wie Anm. 59), S. 225.
96 Klee, Ernst, »Euthanasie« im NS-Staat. Die Vernichtung »lebensunwerten Lebens«, Frankfurt a. M. 1983.

Werner Johe

Die Beteiligung der Justiz an der nationalsozialistischen Judenverfolgung

Die Justiz im Dritten Reich, ihre Stellung, ihre Funktion und ihr Handeln innerhalb des nationalsozialistischen Unrechtsregimes sind recht gut erforscht. Wenn auch das Interesse der bisherigen Untersuchungen in erster Linie der Strafrechtsanwendung galt, so kann doch aus den inzwischen vorliegenden Veröffentlichungen der Schluß gezogen werden, daß die Rechtsprechung von 1933 bis 1945 sich in allen Bereichen als ein durchaus williger Helfer bei der Verwirklichung nationalsozialistischer Politik betätigt hat. Aus der ansehnlichen Zahl der Darstellungen sei hier stellvertretend nur die umfangreiche Monographie von Lothar Gruchmann über die Justiz im Dritten Reich, genauer über die Ära Gürtner von 1933 bis 1940, genannt.[1] Grundsätzlicher mit dem Thema dieses Beitrags befaßt sich die Untersuchung von Diemut Majer über das Recht der »Fremdvölkischen«.[2] Hinzu kommen spezielle Arbeiten zu begrenzten Gebieten und Themen wie etwa die Dokumentation von Ernst Noam und Wolf-Arno Kropat über Juden vor Gericht in Hessen[3] oder die Untersuchung Hans Robinsohns, der die Rechtsprechung zum »Gesetz zum Schutze des deutschen Blutes und der deutschen Ehre« in Hamburg analysiert hat.[4] Einige Aspekte des Vorgehens der Justiz gegen die Juden sollen im folgenden aufgezeigt werden, wobei die Handhabung der Gesetze durch die Gerichte bei der Ausgrenzung und Verfolgung im Vordergrund stehen soll.

Am Beginn ihrer Unterwerfung unter die nationalsozialistische Herrschaft stand für die Justiz die Trennung von den Juden in den eigenen Reihen. Aufgrund des »Gesetzes zur Wiederherstellung des Berufsbeamtentums« vom 7. April 1933[5] mußten im Deutschen Reich 574 jüdische Richter und Staatsanwälte den Dienst quittieren,[6] über 1000 jüdischen Rechtsanwälten wurde allein in Preußen die Zulassung entzogen.[7] Bei den im Dienst verbleibenden Juden wurde zum Beispiel in Hamburg durch eine Änderung der Geschäftsverteilung der Gerichte dafür gesorgt, daß sie nicht mehr in der Strafrechtspflege Verwendung fanden. Grund für diese Maßnahme war nach den Worten des damaligen Hamburger Justizsenators Curt Rothenberger, daß »im allgemeinen Interesse der Rechtspflege [...] alles vermieden werden müßte, was Ruhe und Ordnung stören könnte«, ja daß diese Entscheidung »schließlich im Interesse der rechtsprechenden jüdischen Richter selbst« liege.[8] Wenig später verfügte er, ohne jede rechtliche Grundlage, in Zukunft »von der Einberufung jüdischer oder marxistischer Schöffen, Geschworenen und Handelsrichter bei den hamburgischen Gerichten abzusehen«.[9]

Die letzten jüdischen Richter und Staatsanwälte, denen das Berufsbeamtengesetz noch eine Schonfrist eingeräumt hatte, wurden dann Opfer des »Reichsbürgergesetzes« vom 15. September 1935.[10] Die darin enthaltene Bestimmung, daß nur »Staatsangehörige deutschen oder artverwandten Blutes« Reichsbürger seien, die staatliche Funktionen ausüben durften, setzte ihrem Verbleiben in der Rechtsprechung ein Ende. Noch einmal trennten sich die Richter und Staatsanwälte ohne den geringsten Protest von 239 jüdischen Kollegen, mit denen sie teilweise jahrzehntelang gut und vertrauensvoll zusammengearbeitet hatten.[11] Die letzten jüdischen Rechtsanwälte verloren durch die »V. Verordnung zum Reichsbürgergesetz« vom 27. September 1938 das Recht zur Berufsausübung; einige von ihnen wurden durch die Justizbehörden als sogenannte Konsulenten zur weiteren rechtlichen Vertretung von Juden zugelassen.[12]

Aber auch schon vor der endgültigen Entfernung aus ihren Ämtern wurde jüdischen Richtern und Anwälten von ihren nichtjüdischen Kollegen deutlich gemacht, daß sie nicht erwünscht waren. Vielfach wurden sie in ihrer Tätigkeit behindert und diskriminiert. Das gleiche gilt übrigens auch für andere jüdische Prozeßbeteiligte. So gab etwa eine Zivilkammer des Landgerichts Berlin im Jahr 1934 einem Ablehnungsantrag gegen einen jüdischen Richter statt. Sie schloß sich der Ansicht des Antragstellers an, dieser Kollege sei nicht in der Lage, die Aussage eines jüdischen Zeugen objektiv zu bewerten.[13] Jüdische Anwälte wurden nicht mehr zu Pflichtverteidigern bestellt.[14] Juden wurde regelmäßig ohne jede rechtliche Grundlage das Armenrecht verweigert. Zwar empfand der Oberlandesgerichtspräsident in Hamburg noch 1942 das Fehlen »einer direkten gesetzlichen Vorschrift« für dieses Vorgehen als »mißlich«, hielt aber dennoch dafür, daß »die Nichtgewährung des Armenrechts an Juden [...] dem heutigen Rechtsdenken« entspräche.[15]

Schwerwiegendere Bedeutung für ihre rechtliche Stellung als diese mehr individuelle Diskriminierung sollten für die Juden als Gruppe die durch die Gesetzgebung und daraus folgend durch die Spruchpraxis der Gerichte bewirkte allmähliche Ausgrenzung, Absonderung und schließlich Eliminierung erhalten. Die nationalsozialistischen Rechtsvorstellungen basierten auf dem Begriff der Rasse. Recht und Gesetz wurden nach ihrer Nützlichkeit für deren Erhaltung und Weiterentwicklung gemessen, getreu dem Wort: »Recht ist, was dem deutschen Volke nützt«. Ein solches Recht galt ausschließlich für die »artgleichen« Reichsbürger; »artfremde« Staatsbürger wie etwa die Juden sollten nicht den Schutz der Gesetze genießen, sondern lediglich deren Nachteilen ausgesetzt werden. Bestimmendes Gebot für die Rechtsanwendung in einem Staat, der auch »Artungleiche« umschloß, war daher die »völkische Ungleichheit«.[16] Schon im Parteiprogramm der NSDAP war dieses Prinzip des gleichen Rechts ausschließlich für Personen »deutschen Blutes« formuliert, ein Grundsatz, der folgerichtig die rechtliche Diskriminierung der als »andersrassig« definierten Bürger eines künftigen nationalsozialistischen Staates einschloß. Tatsächlich kam es dann in der Praxis des Dritten Reiches zu dieser rechtlichen Trennung von Nichtjuden und Juden, ein Verfahren, das später auch auf andere ausgegrenzte Gruppen wie etwa Zigeuner oder Polen ausgedehnt werden sollte.

Ein Weg zur Verwirklichung dieser »völkischen Ungleichheit« war die Einführung eines Sonderrechts für Juden. Er wurde in erster Linie im strafrechtlichen Bereich beschritten. Zu den wesentlichsten Gesetzen und Verordnungen dieser Art gehörten das bereits genannte »Reichsbürgergesetz«, das die Juden offiziell zu Staatsbürgern zweiter Klasse degradierte und damit die rechtliche Grundlage für die beabsichtigte Ungleichbehandlung legte, das »Gesetz zum Schutze des deutschen Blutes und der deutschen Ehre«,[17] das unter anderem die Eheschließung zwischen Nichtjuden und Juden sowie den außerehelichen Verkehr zwischen ihnen mit erheblichen Strafen bedrohte (beide Gesetze, im allgemeinen »Nürnberger Gesetze« genannt, vom 15. September 1935), ferner die »Verordnung über die Strafrechtspflege gegen Polen und Juden« vom 4. Dezember 1941,[18] die Straftaten von Polen und Juden in den Ostgebieten durchgängig mit der Todesstrafe bedrohte, und schließlich die »XIII. Verordnung zum Reichsbürgergesetz« vom 1. Juli 1943,[19] die Juden der Rechtsprechung der Gerichte völlig entzog und die Bestrafung jüdischer Straftäter der Polizei übertrug. Dieses Sonderrecht, um dessen Auflistung sich Joseph Walk verdient gemacht hat,[20] wurde ergänzt durch die sonstigen allgemeinen strafrechtlichen Vorschriften, wobei sich deren Anwendung gegen Juden durch die extensive Auslegung der Gesetze und durch die Härte der Strafzumessung, vor allem aber durch die Auslegung aller Vorschriften nach den Forderungen des »gesunden Volksempfindens«, sprich der Partei, negativ auszeichnete.

Betrachtet man die Anwendungspraxis der Gerichte, dann stand sicher, was die Zahl der Fälle betrifft, das »Gesetz zum Schutze des deutschen Blutes und der deutschen Ehre« im Mittelpunkt der Judenverfolgung mit strafrechtlichen Mitteln. Mit seiner Verabschiedung stellte der nationalsozialistische Gesetzgeber ausdrücklich das Strafrecht in den Dienst seiner Rassenideologie, und die Rechtsprechung erfüllte die in sie gesetzten Erwartungen erstaunlich schnell und gut. Waren die Gerichte bis Anfang 1936 mit dem Strafmaß noch zurückhaltend, so sorgte das Justizministerium mit seinen Anweisungen bald dafür, daß sie gegen Juden überwiegend nur noch Zuchthausstrafen verhängten und zugleich den zur Verfügung stehenden Strafrahmen immer stärker ausnutzten. Hinzu kam, daß der Inhalt des Begriffs geschlechtlicher Verkehr, der im bisherigen Recht lediglich den Beischlaf bezeichnet hatte, für die Anwendung des Blutschutzgesetzes durch Auslegung Schritt um Schritt erweitert wurde. Am 9. Dezember 1936 entschied schließlich der Große Senat für Strafsachen des Reichsgerichts, daß auch »solche Betätigungen – Handlungen oder Duldungen –« unter diesen Begriff fielen, »durch die der *eine* Teil seinen Geschlechtstrieb auf einem anderen Wege als durch Vollziehung des Beischlafs befriedigen *will*.«[21] Eine solche weite Definition hatte ihre Folgen für die Zahl der Angeklagten und erst recht für die der Verurteilten.

Daß ein solches Gesetz zu Denunziationen geradezu einladen mußte, liegt auf der Hand. Ganz offensichtlich wurde von dieser Möglichkeit aus der Bevölkerung heraus in reichlichem Maße Gebrauch gemacht. Genaue Zahlen über die aufgrund dieses Gesetzes Verurteilten liegen nicht vor, aber einige Angaben machen doch die Größenordnung deutlich. So wurden in Hamburg von 1936 bis einschließlich 1943 insgesamt 429 Personen wegen sogenannter Rassenschande abgeurteilt. Im gleichen Zeitraum kam es außerdem gegen 1150 Personen zu staatsanwaltlichen Ermittlungsverfahren, die eingestellt wurden. In wie vielen Fällen die Hamburger Kriminalpolizei sich darüber hinaus mit einschlägigen Ermittlungen befassen mußte, ohne daß die Ergebnisse für eine Abgabe an die Staatsanwaltschaft ausreichten, ist nicht bekannt.[22] Im gesamten Reich wurden von 1935 bis 1940 1911 Personen wegen Verstoßes gegen das Blutschutzgesetz verurteilt.[23]

An Auszügen aus zwei Urteilsbegründungen soll das eben Gesagte verdeutlicht werden. Ich zitiere etwas ausführlicher, um zu zeigen, wie hier die Argumentationsmuster der nationalsozialistischen Propaganda und die klischeeartigen Vorurteile und Schlagworte der rabiaten Antisemiten, die seit dem Ende des 19. Jahrhunderts die Bevölkerung gegen die Juden aufhetzten, dazu dienten, die Bestrafung selbst und die Härte des Urteils zu rechtfertigen. Am Rande sei noch darauf hingewiesen, wie die Juristen, die sich im allgemeinen eines scharfen Verstandes rühmen, bei dieser Materie auf seine Anwendung verzichteten und ihre zu schwer verständlichen Konstruktionen und zahlreichen Fremdwörtern neigende Sprache durch eine fast volkstümliche, die Dinge beim Namen nennende ersetzten.

Das erste Beispiel ist ein Urteil des Schöffengerichts Frankfurt/M. vom 19. März 1937 gegen einen 56 Jahre alten jüdischen Lehrer, dem vorgeworfen wurde, in einem Frankfurter Kaufhaus zwei Frauen unsittlich berührt zu haben. Erstaunlicherweise erfolgte die Anklage nicht nach dem Blutschutzgesetz, sondern wegen Beleidigung. Das Gericht verurteilte den Angeklagten zu zehn Monaten Gefängnis und führte zur Begründung dieser Strafe unter anderem folgendes aus:

»Strafschärfend war zu berücksichtigen, daß der Angeklagte die Handlungsweise in echt talmudscher Weise abzuschwächen sucht und als harmlos hinstellt und glaubt, wie es in früheren Zeiten möglich war, den Fall mit Geldstrafe abmachen zu können. Hinzu kommt, daß der Angeklagte durch sein Verhalten die Gesetze und Anordnungen von Staat und Partei in einem Lande, in dem er lediglich ein Gastrecht genießt, auf die gröblichste Art und Weise mißachtet. Ihm als Juden muß zum mindesten seit dem Erlaß der Nürnberger Gesetze bekannt sein, daß ein scharfer Trennungsstrich zwischen Ariern und Juden gezogen ist. Wenn er dennoch die Ehre von deutschen Frauen und damit zugleich die deutsche Ehre antastet, so kann er nicht hart genug angefaßt werden, zumal es immer und immer wieder Juden sind, die in sittlicher Beziehung sich an Frauen und Mädchen ihrer Wirtsvölker vergehen. Es muß dem Juden durch abschreckende Strafen gezeigt werden, daß er sich innerhalb der Schranken zu bewegen hat, die ihm vom Staat gesetzt sind.«[24]

Im zweiten Beispiel handelt es sich um ein Verfahren vor dem Sondergericht Kassel wegen des Vorwurfs der Rassenschande. Angeklagt war ein 29jähriger jüdischer Diplomingenieur ungarischer Staatsangehörigkeit. Er hatte zwischen 1936 und 1942 sexuelle Beziehungen zu vier »deutschblütigen« Frauen unterhalten. Dies genügte dem Gericht, ihn nicht nur als der Rassenschande überführt anzusehen, sondern auch als gefährlichen Gewohnheitsverbrecher, und ihn daher am 20. April 1943 zum Tode zu verurteilen. Begründet wurde dieses Urteil unter anderem folgendermaßen:

»Den Ausschlag gibt aber der Umstand, daß der Angeklagte seine Verbrechen im zweiten und dritten Kriegsjahr begangen hat. Also zu einer Zeit, als der Kampf Deutschlands mit dem Weltjudentum, wie auch der Angeklagte sehr wohl wußte, seinen Höhepunkt erreicht hatte. Daß der Angeklagte, der in Deutschland Gastrecht genoß, trotz der Kriegszeiten und trotz dieser Auseinandersetzungen die Stirn hatte, derartige Verbrechen zu begehen, läßt die Taten nach gesundem deutschem Volksempfinden todeswürdig erscheinen. Es ist nach deutschem Rechtsempfinden ein Gebot gerechter Sühne, daß der Angeklagte, der während eines Krieges Deutschlands mit den Anhängern des Weltjudentums die deutsche Rassenehre in den Schmutz zu treten wagte, vernichtet wird. Hierzu zwingt auch die beispiellose Gemeinheit und Skrupellosigkeit wie der schnöde Vertrauensbruch, mit dem der Angeklagte als ein typischer Vertreter der jüdischen Rasse im Falle Wd. vorgegangen ist. Der Angeklagte war deshalb zum Tode zu verurteilen.«[25] Das Urteil wurde am 30. Mai 1944 vollstreckt.

Ermöglichten im Strafrecht die Auslegung der Gesetze nach den Vorstellungen des »gesunden Volksempfindens«, d. h. nach den Wünschen der Partei- und Staatsführung, und die weitestgehende Ausschöpfung des Strafrahmens ein immer brutaleres Vorgehen gegen die Juden, so wurde ihre bürgerliche Existenz durch die Gesetzgebung und die Rechtsprechung in Zivilsachen immer stärker unterminiert, ihre Überlebensmöglichkeit immer weiter eingeschränkt, ihr bürgerlicher Tod vorbereitet. Den Grundsatz, alle Normen im »nationalsozialistischen Geist« anzuwenden, nutzten die Gerichte dazu, auf dem Weg der unbegrenzten Auslegung[26] jüdischen Klägern ihr Recht zu verweigern und jüdische Beklagte den Forderungen nichtjüdischer Kläger auszuliefern.

So wurde etwa im Mietrecht ihre Position gegenüber nichtjüdischen Vermietern Schritt für Schritt verschlechtert. Schließlich entschied das Landgericht Berlin am 7. November 1938, daß einer Anwendung des Mieterschutzgesetzes von 1928 auf Mietverträge mit Juden die weltanschauliche Forderung entgegenstehe, alle Gemeinschaftsverhältnisse mit Juden so schnell wie möglich zu beenden. Es bestätigte damit das Räumungsurteil des Amtsgerichts gegen einen Juden. In der Begründung führte das Landgericht aus, das Problem sei nicht durch Auslegung der gesetzlichen Bestimmungen zu entscheiden. Vielmehr gehe es hier um eine weltanschauliche Frage. »Eine Gemeinschaft mit Juden wird von deutschen Volksgenossen grundsätzlich abgelehnt, und zwar sowohl das Zusammenwohnen mit Juden, wie überhaupt jede Art von Gemeinschaft. Dies ist durch die nationalsozialistische Bewegung im deutschen Volke fest verankert und nicht nur ein Programmsatz, bei dem erst bestimmt wird, wann er durchgeführt wird, sondern ein Rechtssatz, der bereits jetzt gilt.«[27] Die Art und Weise, wie hier deutsche Richter völlig offen das Recht zugunsten einer programmatischen Forderung der NSDAP beugten, ist bemerkenswert, aber kein Einzelfall. Die gesetzliche Aufhebung des Mieterschutzes für jüdische Mieter erfolgte erst am 30. April 1939.[28]

Mit welchen Überlegungen und Begründungen die Richter bei der unbegrenzten Auslegung der Gesetze jeweils zu einer für den jüdischen Rechtsuchenden nachteiligen Interpretation oder gar contra legem zu einem Urteil kamen, soll noch an einigen Beispielen aufgezeigt werden. Das letztere zeigt ein Urteil des Amtsgerichts Wetzlar vom 17. Juni 1935. Am 26. Mai 1935 hatte der »deutschblütige« Antragsteller beim zuständigen Standesamt vergebens das Aufgebot zur Eheschließung mit einer Jüdin beantragt. Er wandte sich daraufhin an das Gericht mit dem Antrag, den Standesbeamten anzuweisen, das Aufgebot zu bestellen. Dies lehnte das Gericht jedoch ab. Zwar sei es richtig, so führte der Richter aus, daß die bestehenden gesetzlichen Bestimmungen ein solches Aufgebot zuließen, aber eine solche Sicht der Dinge sei formalistisch. »Mit der Machtübernahme durch den Nationalsozialismus in Deutschland sind die Grundlagen der nationalsozialistischen Weltanschauung zugleich die Grundlagen für den völkisch-nationalen Neuaufbau des deutschen Reiches geworden. [...] Die Wiederbefreiung des deutschen Menschen von allen schädigenden Einflüssen artfremder Rassen, die Wiedererstarkung der deutschen Seele und ihre Reinerhaltung für alle Zukunft ist hierbei das unverrückbare höchste Ziel.« Diese »völkische Grundhaltung« bestimme die Rechtsfindung im neuen Deutschland. Die Gesetzgebung erstrebe »folgerichtig das Ziel, die durch Rassenmischung eingetretene Entartung des deutschen Volkes mit allen Mitteln und unverzüglich aufzuhalten und darüber hinaus den rassischen Wiederaufstieg des deutschen Volkes nach allen Richtungen hin zu sichern. Diesem auf allen Gebieten der Gesetzgebung wie auch in dem gesamten amtlichen und halbamtlichen Schrifttum des Staates und der NSDAP zutage tretenden Streben wäre es ein Schlag ins Gesicht, wollte der nationalsozialistische Staat gleichzeitig weiterhin Ehen zwischen Deutschblütigen und Juden zulassen. »Der Einwand, daß trotz alledem solche Mischehen bisher gesetzlich noch nicht verboten sind, schlägt nicht durch. Dieser Einwand entspringt typisch jüdisch-liberalistischem Moral- und Rechtsdenken; letzteres hatte mit dem Grundsatz ›Was nicht verboten ist, ist erlaubt‹ deutsches Recht und deutsche Sitte bereits fast völlig instinktlos und wurzellocker gemacht. Nationalsozialistische – das ist arteigene – Rechtsanschauung hat demgegenüber wieder das artgemäße Gesetz des Sollens aufgerichtet als Anforderung an jeden einzelnen, seine innere Haltung und äußere Lebensführung allein auf das Wohl seines Volkes auszurichten und dessen Belangen sich unterzuordnen. Dieser Satz ist bindendes geltendes Recht des Dritten Reiches.«[29] Diese Urteilsrechtfertigung bedarf keines Kommentars.

Daß derartige antisemitische und judenfeindliche Einstellungen der Richter in allen Bereichen des Rechtslebens zutage traten, muß nicht im einzelnen nachgewiesen werden. Lediglich zur Abrundung seien hier noch zwei Urteile angeführt, das eine aus dem bürgerlichen Recht, das andere aus dem Gebiet der Arbeitsgerichtsbarkeit. Am 16. November 1939 setzte das Amtsgericht Worms auf Antrag des Schuldners, der am 28. August 1939 zur Wehrmacht einberufen worden war, die weitere Vollstreckung eines Pfändungsbeschlusses aus. Gläubiger war ein Jude. Die Urteilsbegründung enthielt folgende Passage: »Kriegsteilnehmer haben besonderen Schutz und weitgehendste [!] Rücksichtnahme zu beanspruchen, und es ist mit nationalsozialistischem Rechtsempfinden unvereinbar, einem Schuldner, der an der Front steht und sein Leben für die Volksgesamtheit einsetzt, von seinem Gehalt oder Lohn Beträge abzuziehen, um sie einem Juden zuzuführen. Der Soldat an der Front muß das Bewußtsein haben, daß seine Familie gesichert ist und daß der nationalsozialistische Staat für seine Familie eintritt und diese schützt. Es muß für einen Mann an der Front, der jederzeit bereit ist, sich einzusetzen, ein bitteres Gefühl, ja unerträglich sein und seine Einsatzbereitschaft lähmen, wenn zu Hause eine Gehaltspfändung zugunsten eines Juden läuft.«[30] Angesichts dieser Ausführungen ist man fast verwundert, daß die Begründung nicht die Grundlage für ein Verfahren wegen Wehrkraftzersetzung gegen den Gläubiger bildete.

Das folgende Urteil des Landesarbeitsgerichts Koblenz vom 4. August 1939 ist ein beredtes Beispiel für die Möglichkeiten, die die unbegrenzte Auslegung nach nationalsozialistischen Grundsätzen bot, um zu Urteilen zu kommen, die des Wohlwollens der politischen Führung sicher sein konnten und den betroffenen Juden in seine von den Nationalsozialisten immer enger gezogenen Grenzen verwiesen. Auch hier fällt auf, wie antisemitische Klischeevorstellungen Denken und Sprache der Richter beeinflußten. Ein jüdischer Arbeiter hatte auf Lohnzahlung für den 1. Mai und den 20. April 1939 geklagt, beides gesetzliche Feiertage, und sich dabei auf entsprechende gesetzliche Vorschriften bezogen. In der ersten Instanz hatte das Arbeitsgericht der Klage stattgegeben, da die besagten Gesetze keine Ausnahmebestimmungen für jüdische Arbeiter enthielten. Das Landesarbeitsgericht kam zu einem anderen Ergebnis und wies die Klage ab. Beide Gesetze könnten als Regelungen für nationalsozialistische Sonderfeiertage auf Juden keine Anwendung finden. In der Begründung heißt es dann: »Es ist ohne Bedeutung, daß die Gesetzesbestimmungen, auf die der Kläger seinen Anspruch stützt, für die jüdischen Arbeiter keine Sonderregelung getroffen haben. Wollte man daraus den Willen des Gesetzgebers, die Juden von der Wohltat des Gesetzes nicht auszuschließen, herleiten, so müßte man unterstellen, daß der Gesetzgeber bei Erlaß des Gesetzes an dessen Anwendung auch auf jüdische Arbeiter gedacht hat. Für eine solche Unterstellung fehlt jedoch jeder Anhaltspunkt. Für die gegenteilige Annahme spricht die Tatsache, daß im Wirtschafsleben Juden als Arbeiter bisher nicht vorkamen oder eine seltene Ausnahme bildeten. Der Gesetzgeber hat daher an die Regelung dieser Ausnahme nicht gedacht; die Entscheidung kann mithin nur durch zweckentsprechende Auslegung der einschlägigen Gesetze erfolgen. [...] Die Gesetze haben keineswegs nur wirtschaftliche Vor- und Nachteile regeln wollen, sondern sind in hohem Maße politischen Charakters. Der deutsche Arbeiter soll an den Feierlichkeiten und politischen Veranstaltungen am 1. Mai und 20. April teilnehmen, ohne von dem Gefühl eines Verdienstausfalls beschwert zu sein. [...] Da der jüdische Arbeiter an den nationalen Sonderfeiertagen weder äußeren noch inneren Anteil hat, treffen für ihn die Voraussetzungen, von denen die einschlägigen Gesetze ausgehen, nicht zu, so daß diese für ihn keine Anwendung finden können. Es kann keinem Zweifel unterliegen, daß der Gesetzgeber die Frage der Bezahlung der jüdischen Arbeiter in diesem Sinne entschieden hätte, sofern er an die Notwendigkeit einer solchen Entscheidung gedacht hätte.«[31]

Liest man diese und viele andere Urteile der deutschen Justiz aus jener Zeit, dann kann leicht der Eindruck entstehen, als seien hier fast ausschließlich überzeugte Nationalsozialisten und fanatische Judenhasser am Werk gewesen, alle am Vorbild Roland Freislers orientiert und ohne Bindung an Recht und Gesetz. Dieser Eindruck aber ist falsch. Sicher gab es für bestimmte Kammern und

Gerichte eine Auswahl der Vorsitzenden und der Richter nach Kriterien der politischen Zuverlässigkeit. Dies gilt weitgehend für die Sondergerichte oder die mit politischen Delikten befaßten Strafsenate der Oberlandesgerichte, also für den Bereich der genuin politischen Strafverfolgung. Die hier angeführten Urteile wurden indessen von ganz normalen Richtern gesprochen, die sich in nichts von ihren Kollegen unterschieden, und von denen nur einzelne politisch besonders engagiert waren. Hans Robinsohn hat die in Hamburg an der Verfolgung von Verstößen gegen das Blutschutzgesetz beteiligten Richter im Hinblick auf ihr Herkommen, ihre Ausbildung und ihr politisches Verhalten zu beschreiben versucht. Er kam zu dem Ergebnis, daß es sich bei ihnen um »einen typischen Ausschnitt des gebildeten deutschen Bürgertums« handelte, um »normale Vertreter ihres Standes, die sich selbst zweifellos für fähig hielten, rational zu denken und auf der Basis von Recht und Gesetz zu urteilen.«[32]

Dieses Ergebnis wird man sicher auf den größten Teil der deutschen Richter in jener Zeit übertragen können, die mit ihren Urteilen zur Diffamierung, zur Ächtung und letztlich auch zur Tötung der Juden beitrugen. Und während die Aktionen zur Ermordung Geisteskranker wenigstens den Protest eines Richters hervorriefen,[33] sah die Justiz den Deportationen wie etwas Selbstverständlichem billigend zu. Alle diese Richter haben sich »in politischen Fragen nicht anders verhalten als die gesellschaftlichen Schichten, denen sie angehörten. Daher kann man vermuten, daß auch ihr berufliches Handeln an Wertmaßstäben orientiert war, die über ihren [...] Kreis hinaus für das deutsche Bürgertum generell gegolten haben.«[34] Dazu gehörte auch und nicht zuletzt eine in langen Jahrzehnten tradierte und von Schule und Universität gepflegte Abneigung, wenn nicht gar Feindschaft gegen die Juden. Auf diese antisemitische Grundhaltung in der Richterschaft, die sich auch darin nicht vom Bürgertum unterschied, konnten die Nationalsozialisten bei der Durchführung ihrer Rassenpolitik unter dem Deckmantel der Rechtsprechung bauen.

Dieser – man muß sagen – gelungene Versuch der Nationalsozialisten, die Verfolgung der Juden durch die Justiz als ganz normale rechtliche Auseinandersetzung zu tarnen, sollte weitreichende Nachwirkungen haben. Als Ende der fünfziger und Anfang der sechziger Jahre die DDR auf die zahlreichen ehemaligen Richter des Dritten Reiches in der bundesrepublikanischen Justiz hinwies, lösten diese Beschuldigungen hierzulande umfangreiche Untersuchungen der Länderjustizverwaltungen aus. Sämtliche Todesurteile wurden überprüft und die beteiligten Richter, soweit noch im Dienst, zu Stellungnahmen aufgefordert; den besonders Belasteten wurde das Verlassen des Dienstes nahegelegt, wenn ersichtlich war, daß ein politisch motiviertes Terrorurteil gesprochen worden war. An eine Überprüfung der Urteile nach dem Blutschutzgesetz hat jedoch offenbar niemand gedacht – am wenigsten die Auslöser dieser Aktion. Wirkten die antisemitischen Vorurteile immer noch weiter? Hielt man diese Urteile für die Ergebnisse einer alltäglichen, normalen Rechtsprechung, für rechtmäßig zustandegekommen? Erkannte keiner der Verantwortlichen den judenfeindlichen Ursprung dieses »Gesetzes« und seine verbrecherische Anwendung? Wurden die jüdischen Opfer der nationalsozialistischen Justiz noch einmal ausgegrenzt?

Anmerkungen

1 Gruchmann, Lothar, Justiz im Dritten Reich 1933–1940. Anpassung und Unterwerfung in der Ära Gürtner, München 1988.
2 Majer, Diemut, »Fremdvölkische« im Dritten Reich. Ein Beitrag zur nationalsozialistischen Rechtssetzung und Rechtspraxis in Verwaltung und Justiz unter besonderer Berücksichtigung der eingegliederten Ostgebiete und des Generalgouvernements, Boppard a. Rh. 1981.
3 Noam, Ernst/Kropat, Wolf-Arno, Juden vor Gericht 1933–1945. Dokumente aus hessischen Justizakten, Wiesbaden 1975.
4 Robinsohn, Hans, Justiz als politische Verfolgung. Die Rechtsprechung in »Rassenschandefällen« beim Landgericht Hamburg 1936–1943, Stuttgart 1977; Ley, Michael, »Zum Schutze des deutschen Blutes ...«. »Rassenschande«-Gesetze im Nationalsozialismus, Bodenheim 1997 (behandelt auch die Rechtsprechung).
5 RGBl. 1933 I, S. 175.
6 Gruchmann, Justiz (wie Anm. 1), S. 167.
7 Ebd., S. 151.
8 Staatsarchiv Hamburg, Senatskanzlei, Protokolle und Drucksachen A 2 a, Jg. 1933, S. 241 (Plenum, 26. Sitzung, 27. März 1933).
9 Verfügung vom 13. April 1933, OLG 322 – 1 a/3/.
10 RGBl. 1935 I, S. 1146.
11 Gruchmann, Justiz (wie Anm. 1), S. 171.
12 RGBl. 1938 I, S. 1403 ff. Vgl. Douma, Eva, Deutsche Anwälte zwischen De-

mokratie und Diktatur 1933–1955, Frankfurt a. M. 1998, S. 74–82, 130–142; Krach, Tillmann, Jüdische Rechtsanwälte in Preußen. Über die Bedeutung der freien Advokatur und ihre Zerstörung durch den Nationalsozialismus, München 1991.

13 Majer, »Fremdvölkische« (wie Anm. 2), S. 714.

14 Vertrauliche Mitteilung des Präsidenten des Landgerichts Hamburg an die Kammervorsitzenden vom 6. November 1935, LG C 1 a/bb 33.

15 Lagebericht des Präsidenten des OLG Hamburg an den Reichsjustizminister vom 5. Januar 1942, NG–392.

16 Vgl. dazu Majer, »Fremdvölkische« (wie Anm. 2), vor allem S. 107.

17 RGBl. 1935 I, S. 1146 f.

18 RGBl. 1941 I, S. 759.

19 RGBl. 1943 I, S. 372.

20 Walk, Joseph (Hrsg.), Das Sonderrecht für die Juden im NS-Staat. Eine Sammlung der gesetzlichen Maßnahmen und Richtlinien – Inhalt und Bedeutung, Heidelberg/Karlsruhe 1981.

21 Zitiert nach: Recht, Verwaltung und Justiz im Nationalsozialismus. Ausgewählte Schriften, Gesetze und Gerichtsentscheidungen von 1933 bis 1945, herausgegeben und erläutert von Martin Hirsch, Diemut Majer und Jürgen Meinck, Köln 1984, S. 493.

22 Robinsohn, Justiz als Verfolgung (wie Anm. 4), S. 17.

23 Gruchmann, Justiz (wie Anm. 1), S. 879.

24 Zitiert nach: Noam/Kropat, Juden vor Gericht (wie Anm. 3), S. 131.

25 Ebd., S. 172 f.

26 Rüthers, Bernd, Die unbegrenzte Auslegung. Zum Wandel der Privatrechtsordnung im Nationalsozialismus, Tübingen 1968. Mit der Diskriminierung der Juden im Zivilrecht befassen sich neuerdings: Rethmeier, Andreas, »Nürnberger Rassengesetze« und Entrechtung der Juden im Zivilrecht, Frankfurt a. M./New York 1995; Hetzel, Marius, Die Anfechtung der Rassenmischehe in den Jahren 1933–1939. Die Entwicklung der Rechtsprechung im Dritten Reich: Anpassung und Selbstbehauptung der Gerichte, Tübingen 1997.

27 Recht, Verwaltung und Justiz (wie Anm. 21), S. 400 f.

28 Gesetz über Mietverhältnisse mit Juden vom 30. April 1939, RGBl. 1939 I, S. 864.

29 Noam/Kropat, Juden vor Gericht (wie Anm. 3), S. 62 f.

30 Ebd., S. 45 f.

31 Ebd., S. 98 f.

32 Robinsohn, Justiz als Verfolgung (wie Anm. 4), S. 146 f.

33 Vgl. dazu Gruchmann, Justiz (wie Anm. 1), S. 505 ff.

34 Robinsohn, Justiz als Verfolgung (wie Anm. 4), S. 148.

John A. S. Grenville

Juden, »Nichtarier« und »Deutsche Ärzte«

Die Anpassung der Ärzte im Dritten Reich

Trotz der weiten Verbreitung des Antisemitismus in Deutschland gab es Gruppen von deutschen Juden, die ein hohes Ansehen in der Bevölkerung genossen. Die Akademiker unter den Juden bevorzugten die freien Berufe, weil sie in ihnen ihre Profession nach ihrem Können mit Würde und Genugtuung ausüben konnten, ohne Vorgesetzten und deren Vorurteilen gegen den »Stereotyp-Juden« ausgesetzt zu sein. Nicht voll in der deutschen Gesellschaft angenommen, konnten Juden gerade als Ärzte selbstlose Hilfsbereitschaft beweisen und dadurch das Stereotyp widerlegen, daß Juden sich von Geldgier und Eigennutz leiten ließen und ihre Religionsgenossen bevorzugten, um die christliche Umwelt auszubeuten. Als Ärzte erwarben sie die Anerkennung der christlichen Bevölkerung in einer ganz nahen zwischenmenschlichen Beziehung. Sei es, daß ein Chirurg eine lebensrettende Operation unternahm, ein Kinderarzt einem kranken Jungen oder Mädchen wieder zur Gesundheit verhalf oder ein Internist sich in einer Poliklinik um die Armen bemühte, immer überbrückten sie dadurch Vorurteile und Schranken. Sie hofften auch auf die Anerkennung ihrer Arbeit in den Krankenhäusern und in der Forschung, deren Ergebnisse der Menschheit zugute kamen. Ein relativ hoher Prozentsatz der Juden in Deutschland wandte sich infolgedessen dem ärztlichen Beruf zu. Dies wäre aber nicht möglich gewesen, wenn nicht die überwiegende Mehrheit der christlichen Bevölkerung bereit gewesen wäre, zu jüdischen Ärzten zu gehen. Daß viele jüdische Ärzte besonders in den Großstädten praktizierten, ist ein Beweis für ihr Ansehen bei der Bevölkerung. Erst recht genossen sie auf dem Land große Achtung, wo der jüdische Arzt oft der einzige im weiten Umkreis war und wie der Gutsherr oder der Pfarrer hoch geschätzt wurde. Dieses nahe Zusammenleben von deutschen Juden und Nichtjuden und ihre gegenseitige Wertschätzung mußten die Nationalsozialisten zerstören.

Es gelang ihnen in relativ kurzer Zeit. Ärzte, die vor 1933 verehrt worden waren, die dann meistens wegen ihres Alters nicht rechtzeitig auswandern konnten, wurden 1942 und 1943 genauso erbarmungslos deportiert und in den Tod geschickt wie der Rest der jüdischen Bevölkerung. Von seiten ihrer ehemaligen ärztlichen Kollegen kamen keine Interventionen oder Proteste. Aber die Vernichtung hatte ihren Anfang nicht im Kriege, sondern in der schrittweisen Entrechtung und Diffamierung, die mit der Machtübernahme begannen. Die Frage muß gestellt werden, wie das möglich war.[1]

Als Ausgangspunkt ist die Einstellung der Ärzte vor 1933 näher zu untersuchen. Man darf keine neuen Stereotypen aufbauen und vorschnell verallgemeinern. Dennoch ist festzustellen, daß die meisten Ärzte wie große Teile des Bürgertums die durch die christliche Lehre begründete traditionelle Abneigung gegen die Juden in sich aufgenommen hatten und auch den allgemein weitverbreiteten Antisemitismus teilten. Das bedeutete nicht, daß sie nicht persönlich mit jüdischen Kollegen zusammenarbeiten konnten. Aber trotz solcher Erfahrungen blieb die Vorstellung vom Juden generell unverändert. Die Hoffnungen der deutschen Juden in hochangesehenen Stellungen auf irgendwelche Unterstützung wurden 1933 nicht erfüllt. Auch jüdische Ärzte machten keine andere Erfahrung, obwohl sie in den vorangegangenen Jahren in wichtige Positionen der Standesverbände gewählt worden waren. Diese mangelnde Solidarität ist nicht durch den politischen Umschwung zu erklären. Auch in der Weimarer Zeit waren jüdische Ärzte nicht als völlig gleichberechtigt akzeptiert worden. Eine junge jüdische Ärztin, die in der Universitätsfrauenklinik in Freiburg eine Anstellung als Praktikantin gefunden hatte, berichtet darüber: »Hier hatte mich das Leben plötzlich in eine Hochburg des deutschnationalen Gedankens und des Antisemitismus geführt! Die Kollegen grüßten mich nicht, beachteten mich nicht – sie lasen ihre Hugenbergzeitung vor dem Kolleg und schauten nicht auf, wenn ich mich pflichtgemäß dazugesellte. ›Daß Sie Einstein heißen, ist hier keine Empfehlung für Sie‹, sagte mir der Geheimrat, als er mich zum erstenmal sah. Auf meine Frage, warum er mich denn habe kommen lassen, brummte er, ›ich habe gehört, daß Sie tüchtig sind‹.« Später schätzte der Geheimrat seine jüdische Assistentin aber sehr und wollte sie habilitieren. »›Trotz meines Namens?‹ fragte ich ihn. [...] Er schlug mir lachend auf die Schulter: ›Also, Sie haben mir DAS noch immer nicht verziehen? Aber ich weiß, daß es auch sehr anständige, feine Juden gibt, und Sie gehören dazu.‹«[2]

Jüdische Ärzte konnten sich besser in den Großstädten als in den kleinen Städten entfalten, aber auch hier mußten sie unter der generellen Judenhetze leiden. Mit dem Aufstieg der Nationalsozialisten zwischen 1930 und 1932 wurde ihre Situation besonders schwierig. Schon im November 1930 beklagte ein Arzt, der der kleinen Gruppe der sozialistischen Ärzte angehörte, »die Übergriffe der Nazi-Ärzte, die doch ebenso wie die Sprecherin der Deutschnationalen im Berliner Stadtparlament die Verdrängung der jüdischen Kollegen fordern«; dazu hätten »die offiziellen Ärztevertretungen noch kein Wort der Kritik gefunden«.[3] Der Verband der Ärzte Deutschlands aber betonte seine unparteiische Stellung, bedauerte die Politisierung der Ärzteschaft und polemisierte besonders gegen den Verein sozialistischer Ärzte.[4] Die jüdischen Ärzte konnten sich auf die Unterstützung des großen Ärzteverbandes schon vor 1933 nicht verlassen und nach dem Januar 1933 erst recht nicht. Nur einzelne Ärzte brachten jüdischen Kollegen gegenüber noch privat ihr persönliches Bedauern zum Ausdruck. Daß dies nur selten vorkam, ist aus der Memoirenliteratur zu erkennen.

Die deutschen Ärzte gehörten in der Mehrzahl keiner Parteiorganisation an, wählten aber wohl überwiegend konservativ und national. Sie traten vor 1933 auch parteipolitisch orientierten Standesorganisationen nicht bei, weder der sozialistischen noch der nationalsozialistischen. So betrachteten sie sich als »unpolitisch«. In ganz Deutschland zählte der Nationalsozialistische Deutsche Ärztebund nach seiner Gründung 1929 nur fünfzig Mitglieder. Um die Mitgliederzahl zu erhöhen, durften auch Zahnärzte, Studenten, Tierärzte und Apotheker beitreten. Ende Januar 1933 erreichte der nationalsozialistische Ärztebund eine Zahl von 2786 Vollmitgliedern bei 52 000 approbierten Ärzten in Deutschland, von Tierärzten, Apothekern und Zahnärzten ganz abgesehen.[5] Der Leiter der Organisation in Hamburg, Willy Holzmann, der nach dem Januar 1933 eine führende Rolle im Gesundheitswesen der Stadt spielte, kann als ein typischer Repräsentant des NSDÄB gelten. Er wurde

1878 als Sohn einer gutbürgerlichen Familie in Hamburg geboren; sein Vater war Holzgroßkaufmann. Er studierte Medizin in Kiel und München und ließ sich 1912 als Nervenarzt in Hamburg nieder. Seine Erfahrungen im Weltkrieg als Leiter der Nervenstation des IX. Armeekorps hatten wesentlichen Einfluß auf sein Denken. Er fühlte sich von der Niederlage schwer getroffen, von dem Verlust von Millionen gesunder junger Menschen und der geistigen Zerstörung vieler anderer. Im Wiederaufbau eines »gesunden« deutschen Volks sah er eine lebenswichtige Arbeit, besonders für den Arzt. Dadurch wurde er empfänglich für die Rassen- und »Volksaufwertungs«theorien der Eugeniker und so auch der völkischen und später nationalsozialistischen Fanatiker. 1918 war er Mitbegründer der Deutschnationalen Volkspartei in Hamburg, deren völkischem Flügel er angehörte. Er trat schon 1923 in die NSDAP ein und war auch 1925 bei der Neugründung sofort wieder dabei. 1931 wurde er Mitglied der nationalsozialistischen Fraktion in der Hamburger Bürgerschaft, 1933 Vorsitzender der Hamburger Ärztekammer, Gauamtsleiter des Rassenpolitischen Amtes der NSDAP und 1936 der neu errichteten Ärztekammer. Die Mitgliederzahl des Nationalsozialistischen Deutschen Ärztebundes in Hamburg war ganz unbedeutend, acht Aktivisten 1930, und nur etwa fünfzig bis zum Januar 1933. Doch war der Einfluß der Nationalsozialisten bei den Hamburger Ärzten größer. Bei den Wahlen zum Vorstand der Ärztekammer 1932 verbündete sich der NSDÄB mit dem Stahlhelm und den Deutschnationalen und kandidierte erstmals gegen die traditionelle »Einheitsliste«. Mit 26 Prozent der Stimmen bekam das rechte Bündnis einen Sitz im Vorstand. Im Hartmannbund (Verband der Ärzte Deutschlands) wurde ein Vertreter des NSDÄB sogar Stellvertretender Vorsitzender. Es kam also gar nicht so sehr auf die Zahl der aktiven Mitglieder des NSDÄB an, sondern auf die Ärzte, die, obwohl sie nicht Parteigenossen waren, dennoch den Nationalsozialisten und ihren Verbündeten die Stimme gaben.[6]

Ärzte stimmten dem Nationalsozialismus aus denselben Gründen zu wie andere »Volksgenossen«: Ablehnung der demokratischen Weimarer Republik, Empörung über die »Schmach des Versailler Diktats«, Vertrauen auf das Versprechen Hitlers, dem deutschen Volk statt »Parteienstreit« Einheit und Wiederaufschwung zu bringen und die Gefahr des Kommunismus zu bannen. Der Kampf gegen die Juden und deren Zurückdrängung aus den freien Berufen, wo sie prozentual weit »überrepräsentiert« waren, wie überhaupt aus dem »deutschen« kulturellen Leben gehörten zu diesen Zielen. Daß die Nationalsozialisten besonders bei den Ärzten Zustimmung fanden, liegt auch an der von ihnen propagierten Gesundheitspolitik. Ärzte, die einen Teil des Programms, wie etwa den Judenhaß der Nationalsozialisten, mißbilligten, stimmten ihnen dennoch aus anderen »wichtigeren« Gründen zu. So schrieb zum Beispiel Fritz Lenz in der dritten Auflage seines bekannten Buches »Menschliche Erblichkeitslehre und Rassenhygiene«, 1931 erschienen: »Den einseitigen ›Antisemitismus‹ des Nationalsozialismus wird man natürlich bedauern müssen. Es scheint leider, daß die politischen Massen solche Antigefühle brauchen, um zur Aktivität zu kommen. [. . .] Daß der Nationalsozialismus ehrlich eine Gesundung der Rasse anstrebt, ist nicht zu bezweifeln. [. . .] Die Frage der Erbqualität ist hundertmal wichtiger als der Streit um Kapitalismus oder Sozialismus und tausendmal wichtiger als der um Schwarz-Weiß-Rot oder Schwarz-Rot-Gold.«[7]

Die Vorstufen der Anpassung werden bei den Ärzten zwischen 1930 und 1932 immer deutlicher. In den zwanziger Jahren wurden »Rassefragen«, Sterilisierung, »Aufwertung« des Volkes, die Behandlung »lebensunwerter« Menschen und deren Tötung in speziellen wissenschaftlichen Büchern und besonderen Ärztevereinigungen der Eugeniker besprochen, aber nicht in den großen allgemeinen Ärzteverbänden. Nach 1930 treten die Themen »Eugenik« und »Rassefragen« dann ziemlich plötzlich in den allgemeinen Vereinsberatungen auf. Beiträge werden veröffentlicht, die alle in dieselbe Richtung zielten. In der Hauptfachzeitschrift des Verbands der Ärzte Deutschlands, den »Ärztlichen Mitteilungen«, kommt es nicht einmal mehr zu einer Diskussion über das Thema; Gegenstimmen werden einfach nicht veröffentlicht, obwohl die Beiträge über »negative« Eugenik, wie man das nannte, erkennen lassen, daß es scharfe Gegensätze gab. Die Gegner waren allerdings nicht in der Mehrheit. Die ersten Erfolge der Nationalsozialisten bei regionalen und überregionalen Wahlen sowie die Wirtschaftskrise sicherten den wissenschaftlichen Arbeiten der Eugeniker, die sich schon seit der Wilhelminischen Zeit mit diesen Problemen beschäftigten, einen ganz neuen Einfluß. Zum Teil wurden jetzt Methoden akzeptiert, die um 1900 nicht beabsichtigt waren. Im Mai 1932 wurde in einem Leitartikel im Deutschen Ärzteblatt »Die Sterilisierung als Mittel zur Verhütung minderwertigen Lebens« befürwortet: »In unserer Zeit [...] mehren sich die Stimmen, die immer eindringlicher auf das Mißverhältnis zwischen den von den Lebenstüchtigen, Schaffenden im Volke erarbeiteten Werten zu den ungeheuren Aufwendungen für die Erhaltung minderwertiger, gebrechlicher, asozialer Existenzen hinweisen.« Diese wurden als »Ballastexistenzen« bezeichnet.[8] Daß man es für nötig fand, die »Vernichtung lebensunwerten Lebens« überhaupt zurückzuweisen, ist bemerkenswert als Beweis dafür, daß solche Vorschläge schon 1932 weit verbreitet waren.

Am 20. Januar 1932 fand eine Beratung über Sterilisierung als »Eugenische Tagung« im Preußischen Staatsrat statt. Am 25. September desselben Jahres traf sich der Deutsche Ärztevereinsbund in Hannover. Das Deutsche Ärzteblatt druckte die Referate ab. Erschreckend wirkt Johannes Hartmanns Beitrag: »Wenn wir [...] eine Verschlechterung der Rasse verhindern wollen, müssen wir versuchen, einen Einfluß zu gewinnen auf die *Erhaltung und Förderung wertvollen Erbgutes*, während wir andererseits bemüht bleiben müssen, minderwertiges Erbgut nach Möglichkeit von der Fortpflanzung, und sei es auch zunächst nur von der vermehrten Fortpflanzung, auszuschalten. [...] ein gewisses Mindestmaß an Krüppelfürsorge, an Fürsorge für körperlich oder geistig Gebrechliche, für Trinker und sonstige Anbrüchige wird uns stets die Menschlichkeit und die christliche Nächstenliebe diktieren und auferlegen. Das, was bekämpft werden muß, ist die Übertreibung, die für minderwertiges, anbrüchiges Leben mehr Aufwendung zu machen geneigt ist als für gesundes, arbeitskräftiges und fortpflanzungswürdiges Leben.«[9]

Der einzelne Mensch zählt hier nicht mehr, sondern das »Volk«. Am 7. November 1932 sandte der Ärztevereinsbund eine Eingabe mit der Befürwortung eines Reichssterilisierungsgesetzes an das Reichsministerium des Innern. Die Gegner hatten zumindest eine wirtschaftliche Begründung zurückgewiesen. In dem Begleitbrief wurde fälschlich behauptet, daß die Vertreter *aller* Konfessionen, also auch die Katholiken, die Beschränkung der Fortpflanzung körperlich oder geistig erkrankter Personen befürworteten. Weiter hieß es, daß die Sterilisierung »zunächst« von der Einwilligung des Erbkranken oder seines etwaigen Vertreters abhängig gemacht werden solle. Zwangssterilisierung »müsse« abgelehnt werden, »solange die Einräumung eines solchen Rechtes an den Staat dem Empfinden der weitesten Volkskreise« widerspreche.[10] Man kann an der Formulierung dieser Sätze erkennen, wie die Meinung der Gegner durch Zusätze wie »zunächst« und »solange« untergraben wurde. Wo ist aber der Zusammenhang der Sterilisierungsfrage mit der Diskriminierung der Juden? Wir sehen an beiden Vorgängen die Mißachtung der Menschenrechte vor Hitlers Machtantritt und gerade bei den Ärzten. Die jüdische »Rasse« wurde ja auch als minderwertig angesehen, und ihre Vermischung mit deutschem Blute zu verhindern, war oberstes Ziel. Es ist daher nicht überraschend, daß die Sterilisierung der »Halbjuden« nach der Wannsee-Konferenz diskutiert wurde. Sterilisierung sah man als die humane Lösung an, um alles, was dem »Volkserbgut« zu schaden schien, »auszumerzen«. Eugenik, Rasse, Volksgesundheit wurden miteinander verbunden, und die Einstellungen der Weimarer Zeit, auch der Ärzte und Wissenschaftler, machten die spätere Radikalisierung akzeptabel und allgemein glaubhaft.

Bis Hitler Reichskanzler wurde, gab es noch Gegenstimmen, die sich organisierten. Am bedeutendsten war der Verein sozialistischer Ärzte. Viele Mitglieder waren »Nichtarier«. 1932 waren 1500 aktive Mitglieder in diesem Verein eingetragen. Ihre Ziele unterschieden sich ganz grundsätzlich von der Volkspolitik der NS-Ärzte. Der SPD-Reichstagsabgeordnete und mutige jüdische Arzt Julius Moses faßte das 1932 treffend zusammen: »Im nationalsozialistischen ›Dritten Reich‹ hätte also der Arzt folgende Sendung, um ein ›neues, edles Menschentum‹ zu schaffen: Geheilt werden nur die Heilbaren! Die unheilbar Kranken aber sind ›Ballastexistenzen‹, ›Menschenschund‹, ›lebensunwert‹ und ›unproduktiv‹. Sie müssen zerstört und vernichtet werden. Der Arzt soll also mit einem Wort zum Henker werden!«[11] Die meisten deutschen Ärzte der späten Weimarer Zeit waren aber politisch nicht organisiert. Sie fühlten sich der Aufgabe verpflichtet, die im § 1 der Standesordnung für die deutschen Ärzte vom 5. September 1926 formuliert war: »Der Beruf des Arztes ist Gesundheitsdienst am deutschen Volke«. Die Interpretation im Sinne der NS-Ideologie gab diesem Begriff Deutungen, die viele Ärzte unterstützten. Der Verein sozialistischer Ärzte wurde 1933 aufgelöst; seine führenden Männer wurden von den Nationalsozialisten übel behandelt. Julius Moses wurde im Krieg deportiert und kam in Theresienstadt um.

Überzeugung und materielle Interessen wirkten bei der Aversion der Ärzte gegen die Juden oft zusammen: Die deutschen Mediziner sahen sich nicht nur von der wirtschaftlichen Not am Anfang der dreißiger Jahre betroffen, sondern fürchteten auch für die Zukunft. Die Vermehrung der Zahl der Kassenärzte bedrohte ihr Einkommen zur selben Zeit, als die Einnahmen infolge der Wirtschaftskrise ohnehin schrumpften. 1931 rechneten die Ärzte damit, daß ihr Kasseneinkommen im nächsten Jahr auf neunzig Prozent sinken würde, 1934 auf fünfundsiebzig Prozent und 1936 auf sechsundfünfzig Prozent.[12] Daher forderten sie Zulassungsbeschränkungen für ihren Beruf. Die Zukunftsaussicht der Medizinstudenten war besonders schlecht. Es soll nicht behauptet werden, daß – von den nationalsozialistisch eingestellten Ärzten abgesehen – die Ärzte generell ihre jüdischen Kollegen verdrängen wollten, dennoch profitierten sie davon, wenn diese ihre Arbeit aufgeben mußten. Die Nationalsozialisten hatten keine Schwierigkeiten, Chefärzte und Assistenten, die nach dem 7. April 1933 aus den Krankenhäusern und Universitäten entlassen wurden, zu ersetzen. Nur wenige scheuten sich, diese »frei gewordenen« Stellen anzunehmen. Ärzte zögerten auch nicht, Patienten, die sich nicht mehr von jüdischen Ärzten behandeln lassen wollten, als ihre Patienten anzunehmen. Viele, die bisher in enger professioneller Beziehung zu jüdischen Kollegen gestanden, ihnen Patienten überwiesen hatten, brachen die Kooperation nach der Etablierung der nationalsozialistischen Herrschaft ab.

Die Erklärung dafür, daß sich die meisten Ärzte nach dem Januar 1933 in ihren Organisationen und am Arbeitsplatz protestlos gleichschalten ließen und sich so schnell anpaßten, ist in ihrer seit langem ausgebildeten politischen Einstellung zu finden. Sie fanden vieles, was die Nationalsozialisten versprachen und vertraten, gut. Die Weimarer Republik, besonders in der großen Not nach 1929, versprach nach ihrer Auffassung keine Änderung der Zustände und keine Rettung mehr. Sie meinten, die Republik hätte ausgespielt, die Lage könne nicht schlechter werden; sie hofften auf etwas

Neues. Kommunismus und Sozialismus waren für die meisten Ärzte auch keine Lösung. Es blieb nur die Verbindung mit den Nationalsozialisten übrig, und denen schienen ja auch die Massen zuzulaufen. Diskriminierung der Kollegen, soweit man sie überhaupt als ungerecht empfand, Verletzungen des Rechtsbewußtseins wurden als das kleinere Übel der neuen Zeit angesehen. Hitler verstand die Stimmung der Ärzte 1933 geschickt zu beeinflussen. Die Partei hatte jetzt im Deutschen Ärzteblatt ein gefügiges Instrument. Nach März 1933 ist es nicht mehr als Barometer der allgemeinen Stimmung unter den Ärzten zu gebrauchen, aber als Quelle für die gezielte NS-Propaganda in dieser Berufsgruppe.

Hitler empfing den »Reichsärzteführer« Wagner und Vertreter der Ärzteschaft am 5. April 1933. Nach dem Bericht des Deutschen Ärzteblattes legte er seinen Standpunkt sehr ausführlich dar. Er betonte, daß die Überzahl jüdischer Intellektueller in Kultur und Geistesleben als Überlegenheit einer anderen Rasse über die Deutschen gedeutet werden könne. Dies sei mit Entschiedenheit abzulehnen. Er wolle das Übergewicht jüdischer Intellektueller alsbald beseitigen. »Amerika sei auch keineswegs bereit gewesen, jetzt die Tore für etwa aus Deutschland ›flüchtende‹ Juden zu öffnen, denen in Wirklichkeit in Deutschland kein Haar gekrümmt worden sei.« Er versicherte, daß er die Not des ärztlichen Standes und der jungen Ärzte kenne. »Gerade dieser deutschen Jugend müssen Lebensraum und Arbeitsmöglichkeiten durch eine tatkräftige Zurückdrängung fremdartiger Elemente geschaffen werden«; Ausländer würden nicht mehr als Ärzte zugelassen werden.[13] Ärzte, die nicht so richtig mitmachen wollten, wurden bedroht. Schon im Dezember 1930 hatten sich die Führer der nationalsozialistischen Ärzte über einen Beitrag in den »Ärztlichen Mitteilungen« beschwert: »Herr Klauber und seine Freunde dürfen davon überzeugt sein, daß sich die ›Pogromärzte‹, wie er uns zu nennen beliebt, zu gegebener Zeit ihrer erinnern werden.«[14] Nach dem Januar 1933 scheuten die Nationalsozialisten direkten Druck auf die Ärzte noch weniger. Sie wurden zum neuen Jahr 1934 im Ärzteblatt für Hamburg und Schleswig-Holstein aufgefordert, die Befangenheit ihres liberalistischen und materialistischen Geistes aufzugeben: »Der Blick auf das Volk als Ganzes ist noch heute bei reichlich vielen Kollegen verschleiert.« »Unsere Führeraufgabe ist es«, beteuerte Holzmann,

»die Ärzteschaft zur geschlossenen, freudigen Mitarbeit dem Reichsärzteführer, Dr. Wagner, zur Verfügung zu stellen, zum Einsatz für Adolf Hitler.« Die Ärzte wurden gewarnt: »Letzter Appell« zur Mitarbeit, und mit Ausstoßung bedroht: »Wir werden in den kommenden Zeiten klar scheiden zwischen denen, die uns wertvoll sind, weil sie wertvolle Mitarbeit leisten, und denen, die für uns wertlos sind und damit auch wertlose Arbeit leisten.« Das »Händchenheben« genüge nicht, die Scheidung würde »rücksichtslos« stattfinden. Der nationalsozialistische Regionalführer, Dr. Köhler, sprach dann seine Hoffnung aus, in einem Jahr sagen zu können, daß die Zahl derer, die als »unbrauchbar« ausgeschieden werden mußten, »sehr, sehr klein« sei.[15]

»Unbrauchbar« für das deutsche Volk waren die jüdischen Ärzte. Sie wurden gezielt und schrittweise innerhalb von sechs Jahren vom ärztlichen Beruf ausgeschlossen. Die verschiedenen Gesetze und Verordnungen sind schon mehrmals beschrieben worden, so daß eine vollständige Aufzeichnung hier nicht am Platz ist. Die Archivforschung wird immer wieder aufdecken, wie genau nationalsozialistische Begriffe und Berechnungen zu überprüfen sind, so auch die Angaben über den Anteil von Juden an den freien Berufen. Dabei wird der Prozentsatz jüdischer Ärzte mit dem jüdischen Anteil an der ganzen Bevölkerung verglichen, wobei außer acht bleibt, daß Juden sich in den Großstädten konzentrierten. Es besteht kein Zweifel, daß ein erheblicher Prozentsatz der Juden Ärzte und Juristen wurden, aber die nationalsozialistischen Statistiken – auf die wir angewiesen sind, weil bis 1933 die Zahl *jüdischer* Ärzte nicht ermittelt wurde – übertreiben die Höhe und zählen »Nichtarier« dazu. Nach Angaben der Reichsärztekammer und der Kassenärztlichen Vereinigung von 1938 sollen im Januar 1933 6480 »nichtarische« und mit Juden verheiratete sowie etwa 45 600 »deutsche« Ärzte tätig gewesen sein; ein jüdischer Großelternteil genügte, um als »Nichtarier« zu gelten. Es wurde damals geschätzt, daß die Zahl der »Nichtarier« ohne die »Juden« und der Ehegatten von Juden 650 betrug, so daß die Zahl der jüdischen Ärzte, einschließlich der getauften, 5830 ausmachte. Für 1937 wurden 4200 jüdische Ärzte nach der Definition der »Nürnberger Gesetze« ermittelt.[16] Nach der vierten Verordnung zum Reichsbürgergesetz vom 25. Juli 1938 erlosch die Approbation aller jüdischen Ärzte zum 1. September 1938. Von da ab gab es keine jüdischen »Ärzte« mehr in Deutschland, nur 709 »Krankenbehandler«, die ausschließlich Juden betreuen durften. Sie reichten für die verbleibende jüdische Bevölkerung nicht aus, die nach dem Kriegsausbruch bis zur Deportation in Deutschland weiterleben mußte.

Der Entzug der Kassenpraxis, zuerst 1933 mit den Hindenburgschen Ausnahmen für jüdische »Frontkämpfer«, hatte zur Folge, daß »deutsche« Ärzte im »Notfall« auch jüdische Patienten behandeln mußten. Sie waren verpflichtet, auf ihre Scheine und Rezepte »Jude« zu schreiben, und es gab Apotheken, die sich weigerten, diese Rezepte anzunehmen. Für den behandelnden Arzt bedeutete die Regelung eine Kontrolle, ob er Juden behandelte, ohne daß ein Notfall vorlag – eine weitere Einschüchterung, wo sie nötig war.

Wichtig ist, zwischen Ärzten, die schon approbiert waren und praktizierten, und dem »Nachwuchs« zu unterscheiden. Die bereits in ihrem Beruf tätigen jüdischen Ärzte wurden erst allmählich abgedrosselt und in eine immer schwierigere Lage gebracht, die bekannten Fachärzte hatten weniger zu leiden als Familienärzte und Ärzte in armen Bezirken. Der Nachwuchs jüdischer Ärzte wurde aber praktisch gleich 1933 von allen Berufsmöglichkeiten abgeschnitten. Es durften noch wenige jüdische Medizinstudenten ihr Studium mit der Doktorwürde beenden; sie wurden aber nicht mehr als Ärzte in Deutschland zugelassen. In der Emigration war es freilich von Nutzen, daß sie das Studium hatten abschließen dürfen. Nach den »Nürnberger Gesetzen« wurden weder Juden noch »Mischlinge« als Ärzte approbiert, auch nicht Deutsche mit Juden oder »Mischlingen« als Ehegatten.[17] Interessant ist aber, daß sogenannte »halb-« und »vierteljüdische Mischlinge«, die schon Ärzte waren, weiterpraktizieren durften, soweit sie nicht im öffentlichen Dienst angestellt waren. Nach offiziellem Erlaß durften diese Ärzte in Listen nicht mehr wie früher gekennzeichnet werden.[18] Wieso diese Ausnahme? Man kann sich einige Gedanken darüber machen: Vielleicht geschah es mit Rücksicht auf die deutsche Verwandtschaft, vielleicht, weil die Zahl so gering war – es waren nur einige Hunderte betroffen –, vielleicht mit Blick auf den Krieg in der Erkenntnis, daß man diese Ärzte noch brauchen würde. Jedenfalls praktizierten die »halb-« und »vierteljüdischen« Ärzte den ganzen Krieg hindurch.

In Hamburg, um die Ausschaltungspolitik an einem Beispiel näher zu behandeln, ging man unter der Leitung Willy Holzmanns so radikal wie möglich vor. Hamburg verlor nach dem Erlaß des Berufsbeamtengesetzes vom 7. April 1933 hervorragende Ärzte aus den Krankenhäusern und der Universität. Sie waren nicht alle Juden, sondern »Nichtarier«, also auch Christen mit einem oder mehreren Juden unter den Großeltern. Einer der Gründungsprofessoren der Universität war Professor Otto Kestner, der erst 1934 entlassen wurde. Zu den Entlassenen gehörten ferner: der Eugeniker Professor Heinrich Poll, Professor Ernst Delbanco, der 1935 Selbstmord verübte, Dr. Friedrich Wohlwill und andere Dozenten und Professoren, darunter auch Rahel Liebeschütz-Plaut, die sich 1923 als erste Frau an der Hamburger Medizinischen Fakultät habilitiert hatte. Ein »Nichtarier« war auch Professor Ernst-Friedrich Müller, Chefarzt am Jerusalem-Krankenhaus, der 1933 emigrierte. Wie radikal es in Hamburg bei der Ärzteschaft zuging, ist daraus ersichtlich, daß »jüdische Versippung« für die Entlassung genügte. Als sich herausstellte, daß die Ehefrau von Hans Koopmann, Leiter des gerichtsärztlichen Dienstes, einen jüdischen Großelternteil hatte, wurde ihm die Universitätslehrbefugnis entzogen. Wolfgang Rosenthals Karriere endete 1937 wegen Zweifeln an seiner »Reinrassigkeit« trotz Mitgliedschaft in der NSDAP seit 1933. Klaus Unna, obwohl »nur Vierteljude«, wurde als Assistent am Pharmakologischen Universitätsinstitut entlassen und emigrierte 1933.[19] Über die Unna-Familie aber später mehr.

Die Ärzte waren nicht mutiger als andere und ließen diese Diskriminierung und Entrechtung ihrer Kollegen mit nur ganz vereinzeltem Protest über sich ergehen. Professor Ludolph Brauer war einer der wenigen, der schon vor 1933 für seine jüdischen Kollegen eintrat und 1931, als er Rektor war, den Führer des NS-Studentenbundes wegen der Verbreitung antisemitischer Schriften offiziell verwarnte. Man entfernte Brauer 1933, indem man ihn vorzeitig pensionierte, und er siedelte nach Wiesbaden um, wo er ein Forschungsinstitut gründete – es geschah ihm weiter nichts.[20] Im Universitätskrankenhaus Eppendorf fanden jüdische Kollegen sonst keine Unterstützung. Opportunismus und Angst, sich vor den nationalsozialistischen Kollegen eine Blöße zu geben, bestimmten das Verhalten. Der Hamburger Universitätssenat überließ es den einzelnen Fakultäten, ob sie den Entlassungsschreiben einen Dank an die früher angesehenen Kollegen beifügen wollten oder nicht.

Den jüdischen Ärzten, die ihrem Beruf vorläufig noch nachgehen konnten, ging es seelisch und materiell schlecht. Die »arischen« Patienten verließen sie zum großen Teil, auch trauten sich jüdische Ärzte nicht immer, »arische« Patienten zu behandeln. Ärzte, die sich entschlossen, ins Ausland zu emigrieren, wurden mit wenigen Ausnahmen in den Einwanderungsländern Westeuropas und in den USA zum Beruf nicht zugelassen. Das abrupte Ende einer Arbeit, die die jüdischen Ärzte mit viel Hingabe geleistet hatten, war ein schwerer Schlag. Einige nahmen sich daraufhin das Leben. Das Tagebuch der Hertha Nathorff ist nur ein Zeugnis dieses Leidens. Sie liebte ihren Beruf, die zwanzig Jahre, die sie in einem Berliner Krankenhaus verbracht hatte, in dem viele Arme behandelt wurden, waren trotz der großen Not eine glückliche Zeit gewesen. Aus dem rekonstruierten Tagebuch sind die Verzweiflung und wachsende Angst zu erkennen. Schon am 14. April 1933 notierte sie: »Aus allen Berufen, aus allen Stellen schalten sie die Juden aus ›Zum Schutze des deutschen Volks‹. Was haben wir diesem Volk denn bis heute getan? In den Krankenhäusern ist es furchtbar. Verdiente Chirurgen haben sie mitten aus der Operation herausgeholt und ihnen das Wiederbetreten des Krankenhauses einfach verboten.«[21] Manche Patienten fragten Dr. Nathorff, ob sie eine Jüdin sei. Es gab Patienten, die zu ihr hielten, andere, die ihre Rechnungen an eine jüdische Ärztin nicht bezahlen wollten. Sie berichtete, daß ein »halbjüdisches« Kind, das sie in ein Krankenhaus eingewiesen hatte, dort als »gemischtes Gemüse« unerwünscht war und daß in einem anderen Fall eine Krankenschwester »sich weigerte, solch einen ›Bastard‹ zu pflegen«.[22] Es gibt eine Fülle von Zeugnissen über die Not der jüdischen Ärzte und die generelle Gleichgültigkeit ihrer »deutschen« Kollegen.

Trotz der offiziellen Politik wandten sich »arische« Patienten aber noch immer an jüdische Fachärzte. Das ist zum Beispiel aus den Statistiken des Israelitischen Krankenhauses in Hamburg ersichtlich. Das berühmte Krankenhaus, 1840 von Salomon Heine gegründet, behandelte Patienten nach seiner Satzung ohne Unterschied der Konfession. Statistiken über die Religionszugehörigkeit wurden vor 1933 gar nicht angefertigt. Die Mehrzahl der Patienten waren Nichtjuden. Nach Verpflegungstagen berechnet, waren 1933 60 Prozent der Patienten Nichtjuden und 40 Prozent Juden. Gerade die Poliklinik half vielen Seeleuten und Prostituierten in St. Pauli. Noch 1937 waren die Betten des Krankenhauses zu über 20 Prozent von »arischen« Patienten belegt.[23] Lange Bemühungen, jüdische und nichtjüdische Patienten zu trennen, waren vorausgegangen, hatten in den dreißiger Jahren aber keinen Erfolg. Auf Anregung des Reichsstatthalters Kaufmann wurde dem Israelitischen Krankenhaus am 4. Februar 1935 mitgeteilt, daß es »arische« Krankenkassenpatienten nicht mehr aufnehmen dürfe. Darauf legte das Krankenhaus beim Hamburger Senat Beschwerde ein: »Durch den Fortfall dieser Patienten würde die wirtschaftliche Existenz des Krankenhauses geradezu vernichtet, und das Krankenhaus wäre gezwungen, den allergrößten Teil auch des arischen Personals zu entlassen. Das Krankenhaus beschäftigt zur Zeit – abgesehen von den Ärzten – 90 Menschen als Pflege- und Wirtschaftspersonal, von denen 57 arisch sind.«[24] Im August 1935 wurde daraufhin im Senat beraten, wie jüdische und arische Patienten getrennt werden könnten, wenn das Israelitische Krankenhaus schließen müßte, weil es seine Schulden an den Hamburger Senat nicht mehr begleichen konnte.[25] Zahlreiche Schwierigkeiten wurden deutlich: Die staatlichen Krankenhäuser konnten keine besonderen Abteilungen nur für jüdische Patienten einrichten. Auch der Versuch, »arischen« Kassenpatienten die Inanspruchnahme des Israelitischen Krankenhauses zu verbieten, scheiterte. Es wurde ihnen jedoch erschwert, sie mußten die Einweisung ausdrücklich schriftlich vom behandelnden Arzt verlangen. Für nichtjüdische Patienten wurden dem Krankenhaus staatliche Zuschüsse verweigert. Aber auch die staatlichen Krankenhäuser erlitten Verluste dadurch, daß sie kaum noch jüdische Patienten aufnehmen durften. Nach 1936 war ihnen das nur noch in Notfällen oder bei Infektionskrankheiten zur Abwendung von Epidemien gestattet. Die Wohlfahrtsbehörde erhielt im Juli 1936 die Anweisung, erkrankte jüdische Fürsorgeempfänger – außer in Eil- oder Notfällen – nur in das Israelitische Krankenhaus einzuweisen.[26] Nach dem Beginn des Krieges mußte das Israelitische Krankenhaus das Gebäude, in dem es seit 1843 untergebracht war, räumen; es fand zuerst in der Johnsallee 54 und 68 und dann in der Schäferkampsallee 29 Aufnahme, wo es noch zwanzig

Betten unterhielt und von zwei jüdischen Ärzten betrieben wurde, die in Mischehen lebten.[27] Die anderen hatte man schon deportiert.

Insgesamt kamen in Deutschland etwa 1500 Mediziner durch die Verfolgung ums Leben. Wie willkürlich sich die Rassengesetzgebung bei den Ärzten auswirkte, zeigt das Beispiel zweier bekannter Hamburger Mediziner jüdischer Herkunft, Professor Siegfried Korach und Professor Paul Gerson Unna, beide am Israelitischen Krankenhaus tätig. Korach wurde 1855 in Posen geboren; Unna war fünf Jahre älter. Dem weltberühmten Forscher und Arzt widmete die Hamburger Dermatologische Gesellschaft 1975 eine Tagung zur 125. Wiederkehr seines Geburtstages und veröffentlichte einen Bericht. Seine therapeutischen Forschungen brachen neuartigen Behandlungsmethoden Bahn; u. a. war er auch an der Entwicklung von Leukoplast maßgebend beteiligt. Bei der Tagung feierte ihn der Sprecher: »Wir gedenken heute des Tages, an dem vor 125 Jahren Paul Gerson Unna – der große dermatologische Sohn Hamburgs – geboren wurde. Wir gedenken eines Mannes, der für die deutsche Dermatologie so entscheidende Impulse gegeben hat ... der für die Dermatologie das Tor zur Moderne aufstieß und die Grundlagen der chemischen und biochemischen Forschung in unserem Fache schuf und der darüber hinaus ein großer Mensch war! Als Hüter seines Erbes bekennen wir uns in seiner Nachfolge dankbar zu diesem größten deutschen Dermatologen.« Seine Tätigkeit am Israelitischen Krankenhaus und seine Herkunft aus einer jüdischen Familie wurden nicht erwähnt, obwohl seine Vorfahren, darunter die Gersons, seit Generationen bekannte jüdische Ärzte waren; die ersten praktizierten seit 1780 in Hamburg-Altona.[28] Unna bekannte sich später als Monist und heiratete eine Mitarbeiterin, die nichtjüdisch war. Seine Beerdigung 1929 wurde zu einer großen Trauerfeier, über die zahlreiche Zeitungen berichteten. Er wurde mit vielen Ehren unter Beteiligung der Repräsentanten der hamburgischen Behörden, des Senats, der wissenschaftlichen Institute und der Universität in Ohlsdorf begraben.[29] Vier Jahre später wäre das alles nicht mehr möglich gewesen, da er »Rassejude« war. Er starb noch zur rechten Zeit. In seiner Klinik in der Osterstraße arbeitete er mit seinen drei Söhnen, die alle Hautärzte waren; der vierte Sohn war Apotheker und Chemiker. Von 1933 bis zu den

»Nürnberger Gesetzen« führten die Hamburger Behörden die Unna-Klinik als jüdisches Privatkrankenhaus, da Paul Gerson Unnas Kinder als »Nichtarier« galten. Danach wurden, wie schon erwähnt, »nichtarische« Ärzte, die nicht als »Volljuden« galten, nicht mehr gekennzeichnet. Die Unna-Klinik bestand weiter, bis sie 1943 ausgebombt wurde. Ein Enkel Paul Gerson Unnas, Sohn des Hautarztes Karl Unna, war Klaus Unna, der als »Nichtarier« 1933 vom Eppendorfer Krankenhaus entlassen wurde; er emigrierte und machte seine ärztliche Karriere in Amerika; ein anderer Enkel diente in der Wehrmacht und ist mit zweiundzwanzig Jahren gefallen. So unterschiedlich und sinnlos konnten die Leben der Nachkommen einer berühmten jüdischen Arztfamilie sich infolge der nationalsozialistischen Gesetzgebung gestalten.

Professor Siegfried Korach war jahrzehntelang der beliebte und hoch angesehene leitende Arzt der Inneren Abteilung des Israelitischen Krankenhauses in Hamburg. Er genoß einen ganz besonderen Ruf unter den Armen in St. Pauli, die in der Poliklinik und im Krankenhaus behandelt wurden. Als Achtundachtzigjähriger wurde er am 23. Juni 1943 nach Theresienstadt deportiert. Seine Frau Mathilde war kurz zuvor am 19. Juni in Hamburg gestorben. Sie hatte sich wahrscheinlich das Leben genommen. In welcher Verfassung der alte Herr die Fahrt nach dem Osten antrat, nachdem er seine Frau kaum hatte begraben können, kann man sich vorstellen. Nach der Ankunft in Theresienstadt wurde er durch die überfüllte Kleinstadt in ein sogenanntes Altersheim gebracht. Die Zustände in den Altersheimen in Theresienstadt waren unbeschreiblich, keine ausreichenden Betten, Schmutz und Seuchen. Die alten Menschen starben wie Fliegen. Von einem Tag zum anderen wurde Professor Korach vom Grab seiner Ehefrau, seiner schönen Wohnung in der Hartungstraße 1, seinem geliebten Hamburg in diese Hölle gebracht. Vier oder fünf Tage nach seiner Ankunft, am 1. Juli 1943, war er tot. Zwei Monate später fand in Hamburg die Versteigerung seiner Hinterlassenschaft statt. In den Akten der Oberfinanzdirektion ist ein Protokoll darüber erhalten. Der Ort der Versteigerung wurde im »Hamburger Tageblatt« bekanntgemacht. Nachdem sich eine Anzahl kauflustiger Personen eingefunden hatte, wurde diesen eröffnet: »Es handelt sich hier um eine *freiwillige* Versteigerung«! Die medizinische Bibliothek, etwa 600 Bücher, wurde für insgesamt 129 RM erstanden. Die Liste ist lang: Ein Herr G. konnte eine Meißner Porzellangruppe für 41 RM erhalten, ein anderer Käufer Professor Korachs Zylinder für 2 RM. Sein großes Vermögen, Hypotheken, Bankguthaben und Grundbesitz, wurden »zu Gunsten des Reiches eingezogen«. Die Juden wurden ermordet und bis auf das letzte ausgeraubt: Damentaschen 8 RM, Partie ärztliche Utensilien 30 RM, ein Paar Stiefel 7 RM, das war der Dank für Korachs lebenslange Güte. Die Käufer sind alle verzeichnet; dadurch verstrickte der NS-Staat auch die kleinen Leute, die »kauflustig« sich bei der Versteigerung zusammengefunden hatten und sich bereicherten, in seine Untaten.[30]

Die Geschichte der deutschen jüdischen Ärzte, die viel zum Wohl ihrer Mitbürger beigetragen hatten, war 1943 mit ihrer Ermordung oder Emigration beendet. Zwar praktizierten nach 1945 einige wenige jüdische Ärzte wieder in Deutschland, aber die deutsch-jüdische Ärztetradition ist für immer gebrochen. Die jüdischen Krankenhäuser und Pflegeheime, z. B. in Berlin, Hamburg und Frankfurt, tragen zum Teil noch alte Namen, sind aber neue Einrichtungen. Die deutschen Ärzte, die nicht von Verfolgung betroffen wurden, arbeiteten in ihrer größten Mehrheit nach 1945 genauso weiter wie bisher. Tausende wurden durch die nationalsozialistische Politik in Verbrechen verstrickt: als »Gutachter« bei Sterilisationsverfahren, in Anstalten für geisteskranke und behinderte Menschen. Ihre jüdischen Kollegen ließen sie im Stich. Darin unterschieden sie sich nicht von anderen Berufen. In ihren Stellungen an Universitäten und Krankenhäusern, wo sie die jüdischen Ärzte »ersetzt« hatten, blieben sie nach 1945 in allen Ehren. Nur die Hauptverbrecher, die in Tötungsanstalten und Vernichtungslagern ihre »Forschung« betrieben und Mordtaten begangen hatten, wurden gerichtlich verurteilt.

Anmerkungen

1 Im Gegensatz zu den Juristen haben sich Ärzte und Naturwissenschaftler seit etwa 1970 bemüht, die Verfolgungen durch die Nationalsozialisten aufzuarbeiten: Medizin und Gesundheitspolitik in der NS-Zeit, hrsg. v. Norbert Frei, München 1991, S. 309–323, enthält eine Auswahlbibliographie. Seither erschienen u. a.: Aly, Götz/Chroust, Peter/Pross, Christian, Cleansing the

Fatherland. Nazi Medicine and Racial Hygiene, Baltimore 1994; Bastian, Till, Furchtbare Ärzte. Medizinische Verbrechen im Dritten Reich, München 1995; Kater, Michael H., Ärzte als Hitlers Helfer, Hamburg 2000; speziell zur Verbreitung des Antisemitismus in der Ärzteschaft: Medizin und Antisemitismus. Historische Aspekte des Antisemitismus in der Ärzteschaft, Münster 1998 [Tagung der Ärztekammer Hessen]; Waigand, Beate, Antisemitismus auf Abruf. Das Deutsche Ärzteblatt und die jüdischen Mediziner 1918–1933, Frankfurt a. M. 2001; über die Behandlung jüdischer Ärzte: Woelk, Wolf, Jüdische Ärzte in der Stadt und an der Medizinischen Akademie Düsseldorf im Nationalsozialismus (1933–1938), in: M. G. Esch u. a. (Hrsg.), Die Medizinische Akademie Düsseldorf im Nationalsozialismus, Essen 1997, S. 55–85; Eppinger, Sven, Das Schicksal der jüdischen Dermatologen Deutschlands in der Zeit des Nationalsozialismus, Frankfurt a. M. 2001; Seidler, Eduard, Kinderärzte 1933–1945. Entrechtet – geflohen – ermordet, Bonn 2000; Köhn, Michael, Zahnärzte 1933–1945. Berufsverbot, Emigration, Verfolgung, Berlin 1994.

2 Das Tagebuch der Hertha Nathorff. Berlin/New York. Aufzeichnungen 1933 bis 1945, hrsg. u. eingel. v. Wolfgang Benz, München 1987, S. 25.

3 Ärztliche Mitteilungen, Leipzig, Jg. 31 (1930), Nr. 47 v. 22. 11. 1930, S. 988.

4 Vgl. den Artikel »Zur Lage«, in: Ärztliche Mitteilungen (wie Anm. 3), Nr. 44 v. 1. 11. 1930, S. 905–908.

5 Medizin unterm Hakenkreuz, hrsg. v. Achim Thom/Genadij I. Caregorodvec, Berlin 1989, S. 38–40.

6 Medizinische Wissenschaft im »Dritten Reich«. Kontinuität, Anpassung und Opposition an der Hamburger Medizinischen Fakultät, hrsg. v. Hendrik van den Bussche, Berlin / Hamburg 1989, S. 45.

7 Vgl. den Beitrag von Benno Müller-Hill in: Medizin im Nationalsozialismus, München 1988, S. 40.

8 Deutsches Ärzteblatt, Berlin, Jg. 61 (1932), Nr. 15 v. 21. 5. 1932, S. 207.

9 Deutsches Ärzteblatt (wie Anm. 8), Nr. 31 v. 1. 11. 1932, S. 411–416, hier S. 411.

10 Deutsches Ärzteblatt (wie Anm. 8), Nr. 35 v. 11. 12. 1932, S. 469.

11 Hahn, Susanne, Revolution der Heilkunst. Ausweg aus der Krise?, in: Der Wert des Menschen. Medizin in Deutschland 1918–1945, hrsg. v. d. Ärztekammer Berlin, Redaktion: Christian Pross/Götz Aly, Berlin 1989, S. 71–99, hier S. 92. Zum »Verein sozialistischer Ärzte« vgl.: Medizin und Nationalsozialismus. Tabuisierte Vergangenheit. Ungebrochene Tradition?, hrsg. v. Gerhard Baader/Ulrich Schultz, Berlin 1980, S. 209–211.

12 G. Ritter in: Deutsches Ärzteblatt (wie Anm. 8), Nr. 1 v. 1. 1. 1932.

13 Deutsches Ärzteblatt (wie Anm. 8), Nr. 15 v. 13. 4. 1933, S. 153 f.

14 Ärztliche Mitteilungen (wie Anm. 3), Nr. 51 v. 20. 12. 1930, S. 1061.

15 Ärzteblatt für Hamburg und Schleswig-Holstein, Berlin, Jg. 1 (1934), Nr. 1 v. 7. 1. 1934, S. 5 f.

16 Deutsches Ärzteblatt Jg. 68 (1938), Nr. 32/33 v. 6./12. 8. 1938, S. 546 f.

17 Ärzteblatt für Hamburg und Schleswig-Holstein (wie Anm. 15), Jg. 4 (1937), Nr. 1 v. 3. 1. 1937, S. 707.

18 Ärzteblatt für Hamburg und Schleswig-Holstein (wie Anm. 15), Nr. 19 v. 9. 5. 1937, S. 285.

19 Medizinische Wissenschaft (wie Anm. 6), S. 32–56.

20 Ebenda, S. 56–58.
21 Tagebuch Hertha Nathorff (wie Anm. 2), S. 39.
22 Ebenda, S. 109.
23 Zur Geschichte des Israelitischen Krankenhauses in Hamburg vgl.: Lindemann, Mary, 140 Jahre Israelitisches Krankenhaus Hamburg. Vorgeschichte und Entwicklung, Hamburg 1981.
24 Staatsarchiv Hamburg, Senatskanzlei-Präsidialabteilung 1934 A 8/27: Schreiben der Verwaltung des Krankenhauses der Deutsch-Israelitischen Gemeinde in Hamburg an den Reichsarbeitsminister v. 7. 2. 1935.
25 Staatsarchiv Hamburg, Innere Verwaltung, A IV 11: Auszug aus dem Protokoll des Senats v. 21. 8. 1935.
26 Ebenda: Behandlung von Juden in staatlichen Krankenhäusern.
27 Epstein, Felix, Bericht über die Geschichte des Jüdischen Krankenhauses Hamburg seit 1938 [Hamburg 1941]. Archiv der Forschungsstelle für Zeitgeschichte in Hamburg: 6241.
28 Schirren, Carl, Paul Gerson Unna. Zur 125. Wiederkehr seines Geburtstages. Gedenkrede anläßlich der Herbsttagung der Hamburger Dermatologischen Gesellschaft am 14. 11. 1975 in Hamburg, in: Zeitschrift für Hautkrankheiten, Jg. 50 (1975), S. 985–994, hier S. 994.
29 Viele Zeitungen berichteten über die Beerdigung, auch das Hamburger Fremdenblatt v. 29. 1. 1929.
30 Staatsarchiv Hamburg, Oberfinanzdirektion, Akten Korach.

Avraham Barkai

Die deutschen Unternehmer und die Judenpolitik im Dritten Reich[1]

Das Verhältnis zwischen den deutschen Großunternehmern und dem Nationalsozialismus – vor und nach 1933 – bleibt ein zentrales Thema der historischen Forschung.[2] Im Vordergrund steht neben den inzwischen stark beachteten Problemen »Arisierung« und Zwangsarbeit weiterhin die Frage, ob »German Big Business« bzw. »die Großindustrie« oder das »Staatsmonopolkapital« Hitler als seinen »Agenten« zur Verwirklichung eigener imperialistischer Expansionsziele an die Macht brachte. Immerhin dürften heute die meisten Historiker diese Frage in ihrer primitiven Form negativ beantworten. Es war auch meiner Meinung nach nicht der Fall – vielleicht weniger darum, weil die Repräsentanten der Großunternehmer Hitler nicht als Reichskanzler wollten, sondern weil sie damals längst nicht mehr genügend politische Macht besaßen, um seine Kanzlerschaft eigenhändig durchzusetzen oder zu verhindern.

Zwischen 1933 und 1945 besaßen sie noch weniger politische Macht. In meinen früheren Arbeiten fand ich selbst für die These von Arthur Schweitzer, daß bis 1936/37 eine »Koalition« von »Big Business« und NSDAP die Macht ausübte,[3] keine Bestätigung. Die deutschen Großunternehmer und ihre Interessenvertretungen haben sich in einer überraschend schnellen »Gleichschaltung« mit dem nationalsozialistischen Regime arrangiert und ihnen noch verbliebene politische Einflußstellungen aufgegeben. Darin erwiesen sie sich als ein maßgeblicher Teil des deutschen Konsenses, auf den sich das Regime im wesentlichen stützen konnte. Selbst in der Wirtschaftspolitik haben sich die Unternehmer bald und willig den außenpolitischen, aber auch den gesellschaftspolitischen Zielsetzungen untergeordnet, die als das Gerüst eines eigengearteten Wirtschaftssystems des nationalsozialistischen Regimes zu betrachten sind.[4] Dafür gewährten ihnen die Nationalsozialisten einen gewissen Spielraum wirtschaftlicher Selbstverwaltung und vor allem schnell wachsenden wirtschaftlichen Gewinn. Mehr als irgendeine andere Gesellschaftsschicht profitierten die Unternehmer vom Wirtschaftsaufschwung und der Aufrüstung, und danach – im Kriege – von den Früchten der Ausplünderung der Juden und der eroberten Gebiete. Aus diesem Grund ist meiner Meinung nach das Verhältnis des Unternehmertums zum nationalsozialistischen Herrschaftssystem am besten als das des »sleeping partners« oder »stillen Teilhabers« zu beschreiben, der die Gewinne der »Firma« bezieht, ohne Mitspracherecht an deren Leitung und Geschäftsführung.[5]

Die nationalsozialistische »Judenpolitik« entsprang vornehmlich ideologischen Motiven. Inwieweit der aggressive Rassenantisemitismus der NSDAP vor der Machtübernahme als politischer Mobilisierungsfaktor effektiv war, ist in der wissenschaftlichen Diskussion der letzten Jahre in Frage gestellt worden. Es herrscht jedoch ziemliche Übereinstimmung darüber, daß bestimmte Sozial- und Berufsgruppen durch die wirtschaftlichen Argumente der antisemitischen Propaganda besonders stark beeinflußbar und in der nationalsozialistischen Parteimitgliedschaft und Wählerschaft überproportional vertreten waren.[6] Nach der Machtübernahme kam den Erwartungen und dem Druck dieser Gruppen ein nicht zu unterschätzender Einfluß auf die Judenpolitik des Regimes zu.[7]

Schon aus diesem Grunde erscheint es notwendig, die »Unternehmer« unserer Ausführungen genauer zu definieren. Im Kontext der nationalsozialistischen Judenpolitik läßt sich die Darstellung nicht auf den engeren Kreis des »Big Business«, auf die kleine Gruppe von Groß- oder Schwerindustriellen, von Ruhrbaronen und anderen Konzerngewaltigen des »Monopolkapitals«, beschränken. Dies aus dem einfachen Grund, daß die wirtschaftlichen Drangsalierungs- und Ausplünderungsmaßnahmen der Nationalsozialisten gegen die gesamte jüdische Wirtschaft gerichtet waren, die zum größten Teil aus kleinen und mittleren selbständigen Betrieben bestand. Dementsprechend waren es mittelständische deutsche Unternehmer, die direkt oder indirekt von der wirtschaftlichen Judenpolitik der Nationalsozialisten berührt wurden. Daneben gab es einige prominente Großunternehmen in jüdischem

Besitz, die für die deutschen Großfirmen von Interesse waren. Es handelt sich hier also um zwei verschiedene Interessengruppen, deren Stellung im Prozeß der Enteignung der Juden gesondert untersucht werden muß.

Es ist auch nicht überflüssig, vor Stereotypen zu warnen. Die Unternehmer waren, vor oder neben ihrer wirtschaftlichen Funktion, Deutsche mit verschiedenen politischen Überzeugungen, erziehungsbedingten Eigenschaften und moralischen Normen, die nicht nur durch ihre wirtschaftlichen Interessen bestimmt waren. Trotzdem ist es natürlich zulässig, darüber hinaus nach ihrem gruppenspezifischen Verhalten in einer historisch gegebenen Situation zu fragen, solange man im Auge behält, daß sich beim gegenwärtigen Forschungsstand die Einstellung der deutschen Unternehmer zur Judenpolitik nicht quantifizieren läßt. Schon darum nicht, weil *direkt* nur ein Teil von ihnen, in ganz bestimmten Wirtschafts- und Berufszweigen, mit der Judenpolitik der Nationalsozialisten konfrontiert war und Stellung beziehen mußte.

Das Thema selbst ist bisher nur teilweise erforscht. In den Nachkriegsprozessen, die für die Erforschung der NS-Herrschaft den Historikern eine unerschöpfliche Fülle von Dokumentenmaterial erschlossen, wurden nur drei Großkonzerne vor Gericht gestellt: IG-Farben, Krupp und Flick.[8] Die im hier behandelten Kontext relevanten Anklagepunkte betrafen hauptsächlich die Verwendung von Arbeitssklaven in oder aus den Konzentrations- und Vernichtungslagern, die zum überwiegenden Teil Juden waren. Nur im Flickprozeß wurden auch »Arisierungen« jüdischer Firmen behandelt. Eine vollständige Darstellung der Rolle der deutschen Unternehmer in der Judenpolitik muß natürlich die gesamte Zeit der nationalsozialistischen Herrschaft umfassen, in deren ersten sechs Jahren die Judenpolitik gegen die in Deutschland lebenden Juden gerichtet war. Für eine derartige Darstellung geben die Nürnberger und anderen Nachkriegsprozesse nur wenig her. Wahrscheinlich gibt es hierüber eine Fülle von bisher noch unerschlossenen Quellen in den Firmenarchiven, die, soweit sie erhalten sind, der Forschung erst allmählich geöffnet werden.[9] Die folgenden Ausführungen sollten daher nur als ein erster kursorischer Überblick angesehen werden. Dabei muß zwischen zwei wesentlich voneinander verschiedenen Etappen der nationalsozialistischen Judenpolitik unterschieden werden: der wirtschaftlichen Diskriminierung und Verdrängung der deutschen Juden und der Vernichtung und Ausplünderung der europäischen Juden im Zweiten Weltkrieg.

Anfang 1933 gab es in Deutschland über 100 000 selbständige jüdische Betriebe.[10] Es waren zum größten Teil kleine und mittlere Firmen, vornehmlich im kommerziellen Sektor. Ende 1932 wurden ca. 52 000 jüdische Einzelhandelsgeschäfte und knapp 10 000 Handwerksbetriebe, zum Teil mit eigenen Verkaufslokalen, gezählt. Obwohl die jüdischen Läden und Geschäfte zahlenmäßig nur gegen 6 % aller Einzelhandelsbetriebe ausmachten, umfaßten sie gegen ein Viertel des gesamten deutschen Einzelhandels, sowohl nach dem Umsatz als auch nach der Beschäftigung. Die großen Warenhäuser, beliebte Ziele der mittelständisch ausgerichteten nationalsozialistischen Propaganda, deckten dabei nur ca. 15 % des jüdischen Einzelhandelsumsatzes, 85 % entfielen auf die mittelständischen Fachgeschäfte, vor allem in den Bekleidungs-, Schuh- und Hausratsbranchen. Nach einer zuverlässigen Schätzung verkauften 1932 in Deutschland jüdische Geschäfte 62 % aller Bekleidungsartikel, 36 % allen Hausrats und Wohnbedarfs, 18 % aller Kultur- und Luxusartikel.[11] Diese Konzentration im kommerziellen Sektor und in den durch die Juden traditionsgemäß bevorzugten Branchen bestimmte das Berufs- und Wirtschaftsprofil der deutschen Juden bei Anbruch des NS-Regimes: Etwa die Hälfte der jüdischen Erwerbstätigen waren mittelständische selbständige Unternehmer, bei denen ein großer Teil der jüdischen Arbeitnehmer (zumeist Angestellte im Handelssektor) – soweit sie zu dieser Zeit nicht arbeitslos waren – Arbeit fanden. Daneben gab es 6000 bis 8000 Privatpraxen jüdischer Ärzte und Rechtsanwälte und eine zahlenmäßig kleine, aber auffallende, von der antisemitischen Propaganda immer wieder grell angeleuchtete Spitzengruppe jüdischer Großunternehmer. Sie waren vor allem im Privatbankwesen, in den Textil- und Bekleidungsbranchen, im Metallhandel und im Publikationswesen konzentriert.[12]

Die wirtschaftlichen Verdrängungsmaßnahmen der Partei- und Regierungsorgane setzten sofort nach der Machtübernahme ein. Sie waren in den ersten Jahren nicht einheitlich und müssen für jede dieser unterschiedlichen Gruppen einzeln verfolgt werden, da auch die durch diese Maßnahmen miteinbezogenen »arischen« Unternehmer voneinander grundverschieden waren. Für den mittelständischen Einzelhandel begann sofort 1933 ein systematischer Liquidations- und »Arisierungs«prozeß, der von der einschlägigen Forschung lange unterschätzt wurde. Erst allmählich verschwindet die irrige Vorstellung, es sei den deutschen Juden in wirtschaftlicher Hinsicht bis Ende 1937 oder 1938 noch verhältnismäßig gut gegangen, und sie hätten, wie alle anderen auch, von dem sofort einsetzenden Wirtschaftsaufschwung des damaligen »Deutschen Wirtschaftswunders« profitieren können.[13] In Wirklichkeit sah sich der jüdische Einzelhandel bereits seit den ersten Monaten des nationalsozialistischen Regimes einer festorganisierten und wirkungsvollen Boykottbewegung ausgesetzt. Ihr Ziel war einerseits die Ausschaltung der jüdischen Konkurrenz, indem man die jüdischen Ladeninhaber veranlaßte, ihre Geschäfte aufzulösen; andererseits die Absicht, sie zum Verkauf zu zwingen, und zwar zu Preisen, die weit unter dem realen Wert der Objekte lagen. »Alte Kämpfer« und sonstige Partei- und »Volksgenossen« sahen hier eine Möglichkeit, sich ohne viel Mühe zu bereichern und als selbständige Unternehmer zu etablieren.[14]

Diese erste »Arisierungs«phase fand fast völlig außerhalb der »Gesetzgebung« (oder was immer unter den damaligen Umständen als solche galt) statt. Dies stand im Gegensatz z. B. zur Situation in den freien Berufen, aus denen die Juden durch das Berufsbeamtengesetz vom April 1933 und die darauf folgenden Verordnungen auf »legalem« Wege verdrängt wurden.[15] Erst nach dem Novemberpogrom 1938 setzte die Phase der endgültigen Zwangs»arisierung« ein. Es ist jedoch bezeichnend, daß zu diesem Zeitpunkt der jüdische Einzelhandel zum größten Teil schon nicht mehr bestand. Von den über 50 000 jüdischen Einzelhandelsbetrieben von Ende 1932 wurden bei der Zählung im Juli 1938 nur noch ca. 9000 gemeldet.[16] Wie viele Läden in die Hände nichtjüdischer Unternehmer übergegangen waren, läßt sich nach den vorhandenen Quellen nicht bestimmen, aber aus ihnen geht klar hervor, daß die besser situierten Geschäfte vielumstrittene »Arisierungs«objekte in diesem allgemeinen Bereicherungswettlauf waren. Der größte Teil war bereits liquidiert oder »arisiert«. Ähnlich war die Situation auch in anderen Wirtschaftssektoren: 1935 wurden noch 75 000 bis 80 000 jüdische Firmen geschätzt. Im April 1938 gab es nur noch knapp 40 000.[17] Demnach war jedenfalls der Liquidationsprozeß im Einzelhandel am meisten fortgeschritten.

Die Methoden des auf die jüdischen Besitzer ausgeübten Drucks änderten sich von Zeit zu Zeit, von dem mit physischer Gewalttätigkeit verbundenen Boykott uniformierter SA- und SS-Männer vor den Läden bis zum administrativen Entzug öffentlicher Aufträge durch die lokalen Behörden. In besonders »hartnäckigen« Fällen wurde durch Gestapo und KZ-Haft etwas kräftiger nachgeholfen. Es trifft zwar zu, daß die radikalsten Initiativen von den Parteistellen ausgingen, doch konnten sich diese erwiesenermaßen überall auf die willige Kooperation der örtlichen Unternehmer- und Interessenverbände stützen. Den »Arisierungs«vorgang selbst überwachten die Büros der Gauwirtschaftsberater in engster Zusammenarbeit mit den örtlichen Industrie- und Handelskammern, den Finanzämtern und den lokalen Regierungsstellen. Allgemein sind die wirtschaftliche Funktion und der Einfluß der Gauwirtschaftsberater der NSDAP bisher nur ungenügend erforscht. Sie dürften jeweils von der effektiven Hausmacht des betreffenden Gauleiters abhängig gewesen sein. Ein vollständig erhaltener Aktenbestand des Gauwirtschaftsberaters Westfalen-Süd im Staatsarchiv Münster[18] bestätigt jedenfalls ihre Rolle bei der Überwachung der jüdischen Wirtschaftstätigkeit überhaupt und besonders bei den »Arisierungen«. Für jeden jüdischen Betrieb, gleich welcher Größe, wurde eine besondere Akte angelegt und dessen Geschäftslage dauernd nach den Berichten der Handelskammer, der Finanzbehörde oder den Informationen eingeschleuster »V-Männer« und interessierter Konkurrenten verfolgt.

Es mag in dieser Phase der »freiwilligen« Liquidierungen oder »Arisierungs«verkäufe auch manche anständigen Käufer gegeben haben, die es ablehnten, die Zwangslage des jüdischen Verkäufers übermäßig auszunutzen. Aber das allgemeine Bild, das sich aus den Akten ergibt, ist das einer widerlichen und habgierigen Preisdrückerei, die vor keinem Mittel zurückschreckte, um den größtmöglichen Vorteil herauszupressen.[19] Ich habe nicht einen einzigen Fall auffinden können, in dem die den »Arisierungs«vorgang beaufsichtigenden Ämter versucht hätten, der privaten Raffgier im Interesse der bedrängten Verkäufer irgendwelche Schranken zu setzen. Erst im Dezember 1938, also kurz bevor die letzten jüdischen

Geschäfte in der Zwangs»arisierung« liquidiert wurden, erließ Göring eine Anordnung, nach der ungerechtfertigte »Arisierungsgewinne« zugunsten der Reichskasse eingezogen werden sollten.[20] In einer geschlossenen Sitzung vom 14. Oktober 1938 erklärte er, daß das Vermögen der Juden dem Reich gehöre und nicht als eine »Versorgungsquelle untüchtiger Parteigenossen verschleudert werden« dürfe.[21] Bis dahin durften sich die »Arisierer« unbehindert bereichern.

Die »Arisierung« der mittelständischen Unternehmen verlief ab 1933 kontinuierlich, mit zeitlichen und örtlichen Unterschieden, und untergrub die wirtschaftliche Existenzbasis der jüdischen Unternehmer besonders auf dem Lande und in den kleineren Städten. Dagegen versuchten jüdische Großunternehmer in den ersten Monaten, ehe sich die Unternehmerverbände völlig »gleichgeschaltet« hatten, geschäftliche Verbindungen und persönliche Beziehungen nicht nur im eigenen, sondern auch im allgemein-jüdischen Interesse einzusetzen. Max Warburg, Carl Melchior und dem ehemaligen Staatssekretär Hans Schäffer gelang es im Sommer 1933, prominente deutsche Industrielle wie Bosch, Krupp von Bohlen und Halbach und von Siemens zu gemeinsamen Besprechungen über die antijüdischen wirtschaftlichen Maßnahmen der Regierung zusammenzubringen. Das Ergebnis war die Abfassung einer Denkschrift, in der der ungünstige Einfluß der nationalsozialistischen Judenpolitik auch auf die »arischen« Unternehmen und die Gesamtwirtschaftslage hervorgehoben wurde. Allerdings wurde vereinbart, daß die Eingabe »solange liegen bleiben bleiben [soll], bis der Zeitpunkt zu einer Weitergabe an eine zuständige Stelle nach Ansicht der sämtlichen Beteiligten gekommen sein würde«.[22] Allem Anschein nach kam dieser Zeitpunkt nie: In den Akten des Reichswirtschaftsministeriums, der Reichskanzlei oder irgendeiner anderen offiziellen Stelle fand sich bisher keine Erwähnung dieser Intervention.

Trotzdem konnten die jüdischen Großunternehmen, besonders die arbeitsintensiven Industrien, Privatbanken oder exportwichtige Großhandelsfirmen, eine mehrere Jahre dauernde Schonzeit genießen. Der Grund dafür war die noch bis 1936 anhaltende Arbeitslosigkeit und die prekäre Devisenlage des Reichs. So konnte paradoxerweise der Hermann-Tietz-Warenhauskonzern noch 1933, mit

Hitlers ausdrücklicher Bestätigung, eine mehrere Millionen hohe Konsolidierungsanleihe erhalten.[23] Dies obwohl die Warenhäuser im Parteiprogramm von 1920 als die Erzfeinde des Mittelstandes verteufelt worden waren und auch nach der Machtübernahme der Kauf bei ihnen für Parteimitglieder verboten war. Auch die jüdischen Privatbanken, die das verrufene »raffende jüdische Finanzkapital« sozusagen verkörperten, blieben in den ersten Jahren der Naziherrschaft verhältnismäßig verschont, wenn sich auch ihre Geschäftslage zusehends verschlechterte und die Kundschaft sich mehr und mehr auf jüdische Konteninhaber beschränkte. Auch hier spielte die Rücksichtnahme auf die Devisenlage und die Auslandsverbindungen der Banken die entscheidende Rolle. Aber hinzu kam, daß der Kreis der hier in Frage kommenden »Arisierer« und das benötigte Kapital ganz andere waren als im mittelständischen Sektor. Die erfahrenen jüdischen Großunternehmer, die nicht im offenen Verkaufslokal, sondern in den stillen Konferenzzimmern ihrer Firmen operierten, waren dem Boykotterror der Straße weniger ausgesetzt, hatten mehr Ausdauer und Verhandlungsspielraum und konnten zumindest einen Teil ihres Vermögens retten.[24]

Hier mußte also mit ganz anderen Mitteln vorgegangen werden, wenn sich »arische« Großunternehmer bemühten, einen größtmöglichen Anteil dieser Firmen zu günstigen Bedingungen in die Hände zu bekommen. Die weitsichtigeren jüdischen Aktionäre der Großfirmen hatten zum Teil schon früh ihre Aktienpakete an ausländische oder »arische« deutsche Interessenten veräußert. Das war manchmal mit nicht unbeträchtlichen Verlusten verbunden, die jedoch kaum die materielle Existenz der früh auswandernden Verkäufer gefährdeten. So wurde z. B. der Ullstein-Verlag, mit einem Aktienwert von 60 Millionen RM, bereits 1934 zu einem Verkaufspreis von nur 12 Millionen »arisiert«.[25] Die jüdischen Hauptaktionäre des sächsischen Mansfeld-Kupfer-Konzerns hatten schon 1933 an Otto Wolff und die Deutsche Bank verkauft.[26] Die Praxis der interessierten deutschen Großunternehmer war es zumeist abzuwarten, bis der Druck der Umstände, dem nötigenfalls durch stille Intervention bei Partei- und Regierungsstellen etwas nachgeholfen wurde, die jüdischen Besitzer nachgiebiger gemacht hatte, um die Verkaufspreise zu senken.

Allerdings stellte sich bald heraus, daß es gefährlich war, den Bogen zu überspannen. Die »Gefahr« ging jedoch nicht von den Juden aus, sondern von weitaus ernster zu nehmenden Opponenten, deren Appetit auf die jüdischen Besitztümer im Laufe zu lange hingezogener Verhandlungen geweckt wurde. Eines der bekanntesten Beispiele ist die von Helmut Genschel ausführlich beschriebene »Arisierung« der Waffenfabrik Simson in Thüringen im Jahre 1935. Die miteinander konkurrierenden privaten Großunternehmer Flick, Kloeckner, Roechling u. a., denen der Erwerb des Betriebes bereits im Oktober 1934 vom Heereswaffenamt angetragen worden war, hatten zu lange gewartet, um bessere Bedingungen von dem im Mai 1935 in Haft genommenen Arthur Simson zu erpressen. Inzwischen war Gauleiter Sauckel nicht müßig: Nachdem er von Hitler besondere Vollmachten erhalten hatte, führte er selbst im Dezember 1935 die »Arisierung« ohne jeden Kapitalaufwand aus und verwandelte den 10-Millionen-Konzern 1936 in die »Wilhelm-Gustloff-Stiftung«. In den folgenden Jahren wurden der »Stiftung«, nach Enteignung der jüdischen Besitzer, weitere Firmen im »angeschlossenen« Österreich einverleibt.[27]

Flick und andere Großunternehmer hatten die Lektion gelernt und änderten die Taktik. Das Hochofenwerk Lübeck und die an ihm beteiligte Erzhandelsfirma Rawack & Grünfeld konnte Flick in enger Zusammenarbeit mit Göring und dessen »Generalbevollmächtigten für die Eisen- und Stahlbewirtschaftung« zu stark herabgesetzten Preisen erwerben, nachdem die Firmen, deren Aktienkapital zum Teil in ausländischem Besitz war, verschiedenen Schikanen ausgesetzt worden waren.[28] Als er sich im Januar 1938 um den Erwerb der Gruben und Verarbeitungswerke der Familie Petschek bemühte, ließ er sich von Göring eine Allein-Vollmacht geben, um preissteigernde Konkurrenz auszuschalten, und schlug vor, einen Gesetzentwurf für Zwangsarisierungen auszuarbeiten. Dieser sollte allerdings nicht der Enteignung durch den Staat dienen, an der Flick natürlich keineswegs interessiert war, sondern den immer noch zögernden jüdischen Besitzer gefügig machen. Aus einem Memorandum Steinbrincks (Flicks Privatsekretär und Generalbevollmächtigter, SS-Brigadeführer und Vertrauter Himmlers) gehen die wahren Gründe für das Bemühen um eine »legale Abwicklung« klar hervor: Man war keineswegs um die jüdischen

Besitzer, mit denen Flick früher freundschaftliche Beziehungen gepflegt hatte, besorgt, sondern wollte eine Verstaatlichung à la Sauckel verhindern, die nach Steinbrincks Informationen auch von Keppler und Göring erwogen wurde. Daher warnte er Flick vor allzu aktivem Einsatz rein politischer Maßnahmen. Nur »nach den Regeln der Privatwirtschaft« könne der dauernde Einfluß in den zu »arisierenden« Firmen gesichert werden.[29]

Die gleichen Erwägungen, vielleicht sogar eine in die fernere Zukunft schauende Vorsicht, bewegten auch die Direktoren von IG-Farben, die sich ab 1938 die chemischen Großbetriebe in Österreich und in der Tschechoslowakei aneigneten. Die Hauptaktien der Skoda-Wetzler-Werke, des größten österreichischen Chemiekonzerns, befanden sich in Händen der Familie Rothschild. Sofort nach dem deutschen Einmarsch wurden die jüdischen Direktoren entlassen und die Firma der Vierjahresplanverwaltung unterstellt. Diese bestand, zumindest im Bereich der Chemieproduktion, zum großen Teil aus vom IG-Farben-Konzern zur Verfügung gestelltem Personal mit Direktor Krauch an der Spitze. Trotzdem trat IG-Farben in »Verhandlungen« mit den in Österreich verbliebenen Direktoren und Vertretern der Rothschilds ein, um die Sache legal dicht zu machen. Tatsächlich gelang es ihnen auch, diese zur Unterzeichnung des »Verkaufsvertrags« zu bewegen, allerdings erst, nachdem der frühere Direktor Isidor Pollack verhaftet und von der SA fast totgeschlagen worden war.[30] Mit ähnlichen Methoden wurden zwei chemische Großbetriebe des »Aussiger Vereins« in der Tschechoslowakei nach dem Einmarsch in das Sudetengebiet »gekauft«. Hier genügte schon die Tatsache, daß ein Viertel der Direktoren Juden war, um den Angeboten von IG-Farben den nötigen Nachdruck zu verschaffen.[31] Nach der Eroberung Polens sah sich IG-Farben plötzlich unerwarteten Schwierigkeiten gegenüber: Göring und das Reichswirtschaftsministerium waren nur bereit, dem Konzern die Leitung, nicht aber die Eigentumsrechte von drei wichtigen polnischen Chemie-Großbetrieben zu überlassen. Direktor von Schnitzler, der den einmarschierenden Truppen sofort nachgefolgt war, gelang es trotzdem, die Besitzrechte zu erwerben, in engem Kontakt und Übereinstimmung mit Himmler bzw. dem SS-Brigadeführer Greifelt, der in Polen die Bestätigungsinstanz aller derartigen Transaktionen war. Hier begann bereits die neue Interessengemeinschaft von IG-Farben mit der SS, die sich bald darauf in Auschwitz und anderen Lagern so einträglich bewähren sollte.[32]

Diese wenigen Beispiele müssen hier genügen, obwohl sich z. B. in den erhalten gebliebenen Gestapoakten im Düsseldorfer Hauptstaatsarchiv eine Fülle von Material zu diesem Thema befindet, das nach einigen Umständen mit dem leidigen Datenschutzgesetz eine ausführlichere Darstellung ermöglichen könnte.[33] Aber auch aus den bisher erschlossenen Quellen läßt sich ersehen, daß zwar die Größenordnungen verschieden, aber die Methoden und Grundmotive skrupelloser Bereicherungssucht bei den Großkonzernen die gleichen wie bei den Mittelstandsunternehmern waren. Wenn es aufs letzte ging, verschmähten es auch die seriösen Herren in den Direktorien international renommierter Großunternehmen nicht, sich die Terrormaßnahmen der Gestapo zunutze zu machen, um die jüdischen »Verhandlungspartner« zu zermürben.

Ende 1937 war der größere Teil der jüdischen Unternehmen, wie gesagt, schon nicht mehr aktiv oder jedenfalls nicht in jüdischen Händen. Den »Arisierungs«wettlauf auf die größeren, damals noch erhaltenen jüdischen Firmen während des ganzen Jahres 1938 und besonders nach dem Novemberpogrom hat Helmut Genschel eingehend geschildert.[34] Zweifellos gab es unter den »arischen« Unternehmern nicht wenige, die es ablehnten, die Regeln eines einigermaßen anständigen Geschäftsgebarens allzusehr zu überschreiten. Dies besonders, wenn es sich um ehemalige jüdische Teilhaber oder Geschäftsfreunde oder, wie in vielen Fällen, die früheren Besitzer handelte, bei denen sie bisher in führenden Stellungen angestellt gewesen waren.[35] Wenn man jedoch die damaligen Quellen und die Erinnerungen der betroffenen Juden liest, bleibt der unangenehme Eindruck, daß die »anständigen« Geschäftsleute durchaus in der Minderheit waren. Einer von ihnen, ein Münchener Kaufmann, der bei »Arisierungen« als Sachverständiger fungierte, hat die vorherrschende Atmosphäre im April 1938 in einem Brief an die dortige Industrie- und Handelskammer anschaulich geschildert. Nachdem er sich als »Nationalsozialist, SA-Mann und Bewunderer Adolf Hitlers« vorgestellt hatte, erklärte er, er sei »von den brutalen Maßnahmen [... und] Erpressungen an den Juden derart angeekelt, daß ich von nun ab jede Tätigkeit bei Arisierungen ablehne, obwohl mir dabei ein guter Verdienst entgeht [...] Als alter rechtschaffener ehrlicher Kaufmann [kann] ich nicht mehr zusehen, in welch schamloser Weise von vielen arischen Geschäftsleuten, Unternehmern etc. versucht wird [. . .], die jüdischen Geschäfte, Fabriken etc. möglichst wohlfeil und um einen Schundpreis zu erraffen. Die Leute kommen mir vor wie die Aasgeier, die sich mit triefenden Augen und heraushängenden Zungen auf den jüdischen Kadaver stürzen.«[36]

Ähnlich wie die »Arisierungs«vorgänge sind die verschiedenen Betätigungen deutscher Unternehmer in den besetzten Gebieten ein bisher noch wenig erforschtes Kapitel. Wieder müssen hier die durch die Nachkriegsprozesse erschlossenen Quellen herhalten, die nur einige der größten Firmen betreffen, obwohl bekannt ist, daß Tausende von deutschen Unternehmern aller Branchen und Größen in den besetzten Ländern tätig waren. Im Kontext der Judenpolitik sind dabei vornehmlich die von Deutschen gegründeten oder »übernommenen« Betriebe in den eroberten Ostgebieten relevant, wo sie mit Millionen osteuropäischer Juden, deren Ausbeutung und schließlicher Vernichtung in engste Berührung kamen. Dies beschränkt sich keineswegs nur auf die Ausbeutung der Arbeitskraft der Lagerhäftlinge, obwohl dieser Zusammenhang durch die Nürnberger und eine Reihe anderer Prozesse am meisten bekannt ist.[37] Abgesehen von den vor Gericht gebrachten Großfirmen sind das Ausmaß und die Einzelheiten dieses Bereicherungszugs bisher von der Forschung kaum eingeschätzt oder dargestellt worden. Viele Hunderte – wahrscheinlich sogar Tausende – deutscher Unternehmer, vor allem kleinere und mittlere, waren in oder neben den Ghettos der Ostgebiete tätig. Sie waren zum größten Teil kurz nach der Eroberung dorthin gezogen und eröffneten Werkstätten und Fabriken, in denen die Ghettoinsassen für einen geringen Lohn beschäftigt wurden. Von der Wehrmacht und der Okkupationsverwaltung wurden sie als ein Teil des kriegswirtschaftlichen Einsatzes herangezogen, während Alfred Rosenberg und Himmler sie als die Pioniere der Besiedlung des »Lebensraums« im Osten und der Neuordnung Europas betrachteten.[38] Sie selbst waren wahrscheinlich hauptsächlich auf die vielversprechenden Profite durch die Ausbeutung billiger und willig gemachter Arbeitskräfte aus. Selbst unter den Mitläufern in diesem modernen Troß des »Hakenkreuzzuges« gab es einige löbliche Ausnahmen: Oskar Schindler, der Fabrikbesitzer im Krakauer Ghetto, der sich um seine jüdischen Arbeiter bemühte und Hunderten von ihnen das Leben rettete, war nicht der einzige.[39] Aber allein die Tatsache, daß dieser Mann fast zur Legende wurde, beweist, wie wenig er für das Gros der dort tätigen deutschen Unternehmer typisch war. Liest man die Erinnerungen und überlieferten Dokumente der in den Ghettos oder den anliegenden Außenbetrieben beschäftigten jüdischen Menschen, so ergibt sich ein erschütterndes Bild. Selbst die erniedrigenden und ausbeuterischen Methoden, denen die jüdischen Arbeiter im »Arbeitseinsatz« bei Siemens oder anderen Großfirmen in Deutschland bis zu ihrer Deportation ausgesetzt waren, verblassen vor diesen Schilderungen.[40] Die Menschenschinderei war hier nicht einmal durch rein wirtschaftliche Rationalität beschränkt, da die schnell verschlissene Arbeitskraft leicht zu ersetzen war. Obwohl über die Arbeitsbedingungen in den Ghettos eine Fülle von Material vorliegt, zum Teil auch in der Erinnerungsliteratur, ist dieses Kapitel »deutscher Unternehmensgeschichte« zum größten Teil noch wenig bekannt.

Bekannter ist durch die Nürnberger Nachfolgeprozesse die Sklavenarbeit von Hunderttausenden von Lagerhäftlingen in den Betrieben der IG-Farben, Krupp, Flick und einiger anderer Großfirmen.[41] Die angeklagten Großunternehmer hatten sich hauptsächlich gegen die Beschuldigung der Ausnutzung von »Sklavenarbeit« von KZ-Häftlingen, die ihnen durch die SS zur Verfügung gestellt wurden, zu verteidigen. Diese Verwendung der Häftlinge geschah entweder in eigens zu diesem Zwecke von den Firmen in den Konzentrationslagern oder in ihrer unmittelbaren Nähe errichteten Betrieben oder durch die Überweisung der Häftlinge in besondere Außenlager, zum Teil innerhalb des Reichsgebiets.[42] Ich sehe davon ab, zwischen den verschiedenen Lagerkategorien wie Konzentrations-, Arbeits- oder Vernichtungslagern zu unterscheiden. Im hier relevanten Zusammenhang waren diese Unterschiede kaum wichtig: »Vernichtung durch Arbeit« war eines der konsequent durchgeführten Ziele der nationalsozialistischen »Judenpolitik« im Kriege, das ausdrücklich auch im Protokoll der Wannseekonferenz erscheint: »Unter entsprechender Leitung sollen im Zuge der Endlösung die Juden in geeigneter Weise im Osten zum Arbeitseinsatz kommen. In großen Arbeitskolonnen, unter Trennung der Geschlechter, werden die arbeitsfähigen Juden straßenbauend in diese Gebiete geführt, wobei zweifellos ein Großteil durch natürliche Verminderung ausfallen wird. Der allfällig endlich verbleibende Restbestand wird, da es sich bei diesen zweifellos um den widerstandsfähigsten Teil handelt, entsprechend behandelt werden müssen ...«[43]

In der Praxis wurden sowohl der »Ausfall« wie auch die »Behandlung« am gründlichsten und im größten Umfang in Auschwitz ausgeführt. Gleich bei Ankunft der Transporte wurden in den berüchtigten »Selektionen«[44] die arbeitsunfähigen Juden, Greise, Frauen und Kinder, in die Gaskammern und Krematorien des benachbarten Vernichtungslagers Birkenau gebracht. Die kräftigeren, jüngeren und noch »brauchbaren« wurden in den Baracken von Auschwitz zusammengepfercht und, solange sie noch etwas hergeben konnten, zur Arbeit »eingesetzt«. Zur »entsprechenden Leitung« dieses »Arbeitseinsatzes« boten sich, bereitwillig und miteinander konkurrierend, die größten und angesehensten Firmen der Großindustrie und des Baugewerbes an.[45] IG-Farben errichtete, einige Kilometer vom »Stammlager Auschwitz« entfernt, den wahrscheinlich größten Betriebskomplex des Konzerns, »Auschwitz III-Buna«. Eigene Mittel in Höhe von 900 Millionen RM wurden zur Errichtung zweier Riesenbetriebe investiert, die im hochdruckchemischen Verfahren »Buna« und synthetischen Treibstoff aus schlesischer Kohle herstellen sollten.[46] Als sich die Entfernung, besonders in den Wintermonaten, als arbeitsstörend erwies, baute der Konzern mit zusätzlichen 5 Millionen RM sein eigenes KZ »Auschwitz-IV-Monowitz« für die in seinen Betrieben beschäftigten Häftlinge. Das Wachpersonal wurde durch die SS gestellt, die auch für Beaufsichtigung während der Arbeit durch eigens hergebrachte, zumeist kriminelle Häftlinge, die sogenannten »Kapos«, sorgte. IG-Farben zahlte an die SS drei bis vier RM pro Häftlings-Arbeitstag – die Häftlinge selbst wurden natürlich nicht entlohnt.[47] In diesen Betrieben »verarbeitete« sie in den Jahren 1941–1944 eine nicht genau feststellbare Zahl von KZ-Häftlingen. In der Fabrikation in Monowitz und den umliegenden Grubenanlagen waren jeweils gegen 10 000 Häftlinge beschäftigt, deren durchschnittliche Arbeitsperiode bis zum »Verschleiß« ihrer Arbeitskraft zwei bis drei Monate dauerte. Danach kamen sie in die Gaskammern und wurden durch neue Arbeitskräfte ersetzt.[48]

Auch Krupp versuchte in Auschwitz einen Betrieb für Granaten und Zünder zu errichten. Vertretern der Wehrmacht, die ihm den Einsatz deutscher Arbeiter empfohlen hatten, erklärte der zuständige Ingenieur Weinhold, »der Hauptzweck der Produktionsverlegung nach Auschwitz liege darin, dortige Arbeitskräfte zu beschäftigen«. Ebenso drängte er den Lagerkommandanten Höß, keine Arbeitskräfte an konkurrierende Rüstungsbetriebe abzugeben, »denn bis jetzt wurde immer angenommen, daß Arbeitskräfte in Auschwitz in beliebiger Menge und Güte zur Verfügung stehen«.[49] Als trotzdem die Bau- und Installierungsarbeiten nicht rechtzeitig fertiggestellt wurden, wurden die Kruppschen Betriebe in die Konzentrationslager des Lubliner Raums und nach Schlesien verlegt. Die Krupp-Werke in Essen und an anderen Orten im Reichsgebiet beschäftigten viele Tausende Häftlinge aus den Lagern Buchenwald, Groß-Rosen und Auschwitz. Etwa 7000 von ihnen überlebten den Krieg – nur ein kleiner Teil der in den verschiedenen Betrieben im Laufe der Jahre »eingesetzten« jüdischen Häftlinge.[50] Die Aufzählung der bekannten, bis heute noch oder wieder angesehenen deutschen Großunternehmen, die während des Krieges in ihren Betrieben im Reich oder in den okkupierten Ländern Häftlinge zur Arbeit »einsetzten«, würde den Rahmen dieser Darstellung überschreiten. Friedrich Flick ist hier durch die zu seinem Konzern gehörigen Munitionsfabriken der »Dynamit-Nobel-AG« vertreten.[51] »Rheinmetall-Borsig« beschäftigte Tausende Häftlinge in der Waffen- und Munitionsherstellung, BMW und Daimler-Benz in der Fahrzeug- und Flugmotorenproduktion, Messerschmitt, Junkers und Heinkel im Flugzeugbau, Siemens, AEG und Telefunken in der Elektroindustrie.[52]

Die Verteidiger der Großfirmen, die direkt an der Kriegs- und Rüstungsproduktion beteiligt waren, machten in den Nachkriegsprozessen geltend, die Angeklagten hätten nur getan, was die »Vaterlandsverteidigung« erforderte. Die Zwangsarbeit und andere Handlungen der deutschen Großindustriellen seien nicht mehr als eine militärische und rüstungswirtschaftliche Notwendigkeit gewesen, um sich gegen die Gefahr der bolschewistischen Überrennung Deutschlands zur Wehr zu setzen. Diese Argumentation, die sich insbesondere der Hauptverteidiger Flicks im Nürnberger Kriegsverbrecherprozeß, Otto Kranzbühler, zu eigen machte,[53] nahm bereits vorweg, wozu einige deutsche Historiker immerhin noch weitere 40 Jahre brauchten, um in der neueren Diskussion den Nationalsozialismus – und damit auch die patriotische Kooperation der damaligen Unternehmer – zu »historisieren«.[54]

Ein weiteres Argument der Verteidigung war die vorgebliche Zwangslage der betroffenen Großunternehmer: In der von der SS überwachten Planwirtschaft des Krieges sei die Beschäftigung der KZ-Häftlinge den betreffenden Betrieben aufgezwungen worden. Wer die Produktionsziele durch Verweigerung ihm zugewiesener Arbeitskräfte nicht erreichte, hätte sich der Gefahr schwerer Strafen, sogar Gefängnis oder Tod, ausgesetzt.[55] Die Anklage konnte demgegenüber beweisen, daß die SS nur auf ausdrücklichen Antrag der anfordernden Firmen KZ-Häftlinge zur Arbeit schickte. Sie konnte auch Beispiele von Rüstungsbetrieben bringen, die die Einstellung solcher Arbeitskräfte abgelehnt hatten, ohne daß ihnen etwas geschah.[56] Die Dokumente beweisen eindeutig, daß die Verwendung von KZ-Häftlingen für die Unternehmer rentabel war und in vielen Fällen die Initiative von ihnen und nicht von der SS ausging.[57] Alles geschah im besten und freundschaftlichsten Einvernehmen, sowohl bei den Besprechungen in den Dienststellen der SS und den Chefetagen der Firmen als auch »vor Ort« – in den Konzentrationslagern. So konnte der Direktor von IG-Auschwitz seiner Geschäftsleitung mit Befriedigung berichten, die gesamte deutsche Belegschaft sei dort zu Weihnachten 1941 von der SS zu einer gemeinsamen »sehr festlichen« Feier eingeladen worden, die »feucht-fröhlich ausklang«.[58]

Die genaue Zahl der in der deutschen Industrie beschäftigten KZ-Häftlinge wird sich wahrscheinlich nie feststellen lassen. Die detaillierte Aufstellung von SS-Hauptsturmführer Karl Sommer, der für die Zuteilungen im SS-Wirtschaftsverwaltungshauptamt zuständig war, schätzte für Ende 1944 »5–600 000 Insassen von KZ-Lagern, [die] durch das WVHA für den Arbeitseinsatz zur Verfügung gestellt« waren.[59] Das war im Vergleich zu den zur gleichen Zeit erreichten Spitzenzahlen von 5,7 Millionen zivilen Fremdarbeitern und 1,9 Millionen Kriegsgefangenen ein relativ geringer Teil.[60] Aber selbst wenn diese Zahl zutrifft, kann sie nur einen Teil der während des Krieges von der Industrie verbrauchten Menschen darstellen. »Zahlenangaben für die als Zwangsarbeiter eingesetzten

KZ-Häftlinge müssen aber insofern multipliziert werden, als sie nur eine Aussage dafür treffen, wieviele Häftlinge gerade zu einem Zeitpunkt beschäftigt waren. Wesentliches Merkmal dieser Beschäftigungsgruppe war aber die hohe ›Fluktuation‹, die sich daraus ergab, daß die eigentliche Bestimmung dieser Menschen ihre Vernichtung war, und die restlose Ausnutzung ihrer Arbeits- und Lebenskraft nur den Übergang zu ihrem Tod darstellen sollte.«[61]

Auch die von Sommer angeführte Zahl von knapp 200 Betrieben, in denen Häftlinge arbeiteten, ist wahrscheinlich unvollständig.[62] Strafrechtlich verfolgt wurde nach dem Krieg nur eine geringe Zahl Verantwortlicher, und nur ein Teil der angeklagten Unternehmer wurde in den Nürnberger Prozessen für schuldig befunden. Auch die zu Freiheitsstrafen Verurteilten wurden am 31. Januar 1951, im Fahrwasser des Kalten Krieges, durch den »Gnadenakt« McCloys aus dem Landsberger Gefängnis entlassen.[63] Es dauerte nicht lange, bis sie wieder ihren Firmen vorstanden und als angesehene, vielgeehrte Bürger am wirtschaftlichen Wiederaufbau Westdeutschlands, d. h. ihrer eigenen Gesellschaften, eifrig teilnahmen. Ein für alle Seiten peinliches Nachspiel stellte allerdings eine Reihe von Gerichtsverfahren und Ausgleichsverhandlungen dar, in denen ehemalige KZ-Häftlinge zivile Schadensersatzansprüche bei Firmen geltend machten, bei denen sie während des Krieges Zwangsarbeit leisten mußten. Die Ergebnisse dieser Anstrengungen, die gelegentlich noch bis in die letzte Zeit von verschiedenen Seiten fortgesetzt oder neu aufgenommen wurden, bleiben ein beschämendes Kapitel der deutschen Unternehmensgeschichte, aber auch der deutschen Gerichtsbarkeit der Nachkriegszeit.[64]

Es ist fraglich, ob man selbst nach weiteren, noch ausstehenden Einzelforschungen den genauen Anteil der von der nationalsozialistischen Judenpolitik direkt oder indirekt profitierenden deutschen Unternehmer und den genauen Umfang ihrer Gewinne je wird errechnen können. Trotzdem kann kaum bezweifelt werden, daß die Mehrzahl derjenigen unter ihnen, die durch ihre wirtschaftliche Stellung in der Lage waren, sich an den »Arisierungen« vor dem Krieg und an dem systematischen Judenmord während des Krieges zu bereichern, dies ohne allzu viele Skrupel getan hat – seien es mittelständische Besitzer oder die Direktoren großer Gesellschaften. Dabei haben sie nicht nur die sich bietenden Gelegenheiten wahrgenommen, sondern oft auch mit Erfolg eigene Initiativen ergriffen und den direkten Zugang zu den Machtträgern dazu benutzt, für sie vorteilhafte Bedingungen zu schaffen. Dadurch wurde zumindest ein Teil der »stillen Teilhaber« der ersten Jahre des nationalsozialistischen Regimes zu offenen oder versteckten Komplizen seiner Verbrechen.

Wie wir sahen, gab es Fälle, wo überzeugte Nationalsozialisten sich als reelle, ehrbare Geschäftsleute gegen die erpresserischen »Arisierungs«methoden auflehnten und dafür auch auf ökonomische Gewinne verzichteten. Auf der anderen Seite gab es zweifellos gewiegte und profitbewußte Unternehmer, die aus der gegebenen Situation soviel ökonomischen Gewinn wie nur möglich für sich und ihre Firmen herauszuschlagen versuchten, ohne Antisemiten zu sein. Trotzdem bleibt die Frage zu klären, ob das Verhalten der deutschen Unternehmer in der Judenpolitik durch Antisemitismus mitbestimmt war oder ob es ausschließlich von rein ökonomisch motiviertem Opportunismus diktiert war. Hier ist meine Ansicht, daß es ohne den Miteinbezug antisemitischer Vorurteile nicht voll erklärbar ist. Die nationalsozialistische Herrschaft konnte sich auf einen weitgehenden Konsens der deutschen Bevölkerung stützen. Zu diesem Konsens gehörte an hervorragender Stelle der integrierende ideologische Mythos der »Volksgemeinschaft«. Die Juden waren aus dieser politisch und gefühlsmäßig ausgesondert und zum »Volksfeind« erklärt worden. Ihr Vermögen galt entsprechend dem nationalsozialistischen »Volkswirtschafts«konzept als Teil des »Volksvermögens«, das sie sich unrechtmäßig »errafft« hatten. Daher war es kein Vergehen gegen die persönliche und geschäftliche Moral, sondern sogar ein Verdienst, es wieder seinen »rechtmäßigen« Besitzern zuzuführen. H. G. Adler hat diese ideologische »Rechtfertigung« in seiner Darstellung der Deportationen der deutschen Juden kurz und treffend umrissen: »Wo es sich um etwas moralisch so Tiefstehendes wie einen Kollektivhaß handelt, verträgt sich der Heilscharakter des ›erlösenden‹ Mordes auch gut mit dem Heilscharakter des ›erlösenden‹ Raubes. Es verhält sich nicht bloß einfach so, daß das den Juden weggenommene Geld keineswegs stinkt, es ist auch ›erlöstes‹ Geld, das erst im Säckel des Räubers – sei es der Staat oder wer auch immer – sozusagen aus der Macht des Bösen befreit wird.«[65]

Es ist kaum vorstellbar, daß eine derartige Auffassung in breiten Bevölkerungsschichten allein durch den »brain-wash« einiger Jahre nationalsozialistischer Propaganda Fuß fassen konnte. Die Propaganda konnte vielmehr an tiefere Schichten des deutschen Kollektivbewußtseins, an generationenlange, durch Religion, Kultur und Erziehung eingewurzelte antisemitische Stereotype appellieren, nur deshalb war sie erfolgreich. Erst danach kamen Berufsneid und Habgier hinzu. Besonders der überbesetzte und krisenanfällige Einzelhandel war leicht für aktive Maßnahmen zu mobilisieren, durch die die lästige jüdische Konkurrenz vermindert und die jüdischen Betriebe billig »arisiert« werden konnten. Dagegen spielten bei den Großunternehmern, besonders der Industrie, in der nur wenige Juden zu Spitzenstellungen gelangt waren, derartige Interessenkonflikte wahrscheinlich keine sehr große Rolle. Aber die Unternehmer dieser Kreise gehörten zum größten Teil der rechtsorientierten, konservativen Oberschicht an, die zwar den »vulgären Radauantisemitismus« der Straße verpönte, in der jedoch antisemitische Ressentiments traditionsgemäß stark verwurzelt waren. Eine bislang ausstehende sozialpsychologische Analyse der Rezeption des modernen Antisemitismus im 19. und 20. Jahrhundert in den verschiedenen Gesellschafts- und Berufsschichten Deutschlands hätte über diese Zusammenhänge noch Klarheit zu schaffen.

Anmerkungen

1 Der – hier leicht überarbeitete – Aufsatz erschien zuerst in Geschichte und Gesellschaft 15 (1989), S. 227–247.

2 Besonders hat das Buch von Henry A. Turner, Big Business and the Rise of Hitler. Oxford 1985 (deutsche Übersetzung: Die Großunternehmer und der Aufstieg Hitlers. Berlin 1985) die Diskussion erneuert. Vgl. den Literaturbericht von Reinhard Neebe in: Historische Zeitschrift 244 (1987), S. 352–363.

3 Arthur Schweitzer, Big Business in the Third Reich. London 1964, bes. S. 288 f. Vgl. auch: ders., Organisierter Kapitalismus und Parteidiktatur 1933–1936, in: Schmollers Jahrbuch 79 (1959), bes. S. 73 f.

4 Avraham Barkai, Das Wirtschaftssystem des Nationalsozialismus. Der historische und ideologische Hintergrund 1933–1936. Köln 1977.

5 Ebd., S. 18 ff.

6 Vgl. u. a. die Beiträge von Thomas Childers, The Nazi Voter. The Social Foundations of Fascism in Germany 1919–1944. Chapel Hill 1983; Jürgen

W. Falter, Wer verhalf Hitler zum Sieg?, in: Aus Politik und Zeitgeschichte (APZ) B 28–29/1979; Richard F. Hamilton, Who voted for Hitler?. Princeton 1982; Michael H. Kater, Zur Soziographie der frühen NSDAP, in: Vierteljahrshefte für Zeitgeschichte (VfZ) 19 (1971), S. 124–159.

7 Vgl. Helmut Genschel, Die Verdrängung der Juden aus der Wirtschaft im Dritten Reich. Göttingen 1966; Uwe D. Adam, Judenpolitik im Dritten Reich. Düsseldorf 1972; Avraham Barkai, Der wirtschaftliche Existenzkampf der Juden im Dritten Reich (1933–1938), in: APZ B 31/1986, S. 39–46. Ausführlicher in: ders., Vom Boykott zur »Entjudung«. Der wirtschaftliche Existenzkampf der Juden im Dritten Reich 1933–1943. Frankfurt a. M. 1988.

8 Trials of War Criminals before the Nuremberg Military Tribunals under Control Council Law Nr. 10, Nuremberg October 1946–April 1949 (forthin: NMT). Von den 12 Verfahren waren 3 gegen leitende Industrielle und deren Mitarbeiter eingeleitet worden, die im Kriege ausländische Zwangsarbeiter ausgebeutet und ausländisches Eigentum geplündert hatten: Fall 5 (Bd. VI) gegen Friedrich Flick und fünf Mitarbeiter, Fall 6 (Bd. VII u. VIII) gegen 23 leitende Direktoren der IG-Farben Industrie AG, und Fall 10 (Bd. IX) gegen Alfried Krupp von Bohlen und Halbach und 11 leitende Angestellte der Firma. Für die Anklagepunkte gegen Flick, die »Arisierungen« vor 1938 betrafen, befand sich das Gericht als nicht zuständig.

9 Reinhard Neebe (Großindustrie, Staat und NSDAP 1930–1933. Göttingen 1981) benutzte die Archive der Gutehoffnungshütte, Bayer AG, Hoesch AG, Krupp GmbH, Rheinische Braunkohlewerke AG, Siemens-Archiv. Peter Hayes (Industry and Ideology. IG Farben in the Nazi Era. Cambridge 1987) konnte außer den genannten Firmenarchiven auch die der Firmen Hoechst AG, BASF sowie das historische Archiv der Metallgesellschaft AG und der IG Farbenindustrie in Abwicklung einsehen. Zdenek Zofka (Allach–Sklaven für BMW, in: Dachauer Hefte 2 [Heft 2], Sklavenarbeit im KZ. Hrsg. v. Wolfgang Benz/Barbara Distel. Dachau 1986, S. 68–78) erhielt Zugang zu den Archiven der BMW und der MTU GmbH. Dies sind nur einige zufällige Beispiele für den leichteren Zugang zu Firmenarchiven in den letzten Jahren. Daneben gibt es eine Reihe von Quelleneditionen und Dokumentationen über einzelne Firmen, zum Teil aus deren eigener Initiative erstellt, z. B. Klaus-Jörg Siegfried, Rüstungsproduktion und Zwangsarbeit im Volkswagenwerk 1939–1945. Frankfurt 1986; Hans Mommsen und Manfred Grieger, Das Volkswagenwerk und seine Arbeiter im Dritten Reich. Düsseldorf 1996; Manfred Grieger, Unternehmen und KZ-Arbeit. Das Beispiel der Volkswagenwerk GmbH, in: Hermann Kaienburg (Hrsg.), Konzentrationslager und deutsche Wirtschaft 1939–1945. Opladen 1996, S. 77–93; Hans Pohl, Stephanie Habeth und Beate Brüninghaus, Die Daimler-Benz AG in den Jahren 1933 bis 1945. Stuttgart 1986; Barbara Hopmann/Mark Spoerer/Birgit Weitz/Beate Brüninghaus, Zwangsarbeit bei Daimler-Benz. Stuttgart 1994.

10 Geschätzt nach der Volks- und Berufszählung vom 16. Juni 1933, Statistik des Deutschen Reichs, Bd. 451 Heft 5 und Bd. 453 Heft 2. Als »Betriebe« sind alle selbständigen Unternehmen gezählt, vom Warenhaus oder der Privatbank über Arzt- oder Rechtsanwaltspraxen bis zum Wandergewerbe»betrieb« selbständiger Reisender und Hausierer (vgl. Einführung in die Berufszählung, Statistik des Deutschen Reichs, Bd. 453, Heft 1, Berlin 1936, S. 148 ff.).

11 Diese Angaben beruhen auf einer statistischen Umfrage, die die Reichsvertretung der deutschen Juden 1933, aufgrund der Ergebnisse des Geschäftsjahres 1932, in 69 jüdischen Großgemeinden durchführte; der für sie Verantwortliche hatte bis 1933 der Berliner Forschungsstelle für den Handel vorgestanden. Die nur in wenigen Exemplaren erhaltene, umfangreiche und mit vielen Detailtabellen ausgestattete Schrift trägt ihren Titel durchaus mit Recht: Herbert Kahn, Umfang und Bedeutung der jüdischen Einzelhandelsbetriebe innerhalb des gesamten deutschen Einzelhandels. Hauptergebnisse einer wissenschaftlichen Untersuchung. Februar 1934 (Bibliothek von Yad Vashem, Jerusalem). Zu den 52 000 Einzelhandelsbetrieben kamen noch knapp 9000 jüdische Handwerksbetriebe hinzu, die zumeist in der Bekleidungsbranche konzentriert waren und zum Teil auch eigenen Verkauf betrieben. Herbert Kahn, Das jüdische Handwerk in Deutschland. Eine Untersuchung aufgrund statistischer Unterlagen der Reichsvertretung der Juden in Deutschland. Berlin 1936. (Wiener Library, Tel-Aviv, KY 3/wl.)

12 Vgl. Esra Bennathan, Die demographische und wirtschaftliche Struktur der Juden, in: Werner E. Mosse und Arnold Paucker (Hrsg.), Entscheidungsjahr 1932. Zur Judenfrage in der Endphase der Weimarer Republik. Tübingen 1965, S. 87–131; Jakob Lestschinsky, Das wirtschaftliche Schicksal des deutschen Judentums. Berlin 1932; Alfred Marcus, Die wirtschaftliche Krise der deutschen Juden. Berlin 1931; Avraham Barkai, Die Juden als sozio-ökonomische Minderheitsgruppe der Weimarer Republik, in: Walter Grab und Julius H. Schoeps (Hrsg.), Juden in der Weimarer Republik. Stuttgart 1986, S. 330–346.

13 Vgl. Genschel (wie Anm. 7), S. 139; Adam (wie Anm. 7), S. 359; Barkai, Existenzkampf (wie Anm. 7), S. 39, bes. Anm. 5.

14 Ausführlich in Barkai, Vom Boykott zur »Entjudung« (wie Anm. 7), bes. Kapitel 2: Die »Arisierung« als Bereicherungswettlauf. Die »Arisierung« hat inzwischen einige Beachtung gefunden. Einen Überblick bieten: Stefan Wirtz und Christian Kolbe, Enteignung der jüdischen Bevölkerung in Deutschland und nationalsozialistische Wirtschaftspolitik. Annotierte Bibliographie. Frankfurt a. M. 2000. Wolfgang Mönninghoff, Enteignung der Juden. Wunder der Wirtschaft – Erbe der Deutschen. Hamburg 2001; Irmtraud Wojak/Peter Hayes (Hrsg.), »Arisierung« im Nationalsozialismus. Volksgemeinschaft, Raub und Gedächtnis. Frankfurt a. M. 2000 (Jahrbuch des Fritz-Bauer-Instituts zur Geschichte und Wirkung des Holocaust); Harold James, Die Deutsche Bank und die »Arisierung«. München 2001; Peter Hayes, Big Business and »Aryanisation« in Germany 1933–1939, in: Jb. f. Antisemitismusforschung 3 (1994), S. 254–281; ertragreich sind regionale Studien, besonders: Frank Bajohr, »Arisierung« in Hamburg. Die Verdrängung der jüdischen Unternehmer 1933–1945. Hamburg 1997. Weitere Titel sind in dem einleitenden Forschungsüberblick von Büttner nachgewiesen.

15 Gesetz zur Wiederherstellung des Berufsbeamtentums vom 7. April 1933 (RGBl. I 175–177), bei Joseph Walk (Hrsg.), Das Sonderrecht für die Juden im NS-Staat. Eine Sammlung der gesetzlichen Maßnahmen und Richtlinien – Inhalt und Bedeutung. Karlsruhe 1981, Nr. I/46. Die davon abgeleiteten Berufsverbote bei Walk: für Juristen (I/66, I/79, I/112, I/115); Hochschuldozenten (I/90); Mediziner (I/71, I/95, I/152); Zahnärzte und -techniker (I/130) u. a. m.

16 Textil-Zeitung, Berlin v. 3.12.1938; Berliner Morgenpost v. 25.11.1938. Identische Angaben nach offiziellen Quellen, wahrscheinlich auf der Zählung der jüdischen Betriebe vom Juli 1938 beruhend.

17 Alf Krüger, Die Lösung der Judenfrage in der Wirtschaft. Kommentar zur Judengesetzgebung. Berlin 1940, S. 44. Alf Krüger, sinnfällig »Judenkrüger« genannt, war für das »Judenreferat« im Reichswirtschaftsministerium zuständig.

18 Staatsarchiv Münster, Gauleitung Westfalen-Süd, Gauwirtschaftsberater. Vgl. auch Ulrich Knipping, Die Geschichte der Juden in Dortmund während der Zeit des Dritten Reiches. Dortmund 1977, bes. S. 69 ff.; Peter Hanke, Zur Geschichte der Juden in München zwischen 1933 und 1945. München 1967, S. 122 f. Auch die Gerichte waren in den Verdrängungsprozeß eingeschaltet, z. B. durch Rechtssprüche der Arbeitsgerichte, die den Einkauf in jüdischen Geschäften seitens städtischer Angestellter ohne auch nur vorgebliche Gesetzesbasis als Entlassungsgrund gelten ließen.

19 Über die angewandten Methoden vgl. Genschel (wie Anm. 7), S. 97 ff., 218 ff. Kurt Pätzold, Verfolgung, Vertreibung, Vernichtung. Dokumente des faschistischen Antisemitismus 1933 bis 1942. Frankfurt a. M. 1984, S. 149 ff. (Anordnung des NSDAP-Gauleiters Fritz Sauckel an den Gauwirtschaftsberater vom 7. März 1938, betr. »Arisierungsmaßnahmen«.)

20 Geheime Anordnung des Bevollmächtigten für den Vierjahresplan vom 10.12.1938, Walk (wie Anm. 15) III/6. Am 6. 2. 1939 erging ein ausführlicher »Durchführungserlaß zum Einsatz des jüdischen Vermögens«, in dem auch die »Erfassung ungerechtfertigter Entjudungsgewinne zugunsten des Reichs« angeordnet wurde, Walk (ebd.) III/132.

21 Der Prozeß gegen die Hauptkriegsverbrecher vor dem Internationalen Militärgerichtshof Nürnberg, Nürnberg 1948, (forthin IMT), Bd. XXXVII, PS-1301.

22 Rudolf Loeb (Bank Mendelssohn & Co.) an von Siemens vom 6. 8. 1933, Begleitbrief zur erwähnten Denkschrift. Dazu auch der Brief von Krupp von Bohlen, der die Denkschrift gleicherweise erhielt (Siemens-Archiv, SAA, 4/ Lf 676). Über den Beginn der Initiative: Max Warburg an Carl Bosch vom 18. 5. 1933, BASF-Archiv, Sign. W 1. Die Dokumente wurden von Herrn Prof. Peter Hayes aufgefunden, dem ich für diesen Hinweis zu Dank verbunden bin. Vgl. auch: Eckhardt Wandel, Hans Schäffer. Steuermann in wirtschaftlichen und politischen Krisen. Stuttgart 1974, S. 244 f.

23 Genschel (wie Anm. 7), S. 79 f.; Heinrich Uhlig, Die Warenhäuser im Dritten Reich. Köln 1956, S. 115 f.

24 Zwischen Januar und Oktober 1938 berichtete die jüdische Presse in Deutschland über die »Arisierung« von über 700 jüdischen großen Industrie- und Handelsfirmen. Hinzu kamen 22 Privatbanken, darunter alte Häuser, wie M. M. Warburg, Bleichröder u. a. Vgl. Barkai, Existenzkampf (wie Anm. 7), S. 41.

25 Genschel (wie Anm. 7), S. 127 f.

26 Hans Radandt, Kriegsverbrecherkonzern Mansfeld. Berlin 1957, S. 195 ff.

27 Genschel (wie Anm. 7), S. 99 ff.; C. M. Stallbaumer, Big Business and the Persecution of the Jews: the Flick Concern and the »Aryanization« of Jewish Property before the War, in: Holocaust and Genocide Studies 13/1 (1999), S. 1–27.

28 Genschel (wie Anm. 7), S. 218 ff. Durch umfangreiches Dokumentenmaterial aus dem Nürnberger Prozeß gegen Flick (IMT, wie Anm. 21, Bd. VI) belegt.

29 IMT (wie Anm. 21), Bd. VI, S. 450 ff.: NI-3675; NI-3241.

30 Joseph Borkin, The Crime and Punishment of I. G. Farben. New York 1978, S. 96 f. Vgl. auch Hayes (wie Anm. 9), S. 219 ff., der darin den Beginn »... of Farben's subordination to Party policy in occupied Europe« sieht. Pollack starb kurz darauf während einer Haussuchung der Gestapo bei ihm (Hayes, ebd., S. 224).

31 Borkin (wie Anm. 30), S. 97; Hayes (wie Anm. 9), S. 232 ff.; IMT (wie Anm. 21), Bd. VII, S. 591, NI-2795.

32 Borkin, ebd.; IMT (wie Anm. 21), Bd. VIII, S. 1143; Hayes (wie Anm. 9), S. 247, bestreitet die Auffassung Borkins, daß IG-Farben das Abkommen durch eine Loyalitätsübertragung von Göring auf Himmler erreicht hätte.

33 So z. B. die »Arisierung« einer jüdischen Großfirma für Verschrottung und Altmetallverwertung in Essen. An dem Vorgang waren 1937 einige der noch heute bekannten Metallverarbeitungsfirmen in Westdeutschland beteiligt. (Hauptstaatsarchiv Düsseldorf, Gestapoakten RW 58, Nr. 27548; 55028; 61561.)

34 Genschel (wie Anm. 7), S. 153 ff., 195 ff.

35 So z. B. bei den Banken M. M. Warburg & Co. (Vgl. Genschel [wie Anm. 7], S. 237; Ari J. Sherman, A Jewish Bank During the Schacht Era. M. M. Warburg & Co. 1933–1938, in: Arnold Paucker u. a. [Hrsg.], Die Juden im Nationalsozialistischen Deutschland 1933–1943. Tübingen 1986, S. 171), Bank S. Merzbacher und Bank Wertheimer und Sulzbach in Frankfurt a. M. (Hans-Dieter Kirchholtes, Jüdische Privatbanken in Frankfurt am Main. Frankfurt a. M. 1969, S. 73 f.), Salomon Oppenheim & Cie. in Köln (Wilhelm Treue, Einige Kapitel aus der Geschichte der Kölner Bankiersfamilie Oppenheim, in: Jutta Bohnke-Kollwitz u. a. [Hrsg.], Köln und das rheinische Judentum. Festschrift Germania Judaica 1959–1984. Köln 1984, S. 155).

36 Abgedruckt bei Hanke (wie Anm. 18), S. 154.

37 In den Dokumenten der Nürnberger Prozesse werden bekannte Großfirmen wie Siemens, Rheinmetall, AEG u. a. sowie namentlich ein Teil der verantwortlichen Direktoren als die »Kunden« des SS-Wirtschaftsverwaltungs-Hauptamtes, das für die Verdingung von KZ-Häftlingen zuständig war, aufgezählt. Daneben umfassen die Listen Hunderte kleinerer Firmen. Vgl. besonders die Affidavits von Karl Sommer (NI-1065, StA Nürnberg) und Anton Kaindl (NI-280, StA Nürnberg), abgedruckt bei Benjamin B. Ferencz, Lohn des Grauens. Die Entschädigung jüdischer Zwangsarbeiter. Ein offenes Kapitel deutscher Nachkriegsgeschichte. Frankfurt/New York 1986, S. 266 ff.

38 Vgl.: Waclaw Długoborski, Die deutsche Besatzungspolitik gegenüber Polen, in: Karl Dietrich Bracher, Manfred Funke, Hans-Adolf Jacobsen (Hrsg.), Nationalsozialistische Diktatur 1933–1945. Eine Bilanz. Bonn 1983, S. 572–590, bes. S. 577 f.; Martin Broszat, Nationalsozialistische Polenpolitik 1939–1945. Stuttgart 1961; Helmut Heiber, Der Generalplan Ost, in: VfZ 6 (1958), S. 281–325. Über Hitlers Pläne siehe Avraham Barkai, Sozialdarwinismus und Antiliberalismus in Hitlers Wirtschaftskonzept, in: Geschichte und Gesellschaft 3 (1977), S. 406–417, bes. S. 413 f.

39 Thomas Keneally, Schindlers List. New York 1983. Bemerkenswert waren

auch die Bemühungen und Erfolge von Berthold Beitz: Thomas Sandkühler, »Endlösung« in Galizien. Der Judenmord in Ostpolen und die Rettungsinitiative von Berthold Beitz 1941–1944. Bonn 1996; ders., Zwangsarbeit und Judenmord im Distrikt Galizien des Generalgouvernements: Die Rettungsinitiativen von Berthold Beitz, in: Kaienburg (Hrsg.), Konzentrationslager und Wirtschaft (wie Anm. 9), S. 239–262. Chajka Grossman, die im jüdischen Widerstand in Białystok tätig war, berichtete über zwei deutsche Unternehmer, mit denen sie in Kontakt stand und die unter Lebensgefahr der dortigen Untergrundbewegung Hilfe leisteten. Einen von ihnen, Otto Busse, konnte ich nach dem Krieg persönlich kennenlernen. Als Malermeister aus Ostpreußen war er nach Białystok gekommen, um dort eine mittelgroße Baufirma einzurichten. Solange das Ghetto noch bestand, beschäftigte Busse viele Juden in seinem Betrieb. Bei der Liquidation des Ghettos gelang es ihm, einige seiner Arbeiter zu warnen und auf der »arischen« Seite Białystoks zu verstecken. Später konnte er eine Anzahl jüdischer Menschen aus den Lagern befreien und half ihnen, in Białystok unterzutauchen oder den Weg zu den Partisaneneinheiten in den umliegenden Wäldern zu finden. (Chajka Grossman, Menschen im Untergrund, [Hebräisch]. Merhavia 1965, S. 342 ff. Das Buch erschien in englischer Übersetzung: dies., The Underground Army. New York 1988).

40 Vgl. Elisabeth Freund, Zwangsarbeit. Berlin 1941, Ms. (188 S.) im Archiv des Leo Baeck Instituts, New York. Teilweise abgedruckt bei Monika Richarz (Hrsg.), Jüdisches Leben in Deutschland. Selbstzeugnisse zur Sozialgeschichte, Bd. 3, 1918–1945. Stuttgart 1982, S. 374–387; Avraham Barkai, Vom Boykott zur »Entjudung« (wie Anm. 7), Kapitel 4, »Vom Arbeitseinsatz zur Zwangsarbeit«.

41 IMT (wie Anm. 21), Bd. VI–IX; Adalbert Rückerl, Die Strafverfolgung von NS-Verbrechen 1945–1978. Eine Dokumentation. Heidelberg 1979. Vgl. auch: Bernd C. Wagner, IG Auschwitz. Zwangsarbeit und Vernichtung von Häftlingen des Lagers Monowitz, 1941–1945. München 2000; Peter Hayes, Die IG Farben und die Zwangsarbeit von KZ-Häftlingen im Werk Auschwitz, in: Kaienburg (Hrsg.), Konzentrationslager und Wirtschaft (wie Anm. 9), S. 129–148.

42 Die Aufzählung erübrigt sich hier. Vgl. Ulrich Herbert, Fremdarbeiter. Politik und Praxis des »Ausländer-Einsatzes« in der Kriegswirtschaft des Dritten Reiches. Berlin-Bonn 1985; Kaienburg (Hrsg.), Konzentrationslager und Wirtschaft (wie Anm. 9). Falk Pingel, Die Konzentrationslagerhäftlinge im nationalsozialistischen Arbeitseinsatz, in: Waclaw Długoborski (Hrsg.), Zweiter Weltkrieg und sozialer Wandel. Göttingen 1981, S. 151–163; Sklavenarbeit im KZ (wie Anm. 9); Ludwig Eiber (Hrsg.), Verfolgung, Ausbeutung, Vernichtung. Die Lebens- und Arbeitsbedingungen der Häftlinge in deutschen Konzentrationslagern 1933–1945. Hannover 1985.

43 IMT (wie Anm. 21), Bd. XIII, NG-2586-G. Abgedruckt bei Walther Hofer (Hrsg.), Der Nationalsozialismus. Dokumente 1933–1945. Frankfurt a. M. 1957, S. 304.

44 Diese Selektionen sind in der Literatur oft beschrieben worden. Vgl. u. a. Eugen Kogon u. a. (Hrsg.), Nationalsozialistische Massentötungen durch Giftgas. Eine Dokumentation. Frankfurt a. M. 1986, S. 212 ff.

45 Nach der Frankfurter Allgemeinen Zeitung vom 1. 3. 1955 beschäftigten etwa

700 deutsche Firmen KZ-Häftlinge. Nur auf ausdrücklichen Antrag wurden solche durch die SS zugeteilt. Über die Bearbeitung der Anträge vgl. Aussagen von Karl Sommer in Nürnberg, abgedruckt bei Ferencz (wie Anm. 37), S. 144 ff. Zur Konkurrenz um die Zuteilung von KZ-Häftlingen siehe den Beitrag von Gerd Wysocki, Häftlingsarbeit in der Rüstungsproduktion, in: Sklavenarbeit im KZ (wie Anm. 9), S. 35–67, bes. S. 38 ff. Nach Hayes (wie Anm. 9), S. 348 f., 366 und 371 f. waren die Befürchtungen der IG-Farben, konkurrierende Firmen könnten ihr Buna-Monopol gefährden, ein wesentlicher Grund zur Errichtung ihres Betriebes in Auschwitz.

46 Zu IG-Farben vgl. auch Borkin (wie Anm. 30) und Ferencz (wie Anm. 37), S. 34 ff. Tatsächlich wurden die Produktionsziele der IG-Farben in Auschwitz bis zum Kriegsende nicht erreicht: Nur wenig synthetischer Treibstoff und überhaupt kein Buna konnten produziert werden (vgl. Borkin [wie Anm. 30], S. 127; Hayes [wie Anm. 9], S. 367).

47 Borkin (wie Anm. 30), S. 116 ff.; Hayes (wie Anm. 9), S. 358 f.

48 Borkin (wie Anm. 30), S. 127, kommt aufgrund der Nürnberger Dokumente zum Schluß: »From the bare records available 300 000 concentration camp workers passed through IG-Auschwitz of whom at least 25 000 were worked to death.« Über das Los der übrigen, in das Stammlager »selektierten« Häftlinge kann kein Zweifel bestehen. Hayes (wie Anm. 9), S. 359 f., errechnet für den Betrieb Monowitz allein, der durchschnittlich 3500 Zwangsarbeiter beschäftigte, einen »turnover« von 35 000 Häftlingen in den Jahren 1943/44. In den umliegenden Gruben, in denen zwischen 1942 und 1944 im Durchschnitt gegen 6000 Häftlinge für IG Farben arbeiteten, war die Todesrate höher und die durchschnittliche Arbeitsperiode erheblich kürzer und gegen Ende nicht länger als vier bis sechs Wochen.

49 IMT (wie Anm. 21), Bd. IX, S. 722; 725. (NI-3754 und NIK-4723). Abgedruckt bei Ferencz (wie Anm. 37), S. 122.

50 Ferencz (wie Anm. 37), S. 130. Vgl. auch Ulrich Herbert, Von Auschwitz nach Essen, in: Sklavenarbeit im KZ (wie Anm. 9), S. 13–34.

51 Ferencz (wie Anm. 37), S. 199 mit Angaben aus z. T. bisher unveröffentlichten Dokumenten. Vgl. auch: Konrad Kaletsch. Der Flick-Konzern und das Siegerland. Versuch einer notwendigen Aufarbeitung. Siegen 1987, bes. S. 14–32.

52 Zu Rheinmetall-Borsig vgl. Ferencz (wie Anm. 37), S. 171 ff.; BMW: ebd., S. 54 und Zofka (wie Anm. 9); Daimler-Benz: Pohl u. a. (wie Anm. 9), S. 158 ff., 358 ff. und Hopmann (wie Anm. 9). Vgl. auch Hans Mommsen, Bündnis zwischen Dreizack und Hakenkreuz, in: Der Spiegel Nr. 20/1987, S. 118–29; AEG: Ferencz (wie Anm. 37), S. 140 f.; Telefunken: ebd., S. 142, 148 ff., Siemens: ebd., S. 155 f.

53 IMT (wie Anm. 21), Bd. VII, S. 1044 ff.; vgl. auch das Vorwort von Telford Taylor zu Ferencz (wie Anm. 37), S. 10 f.

54 Vor allem Andreas Hillgruber, Zweierlei Untergang. Die Zerschlagung des Deutschen Reiches und das Ende des europäischen Judentums. Berlin 1986. Zur u. a. durch Hillgrubers Buch ausgelösten Diskussion, siehe: »Historikerstreit«. Die Dokumentation der Kontroverse um die Einzigartigkeit der nationalsozialistischen Judenvernichtung. München 1987.

55 IMT (wie Anm. 21), Bd. VII, S. 1157 ff.

56 Ebd., S. 1172 ff.

57 Vgl. die Aussagen von Pohl, Maurer und Sommer im Nürnberger Prozeß,

abgedruckt bei Ferencz (wie Anm. 37), S. 144 ff. Ein bezeichnendes Beispiel auch in: Pohl u. a., Daimler-Benz (wie Anm. 9), S. 164: Der Leitung des zum Konzern gehörenden »Flugmotorenwerk Reichshof« in Rszezow wurde nach Anforderung von Arbeitskräften angeboten, »bei der nächsten Auskämmung im benachbarten Kreis Debica sich zu beteiligen und dort die erforderliche Auswahl zu treffen«. Auch in IG-Monowitz ist die Initiative und Beteiligung des dortigen Direktors bei der »Selektion« durch die Dokumente belegt. Im Winter 1943 beaufsichtigte er die »Aussortierung« der Hälfte der damals dort beschäftigten Häftlinge, die in das Stammlager, d. h. praktisch in die Gaskammern, geschickt wurden. (Hayes [wie Anm. 9], S. 359).

58 IMT (wie Anm. 21), Bd.VIII, S. 410.

59 Ferencz (wie Anm. 37), S. 273 (NI-1065, StA Nürnberg).

60 Herbert (wie Anm. 42), S. 11.

61 Constantin Goschler, Streit um Almosen, in: Sklavenarbeit im KZ (wie Anm. 9), S. 175.

62 Vgl. Anm. 45.

63 Nach Telford Taylor muß der Gnadenakt »den Deutschen als Zeichen dafür erschienen sein, daß die Industriechefs nicht ernsthaft bestraft werden sollten für ihre Beteiligung an Tatbeständen, für die Fritz Sauckel hingerichtet und Albert Speer zu langer Haftstrafe verurteilt worden war«. Er führt auch die hartnäckige Verweigerung von Entschädigungszahlungen an überlebende KZ-Häftlinge auf die ängstliche Bewahrung des »Image der Unschuld« zurück. (Im Vorwort zu Ferencz [wie Anm. 37], S. 11 f.)

64 Hierzu, außer dem Buch von Ferencz (wie Anm. 37), auch Jörg Friedrich, Die kalte Amnestie. NS-Täter in der Bundesrepublik. Frankfurt a. M. 1985, bes. S. 101–112. Angemessene Entschädigungen konnten vor deutschen Gerichten nicht erstritten werden, wie ein – seltener – positiver Entscheid des Landgerichts Braunschweig im Prozeß von Adolf Diamant gegen die Firma Büssing zeigt. Für mehr als ein halbes Jahr, das der in Auschwitz durch einen Ingenieur der Firma ausgewählte Kläger bei der Firma gearbeitet hatte, wurde ihm rechtswirksam der Betrag von – sage und schreibe – einhundertachtundsiebzig DM und 80 Pfennigen zuerkannt! (Ferencz [wie Anm. 37], S. 214.) Zur durch die verspätete Zahlung von 5 Millionen DM durch den Flick-Konzern, bzw. die Deutsche Bank, erneut ausgelösten öffentlichen Diskussion im Bundestag und in der Presse siehe Goschler (wie Anm. 61), S. 191 f.

65 Hans G. Adler, Der verwaltete Mensch. Studien zur Deportation der Juden aus Deutschland. Tübingen 1974, S. 451.

Dirk van Laak

Die Mitwirkenden bei der »Arisierung«

Dargestellt am Beispiel der rheinisch-westfälischen Industrieregion 1933 – 1940

Am 7. Dezember 1946 wies das nordrhein-westfälische Innenministerium die lokalen Behörden an, alles im Zusammenhang mit der Judenverfolgung stehende Material sicherzustellen. Aus sämtlichen Bezirksämtern Essens signalisierte man: Fehlanzeige! Nur ein Angestellter aus dem Vorort Kupferdreh berichtete ins Ministerium, er habe bald nach dem Zusammenbruch einen Unbekannten beobachtet, der aus den ehemaligen Parteiräumen im Rathaus Überruhr Berge von Material abgeholt habe. Zudem sei zu hören gewesen, der Polizeipräsident selbst hätte sämtliche Akten vernichten lassen.[1]

Bereits am 17. April 1946 hatte die britische Militärregierung die Essener Industrie- und Handelskammer angewiesen, ein Verzeichnis über die ehemals in jüdischem Besitz befindlichen Geschäfte zu erstellen. Die eigene Beteiligung an den Besitzübertragungen wurde von der Kammer zunächst einmal vorsorglich heruntergespielt, wobei ihr der Verlust sämtlicher Akten durch Bombeneinwirkung zugute kam. Dann wurde ein Ausschuß eingesetzt, die Liste wurde erstellt und ein Abschlußbericht formuliert, aus dem hervorging, daß in Essen lediglich ein einziges jüdisches Geschäft unter Einwirkung von Zwang den Besitzer gewechselt habe. Und auch dieser Hinweis war von einem der wenigen überlebenden ehemaligen Besitzer selbst gegeben worden.[2]

Diese beiden Episoden beleuchten, wie schwer es bereits in der unmittelbaren Nachkriegszeit war, sich ein Bild von der sog. »Arisierung« zwischen 1933 und etwa 1940 zu machen, deren Ergebnis immerhin eine der größten Besitzumschichtungen der Neuzeit gewesen ist. Quellenverluste,[3] Verzögerungen bei der Bestandsaufnahme, die Haltung »bemühten Unwissens«, die bei vielen Verbänden zu beobachten war, und die Unwilligkeit der neuen Besitzer ehemals jüdischen Vermögens, das Geschäft oder das Haus rückzuerstatten, dies alles machte es schwierig, das Ausmaß der Geschäftsübertragungen realistisch einzuschätzen, zumal die gängigen Muster der Entlastung Anwendung fanden: Kollektiv- und Sachzwänge wurden vorgeschoben, man gab vor, Schlimmeres verhütet oder gar, in freundschaftlichem Einvernehmen mit den jüdischen Veräußerern gehandelt zu haben.[4] Zwar wurden in den anschließenden Wiedergutmachungsprozessen Akten von z. T. ungeheurem Umfang angelegt,[5] doch entkamen wohl auch diese Rekonstruktionsversuche nicht dem Quellendilemma, daß wichtige Entscheidungen und Verhandlungen oft mündlich getätigt und Vertragswerke von ihrem Erscheinungsbild her in der Regel korrekt abgefaßt worden waren. So fällt es bis heute schwer, sich über einzelne »Arisierungs«vorgänge ein im Detail belegbares Bild zu machen.[6] Darüber hinaus übte die Forschung in dieser Frage über lange Zeit eher Zurückhaltung, wurde doch eine der Wurzeln bundesdeutscher Nachkriegsökonomie dabei berührt.[7]

Für das Gebiet der rheinisch-westfälischen Industrieregion steht eine Anzahl bemerkenswerter Archivalien zur Verfügung, die geeignet sind, einige Umstände der nationalsozialistischen Judenpolitik zu konkretisieren.[8] Zwar sind auch sie regional und institutionell zu heterogen, um einzelne »Arisierungs«-Fälle aus verschiedenen Blickwinkeln zuverlässig zu rekonstruieren, immerhin ist es aber möglich, das breite Spektrum der am »Entjudungs«-Prozeß Mitwirkenden darzustellen und die Ebene der außerhalb spektakulärer Einzelfälle stehenden, alltäglichen »Entjudung« der deutschen Wirtschaft zu illustrieren. Sie lassen erkennen,

- daß die »Arisierung« derjenige Teil der Judenverfolgung mit der größten Anzahl Beteiligter gewesen ist und daher wie auch durch die Vielzahl der Faktoren derjenige Teil mit der wahrscheinlich größten Variationsbreite an Schicksalen;
- daß es Pläne oder auch nur ein planvolles Vorgehen im Wirtschaftsbereich nicht gab, vielmehr auch hier Gesetze und Verordnungen den Entwicklungen meist hinterherliefen, die durch übereifrige Kräfte oder durch Sachzwänge hier und dort schon längst zu Tatsachen und üblicher Praxis geworden waren. Diese Mischung aus Selbstlauf und absichtsvollem Handeln steigerte

schließlich den ursprünglichen »Entjudungswillen« zur »Arisierungsmaßnahme«;
- daß auch im Wirtschaftsbereich die Weltanschauung der Initiator gewesen ist, der die Judenverfolgung und damit auch die »Arisierung« auf den Weg brachte und schließlich zu der furchtbarsten aller Konsequenzen steigerte. Dies gilt wohl auch, wo sich materielle Erwägungen damit verbanden oder im Einzelfall sogar überwogen.

An Beispielen aus der Ruhrregion – wobei durchaus davon auszugehen ist, daß sich dieser Prozeß von dem in anderen Regionen nicht signifikant unterschied[9] – sollen die Entstehung und Ingangsetzung der »Arisierungsmaßnahmen« mit dem Schwerpunkt bis zur Phase der »Zwangsarisierung« seit Ende 1938 dargestellt werden; denn von diesem Zeitpunkt an entwickelte sich die Zahl der Verordnungen, Erlasse und bürokratischen Vorgänge (und damit der Quellen) umgekehrt proportional zum Effekt, der noch damit zu erzielen war.

Von der Judenfeindschaft zur »Entjudung«

Die wirtschaftlich argumentierende Variante der Judenfeindschaft griff meist bei den historisch gewachsenen Ungleichgewichten in der Berufsstruktur von Juden und Nichtjuden[10] an, um den Prozeß zu einer gesteuerten Entwicklung umzudeuten. Die Konzentration jüdischer Wirtschaftstätigkeit in einigen Berufszweigen weckte den Argwohn derer, die der Entwicklung von moderner Wirtschaft und modernem Staat generell mit Vorbehalten gegenüberstanden.[11] Angeblich »typisch jüdische Verhaltensweisen« wurden unterstellt, und ein entsprechendes Schlagwortarsenal wurde derart suggestiv und mit so hohem Wiedererkennungswert repetiert, daß es noch heute bei vielen, und nicht nur den Älteren, zumindest in der Erinnerung abrufbar sein dürfte. Die Stereotype einer vermeintlich »übersetzten« bzw. vollkommen »verjudeten« Wirtschaft wurden in dem Maße konkretisiert, wie sich parallel dazu ein völkischer Mythos »germanischer« Ursprünglichkeit entwickelte, wobei das hier und dort konstruierte Gegenbild einer rein »arischen Wirtschaftsordnung«[12] durchaus unklar blieb. Der in dieser Hinsicht einzige konkrete Punkt des nationalsozialistischen Parteiprogramms war die Auflösung sämtlicher Warenhäuser, die als rein jüdische Einrichtungen und als Symbole jüdischen Wirtschaftens markiert wurden.[13] Darüber hinausgehende konkrete Pläne, wie man im Dritten Reich dem jüdischen Einfluß in der Wirtschaft begegnen wollte, sind bislang nicht nachweisbar.[14] Diese Uneindeutigkeit dessen, was nach der »Machtergreifung« der Nationalsozialisten zu erwarten stand, trug zusammen mit einer verhängnisvollen Verkennung der »völkischen Logik«, vor allem ihrer Unentrinnbarkeit, zu der Tragik bei, die jüdische Deutsche in dieser Zeit erfahren mußten.[15] Es sollte sich auch verhängnisvoll auswirken, daß die verschiedenen Bemühungen, eine »Entjudung« nach dem 30. Januar 1933 in Gang zu bringen, von den jüdischen Besitzern nicht jeweils in der gleichen Weise bemerkt und interpretiert werden mußten: Je nach Kenntnis der Vorgänge und auch je nach historischem Bewußtsein konnten die Entwicklungen der ersten Jahre des Dritten Reiches nicht nur als Zeit massiver Bedrohung oder als Periode einer allmählichen Klimaverschlechterung, sondern auch als eine Phase wirtschaftlichen Aufschwungs erlebt werden. Auch einige der jüdischen Bürger waren nicht frei von der Vorstellung, mit den neuen Machthabern würden viele der bedrängenden Erfahrungen der Weimarer Zeit der Vergangenheit angehören.[16] Diese Geschichte der – bisweilen taktisch immer wieder genährten – Hoffnungen und Illusionen, es werde so schlimm nicht werden und man könne sich schließlich auf das Recht berufen, ist sicherlich eines der menschlich bedrückendsten Kapitel der Judenverfolgung.

Über das Proklamative hinausgehende Drohungen und antisemitische Aktionen der sog. »Radau-Antisemiten« gab es auch im Ruhrgebiet schon zur Zeit der Weimarer Republik: Friedhofsschändungen, Anschwärzungen, Demonstrationen oder Schlägereien, vornehmlich durch Truppen der SA. In Essen waren Gauleiter Terboven und die von ihm geleitete »National-Zeitung« seit dem Ende der zwanziger Jahre in langwierige Prozesse verwickelt, weil sie jüdische Rechtsanwälte und Ärzte diffamiert und zum Boykott jüdischer Geschäfte aufgerufen hatten.[17]

Die 1933 von vielen Anhängern der »Bewegung« und auch ihrem antisemitischen Teil empfundene euphorische Aufbruchsstimmung setzte die neue Reichsregierung unter Druck, rasche Initiativen einzuleiten, um die Juden aus dem Berufs- und Geschäftsleben hinauszudrängen. Gezielt geschürtes Konkurrenzdenken spielte dabei keine unwesentliche Rolle, daneben das Versprechen materieller Vorteile an Sympathisanten und die »alten Kämpfer«. Bei Regierung und Wirtschaftsführern stand im Interesse einer Konsolidierung der Wirtschaftslage aber außer Diskussion, daß man es sich buchstäblich vorerst nicht leisten konnte, auf die Potentiale einer jüdischen Beteiligung in der Wirtschaft zu verzichten. Die außenpolitischen Rücksichten und die innenpolitische Stabilisierung besaßen auf staatlicher Ebene zunächst Priorität vor der Durchsetzung antijüdischer Maßnahmen. Selbst die Parteiführung war daher gezwungen, fürs erste noch viele taktische Rücksichten zu nehmen, die eigenen Ziele einer Hierarchie andersgerichteter Interessen unterzuordnen und daher ihre Entschlossenheit einstweilen vornehmlich verbal zu dokumentieren. So kündigte Hermann Göring bei einem Besuch in Essen am 10. März 1933 an, er werde es ablehnen, seine Polizei zu einer Schutztruppe für jüdische Warenhäuser zu machen. Man lebe in einer außergewöhnlichen Zeit, die Nation sei erwacht usw.[18]

Der für den 1. April angesetzte reichsweite Boykott jüdischer Geschäfte muß vor dem Hintergrund dieser Spannung zwischen »Stürmern« und »Entjudungs«-Drängern auf der einen, Vertretern politisch-strategischer Erwägungen auf der anderen Seite gesehen werden.[19] Für viele der kommenden Entwicklungen besaß der Boykott Signalwirkung:

1. zeigte er, wozu das neue Staatswesen sich in Hinsicht auf Minderheiten entschließen konnte. Kein Kabinettsmitglied erhob Einspruch gegen diese Form staatlicher Diskriminierung.[20] Er war daher ein Scheidepunkt für die weitere Entwicklung des Rechtsstaates, ein Scheidepunkt, der allerdings von vielen erst nachträglich in seiner ganzen Tragweite gesehen wurde.
2. demonstrierte der Boykott den Handlungswillen derjenigen Parteikreise, denen schon nach zwei Monaten nationalsozialistischer Herrschaft das mäßige Tempo der sogenannten »Entjudung« nicht nur in der Wirtschaft mißfiel; er zeigte die Virulenz des radikalisierenden Elements. Die Ungeduld der Radikalen, vor allem die Eigenmächtigkeit vorschneller »Erfüllungsgehil-

fen«, blieb eines der kritischsten Elemente bei der nationalsozialistischen Herrschaftsstabilisierung. Der antisemitische und antikapitalistische Anhang, dessen »Bewegungs«-Energie sich nun als Hypothek aus der Kampfzeit erwies, versuchte fortan immer wieder, in den Grauzonen zwischen Illegalität und Duldung vollendete Tatsachen zu schaffen, Tatsachen, von denen die Akteure meinten, sie kämen dem letztendlichen Ziel entgegen, die deutsche »Volksgemeinschaft« von den vermeintlich zersetzenden jüdischen Einflüssen zu befreien.

3. wies der Boykott die vorläufige Richtung der Judenpolitik, der es zuerst darum ging, den jüdischen Bevölkerungsteil zu kennzeichnen, zu isolieren und nach Möglichkeit um seine Erwerbsmöglichkeiten zu bringen, noch nicht darum, jüdischen Besitz zu beschlagnahmen.
4. sollten der Boykott, seine Durchführung und seine Begleiterscheinungen Gegnern des Regimes eine Warnung, Befürwortern aber ein Anlaß sein, die »nationale Sammlung« zu demonstrieren, die bei einer vermeintlichen Bedrohung der »Volksgemeinschaft« zu mobilisieren war. Der Boykott wirkte als Testballon für den außenpolitischen Spielraum der neuen politischen Führung; die Proteste waren jedoch stärker als vermutet, und die erhofften erpresserischen Wirkungen schlugen fehl. Zusammen mit der Unpopularität der Aktion im Inland, die sich in zahllosen trotzigen Einkäufen in jüdischen Geschäften äußerte, trug der außenpolitische Mißerfolg mit dazu bei, den Boykott schneller als zunächst angekündigt zu beenden.
5. Schließlich wurden den jüdischen Bürgern an diesem Tag (und in den Folterkellern der SA buchstäblich) »die Instrumente gezeigt«. Dabei präsentierte man das gesamte Repertoire an Druckmitteln, das in den folgenden Jahren, ständig verfeinert, gegen jüdische Gewerbetreibende angewendet wurde: Aufmärsche, Sprechchöre, Flugblätter, Kundenkontrollen mit der Androhung einer Denunziation (wobei u. U. dieser Drohung mit Photoapparaten Nachdruck verliehen wurde), Sperrung von Geschäftseingängen, zwangsweise Schließungen, »Schutzhaft«, Mißhandlungen oder Bedrohungen der jüdischen Geschäftsinhaber und ihrer Angestellten, Post- und Telefonkontrollen, schließlich die Aufhetzung und ideologische »Wühlarbeit«

durch sog. »Vertrauensleute« in den Unternehmen mit dem Zweck – wie es in einer Erinnerung hieß –, »den Chef mürbe zu machen«.[21]

Über eines der signalträchtigen Ergebnisse des Boykotts und seiner Begleitumstände berichtete die »Jüdische Rundschau« noch im selben Monat: Es kam zu einer ersten Welle von Geschäftsverkäufen. Dies wurde zwar dem vorläufigen Konto der »Entjudung« zugeschlagen, von einer »Arisierung« war aber noch nirgendwo die Rede. Dieser Begriff wurde erst später geprägt.[22] »Entjudet« wurden zunächst der öffentliche Dienst und die besonders exponierten Berufe über den sog. »Aricrparagraphen« im »Gesetz zur Wiederherstellung des Berufsbeamtentums« vom 7. April 1933. Für den Bereich der freien Wirtschaft blieben gesetzliche Maßnahmen vorerst aus.

Statt dessen setzten individuelle oder lokal begrenzte sog. »stille«, »kalte« oder »heimliche« Boykotte ein. Auch die Essener Stadtverwaltung zeigte sich beflissen, an der Ausgrenzung mitzuwirken. Oberbürgermeister Schäfer hatte bereits im März 1933 sämtliche Dienststellen angewiesen, keine Bestellungen mehr bei jüdischen Firmen und Warenhäusern zu tätigen. Dieser Verlust städtischer Aufträge traf einige Firmen ganz empfindlich.[23] Auch wurde jüdischen Viehhändlern und Metzgern mehrfach das Betreten des Essener Schlachthofes untersagt. Eifrige Parteiführer unterstützten diese Maßnahmen publizistisch und forderten etwa das Kaufhaus Karstadt dazu auf, seine jüdischen Angestellten zu entlassen, oder veröffentlichten, wie 1935 in Mülheim, in Zeitungen Listen mit jüdischen Geschäften, Ärzten und Rechtsanwälten als sog. »Merkblatt für jeden Volksgenossen«.[24]

Nachdem die Reichsführung im Sommer 1933 weitere Initiativen dieser Art vorerst verbot, wurde das Meiden jüdischer Geschäfte für Parteimitglieder und Sympathisanten zu einer selbstverständlichen »Ehrensache« stilisiert und mit einer moralischen Attitüde versehen.[25] So hieß es in einer Dienststellenbesprechung der Essener Stadtverwaltung vom 5. Februar 1934: »Die Verfügungen der Regierung, dem Juden gegenüber eine ablehnende Stellung einzunehmen, sind zwar aufgehoben, und zwar wegen der außenpolitischen Lage. Wenn aber einer ein Herz im Leibe hat, der läßt sich von einem deutschen Arzt behandeln.« Einstweilen müsse man Diplomat sein, aber seinen Leuten klarmachen, ob sie sich nicht schämten, einen fremdländischen Arzt zu konsultieren.[26]

Mit solchen Haltungen konfrontiert und nach und nach aus sämtlichen Verbänden ausgeschlossen, die noch hätten vermitteln können, wurde die Wettbewerbslage auch für diejenigen jüdischen Unternehmer immer schwieriger, die persönlich noch weitgehend unbehelligt wirtschaften konnten. Gerüchte über vereinzelte Rückwanderungen emigrierter Juden nach Deutschland Ende 1934/Anfang 1935 sowie wachsender Unmut über die Vergabe öffentlicher Aufträge an jüdische Firmen rückten die Frage einer »Entjudung« der Wirtschaft verstärkt in den Aufmerksamkeitshorizont: Ein Kreiswirtschaftsberater meldete es seinem Vorgesetzten im September 1935 als »geradezu toll«, daß eine jüdische Großhandelsfirma nach wie vor zur Fabrikation von Parteiausrüstungsgegenständen zugelassen sei und forderte die Reichszeugmeisterei zum Einschreiten auf.[27] Die parteinahe »Westfälische Landeszeitung – Rote Erde« richtete im August 1935 »dringende Appelle« an die »Volksgenossen«, nicht weiter in jüdischen Kaufhäusern einzukaufen und drohte, Kundenphotos mit Namenslisten zu veröffentlichen. Die trotzige Parole zu dieser Aktion, die von der NS-Handwerks- und Gewerbe-Organisation/(NS-HAGO) unterstützt wurde, lautete: »Wir zerschlagen keine Fenster, wir bekleben keine Fenster. Wir kämpfen still und unverdrossen, bis Punkt 16 des Parteiprogramms erfüllt ist.«[28] In einem dringenden Brief an den zuständigen Gauwirtschaftsberater schilderten die Vertrauensleute eines von Boykottaktionen der NS-HAGO betroffenen jüdischen Kaufhauses in Dortmund, daß ein großer Teil der Belegschaft dadurch von Entlassungen bedroht sei: »An der Lösung der Judenfrage können wir uns nicht beteiligen, da wir laut Gesetz zur Ordnung der nationalen Arbeit unserem nichtarischen Betriebsführer das Gelöbnis der Gefolgschaft gegeben haben zum Zwecke der gemeinsamen Arbeit, zu der Erhaltung des Betriebes und damit zur Erhaltung der Existenz aller Gefolgschaftsmitglieder. Ein gegebenes Wort hat man zu halten.« Der Gauwirtschaftsberater war in diesem Falle offenbar ratlos und zog sich in einem Antwortschreiben hinter formale Zuständigkeiten zurück.[29] Als eine Möglichkeit des Auswegs aus Situationen wie dieser mußte auch ihm die »Arisierung« der jüdischen Unternehmen erscheinen. Nach der Festschreibung eines minderrechtlichen Status für Juden durch die »Nürnberger Rassegesetze« vom September 1935 förderte der Wirtschaftsberater des südwestfälischen Parteibezirks die »Arisierung« daher immer konsequenter.

Erste, noch geheimgehaltene Planungsversuche auch anderer Stellen scheinen dennoch in die Öffentlichkeit gedrungen zu sein. Schon im August 1935 wurde in einem Bericht der Sopade als allgemein umläufiges Gerücht notiert, »den Juden sollen die Betriebe genommen werden, damit die Wirtschaft in rein arische Hände kommt«. Dazu hieß es kommentierend, die Aktionen der NS-Stellen seien in der Regel mit großer Beunruhigung aufgenommen worden.[30] Reichswirtschaftsminister Schacht registrierte die Unruhe über ein zwischen 1933 und 1937 im Wirtschaftsministerium bestehendes Referat zur »Abwehr unzulässiger Eingriffe in die Wirtschaft«[31] und ließ auf einer interministeriellen Chefbesprechung am 20. August 1935 klarstellen, daß er einen nach wie vor auf der Prämisse außenpolitischer Ruhe basierenden wirtschaftsfriedlichen Kurs verfolge.[32]

»Entjudung« und »Arisierung«

Die von vielen Juden offenbar geradezu mit Erleichterung aufgenommenen »Nürnberger Rassegesetze«, die ihnen die trügerische Hoffnung auf die Wiederherstellung einer gewissen Rechtssicherheit gaben, enthielten jedoch anders als erwartet auch in ihren Ausführungsbestimmungen keinerlei Regelung über die jüdische Wirtschaftstätigkeit. Als Folge verblieb die »Judenfrage in der Wirtschaft« zunächst weiterhin in den Händen derer, die sich zu einer »Entjudung« berufen fühlten.[33] Spätestens seit Herbst 1935 nahmen sich immer mehr Stellen der jüdischen Geschäftsverkäufe an:

– Der Gauwirtschaftsberater des Düsseldorfer Gaues mahnte in einem vertraulichen Rundschreiben vom 25. November 1935 an, daß die seit einigen Wochen verstärkt zu beobachtenden Verkaufsangebote jüdischer Betriebsinhaber innerhalb der bestehenden Rechtsordnung abzuwickeln seien, wobei vor allem Tarnungen und rein formale Besitzwechsel verhindert werden müßten, die den jüdischen Einfluß letztlich nicht ausschalteten. Zu diesem Zweck solle man vom Käufer eine Unbedenklichkeitsbescheinigung durch den Wirtschaftsbeauftragten des »Führers« sowie eine Prüfung des Kaufvertrags durch die »Deutsche Revisions- und Treuhandelsgesellschaft« in Berlin fordern.[34]

- Die Wirtschaftsgruppe Einzelhandel, Bezirksgruppe Niederrhein, bemängelte am 9. Dezember 1935 als Mißstand bei der Übernahme jüdischer Geschäfte durch »Arier« vor allem branchenfremde Erwerbungen und Verkäufe, die Konzentrationstendenzen in der Wirtschaft sowie Konzernbildungen unterstützten.[35]
- Die NSDAP-Kreisleitung Wuppertal wurde im Oktober/November 1935 initiativ und suchte offenbar eigenständig potentielle Käufer für die jüdischen Unternehmen ihres Bezirks. Mehrere Ablehnungsschreiben »arischer« Unternehmer, die sich nicht in der Lage sahen, »noch ein weiteres Objekt zu übernehmen«, deuten darauf hin.[36]
- Spätestens gegen Ende des Jahres 1935 hatte sich ein öffentlicher Markt für »Arisierungs«-Geschäfte etabliert. Die Verkaufsangebote jüdischer Unternehmen im Inseratenteil regionaler und überregionaler Zeitungen häuften sich und wiesen z. T. freimütig auf die »rassische« Begründung des Verkaufes hin.[37] Neben der Veräußerung wurde von den jüdischen Anbietern oft auch der Tausch gegen ein vergleichbares Unternehmen im Ausland gesucht. Ungeniert fanden sich auf derselben Seite bereits die Gesuche »arischer« Kaufinteressenten und Angebote über eine stille oder offene Teilhabe am Geschäft, hinter denen sich nicht selten die Tätigkeit von professionellen »Strohmännern« und gewerbsmäßigen »Tarnern« verbarg. Der Markt entwickelte auch in der »Arisierungs«-Frage zunächst alle Elemente des freien Handels. Es dauerte nicht lange, bis sich Treuhandgesellschaften und Vermittlungsbüros in der Art von Heiratsinstituten an die vermeintlich »zuständigen« Stellen wandten, um kapitalkräftige Ingenieure und investitionswillige Kaufleute der unterschiedlichsten Branchen als potentielle Käufer vorzustellen. Es verwundert nicht, daß sich in der Folge auch Banken und Sparkassen in das Geschäft mit einschalteten und ihre Vermittlerdienste anboten; sie versprachen sich nicht allein die üblichen Maklergebühren, sondern auch den Gewinn anschließender Kreditgeschäfte.

– Als langfristig wirksamster Faktor der »Entjudung« erwies sich auch im Wirtschaftsbereich schon die Existenz, im Einzelfall seit etwa 1935 verstärkt auch der Einsatz der Gestapo. Sie arbeitete als Terrorinstrument der »Bewegung« ebenso effektiv wie innenpolitisch wirksam, dabei aber unspektakulär und daher außenpolitisch vergleichsweise ungefährlich. Über Anzeigen bei der Gestapo wurden nicht nur alte »Rechnungen« beglichen, sie verlieh über den Weg der Amtshilfe nicht nur den Anordnungen anderer Verwaltungsorgane Nachdruck, sondern sie begann aus putativer Schuldvermutung allen »auffällig« gewordenen Juden gegenüber vorsorglich, vermeintlich belastendes Material zu sammeln: Im Falle des renommierten Essener Bankhauses Hirschland wurde mit Hilfe zweifelhafter Zeugen und mit bereitwilliger Unterstützung von »National-Zeitung« und »Stürmer« in einem Dossier der Essener Gestapo-Leitstelle ein fratzenhaftes Bild der Familie und ihrer finanziellen Transaktionen gezeichnet, das geeignet war, die schlimmsten antisemitischen Schreckensvisionen über die »listigen Machenschaften der internationalen jüdischen Hochfinanz« und den »sittlichen Verfall des jüdischen Menschen« zu bestätigen.[38]

Grobe Wahrscheinlichkeiten reichten aus, das durch und durch unfaire Terrorinstrument Gestapo gegen Juden in Gang zu setzen: Der Anzeige eines SS-Rottenführers, der vorgab, der 63jährige jüdische Besitzer eines Essener Damenhutgeschäfts unterhalte rassenschänderische Beziehungen zu einer 29jährigen Verkäuferin,[39] wurde ebenso nachgegangen wie der Anzeige gegen den Inhaber eines jüdischen Konfektionsgeschäfts wegen »Heimtücke« und verbotenen Handels mit »nationalen Symbolen«: Bei einer Razzia wurde hier eine braune Breecheshose entdeckt, die zwar im Lager des Geschäfts seit 1931 verstaubte, jedoch die Prüfer der Reichszeugmeisterei entfernt an die parteieigene Uniform erinnerte.[40]

Die Methoden der Gestapo und ihre Wirkung gehören neben der Beteiligung von Nachbarn und Konkurrenten an der Einschüchterung der jüdischen Bevölkerung zu den am schwersten greifbaren Faktoren, die den Weg zu einer »Arisierung« ebneten. Die Mittel, einen jüdischen Geschäftsmann zum Verkauf seines Unternehmens zu bringen, waren spätestens 1936 derart ausgebildet, daß sie unterhalb staatlicher Verordnungen sämtliche Möglichkeiten ausschöpften: Irritationen und Druck auf die Kunden, Untergrabung der Loyalität der Mitarbeiter, Anzeigen- und Lieferantenboykotte, Einmischung verschiedenster Behörden in Form von Vorladungen, Haussuchungen, Betriebs- und Finanzprüfungen mit z. T. nachhaltigen Folgen, Aufhebung von Steuernachlässen, Beendigung oder Kürzung des Bankenkredits, Behinderung neuer Abschlüsse, Stornierung von Verträgen oder Nichtbezahlung erbrachter Leistungen, Rückstellung in der Angebots- und Lieferhierarchie des Großhandels, Benachteiligungen auf Messen und Ausstellungen, schließlich »Angebotsterror« von Vermittlern mit Übernahmeangeboten.[41] Die Fülle der schikanösen Maßnahmen erweckte im Ausland gar den Eindruck, es müsse geheime Verfügungen zur planmäßigen »Arisierung« geben, deren Veröffentlichung Goebbels nicht erlaube.[42]

Die Beteiligten

Tatsächlich hatte der Kleinkrieg gegen die Juden gegen 1938 bereits einen wesentlichen Teil der jüdischen Wirtschaftsexistenz eliminiert. Kaum einer der Anfang 1938 noch ca. 390 000 jüdischen Bürger des Deutschen Reiches, der zu diesem Zeitpunkt nicht schwere Beeinträchtigungen seiner bürgerlichen und materiellen Existenz zu gewärtigen hatte. Die komplementär sich ergänzende Front aus Einzelpersonen und Institutionen, die aufmarschiert war, ihren Besitz vollständig zu übernehmen, soll im folgenden etwas systematischer dargestellt werden:

Da sind zunächst als Initiatoren des gesamten Ausschaltungsprozesses die mehr oder weniger *radikalen Antisemiten:* Ihnen war es aus weltanschaulichen Motiven eine Herzensangelegenheit, die völkische Substanz durch das Aussondern fremdrassiger Elemente zu retten. Mit Hitler, Goebbels, Himmler und dem fränkischen Gauleiter Julius Streicher sind wohl ihre exponiertesten Vertreter benannt, die aber wie auf jeder anderen administrativen Ebene jeweils unterschiedliche Strategien verfolgten. Ihrem Drängen war nicht nur die Festschreibung eines minderrechtlichen Status für die Juden in den sog. »Nürnberger Rassengesetzen« geschuldet, sondern – so wird man wohl sagen können – ihr Denken bezog auch eine Vernichtung schon als Möglichkeit mit ein.[43] Natürlich war auch die »Entjudung« der deutschen Wirtschaft eines ihrer Hauptanliegen. Die stillen Boykotte und wilden Aktionen vornehmlich der SA wurden von ihnen nicht nur geduldet; denn man wußte, daß man einstweilen nur taktische Rücksichten zu nehmen hatte. Als diese entfielen, spätestens um die Jahreswende 1937/38, wurde auch der Bereich der »Entjudung« der Wirtschaft der SS und dem mitleidslosen Räderwerk der Bürokratie überantwortet.

Als sichtbarer Ausdruck einer antisemitischen Haltung in der Wirtschaft entstanden ab 1933/34 Zusammenschlüsse und Initiativen sogenannter *»arischer« Wirtschaftsverbände,* um in ihrem jeweiligen Bereich, etwa der Textilwirtschaft, der Lederindustrie, des Buchhandels oder der Landwirtschaft, einen sog. »rein arischen« Sektor zu gründen. Sie verstanden sich als »schöpferische Träger« einer neuen Wirtschaftsordnung und versuchten, über positive Identifikation zu wirken. Der erste dieser Verbände scheint die »Arbeitsgemeinschaft deutsch-arischer Fabrikanten der Bekleidungsindustrie e.V.« (ADEFA) gewesen zu sein, deren Tätigkeit darauf gerichtet war, gesinnungsreine »Arier« von geschäftlichem Umgang mit Juden fernzuhalten. Das Mitglied mußte sich aber nicht allein peinliche Fragen nach Herkunft und Umgang, sondern auch eine marktferne »Erziehungsarbeit« in »deutscher Art« gefallen lassen, die das Ziel eines »arteigenen Geschmacks« verfolgte. Die Klientel dieser Verbände[44] mußten viel Idealismus investieren, da der geforderte Abbruch sämtlicher Wirtschaftsbeziehungen zu Juden zunächst starke wirtschaftliche Nachteile bedeutete, die erst mit der Etablierung des »arischen« Gegensektors überwunden werden konnten. Die Verbände zogen daher nach Möglichkeit alle Register sozialen und moralischen Drucks, um ihre Basis zu verbreitern (Werbe-Motto: »Jeder Arier kauft nur Kleidung mit diesem Etikett!«[45]) Die Mitglieder erhielten Plaketten und Etiketten und wurden in aufwendig gedruckte Verzeichnisse »arischer« Bezugsquellen eingetragen.[46] Wegen der starken Verflochtenheit im wirtschaftlichen Bereich und wegen des Widersinns ihrer Begründung, die zudem aller wirtschaftlichen Rationalität diametral entgegenstand, blieben diese Verbände jedoch insgesamt auch dann ohne großen Erfolg, als sie sich an der Vermittlung von Kaufobjekten beteiligten.[47]

Nicht viel erfolgreicher scheint die Tätigkeit der *Deutschen Arbeitsfront* bei der »Entjudung« gewesen zu sein. Diese gewerkschaftliche Ersatzeinrichtung konnte zwar in einzelnen größeren Betrieben starken Einfluß ausüben; sie brachte manchen jüdischen Angestellten und Firmeninhaber dazu, aus dem Geschäft auszuscheiden und war insgesamt offenbar auf eine Erosion jüdischer Betriebe von innen her angelegt. Über die Vergabe von Schaufensterplaketten »Deutsches Geschäft« oder die Erstellung von Firmenregistern versuchte sie dann, sich Einflußmöglichkeiten auf das Unternehmen zu sichern. Kaum ein Käufer eines jüdischen Unternehmens aber, so kann vermutet werden, wollte sich über eine Verpflichtung gegenüber der DAF eine voraussehbare Disziplinierung als Betriebsführer einhandeln. Die Arbeitsfront des südlichen Ruhrgebiets mußte sich daher, als es 1938 in die Phase der organisierten Ausschaltung ging, bei den zuständigen Behörden mit der Bitte in Erinnerung rufen, bei einer »Arisierung« wenigstens informiert zu werden, um prüfen zu können, ob der neue Betriebsführer in sozialer Beziehung »den heute zu stellenden Anforderungen genügt«.[48]

Zu einer gewissen Schaltstelle der »Arisierungen« konnten sich dagegen die sog. *Gauwirtschaftsberater* entwickeln, die den Gauleitern unterstanden und in der »Kommission für Wirtschaftspolitik« in München (Leiter: Bernhard Köhler) organisiert waren. Diese wiederum unterstand dem Wirtschaftsbeauftragten des »Führers«, Wilhelm Keppler.[49] Über die Tätigkeit des für das östliche Ruhrgebiet zuständigen Paul Pleiger ist es möglich, sich umfassend zu orientieren, denn die Akten des Gauwirtschaftsbüros in Bochum sind weitgehend erhalten.[50] Die Gauwirtschaftsberater sollten den Grundsätzen der Partei in der Wirtschaft zur Geltung verhelfen, was sie freilich in einen geradezu strukturell angelegten Konflikt zur eigengesetzlichen Sphäre der Wirtschaft brachte. Da sie unter dem Anspruch des Primats der Politik sich in die Vorgänge »hineinmischen« mußten, beobachteten sie das Geschehen auf dem noch weitgehend freien Markt aber um so genauer und stellten, wie das Gauwirtschaftsbüro in Bochum, schon sehr früh fest, daß sich die jüdischen Geschäftsverkäufe seit etwa 1935 zu einer Art »Trend« entwickelten. Hier sah der Gauwirtschaftsberater ein Feld, auf das er nach politischen Grundsätzen – die sich immer stärker an einer

Mobilisierung für die Kriegswirtschaft orientierten – Einfluß nehmen konnte. Die geforderten Bescheinigungen der politischen Zuverlässigkeit wurden zum Hebel, um die Käufer jüdischer Unternehmen auf den Gauwirtschaftsberater zu fixieren, und die Zeitungen wurden in die Pflicht genommen, Anzeigen »arisierter« Betriebe erst nach seiner Prüfung und Genehmigung zu schalten. Gauleiter Wagner unterstützte den Versuch, seinen Wirtschaftsberater zur zentralen Stelle für »Arisierungs«-Fälle zu erheben. Dieser bemühte sich, ein aus der Praxis der »Arisierung« erwachsenes standardisiertes Vorgehen zu entwickeln. Für den internen Dienstgebrauch wurden am 18. August 1937 »Richtlinien für die Durchführung der Übernahme jüdischer Unternehmen durch deutsche Volksgenossen« aufgestellt. Sie forderten u. a. eine Prüfung der fachlichen, politischen und charakterlichen Eignung des Käufers, einen Kapitalnachweis, Verkaufsverträge, die eine vollständige Entlassung der jüdischen Angestellten erzwangen und jeglichen weiteren Einfluß der jüdischen Veräußerer auf das Verkaufsobjekt ausschlossen. Die Prüfungen sollten in Zusammenarbeit mit den Handelskammern, den Gewerbeaufsichtsbehörden und Wirtschaftstreuhändern erfolgen, die politische und charakterliche Eignung sollte der zuständige Hoheitsträger der Partei attestieren. Für die Bewertung von Geschäft, Warenlager und Inventar wurden Richtwerte angegeben. Das Memorandum schloß: »Die Herausgabe dieser Richtlinien soll nicht die Einleitung einer Aktion der Partei zum Betreiben von Arisierungen bedeuten, vielmehr wird es vorläufig richtiger sein, die Dinge sich selbst entwickeln zu lassen, da die zu arisierenden Betriebe zweckmäßig erst ›verkaufsreif‹ werden müssen.«[51] Insgesamt spricht einiges dafür, daß über die Gauwirtschaftsberater die »wilden Entjudungen« letztlich in eine gezielte »Arisierungspolitik« eingebunden wurden.

Die *Handwerks-, Industrie-* und *Handelskammern* hatten nach ihrer Gleichschaltung den Charakter unabhängiger Interessenvertretungen verloren, wurden aber durch Ratsuchende mit nahezu sämtlichen Begleiterscheinungen der »Arisierung« konfrontiert. Sie bemühten sich in der Regel, die mit der »Entjudung« verbundenen Irritationen abzuschwächen und zwischen den Parteien zu vermitteln. Für die Industrie- und Handelskammer Wuppertal sind erste, die »Arisierung« betreffende Schriftwechsel mit dem Gauwirtschaftsberater, den Wirtschaftskammern, der Gestapo und der Polizei für Ende 1935 belegt.[52] Als ausweichend erscheint daher ein Bericht der Bergischen Industrie- und Handelskammer an Reichswirtschaftsminister Schacht vom September 1936, in dem sie vorgab, außer beim Einzelhandel, für den sie aufgrund des Einzelhandelsschutzgesetzes über lückenlose Unterlagen verfüge, bisher nur vom Hörensagen von »Arisierungen« erfahren zu haben.[53] Ab 1936/37 weitete sich die Moderatorenrolle immer weiter aus, und einige Kammern wurden aufgrund der ihnen zur Verfügung stehenden umfassenden Informationen zu Maklern wohlfeil zu erwerbender Kaufobjekte.[54]

Ein weiterer Bereich, der sich zunehmend gegen den jüdischen Bevölkerungsanteil verschwor, waren die *Regierungs-* und *Verwaltungsstellen.* Zwar gab es lokale Behörden, die sich weiterhin als »Hüter« der bürgerlichen Ordnung verstanden, die Haltung der Essener Stadtverwaltung in der Judenfrage war aber sicher keine Ausnahme. Jedes der antisemitischen Gesetze vergrößerte zudem die exekutiven Handhaben dieser Behörden (z. B. über das Gewerbeaufsichtsamt), um gegen jüdische Bürger und Geschäftsleute vorgehen zu können. Die Oberbürgermeister mußten Neu- oder Wiedereröffnungen von Einzelhandelsgeschäften genehmigen und hatten daher eine genaue Übersicht über entsprechende Verkaufsabsichten. Besonders verhängnisvoll konnte sich die Tätigkeit der Finanzämter auswirken, die nicht nur Mittel besaßen, jüdische Gewerbetreibende steuerlich zu knebeln, sondern die bei einer Auswanderung die sog. »Reichsfluchtsteuer« (25 % des Vermögens) einzutreiben, die Einziehung »staatsfeindlichen Vermögens«[55] zu überwachen und auf die Einhaltung der Ausfuhr- und Devisenbestimmungen zu achten hatten. In der Regel scheinen die Ämter diesen Aufgaben derart genau nachgekommen zu sein, daß kaum ein jüdischer Geschäftsmann von einer Anklage wegen Steuerhinterziehung oder Devisenvergehen verschont blieb.[56]

Die *Justiz* war den bedrängten und mit vielerlei nichtigen Prozessen verfolgten jüdischen Gewerbetreibenden in der Regel keine Hilfe. Das war um so unheilvoller, als das Recht vielen Juden als letzte Appellationsinstanz erschien.[57] Richter und Staatsanwälte – das ist oft geschildert worden – legten das Recht nicht selten in vorauseilendem Gehorsam im Sinne eines vermeintlich neuen Rechtsempfindens aus und spielten dabei oft genug der Absicht in die Hand, über eine windige Anklage die »Verkaufsbereitschaft« eines jüdischen Geschäftsmannes zu befördern. Als Gründe wurden – jeweils nach der neuesten Gesetzgebung und gleichsam in Konjunkturen – »Rassenschande«, »Heimtücke«, »unlauterer Wettbewerb«, »Nähe zum politischen Gegner«, »Devisenvergehen« oder »Schädigung der Volksgesundheit« herangezogen. Das Ziel vieler Ankläger, den Ruf des jüdischen Geschäftsmannes in Mißkredit zu bringen, war meist auch ohne rechtskräftige Verurteilung erreicht. Wie ein roter Faden läßt sich etwa in der Rechtsprechung zum Wettbewerbsrecht verfolgen, wie der Hinweis eines Konkurrenten auf den »jüdischen Charakter« eines Unternehmens für die Gerichte zunächst gegen das Gesetz verstieß, dann nur noch gegen die guten Sitten, bis er schließlich sanktioniert, ab 1938 gar zur Pflicht gemacht wurde.[58]

Die *Gestapo* spielte bei den »Arisierungen« sicherlich eine entscheidende Rolle. In dem Maße, wie die bürgerliche Justiz im Dritten Reich an Bedeutung verlor, wuchs der Einfluß von Geheimpolizei und SS. Die Bezugsgröße ihrer Handlungen war nicht das geschriebene Recht, sondern die Durchsetzung der nationalsozialistischen Weltanschauung und ein meist »tief empfundener« Auftrag der Geschichte. Erhalten gebliebene Gestapo-Akten zeigen, wie enthemmt und demonstrativ »entschieden« gegen Juden vorgegangen wurde.[59] Daß die Gestapo dabei im Falle von »Arisierungen« über Denunziationen, Überwachungen und das Mittel der »Schutzhaft« auch häufig zu einem Instrument vordergründiger wirtschaftlicher Interessen wurde, tat ihrem Wirken keinen Abbruch.[60]

Der zunächst eher marktwirtschaftliche Gang der »Entjudung« brachte, wie bei jeder größeren wirtschaftlichen Transaktion, auch die Figuren des *Vermittlers*, des *Treuhänders* und des *Abwicklers* hervor. Die juristischen und wirtschaftlichen Komplikationen einer Geschäftsveräußerung und Auswanderung, unter normalen Umständen schon immens, wurden durch die neuen Erlasse ständig verschärft, die Inanspruchnahme von Rechtsbeiständen wurde nahezu unumgänglich. Den Erscheinungen des Marktes folgend entwickelte sich aus dem Bedarf an Vermittlungs- und Beratungstätigkeit neben der juristischen Hilfestellung jüdischer Organisationen schnell ein Bereich professioneller Vermittlertätigkeit. Im August 1937 stellte sich eine Dortmunder Treuhandgesellschaft Kraus & Co. dem Gauwirtschaftsbüro in Bochum vor und bot eine Reihe von Kaufinteressenten für jüdische Unternehmen der chemischen und Eisenindustrie an – es seien alles Kaufleute und Ingenieure mit dem Wunsch, sich zu verbessern.[61] Gezielte »Objektsuche« und die Vermittlung solcher Kaufgelegenheiten als eigenen Geschäftszweig betrieben vor allem die größeren Banken.[62] Im Ruhrgebiet sicherte sich etwa die Deutsche Bank maßgeblichen Einfluß auf die »entjudeten« Privatbankhäuser – das Geldinstitut der Hirschlands in Essen übernahm zur Hälfte ihr dortiger Filialleiter.

Viele der späteren *Erwerber* jüdischer Geschäfte hatten zwar allgemein über starke Konkurrenz geklagt, jedoch nicht von vornherein auf die Übernahme jüdischer Geschäfte spekuliert; dazu war in den ersten Jahren des Dritten Reiches zu wenig Kapital im Umlauf. Nur die sowieso schon liquiden und einflußreichen Firmen sahen früh ihre Chance, im Rahmen der »Entjudung« kleinere Konkurrenzunternehmen zu schlucken oder ihre Geschäftsbasis zu verbreitern. Erst ab etwa 1935/36 wurde unübersehbar, daß es in diesem Bereich einige gute Geschäfte zu machen gab, und so mancher der von der Konjunktur erfaßten »Volksgenossen« suchte die Möglichkeit, »sich zu verbessern«. In der Industrie- und Handelskammer Wuppertal trafen nun täglich Briefe von »Reflektanten« ein: Ein »Volksgenosse« empfahl sich als genauer Kenner jüdischer Mentalität und Rabulistik, weshalb er schon seit 1929 in der Bewegung tätig und daher besonders qualifiziert für die Übernahme eines jüdischen Geschäftes sei; eine junge Frau erbat die Namhaftmachung einer Möglichkeit zur Existenzgründung für ihren Verlobten, für dessen Charakter sie sich verbürge; ein anderer Interessent beklagte seinen bisher zu kleinen Wirkungskreis, der seine »Schaffensfreudigkeit« hemme; ein besonders forscher Jungunternehmer schließlich schrieb aus Thüringen, er übernehme alles, gleich welcher Art.[63] So entstand vor allem in den Jahren 1937/38 eine Art von »Bereicherungswettlauf«[64] um die im Preis immer mehr fallenden jüdischen Kaufobjekte. Der Terminus vom »Arisierungsgewinnler« ist seit spätestens 1938 umläufig.[65] Für ihn war eine antisemitische Haltung keine notwendige Voraussetzung, sie konnte aber ein Ferment für die unterschiedlichsten Motive bilden, die in einer Schnittmenge aus politisch-weltanschaulichen, wirtschaftlichen und persönlichen Gründen je unterschiedlich verortet werden müssen. Durch die »Arisierung« freilich wurden die Käufer – sofern der Erwerb nicht in freundschaftlichem Einvernehmen erfolgte, bei dem tatsächlich ein angemessener Preis entrichtet wurde[66] – zu Komplizen des Systems.

Als letzter an den »Arisierungen« beteiligter Personenkreis sind natürlich die *jüdischen Besitzer* selbst zu nennen, die dem Druck im Wirtschaftsbereich in zwei vorherrschenden Reaktionsweisen begegneten: in einem marktwirtschaftlich flexiblen Reagieren auf die veränderten Umstände und im Zurückweichen in die Unauffälligkeit. Nach dem Ausschluß der Juden aus dem öffentlichen Dienst und nahezu sämtlichen Interessenverbänden[67] bot der Bereich des freien Marktes häufig die letzte Möglichkeit, den Lebensunterhalt zu bestreiten. Um so schwerer fiel es, auch dies aufzugeben. In den wenigen Selbstzeugnissen über Verkaufsentscheidungen wird immer wieder die starke emotionale Bindung an das Geschäft betont.[68]

Noch vor dem letzten Entschluß zum Verkauf versuchten viele Geschäftsinhaber, sich in unauffälligere Positionen zurückzuziehen, die Werbung einzuschränken oder sich durch Teilverkäufe mit einer stillen Teilhabe zu begnügen. Gerade Unauffälligkeit schürte aber wiederum das Mißtrauen der »völkisch« Denkenden: Ein Essener Jude ersuchte im Juni 1935 um die Genehmigung zur Errichtung eines Herrenkonfektionsgeschäftes durch seine »arische« Ehefrau. Die Gestapo lehnte in einer Stellungnahme den Antrag im Interesse des Kaufmannsstandes ab, da der Antragsteller als Jude politisch unzuverlässig sei und seine Frau wahrscheinlich nur ein Strohmann. Bei Anzeigen wegen allerlei dunkler Geschäfte, die ihm nachgesagt wurden, habe er sich nur »in typisch jüdischer Manier aus der Schlinge gezogen«.[69] Kurzum: was immer ein jüdischer Geschäftsmann unternahm, es wurde ihm als Tarnungs- oder Täuschungsversuch ausgelegt.

1937/38 hatte sich um nahezu sämtliche jüdischen Unternehmer diese Front aus den bezeichneten Institutionen aufgebaut, ohne daß es dazu staatliche Direktiven oder solche der Partei gegeben hatte. Nur den größeren oder wirtschaftlich gesunden Geschäften gelang es, über lange Zeit dem Druck aus verschiedensten Richtungen standzuhalten; eine Unzahl kleinerer jüdischer Unternehmen wurde derweil im stillen »abgewürgt«. Schon zu Beginn des Jahres 1938 war wahrscheinlich mehr als die Hälfte der jüdischen Unternehmen an sog. »arische« Erwerber verkauft oder liquidiert.

1938 nahm sich dann, inmitten dieses Vorgangs, eine Stelle der »Entjudung« an, die bislang in diesem Bereich der Judenverfolgung nur zugeschaut hatte: der Staat. Da sich die innen- und außenpolitische Lage des Dritten Reiches weitgehend stabilisiert hatte und der aus der »Arisierung« zu erwartende Gewinn inzwischen geradezu legendär geworden war, wollte man diese Frage nicht zuletzt auch im Hinblick auf kriegswirtschaftliche Planungen zu Gunsten des Reiches entscheiden. Der »Griff des Reiches nach dem Judenvermögen«[70] sollte den Belangen der Kriegswirtschaft dienen, die 1938 bereits 74 % der öffentlichen Investitionen verschlang. Spätestens bei Kriegsbeginn sahen Görings Pläne die vollständige Enteignung der Juden vor, die nicht zuletzt ein ungelöstes ideologisches Problem und ein unsicheres Element an der präsumtiven »Heimatfront« darstellten.

Der Weg zur »Zwangsarisierung«

Mit der Entlassung Hjalmar Schachts als Wirtschaftsminister Ende 1937 war das Signal für den Primat der Politik über die Wirtschaft gegeben.[71] Die nun folgende Zeit der staatlich forcierten »Arisierung« ist aufgrund der verbesserten Quellenlage mehrfach hinreichend dargestellt worden.[72] Der Katarakt von Verordnungen und Erlassen[73] täuscht aber eine Entschlossenheit vor, die nur noch mäßigen Effekt hatte: Ohnedies war bis dahin der jüdische Anteil an der deutschen Wirtschaft längst im Kern getroffen und wäre sehr wahrscheinlich auch ohne Verordnungen und den Pogrom vom November 1938 binnen zweier weiterer Jahre vollständig geschrumpft. Rein ökonomisch gesehen, hatte die politische Vorgabe der »Entjudung« einen derartigen Einfluß auf die Wettbewerbssituation bekommen, daß der Markt den Juden mittelfristig keine Durchhaltechancen mehr bot. Die Aufmerksamkeit der Behörden richtete sich nun verstärkt auch auf das skrupellose Vorgehen der »Ariseure« – nicht aus Mitleid mit den Opfern, sondern im Interesse einer reibungslos funktionierenden Wirtschaft und aus Habgier des Staates angesichts des inzwischen legendär gewordenen Profits.

Bis die Maßnahmen griffen, führten die Versuche einer Bestandsaufnahme der bisherigen »Entjudung« zu einer Phase starker Verunsicherung durch die ins Allerprivateste gehenden Untersuchungen über einen vermeintlich noch bestehenden »jüdischen Einfluß« in den Unternehmen. Die Akten etwa der Handelskammern sind voll von Beschwerden über den Eintrag in das seit April 1938 zu erstellende »Verzeichnis jüdischer Gewerbebetriebe«. Sie enthalten peinlich genaue Schilderungen des Herkommens und der Verdienste sowie Beteuerungen der Distanzierung von allem Jüdischen, daß es jedem Antisemiten und Rassenhygieniker eine Genugtuung sein mußte.[74] Der Grundsatz des Bochumer Gauwirtschaftsbüros lautete dabei: »Lieber einem Volksgenossen ungerecht gegenüber, als einen Juden leichtfertig zu tolerieren.«[75] Die Fachzeitschriften der Wirtschaft berichteten nun regelmäßig über Stand und Probleme der »Arisierung« und schürten mit ihren offenen Hinweisen auf Preisregulationen »nach unten« die Torschlußpanik beim Ausverkauf jüdischer Unternehmen.[76] Die Preise fielen infolge des Überangebots derart, daß Besitzer von Handelsunternehmen häufig Totalausverkäufe einer »Arisierung« vorzogen, weil sie dabei größere Erlöse zu erzielen hofften. Auch gelang es kaum, über Liquidationen überbesetzte Wirtschaftszweige zu bereinigen und einen ständischen Wirtschaftsaufbau zu fördern, wie es die Partei in der Warenhausfrage einmal versprochen hatte, im Gegenteil: Konzentrationstendenzen wurden eher noch gefördert. Für den Mittelstand galt die »Arisierung« bald als »Schlag ins Wasser«.[77] Es läßt sich am Verlauf der »Entjudung« nicht ablesen, daß von staatlicher Seite eine Aufhebung der Konkurrenz jemals beabsichtigt war.[78]

Was immer den Novemberpogrom in Gang gesetzt hat – und vieles spricht dafür, daß die Ausschreitungen ein letztes Aufbäumen des sog. »Radau-Antisemitismus« gewesen sind, mit dem die pragmatischeren Teile der Partei- und Staatsführung durchaus nicht einverstanden waren[79] –, für Göring und die mit der Wirtschaftsplanung befaßten Stellen waren sie ein letztes Signal zur Einleitung der »Zwangsarisierung«,[80] die nicht zuletzt deshalb forciert wurde, um solche wilden Aktionen, die bei der Bevölkerung großes Mißfallen erregt hatten,[81] unmöglich zu machen. Die »Zwangsarisierung« war der letzte Schritt einer noch mit den Begriffen der bürgerlichen Ordnung verbrämten Politik, bevor die »Entjudung« aus der Öffentlichkeit verschwand[82] und der SS und ihren Organisationen zur Exekution überantwortet wurde.

Die mit der »Zwangsarisierung« eingeleiteten Maßnahmen stießen aber bereits weitgehend ins Leere. Vor allem hatte die Absicht, für das Reich über eine sog. »Ausgleichsabgabe« den »Arisierungs«-Gewinn abzuschöpfen, nur sehr begrenzten Erfolg. Schon Mitte/Ende 1939 konnten fast alle lokalen Funktionäre der Partei melden, ihr Gebiet sei wirtschaftlich »judenrein«. Immobilien- und Grundbesitz wechselte noch bis in die Kriegsjahre hinein die Besitzer.

Zur Bilanz der »Arisierung«

- Für viele der kleineren Erwerber jüdischen Besitzes war, trotz der großen Gewinnspannen, der Besitzwechsel letztlich kein gutes Geschäft. Denn die Finanzämter versuchten seit 1938 auch rückwirkend, die Gewinne für sich einzustreichen, häufig mußten Bestechungs- und Vermittlungsgelder abgeführt und nicht selten schließlich die gesamten Erwerbungen rückerstattet werden. Unter dem Strich lohnte die »Arisierung« wohl vor allem gewissermaßen »im großen Zug«. Für die größeren Banken, Konzerne und Filialbetriebe stellte die »Arisierung« auch langfristig, bei Anrechnung aller Abzüge, einen Gewinn dar, denn in vielen Fällen konnte doch die Marktstruktur zu eigenen Gunsten verändert werden.
- In keinem Bereich der Judenpolitik des Dritten Reiches traf der antisemitische Impuls (der »gefühlsmäßige Unterbau der Bewegung«, wie ihn der NS-Wirtschaftsexperte Gottfried Feder charakterisiert hatte) greifbarere und rationalere Begleitumstände an als im Bereich der wirtschaftlichen Ausschaltung der Juden. Bei der »Arisierung« zumal bildete die Hoffnung auf vielerlei Gewinn einen mächtigen Antrieb, der die Anziehungskraft des »völkischen« Heilmittels steigerte und die »Arisierung« der Wirtschaft zu dem Teil der Judenverfolgung werden ließ, an dem sich tatsächlich »Massen« von Deutschen beteiligten.[83]

- Die »Arisierung« besaß neben der Entschädigungs- und der Pazifizierungsfunktion auch eine starke Korruptionskomponente, d. h. sie band die Erwerber jüdischen Besitzes an das politische System. Sicherlich gab es auch Geschäftsübertragungen gegen das Regime, die große Mehrheit jedoch wird sich über das Bewußtsein der Unrechtmäßigkeit ihres Tuns damit hinweggeholfen haben, den Vorgang weltanschaulich einzubinden und ihn zu einer geschichtlich notwendigen Handlung zu stilisieren.
- Geschichtlich war er nun in der Tat: Die »Arisierung« fügte sich als vorletzte Stufe ein in den Verlauf der Judenpolitik, die innerhalb von gut zehn Jahren die jahrhundertelange Geschichte der Juden in Deutschland Schritt für Schritt zurückdrehte. Die hier und dort zur Ununterscheidbarkeit fortgeschrittene Assimilation wurde während des Dritten Reiches zur systematischen Dissimilation zurückgewendet, um erst die Trennung der Juden vom Staatswesen einzuleiten, danach zuerst die Rechtsstellung, dann die bürgerliche und soziale Stellung zu untergraben und schließlich in einem in Permanenz gestellten Pogrom zu enden.
- Das Gerangel deutscher Instanzen war dabei für die Juden bestenfalls unerheblich, meist trug es zu ihrer Unsicherheit noch stark bei. Für sie ergänzten sich die konkurrierenden Faktoren zu einer immer dichter werdenden Front, die einen Rückzug desto weniger zuließ, je weiter sie das jüdische Leben einschränkte. Um so härter mußte die »Arisierung« von ihnen als Einschnitt erfahren werden. In vielen Berichten über die Veräußerung jüdischer Unternehmen scheint der starke affektive Bezug zum Geschäft, zur Firma, zum Handwerksbetrieb hervor; die Aufgabe bedeutete mehr als den Verlust des Besitzes, sie schränkte darüber hinaus jegliche Handlungsmöglichkeit ein und ließ allein die Wahl zwischen Auswanderung und Tod.
- Die in die »Entjudung« verstrickten Mitläuferexistenzen, auch die Nutznießer der »Arisierung«, wurden über ideologische »Angebote« zur aktiven Verdrängung eines Tatbestandes angehalten, dem man den Beigeschmack des Unrechts nie hatte nehmen können, so sehr das Ausfeilen des antisemitischen Schreckbildes auch immer stärkere Gegenmaßnahmen gegen das »Treiben« der Juden nahelegen sollte. Auch die Entstehung und der Verlauf der »Arisierung« wurden in den Propaganda-

schriften und »wissenschaftlichen« Abhandlungen der Kriegszeit nachträglich zu einer Notwehrmaßnahme »intentionalisiert« und, wenn es schon sonst nicht gelang, vor der »Geschichte« gerechtfertigt: »Wenn in späteren Jahren einmal ein Forscher, der die Juden nur vom Hörensagen kennt, die Akten im Stadtarchiv Dortmund durchwühlt, wird er die Erkenntnis gewinnen, daß auch die deutschen städtischen Pfandleihanstalten [...] an der Lösung der Judenfrage in Deutschland mitgewirkt haben.«[84]

Anmerkungen

1 Stadtarchiv (StaA) Essen 102 I 33, Antisemitische Anordnungen, Bl. 181–197.

2 Bericht der IHK für die Stadtkreise Essen, Mülheim/Ruhr und Oberhausen zu Essen, Rheinisch-Westfälisches Wirtschaftsarchiv (RWW) Köln, Nr. 28-149-6, 28-167-4.

3 Vgl. Herding, Klaus, »Ab in den Reißwolf«, in: Die Zeit, Nr. 22 vom 27. 5. 1988, S. 19, der über die sog. »Feinkassation« der Akten des Hamburger Bauprüfamtes berichtet, der auch zahllose Angaben über die »Arisierung« jüdischer Betriebe zum Opfer fielen.

4 In den Wiedergutmachungsverfahren gab es die grundsätzliche Annahme einer »Kollektivdrohung«; der Nachweis, daß das Geschäft »in gutem Glauben« und »nach guter Sitte« getätigt worden war, lag jedoch beim Käufer. Diese Diskrepanz zwischen »Kollektivdrohung« und »Individualhaftung« führte i. d. R. zu großen Widerständen bei der Rückerstattung. Vgl. den Beitrag von Constantin Goschler in diesem Band.

5 Der Wiedergutmachungsprozeß Samson vs. Grüterich wegen der Restitutionsforderung aus dem Verkauf des damals größten Essener Schuhgeschäfts führte – einem Bericht des »Essener Stadt-Anzeigers«, 3. Jg., Nr. 33 vom 16. 8. 1952 zufolge – zur Ansammlung von Akten »in der stattlichen Höhe eines normalen Tisches«. Aus den – weitgehend – gesperrten Wiedergutmachungsakten wie aus einzelnen Firmenarchiven lassen sich noch einige Erkenntnisse erwarten.

6 Je kleiner und unbedeutender ein Betrieb war, um so schwerer ist der Besitzwechsel zu erfassen. Bei größeren »Arisierungs«-Verfahren fällt es aufgrund der Aufmerksamkeit, die der Übergang notwendig mit sich brachte, leichter, Zeugen und Zeugnisse zu finden. Siehe etwa Ludwig, Johannes, Boykott – Enteignung – Mord. Die »Entjudung« der deutschen Wirtschaft, Hamburg ^{2}1989, über die »Arisierung« der Engelhardt-Brauerei und anderer exponierter Objekte. Inzwischen ist auch über die Masse der »Arisierungen« mehr bekannt. Einen Überblick bieten: Wirtz, Stefan/Kolbe, Christian, Enteignung der jüdischen Bevölkerung in Deutschland und nationalsozialistische Wirtschaftspolitik. Annotierte Bibliographie, Frankfurt a. M. 2000. Besonders wichtige Arbeiten sind: Bajohr, Frank, »Arisierung« in Hamburg. Die

Verdrängung der jüdischen Unternehmer 1933–1945, Hamburg 1997; Wojak, Irmtraud/Hayes, Peter (Hrsg.), »Arisierung« im Nationalsozialismus. Volksgemeinschaft, Raub und Gedächtnis, Frankfurt a. M. 2000 (Jahrbuch des Fritz-Bauer-Instituts zur Geschichte und Wirkung des Holocaust); Goschler, Constantin/Lillteicher, Jürgen (Hrsg.), »Arisierung« und Restitution. Die Rückerstattung jüdischen Eigentums in Deutschland und Österreich nach 1945 und 1989, Göttingen 2002.

7 Bis dahin hatte man sich mit der Formel von der »Wirtschaft unter Zwang« (Begriff von Kannapin, H. E., Wirtschaft unter Zwang, Köln 1966) auch bei der »Arisierung« über eventuelle Gewissensbisse hinweggeholfen.

8 Vgl. die Einzelnachweise in den Anmerkungen; sowie Brilling, Bernhard, Archivgut und Dokumentation der Judenverfolgung, unter besonderer Berücksichtigung von Nordrhein-Westfalen, in: Der Archivar, 22. Jg. (1969), S. 158–168.

9 So auch das Urteil von Düwell, Kurt, Die Rheingebiete in der Judenpolitik des Nationalsozialismus vor 1942, Bonn 1968.

10 Diese Unterschiede waren zum größten Teil den längeren Erfahrungen in den bis dahin separaten jüdischen Wirtschaftssektoren (Handel, Geldwirtschaft etc.) geschuldet, aber auch den weiter wirkenden Vorbehalten gegen Juden in Berufen mit starkem Gruppenethos (Beamte, Militär). Darüber hinaus scheinen kompensatorische Orientierungen für die nachhinkende gesellschaftliche Anerkennung bei vielen jüdischen Bürgern für ihre Erfolge in den freien und unabhängigen Berufen mitverantwortlich gewesen zu sein.

11 Dazu noch immer wesentlich: Reichmann, Eva G., Die Flucht in den Haß. Die Ursachen der deutschen Judenkatastrophe, Frankfurt a. M. 1956.

12 So der Titel einer »grundlegenden Untersuchung« von Trebisch, Arthur, Wien/Leipzig 1925. Die »völkische Wirtschaftsordnung« sollte auf Ehre, Treue und Stolz sowie Pflichtgefühl und Solidarität basieren. Der organische und autarke Wirtschaftskörper, der sich den politischen Belangen des Volkes jederzeit unterzuordnen habe, müsse sich am Bedarf orientieren, Güter und Waren sollten ohne vermittelnde Instanzen dem direkten Verbrauch zugeführt werden. Bestimmung und Vermögen der Volksgenossen bedingten eine natürliche Hierarchie und einen ständischen Wirtschaftsaufbau. Nur unter diesen Voraussetzungen – so die Vorstellung – blieben Wille und Tatkraft eines Volkes erhalten.

13 Tatsächlich waren jüdische Warenhäuser oft die bekanntesten und am meisten frequentierten Handlungen am Platz: In Duisburg, Mülheim und Bochum die Geschäfte der Gebrüder Alsberg, in Essen Theodor Althoff und Gustav Blum, in Dortmund die Gebrüder Kaufmann am Westernhellweg, in Oberhausen und Wuppertal die Kaufhäuser Tietz. Dazu Uhlig, Heinrich, Die Warenhäuser im Dritten Reich, Opladen 1956.

14 Wohl forderte Eugen Dühring schon 1881 eine staatliche Kontrolle des jüdischen Vermögens (Losemann, Volker, Rassenideologien und antisemitische Publizistik in Deutschland im 19. und 20. Jahrhundert, in: Klein, Thomas/Losemann, Volker/Mai, Gunther [Hrsg.]: Judentum und Antisemitismus von der Antike bis zur Gegenwart, Düsseldorf 1984, S. 143). Heinrich Claß, antisemitischer Vors. des Alldeutschen Verbandes, schlug 1912 in seiner Machtphantasie »Wenn ich der Kaiser wär« die Einführung einer Juden-

sondersteuer vor (Graml, Hermann, Reichskristallnacht. Antisemitismus und Judenverfolgung im Dritten Reich, München 1988, S. 85). Siehe auch Adam, Uwe Dietrich, Der Aspekt der »Planung« in der NS-Judenpolitik, in: Klein/Losemann/Mai, Judentum (s. o.).

15 Dazu kam die in diesem Ausmaß nicht zu erwartende »antisemitische Komplizenschaft«, die sich bis in die Widerstandskreise hinein erstreckte und viele an den Methoden der NS-Judenpolitik weitaus mehr Kritik üben ließ als an deren Inhalten, siehe Dipper, Christof, Der deutsche Widerstand und die Juden, in: Geschichte und Gesellschaft, Jg. 9 (1983), S. 349–380.

16 Die sich später als fatal erweisende Strategie der jüdischen Verbände, etwa der juristisch-wirtschaftlichen Beratungsstellen, zielte häufig darauf, voreilige Geschäftsveräußerungen zu verhindern.

17 Hauptstaatsarchiv Düsseldorf (HSTAD)/Zweigarchiv Kalkum, Bestand Landgericht Essen 6/478, 6/549, 6/498 6/607, 6/632, 6/623, 6/706 und öfter. Im östlichen Ruhrgebiet spielte die »Westfälische Landeszeitung – Rote Erde« eine ähnliche Rolle.

18 Das Schwarzbuch. Die Lage der Juden in Deutschland 1933, Paris 1934 (Neuauflage Frankfurt a. M./Berlin/Wien 1983), S. 287 f.

19 Für den gesamten Zeitraum nationalsozialistischer Judenpolitik müssen verschiedene Ebenen und Träger unterschieden werden, die jeweils unterschiedlichen Bedingungen unterworfen waren, v. a. die Staatsführung, die Parteiführung (die z. T. erhebliche Umdeutungen beim antisemitischen Schlagwortbestand vornehmen und deshalb starke Enttäuschung in Kauf nehmen mußte; die »Aufklärung« mußte u. a. den Umstand kaschieren, daß es der Partei einstweilen nicht nur an politischer Durchsetzungsfähigkeit mangelte, sondern auch an Experten und Sachverstand, um die Herauslösung der Juden aus der Wirtschaft in Angriff nehmen zu können) und die Bevölkerung (die sich i. d. R. von der Aufbruchsstimmung anstecken ließ und innerhalb gewisser »Konjunkturverläufe« der Aufmerksamkeit sich als generell eher desinteressiert am Schicksal der Juden erwies, siehe Kershaw, Ian, The Persecution of the Jews and German Popular Opinion in the Third Reich, in: Year Book of the Leo Baeck Institute XXVI [1981], S. 261–289).

20 Vgl. Pätzold, Kurt, Faschismus, Rassenwahn, Judenverfolgung, Berlin 1975, S. 81.

21 Zitiert nach Ball-Kaduri, Kurt Jakob, Das Leben der Juden in Deutschland im Jahre 1933. Ein Zeitbericht, Frankfurt a. M. 1963, S. 114.

22 Der Begriff »Arisierung«, ein Neologismus von außergewöhnlicher Paradoxie, konkurrierte mit dem »Nichtjüdischen« und der »Entjudung«, die als Kampfbegriffe ihren Zweck erfüllten, aber kaum eine positive Identifikation mit dem Vorgang der Ausschaltung zuließen. »Entjudeter« Besitz ging deshalb offiziell, besonders seit den sog. Nürnberger Rassegesetzen, in »arischen Besitz« oder, noch euphemistischer, in »arische Hände« über. »Arisierung« als Nomen, als ›terminus technicus‹ dieses Übergangs, findet sich sehr früh in vorausschauenden Analysen der Judenpolitik aus dem Ausland – hier noch vornehmlich im Zusammenhang mit der Ausschaltung aus dem Berufsleben (vgl.: Der wirtschaftliche Vernichtungskampf gegen die Juden im Dritten Reich, Paris/Genf/New York 1937, S. 52). Im Verlauf des Jahres 1936 taucht der Begriff in der internen Korrespondenz einzelner Behörden auf (vgl. Schreiben der DAF vom 10. 11. 36 zur »Arisierung«, Staatsarchiv

Münster [STAM], Akten des Gauwirtschaftsberaters Westfalen-Süd [AGWS] 146); 1937 etabliert er sich im amtlichen Jargon. Damit deutet sich das Bemühen an, mit der Sprache auch die Sache in den Griff zu bekommen, ein handliches Schlagwort war für die Diskussion um die »endgültige« Ausschaltung der Juden aus der Wirtschaft im Jahre 1938 sowie für den »Export« der Maßnahme in die besetzten Gebiete geschaffen. Der Begriff »Arisierung« beinhaltet die für die NS-Sprache charakteristische Verbindung des Organischen mit dem Mechanischen. Sein Gebrauch zielt noch zynischer als sein Nachbarbegriff der »Entjudung« auf ein verstecktes Reinigungsbedürfnis und entfaltet – gleichsam magisch – durch formelhafte Anwendung sein inhumanes Potential. Er enthält den ns-typischen »Willen zum Handeln« (Klemperer, Victor, Die unbewältigte Sprache. Aus dem Notizbuch eines Philologen, Darmstadt o. J., S. 249) und faßt eine zielgerichtete Bewegung in einem Begriff, statt den Vorgang bürokratisch von seinem Ende her zu definieren (z. B. durch »Arisation« oder Ähnliches, was sich jedoch mit einer Ausnahme – Bojarsky, Ladislaus, Die Ausschaltung der Juden aus dem slowakischen Wirtschaftsleben und die Arisierung im Lichte der slowakischen Gesetze, Diss. Wien 1943 – nirgends finden läßt; Bojarsky wie auch Toury, Jacob, Jüdische Textilunternehmer in Baden-Württemberg 1683–1938, Tübingen 1984, verwenden zudem den Begriff »Arisator« – eine Ungenauigkeit oder eine lokale Wortvariante). Trotz des extensiven Gebrauchs des Begriffes seit 1938 erlangte er in den zahllosen Verordnungen nie juristischen Rang (vgl. Krüger, Alf, Die Lösung der Judenfrage in der deutschen Wirtschaft. Kommentar zur Judengesetzgebung, Berlin 1940), was für die Einschätzung des Charakters dieser Maßnahme bezeichnend ist, gerade weil der Begriff von großer Unmißverständlichkeit war. Auch verließ er den wirtschaftlichen Bereich nur sporadisch (so z. B. bei dem Versuch der »Deutschen Christen« einer »Arisierung« Jesu). Noch in den Nürnberger Prozessen wurde dort, wo von der Aneignung jüdischer Vermögenswerte die Rede war, wie selbstverständlich von »Arisierung« gesprochen. In den nachfolgenden Rückerstattungsverfahren verlor der Begriff in dem Maße an Selbstverständlichkeit, in dem die Gerichte weltanschauliche Gründe für den Erwerb jüdischen Vermögens – gewissermaßen »in gutem Glauben« – ablehnten und »Ariseur« zu einem peinlichen Titel wurde; er büßte aber nichts von seiner begrifflichen Prägnanz ein.

23 StaA Essen 102 I 33, Bl. 3 u. 5. Die Eingabe einer jüdischen Elektro- und Radiogroßhandlung vom 7. 5. 1933, sie sei auf die städtischen Bestellungen doch aber angewiesen, wurde mit der knappen Feststellung beschieden, diese kämen nun nicht mehr in Frage und daran könne auch der Hinweis des Geschäftsinhabers auf den Grad seiner Assimilation (Katholik seit 1920, Weltkriegsteilnehmer, »arisches« Personal) nichts ändern (ebd., Bl. 8 f.).

24 Stadtarchiv Mülheim, Sammlung Judenverfolgung; für Bochum STA Münster AGWS 545.

25 Freilich konnte in jüdischen Geschäften kaufenden Parteimitgliedern auch eine Anklage vor dem Parteigericht drohen.

26 StaA Essen, 102 I 33, Bl. 40. Emig, Erik, Jahre des Terrors. Der Nationalsozialismus in Oberhausen, Oberhausen 1967, S. 118, berichtet von der Einrichtung einer »Abteilung Entjudung« im Oberhausener Rathaus 1933. Die Stadt Mülheim kündigte noch im Februar 1933 dem jüdischen Möbelge-

schäft, das seine Geschäftsräume im Rathaus angemietet hatte. Zwei Jahre später mußte es in »arische Hände« übergeben werden (Bennertz, Gerhard, Die Geschichte der jüdischen Kultusgemeinde in Mülheim a. d. Ruhr in der ersten Hälfte des 20. Jahrhunderts im Grundriß, in: Zeitschrift des Geschichtsvereins Mülheim a. d. Ruhr, H. 58/1983, S. 9–54; hier S. 22).

27 STA Münster AGWS 547.

28 STA Münster AGWS 777. Dieser Programmpunkt bezog sich auf die Auflösung der Warenhäuser.

29 STA Münster AGWS 549.

30 Deutschland-Berichte der Sopade (Neudruck, hrsg. von Klaus Behnken, Frankfurt a. M. 1980) vom August 1935 (Bd. 2, S. 926).

31 Das sog. »Judenschutzreferat«, vgl. Facius, Friedrich, Wirtschaft und Staat. Die Entwicklung der staatlichen Wirtschaftsverwaltung in Deutschland vom 17. Jahrhundert bis 1945, Boppard 1959, S. 147.

32 Akten der Partei-Kanzlei der NSDAP, bearb. von Helmut Heiber, München u. a. 1983, Nr. 21251; aus dieser Haltung entwickelte sich der Ruf Schachts, er halte seine »schützende Hand« über die Juden. Dazu jetzt: Fischer, Albert, Hjalmar Schacht und Deutschlands »Judenfrage«. Der »Wirtschaftsdiktator« und die Vertreibung der Juden aus der deutschen Wirtschaft, Köln 1995.

33 Die Erlasse Schachts, die eine Erstellung von Listen jüdischer Geschäfte und alle weiteren Maßnahmen untersagten, die die Bedingungen des wirtschaftlichen Wettbewerbs zu verändern sowie gesetzlichen Regelungen vorzugreifen suchten, verlagerten die Aktionen lediglich in einen halböffentlichen Bereich; die Erlasse Schachts vom 4. 11. 35 und vom 4. 3. 36 RWW Köln 200/02, Bd. 1, 1. Teil, 4.2 bzw. 4.5.

34 RWW Köln 200/02. Bd. 2, 3. 1.

35 RWW Köln 200/02, Bd. 2, 4.

36 RWW Köln 200/02, Bd. 2, Einzelfälle Buchstaben F, H u. ö.

37 Vgl. etwa den Inseratenteil der »Frankfurter Zeitung« von September bis Dezember 1935.

38 HSTA Düsseldorf RW 58, 27430, 62240, 27426 und 62242. In der Zeitschrift »Tradition« hieß es über die Veräußerung der Firma – für die deutsche Unternehmensgeschichtsschreibung in dieser Frage bezeichnend: »... ging sie unter dem Druck der damaligen Verhältnisse ins Ausland, doch nicht ohne eine von freundschaftlichem Geiste getragene Regelung mit der Nachfolgefirma getroffen zu haben.« (Wißkirchen, Wilhelm, Burckhardt & Co. Privatbankiers im Herzen des Ruhrgebiets, in: Tradition, 2. Jg., H. 3/1957, S. 229–246, hier S. 240).

39 HSTA Düsseldorf RW 58, 52401.

40 HSTA Düsseldorf RW 58, 51065.

41 In einem Sopade-Bericht vom Juli 1937 (Bd. 4, S. 931) schilderte der Informant seinen Eindruck so: »Ämter, Parteistellen, Gerichte und Polizei wetteifern darin, die wehrlosen Juden zu verfolgen und zu quälen. Läßt irgendeine Amtsstelle auch nur ein wenig Milde walten, so fährt sofort die Parteipresse dazwischen – mit dem ›Stürmer‹ an der Spitze – und prangert die lässigen Richter, Beamten und Volksgenossen an.«

42 Der gelbe Fleck. Die Ausrottung von 500 000 deutschen Juden, Paris 1936, S. 104, 106.

43 Insofern ist Werner Jochmann (Die deutsche Bevölkerung und die natio-

nalsozialistische Judenpolitik bis zur Verkündigung der Nürnberger Gesetze, in: ders.: Gesellschaftskrise und Judenfeindschaft in Deutschland 1870–1945, Hamburg 1988, S. 236–254) zuzustimmen; dennoch blieben trotz Hitlers langfristig eindeutigen Vorsatzes Hinweise auf kurzfristige Vorhaben unsichtbar und damit dem grauen Bereich der Willkür überlassen, die sich im Einklang mit Hitlers Rhetorik fühlen durfte, wo radikal vorgegangen wurde.

44 Außer der ADEFA gab es etwa noch eine »Arbeitsgemeinschaft der deutschen Unternehmer der Spinnstoff- und Lederwirtschaft« (ADEBE), eine »Gesellschaft zur Förderung des arischen Leder- und Galanteriewaren-Einzelhandels mbH« (LEGA), einen »Bund reichsdeutscher Buchhändler«, eine »Nationalsozialistische Fabrikanten- und Großhändler-Vereinigung«, einen »Deutschen Landhandels-Bund« usw.

45 Anzeige der ADEFA in »Der Stürmer« vom November 1935, S. 6.

46 Vgl. Verzeichnis im RWW Köln 200/02, Bd. 1, 1. Teil, 3.

47 Die LEGA mbH stellte sich am 16. Juli 1938 der Industrie- und Handelskammer in Wuppertal mit dem Angebot vor, als neutrale Treuhänderin »Entjudungen« durchzuführen. Als Grundsätze führte sie an: »Entjudung« nach den politischen Richtlinien, »Überführung in geeignete Hände unter Ausschluß jeglicher Geschäftemacherei und unter Vermeidung schädigender Störungen des Marktes (z. B. durch wilde Ausverkäufe)«, Sicherung der Finanzierung, Überprüfung der Firma und Festlegung des Kaufpreises, Vermittlung von bracheninternen Interessenten und kreditgebenden Banken, praktisch und sicher, neutral und ohne Gewinnabsicht ... (RWW Köln 200/02, Bd. 1, 2. Teil, 7,7).

48 Vgl. RWW Köln 200/02, Bd. 1, 1. Teil, 3 bzw. 3,3.

49 Vgl. zu den organisatorischen Strukturen der auf die Wirtschaft Einfluß nehmenden Parteieinrichtungen Barkai, Avraham, Das Wirtschaftsystem des Nationalsozialismus, Frankfurt a. M. 1988, bes. S. 104–109.

50 Zu Paul Pleiger vgl. Riedel, Matthias, Eisen und Kohle für das Dritte Reich. Paul Pleigers Stellung in der NS-Wirtschaft, Göttingen/Frankfurt a. M./Zürich 1973. Pleigers Aktivitäten konzentrierten sich vornehmlich auf den zweiten Schwerpunkt seines Aufgabenbereichs, die Sicherung von Energien und Rohstoffen im Rahmen des Vierjahresplans. Zur Tätigkeit des Gauwirtschaftsbüros Westfalen-Süd (Sitz in Bochum) jetzt auch Kratzsch, Gerhard, Der Gauwirtschaftsapparat der NSDAP. Menschenführung – »Arisierung« – Wehrwirtschaft im Gau Westfalen-Süd, Münster 1989 (bes. S. 112–310). Der Gauwirtschaftsberater für das westliche Ruhrgebiet, Paul Hoffmann, war gleichzeitig Ratsherr der Stadt Essen und Handelsgerichtsrat am Landgericht Essen; Emeran Amon (Gau Düsseldorf) war Hauptgeschäftsführer sowohl der Industrie- und Handelskammer als auch der Wirtschaftskammer in Düsseldorf. Diese enge personelle Verzahnung war nicht ungewöhnlich, etwa die Hälfte der ca. 30 – ehrenamtlichen – Gauwirtschaftsberater des Reiches waren gleichzeitig im Vorstand der Industrie- und Handelskammern vertreten. Diese Verflechtung weist auf die Absicht hin, sämtliche Organisationen der freien Wirtschaft eng an die Partei zu binden.

51 Richtlinien vom 11. 8. 37, STA Münster AGWS 283.

52 Vgl. RWW Köln 200/02, Bd. 2, 3.2 und 4.

53 RWW Köln 200/02, Bd. 1, 1. Teil, 4.6.

54 Diese Entwicklung kann man jedenfalls für die Industrie- und Handelskammern in Dortmund und Wuppertal belegen, WWA Dortmund u. RRW Köln.

55 Laut »Gesetz über den Widerruf von Einbürgerungen und die Aberkennung der deutschen Staatsbürgerschaft« vom 14. Juli 1933.

56 So der Eindruck aus den Gestapo-Akten HSTA Düsseldorf RW 58.

57 Vgl. Blasius, Dirk, »Bürgerlicher Tod«: Der NS-Unrechtsstaat und die deutschen Juden, in: Geschichte in Wissenschaft und Unterricht, H. 3/1990, S. 129–144.

58 Vgl. Deutsche Juristen-Zeitung, 38. Jg., Heft 12/1933, S. 955; Entscheidungen des Reichsgerichts in Zivilsachen, 150. Bd., Berlin/Leipzig 1936, S. 298–308; Rilk, Otto, Judentum und Wirtschaft in der neuen deutschen Rechtsprechung, in: Juristische Wochenschrift, 67. Jg., H. 40/1938, S. 2533–2535.

59 Das Düsseldorfer Hauptstaatsarchiv beherbergt den bundesweit größten Bestand an Personalakten aus den Gestapo-Stellen der Region.

60 Ob Uwe Dietrich Adams Behauptung (Judenpolitik im Dritten Reich, Düsseldorf 1972, S. 200 ff.), der SD sei durch seine systematische Förderung der jüdischen Auswanderung die einzige Institution gewesen, die in den ersten Jahren des Dritten Reiches ein stringentes Konzept zur Lösung der »Judenfrage« verfolgt habe, während die halbherzigen Teilschritte anderer Stellen aus Partei und Verwaltung in eine Sackgasse geführt hätten, zutrifft, mag dahingestellt bleiben, sicherlich ist aber die Effektivität, mit der SD und Gestapo gegen jüdische Bürger vorgingen und bei der Ausschaltung der Juden nahezu allen Stellen wertvolle Hilfsdienste leisteten, mit dafür verantwortlich, daß die »Lösung der Judenfrage« später ganz in die Hände der SS und ihrer Verbände gelegt wurde.

61 STA Münster AGWS 681.

62 Die Bedeutung etwa der Deutschen und Dresdner Bank für die Ausweitung und das wirtschaftliche Funktionieren des »Arisierungs«-Geschäfts kann nach den Informationen auf der Grundlage der OMGUS-Berichte aus der unmittelbaren Nachkriegszeit nicht hoch genug veranschlagt werden. Vgl. James, Harold, Die Deutsche Bank und die »Arisierung«. München 2001; Lorentz, Bernhard, Die Beteiligung der Commerzbank an der »Arisierung« im Altreich. Vergleichende Studien über Netzwerkstrukturen, Handlungsspielräume und Wettbewerb von Großbanken in der NS-Zeit, in: Vierteljahrshefte für Zeitgeschichte 50 (2002), S. 237–268.

63 Aus dem Aktenteil »Einzelfälle«, RWW Köln 200/02, Bd. 2.

64 Barkai, Avraham, Vom Boykott zur »Entjudung«. Der wirtschaftliche Existenzkampf der Juden im Dritten Reich 1933–1945 Frankfurt a. M. 1988, S. 80 ff.

65 Z. B. im Brief des Landrats von Lippstadt an den Gauwirtschaftsberater Westfalen-Süd vom 1. 12. 38, STA Münster AGWS 483. Helmut Horten wird man dazu zählen können, der als früherer Abteilungsleiter auf dem Geschäft der Gebrüder Alsberg in Duisburg einen Konzern aufbaute. Er empfahl sich seinen neuen Kunden in einem Schreiben vom 16. Mai 1936: »... daß das neue Unternehmen an die 45jährige Tradition des Alsberg-Hauses anknüpft: Großer Umsatz – kleiner Nutzen. Unter neuer Firma, unter neuer Leitung, vorwärts ... aufwärts mit der neuen Zeit!« (HSTA Düsseldorf RW 58, 53782).

66 So offenbar im Falle der Übernahme – und späteren Rückgabe – des Bankhauses Oppenheim in Köln durch Robert Pferdmenges (vgl. Treue, Wilhelm, Das Schicksal des Bankhauses Sal. Oppenheim jr. & Cie. und seiner Inhaber im Dritten Reich, Wiesbaden 1983). Bei Verkäufen in gegenseitigem Einvernehmen fanden u. a. Inventar, Warenlager, die laufenden Verträge, evtl. Schulden, die Lieferanten-Kontakte und der Firmenwert (»goodwill«) Berücksichtigung.

67 Das Essener Bankhaus Hirschland wurde schon Ende 1933 aus dem Reichsbankausschuß ausgeschlossen.

68 Vgl. etwa Joseph, Arthur, Meines Vaters Haus, Stuttgart 1959; Bernheimer, Ernst, Unter der Hitlerregierung, in: Tradition, Jg. 3/1958, S. 207–211.

69 HSTA Düsseldorf RW 58, 4590.

70 Vgl. Leeuw, A.J. van der, Der Griff des Reiches nach dem Judenvermögen, In: Studies over Nederland in Oorlogstijd. I, 's-Gravenhage 1972, S. 211–236.

71 Im Februar 1938 erfolgte als sinnfälliger Ausdruck des Wandels die Umformung des sog. »Judenschutzreferats« im Reichswirtschaftsministerium in eine Abteilung »Judenfragen«, die sich zwar nicht als »Schaltzentrale der Arisierung« (so Boelcke, Willi A., Die deutsche Wirtschaft 1930–1945. Interna des Reichswirtschaftsministeriums, Düsseldorf 1983, S. 211) profilierte, wohl aber zur wichtigsten Anlaufstelle in Zweifelsfragen und zum Interpreten der ministeriellen Erlasse wurde. Die Leitung hatten Rudolf Schmeer und Alf Krüger.

72 Genschel, Helmut, Die Verdrängung der Juden aus der Wirtschaft im Dritten Reich, Berlin/Frankfurt a. M./Zürich 1966; Barkai, Boykott (wie Anm. 64); Barkai, Avraham, »Schicksalsjahr 1938«. Kontinuität und Verschärfung der wirtschaftlichen Ausplünderung der deutschen Juden, in: Das Unrechtsregime, hrsg. v. Ursula Büttner, Bd. 2: Verfolgung – Exil – Belasteter Neubeginn, Hamburg 1986, S. 45–68; Adam, Judenpolitik (wie Anm. 60).

73 Walk, Joseph, Das Sonderrecht für die Juden im NS-Staat, Heidelberg/Karlsruhe 1981 zählte insgesamt über 2000 Erlasse für die Zeit des Dritten Reiches.

74 Zu diesen Nachforschungen WWA Dortmund K 1, Nr. 1818.

75 Dieser Grundsatz geht aus den Reaktionen auf die Beschwerden hervor, vgl. STA Münster AGWS 771.

76 Vgl. z. B. Der deutsche Volkswirt, 12. Jg., 12. 8. 1938, S. 2237: »Bewertungsfragen bei der Arisierung«, außerdem »Die deutsche Volkswirtschaft«, »Rhein und Ruhr Wirtschaftszeitung«, »Die nationale Wirtschaft«, »Der praktische Betriebswirt« sowie juristische Fachzeitschriften.

77 Zit. nach Sopade-Bericht vom Juli 1938 (Bd. 5, S. 750).

78 Aus einem Gutachten der Wuppertaler Kammer wird dagegen deutlich, daß die »Arisierung« an sich nicht erhaltenswerter Unternehmen schon einmal befürwortet wurde, um das lokale Preisniveau nicht aus dem Gleichgewicht zu bringen, RWW Köln 200/02, Bd. 1, 1. Teil, 7. 1.

79 Siehe Graml, Reichskristallnacht (wie Anm. 14).

80 Das Vorbild einer zentralen Einrichtung zur »Arisierung« bildete seit April 1938 die sog. »Vermögensverkehrsstelle« in Wien, die nach anfänglichen Schwierigkeiten mit selbsternannten »Arisierungskommissaren« in überra-

schend kurzer Zeit und mit bemerkenswerter Aggressivität und Rücksichtslosigkeit die »Entjudung« in Österreich vorangetrieben hatte.

81 Kershaw, The Persecution (wie Anm. 19); Gordon, Sarah, Hitler, Germans and the »Jewish Question«, Princeton 1984.

82 Siehe dazu Mommsen, Hans, Was haben die Deutschen vom Völkermord an den Juden gewußt? in: Der Judenpogrom 1938. Von der »Reichskristallnacht« zum Völkermord, hrsg. v. Walter H. Pehle, Frankfurt a. M. 1988, S. 176–200.

83 Raul Hilberg wertet die »Arisierung« auf der anderen Seite als »vielleicht die einzige Phase des Vernichtungsprozesses, in dem die Juden einen gewissen Handlungsspielraum« besaßen (Die Vernichtung der Europäischen Juden. Die Gesamtgeschichte des Holocaust, Berlin 1982, S. 72).

84 Rechenschaftsbericht eines Dortmunder städtischen Beamten vom August 1941, zit. von Konrad Kwiet, Nach dem Pogrom. Stufen der Ausgrenzung, in: Juden in Deutschland 1933–1945. Leben unter nationalsozialistischer Herrschaft, hrsg. v. Wolfgang Benz, München 1988, S. 565.

Bernd Nellessen

Die schweigende Kirche
Katholiken und Judenverfolgung

Das letzte gemeinsame Hirtenwort der Fuldaer Bischofskonferenz, die den Gesamtepiskopat der katholischen Kirche in Deutschland repräsentierte, wurde am 12. September 1943 »von allen Kanzeln« verlesen, sofern die Kirchen die Angriffe alliierter Bomber überstanden hatten. Dieses letzte Fuldaer Hirtenwort blieb zugleich das entschiedenste. Die Zehn Gebote (den Dekalog) als das für alle Völker verbindliche Lebensgesetz in Erinnerung zu rufen und zugleich, Gebot für Gebot deklinierend, deren politische Mißachtung in einem unübersehbaren Gegenwartsbezug beim Namen zu nennen, war die in Form und Substanz durchgehaltene Absicht dieses Hirtenbriefs. Und dennoch offenbarte selbst er das Manko, das die Kirche in ihrem Verhältnis zu den diffamierten und verfolgten Juden aufzuweisen hatte.

Die Verbrechen des Regimes im Blick, mahnte der Dekalog-Hirtenbrief zum Beispiel das Recht auf Leben an. So heißt es zum fünften Gebot: »Tötung ist in sich schlecht, auch wenn sie angeblich im Interesse des Gemeinwohls verübt würde: An schuld- und wehrlosen Geistesschwachen und -kranken, an unheilbar Siechen und tödlich Verletzten, an erblich Belasteten und lebensuntüchtigen Neugeborenen, an unschuldigen Geiseln und entwaffneten Kriegs- oder Strafgefangenen, an Menschen fremder Rassen und Abstammung. Auch die Obrigkeit kann und darf nur wirklich todeswürdige Verbrechen mit dem Tode bestrafen.«[1] Dieses Hirtenwort nannte die Vielzahl der im nationalsozialistischen Herrschaftsbereich angewandten Vernichtungsmaßnahmen. In der Aufzählung fehlte auch der Mord an den Juden nicht. Aber das Wort »Jude« aussparend und das maßloseste Verbrechen jener Jahre an letzter Stelle nennend, erscheinen Formulierung und Plazierung dem Rückschauenden wiederum als Beweis für die verweigerte öffentliche Anteilnahme der Kirche am Schicksal der Juden. Aus dieser vagen Stelle des Hirtenbriefs – Tötung von »Menschen fremder Rassen und Abstammung« – konnte nur derjenige den Mord an den Juden heraushören, der schon von ihm wußte – was aber 1943 für die Mehrheit der Bevölkerung auszuschließen war. Die Bischöfe aber waren besser unterrichtet. Sie hatten schon Informationen aus der Gegenwelt der Konzentrationslager, der Massengräber und Krematorien, selbst wenn sich auch ihnen das volle Ausmaß des Millionenmordes und der unvorstellbaren Greuel erst nach dem Zusammenbruch erschloß. Zur Zeit des Dekalog-Hirtenbriefs war ihr Kenntnisstand jedenfalls zu hoch, als daß sie sich, wenn sie den Mord schon nannten, mit diesem blassen, den Namen des gepeinigten Volkes verschweigenden Satzteil hätten begnügen dürfen.[2]

Warum taten sie es dennoch? Sie taten es, weil die Kirche qua Kirche, die durch die Bischöfe spricht, dem stummen Hinnehmen und Wegsehen geneigter blieb als der Zuwendung und Anteilnahme, die sie den entrechteten Juden schuldete. Die verbale Absage an Rassenwahn und Rassenhochmut, von der die Kirche nicht abließ, war eben nicht identisch mit demonstrierter Solidarität und praktizierter Hilfe für jene, die das Regime verstieß.

Zwar läßt sich eine Fülle von Hilfsaktionen für Juden und »nichtarische« Christen belegen. Zu erinnern ist an die mühselige, unter Schikanen vollzogene Hilfe, die der »Raphaelsverein« Juden und vor allem Christen jüdischer Herkunft zuteil werden ließ. An die zehntausend verstoßene Menschen bewahrte er vor der Vernichtung, bis das Hamburger Generalsekretariat dieser katholischen Institution im Sommer 1941 – also in der Zeit des Übergangs von der Vertreibung zur Deportation und Vernichtung der Juden – von der Gestapo geschlossen und der Vereinsbesitz beschlagnahmt wurde.[3] Die Arbeit des Vereins als Fluchthelfer verdient Respekt, auch wenn ihr Ergebnis angesichts der Millionenopfer große Worte nicht verträgt. Der Respekt gilt den Initiativen, dem Wagemut, der Opferbereitschaft einzelner, und einzubeziehen in diesen Respekt sind die vielen Katholiken, Priester, Ordensleute, Laien, die auch außerhalb des »Raphaelsvereins« Juden und »Judenchristen« in stummer Hilfsbereitschaft beigestanden haben.

Nur: diesen Respekt der »Amtskirche« in corpore zu bezeugen, verbietet der geschichtliche Befund.[4] Zwar standen neben der Enzyklika »Mit brennender Sorge« des Jahres 1937, die in klarer Sprache Rassenhaß und Rassenhochmut, Führerkult und Staatsvergötzung verurteilte, viele Hirtenbriefe deutscher Bischöfe, die der rassistischen Ideologie des Nationalsozialismus den Glauben der Christen und die Lehre der Kirche entgegensetzten. Dies hielt die Kirche bis zum Göttersturz des Nationalsozialismus durch. Doch zugleich vermied sie jedes direkte, eindeutige Wort des Beistands für die bedrängten Juden und jeden lauten Protest gegen die antisemitische Staatspolitik, die der Diffamierung und Ausgrenzung die Vernichtung der Juden folgen ließ.

Es gab in den Jahren der nationalsozialistischen Herrschaft keinen einzigen Hirtenbrief der Fuldaer Bischofskonferenz, der laut, direkt und unmißverständlich das Unrecht beim Namen nannte, das den Juden angetan wurde. Keine offizielle Erklärung des Episkopats erging zum Judenboykott im April 1933, keine Kanzelverkündigung zur Entehrung und Entrechtung der Juden durch die »Nürnberger Gesetze« 1935, kein öffentlicher Protest der deutschen Bischöfe nach der Pogromnacht vom 9. zum 10. November 1938, kein Kanzelprotest gegen die auch noch vor aller Augen beginnenden Deportationen der deutschen Juden 1941.

Hitler stieß mit seiner Rassenpolitik, mit der er Schritt für Schritt die Juden ausgrenzte, entrechtete, ausplünderte und vertrieb, auf keinen nennenswerten Widerstand. Ohne die Passivität der Bevölkerung, aber auch ohne die Mitwirkung vieler Bürger in staatlichen und kommunalen Behörden, in berufsständischen Organisationen und Wirtschaftsunternehmen hätte er seine Judenpolitik nicht verwirklichen können. Wir haben zu konstatieren, daß der ausbleibende Protest der Bevölkerung die Vermessenheit des Regimes steigerte; es konnte seit 1933 die Daumenschrauben um so unbesorgter anziehen. Der Rückschauende darf der Frage nicht ausweichen, inwieweit auch die katholische Kirche mit ihrer Haltung dazu beigetragen hat.

Die Übermacht des Staates erwies sich in dem der Kirche aufgezwungenen Kirchenkampf. Der Staat paralysierte die katholischen Verbände, das einst starke Heer der Laienorganisationen. Er schaltete die Kirchenpresse aus, verbot Konfessionsschulen und katholische Lehrerbildungsanstalten, drosselte mit einer Fülle von Schikanen die öffentliche Wirksamkeit der Kirche, sperrte aufmüpfige

Priester, Ordensleute, Laien ein. Im sogenannten Priesterblock im Konzentrationslager Dachau saßen 1943/44 allein 386 Priester aus dem Reichsgebiet. Den Haß- und Verleumdungskampagnen konnte die Kirche nur die Hoffnung auf die Standfestigkeit der Gläubigen entgegensetzen. Wie werden sie reagieren, so fragten sich manche Kirchenführer, wenn sich der Kirchenkampf weiter verschärft? Es war vor allem diese Sorge, die es dem noch tief aus dem neunzehnten Jahrhundert kommenden Vorsitzenden der Fuldaer Bischofskonferenz, dem Breslauer Kardinal Bertram, geraten erscheinen ließ, einen moderaten, auf Beschwichtigung angelegten Kurs zu steuern und alles zu vermeiden, was zum offenen Bruch zwischen Staat und Kirche hätte führen können.[5]

Aber auch die Bischöfe des mit diesem moderaten Kurs nicht einverstandenen »harten« Flügels des Episkopats, für den Namen wie Preysing (Berlin), Galen (Münster) stehen, wurden von Skrupeln geplagt. Sie fragten sich nicht nur, was sie angesichts der Erfolgspolitik Hitlers dem Kirchenvolk an offensiver Gegenwehr zumuten könnten, sondern auch, wie groß denn die Zahl derer bleiben würde, die ihnen folgten. Kein Bischof konnte in seiner Diözese den hohen Anteil auch katholischer Zustimmung zur nationalsozialistischen Politik negieren. Der Beifall, den Hitler zu kassieren verstand, beeinflußte kirchliche Verlautbarungen, er zwang zur Rücksichtnahme, begrenzte die Skala öffentlicher Proteste und stimulierte auch die Bischöfe zur patriotischen Akklamation. An nationalen und nationalsozialistischen Feiertagen läuteten die Glokken auch von den katholischen Kirchen. Aber Hirtenbriefe warnten die Gläubigen zugleich vor der nationalsozialistischen Ideologie. Doch die öffentliche Klage über die Diffamierung der Juden durch die Rassenpolitik des Staates gehörte nicht zur Fülle der Warnungen, Mahnungen und Beschwerden, die der Episkopat auf die Kanzeln brachte. Die Bischöfe schwiegen. Sie waren besorgt, daß Solidaritätserklärungen für die Juden den Kirchenkampf verschärfen und Kirche und Gläubige in eine noch weit größere Bedrängnis bringen würden. Diese Angst mag einer der Gründe gewesen sein, aus denen sich das Schweigen des Episkopats erklärt.

So setzte die Bischofskonferenz die von Kardinal Bertram praktizierte Politik sauber verfaßter, aber den eigenen Gläubigen unbekannt bleibender Eingaben bei der Behandlung der Judenfragen fort. Die Kirche widersetzte sich von Anfang an dem Druck des Regimes, den »Arierparagraphen« auch für die kirchlichen Ämter vorzuschreiben. Sie verweigerte die Schnüffelei in Archiven und Kirchenregistern. Sie wehrte sich mit Eingaben, die freilich in ministerialen Vorzimmern abgegeben wurden, gegen die öffentliche Verunglimpfung des Alten Testaments als »jüdische Bibel« in Schulen und Schulungszentren der Partei. Streng verfuhr sie mit Pädagogen in den eigenen Reihen und ließ dies auch die staatlichen Stellen wissen: Religionslehrern, die im Unterricht das Alte Testament übergehen wollten, wurde die Missio canonica (Lehrerlaubnis) entzogen.

Diese Vorgänge zeugten von einer widerstehenden Kirche, aber sie sind nicht überzubewerten. Sie bleiben Nebensächlichkeiten, wenn wir sie messen an der Reaktion der Kirche auf die doch auch sie provozierenden und brüskierenden »Nürnberger Gesetze« 1935. Diese definierten nun in rassistischer Terminologie, wer Jude sei. Welchen Glaubens er auch immer sein, aus welcher kulturellen Tradition er auch immer kommen mochte: Jude war, wer drei jüdische Großeltern hatte. Ob Mann oder Frau, Junge oder Mädchen sich in der deutschen Geschichte ihrer Familien eingebettet fühlten, stand nicht mehr zur Debatte. Der Staat brannte ihnen – Glaube hin, Geschichte her – das Kainsmal des »Rasse«-, des »Glaubens«-, des »Geltungsjuden« auf und schloß sie gleichermaßen aus der Volksgemeinschaft aus. Dieser diffamierende Rassismus der »Nürnberger Gesetze« stand quer zur evangelischen Botschaft. Er degradierte Juden wie Christen jüdischer Herkunft zur »minderen Rasse«. Zugleich verletzten die »Nürnberger Gesetze« die geistliche Rechtsgewalt der Kirche. Ihr wurde das Recht verweigert, eine Ehe kirchlich zu besiegeln, die ein Paar eingehen wollte, von dem ein Partner »nichtarisch«, aber katholisch war. Mit Memoranden und kirchenrechtlichen Gutachten versuchte der Episkopat, Bestimmungen dieser Art zu verhindern. Es mißlang; schweigend nahm er die Niederlage in Kauf. In der schweigenden Hinnahme der »Nürnberger Gesetze« 1935 haben wir den tiefsten und folgenreichsten Kniefall der christlichen Kirchen vor dem nationalsozialistischen Staat zu konstatieren.

Zwar läßt sich die Meinung vertreten, daß ein schriller Protest der Kirche gegen die antisemitischen Aktionen des Hitlerregimes vornehmlich aus der bangen Sorge unterblieben ist, er würde der Kirche mit doppelter Wucht heimgezahlt werden. Das Argument hat Gewicht.[6] Die Frage aber bleibt, welcher Stellenwert ihm denn beizumessen ist angesichts des doch schon seit 1933 andauernden Verzichts auf öffentlichen Protest! Trifft dieses Argument den Kern, ist in ihm wirklich die Ursache zu finden für das Schweigen der Bischöfe zur jüdischen Tragödie im eigenen Land? Wann sonst hätten sie in ihrem sittlichen Wächteramt auch für die Juden eintreten müssen, wenn nicht bei den entehrenden »Nürnberger Gesetzen« oder dem Pogrom von 1938!

In den düsteren Herbsttagen jenes Jahres schrieb der von Vorahnungen geplagte, um seine jüdische Familie bangende Schriftsteller und gläubige Lutheraner Jochen Klepper in sein Tagebuch: »Was an den Juden geschieht, ist eine schwere Glaubensprüfung – für die Christen!«[7] Die Christen aber erkannten nicht, daß die sogenannte »Judenfrage« auch eine Frage an ihr eigenes Glaubensverständnis war. Nicht nur die Angst vor der Gefährdung ihrer eigenen Kirche hinderte sie, den Juden beizustehen, sondern viel mehr noch der alte, über Jahrhunderte virulent gebliebene christliche Antijudaismus, der durch die aufgekommenen politisch-rassistischen Bewegungen des 20. Jahrhunderts neuen Auftrieb erfahren hatte.

Die Kirche verkündete die Gleichheit aller Menschen vor Gott. Auch in den nationalsozialistischen Jahren warnte sie vor Rassenwahn und Rassenhaß. Aber die Christen wuchsen auch in dem im Religionsunterricht gelehrten und von den Kanzeln gepredigten Glauben auf, daß die Juden das Volk sind, das Gott verraten, den Gottessohn ans Kreuz geschlagen und damit einen unwiderruflichen Fluch auf sich geladen habe. Diese Botschaft blieb beharrlich gepflegter Bestandteil von Unterrichts- und Predigttexten. Auch Bischöfe verwiesen, vornehmlich in ihren Fastenhirtenbriefen, auf den »jüdischen Haß«, sprachen vom »Gottesmord« und vom »verworfenen, verstoßenen und verfluchten Volk«. Auch die fortschreitende Diffamierung der Juden führte nicht zu kritischen, an Predigttexten jener Jahre abzulesenden Reflexionen über das Bild der Juden in der christlichen Verkündigung. Sie blieben die »Gottesmörder«. Trug nicht auch diese – in der Rückschau müssen wir sagen – herrscherlich-hochmütige Glaubenslehre mit dem törichten Wort vom »Gottesmord« dazu bei, daß Hitler mit seiner Judenpolitik auf keinen ernsthaften Widerstand in den Kirchen stieß? Was den Juden in jenen Jahren der Ausgrenzung angetan wurde, widersprach keineswegs den Gefühlen und der Meinung vieler Christen, ließ es sich doch einfügen in die damals gängige Lehre vom »verfluchten Volk«, so theologisch undifferenziert sie uns heute auch vorkommen mag. Der Nationalsozialismus mit seinem vulgär darwinistischen Antisemitismus fand Widerhall im christlichen Antijudaismus. Wichtige Unterscheidungen, wie etwa die der rassischen Minderwertigkeit, die der Antijudaismus im Gegensatz zum Antisemitismus nicht kennt, zerflossen im wabernden Nebel antijüdischer Bekundungen in den Kirchen und antisemitischer Verordnungen der nationalsozialistischen Staatsführung.

Daß sich das Schweigen der Bischöfe zur Judenverfolgung zuerst und vor allem aus der Sorge vor verschärften Strafaktionen des Regimes erklärte, ist ein Argument von unzureichender Überzeugungskraft. Ebensowenig überzeugend ist das Bemühen, jegliche Wechselwirkung von Antisemitismus und Antijudaismus zu leugnen. So gibt Konrad Repgen sein »Einverständnis« mit folgender »Gegenthese« zu erkennen: »Der christliche Antijudaismus hat die konsequente Ablehnung der nationalsozialistischen Rassenpolitik durch die Kirche keineswegs behindert.« Oder wiederum Konrad Repgen: »... der Antijudaismus stand der weltanschaulichen Abwehr des Nationalsozialismus nicht im Wege.«[8] Solche Sätze, denen etliche nachzuschicken wären, räumen baggergleich ein zeitgeschichtliches und theologisches Phänomen auf den Abfall, als ob es, längst erkannt und erledigt, nur noch dorthin gehöre, während es doch die historische Wissenschaft wie die Kirche noch immer herausfordern müßte. Auch Rudolf Lill geht nicht der Frage nach, inwieweit der christliche Antijudaismus zum Schweigen der Bischöfe beigetragen haben könnte. Immerhin gibt er einen dürftigen Hinweis: »Der ältere Antijudaismus hat Vorurteile konserviert, welche den Nationalsozialisten die Propagierung und Durchführung mancher judenfeindlichen Maßnahmen erleichtert haben; selbst im November 1938 gab es unter den Christen auch solche, welche das Pogrom zwar für schlimm hielten, aber eben doch für eine Konsequenz alter jüdischer Schuld.«[9]

In den Jahren des Aufbruchs, der großen innen- und außenpolitischen Erfolge Hitlers, wiesen katholische Zeitschriften und Bücher, für das Kirchenvolk, den Klerus oder die theologische Wissenschaft bestimmt, eine Fülle von Artikeln auf, deren Absicht es keineswegs war, den Haß zu schüren, deren Ziel aber doch darin bestand, die Ausgrenzung der Juden aus der Volksgemeinschaft zu rechtfertigen. Schon im Vokabular spiegelte sich der Geist der Zeit wider. Die Juden als »artfremd«, als »Fremdkörper«, als »Gastvolk« zu bezeichnen, ihren Einfluß auf Religion und Volkscharakter »zersetzend« zu nennen, gehörte auch zum katholischen Sprachgebrauch. Es ist, so der Trend meinungsbildender Publikationen, »gerechtfertigte Notwehr, schädliche Eigenarten und Einflüsse der jüdischen Rasse zu verhindern«.[10] Worin die schädlichen Einflüsse und Eigenarten der ohnehin schrumpfenden jüdischen Minderheit bestanden – 1933: 0,76 Prozent der Bevölkerung im Reichsgebiet! –, dies entnahmen auch Theologen der völkischen und nationalsozialistischen Propaganda. Das Plädoyer für die »Einheit von Bluts- und Volksgemeinschaft« grassierte.[11] Theologieprofessoren meinten, das Schlagwort von der idealen Identität von Blut und Volk in katholischen Fachzeitschriften, Lexika und Handbüchern wissenschaftlich begründen zu müssen. Publizistisch engagierte Priester und Laien unterstützten mit ihren Arbeiten die von der Staatsführung praktizierte Ausgrenzung der Juden. Im wichtigsten kirchlichen Handbuch, im »Lexikon für Theologie und Kirche«, finden sich in jenen Jahren etliche die Stichworte »Jude«, »Judentum«, »Rasse« und »Antisemitismus« umkreisende Texte, die nach dem Göttersturz des Nationalsozialismus umgeschrieben, durch neue ersetzt oder ersatzlos in den Mülleimer unliebsam gewordener Erinnerungen geworfen wurden.

Daß unter den Christen ein erschreckender Mangel an Solidaritäts-, aber auch an Unrechtsbewußtsein herrschte, macht das einzigartige Beispiel des Berliner Dompropstes Bernhard Lichtenberg deutlich. Im Gottesdienst nach der Pogromnacht kniete er sich auf die Altarstufe und bat die Gläubigen um ein Gebet: »Laßt uns beten für die verfolgten nichtarischen Christen und für die Juden. Was gestern war, wissen wir, was morgen ist, wissen wir nicht, aber was heute geschehen ist, haben wir erlebt: Draußen brennt der Tempel, und das ist auch ein Gotteshaus.«[12] Der tapfere Prälat, der dann den Weg ins Martyrium gehen mußte, war an diesem Tag ein einsamer Rufer in der Wüste, auch in der Wüste seiner Kirche. Mehr als neunzig Prozent der deutschen Bevölkerung bekannten sich 1938 zum Christentum, aber es gab keine christliche Empörung über den Pogrom. Die beispielhafte Fürbitte des alten Berliner Priesters fand kein Echo, löste keine Gebetslawine aus. Nicht die Hilflosigkeit gegenüber den Rohlingen und Roheiten dieser Nacht verhinderten Gebet und Kanzelprotest in Kapellen, Kirchen und Kathedralen. Der Grund ist vor allem darin zu finden, daß die Mehrheit der Christen die Ausgrenzung wie die Vertreibung der Juden für richtig hielt, beiseite stand und beiseite sah. Nicht den späteren (1938 noch undenkbaren) Massenmorden hätten sie zugestimmt, wohl aber bejahten sie in jenen »Friedensjahren« die »Entjudung« des deutschen Reichs, wie sie Hitler vorantrieb. Wir haben zu konstatieren, daß es einen »Grundkonsens zwischen Bevölkerung und Führung« gab. »Nur so konnte Hitler sofort, als er seine Macht etabliert hatte, mit der Ausschaltung und Verfolgung der Juden beginnen, ohne auf Widerstand zu stoßen.«[13] Diese These von Werner Jochmann findet sich auch im Verhalten der katholischen Kirche bestätigt.

Im Sommer 1941 stieg Graf Galen, der Bischof von Münster, auf die Kanzel von St. Lamberti und klagte die Machthaber der Ermordung »unproduktiven Lebens« an. Diese Predigt war von ungeheuerer Brisanz und von einer gewaltigen Wirkung. Daß die »Euthanasie«-Aktionen, wenn nicht eingestellt, so doch merklich vermindert wurden, läßt sich auf mehrere Faktoren zurückführen, vor allem aber auf diesen lauten, entschiedenen und öffentlichen Protest des Bischofs von Münster.[14] Der Erfolg des Protestes wider die »Euthanasie«-Aktionen läßt zurückdenken an das Schicksal der Juden. Wir wissen nicht, ob ähnliche Kanzelproteste die Deportationen verhindert oder auch nur einen Teil der Juden vor der Ermordung bewahrt hätten. Die Frage nach dem möglichen Erfolg von demonstrativen Beistandsaktionen für die Juden analog dem beherzten Auftritt Galens für die Geisteskranken erlaubt keine historisch gesicherten Antworten, sondern führt auf das weite Feld notwendiger, wenn auch spekulativ bleibender Überlegungen. Begnügen wir uns mit drei Anmerkungen:

1. Die Katastrophe, die über die Juden hereinbrach, löste keine Welle der Entrüstung und der Solidarität aus, die der des Protestes gegen die »Euthanasie« vergleichbar wäre. Die gewaltige

Wirkung der Predigt Galens in der Bevölkerung verfehlte nicht ihren Eindruck auf Hitler. Er sah sich gezwungen, defensiv zu reagieren; er wich zurück aus Sorge vor vermehrten öffentlichen Protesten, aus Sorge vor Unruhe in der Bevölkerung. Bei der »Entjudung« des Reichs bedrängte ihn diese Sorge nicht.

2. Die Bischofskonferenz fühlte sich nicht gedrängt, Vertreibung und beginnende Deportation auf die Kanzeln zu bringen, obwohl Bischöfe wie Preysing, Galen, Faulhaber den Protest des Gesamtepiskopats gegen die Deportationen empfahlen. Den Kardinal Faulhaber alarmierten die Szenen beim Abtransport der Juden, »die«, wie er im November 1941 an Kardinal Bertram schrieb, »in der Chronik dieser Zeit einmal mit den Transporten afrikanischer Sklavenhändler in Parallele gesetzt werden«.[15] Aber auch diesem Monitum fehlte es an letzter Entschiedenheit. Der Breslauer Kardinal Bertram widersprach nicht der Meinung Faulhabers, wohl aber war er wie die Mehrheit der Bischöfe von der Vergeblichkeit eines Schritts zugunsten der Juden so fest überzeugt, daß keine schriftliche Intervention der Bischofskonferenz bei der Reichsregierung, geschweige denn ein protestierender Hirtenbrief gegen die Deportationen, zustande kam. Die wunde Stelle läßt sich fixieren: Den von Mord bedrohten Geisteskranken kam der Bischof von Münster öffentlich zu Hilfe. Den Juden in ihrer Bedrängnis »ist kein zweiter Bischof Galen erstanden« (Ludwig Volk).
3. Auch wer den ausbleibenden Protest der Bischöfe gegen Deportation und Vernichtung beklagt, darf die Situation nicht unberücksichtigt lassen, in der sich der Episkopat in den Kriegsjahren befand. Zur zumindest partiellen Erklärung seines Schweigens ist auf den Beweisnotstand zu verweisen, in dem sich die Bischöfe trotz der sich häufenden und dennoch fragmentarisch bleibenden Informationen befanden. Die Ungeheuerlichkeit des Mordens, von dem die Bischöfe hörten, bedurfte gerade wegen seiner Ungeheuerlichkeit um so dringender unwiderleglicher Beweise. Beim »Euthanasie«-Protest lagen Namen und Daten vor, waren die Orte zu benennen, von denen aus die Geisteskranken in die Vernichtungsanstalten transportiert wurden. Das Wüten der Einsatzkommandos, die Errichtung von Arbeits-, erst recht die von Vernichtungslagern, versetzten die Bischöfe, wenn sie

bruchstückhaft davon hörten, in fassungsloses Erschrecken. Wie sollten sie eine mit Zahlen, Daten, Namen, Ortsangaben zu belegende Anklage erheben, wenn nicht nur der eigene Informationsstand über dieses auf Tarnung und Täuschung angelegte Vernichtungswerk dürftig blieb, sondern sich letztlich der Verstand gegen das Unvorstellbare sperrte: Menschen einer Vernichtungsmaschinerie zu überstellen, die wie eine Müllverbrennungsanlage arbeitet – dieser Tatbestand war zu ungeheuerlich, als daß er von einem normalen Hirn geglaubt und erst recht begriffen werden konnte. Dies auf die Kanzel zu bringen, hätten sich treue Kirchgänger als »Greuelpropaganda« verbeten – zumal doch nicht vergessen werden darf, daß selbst im besser informierten Ausland das Ausmaß des Verbrechens nicht annähernd erkannt und geglaubt wurde.[16]

In den Kriegsjahren schien es zu spät zu sein, gegen den Judenmord Protest zu erheben. Selbst Graf von Galen und der durch sein Berliner Hilfswerk am besten informierte Graf von Preysing scheuten nun das offene Wort, bedrängt von der Sorge, daß die öffentliche Klage auch noch die in »Mischehe« lebenden Christen jüdischer Herkunft in den Strudel der Vernichtung treiben könnte. Sofern die Kirche den »Juden« half, galt diese Hilfe allein den Katholiken jüdischer Herkunft.[17] Verstand und Seele reiben sich wund an dem Gedanken, daß das späte Schweigen der Bischöfe die zwangsläufige Folge ihrer früheren Versäumnisse war: Kein öffentlicher Protest zu Judenboykott und diskriminierenden Rassegesetzen, keiner zu Progrom und Deportation – wo sollte bei dieser Vorgeschichte nun der Mut herkommen, sich auf den Kanzeln über den Massenmord an den Juden zu empören! Im Krieg war es dazu zu spät; dies gehört zur Quintessenz katholischer Kirchenpolitik in nationalsozialistischer Zeit.

Nach dem Sturz des Regimes brauchte die katholische Kirche in Deutschland lange Zeit, ehe sie ihre eigene Geschichte selbstkritisch zu reflektieren begann. Auch wenn die deutschen Bischöfe in ihren ersten Nachkriegshirtenbriefen auf Schuld und Versäumnis katholischer Christen verwiesen, überwog doch bei weitem die Betonung des Widerstands; er wurde als wesentliches Kriterium kirchlichen Verhaltens herausgestellt. Eine kritische Reflexion über die bischöfliche Kirchenpolitik, die Infragestellung eigenen Verhaltens fand nicht statt. Erst in den Konzilsjahren öffnete sich die Kirche in Deutschland ihrer Vergangenheit, gestand sie ein, zu wenig Festigkeit gezeigt zu haben. Erst das Zweite Vatikanische Konzil bekannte 1965, daß alle die frommen Prediger, die Generation um Generation die Juden das verworfene, verfluchte und sichtbar von Gott bestrafte Volk genannt hatten, irrend predigten, und daß die Behauptung, die Juden seien kollektiv schuld am Tode Jesu Christi, mit der katholischen Glaubenslehre nicht zu vereinbaren sei.[18]

Bis in die Nachkriegszeit hinein wurde in der Karfreitagsliturgie die »Verblendung« der Juden beklagt. Erst allmählich verschwanden die ignoranten oder gar böswilligen Übersetzungen des lateinischen Begriffs von der »perfidia« aus den traditionellen Gebetstexten der Kirche, die die perfidia, also den Unglauben, zugleich in die Nähe der Untreue, des Frevels, der Verblendung, der Perfidie rückten. Zum Wurzelwerk, aus dem das Schlagwort von den »perfiden Juden« erwuchs, gehörte das (inzwischen gestrichene) Bekehrungsgebet »Pro perfidis Judaeis«. »Allmächtiger Gott«, so haben wir, wenn auch schon in einer etwas gereinigten Fassung, noch in den fünfziger Jahren Karfreitag gebetet, »Du schließt sogar [!] die ungläubigen Juden von Deiner Erbarmung nicht aus.«[19]

Erst fünfzig Jahre nach der Pogromnacht beklagten alle Bischöfe der Bundesrepublik, der DDR und Österreichs in einem »Gemeinsamen Wort«, »daß unsere Vorgänger im Bischofsamt damals keinen gemeinsamen Kanzelprotest erhoben haben. Zu Recht wird heute gefragt, ob nicht eine weit sichtbare Geste der Mitmenschlichkeit und der Anteilnahme der vom Wächteramt geschuldete Dienst gewesen wäre«.[20]

Noch einmal geht der Blick zurück in jene »Friedensjahre« des nationalsozialistischen Reichs, in denen die Kirche schon verstummte angesichts der Bedrängnis der Juden. Zwar verurteilte sie die nationalsozialistische Ideologie mit ihrer Vergötzung von Blut, Rasse und Nation. Aber das eine Wort, das die Kirche, wie der Rückschauende meint, laut und deutlich hätte sagen müssen, sagte sie nicht. Das Wort, das tunlichst zu vermeiden sie sich bemühte, verweist auf ihre Schuld und ihr Versagen: Sie stellte sich nicht vor die Juden. »Wo, Pater Benedikt«, fragt das Mädchen in Max

Frischs »Andorra« seinen Priester, »wo bist du gewesen, als sie unsern Bruder abgeholt haben wie Schlachtvieh, wie Schlachtvieh, wo?«

Anmerkungen

1 Volk, Ludwig (Bearb.), Akten der deutschen Bischöfe über die Lage der Kirche 1933–1945 Reihe A, Bd. 6, 1943–1945, Mainz 1985, S. 197–205.

2 In den Generalvikariaten häuften sich die Erlebnis- und Erfahrungsberichte von kirchentreuen im Osten eingesetzten Zivilisten und Soldaten. Schon am 5. 2. 1942 vermutete der Bischof von Osnabrück, Wilhelm Berning, es bestehe »wohl der Plan, die Juden ganz auszurotten« (Tagebuchnotiz); Volk, Akten Bischöfe (wie Anm. 1), Bd. 5, 1940–1942, Mainz 1983, S. 675, Anm. 1. Vgl. auch Nellessen, Bernd, Das mühsame Zeugnis. Die katholische Kirche in Hamburg im zwanzigsten Jahrhundert, Hamburg 1992, Kap. 5 u. 6 mit bibliogr. Verweisen.

3 Reutter, Lutz-Eugen, Katholische Kirche als Fluchthelfer im Dritten Reich. Die Betreuung von Auswanderern durch den St. Raphaels-Verein, Recklinghausen/Hamburg 1971, S. 45 ff.

4 Neben der alten, recht einseitigen Darstellung von Günter Lewy, Die Katholische Kirche und das Dritte Reich, München 1965 und den in Anm. 6 genannten Arbeiten jetzt: Phayer, Michael, The Catholic Church and the Holocaust, 1930–1965, Bloomington 2000; Blaschke, Olaf, Die »Reichspogromnacht« und die Haltung der katholischen Bevölkerung und Kirche. Mentalitätsgeschichte als Schlüssel zu einem neuen Verständnis? In: Zeitschrift für Religions- und Geistesgeschichte 52 (2000), H. 1, S. 47–74; Knauft, Wolfgang, Konrad v. Preysing. Anwalt des Rechts. Der erste Berliner Kardinal und seine Zeit, Berlin 1998, bes. S. 113–180; Recker, Klemens August, »Wem wollt ihr glauben?« Bischof Berning im Dritten Reich, Paderborn/Wien/Zürich 1998, bes. S. 307–359; Leugers, Antonia, Gegen eine Mauer bischöflichen Schweigens. Der Ausschuß für Ordensangelegenheiten und seine Widerstandskonzeption 1941 bis 1945, Frankfurt a. M. 1996. Auch die Haltung des Vatikans hat nach der Öffnung der Akten erneut Aufmerksamkeit gefunden, vgl.: Cornwell, John, Pius XII. Der Papst, der geschwiegen hat, München 1999 (mit weiterführender Literatur); Braham, Randolph (Hg.), The Vatican and the Holocaust. The Catholic Church and the Jews during the Nazi Era, New York 2000; Sanchez, José M., Pius XII. and the Holocaust: Understanding the Controversy, Washington 2001. (Zu der alten, durch Rolf Hochhuths Schauspiel »Der Stellvertreter« von 1963 ausgelösten Kontroverse vgl. die Anm. 89 in dem Beitrag von Vollnhals zu diesem Band.)

5 Volk, Ludwig, Adolf Kardinal Bertram 1859–1945, in: Katholische Kirche und Nationalsozialismus. Ausgewählte Aufsätze von Ludwig Volk, hrsg. v. Dieter Albrecht, Mainz 1987, S. 252–263.

6 So Repgen, Konrad, Judenpogrom und katholischer Kirchenkampf, in: Brakelmann, Günter/Rosowski, Martin (Hrsg.), Antisemitismus. Von reli-

giöser Judenfeindschaft zur Rassenideologie, Göttingen 1989, S. 122 f. Lill, Rudolf, NS-Ideologie und katholische Kirche, in: Gotto, Klaus/Repgen, Konrad (Hrsg.), Die Katholiken und das Dritte Reich, Mainz 1990, S. 137; Schewick, Burkhard van, Katholische Kirche und nationalsozialistische Rassenpolitik, ebenda, S. 160.

7 Klepper, Jochen, Unter dem Schatten deiner Flügel, Stuttgart 1956, S. 659 f.

8 Repgen, Judenpogrom (wie Anm. 6), S. 124–125.

9 Lill, Rudolf, NS-Ideologie (wie Anm. 6), S. 139.

10 Lexikon für Theologie und Kirche. 2. neu bearb. Aufl., Bd. 1, Freiburg 1930, Sp. 504 f. sowie Bd. 5, Freiburg 1933, Sp. 675 ff. Stichworte »Antisemitismus«, »Judentum«.

11 Es hat in der Anfangsphase nationalsozialistischer Herrschaft nicht an führenden katholischen Theologen gefehlt, die, wie Karl Adam, Hans Barion, Karl Eschweiler, Michael Schmauss, Joseph Lortz, der Faszination des NS-Regimes zeitweise erlagen. Der Gipfel aller Annäherung ist in dem Buch des österreichischen Rektors der deutschen Nationalkirche in Rom zu sehen: Hudal, Alois, Die Grundlagen des Nationalsozialismus, Leipzig/Wien 1937. Die Literatur der sog. »katholischen Brückenbauer« ist nachgewiesen in: Breuning, Klaus, Die Vision des Reichs. Deutscher Katholizismus zwischen Demokratie und Diktatur (1929 bis 1934), München 1969.

12 Erb, Alfons, Bernhard Lichtenberg. Dompropst von St. Hedwig zu Berlin, Berlin 1968, S. 76.

13 Jochmann, Werner, Die deutsche Bevölkerung und die nationalsozialistische Judenpolitik bis zur Verkündung der Nürnberger Gesetze, in: ders., Gesellschaftskrise und Judenfeindschaft in Deutschland 1870–1945, Hamburg 1988, S. 237.

14 Portmann, Heinrich, Kardinal von Galen. Ein Gottesmann seiner Zeit, Münster 1986 (im Anhang die drei berühmten Predigten); Volk, Ludwig, Katholische Kirche und Nationalsozialismus (wie Anm. 5) S. 94 f.; Kuropka, Joachim (Hrsg.), Clemens August Graf von Galen. Neue Forschungen zum Leben und Wirken des Bischofs von Münster, 2. Aufl. Münster 1993, bes. S. 221–244.

15 Volk, Katholische Kirche und Nationalsozialismus (wie Anm. 5), S. 139.

16 Zur Situation der Bischöfe angesichts der Deportationen und der ersten Informationen über den Massenmord: Volk, Katholische Kirche und Nationalsozialismus (wie Anm. 5), S. 98 ff. mit bibliogr. Verweisen; van Schewick, Katholische Kirche und Rassenpolitik (wie Anm. 6), S. 168 ff. Über die Glaubwürdigkeit erster Augenzeugenberichte: Conway, John S., Frühe Augenzeugenberichte aus Auschwitz, in: Vierteljahrshefte für Zeitgeschichte 27 (1979), S. 260–284. Zu Wissen und Reaktion des Auslandes: Paucker, Arnold, Die Haltung Englands und der USA zur Judenvernichtung, in: Büttner, Ursula (Hrsg.), Das Unrechtsregime. Internationale Forschung über den Nationalsozialismus, Bd. 2: Ideologie, Herrschaftssystem, Wirkung in Europa, Hamburg 1986, S. 149 ff.; Thamer, Hans Ulrich, Verführung und Gewalt. Deutschland 1933–1945, Berlin 1986, S. 706 ff.

17 Nellessen, Zeugnis (wie Anm. 2), S. 157, 162 f.

18 Erklärung über das Verhältnis der Kirche zu den nichtchristlichen Religionen. Konzilsdekrete 2, Recklinghausen 1966; Hampe, Johann Christoph (Hrsg.), Die Autorität der Freiheit. Gegenwart des Konzils und Zukunft der Kirche im ökumenischen Disput, Bd. 3, München 1967, S. 483 ff.

19 Hennig, John: Die Stellung der Juden in der Liturgie, in: Eckert, Willehad Paul/Ehrlich, Ernst Ludwig (Hrsg.), Judenhaß – Schuld der Christen?!, Essen 1964, S. 173 ff.

20 FAZ, 21. 10. 1988.

Martin Greschat

Die Haltung der deutschen evangelischen Kirchen zur Verfolgung der Juden im Dritten Reich

Ebensowenig wie die meisten anderen Gruppen und Organisationen in der deutschen Gesellschaft begriffen auch die Kirchen[1] – in diesem Zusammenhang also in erster Linie die evangelischen Kirchen – die sog. »Judenfrage« während des Dritten Reiches als ein wesentliches oder gar als *das* entscheidende Thema und Problemfeld für die Auseinandersetzung mit dem nationalsozialistischen Regime. Blickt man auf die kirchlichen Eliten, also Bischöfe und Präsidenten, die Konsistorial- und Oberkirchenräte, die Professoren, Prälaten und Synodalen auf den verschiedensten Ebenen, die Dekane und Superintendenten (ohne dabei die Pfarrer sowie die kirchlich aktiven Kreise in den Gemeinden und den übergemeindlich organisierten evangelischen Vereinen und Verbänden völlig aus den Augen zu verlieren) – versucht man also vorsichtig, generalisierende Aussagen über diesen Personenkreis zu machen, läßt sich ein ganzes Bündel von allgemeinpolitischen und speziell kirchenpolitischen, von organisationssoziologischen wie auch bewußtseinsmäßigen und wahrhaftig nicht zuletzt auch theologischen Gründen für die hier vorherrschende Haltung benennen, die sich zwischen zurückhaltender Passivität und Gleichgültigkeit bewegte gegenüber dem, was den Juden in Deutschland in diesen Jahren angetan wurde. Wesentlich für das Verständnis dieses Phänomens ist, daß jene Vielzahl von Gründen als ein Netzwerk begriffen wird, wo ein Gesichtspunkt und Motiv die anderen stärkten und stützten. Versuche der monokausalen Reduktion dieses Antisemitismus – sei es auf entscheidende Defizite der Theologie oder auch auf die alles überlagernde Sorge um die Sicherung der eigenen Institution – werden der komplexen Wirklichkeit nicht gerecht.

Zunächst sei daran erinnert, daß die große Mehrheit dieser kirchlichen Repräsentanten – und das setzte sich fort bis weit in das Kirchenvolk hinein – zu jenen konservativ gestimmten Schichten der deutschen Bevölkerung gehörte, die die »Machtergreifung« laut, z. T. begeistert begrüßt hatten, weil sie die Errichtung eines betont nationalen, nach außen starken und im Innern straff und autoritär geführten Staates wollten. Die Kirchenführer erstrebten darüber hinaus die Kooperation mit einer Regierung, die für die Durchsetzung einer konservativen christlichen Gesellschaftsordnung einzutreten schien, bis hin zur Förderung der Volkskirchlichkeit auf breitester Basis – diesem nach wie vor als wegweisend begriffenen ekklesialen Konzept. Aber gleichzeitig betonte diese kirchliche Elite unüberhörbar ihre feste Entschlossenheit, selbständig zu bleiben. Zwar wollte man dem Staat dienen, indem die Kirche das Volk religiös und sittlich erzog, aufbaute und stabilisierte; aber das konnte nach der festen Überzeugung dieser Männer nur gelingen, wenn der Staat die Eigenständigkeit der Kirche respektierte und garantierte.[2] Darum ging es auch in der oft allzu platt verstandenen Zwei-Reiche-Lehre[3]: daß die Verantwortlichen im politischen ebenso wie im kirchlichen Raum darüber zu wachen hätten, daß keine Seite sich Übergriffe in den Aufgabenbereich der anderen leistete, eben weil Staat und Kirche mit jeweils eigenen Mitteln grundsätzlich verschiedenen Verpflichtungen nachkommen mußten. Unübersehbar basierte freilich auch dieses Konzept auf der Voraussetzung einer »christlichen Obrigkeit« bzw. einer Regierung, die sich an Traditionen eines konservativen christlichen Ethos gebunden wußte.

Charakteristisch für diese kirchliche Führungsschicht mitsamt ihren politischen und kirchenpolitischen Zielsetzungen war also die Verwurzelung in Geist und Milieu des deutschen Konservatismus – allerdings mit modernen Nuancierungen, wie etwa die Verteidigung der Selbständigkeit der eigenen Organisation zeigt.[4] Zur konservativen Mentalität dieses Personenkreises gehörte weiterhin – und darauf vor allem kommt es mir jetzt an – ein bestimmter Antisemitismus in einem weitgespannten kulturellen Sinn. Dieser zeigte sich insofern »modernisiert«, als in ihn – schon *vor* 1933 auch in der kirchlichen Elite – biologische und rassistische Überzeugungen eingedrungen waren. Das Ergebnis bildete eine Mischung aus traditionellem christlichen Antijudaismus – wonach Gottes Verheißungen der Kirche und nicht länger Israel galten, weil dieses Christus verworfen hatte –, aus überkommener konservativer Antipathie gegenüber den Juden und aus der aggressiven Überzeugung, daß dieses Volk wesenhaft die Zersetzung und Zerstörung alles Wertvollen, Guten und Edlen betreibe.[5] War das bereits bedrohlich genug, kam alsbald verschärfend hinzu, daß die Kirchenführer in den Vertretern des modernen liberalen und erst recht des sozialistischen oder kommunistischen Judentums die schärfsten Gegner ihres eigenen spezifischen Antimodernismus ausmachten – mitsamt allen hiermit verkoppelten konservativen politischen und gesellschaftlichen, geistigen und religiösen Zielsetzungen und Visionen.

Bei alledem ging es also offenkundig um ein sehr viel breiteres Spektrum als die Theologie.[6] Nimmt man alles zusammen, könnte man sogar fragen: Warum hätten sich jene kirchlichen Repräsentanten denn – unter Berücksichtigung der skizzierten Voraussetzungen – *für* die Juden engagieren sollen? So ist damals in der Tat immer wieder einmal gefragt worden. Und bekanntlich hat *die* evangelische Kirche auch weder offiziell noch öffentlich für sie gesprochen.

Dieser Feststellung muß jedoch sogleich hinzugefügt werden, daß es eine solche geschlossene und zumindest prinzipiell mit einer Stimme redende evangelische Kirche in Deutschland nie gegeben hat. Im Januar 1933 existierten 28 Landeskirchen ganz unterschiedlicher Größe, mit jeweils sehr vielfältigen Eigenarten und Traditionen, sowohl was das Gewicht jenes Konservatismus anbelangt, aber auch des Liberalismus sowie vermittelnder Positionen. Der 1922 geschaffene Deutsche Evangelische Kirchenbund mit seinen Organen Kirchentag, Kirchenbundesrat und Kirchenausschuß – der das Recht hatte, gesamtkirchliche Erklärungen abzugeben –, bildete kaum mehr als ein Notdach. Die nach dem Wahlsieg der Deutschen Christen im Juli 1933 errichtete, erheblich geschlossenere Deutsche Evangelische Kirche (DEK) war aufgrund der innerkirchlichen Opposition gegen die kirchliche und politische Gleichschaltung der einzelnen Landeskirchen bald nur noch eine Ruine. Doch auch die Front der Bekennenden Kirche bröckelte in der Folgezeit. Im gleichen Maße, in dem die Nationalsozialisten ihre Herrschaft stabilisierten, verfielen Einheit und Einflußmöglichkeiten der Bekenntnisfront. Auch diese äußeren Realitäten muß man, neben den gewichtigen inneren, in Rechnung stellen: als Gründe dafür, warum die evangelische Kirche während der Zeit des Dritten Reiches zu keinem klaren Wort und keiner eindeutigen Tat für die Juden fand.

Die Unterdrückung und Verfolgung der deutschen und europäischen Juden bis hin zu ihrer physischen Vernichtung vollzog sich in vier Etappen, die im wesentlichen mit der politischen Entwicklung des Regimes übereinstimmen. Charakteristisch für den ersten Zeitabschnitt war, daß am Beginn der nationalsozialistischen Herrschaft, als die Wogen des Antisemitismus hoch gingen, eine relativ große Zahl einzelner evangelischer Christen sich gegen diesen Ungeist erklärte, insbesondere gegen lokale und regionale Ausschreitungen sowie dann gegen den reichsweiten Boykott jüdischer Praxen und Geschäfte am 1. April 1933.[7] Diese opponierenden Menschen kamen aus ganz unterschiedlichen politischen, sozialen und kirchlichen Gruppen und Milieus. Da standen – ich erwähne nur einige Namen, ohne Anspruch auf Vollständigkeit – judenchristliche Pfarrer wie Hans Ehrenberg oder Paul Leo neben dem Ökumeniker Friedrich Siegmund-Schultze, dem Liberalen Martin Rade, dem hochkonservativen Lutheraner Wilhelm Freiherr von Pechmann, neben dem Leiter der apologetischen Zentrale in Berlin-Spandau, Walter Künneth, dem jungen Privatdozenten aus dem Berliner Großbürgertum, Dietrich Bonhoeffer, oder dem Gießener Praktischen Theologen Leopold Cordier. Sie versuchten in der Regel, durch Vorträge und Zeitungsartikel oder auch Briefe, Eingaben und Denkschriften an ihre Kirchenleitungen ihrer Betroffenheit und Beunruhigung über das brutale Vorgehen der SA und staatlicher Organe Ausdruck und Gehör zu verschaffen. Dabei fehlten mehr oder minder deutliche antisemitische Stereotype keineswegs – wie man sich überhaupt von der Illusion lösen sollte, als ließen sich die Gegner und die Verteidiger der Juden säuberlich nach dem Schema gut oder böse, schwarz oder weiß aufteilen. Auch hier überwogen vielmehr die Grautöne.

Die Kirchenleitungen – zunächst handelte es sich überall noch um diejenigen, die in der Zeit der Weimarer Republik gewählt worden waren – zögerten, warteten ab – und schwiegen.[8] Auf besorgte Anfragen aus der Ökumene schon im März 1933 bezüglich der Judenverfolgungen[9] erklärten die deutschen Repräsentanten der verschiedenen Gremien, das sei eine »schmutzige Verleumdung«; und weiter: »Wir erklären auf Ehre und Gewissen, daß Judenpogrome nicht erfolgt sind.« Immerhin wußte man von »Mißhandlungen«, die am 31. März 1933 bei einer Sitzung der deutschen Sektion des Weltbunds für Freundschaftsarbeit der Kirchen auch zur Sprache kamen. Aber D. Burghart – Oberdomprediger und geistlicher Vizepräsident des Evangelischen Oberkirchenrates der preußischen Landeskirche – »wies darauf hin, daß über diesen höchst beklagenswerten Vorgängen die großen Zusammenhänge nicht vergessen werden dürften«. »Ich« – fügte Oberkonsistorialrat Schreiber hinzu, Ökumenereferent im Kirchenbundesamt, also der Verwaltungszentrale des Deutschen Evangelischen Kirchenbundes – »habe ihn darin unterstützt.«[10] Folgerichtig hieß es in dem intern versandten Memorandum dieses Kirchenbundesamtes vom 7. Juli 1933 »über die gegenwärtige Lage in Deutschland, insbesondere über die Judenfrage«, die deutsche evangelische Kirche sehe sich bei den gewaltigen Aufgaben des Wiederaufbaus an der Seite der neuen Regierung, auch was die Eindämmung des allzu großen jüdischen Einflusses in der Öffentlichkeit anbelange. Ausländer könnten da nicht mitreden. Sie sollten sich aber hüten, »Greuel-Propaganda« wie im Weltkrieg zu verbreiten. Überhaupt fehle den Stellungnahmen für die Juden im In- und Ausland das theologische, echt evangelische Urteil: »Nur von *humanitären* Gesichtspunkten« aus seien die Probleme jedoch nicht zu lösen.[11]

Dieses Memorandum bildete das Resultat der Verhandlungen des Kirchenausschusses am 25./26. April 1933 in Berlin über die »Judenfrage«.[12] Anwesend waren u. a. auch Marahrens, Wurm und Meiser. Seit dem 7. April galt das »Gesetz zur Wiederherstellung des Berufsbeamtentums« mitsamt dem sogenannten Arierparagraphen. Trotzdem lehnten die Kirchenführer einhellig eine offizielle Stellungnahme dazu ab. Begründung: »Eine Kundgebung werde von den Feinden im Ausland gegen Deutschland mißbraucht werden.« Was man in diesem Kreise als theologisch und echt evangelisch verstand, formulierte Bischof Rendtorff. Er warnte, »die jetzt allgemeine Beurteilung der Judenfrage unevangelisch zu nennen. 1700 Jahre hätten die Juden unter Ausnahmerecht gestanden unter völliger Billigung der Kirche. Ihre Befreiung stehe im Zusammenhang mit dem Fortschreiten der aufklärerischen Denkweise. Die

Fortschrittsgedanken dürften nicht mit evangelischen Normen identifiziert werden.«[13]

Die Möglichkeit einer offiziellen Stellungnahme der evangelischen Kirche zur Judenverfolgung im nationalsozialistischen Deutschland war damit vertan. Denn die Deutschen Christen, die seit Juli 1933 in nahezu allen Kirchenleitungen saßen, drängten darauf, den Arierparagraphen auch in der Kirche einzuführen. Am 5. September geschah das durch die neu gewählte »Braune Synode« für die Evangelische Landeskirche Preußens, die weitaus größte in Deutschland. Andere Kirchen folgten, auch evangelische Vereine und Verbände. Vorangegangen war der Zentralausschuß für Innere Mission, der sich bereits am 10. August für den Arierparagraphen erklärt hatte.[14] Andernorts – wie etwa in Württemberg, einer »intakten Kirche«, wo also die Deutschen Christen nicht die Macht ausübten – umging man die direkte Übernahme des Paragraphen, machte ihn jedoch für den theologischen Nachwuchs im »Stift« verbindlich.[15]

Die deutschchristlich beherrschte Nationalsynode der neuen Deutschen Evangelischen Kirche, die am 27. September 1933 in Wittenberg stattfand und Ludwig Müller zum Reichsbischof wählte, führte den Arierparagraphen nicht ein. Erst am 21. August 1934 war es nach langem Hin und Her soweit. Diese Zurückhaltung hatte ihren Grund vor allem in der Sorge vor Protesten aus der Ökumene, aus dem westlichen Ausland, worüber sich das Regime noch nicht einfach hinwegsetzen konnte. Aber wichtig war doch auch, daß die innerkirchliche Opposition sich primär unter dem Gesichtspunkt des theologischen Widerspruchs gegen die Geltung des Arierparagraphen in der Kirche sammelte und organisierte. Insofern begann an diesem Punkt der Kirchenkampf. Schon die »Jungreformatorische Bewegung« hatte sich an dieser Stelle gegen die Deutschen Christen gewandt. Ausdrücklich hieß es dann in der Selbstverpflichtung des Anfang September 1933 gegründeten Pfarrernotbundes: »In solcher Verpflichtung bezeuge ich, daß eine Verletzung des Bekenntnisstandes mit der Anwendung des Arierparagraphen im Raum der Kirche Christi geschaffen ist.«[16]

Die intensive Diskussion über dieses Thema gab auch Anstöße zu grundsätzlichen theologischen Besinnungen, die z. T. weit über diese Jahre hinauswirkten. In vielen der jetzt entstandenen Bekenntnisse[17] suchten die Autoren sich auch Rechenschaft zu geben über ihr Verhältnis zu Israel und zum Judentum. Wie schwer es jedoch fiel, gerade hier zu einer Übereinkunft zu kommen, belegt die Genese des Artikels über das Judentum in dem u. a. von Bonhoeffer initiierten Betheler Bekenntnis.[18] Als unmittelbarer wirksam erwiesen sich die Gutachten von Neutestamentlern und Theologischen Fakultäten über die innerkirchliche Geltung des Arierparagraphen. Während die Erlanger vorsichtig votierten, verwarfen die Marburger das Gesetz sehr entschieden – allerdings lediglich im Raum der Kirche.[19]

Am 9. September 1933, also unmittelbar nach der Einführung dieses Arierparagraphen in der Preußischen Landeskirche, fragte Dietrich Bonhoeffer bei Karl Barth an, ob jetzt nicht Konsequenzen gezogen werden müßten, bis hin zum Austritt aus dieser Kirche.[20] Barth mahnte zur Zurückhaltung und Geduld, weil er sich »andere und schlimmere Abweichungen und Verfälschungen« der christlichen Lehre seitens der Deutschen Christen vorstellen könne, so daß der entscheidende »Zusammenstoß« dann »an einer noch zentraleren Stelle« erfolgen würde. Das war im dogmatischen Sinn konsequent. Aber traf es die kirchenpolitische und politische Realität der Deutschen Christen – und vollends diejenige der nationalsozialistischen Diktatur? Die Bekenntnisfront ist auf dem u. a. von Karl Barth gewiesenen Weg weitergegangen. Die Barmer Theologische Erklärung vom Mai 1934 bildete dafür das großartige Monument. Nur eben: auch sie ermutigte primär zum Beharren bei der richtigen Lehraussage und nicht zu deren Ausweitung in den sozialethischen und insbesondere in den politischen Raum hinein.

Infolgedessen überlagerten schon 1934 theologische und innerkirchliche Auseinandersetzungen die Thematik, von der die Bekenntnisfront ausgegangen war, nämlich die Solidarität zumindest mit den evangelischen Judenchristen. Da ein Vorstoß der kirchenpolitischen und politischen Gegner zur Gründung eigener, nichtarischer Gemeinden ausblieb, konnte man in den Bekenntniskreisen wähnen, mit der theologischen Begründung das Entscheidende geleistet zu haben. Dem eindeutigen christologisch-ekklesiologischen Votum der Bekennenden Kirche entsprach aber nicht die ebenso eindeutige rechtliche und gesellschaftspolitische Konkretisierung dieser Wahrheit mitsamt ihrer entschlossenen Verteidigung.

Auch deshalb stand die Bekenntnisfront dann der wachsenden inneren und äußeren Not der evangelischen »Nichtarier« weithin hilflos gegenüber.

Die *zweite,* nun schon erheblich verschärfte Phase der Verfolgung der jüdischen Minderheit begann im September 1935. Sie stand im Kontext einer wachsenden ideologischen Kampagne zur Militarisierung der deutschen Gesellschaft, die u. a. zu Attacken auf katholische Priester und Ordensleute führte und 1937 zur Zerschlagung des Führungskreises der entschiedenen Richtung der Bekennenden Kirche, der sog. »Dahlemiten«. Unvergleichlich brutaler gingen die Nationalsozialisten jedoch gegen die Juden vor. Als dann nach wochenlangem geistigen und physischen Terror am 15. September 1935 die »Nürnberger Gesetze« erlassen wurden – ihnen sollten 13 Durchführungsverordnungen folgen[21] –, begriffen selbst Juden diese schlimmen Maßnahmen zu ihrer Ausgrenzung als Erleichterung, schien nun doch wenigstens eine dauerhafte gesetzliche Regelung erreicht, so hart und deprimierend diese auch war.

Die Bekenntnisfront ließ in mancherlei Worten und Verlautbarungen ihr Mitgefühl mit diesen Opfern des Regimes anklingen.[22] Allerdings geschah das in der Regel derart vorsichtig und verschlüsselt durch biblische Wendungen, daß nur diejenigen diese Aussagen verstehen konnten, die ohnehin Bescheid wußten. Der politische Druck, der auf der entschiedensten Gruppe der Bekennenden Kirche lastete, nötigte zusätzlich zur Zurückhaltung. In der mutigen, freilich nicht öffentlichen Denkschrift der 2. Vorläufigen Leitung der evangelischen Kirche an Hitler vom Juni 1936 hieß es: »Wenn der arische Mensch verherrlicht wird, so bezeugt Gottes Wort die Sündhaftigkeit aller Menschen, wenn dem Christen im Rahmen der nationalsozialistischen Weltanschauung ein Antisemitismus aufgedrängt wird, der zum Juden*haß* verpflichtet, so steht für ihn dagegen das christliche Gebot der Nächstenliebe.«[23] In der öffentlichen Stellungnahme zu diesem Text, die Ende August von den Kanzeln verlesen wurde, hörten die Gläubigen lediglich: »Wir bitten alle Obrigkeit im deutschen Volk, mit Ernst zu bedenken, daß sie Rechenschaft geben muß vor dem lebendigen Gott für alles, was sie tut. Wir beschwören sie, hinfort nichts mehr zu tun und nichts zuzulassen, was wider Gottes Gebot und wider die Freiheit des in Gott gebundenen Gewissens ist!«[24]

Doch Worte reichten nun offenkundig nicht mehr aus. Um die Not der evangelischen »Nichtarier«[25] zu lindern – für die sich faktisch niemand zuständig fühlte –, suchte Martin Albertz die Unterstützung Fritz von Bodelschwinghs, dann auch des Zentralausschusses für Innere Mission. Allerdings vergeblich. Im April 1937 errichtete Dr. Heinrich Spiero in Berlin eine private Hilfsstelle, um »Nichtariern« die Auswanderung zu ermöglichen. Unterstützung fand diese Arbeit durch die Engländerin Laura Livingston, die Schwägerin von Bischof Bell.[26] Nach dem Pogrom des 9./10. November 1938 übernahm Heinrich Grübers »Büro« diese Aufgaben.[27]

Marga Meusel, Leiterin des evangelischen Bezirkswohlfahrtsamtes Berlin-Zehlendorf, hatte bereits im November 1934 die Einrichtung einer Beratungsstelle für evangelische »Nichtarier« durch die Bekennende Kirche gefordert. Im Juni 1935 lag der 3. Bekenntnissynode der Deutschen Evangelischen Kirche in Augsburg eine Denkschrift vor, die sie auf das Schicksal dieser Menschen aufmerksam machen wollte. Die Synodalen gingen schweigend darüber hinweg.[28] Eine erweiterte Fassung, die jetzt generell von den »deutschen Nichtariern« redete, erhielten Ende September desselben Jahres, also unmittelbar nach den Nürnberger Gesetzen, alle Mitglieder der in Berlin-Steglitz versammelten Bekenntnissynode der Preußischen Kirche.[29] In bewegenden Worten und mit erschütternden Beispielen schilderte die Verfasserin, Elisabeth Schmitz, die innere und äußere Not der Juden in Deutschland. Zuletzt fragte sie: »Was soll man antworten auf all die verzweifelten, bitteren Fragen und Anklagen: Warum tut die Kirche nichts? Warum läßt sie das namenlose Unrecht geschehen? Wie kann sie immer wieder freudige Bekenntnisse zum nationalsozialistischen Staat ablegen, die doch politische Bekenntnisse sind und sich gegen das Leben eines Teiles ihrer eigenen Glieder richten? Warum schützt sie nicht wenigstens die Kinder? Sollte denn alles das, was mit der heute so verachteten Humanität schlechterdings unvereinbar ist, mit dem Christentum vereinbar sein? – Und wenn die Kirche um ihrer völligen Zerstörung willen in vielen Fällen nichts tun kann, warum weiß sie dann nicht wenigstens um ihre Schuld? Warum betet sie nicht für die, die dies unverschuldete Leid und die Verfolgung trifft? Warum gibt es nicht Fürbittegottesdienste, wie es sie gab für die gefangenen Pfarrer? Die Kirche macht es einem bitter schwer, sie zu verteidigen. – Menschlich geredet bleibt die Schuld, daß alles dies geschehen konnte, vor den Augen der Christen, für alle Zeiten und vor allen Völkern und nicht zuletzt vor den eigenen künftigen Generationen auf den Christen Deutschlands liegen.«[30]

Über diesen Text wurde nicht geredet, geschweige denn verhandelt. Zwar hatte eine Reihe von Synodalen erreicht, daß die »Judenfrage« thematisiert wurde. Aber einflußreiche Kreise, darunter Präses Koch, legten die Versammlung von vornherein auf die Behandlung der traditionellen theologischen Position fest, nämlich die Verteidigung des Rechtes und der Pflicht der Kirche, Juden zu taufen. Heinrich Vogel, der ein sehr viel weiterzielendes Referat verfaßt hatte, beugte sich notgedrungen diesem Druck.[31] Es gab einige positive Nachwirkungen dieser Synode innerhalb der Bekennenden Kirche und wohl auch darüber hinaus. Aber aufs Ganze gesehen, handelte es sich hierbei nur um beklemmend dürftige Spurenelemente.

Die *dritte* Phase der Judenverfolgung begann in der Nacht des 9./10. Novembers 1938 mit einem öffentlichen Pogrom, dem über ganz Deutschland lodernden Fanal der sog. »Kristallnacht«.[32] Was an seelischem Leid und körperlichen Schmerzen, an Erniedrigung, Not und Verzweiflung mit diesen Exzessen verbunden war – auch über den Kreis der unmittelbar Betroffenen hinaus, läßt sich nur schwer in Worte fassen. Damals wurde die wirtschaftliche und finanzielle Existenz der Deutschen jüdischer Abstammung endgültig vernichtet.[33] Zugleich setzte das System jetzt alles daran, diese Menschen aus ihrem Vaterland zu verjagen.

Die Bekenntnisfront schwieg.[34] Sicher, der Preußische Bruderrat regte an, in den Gottesdiensten am folgenden Sonntag schlicht die Zehn Gebote zu verlesen. Doch wie sehr man in diesem Kreis am Ende war, belegt eine Notiz von Dietrich Bonhoeffer. Er unterstrich in seiner Bibel den achten Vers des 74. Psalms – »Sie verbrennen alle Häuser Gottes im Lande« –, notierte an den Rand »9.11.38« und markierte mit einem Ausrufezeichen den folgenden Vers: »Unsere Zeichen sehen wir nicht, und kein Prophet predigt mehr, und keiner ist bei uns, der weiß, wie lange.«[35]

Einzelne Prediger wagten es trotzdem, die Dinge beim Namen zu nennen. Zu den mutigsten gehörte der württembergische Dorfpfarrer Julius von Jan.[36] Aber seine Kirche – eine »intakte«, also nicht von den Deutschen Christen beherrschte Kirche – zuckte ängstlich zurück. Bischof Wurm verfaßte dann zwar einen Protest an den Reichsjustizminister Gürtner – der allerdings dem offiziellen Antisemitismus beschämend weit entgegenkam.[37]

Um so hemmungsloser agierten und redeten die deutschchristlichen Kirchenleitungen. In blinder Gefolgschaft gegenüber der nationalsozialistischen Judenverfolgung schlossen die Landeskirchen von Thüringen, Mecklenburg, Anhalt und Sachsen im Februar 1939 »Nichtarier« aus ihren Kirchen aus.[38] Am 4. April proklamierte die »Nationalkirchliche Einung der Deutschen Christen« in ihrer Godesberger Erklärung – der sich elf Kirchenführer bzw. Bischöfe anschlossen – unter anderem: »Mit allen Kräften des Glaubens und des tätigen Lebens dienen wir dem Manne, der unser Volk aus Knechtschaft und Not zu Freiheit und herrlicher Größe geführt hat. Wir bekämpfen unerbittlich alle Elemente, die politische Feindschaft religiös tarnen.« Und weiter: »Der christliche Glaube ist der unüberbrückbare religiöse Gegensatz zum Judentum.«[39]

Die Zahl verzweifelter Menschen, die Deutschland verlassen wollten, schwoll nach dem Novemberpogrom gewaltig an. Jetzt, also Ende 1938, wurde die kirchliche Hilfe für »evangelische Nichtarier« durch Pfarrer Heinrich Grüber in Berlin zentral organisiert, mit Zweigstellen im gesamten Reich.[40] Grüber hatte Verbindungen zur Bekennenden Kirche, kooperierte auch mit der Inneren Mission – und hatte selbstverständlich Kontakte zur Gestapo, die ihn zunächst gewähren ließ, entsprechend der damaligen nationalsozialistischen Zielsetzung, die »Judenfrage« durch die Vertreibung dieser Menschen zu lösen. Ging Grüber somit betont pragmatisch vor, versuchte Pastor Gerhard Braune von der Anstalt Lobetal bei Bernau, über Kontakte zur Reichskanzlei und zum Reichskirchenministerium sowie in Zusammenarbeit u. a. mit Friedrich von Bodelschwingh, einen juristisch abgesicherten zentralen »Hilfsverein« zu schaffen. Der Versuch mißlang, auch Braunes sorgfältig ausgearbeitete Denkschrift blieb erfolglos.[41] Die Entscheidungen über die Behandlung der »Judenfrage« fällten längst nicht mehr die Ministerialbürokratie und der zuständige Minister!

Am 19. Dezember 1940 schloß die Gestapo Grübers Büro und brachte ihn in ein Konzentrationslager. Sein Stellvertreter, Pfarrer

Werner Sylten, wurde am 27. Februar 1941 verhaftet und später ebenso wie die meisten anderen der etwa 35 »nichtarischen« Mitarbeiter des Büros ermordet. Die *letzte* Phase der Judenverfolgung, ihre physische Vernichtung, hatte begonnen.

Als der Beginn dieser »Endlösung« gelten die Deportationen aus dem Reichsgebiet in den Osten seit Oktober 1941. Seit dem 19. September 1941 mußten alle »Nichtarier« in Deutschland den »Judenstern« tragen. Die Koordination der Vernichtung regelte dann die »Wannsee-Konferenz«, so benannt nach dem Tagungsort in Berlin, am 20. Januar 1942.

Die deutschchristlichen Kirchenleitungen fuhren fort, ihre »nichtarischen« Mitglieder auszugrenzen. Ende 1941 wies die Kirchenkanzlei der DEK zusammen mit dem Geistlichen Vertrauensrat die Landeskirchen an, dafür Sorge zu tragen, daß getaufte »Nichtarier« aufhörten, an den Gemeindegottesdiensten teilzunehmen. Und seit 1942 erhob die Hannoversche Landeskirche unter Marahrens – auch sie eine »intakte« Kirche – von »Nichtariern« keine Kirchensteuer mehr, weil sie eben nicht länger dazugehörten.[42]

Es gab vereinzelte Proteste.[43] So rief z. B. die Breslauer Stadtvikarin Katharina Staritz die Gemeindeglieder schriftlich dazu auf, sich jetzt besonders liebevoll um die »Sternträger« zu kümmern. In Bremen verabschiedete Pfarrer Greiffenhagen am 2. November 1941 die zur Deportation bestimmten Gemeindeglieder in einem ergreifenden Gottesdienst und beschenkte sie mit warmen Kleidern und Geld.[44] Doch wie massiv und selbstverständlich der Antisemitismus auch solche Menschen prägte, die sich als entschiedene Gegner des Nationalsozialismus begriffen, belegt die Denkschrift des Freiburger Widerstandskreises. Obwohl man sich 1938 aus Empörung über den Pogrom zusammengefunden hatte, hielt man es nun, 1942, für nötig, über besondere Gesetze zur Eingrenzung der Juden nach dem Ende des Weltkriegs nachzudenken![45]

Die Anspannungen der Kriegsjahre taten ein übriges, um die Anteilnahme auch der evangelischen kirchlichen Kreise am Geschick des jüdischen Bevölkerungsteils zu überlagern und zu verdrängen. Einzelne Ereignisse führten natürlich immer wieder zu tiefem Erschrecken – so z. B. der Freitod Jochen Kleppers und seiner Familie. Aber vorherrschend blieben wenn schon nicht Apathie, so doch Hilflosigkeit.

In dieser Zeit begann Bischof Wurm in seinen Eingaben an führende politische Stellen auch nachdrücklicher auf die Verfolgung und Ermordung der Juden einzugehen. Am 20. Dezember 1943 schrieb er an Minister Lammers: »Niemand, der die Entwicklung der Rassepolitik in den letzten Jahren aufmerksam verfolgt hat, kann darüber im unklaren sein, daß diesen Mischlingen dasselbe Schicksal droht, das die Volljuden getroffen hat, die Ausmerzung. Nicht aus irgendwelchen philosemitischen Neigungen, sondern lediglich aus religiösem und ethischem Empfinden heraus muß ich in Übereinstimmung mit dem Urteil aller positiv christlichen Volkskreise in Deutschland erklären, daß wir Christen diese Vernichtungspolitik gegen das Judentum als schweres und für das deutsche Volk verhängnisvolles Unrecht empfinden.«[46]

Vorangegangen war im selben Jahr 1943, in der Osterzeit, der Versuch eines evangelischen Arbeitskreises um den Verleger Lempp in München, Bischof Meiser zum öffentlichen Protest gegen die Ermordung der Juden zu bewegen. Hermann Diem hatte dafür eine kleine Denkschrift verfaßt, die mit dem Satz begann: »Als Christen können wir es nicht mehr länger ertragen, daß die Kirche in Deutschland zu den Judenverfolgungen schweigt.«[47] Meiser sah keine Möglichkeit, diesen Protest in die Öffentlichkeit hinausgehen zu lassen. Erfolglos endete auch der Versuch Helmut Hesses, zusammen mit seinem Vater Hermann Albert Hesse die Bekenntnisgemeinde in Wuppertal am 6. Juni 1943 im Sinne der Münchener Denkschrift aufzurütteln. Beide Männer kamen ins KZ, wo Helmut Hesse bereits im November verstarb.[48] Einen letzten Nachklang der Erschütterung im Lemppschen Kreis über die Vernichtung der Juden bildete die kleine Broschüre »Darum seid nüchtern! Ein Gruß an die Brüder«. Walter Höchstädter hatte sie in Frankreich im Sommer 1944 anonym drucken lassen und verschickt.[49]

Längst vorher hatten auch evangelische Christen versucht, getauften und ungetauften »Nichtariern« zu helfen. Neben extremen Aktionen – wie derjenigen von Kurt Gerstein, der in die SS eintrat, um die Mordmaschinerie von innen auszuspähen – standen viele Bemühungen von einzelnen oder Gruppen, den Verfolgten mit Nahrung, Kleidung und wenigstens vorübergehender Unterkunft zu helfen. Begrenzten Erfolg hatten diese mutigen Taten vor allem in größeren Städten und insbesondere in Berlin. Über die Einzelheiten – wozu bald auch die Herstellung und Verteilung von gefälschten Lebensmittelkarten sowie Personalausweisen gehörten, wissen wir wenig. Es war sicherlich nicht unerheblich, was da von einzelnen gewagt und geleistet wurde. Aber aufgewogen wird dadurch das Gräßliche und Ungeheuerliche, das damals in Deutschland und durch Deutsche geschah, selbstverständlich keineswegs.

Was die Tatsache des tiefen Einbruchs nationalsozialistischen Denkens und eines ebenso hemmungslosen wie aggressiven Antisemitismus für das Selbstverständnis der evangelischen Kirche bedeuten müßte – und tatsächlich bedeutet hat –, ist eine Frage, die in diesem Zusammenhang nur genannt, nicht beantwortet werden kann. Was das Unfaßbare, das wir mit Begriffen wie Holocaust, Shoah, Genozid oder Auschwitz eher anzudeuten als zu erfassen fähig sind, für die Zukunft in sich trägt, nicht allein für die der Kirchen, sondern ebenso der gesamten deutschen und vermutlich sogar der europäischen Gesellschaft, vermag ich hier ebensowenig zu entfalten. Statt dessen geht es mir um ein Teilproblem: Wie ordnete sich der protestantische, genauer: der evangelisch-kirchliche Antisemitismus in die allgemeine Beeinflussung oder auch Beherrschung der deutschen Bevölkerung durch diesen Ungeist während der Zeit der nationalsozialistischen Herrschaft ein?

Vor allem aus den Lageberichten der Gestapo, aber auch aus anderen Quellen wissen wir, daß der Antisemitismus keine zentrale Bedeutung für die Zustimmung zu Hitlers Politik oder auch die Kritik an ihr besaß – ebensowenig wie er der entscheidende Grund für die Wahlerfolge der NSDAP gewesen war. Erheblich größeres Gewicht besaßen durchweg wirtschaftliche, daneben – jedenfalls in bestimmten Schichten – nationale Fragen. Die gewaltsamen Ausschreitungen, Zerstörungen von Sachwerten und Mißhandlungen von Personen durch SA und Parteiorganisationen fanden weder im Frühjahr 1933 noch im Sommer 1935 noch auch im November 1938 bei der Mehrheit der deutschen Bevölkerung Anklang. Vielmehr hören wir von allerlei Zurückhaltungen, von Distanzierung und sogar Betroffenheit, bis in die Reihen der NSDAP hinein.[50]

Diese Feststellung bedarf freilich sogleich der Differenzierung. Zum einen gab es natürlich einen »harten Kern« radikaler Antisemiten, sei es aus Überzeugung oder aus hemmungsloser Anpassung an die herrschende Ideologie, wodurch viele andere mitgerissen wurden. Zum andern darf die Ablehnung der Pogrome und brutalen Ausschreitungen seitens der Bevölkerung nicht mit deren Sympathie für die Juden verwechselt werden. Waren die radikalen Antisemiten eine Minderheit – allerdings eine solche, die über einen starken politischen Rückhalt verfügte, bis hinauf zu Hitler –, handelte es sich bei jenen Menschen, die *für* die Juden eintraten, um eine erheblich geringere Zahl, die zudem weder politisch noch gesellschaftlich noch auch kirchlich mit großer Zustimmung oder gar Unterstützung rechnen konnte.

Wichtig ist ferner die regionale Differenzierung mitsamt der Unterscheidung von Stadt- und Landgebieten. In den Dörfern und Kleinstädten waren Juden sehr viel einfacher auszumachen, zu isolieren und direkt zu attackieren als in den Großstädten und insbesondere in der Metropole Berlin. Auch verschiedene gesellschaftspolitische Traditionen spielten nun eine Rolle – wie z. B. der alte, tief eingewurzelte Antisemitismus in Hessen, im Unterschied etwa zu Westfalen oder Württemberg. Hinzu kamen mancherlei soziale und religiöse Divergenzen. Sicherlich ist das zusammenfassende Urteil des SD von Ende 1938 allzu pauschal, wenn es hieß: »Die Maßnahmen gegen das Judentum erfuhren weitaus stärkere Zurückweisung im Süden (mit der Ausnahme der Ostmark) und dem Westen des Reiches (katholisch, dichter besiedelt, überwiegend städtische Bevölkerung) als im Norden (protestantisch, dünner besiedelt, ländliche Bevölkerung).«[51] Einen allgemeinen Trend, der auch durch andere Quellen belegt wird, signalisiert diese Aussage aber fraglos.

Es waren einzelne oder kleine Gruppen von Arbeitern, Angehörigen des gehobenen Bürgertums sowie Geistlichen, zumeist katholischen, die nach den Berichten von Gestapo und SD Abneigung, Ablehnung, auch Abscheu gegenüber dem Novemberpogrom äußerten.[52] Bestimmte Traditionen der Arbeiterbewegung, eines liberalen (groß)bürgerlichen Geistes sowie der katholischen Kirchenlehre trugen also dazu bei, sich zumindest von den schlimmsten öffentlichen Ausbrüchen des Antisemitismus zu distanzieren. Im Protestantismus waren solche Gegenkräfte offenkundig nicht im gleichen Maße lebendig. Deshalb tritt uns hier der Antisemitismus in einem sehr viel breiteren, auch selbstverständlicheren Ausmaß entgegen. Anders formuliert: Antijudaismus und Antisemitismus prägten eindeutig, wie schon vor 1933, auch in der Zeit des Dritten Reiches innerhalb und außerhalb der Gemeinden das Denken und die Mentalität eines großen Teils der deutschen Protestanten.

So unbestreitbar diese Feststellung ist, so unberechtigt wäre es doch, sie einfach zu verabsolutieren. Unter dem speziell theologischen oder auch geistesgeschichtlichen Blickwinkel ist damit vielleicht das Entscheidende gesagt. Aber das reicht nicht aus, um die Realitäten des Widerstandes gegen diesen Antisemitismus zu erfassen. Beachtliche emotionale und »rationale« Vorbehalte gegen »die« Juden existierten doch auch unter Arbeitern, im gehobenen Bürgertum sowie im Katholizismus.[53] Ohne jetzt auf graduelle Unterschiede gegenüber den Protestanten oder die Besonderheiten in bestimmten Kreisen der Arbeiterschaft sowie des gehobenen Bürgertums einzugehen, läßt sich im Blick auf den deutschen Katholizismus konstatieren, daß es hier in hohem Maße das katholische Milieu war, wodurch das Aufschießen des Antisemitismus in den eigenen Reihen behindert wurde. Anders formuliert: Weil der Nationalsozialismus die Kirche und ihre Organisationen mitsamt den Gläubigen beschimpfte, bedrängte und bedrückte, standen die Katholiken insbesondere da, wo sie eng mit ihren Kaplänen, Priestern und Bischöfen verbunden waren – also gerade auch in ländlichen, bäuerlichen Gebieten –, relativ geschlossen zusammen gegen das, was die Nationalsozialisten an Werten und Zielsetzungen proklamierten. Und das bedeutete dann eben auch, daß man aufgrund des übergreifenden Gegensatzes Übereinstimmungen in anderen Bereichen zurückdrängen, mithin den Antisemitismus niederhalten konnte.

Welche Vorsicht man walten lassen sollte gegenüber der Neigung zu generalisierenden, auch theologischen und insbesondere konfessionellen Urteilen; wie wesentlich statt dessen die Berücksichtigung von Milieus und Mentalitäten ist, also von sozialgeschichtlichen Gegebenheiten im weitesten Sinn, belegt ein Vergleich mit den etwa gleichzeitigen Vorgängen in Frankreich.[54] Knapp zusammengefaßt: Dort, im Regime von Vichy, dominierte der gerade auch von Katholiken proklamierte und verkörperte Antisemitismus, bis hin zu mannigfachen Formen der Kooperation bei der Unterdrückung und Verfolgung der Juden. Die politische Führungselite, ein beachtlicher Teil der Bischöfe sowie wichtige gesellschaftliche Gruppen stimmten darin weltanschaulich überein. Sie wirkten dementsprechend zusammen, bildeten ein Milieu und repräsentierten eine Mentalität, die entschieden antisemitisch geprägt und strukturiert war. Die kleine protestantische Minderheit erlebte dagegen diese klerikale Politik in der Tradition jahrhundertealter Verfolgungen als erneute, unmittelbare Bedrohung der eigenen religiösen und auch gesellschaftlichen und politischen Existenz. Man solidarisierte sich darum in einem beachtlichen Ausmaß mit den Juden, verbal, speziell theologisch, dann in vielfältigen Hilfeleistungen – bis hin zum politischen Widerstand.[55] Wieder war die Voraussetzung dafür die Existenz eines Milieus und einer Mentalität, wodurch solche geistigen und praktischen Aktivitäten gefördert und getragen wurden.

Daraus läßt sich im Blick auf den deutschen Protestantismus folgern: Inwieweit die nationalsozialistische Propaganda gegen die Juden, die nach 1935 durchaus Erfolge in der deutschen Bevölkerung zu verbuchen vermochte, auch die Protestanten beeinflußte, steht dahin. Sehr wahrscheinlich war es der Fall. Schwerer ist die Frage zu entscheiden, ob die entschiedene Rückbesinnung auf die biblische Botschaft mitsamt der traditionellen Dogmatik, die oft mit einer scharfen Frontstellung gegen Aufklärung und Liberalismus insgesamt verbunden war, auch zu einer Steigerung des alten christlichen Antijudaismus in den Bekenntnisgemeinden geführt hat. Aber wesentlich ist, daß dieser Protestantismus – zumindest in seiner Führungsschicht – in einem Milieu existierte und agierte, das ideologisch, kulturell und mental weithin auch dasjenige der deutschen Führungselite war – also etwa der Ministerialbürokratie, der hohen Verwaltung, der Generalität und des Auswärtigen Amtes: und dazu gehörte strukturell und traditionell ein bestimmter Antisemitismus. Am konservativen Widerstand gegen Hitler und den Nationalsozialismus läßt sich diese Prägung eindeutig ablesen.[56] Ebenso bekannt sind die weitgefächerten Kontakte aus diesem Lager zu Repräsentanten der evangelischen Kirche.

Die Realität dieses protestantischen Milieus war zumindest bis 1938 mitverantwortlich für die Unwilligkeit und Unfähigkeit großer Teile der führenden evangelischen Schicht, die Ablehnung, Verunsicherung und Betroffenheit in breiteren evangelisch-kirchlichen und protestantischen Kreisen über die nationalsozialistischen Exzesse gegen die Juden aufzugreifen, zu artikulieren und insofern gesellschaftspolitisch zu bündeln.[57] Folglich verloren sich diese Emotionen bald wieder, da ihnen der Kristallisationskern fehlte. Indifferenz, Gleichgültigkeit, auch Abstumpfung machten sich breit, vollends in den Kriegsjahren. Zudem war es jetzt endgültig zu spät, um durch Proteste und die eventuelle Mobilisierung der Öffentlichkeit die Vernichtung der Juden noch aufzuhalten. Als heroisch sind die letzten öffentlichen Aufschreie evangelischer Christen gegen den Völkermord fraglos zu bezeichnen. Ärmlich mutet dagegen die Weigerung etwa Bischof Meisers an, sich mit dieser Opposition zu identifizieren. Läßt man freilich pragmatische politische Gesichtspunkte gelten, spricht einiges für das Verhalten Meisers. Zumindest im nachhinein erinnert es zudem daran, daß Bekennen und pragmatisches politisch-gesellschaftliches Handeln nicht zu Alternativen werden dürfen.

Der Antisemitismus hat verheerende Folgen für Deutschland gehabt, nicht zuletzt für die evangelische Kirche und den Protestantismus insgesamt. Gegen diesen Ungeist mit allen intellektuellen und emotionalen Mitteln und sämtlichen theologischen Argumenten anzugehen, ist deshalb ebenso notwendig wie folgerichtig. Doch man wähne nicht, allein dieser Antisemitismus habe zum Völkermord an den Juden geführt. Blinder Gehorsam, Pflichterfüllung und Staatstreue haben dazu ebenso beigetragen, auch in Verbindung mit jenem Antisemitismus, aber doch durchaus auch unabhängig von ihm. Dasselbe gilt von der zunehmenden Ausgrenzung und Entpersonalisierung der Juden. Diese erlitten ebenso auch Sinti und Roma sowie andere Gegner des Systems, wie z. B. die Kommunisten oder dann die Russen. Auch hier haben die Kirchen, haben vor allem die Führer der evangelischen Kirche in Deutschland keineswegs rechtzeitig und eindeutig widerstanden. Und das bedeutet, noch einmal im nachhinein geurteilt, daß gerade vor diesem historischen Hintergrund die Mitwirkung evangelischer Christen an der Schaffung einer freien, offenen, also demokratischen und pluralen Gesellschaftsordnung von schlechthin elementarer Bedeutung ist und bleibt.

Anmerkungen

1 Die Positionen im Katholizismus scheinen bislang nur begrenzt erhellt. Wichtig ist Schewick, Burkhard van: Katholische Kirche und nationalsozialistische Rassenpolitik, in: Gotto, Klaus/Repgen, Konrad (Hrsg.), Kirche, Katholiken und Nationalsozialismus, Mainz 1980, S. 83–100. Ganz auf den päpstlichen Syllabus gegen den Rassismus vom Frühjahr 1938 konzentriert sich Repgen, Konrad, Judenpogrom, Rassenideologie und katholische Kirche 1938, Köln 1988. Vgl. auch den Beitrag von Bernd Nellessen in diesem Band.

2 Vgl. dazu Scholder, Klaus, Die Kirchen und das Dritte Reich, Bd. 1, Frankfurt a. M. 1977, bes. S. 277 ff., sowie die informative Quellensammlung von van Norden, Günter, Der deutsche Protestantismus im Jahr der nationalsozialistischen Machtergreifung, Gütersloh 1979.

3 Zur historischen Einordnung des Begriffs ist wichtig: Nowak, Kurt, Zweireichelehre. Anmerkungen zum Entstehungsprozeß einer umstrittenen Begriffsprägung und kontroversen Lehre, in: Zeitschrift für Theologie und Kirche 78 (1981), S. 105–127.

4 Über diesen Komplex orientiert mein Artikel: Weder Neuanfang noch Restauration. Zur Interpretation der deutschen evangelischen Kirchengeschichte nach dem Zweiten Weltkrieg, in: Büttner, Ursula (Hrsg.), Das Unrechtsregime. Festschrift für Werner Jochmann, Bd. 2, Hamburg 1986, S. 326–357.

5 Jochmann, Werner, Gesellschaftskrise und Judenfeindschaft in Deutschland 1870–1945, Hamburg 1988; Volkov, Shulamit, Jüdisches Leben und Antisemitismus im 19. und 20. Jahrhundert. 10 Essays, München 1990.

6 Bedenkenswert ist die Feststellung von Marrus, Michael R. (The History of the Holocaust. A Survey of recent Literature, in: Journal of Modern History 59, 1987, S. 114–160): Lediglich im lutherischen Dänemark und im katholischen Italien begegnete die Verfolgung der Juden ernsthaftem Widerstand seitens der Bevölkerung. Aber hier wie da habe es sich um nationale, mentale und antinationalsozialistische Motivationen gehandelt und nicht um religiöse!

7 Vgl. dazu und zum Folgenden: Meier, Kurt, Kirche und Judentum. Die Haltung der evangelischen Kirche zur Judenpolitik des Dritten Reiches, Halle/Saale 1968; Gerlach, Wolfgang, Als die Zeugen schwiegen. Bekennende Kirche und die Juden, Berlin 1987. Reiche Quellenbelege bei Röhm, Eberhard/Thierfelder, Jörg (Hrsg.), Juden, Christen, Deutsche 1933–1945, Bd. 1–3/2, Stuttgart 1990–1995; Smid, Marikje, Deutscher Protestantismus und Judentum 1932/33, München 1990.

8 Kennzeichnend dafür ist das Schicksal einer Eingabe von Leopold Cordier an mehrere Kirchenleitungen. Am 6. Mai 1933 hatte er seinen Artikel »Nachdenkliches zur Judenfrage« (in: Christdeutsche Stimmen, H. 4/6) mit einem Begleitschreiben verschickt, in dem es u. a. hieß: »Die evangelischen Gemeinden warten auf ein Wort ihrer kirchlichen Führer, insbesondere im Blick auf die Gemeindeglieder, die vom Arierparagraphen des Beamtengesetzes betroffen sind«. Die Stellungnahme der Württembergischen Landeskirche vom 18. 5. 1933 lautete: »Es wird untunlich sein, wenn eine *einzelne*

Landeskirche sich jetzt zu dieser Frage äußert. Da die Anfrage auch in Berlin vorliegt, braucht sie von uns dorthin nicht weitergeleitet zu werden. Ihre Beantwortung wird die künftige Verfassung der deutsch. ev. Kirche geben, der nicht wohl vorgegriffen werden kann. Daher ohne Antwort: z. d. A.« (Archiv der Württbg. Landeskirche Stuttgart, Gen. 100,I).

9 Boyens, Armin, Kirchenkampf und Ökumene, 2 Bde., München 1969 – 1973, bes. Bd. 1, S. 37 – 86 u. 290 – 313; Bd. 2, S. 40 – 49, 98 – 151, 341 f.

10 Boyens, Ökumene, Bd. 1, S. 42.

11 Der Text ebd., S. 299 – 308.

12 Ebd., S. 295 – 299. Abweichend von der Mehrheit votierte durchgängig Wilhelm von Pechmann. Vgl. dazu Kantzenbach, Friedrich Wilhelm (Hrsg.), Widerstand und Solidarität der Christen in Deutschland 1933 – 1945. Eine Dokumentation zum Kirchenkampf aus den Papieren des D. Wilhelm Freiherrn von Pechmann, Neustadt/Aisch 1971.

13 Boyens, Ökumene (wie Anm. 9), Bd. 1, S. 297 f.

14 Grundlegend dazu ist jetzt Kaiser, Jochen-Christoph, Protestantismus, Diakonie und »Judenfrage« 1933 – 1941, in: Vierteljahrshefte für Zeitgeschichte 37 (1989), S. 673 – 714, hier S. 681 f.

15 Hermle, Siegfried/Lächele, Rainer, Die Evangelische Landeskirche in Württemberg und der »Arierparagraph«, in: Hermle, Siegfried/Lächele, Rainer/Nuding, Albrecht (Hrsg.), Im Dienst an Volk und Kirche. Theologiestudium im Nationalsozialismus. Erinnerungen, Darstellungen, Dokumente und Reflexionen zum Tübinger Stift 1930 – 1950, Stuttgart 1988, S. 179 – 214.

16 Zit. bei van Norden, Protestantismus (wie Anm. 2), S. 246. Vgl. ferner Neumann, Peter, Die Jungreformatorische Bewegung, Göttingen 1971; Schmidt, Jürgen, Martin Niemöller im Kirchenkampf, Hamburg 1971, insbes. S. 123 – 144.

17 Schmidt, Kurt Dietrich (Hrsg.), Die Bekenntnisse und grundsätzlichen Äußerungen zur Kirchenfrage des Jahres 1933, Göttingen 1934; ebenso ders. für 1934 und 1935, Göttingen 1935 und 1936.

18 Müller, Christine-Ruth, Bekenntnis und Bekennen. Dietrich Bonhoeffer in Bethel (1933). Ein lutherischer Versuch, München 1989.

19 Liebing, Heinz (Hrsg.), Die Marburger Theologen und der Arierparagraph in der Kirche. Eine Sammlung von Texten aus den Jahren 1933 und 1934, Marburg/Lahn 1977.

20 Bonhoeffer, Dietrich, Gesammelte Schriften, hrsg. v. Eberhard Bethge, Bd. 2, München 1959, S. 126 – 130; vgl. auch ebd., S. 44 – 53, 62 – 69.

21 Walk, Joseph (Hrsg.), Das Sonderrecht für die Juden im NS-Staat. Eine Sammlung der gesetzlichen Maßnahmen und Richtlinien, Inhalt und Bedeutung, Karlsruhe 1981.

22 Vgl. auch dazu Gerlach, Zeugen (wie Anm. 7), S. 151 – 230.

23 Greschat, Martin (Hrsg.), Zwischen Widerspruch und Widerstand. Texte zur Denkschrift der Bekennenden Kirche an Hitler (1936), München 1987, S. 113 f.

24 Ebd., S. 196. Ferner Greschat, Martin, Christliche Verkündigung und ethische Verantwortung. Das Pfingstwort der Bekennenden Kirche aus dem Jahre 1936, in: Theologische Zeitschrift 44 (1988), S. 329 – 354.

25 Vgl. dazu Büttner, Ursula, Die Not der Juden teilen. Christlich-jüdische Familien im Dritten Reich, Hamburg 1988, bes. S. 11 – 71; Nowak, Kurt, Das

Stigma der Rasse. Nationalsozialistische Judenpolitik und die christlichen Nichtarier, in: Kaiser, Jochen-Christoph/Greschat, Martin (Hrsg.), Der Holocaust und die Protestanten. Analysen einer Verstrickung, Frankfurt a. M. 1988, S. 73–99. Büttner, Ursula/Greschat, Martin, Die verlassenen Kinder der Kirche, Der Umgang mit Christen jüdischer Herkunft im »Dritten Reich«, Göttingen 1998; Vuletic, Aleksandar-Sasa, Christen jüdischer Herkunft im Dritten Reich. Verfemung und organisierte Selbsthilfe 1933–1939, Mainz 1999.

26 Nowak, Kurt, Stigma (wie Anm. 25), S. 82 f.

27 Diese Entwicklung hat Kaiser, Protestantismus (wie Anm. 14), S. 702 f. überzeugend herausgearbeitet.

28 So Martin Albertz in seinem Artikel: Die Vorläufige Kirchenleitung der Deutschen Evangelischen Kirche, in: Bekennende Kirche. Martin Niemöller zum 60. Geburtstag, München 1952, S. 165.

29 Niemöller, Wilhelm (Hrsg.), Die Synode zu Steglitz. Die dritte Bekenntnissynode der Evangelischen Kirche der APU, Göttingen 1970. Der Text der Denkschrift ebd., S. 29–58. Daß die unsignierte Denkschrift, die bisher in der Forschung Marga Meusel zugeschrieben wurde, tatsächlich die Berliner Gymnasiallehrerin Dr. Elisabeth Schmitz zur Verfasserin hatte, wurde jetzt nachgewiesen von: Meyer, Dietgard, Elisabeth Schmitz, in: Erhart, Hannelore/Meseberg-Haubold, Ilse/Meyer, Dietgard, Katharina Staritz 1903–1953. Dokumentation, Bd. 1: 1903–1942. Mit einem Exkurs: Elisabeth Schmitz, Neukirchen-Vluyn 1999, S. 187–385, speziell 218–268.

30 Niemöller, Synode (wie Anm. 29), S. 47.

31 Ebd., S. 300.

32 Aus der umfangreichen Literatur sei hervorgehoben: Greschat, Martin, Protestantismus und Antisemitismus. Judenverfolgung in der »Reichskristallnacht« (9./10. 11. 1938) als Exempel, in: Mannzmann, Anneliese (Hrsg.), Judenfeindschaft in Altertum, Mittelalter und Neuzeit, Königstein/Ts. 1981, S. 80–108; Mommsen, Hans, Die Funktion des Antisemitismus im »Dritten Reich«. Das Beispiel des Novemberpogroms, in: Brakelmann, Günter/Rosowski, Martin (Hrsg.), Antisemitismus. Von religiöser Judenfeindschaft zur Rassenideologie, Göttingen 1989, S. 179–192; Pehle, Walter H. (Hrsg.), Der Judenpogrom 1938. Von der »Reichskristallnacht« zum Völkermord, Frankfurt a. M. 1988; Döscher, Hans-Jürgen, »Reichskristallnacht«. Die Novemberpogrome 1938, Frankfurt a. M. 1988; Thalmann, Rita/Feinermann, Emmanuel, Die Kristallnacht (Deutsche Übersetzung), Frankfurt a. M. 1987.

33 Barkai, Avraham: Vom Boykott zur »Entjudung«. Der wirtschaftliche Existenzkampf der Juden im Dritten Reich, Frankfurt a. M. 1988.

34 Materialreich auch zu diesem Abschnitt ist Gerlach, Zeugen (wie Anm. 7), S. 231–283, 297–325.

35 Bethge, Eberhard, Dietrich Bonhoeffer. Theologe, Christ, Zeitgenosse, München 1967, S. 684.

36 Die Texte dazu jetzt bei Schäfer, Gerhard (Hrsg.), Die Evangelische Landeskirche in Württemberg und der Nationalsozialismus, Bd. 6, Stuttgart 1986, S. 111–159.

37 Schäfer, Gerhard (Hrsg.), Landesbischof D. Wurm und der nationalsozialistische Staat 1940–1945. Eine Dokumentation, Stuttgart 1968, S. 147 ff.

38 Generell dazu Brunotte, Heinz, Die Kirchenmitgliedschaft der nichtarischen Christen, in: Zeitschrift für evangelisches Kirchenrecht 13 (1967), S. 140–174.
39 Kirchliches Jahrbuch 1933–1944, 2. Aufl. Gütersloh 1976, S. 285.
40 Detailliert dazu Nowak, Stigma (wie Anm. 25) und Kaiser, Protestantismus (wie Anm. 14).
41 Abgedruckt in: Innere Mission 37 (1947), S. 23–39.
42 Meier, Judentum (wie Anm. 7), S. 52, Anm. 91.
43 Vgl. dazu insgesamt Gerlach, Zeugen (wie Anm. 7), S. 284–297.
44 Meyer-Zollitsch, Almuth, Nationalsozialismus und evangelische Kirche in Bremen, Bremen 1985, S. 269 ff., bes. S. 276–283.
45 Thielicke, Helmut (Hrsg.), In der Stunde Null. Die Denkschrift des Freiburger »Bonhoeffer-Kreises«, Tübingen 1979.
46 Vgl. Anm. 37.
47 Der Text der Denkschrift bei Diem, Hermann, Sine vi, sed verbo, München 1965, S. 108–111.
48 Norden, Günter van, Helmut Hesse, ein Bekenntnispfarrer, den die Bekennende Kirche nicht ertrug, in: Monatshefte für die evangelische Kirche des Rheinlandes 29 (1980), S. 241–268.
49 Teilweise abgedruckt bei Greschat, Martin (Hrsg.), Die Schuld der Kirche, München 1982, S. 32–36.
50 Vgl. dazu Merkl, Peter, Political Violence under the Swastika. 581 Early Nazis, Princeton 1975, bes. S. 446 ff.; Kershaw, Ian, The Persecution of the Jews and German Popular Opinion in the Third Reich, in: Leo Baeck Institute Yearbook 1981, S. 261–289; Mommsen, Hans/Obst, Dieter, Die Reaktion der deutschen Bevölkerung auf die Verfolgung der Juden 1933–1943, in: Hans Mommsen/Susanne Willems (Hrsg.), Herrschaftsalltag im Dritten Reich, Düsseldorf 1988, S. 374–421; Kwiet, Konrad, Zur historiographischen Behandlung der Judenverfolgung im Dritten Reich, in: Militärgeschichtliche Mitteilungen 27/28 (1980), S. 149–192.
51 Nach Kulka, Otto D., Public Opinion in NS-Germany and the Jewish Question, in: Zion 40 (1975), S. 186–290, zit. bei Kershaw, Persecution (wie Anm. 50), S. 277.
52 Kershaw, Persecution (wie Anm. 50), S. 276–278.
53 Einen christlichen Antijudaismus in katholischen Gemeinden bestreitet auch Repgen nicht: Repgen, Konrad, 1938 – Judenpogrom und katholischer Kirchenkampf, in: Brakelmann/Rosowski, Antisemitismus (wie Anm. 32), S. 124 f.
54 Marrus, Michael R./Paxton, Robert O., Vichy France and the Jews, New York 1981; Marrus, Michael R., Die französischen Kirchen und die Verfolgung der Juden in Frankreich 1940–1944 in: Vierteljahrshefte für Zeitgeschichte 31 (1983), S. 483–505.
55 Einzelnes dazu auch bei Encrevé, André, Les Protestants en France de 1800 à nos jours. Histoire d'une Réintegration, Paris 1985, bes. S. 229 ff.
56 Dipper, Christof, Der Widerstand und die Juden, in: Jürgen Schmädeke/Peter Steinbach (Hrsg.), Der Widerstand gegen den Nationalsozialismus, München/Zürich 1985, S. 598–616.
57 Darin stimmen mit ihrer Kritik u. a. Mommsen und Kulka überein (vgl. Anm. 50).

Siegfried Hermle

Die Auseinandersetzung mit der nationalsozialistischen Judenverfolgung in der Evangelischen Kirche nach 1945

Welche Reaktionen gab es in der evangelischen Kirche nach 1945 auf die Judenverfolgung? Von dieser Grundfrage ausgehend, der auch Werner Jochmann in seinem Buch »Gesellschaftskrise und Judenfeindschaft in Deutschland 1870–1945« nachging,[1] möchte ich drei Bereiche herausgreifen: Wurde die Verfolgung als Schuld angenommen und bei den Kirchengliedern dafür geworben, diese Schuld mitzutragen? Sodann wird zu fragen sein, ob sich die Kirche ihrer Glieder, die aufgrund der »Nürnberger Gesetze« als »Nichtarier« galten und verfolgt wurden, in besonderer Weise annahm? Schließlich: Gab es Ansätze, nach einer Mitverantwortung der Kirche und ihrer Theologie zu suchen und gegebenenfalls die traditionelle Verhältnisbestimmung von Kirche und Judentum neu zu durchdenken?

Sucht man diesen Fragen nachzugehen, so ist vorab darauf hinzuweisen, daß die Lebendigkeit der evangelischen Kirche sich der Vielzahl verschiedener Landeskirchen, zahlreicher freier Werke, Gemeinschaften, Gruppierungen und Persönlichkeiten verdankt. Zwar nehmen der 1945 gebildete Rat der Evangelischen Kirche in Deutschland (EKD) und die an seiner Seite stehende Kirchenkanzlei eine exponierte Stellung ein, doch um die Reaktion der Evangelischen Kirche darzustellen, genügt es keineswegs, allein deren Verlautbarungen und Aktivitäten zu betrachten. Daneben sind auch die zahlreichen Worte und Initiativen zu sehen, die von Gremien und Personen ganz unterschiedlicher Legitimität ausgingen.

Im Hinblick auf die gebotene Kürze sollen einige mir beispielhaft erscheinende Reaktionen aus dem Bereich der EKD herausgegriffen werden. Zunächst möchte ich den Aktivitäten des Rates und der Kirchenkanzlei der EKD nachgehen und zu zeigen versuchen, wie durch die Arbeit der Kirchenkanzlei entscheidende Weichenstellungen im Blick auf Äußerungen und Aktivitäten der EKD als Ganzes erfolgten. Wie bereits angedeutet, wird ferner darauf einzugehen sein, wie das Hilfswerk der EKD sich im diakonischen Bereich der ehemals Verfolgten annahm. Aus der großen Zahl der von Landeskirchen und kirchlichen Gruppierungen zwischen 1945 und 1950 abgegebenen Erklärungen und Verlautbarungen zum Thema »Kirche und Judentum« möchte ich dann abschließend zwei Texte aus der unmittelbaren Nachkriegszeit vorstellen, die bislang weitgehend unbeachtet blieben: Einen Brief des württembergischen Landesbischofs Theophil Wurm an die Israelitische Kultusgemeinde in Stuttgart vom Juni 1945 und einen am 11. November 1945 von der bremischen Kirchenleitung erlassenen Aufruf zum siebten Jahrestag der »Reichskristallnacht«.

Die Aktivitäten des Rates und der Kirchenkanzlei der EKD

Auf Initiative von Theophil Wurm trafen sich im August 1945 im hessischen Treysa führende Repräsentanten der evangelischen Landeskirchen, die eine vorläufige Neuorganisation der nun EKD genannten Gesamtvertretung des deutschen Protestantismus vornahmen.[2] An die Spitze wurde ein zwölf Personen umfassender Rat gestellt, dem eine Kirchenkanzlei genannte Behörde zur Führung der laufenden Geschäfte an die Seite gestellt wurde. Erster Ratspräsident wurde Theophil Wurm, Leiter der Kirchenkanzlei der vormalige Altonaer Pastor Hans Asmussen.[3]

In einer ersten, noch in Treysa auf Anregung des Reichsbruderrats angenommenen Erklärung wurde unter anderem im Blick auf die Verfolgung der Juden während der NS-Herrschaft mit dürren Worten erklärt: »Wo die Kirche ihre Verantwortung ernst nahm, rief sie zu den Geboten Gottes, nannte bei Namen Rechtsbruch und Frevel, die Schuld in den Konzentrationslagern, die Mißhandlung und Ermordung von Juden und Kranken und suchte der Verführung der Jugend zu wehren. Aber man drängte sie in die Kirchenräume zurück, wie in ein Gefängnis. Man trennte unser Volk von der Kirche.«[4] Daß eine solche Sicht der Dinge mehr als nur beschönigend war, braucht wohl nicht näher ausgeführt zu werden. In der »Stuttgarter Schulderklärung«, die der Rat der EKD am 18. und

19. Oktober beriet und dann vor den anwesenden Vertretern der Ökumene abgab, wurden die Judenverfolgung und der planmäßige Völkermord nicht erwähnt,[5] und auch in dem vom Leiter der Kirchenkanzlei im Dezember vorgelegten Kommentar zu dieser Erklärung wird nur in einem knappen Satz daran erinnert, daß das heute den Deutschen zugefügte Unrecht »unsere Schuld an den Nichtariern in gar keiner Weise« zudecke.[6] Da auch ein im März 1946 in Angriff genommenes Wort der EKD »zum Umfang der jetzt veröffentlichten Judenmorde« aus unbekannten Gründen unterblieb – obgleich ein recht eindrücklicher Entwurf bereits ausgearbeitet war[7] –, konnte nur ein Impuls von außen die EKD zu einer Diskussion anregen, ob und gegebenenfalls was sie zu den Verfolgungen zu sagen hatte und welche konkreten Folgerungen für den kirchlichen Bereich zu ziehen waren.

Im Zusammenhang mit den Unterstützungsmaßnahmen für Opfer der nationalsozialistischen Verfolgungen, die der damals noch im Aufbau begriffene Ökumenische Rat der Kirchen (ÖRK) bald nach Kriegsende eingeleitet hatte, war Dr. Adolf Freudenberg bereits vom 15. Juni bis 12. Juli 1945 durch Deutschland gereist und hatte neben einer Bestandsaufnahme zur Lage der Kirchen und zur Not der Bevölkerung auch auf die besondere Situation der überlebenden ehemaligen Verfolgten, insbesondere der sogenannten »nichtarischen Christen«, hingewiesen.[8] Freudenberg hatte seine Aufmerksamkeit dieser Personengruppe zugewandt, da er selbst mit einer sogenannten judenchristlichen[9] Frau verheiratet war. In realistischer Einschätzung der weiteren Entwicklung hatte er sich im Jahre 1935 entschlossen, den Dienst im Auswärtigen Amt zu quittieren und Theologie zu studieren. Allerdings war nach Abschluß seiner Studien – wegen seiner Ehe mit einer »Nichtarierin« – an eine Einstellung als Pfarrer nicht mehr zu denken. Im Jahre 1939 kam Freudenberg dann als Sekretär für die Flüchtlingsarbeit in den kleinen Stab des ÖRK.[10] Wieder und wieder intervenierte er nicht nur beim Hilfswerk der EKD, sondern auch bei der Kirchenkanzlei. Er forderte zum einen vehement eine gezielte Unterstützung der überlebenden Judenchristen und zum anderen eine theologische Auseinandersetzung der Kirche mit ihrer Israellehre. Freudenberg war der Ansicht, daß es einen Zusammenhang zwischen dem weitgehenden Schweigen der Kirche und der einzelnen

Christen zu den Verfolgungen und Morden und der von der Kirche jahrhundertelang vertretenen Israellehre gebe. Man müsse sich, so betonte er in einem Brief vom 19. Dezember 1946 an die Kirchenkanzlei, in der Kirche über den »Kernpunkt der ganzen Frage«, die »Entwicklung des christlichen Verständnisses für die Gottesfrage ›Israel‹« klarwerden. Und da Deutschland im Blick auf die »Judenfrage« »von Gott durch eine besonders harte Schule genommen« worden sei, hoffe man in der Ökumene gerade »von Deutschland her auf einen besonderen Beitrag zum rechten Verständnis dieser Frage«.[11]

Wohl mit auf die leidenschaftlichen Interventionen Freudenbergs dürfte es zurückzuführen sein, daß sich der Leiter der Kirchenkanzlei genötigt sah, im Frühjahr 1947 einen Mitarbeiter der Kanzlei mit der Wahrnehmung aller mit der »Judenfrage« zusammenhängenden Bereiche zu betrauen. Der Jurist Otto von Harling, dem diese Aufgabe zugewiesen wurde, war mit seinem neuen Ressort durch die Arbeit seines Vaters vertraut, der jahrzehntelang Leiter des Leipziger »Institutum Judaicum Delitzschianum« und Vorsitzender des »Evangelisch-lutherischen Zentralvereins für Mission unter Israel« gewesen war.[12] Daß v. Harling bei seiner Amtseinsetzung angewiesen wurde, »daß man es vorerst nach Möglichkeit vermeiden solle, den Rat der EKD offiziell mit der Sache zu befassen«, wirft ein bezeichnendes Licht auf die Bereitschaft des Leiters der Kirchenkanzlei, sich den von Freudenberg angemahnten Fragen mit dem nötigen Nachdruck zu stellen.[13] Allerdings entwickelte v. Harling eine emsige Aktivität. Bereits für den Oktober 1947 lud er einige Personen zu einer Aussprache über die »Judenfrage« ein, um so eine größere Tagung vorzubereiten. Asmussen informierte im Juli 1947 die Ratsmitglieder und bat darum, daß der Rat auf seiner nächsten Sitzung diese Pläne zur Kenntnis nehmen und sie offiziell begrüßen solle. Da es innerhalb der EKD und in den Landeskirchen unterschiedliche Meinungen gebe, welche Lehren aus der Vergangenheit zu ziehen seien, so Asmussen, bedürfe die geplante Tagung einer gründlichen Vorbereitung, »sowohl hinsichtlich des Programms und der technischen Durchführung, als auch hinsichtlich der psychologischen Wirkung in der Öffentlichkeit«.[14]

Die schließlich am 21. Oktober 1947 in Assenheim Versammelten, vornehmlich Personen, die in engem Kontakt zur Arbeit der Judenmissionsgesellschaften standen, verabschiedeten ein neun Punkte umfassendes »Wort«, das von der Kirchenkanzlei mit einem Begleitschreiben an alle Kirchenleitungen gesandt wurde. Im Begleitschreiben betonte Asmussen, »daß die Judenfrage in vielen Ländern heute brennender denn je ist«, daß »aber bisher noch sehr wenig geschehen [sei], um die furchtbaren Lehren der Vergangenheit in der erforderlichen Weise auszuwerten«.[15] Ein von der Kirchenkanzlei eingeladener »Kreis von berufenen Sachkennern« habe erörtert, wie in den »Gemeinden ein besseres Verständnis für die Judenfrage und ihre Bedeutung« erweckt werden könne, wie »unter den heutigen Verhältnissen« der »Dienst der Kirchen an Israel« auszurichten und was »die Kirche den judenchristlichen Gemeindegliedern [sic!] heute schuldig« sei. Die Landeskirchen wurden gebeten, sich anhand des beiliegenden »Wortes« »dieser Fragen mit Nachdruck anzunehmen und über ihre Stellungnahmen« zu berichten.

Mit diesem Schreiben hätte eine Auseinandersetzung über das Verhältnis von Kirche und Judentum nach den Ereignissen der NS-Zeit angeregt werden sollen. Allein, die beigelegte »Assenheimer Erklärung« war so sehr von den Interessen der Judenmissionsgesellschaften bestimmt, daß in ihr kaum Impulse zu einer kritischen Reflexion enthalten waren: In den ersten sechs Punkten ging es um den kirchlichen »Dienst an Israel«: um die Ausbildung von Missionaren, das Gebet für Israel und die Wiedereinführung des 10. Sonntags nach Trinitatis als »Israelsonntag«. In den Punkten sieben und acht wurde die spezifische Hilfe für »Judenchristen und sonstige Rasseverfolgte« angemahnt und nur im letzten Punkt findet sich eine etwas weiterführende Aussage, wenn betont wird, der Antisemitismus sei den Gemeinden »immer wieder als eine unchristliche Verirrung« zur Kenntnis zu bringen.[16]

Beachtenswerterweise findet sich in der »Assenheimer Erklärung« kein Wort zu dem versuchten Völkermord an den Juden, und theologische Überlegungen über Rückwirkungen auf das Verhältnis von Kirche und Judentum treten nicht ins Blickfeld der versammelten »Sachkenner«. Die geplante große Tagung wurde dann zwar von der Kirchenkanzlei mitgetragen, und der Ratsvorsitzende Wurm schrieb einen kurzen Einladungstext, durchgeführt und inhaltlich verantwortet wurde sie jedoch von einer Gruppierung, die auf Initiative des Münsteraner Theologieprofessors Karl Heinrich Rengstorf im Jahre 1948 gegründet worden war. In diesem »Deutschen Evangelischen Ausschuß für Dienst on Israel« – deutscher Zweig des »International Committee on the Christian Approach to the Jews« – sah v. Harling das geeignete Gremium für Beratungen im Blick auf die »Judenfrage«.[17] Er schrieb an Rengstorf, es scheine ihm »am richtigsten [zu] sein, daß die EKD als solche die Finger von der Sache läßt und sich darauf beschränkt, diesem Ausschuß die offizielle kirchliche Anerkennung und, soweit nötig, gelegentlich praktische Hilfestellung zu geben«.[18] Lediglich eine Intervention Freudenbergs bewirkte, daß die Kirchenkanzlei bei der im Herbst 1948 in Darmstadt durchgeführten ersten Tagung als Mitveranstalter genannt wurde.[19]

Noch auf eine letzte Aktion ist im Blick auf die Kirchenkanzlei und den Rat hinzuweisen: Otto v. Harling wandte sich Ende 1947 an Wurm und an Martin Niemöller und machte auf ein geplantes Wort des Bruderrates der EKD zur »Judenfrage« aufmerksam. Die Absicht dieses Gremiums, das sich dem Erbe der Bekennenden Kirche besonders verpflichtet fühlte und kritisch die Arbeit des Rates begleitete, erschien v. Harling nicht opportun. Es gehe »hier um zu umfassende und heikle Probleme, als daß man sie in einer so knappen und zugespitzten Form [nach Art der Stuttgarter Erklärung, S. H.] erörtern dürfte«.[20] Sehr bald wurde v. Harling allerdings durch den ihm zugänglich gemachten Entwurf des Bruderrates besänftigt, in dem so traditionell geredet wurde, daß alle Befürchtungen hinfällig waren, dieses ansonsten eher progressive Gremium werde eine ähnlich provozierende und aufrüttelnde Erklärung wie das einige Monate zuvor verabschiedete »Darmstädter Wort« abgeben.[21]

Doch nicht nur diese ablehnende Haltung v. Harlings gegenüber jeder öffentlichen Erklärung zum Verhältnis »Kirche und Judentum« war für das weitgehende Schweigen der EKD ausschlaggebend. Eine Äußerung Wurms gegenüber dem Geschäftsführer des Bruderrats im Vorfeld der Beratungen des obengenannten »Wortes« gibt Einblick in Vorbehalte, die ihre Wurzeln noch tief in der Vergangenheit hatten. Er vermisse, so Wurm zu dem ihm zugeleiteten Entwurf, »die Berücksichtigung konkreter geschichtlicher und in die Gegenwart hineinwirkende[r] Tatsachen, die bei einem Wort, das von schuldhaften Versäumnissen der Kirche redet, nicht außer Acht gelassen werden dürfen«.[22] Konkret bedeutete das für ihn, daß man in Deutschland nur schwer ein Wort »zur Judenfrage reden [könne], ohne zu erwähnen, was das jüdische Literatentum am deutschen Volk gesündigt hat durch Verspotten des Heiligen seit den Tagen Heinrich Heines und was in manchen Gegenden das Bauerntum zu erleiden hatte durch jüdischen Wucher«.[23] Wurm bat darum, daß dem Rat dieses »Wort« vorgelegt werden solle, damit nicht der Eindruck entstehe, der Bruderrat habe sich als eine »Nebenregierung« etabliert. Der Bruderrat wollte jedoch dieses »Wort« in eigener Verantwortung verabschieden, so daß dem Rat die schließlich gefundene Fassung nicht vorgelegt wurde.

Festzuhalten ist, daß in den vom Rat der EKD verabschiedeten Worten und Erklärungen auf die Verfolgungen und den Völkermord an den Juden nur beiläufig eingegangen wurde, ja daß sie in der Stuttgarter Schulderklärung keine Erwähnung finden. Verschiedene Ansätze, die zu einer Stellungnahme des Rates führen sollten, liefen ins Leere. Gründe für diese Zurückhaltung des Leitungsorgans der EKD mögen darin zu suchen sein, daß man keine besondere Verantwortung der Kirche und ihrer Theologie für die Verfolgungsmaßnahmen erkannte und daß die Befürchtung bestand, ein solches Wort könnte in der Öffentlichkeit einen ähnlichen Protest hervorrufen wie die Stuttgarter Erklärung.[24] Darüber hinaus mag eine Rolle gespielt haben, daß man der Ansicht war, ein umfassendes Wort zum christlich-jüdischen Verhältnis sei nicht möglich, da dann um der Wahrhaftigkeit willen auch Dinge gesagt werden müßten, die in der aktuellen gesellschaftlich-politischen Situation nicht gesagt werden könnten.[25] Auch die Kirchenkanzlei wurde im Blick auf das Verhältnis von Kirche und Judentum nur sehr bedingt initiativ. Erst auf Anregungen aus der Ökumene wurde ein Mitarbeiter der Kirchenkanzlei mit der Wahrnehmung des Aufgabenbereichs »Judenfrage« beauftragt. Entscheidend für die folgenden Aktivitäten der Kirchenkanzlei war, daß dieser Mitarbeiter vor allem daran interessiert war, den Judenmissionsgesellschaften eine Wiederaufnahme ihrer Arbeit zu ermöglichen und ihr Ansehen und ihre Stellung in der Kirche zu festigen.[26] Mit der Übertragung der Verantwortung für eine geplante Studientagung an den »Deutschen Evangelischen Ausschuß für Dienst an Israel« war die EKD nicht mehr unmittelbar mit der theologischen Aufarbeitung des Verhältnisses von Kirche und Judentum befaßt.

Erst im Jahre 1950 hat dann ein offizielles Organ der EKD, die in Berlin-Weißensee tagende Synode, ein »Wort zur Judenfrage« verabschiedet, in dem nicht nur vor einer Aufrechnung der Schuld gewarnt, sondern auch eindringlich bekannt wurde, daß man »durch Unterlassen und Schweigen vor dem Gott der Barmherzigkeit mitschuldig geworden ... [sei] an dem Frevel, der durch Menschen unseres Volkes an den Juden begangen worden ist«. Die Christen wurden gebeten, sich von jedem Antisemitismus loszusagen und die Pflege verwaister jüdischer Friedhöfe zu übernehmen. Vor allem aber wurde auch ein theologischer Neuansatz im Blick auf die christlich-jüdischen Beziehungen angedeutet, wenn die bisher häufig vertretene Substitutionstheorie[27] zurückgewiesen wurde: »Wir glauben, daß Gottes Verheißung über dem von ihm erwählten Volk Israel auch nach der Kreuzigung Jesu Christi in Kraft geblieben ist«.[28]

Die Hilfsmaßnahmen für Verfolgte

Auf die Notwendigkeit einer intensiven Unterstützung von Personen, die während der NS-Herrschaft Verfolgungen ausgesetzt waren, wies der im Juli 1945 zum Propst von Berlin ernannte Heinrich Grüber hin. Grüber hatte in Berlin das 1942 auf Druck der staatlichen Behörden hin geschlossene Hilfsbüro für Rasseverfolgte wiedereröffnet.[29] In einem am 10. September 1945 geschriebenen Bericht verwies Grüber darauf, daß die jüdische Gemeinde ihre Mitglieder in guter Weise betreuen könne, daß für die Judenchristen aber nichts getan werde. Angesichts der Zahlenverhältnisse stelle sich eine große Aufgabe: 2500 »Nichtariern« »mosaischen Bekenntnisses« stünden 2500 protestantische und 1500 katholische »Nichtarier« sowie 1500 Dissidenten gegenüber.[30] Vermutlich liege die Zahl der in Berlin lebenden »Mischlinge« bei 16 000 bis 18 000. Benötigt werde vor allem zusätzliche Nahrung und Kleidung, häufig werde nach Möglichkeiten einer Korrespondenz mit Angehörigen im Ausland gefragt und zudem der Wunsch nach Auswanderung geäußert. Ähnliche Hilfsstellen wurden noch 1945 in

Heidelberg und Stuttgart, im Laufe des Jahres 1946 dann in Frankfurt und Kassel, später in München und Nürnberg gegründet. Hingewiesen sei darauf, daß in der britischen Zone vor allem Selbsthilfeeinrichtungen der Betroffenen entstanden und sich von kirchlicher Seite nur einzelne Persönlichkeiten und kleinere Hilfsstellen der Betreuung von ehemals Verfolgten zuwandten.[31]

Recht schnell ergab sich das Problem, daß die bald unter dem Namen »Hilfsstellen für Rasseverfolgte« bekannt gewordenen Einrichtungen fast keine direkten Hilfslieferungen aus dem Ausland erhielten, da die meisten Spender ihre Gaben an das Hilfswerk der EKD leiteten. Daher mußte mit dem Hilfswerk geklärt werden, ob es bereit sei, einen Teil der Spenden den Hilfsstellen für eine gezielte Unterstützung der ehemals Verfolgten zukommen zu lassen und die speziell den Hilfsstellen zugedachten Gaben auch entsprechend weiterzuleiten. Die Anfrage Grübers, »ob die Gesamtarbeit für die nichtarischen Christen nicht dem Hilfswerk der Evangelischen Kirche angegliedert werden kann«,[32] wies der Leiter des Hilfswerks, Eugen Gerstenmaier, ab: »Oberster Grundsatz des Hilfswerks ist es, Unterstützungen an Hilfsbedürftige auszuteilen ohne Rücksicht auf die religiöse, politische oder rassische Einstellung oder Zugehörigkeit des Hilfsbedürftigen«.[33] Die Lösung dieses Konflikts erwies sich als sehr mühevoll. Wieder war es das Engagement Adolf Freudenbergs, das schließlich einen Ausgleich ermöglichte. Am 23. Juli 1947 trafen sich Vertreter der Hilfsstellen, des Hilfswerks und Freudenberg zu einer Aussprache in Stuttgart, die ergab, daß das Hilfswerk zwar ausländische Spenden für die Hilfsstellen weiterleiten, aber keinesfalls eine besondere Unterstützung anerkennen wollte. Im Blick auf die immer wieder erwähnte und als Beispiel angeführte Hilfe der jüdischen Organisationen soll Gerstenmaier gesagt haben, »Christen aus Israel müßten sich ihr Christentum etwas kosten lassen«.[34]

Dieser Ausspruch führte zu einem harschen Angriff schweizerischer Theologen aus dem Umfeld des »Vereins der Freunde Israels« auf Gerstenmaier. Sie stellten in einem »Hilferuf an die evangelischen Kirchen und Gemeinden der Schweiz« heraus, daß in Deutschland »durch die bestehenden kirchlichen Hilfswerke aus verschiedenen Gründen [den Judenchristen] die Hilfe nicht zukommen kann, deren sie besonders bedürfen, so daß sie auch heute noch weit schlimmer dran sind als die bedürftigen Christen nichtjüdischer Herkunft«.[35] Es müsse »leider schon wieder mit einem neuen Antisemitismus auch innerhalb der Kirche gerechnet werden, durch den die Judenchristen betroffen sind«. Man bat um Unterstützung mit Geld, Kleidung und Vermittlung von Ferienplätzen. Die im Anschluß an diese Aktion wieder aufflammende Diskussion um die angemessene Hilfe für die ehemals Verfolgten kam erst Ende 1948 zum Abschluß, als sich das Hilfswerk nach einer neuerlichen Aussprache mit Vertretern der Hilfsstellen für Rasseverfolgte bereit erklärte, die verschiedenen Hauptbüros in den Landeskirchen nochmals auf die besondere Lage der ehemals rasseverfolgten Christen hinzuweisen, da diese ungefähr 50 000 Menschen »allermeist drei plus zwölf schwere, zum Teil furchtbare Jahre der materiellen und seelischen Not hinter sich« hätten.[36]

Die Frage, ob es von seiten der evangelischen Kirche eine planmäßige und gezielte Unterstützung der während der NS-Herrschaft Verfolgten gab, ist nur deshalb nicht ganz zu verneinen, weil von ökumenischer Seite auf eine angemessene Hilfe gedrängt wurde und eine Reihe von Christen sich für diese Menschen verantwortlich fühlte. Bezeichnenderweise waren diese Personen entweder selbst verfolgt worden oder hatten sich schon während der Zeit des Nationalsozialismus für die Verfolgten engagiert. Das offizielle Hilfswerk der EKD sah sich aufgrund seiner Statuten, wie betont wurde, nicht in der Lage, den Überlebenden in besonderer Weise beizustehen. Allerdings ist dieser Verweis auf die Grundsätze nicht überzeugend, da vom Hilfswerk recht bald spezifische Hilfseinrichtungen – beispielsweise für die Ostkirchen oder zur Durchführung von Schulspeisungen – eingerichtet wurden. Man muß dem Hilfswerk wohl zumindest mangelnde Sensibilität vorhalten, wenn es von Menschen, denen jeder Gang auf ein Amt nach den Erfahrungen in den zurückliegenden Jahren wie eine unüberwindbare Hürde erschien, verlangen wollte, sich möglicherweise »in Reih und Glied mit den ehemaligen Nationalsozialisten aufzustellen und Hilfe zu erbitten«.[37] Es kam den Verantwortlichen nicht in den Sinn, daß eine Unterstützung dieser Menschen mehr gewesen wäre als eben zusätzliche Nahrungsmittel oder Kleidung. Es wäre ein Zeichen der Solidarität gewesen und ein Hinweis darauf, daß man bereit war, die Schuld anzunehmen, die die Kirchen diesen ihren Gliedern gegenüber auf sich geladen hatte.

Das Schreiben Theophil Wurms und die Stellungnahme der Bremer Kirchenleitung

Wohl eine der frühesten Reaktionen aus dem Bereich der evangelischen Kirche auf die nationalsozialistische Judenverfolgung nach dem Ende des Krieges finden wir in einem seinerzeit nicht veröffentlichten Schreiben des württembergischen Landesbischofs an die sich neu sammelnde jüdische Gemeinde in Stuttgart. Wurm[38] grüßte die Gemeinde, der »nach so viel Leiden und Tränen durch das Erbarmen Gottes wieder ein Neuanfang zur Sammlung und Bildung einer Gemeinde« geschenkt werde.[39] Als christliche Kirche habe man in den zurückliegenden Jahren »schwer getragen an den satanischen Maßnahmen, die von deutscher Seite zur Vernichtung des Judentums in Deutschland und Europa angewandt wurden«. Man habe diese »entsetzlichen Vorkommnisse leider nicht verhindern«, doch einzelnen bis in die letzte Zeit hinein helfen können. Eingaben Wurms an die Reichsregierung »gegen jene Politik der Unterdrückung und Ausrottung aus Gründen der Rasse und des Glaubens« seien unbeantwortet geblieben und hätten ihm und der Kirche »die Ungnade des NS-Systems« eingetragen. Das Schreiben schloß wie ein Kondolenzbrief: »In herzlicher Teilnahme an dem Schweren, das über Sie und Ihre Glaubensgenossen gekommen ist und das noch auf Ihnen liegt, grüßen wir Sie im Aufblick zu Gott dem Herrn mit dem Gebetswunsch: ›Die mit Tränen säen, werden ernten mit Freuden. Sie gehen hin und weinen und tragen edlen Samen und kommen mit Freuden und bringen ihre Gaben.‹«

Dieses nach dem Brieftagebuch der württembergischen Landeskirche am 11. Juni 1945 abgegangene Schreiben trägt keine persönliche Anrede, und die Unsicherheit im Blick auf das Gegenüber zeigt sich an verschiedenen Brüchen: Einmal wird die Gemeinde, einmal eine konkrete Person, wohl der Vorstand der jüdischen Gemeinde, angeredet. Wenn Wurm eingangs seines Schreibens mit einem Verweis auf Psalm 126 grüßt, dem auch die Verse am Ende des Briefes entnommen sind, so kommt darin ein tiefes Mitempfinden zum Ausdruck. Es ist für Wurm nichts anderes als ein Wunder, daß »der Herr ›das Schicksal‹ Zions« – so der erste Vers dieses Psalms – gewendet hat.[40] Mit unmißverständlicher Klarheit benannte Wurm die Ziele der nationalsozialistischen Rassenpolitik: Das Judentum in Deutschland und Europa sollte vernichtet werden. Allerdings hob Wurm sich selbst und die Kirche doch deutlich von dieser »deutschen Seite« ab, indem er auf die Hilfsversuche verwies und seine eigenen Proteste bei verschiedenen Regierungsstellen anführte,[41] die ihm selbst Verfolgung eingebracht hätten.[42]

Neben diesem erst jetzt wieder bekannt gewordenen Schreiben Wurms möchte ich eine in die breite Öffentlichkeit zielende Aktion vorstellen. Die Schwierigkeiten, vor die sich die vorläufige Bremer Kirchenleitung gestellt sah, als sie versuchte, konkrete Schritte zur Wiedergutmachung der durch die Duldung der Judenverfolgung entstandenen Schuld anzugehen, zeigen in meinen Augen besonders anschaulich, mit welchen Problemen sich evangelische Gremien auseinandersetzen mußten, die sich der Frage nach Konsequenzen aus den Judenverfolgungen stellten.

Als die vorläufige Bremer Kirchenleitung am 12. Oktober 1945 beschloß, sich hinter einen vom Senat geplanten Aufruf zum siebten Jahrestag der Zerstörung der Synagogen zu stellen, wurde zugleich vorgeschlagen, die evangelischen Gemeinden sollten dieses Ereignisses auch in den Gottesdiensten gedenken und eine Kollekte für den Wiederaufbau der Synagoge sammeln.[43] In jenem Aufruf des Senats war ausgedrückt, daß mit der »Brandstiftung und Zerstörung« »der durch sechs und ein halbes Jahr währende Terror gewalttätiger und erbarmungsloser Verfolgung, Unterdrückung, Schändung und Vernichtung von Menschen [begann], ein Frevel, der den deutschen Namen in der ganzen Welt verunehrt hat«.[44] Damals sei eine Protestkundgebung unmöglich gewesen und daher biete »die siebente Wiederkehr dieses Schreckenstages [...] die rechte Gelegenheit [...], dem Willen zu einer freiwilligen Sühneleistung sichtbaren Ausdruck zu geben«. Vorgeschlagen wurde, nach der Art des Bremer Schlosses Gelder zu sammeln, damit die »jüdischen Mitbürger ihr Gotteshaus und ihren Friedhof wieder aufbauen« könnten.[45]

Am 19. Oktober wurde in der Sitzung des Kirchenausschusses dem eine Woche zuvor gefallenen Entschluß widersprochen, ohne daß man dem Protokoll die Gründe entnehmen kann. Nur soviel wird deutlich, daß nicht nur die Unterschrift, sondern auch die Anregung zu Gedenkgottesdiensten hinterfragt wurde. Wiederum eine Woche später bekräftigte die Kirchenleitung jedoch ihre ursprüngliche Absicht und empfahl den Kirchenvorständen die Kollekte für den Synagogenbau. Darüber hinaus kam man überein, daß sich die »Theologen-Kommission [...] um die Abfassung des kirchlichen Aufrufes zu dem Tage bemühen« solle.[46]

Interessant sind nun die Einwände, die der Bremer Pfarrer Friedrich Denkhaus gegen diese Unterschrift und die empfohlene Kollekte geltend machte, geben sie doch einen Eindruck davon, mit welchen Argumenten auch andernorts gegen Erklärungen zur Judenverfolgung und zur Verantwortung der Kirche in der Gegenwart Stellung bezogen wurde. Denkhaus betonte, daß am 10. November »– wie in vielem Geschehen in der Geschichte des 3. Reiches – das Recht gebrochen, alle Gesetze der Menschlichkeit und Liebe mit Füßen getreten und eine blutige Gewalttat an die andere gereiht« wurde.[47] Als Glieder des deutschen Volkes trügen die evangelischen Christen »an dieser wie an aller im 3. Reiche gehäuften Schuld« mit. Daher habe das Volk »vor Gott Buße zu tun, [...] Schuld zu bekennen [und ...] nach seinem Vermögen geschlagene Wunden zu verbinden und entstandene Nöte zu lindern«. An der Abfassung eines allgemein menschlichen Wortes der Buße hätten die Christen mitzuwirken. Es sei aber zu fragen: »Was hat die evangelische Kirche dazumal versäumt?« Das Schweigen der staatshörigen Bremer Kirche von 1938 sei in ihrem deutschchristlichen Wesen begründet gewesen, und daß die Bekenntniskirche trotz aller Versuche, einen Damm aufzurichten, »in jenen Tagen kein offenes Wort« gefunden habe, bleibe »ihre Schuld, welche sie offen bekennen und bereuen« müsse. Immerhin seien Sammlungen für verfolgte Juden durchgeführt, Judenchristen trotz Verbots zum Abendmahl zugelassen und Juden in den Konvertitenunterricht aufgenommen worden. Diese Hinweise, so hob Denkhaus ausdrücklich hervor, deckten aber die Schuld nicht zu: Die Kirche habe damals ihre Pflicht versäumt. Heute sei daher um so eindringlicher nach ihrer Aufgabe zu fragen. Denkhaus sah diese darin, daß die Kirche »das Wort vom Kreuz Christi zu verkündigen [und ...] das Liebesgebot ihres Herrn zu befolgen« habe. Den Juden müsse also gesagt werden, daß alles Unheil und Leid Gottes Gericht sei. Man könne nicht einwenden, die Kirche »habe wegen ihres Versagens von gestern heute kein Recht mehr zu solcher Verkündigung«.

Staat und Kirche hätten also der Judenschaft verschiedene Worte zu sagen. Da im staatlichen Wort das nicht gesagt werde, was von der Kirche eigentlich zu sagen sei, dürfe sie dieses Wort nicht mitsprechen. Versäume der gegenwärtige Kirchenausschuß »in einer Stunde, wo er sich zu einem Wort an die Judenschaft gerufen fühlt, das Wort vom Kreuz«, so werde er ebenso schuldig vor Gott wie jener von 1938. Daß sich Denkhaus auch gegen eine Kollekte für den Wiederaufbau der Synagoge in evangelischen Kirchen wandte, kann nach dem Gesagten nicht überraschen. In diesen Gotteshäusern werde ein »offener Kampf [. . .] gegen Jesus Christus« geführt. Wer also eine Synagoge bauen helfe, »der hilft dem jüdischen Mitmenschen nicht zur Seligkeit, sondern zur Verdammnis«. Im übrigen betonte Denkhaus, daß man selbstverständlich zur Hilfe verpflichtet sei, wo Juden unter Not und Mangel litten – allerdings erscheine dies unter den veränderten Umständen kaum mehr glaubhaft. Die wahrhaft Bedürftigen und Verfemten seien heute jedenfalls die ehemaligen Parteigenossen, und wer echte Liebe Christi beweisen wolle, dürfe nicht danach fragen, »was im Augenblick politisch ratsam und gut angesehen sei«.

Ich habe dieses Schreiben deshalb so ausführlich vorgestellt, weil in ihm alle Aporien der traditionellen Israellehre der Kirche mit unverdeckter Klarheit zutage treten. Ausgehend von der Grundthese, daß Gott das Judentum verworfen habe und die Kirche an seine Stelle als auserwähltes Volk getreten sei, unterschied Denkhaus zwischen einer staatlich-menschlichen und kirchlich-theologischen Ebene. Im Blick auf die erste konnte er durchaus eine Mitschuld an den Verfolgungen und anderen Verbrechen eingestehen und ein entsprechendes Schuld- und Bußwort einfordern. Entscheidend allerdings war ihm die zweite Ebene: Die gesamte Geschichte des Volkes Israel nach der Kreuzigung Jesu war für ihn nichts anderes, als ein Zeichen für die Verwerfung Israels; und so spiegele auch die jüngste Geschichte nichts anderes als den Zorn Gottes. Dies den Juden vor Augen zu halten und sie so auf die Verkehrtheit ihres Weges hinzuweisen, war Friedrich Denkhaus' zentrales Anliegen. Die Juden für Christus zu gewinnen, war der Schlüsselpunkt seiner Argumentation. Daß dabei Hitler und die Nationalsozialisten zu Werkzeugen und Erfüllungsgehilfen Gottes wurden, kam ihm nicht in den Sinn. Mir scheint, daß diese Sicht des Judentums entscheidend für die

Reaktionen aus dem Bereich der evangelischen Kirche nach dem Ende der NS-Herrschaft war. Nur wenige, wie beispielsweise Adolf Freudenberg, sahen sich durch die Geschehnisse im Dritten Reich veranlaßt, die traditionelle Sicht in Frage zu stellen.

Zusammenfassend möchte ich sechs Punkte herausstellen, die meines Erachtens typisch für zahlreiche Äußerungen aus dem evangelischen Bereich unmittelbar nach dem Ende der NS-Herrschaft sind:[48] 1. Die Verfolgungen wurden – im Gegensatz zur Stuttgarter Schulderklärung – benannt und verurteilt, wobei die Schuld zumeist allgemein dem deutschen Volk zugeschrieben wurde. 2. Es wurde betont, man selbst sei unfähig gewesen, etwas an dieser Entwicklung zu ändern. Rechenschaft darüber, weshalb kaum jemand für die Verfolgten eintrat, wurde kaum einmal abgelegt. 3. Häufig finden sich Verweise auf Hilfsversuche für die Verfolgten und auf die jedoch erfolglos gebliebenen Interventionen bei staatlichen Stellen. 4. Es wurde daran erinnert, daß die Kirche selbst verfolgt worden sei und so auf der Seite der Opfer gestanden habe. 5. Teilweise wurde auf die besondere Situation der Judenchristen hingewiesen und auf die spezielle Verantwortung der Kirche diesem Personenkreis gegenüber sowie auf die allgemeine Verpflichtung der Kirche zur Mission unter den Juden.[49] 6. Zuletzt ist festzuhalten, daß in kaum einer Äußerung nach dem spezifischen Anteil der Kirche an den Verfolgungen gefragt wurde,[50] und nur ausnahmsweise finden sich Überlegungen, inwieweit die Kirche selbst durch ihre Theologie den Boden für jene Verbrechen mitbereiten half und welche Konsequenzen hätten gezogen werden müssen.

Anmerkungen

1 Jochmann, Werner, Gesellschaftskrise und Judenfeindschaft in Deutschland 1870–1945, Hamburg 1988, S. 278–281.

2 Auf die vielfältigen Schwierigkeiten im Vorfeld und im Verlauf dieser Versammlung ist hier nicht einzugehen, vgl. Herbert, Karl, Kirche zwischen Aufbruch und Tradition. Entscheidungsjahre nach 1945, Stuttgart 1989, S. 33 ff.

3 Wie Wurm hatte sich auch Asmussen bereits während der NS-Herrschaft Gedanken über die Schuldfrage gemacht, vgl. Boyens, Armin, Kirchenkampf und Ökumene 1939–1945. Darstellung und Dokumentation, München 1973, S. 243 ff.

4 Kirchliches Jahrbuch 1945–1948, hrsg. von Joachim Beckmann, Gütersloh 1950, S. 18.

5 In zwei Dokumenten, die den in Stuttgart Versammelten vorlagen, war eindrücklich gerade auf die Schuld hingewiesen worden, die auf Deutschland und insbesondere der Christenheit wegen der Verfolgungen und Morde an den Juden liege: Pfarrer Gottlieb Funcke an Wurm (Greschat, Martin [Hrsg.], Die Schuld der Kirche. Dokumente und Reflexionen zur Stuttgarter Schulderklärung vom 18./19. Oktober 1945, München 1982, S. 70 f.) und Ausarbeitung Hermann Maas (Besier, Gerhard u. a. [Hrsg.], Die Kirche nach der Kapitulation, Bd. 2, Stuttgart/Berlin/Köln 1990, S. 303–306).

6 Greschat, Schuld (wie Anm. 5), S. 136.

7 Protokoll der Ratssitzung vom 22. 3. 1946 (Evangelisches Zentralarchiv der EKD, Berlin, 4/020, Bd. 1).

8 Vgl. diesen Bericht bei Vollnhals, Clemens (Hrsg.), Die evangelische Kirche nach dem Zusammenbruch. Berichte ausländischer Beobachter aus dem Jahre 1945, Göttingen 1988, S. 9–14

9 Während zeitgenössische Ausdrücke in Anführungszeichen gesetzt werden, bleibt der Begriff Judenchrist ohne Hervorhebung, da er bis heute als Bezeichnung solcher Christen üblich ist, die von der jüdischen Gemeinde zur Kirche übertraten.

10 Vgl. zur Biographie Freudenbergs: Hermle, Siegfried, »Wo ist dein Bruder Israel?«. Die Impulse Adolf Freudenbergs zur Neubestimmung des christlich-jüdischen Verhältnisses nach 1945, in: Kirche und Israel 4 (1989), S. 42–59.

11 Bibliothek des Ökumenischen Rates in Genf, Archiv – Flüchtlingsabteilung (AÖR-Genf): 25 A Chrétiens d'origine juive I, 1er janv. 1946–31 mai 1947. Darin: Correspondance avec Kanzlei.

12 Vgl. zu Otto v. Harling sen.: Otto von Harling 1866–1953, in: Friede über Israel, H. 2/3 vom April 1973.

13 Bericht v. Harlings vom 21. 4. 1950 (Landeskirchliches Archiv [LKA] Stuttgart, D 23, Bd. 29,2).

14 Schreiben der Kirchenkanzlei an die Herren Mitglieder des Rates der EKD betr. »Judenfrage« vom 21. 7. 1947 (Privatakten Rengstorf, Münster. Ordner »Deutscher Evangelischer Ausschuß für Dienst an Israel«. Darin: Besprechung von Assenheim); teilweise abgedruckt bei Hermle, Siegfried, Evangelische Kirche und Judentum – Stationen nach 1945, Göttingen 1990, S. 199 f.

15 Schreiben vom 4. 11. 1947. In: Die Kirchen und das Judentum. Dokumente von 1945–1985, hrsg. von Rolf Rendtorff und Hans Hermann Henrix, Paderborn/München 1988, S. 537 f.

16 Ebd., S. 537. – Vgl. zu dieser Charakterisierung des Antisemitismus die Resolution des ÖRK vom Februar 1947 (ebd., S. 324 f.). Hingewiesen sei der Vollständigkeit halber noch auf ein weiteres Rundschreiben der Kirchenkanzlei an die Landeskirchen vom 12. 6. 1947, in dem vornehmlich auf die Begehung des 10. Sonntags nach Trinitatis als Israelsonntag hingewiesen und an die Verpflichtung zur Mission unter Juden erinnert wurde (abgedruckt bei Hermle, Kirche [wie Anm. 14], S. 304).

17 Zu Gründung, Zielsetzung und Arbeitsweise des Ausschusses vgl. ebd., S. 205 ff. – Zu den bis Mitte der achtziger Jahre durchgeführten Tagungen,

auf denen wichtige Begegnungen zwischen Deutschen und Juden erfolgen konnten und interessante theologische Diskussionen über eine Neubestimmung des christlich-jüdischen Verhältnisses geführt wurden, vgl. ebd., S. 213–251. Erwähnt sei, daß beim ersten Treffen im Oktober 1948 in Darmstadt Leo Baeck einer der Referenten war. Die wichtige Arbeit dieses Ausschusses blieb leider in einer weiteren Öffentlichkeit fast unbeachtet.

18 Schreiben vom 3.1.1948 (Privatakten Rengstorf [wie Anm. 14]. Darin: Begründung des Ausschusses in Hannover, 9. Januar 1948).

19 Ab 1952 erfolgten die Einladungen zu den Studientagungen dann ohne jeden Hinweis auf eine Beteiligung der EKD.

20 LKA Stuttgart, D 1, 222,1. – Eine ausführliche Stellungnahme gegen ein öffentliches Wort findet sich in einer Ausarbeitung v. Harlings vom 1.12.1947 (ebd.).

21 Text der Bruderratserklärung in: Kirchen (wie Anm. 15), S. 540 ff.; zur Entstehungsgeschichte vgl. Hermle, Kirche (wie Anm. 14), S. 315 ff.; zum »Darmstädter Wort«: Herbert, Kirche (wie Anm. 2), S. 95 ff.

22 Schreiben Wurms an Mochalski vom 17.1.1948 (LKA Stuttgart, D 1, 222,1).

23 Mit einer wörtlich fast identischen Begründung hatte Wurm im Dezember 1931 eine Veröffentlichung seines Festgrußes zur Hundertjahrfeier der jüdischen Gemeinde in Stuttgart abgelehnt, vgl. Röhm, Eberhard/Thierfelder, Jörg, Juden, Christen, Deutsche 1933–1945, Bd. 1: 1933 bis 1935, Stuttgart 1990, S. 101.

24 Vgl. die Bemerkung Asmussens, eine Tagung zur »Judenfrage« bedürfe einer guten Vorbereitung »auch hinsichtlich der psychologischen Wirkung in der Öffentlichkeit« (wie Anm. 14).

25 Vgl. die Ausführungen Wurms gegenüber dem Reichsbruderrat im Schreiben vom 17.1.1948 (Anm. 22) und Bedenken v. Harlings, daß eine Erklärung, die nur die christliche Schuld nenne, »das Judentum nur noch tiefer in die Verstockung hineintreiben« würde. Zur Zeit sei man aber »einfach nicht legitimiert«, dem »Judentum seine Schuld vorzuhalten« (Schreiben der Kirchenkanzlei an Wurm vom 1.12.1947 [LKA Stuttgart, D 1, Bd. 222,1]).

26 Diese Ergebnisse bestätigen und unterstreichen die von Jochmann geäußerte These, daß der »Gedanke der Judenmission [...] in der unmittelbaren Nachkriegszeit noch einmal eine beherrschende Rolle« spielte (Jochmann, Gesellschaftskrise [wie Anm. 1], S. 280).

27 Vgl. zu den verschiedenen Verhältnisbestimmungen von Kirche und Judentum: Klappert, Bertold, Israel und die Kirche. Erwägungen zur Israellehre Karl Barths, in: Theologische Existenz heute, Bd. 207, München 1980, S. 14–25.

28 Text bei Kirchen (wie Anm. 15), S. 549; vgl. zur Entstehungsgeschichte und Wirkung des Wortes: Hermle, Kirche (wie Anm. 14), S. 348–365.

29 Vgl. Ludwig, Hartmut, Zur Geschichte des »Büros Pfarrer Grüber«. In: Wirth, Günter (Hrsg.), Beiträge zur Berliner Kirchengeschichte, Berlin 1987, S. 305 bis 326.

30 »Die Lage der Juden in Groß-Berlin«. Bericht von H. Grüber vom 10.9.1945, AÖR-Genf, 1946 Box E 3. Darin: Berichte »Grüber« Juden – Christen).

31 Vgl. Hermle, Kirche (wie Anm. 14), S. 173–182; zu den »Notgemeinschaften der durch die Nürnberger Gesetze Betroffenen«, ebd., S. 182–188.

32 Schreiben Grübers an Gerstenmaier vom 6.4.1946 (Archiv des Diakonischen Werks, Berlin [ADW], ZB 842).

33 Schreiben Gerstenmaiers an Grüber vom 19.4.1946 (Ebd.).

34 Schreiben Majer-Leonhards an Berg vom 31.7.1947 (LKA Stuttgart, Akten Hilfsstelle, Ordner Hilfswerk V–Z).

35 AÖR Genf, Département des Réfugiés 1948–1950. Darin: Mappe Juden – Christen.

36 Judaica 5, 1949, S. 158. – Einer am 17.2.1947 erstellten Tabelle ist zu entnehmen, daß zu diesem Zeitpunkt 46 450 Personen bei den 15 Stellen registriert waren, die sich im Oktober 1946 zur »Arbeitsgemeinschaft christlicher Hilfsstellen für Rasseverfolgte« zusammengeschlossen hatten (AÖR Genf, 25 A Chrétiens d'origine juive I, 1er janv. 1946–31 mai 1947. Darin: AG der Hilfswerke für christliche Rasseverfolgte).

37 Brief Hilfsstelle Berlin an Freudenberg vom 1.2.1947 (AÖR Genf, Department of Refugees 1947–1951: Box E 9. Darin: Evang. Hilfsstelle Berlin).

38 Vgl. zur Haltung Wurms gegenüber den Judenverfolgungen: Thierfelder, Jörg, »Es lag wie ein Bann über uns« (Blätter für Württembergische Kirchengeschichte 88 [1988], S. 446–464).

39 LKA Stuttgart, Altregistratur, 523 a. Abgedruckt bei: Hermle, Kirche (wie Anm. 14), S. 283.

40 So die Übersetzung von Ps 126,1 bei Artur Weiser, Die Psalmen II: (Psalm 61–150 [Das alte Testament Deutsch, Bd. 15], Göttingen 8. Aufl. 1973, S. 524).

41 Vgl. Schäfer, Gerhard: Landesbischof D. Wurm und der nationalsozialistische Staat 1940–1945. Eine Dokumentation, Stuttgart 1968, S. 147–171.

42 Vgl. auch noch das von Wurm verfaßte »Wort an die Christenheit im Ausland« – das übrigens auf entschiedenen Widerspruch aus der Ökumene stieß –, in dem auch vom Leiden der Christen an dem »Massenmord an den deutschen und polnischen Juden« die Rede war (Hermle, Kirche [wie Anm. 14], S. 265); zum Widerspruch der Ökumene vgl. Boyens, Kirchenkampf (wie Anm. 3), S. 274.

43 Vgl. LKA Bremen, B 132/6.

44 Zitiert nach Weser-Kurier vom 7.11.1945.

45 Diesen Aufruf unterzeichneten auch die Handelskammer, die Angestelltenkammer, die Katholische Kirchenkanzlei und die Bremer Volkshilfe.

46 Wie Anm. 43. Das Wort der Bremer Kirchenleitung an die Gemeinden war sehr allgemein gehalten. Es habe in der evangelischen Kirche »an Worten des Protestes gefehlt, die vom Evangelium her zu dem begangenen Verbrechen Stellung nahmen« (LKA Bremen, B 125/7; abgedruckt bei Hermle, Kirche [wie Anm. 14], S. 294). Man bitte die Geistlichen, am 11.11. jenes Verbrechens zu gedenken. Eine »Kollekte für den Wiederaufbau der zerstörten Synagoge« wurde empfohlen. Der Tag solle daran erinnern, daß man sich für alle Geächteten und Verfolgten einsetze, und Anlaß dafür sein, »die Judenfrage in das Licht des Evangeliums zu stellen«.

47 Schreiben Denkhaus' an den Präsidenten des Vorl. Kirchenausschusses vom 31.10.1945 (LKA Bremen, G 272.22).

48 Vgl. über die in dem Band: Kirchen und Judentum (wie Anm. 15, S. 528–549) für den Zeitraum 1945 bis 1950 genannten zwölf Erklärungen hinaus z. B. die »Botschaft der Spandauer Synode« vom Juli 1945 (Greschat, Schuld [wie Anm. 5], S. 72–74); Wort zum Bußtag 1945 der Brandenburgischen Be-

kenntnissynode (Kirchliches Jahrbuch 1945–1948 [wie Anm. 4], S. 129); Schreiben der Bremischen Kirchenleitung (vgl. Anm. 46).

49 Vgl. Kirchen (wie Anm. 15) – *Judenchristen:* Assenheimer Erklärung (ebd., S. 537), Wort der Synode der Sächsischen Landeskirche (ebd., S. 545); – *Mission:* Oldenburger Anschreiben (ebd., S. 539), Wort der Synode der Sächsischen Landeskirche (ebd., S. 545), Schreiben des badischen Landesbischofs (ebd., S. 546) u. a.

50 Ausnahmen sind das Wort der »Kirchlich-theologischen Sozietät« in Württemberg vom 9. 4. 1946 (ebd., S. 530 – 534) und ein Wort der Synode der Sächsischen Landeskirche (ebd., S. 544 f.).

Constantin Goschler

Die Auseinandersetzung um die Rückerstattung »arisierten« jüdischen Eigentums nach 1945

Anfang 1950 ging durch die deutsche Presse eine Erklärung des hessischen Finanzministers Werner Hilpert, wonach Vermögen im Wert von schätzungsweise 37 Milliarden DM unter die Rückerstattung an NS-Verfolgte fallen würde – das meiste davon unausgesprochenermaßen an Juden. Hilpert zog daraus den Schluß: »Wenn wir diese Summe aufzubringen hätten, müßten wir alle den Gashahn aufdrehen.«[1] Dies wirft ein bezeichnendes Schlaglicht auf Stil und Inhalt einer in den Gründerjahren der Bundesrepublik geführten heftigen Auseinandersetzung, bei der es im Kern um die Frage ging, was mit dem unter dem NS-Regime enteigneten, abgepreßten und geraubten jüdischen Eigentum geschehen solle.

Die sogenannte Wiedergutmachung nationalsozialistischen Unrechts bildete neben der Bestrafung der Täter wohl das zentrale Medium der bundesrepublikanischen Auseinandersetzung mit der Verfolgung von Juden und anderen Bevölkerungsgruppen im Dritten Reich. Der Teilaspekt der Rückerstattung »arisierten« Eigentums, der im Folgenden im Mittelpunkt steht, weist darüber hinaus einige zusätzliche Spezifika auf, die ihn für die Frage nach dem Verhältnis der deutschen Bevölkerung zur nationalsozialistischen Judenverfolgung als besonders wichtig erscheinen lassen: Einmal vollzog sich die zugrundeliegende Schädigung – die sog. »Arisierung« – nicht in der Abgeschirmtheit irgendwelcher Lager, sondern unter den Augen und oft auch unter Beteiligung der Bevölkerung.[2] Umgekehrt war die deutsche Bevölkerung später bei der Rückerstattung am unmittelbarsten von Wiedergutmachungspflichten betroffen – nämlich nicht, wie bei der Entschädigung, allein durch das Kollektiv der Steuerzahler, sondern unter Umständen als individuell Pflichtige. Anders ausgedrückt, existierte im Bereich der Rückerstattung wenigstens noch rudimentär eine direkte, personale Täter-Opfer-Beziehung, während sich diese ansonsten weitgehend im abstrakten Medium bürokratischer Regulierung verflüchtigte. Dies macht verständlich, daß in keinem anderen Bereich der Wiedergutmachung so heftige Gegenreaktionen zu verzeichnen waren wie hier.

Die Auseinandersetzung um die Rückerstattung »arisierten« jüdischen Eigentums dient also im folgenden als ein Exempel, anhand dessen sich grundlegende Einstellungen in der deutschen Politik, Bürokratie, Wirtschaft sowie der öffentlichen Meinung gegenüber der Judenverfolgung, wie sie nach 1945 bestanden, punktuell erhellen lassen, und zwar in einem Bereich, in dem es nicht allein mit wohlfeilen Lippenbekenntnissen getan war. Dazu wenden wir uns zunächst der Auseinandersetzung um die Rückerstattungsgesetzgebung zu, um dann anschließend die Konflikte im Zuge der Implementierung dieser Regelungen zu untersuchen.

Die Auseinandersetzung um die Rückerstattungsgesetzgebung

Es ist eine auffällige Tatsache, daß die Rückerstattung wiederauffindbaren Eigentums durchwegs durch alliierte Militärregierungsgesetze geregelt wurde. Besagt dies, daß die Deutschen nicht zu einer Regelung aus freien Stücken bereit gewesen waren? Oder verhinderten umgekehrt die Alliierten, wie eine andere Legende besagt, daß die Deutschen eigene und zudem bessere Regelungen trafen?[3]

Tatsächlich waren bereits während des Krieges auf deutscher Seite Erwartungen formuliert worden, wonach die Ausplünderung der Juden nach einem Sturz des NS-Regimes rückgängig gemacht werden müsse. Nach anfänglich eher ambivalenten Äußerungen zur nationalsozialistischen Judenpolitik[4] hieß es 1944 in der für den Fall eines erfolgreichen Attentats auf Hitler geplanten Regierungserklärung Goerdelers: »Wer etwa geglaubt hat, sich am jüdischen Vermögen bereichern zu können, wird erfahren, daß es eine Schande für jeden Deutschen ist, nach einem unredlichen Besitz zu streben.«[5] Auch in anderen überlieferten Nachkriegsplanungen des Widerstands und des Exils spielten derartige Überlegungen eine Rolle.[6] Und als die Alliierten etwa ein halbes Jahr nach Kriegsende in den vier Sektoren Berlins eine repräsentative Umfrage durchführten, befürworteten immerhin 60 Prozent der Befragten die Rückerstattung entzogenen Eigentums – während zugleich fast alle Befragten jegliche weitere Maßnahme zugunsten Verfolgter des Nationalsozialismus ablehnten.[7]

Ein nicht exakt bestimmbares Gemisch aus Unrechtsbewußtsein und praktischen Notwendigkeiten, so vor allem die notwendige Beseitigung der erheblichen eigentumsrechtlichen Schwierigkeiten, die sich aus der Aufhebung von NS-Gesetzen mit vermögensrechtlicher Wirkung durch den Alliierten Kontrollrat ergaben, führte dazu, daß bereits kurz nach Kriegsende in den Justizministerien verschiedener Länder, insbesondere der US-Zone, an einer Regelung der Rückerstattung wiederauffindbaren Eigentums gearbeitet wurde.[8] Dabei handelte es sich in erster Linie um Grundstücke, Häuser und Firmen, deren Rückerstattung aus technischen Gründen Vorrang hatte. So legte Ministerialrat Walter Roemer aus dem bayerischen Justizministerium bereits im Oktober 1945 einen ersten Entwurf vor, wonach noch vorhandene Sachen, Rechte und Vermögenswerte, die aus rassischen, religiösen oder politischen Gründen entzogen oder beschlagnahmt worden waren, wieder zurückgegeben werden sollten.[9]

Doch unabhängig davon hatten die alliierten Besatzungsmächte bereits eigene Pläne entwickelt. Vorreiter waren hier die Vereinigten Staaten, die den Oberkommandierenden ihrer Streitkräfte in Deutschland, Eisenhower, bereits in der grundlegenden Besatzungsdirektive JCS 1067 vom 11. Mai 1945 angewiesen hatten, das in Deutschland geraubte und entzogene Vermögen sicherzustellen und den rechtmäßigen Besitzern zurückzuerstatten.[10] Von Anfang an besaß damit die Rückerstattung auch auf amerikanischer Seite einen gewissen Vorsprung gegenüber anderen Bereichen der Wiedergutmachung. Außer durch die Tatsache, daß die USA im Gegensatz zu ihren Alliierten keine eigenen Reparationsforderungen stellten, wurde dies vor allem dadurch gefördert, daß seit Kriegsende Tausende von Anfragen an das State Department und die amerikanische Militärregierung in Deutschland eingingen, in denen insbesondere ehemalige deutsche Bürger in den USA versuchten, ihr aus rassischen oder anderen Gründen entzogenes oder geraubtes Eigentum zurückzuerhalten.[11]

Deshalb regte US-Außenminister Byrnes bereits Anfang September 1945 an, die Angelegenheit baldigst im Kontrollrat zu regeln und spezielle Gerichte zu beauftragen, über die Rückerstattung der im Zuge der NS-Verfolgung entzogenen Werte in Deutschland zu urteilen.[12] Nach einigen Vorbereitungen wurde schließlich die amerikanische Militärregierung für Deutschland (OMGUS) über das einzuschlagende Verfahren instruiert: Als erstes sollte ein Programm zur Rückerstattung an Individuen entwickelt werden, um sich erst dann der Frage der Rückerstattung an Organisationen und der Entschädigung für persönliche Schäden zuzuwenden.[13] Damit einher ging auch, daß, anders als zunächst geplant, eine auf die amerikanische Besatzungszone begrenzte Initiative ergriffen wurde. So beauftragte OMGUS den Stuttgarter Länderrat, das gemeinsame Organ der vier US-Zonen-Länderregierungen, im April 1946 damit, zusammen mit ersten Entschädigungsmaßnahmen auch den Entwurf eines Rückerstattungsgesetzes für wiederauffindbares Eigentum vorzulegen.[14]

Der zu diesem Zweck gegründete Sonderausschuß des Länderrats legte alsbald einen Entwurf einer »Verordnung über vordringliche Wiedergutmachungsmaßnahmen« vor, der einen Vorschlag zur Regelung der Rückerstattung enthielt und vor allem auf den bayerischen Vorarbeiten beruhte. Dieser sah vor, »Sachen oder Rechte, die unter der nationalsozialistischen Herrschaft dem Berechtigten aus Gründen der Rasse, Religion, Weltanschauung oder des politischen Bekenntnisses entzogen worden waren«, zurückzuerstatten. Als entzogen galt hier ein Vermögensgegenstand allerdings nur dann, wenn ihn der Berechtigte durch einen staatlichen Hoheitsakt verloren hatte. Auch war die Rückerstattung auf Vermögensgegenstände beschränkt, »die zur Zeit dem Staat oder einer sonstigen öffentlichen Stelle zustehen«.[15] Auf diese Weise hatte sich der Länderrat erst einmal vor der eigentlichen heiklen Aufgabe gedrückt: All die Fälle, in denen sich Privatpersonen insbesondere an jüdischem Eigentum bereichert hatten, blieben ausgeklammert.

Dies fand auf amerikanischer Seite keine Zustimmung: Hier entstand deshalb ein Gegenentwurf, der weit mehr Entziehungsfälle als der deutsche Vorschlag einschloß. Der Hauptunterschied war die Aufhebung der Beschränkung auf staatliche Entziehungsakte: Auch private Maßnahmen sollten nun einbezogen werden. Damit zielte der amerikanische Entwurf auf die ganze Breite der Arisierungsfälle.[16] Auf deutscher Seite löste dies Bestürzung aus: Ministerialrat Hielscher aus dem bayerischen Finanzministerium alarmierte den heimischen Ministerrat über die neue Entwicklung: »Wir wollten das eigentliche Problem der Restitution auf die Endmaßnahmen verschieben, die amerikanischen Teilnehmer erklärten aber, daß die Restitution jetzt, und zwar vollständig gelöst werden solle.« Dahinter vermutete er zunehmende Aktivitäten der Verfolgtenorganisationen, denen er entgegenhielt: »Auch bei der wohlwollendsten Einstellung muß aber jede weitere Unruhe vom Wirtschaftsleben ferngehalten werden.«[17] Die vorläufigen deutschen Ziele brachte Hielscher auf die Formel: »Originalrestitution in glatten Fällen und [...] Sofortmaßnahmen im Bedürftigkeitsfall«.[18]

Es folgten nun langwierige Verhandlungen im Sonderausschuß des Stuttgarter Länderrats, bei denen neben deutschen und amerikanischen Experten auch die ausländischen jüdischen Organisationen[19] durch Einsetzung eines »Internal Restitution Advisors« direkten Einfluß gewannen. Hierbei kristallisierten sich bald einige zentrale Problemfelder heraus: Von Anfang an bestand etwa Streit um die Frage, welche Vermögensverschiebungen überhaupt unter die Rückerstattung fallen sollten.[20] Die deutsche Seite versuchte dabei insbesondere die sogenannten »loyalen Erwerber« von dieser auszunehmen. Darunter wurden solche Fälle verstanden, bei denen der jetzige Besitzer das jüdische Eigentum gutgläubig aus zweiter oder dritter Hand übernommen bzw. beim Kauf die Interessen des jüdischen Verkäufers in angemessener Weise gewahrt hatte. Hier trafen jedoch gänzlich verschiedene Auffassungen über die Auswirkungen des NS-Terrors auf die reale Situation der Juden im Dritten Reich aufeinander, was besonders bei der Auseinandersetzung um die Frage, inwieweit für diese Gruppe eine kollektive Verfolgungssituation bestanden habe, deutlich wurde. Die jüdische Seite konnte sich damit durchsetzen, daß der Schutz des guten Glaubens für einen Erwerber jüdischen Eigentums weitgehend ausgeschlossen wurde. Zur direkten Verantwortung – d. h. zur Naturalrestitution – verpflichtet wurde jeweils der letzte Erwerber des betreffenden Eigentums. Am Ende galt prinzipiell jedes nach dem 15. September 1935 – dem Tag der Verkündung der Nürnberger Gesetze – abgeschlossene Geschäft mit Juden als anfechtbar, da von diesem Zeitpunkt an eine kollektive Verfolgung angenommen wurde. Dagegen hatte die deutsche Seite den November 1938 als Zäsur festsetzen wollen.

Für anhaltenden Streit sorgte auch die Frage, was aus dem sogenannten erbenlosen Eigentum werden sollte, das durch die Ausrottung ganzer Familien entstanden war. Es lag auf der Hand, daß die übliche gesetzliche Handhabung zu unerträglichen Ergebnissen geführt hätte: wäre doch damit der Staat, der die Ermordung veranlaßt hatte, auch noch zum Erben geworden. Hier versuchten nun die amerikanischen jüdischen Organisationen, ihr bereits während des Krieges entwickeltes Konzept der kollektiven Anwartschaft auf das erbenlose jüdische Eigentum zu verwirklichen und die Ernennung jüdischer Nachfolgeorganisationen durchzusetzen.[21] Zusätzliche Spannungen entstanden daraus, daß sie – ähnlich wie die Deutschen – den in Deutschland verbliebenen jüdischen Restgemeinden nicht die volle Anwartschaft auf das Vermögen der früheren jüdischen Gemeinden zubilligen wollten, da diese nur noch etwa 30 000 von über 500 000 Juden in Deutschland vor 1933 umfaßten.[22] Damit hing wiederum ein anderer Punkt des Anstoßes zusammen: Ein Großteil der potentiellen Rückerstattungsberechtigten lebte im Ausland. Wurden im Verlauf der Beratungen Erwartungen geäußert, daß dies für 95 Prozent der Ansprüche der Fall sein würde,[23] handelte es sich später tatsächlich immerhin um ca. 80 Prozent.[24]

Erheblichen Einfluß auf die weitere Entwicklung gewann die Tatsache, daß der stellvertretende amerikanische Militärgouverneur, Lucius D. Clay, bei einem Besuch in Washington im Oktober 1946 gegenüber einer Delegation der amerikanischen jüdischen Organisationen unter Leitung des Präsidenten des American Jewish Committee, Joseph M. Proskauer, weitreichende Zusicherungen abgab. Unter anderem akzeptierte er hierbei auch endgültig die von jüdischer Seite geforderten ausländischen Nachfolgeorganisationen für erbenloses jüdisches Eigentum.[25] Mit den aus diesen Abmachungen resultierenden neuen amerikanischen Forderungen war das in deutschen Augen zuträgliche Maß nun endgültig überschritten. Dies zeigten auch die Stellungnahmen der hiervon bedrohten Wirtschaft. Zwar äußerten sich die befragten Wirtschaftsvertreter stets prinzipiell für die Rückerstattung, doch nur soweit, als der »versöhnliche Gedanke, der einer Wiedergutmachungsgesetzgebung im eigentlichen Sinne zugrunde liegen muß«,[26] nicht geschwächt werde. So formulierte es Ludwig Kastl, bis 1933 geschäftsführendes Mitglied im Präsidium des Reichsverbands der deutschen Industrie und nunmehr Präsident des Wirtschaftsbeirates beim bayerischen Wirtschaftsministerium, im Namen der bayerischen Wirtschaft. Hinzu trat der fadenscheinige Einwand, daß der Wirtschaftsbeirat den vorgesehenen Umfang der Rückerstattung gerade deshalb ablehne, weil »er das Aufkommen antisemitischer Strömungen jeglicher Art verhindern«[27] wolle. Dieses beliebte Argumentationsmuster erhob die Wiedergutmachungsansprüche der Juden zur eigentlichen Ursache des Antisemitismus. Auch die Münchener Bankenvereinigung forderte im Interesse ihrer Kunden »die Begrenzung der Rückerstattungsansprüche, um die notwendigerweise aus der Regelung des Rückerstattungs- und Wiedergutmachungsproblems sich ergebende Beunruhigung des öffentlichen und privaten Wirtschaftslebens auf ein Mindestmaß zu beschränken«.[28] Die Ablehnung der Wirtschaftsorganisationen war deutlich und lief schon seit Herbst 1946 auf eine klare Entscheidung hinaus: Sollte es nicht möglich sein, die inkriminierten Punkte aus den Entwürfen zu beseitigen, so wäre es vorzuziehen, »das Gesetz [...] entweder der Militärregierung bzw. dem Kontrollrat zur Anordnung zu überlassen oder dem künftigen Landtag zu überweisen«.[29]

Da solche Überlegungen auch in den Länderregierungen der US-Zone überwogen, lehnten es die Ministerpräsidenten am 11. März 1947 ab, das Gesetz in der zuletzt vorliegenden Form zu erlassen. Als Haupteinwände gaben sie die zu lange Anmeldefrist für Ansprüche sowie das zu weitreichende Anfechtungsrecht zugunsten der Geschädigten an. In den Mittelpunkt ihrer Bedenken stellten sie aber aus taktischen Gründen die vorgesehene Geltung allein für die US-Zone.[30] Deshalb bemühten sich nun die Amerikaner um eine Einigung mit ihren Alliierten auf ein gemeinsames Rückerstattungsgesetz. Anders als Walter Schwarz schreibt, steuerte Clay dabei keineswegs von vornherein auf ein unilaterales Gesetz zu.[31] Doch war er vor allem durch seine Zusagen an die jüdischen Organisationen in den USA in seinem Handlungsspielraum so eingeschränkt, daß letztlich kein alliierter Kompromiß möglich war. Wesentliches Hindernis war auch hier die Frage der ausländischen Nachfolgeorganisationen für erbenloses jüdisches Eigentum.[32]

Als schließlich auch eine Einigung wenigstens mit den Briten, auf die die USA noch am längsten gehofft hatten, gescheitert war, versuchte Clay noch einmal, die Ministerpräsidenten seiner Zone zur Verabschiedung des Entwurfes als deutsches Gesetz zu bewegen. Doch stellten diese ihrerseits Bedingungen, die wiederum die erreichten Gemeinsamkeiten mit den jüdischen Organisationen und den Briten gefährdeten.[33] Die amerikanische Militärregierung befand sich somit in einer Zwickmühle, und so verkündete Clay den Entwurf schließlich, nachdem auch ein letztes Ultimatum an die Ministerpräsidenten, diesen als deutsches Gesetz zu verkünden, erfolglos geblieben war, zum 10. November 1947 als Militärregierungsgesetz Nr. 59.[34] Dies war insofern folgerichtig, als die Deutschen nicht bereit gewesen waren, die politische Verantwortung für ein Gesetz zu übernehmen, das in wesentlichen Punkten gegen ihre eigenen Vorstellungen verstieß. Die Klage etwa eines Otto Küster, daß die Amerikaner wegen geringfügiger Differenzen den Deutschen die Chance genommen hätten, ein Zeichen der Wiedergutmachungswilligkeit zu setzen,[35] übersieht dabei, daß dieses Gesetz nicht allein auf bilateralem Wege zwischen Deutschen und Amerikanern zustandegekommen war, sondern auch auf Abmachungen mit den jüdischen Organisationen und den Briten Rücksicht genommen werden mußte.

Letzteres diente dem Zweck, die Briten vielleicht doch noch zur Übernahme des US-Zonen-Gesetzes bewegen zu können, und tatsächlich erließ die britische Militärregierung im Mai 1949 gleichfalls ein Rückerstattungsgesetz,[36] das in den wesentlichen Grundzügen der amerikanischen Regelung folgte. Die Franzosen hatten hingegen zeitgleich mit den Amerikanern für ihre Zone mit der Verordnung Nr. 120 eine eigene Regelung getroffen, die stark an der innerfranzösischen Restitutionsgesetzgebung orientiert war.[37] Das früheste deutsche Rückerstattungsgesetz existierte in Thüringen: Dort wurde auf Anordnung der sowjetischen Militärregierung bereits im September 1945 ein derartiges Gesetz[38] erlassen.

Die Auseinandersetzung um die Durchführung der Rückerstattung

Zum Zeitpunkt der Gründung der Bundesrepublik existierte dort also eine ganze Reihe alliierter Gesetze zur Regelung der Rückerstattung wiederauffindbaren Eigentums, das in der Zeit vom 30. Januar 1933 bis zum 8. Mai 1945 aus Gründen der nationalsozialistischen Verfolgung ungerechtfertigt entzogen worden war, an die rechtmäßigen Eigentümer. Im Kern sahen diese allesamt eine Naturalrestitution vor, wobei sie, wie gesagt, davon ausgingen, daß seit der Verkündung der Nürnberger Gesetze für die Juden eine kollektive Verfolgungssituation bestanden habe. Die Verfolgten mußten ihre Ansprüche bei einer zentralen Anmeldestelle geltend machen. Kam es vor den zuständigen Wiedergutmachungsämtern zu keiner gütlichen Einigung, mußten die Gerichte entscheiden. In letzter Instanz sprachen spezielle alliierte Gerichtshöfe Recht, in denen bis 1955, außer in der französischen Zone, keine deutschen Richter vertreten waren.

Da sich die deutschen Bedenken bei der Formulierung der Rückerstattungsgesetze nicht hatten durchsetzen können, entwickelte sich nun ein hartnäckiger Widerstand gegen deren Durchführung. Im Zentrum der Agitation standen Interessenverbände der Rückerstattungspflichtigen, die sich im Frühjahr 1950 zur »Bundesvereinigung für loyale Restitution« zusammenschlossen. Publizistische Hauptplattform war die von 1950 bis 1954 erscheinende Zeitschrift *Die Restitution*. Anfänglich wurde hauptsächlich die Änderung der alliierten Restitutionsgesetzgebung zugunsten der Rückerstattungspflichtigen gefordert, wobei sich die Hauptkritik gegen das als drakonisch verschrieene Gesetz der US-Zone richtete. Die vielfach erhobene Forderung nach Vereinheitlichung der westzonalen Restitutionsgesetze war dabei gleichfalls von der Erwartung geleitet, daß ein solcher Schritt eine Abmilderung mit sich bringen würde. Solchen Hoffnungen stellte sich insbesondere der amerikanische Hohe Kommissar, John J. McCloy, kategorisch entgegen und gab zu diesem Zweck wiederholt demonstrativ öffentliche Erklärungen ab, in denen er die Rückerstattung als unabdingbare Verpflichtung des deutschen Volkes bezeichnete.[39] Nachdem sich so die Aussichten für eine Abschwächung der alliierten Rückerstattungsgesetze immer mehr verschlechterten, gewann dafür die alternative Forderung nach einem ergänzenden Gesetz zur Entschädigung der durch die Rückerstattungsgesetze unbillig Betroffenen zunehmend größere Bedeutung.

Die Lobby der Rückerstattungspflichtigen konnte erhebliche Unterstützung in den deutschen Volksvertretungen mobilisieren, was sich unter anderem in einer stattlichen Anzahl parlamentarischer Anträge vor allem aus dem Kreis der in Bonn regierenden Parteien niederschlug.[40] Dies stand durchaus im Einklang mit der öffentlichen – und wahrscheinlich erst recht mit der unveröffentlichten – Meinung der deutschen Bevölkerung. In einer Erhebung des Allensbacher Instituts von August 1949 wurde eine repräsentative Auswahl von Bürgern der Bundesrepublik nicht nur nach ihrer Meinung zur Berechtigung jüdischer Wiedergutmachungsansprüche im allgemeinen, sondern auch speziell nach ihrer Einstellung zur Rückerstattung befragt: »Wenn ein Nichtjude nach 1933 ein jüdisches Geschäft gekauft hat, und der frühere Besitzer verlangt nun die Rückgabe unter den gleichen Bedingungen: würden Sie sagen, seine Ansprüche bestehen zu Recht oder zu Unrecht?« Hatten die Frage nach der Wiedergutmachungsbereitschaft gegenüber deutschen Juden im allgemeinen wenigstens noch 54 Prozent mit »Ja« beantwortet, fielen die Antworten hier, wo die praktischen Konsequenzen den Befragten deutlicher vor Augen standen, weit zurückhaltender aus: Berechtigte Ansprüche, vorausgesetzt, das NS-Regime sei die eindeutige Ursache des Verkaufs, sahen gerade 39 Prozent der Befragten; die Forderung werde »zu Unrecht« erhoben, meinten 28 Prozent, »Kommt darauf an« 25 Prozent, acht Prozent waren »unentschieden«.[41]

Der Bundesregierung waren die in den Jahren 1949/50 grassierenden parlamentarischen Eingaben gegen die alliierten Rückerstattungsgesetze allerdings aus außenpolitischen Gründen äußerst unangenehm. Da ihr die Aussichtslosigkeit der Forderungen nach Änderung dieser Gesetze früh bewußt geworden war, setzte sie vielmehr auf Milderungen der Rückerstattungspraxis im Zuge der kommenden Verhandlungen um die Revision des Besatzungsstatuts.[42] Da die vielfältigen lauten Proteste jedoch im Ausland sehr genau registriert wurden und somit das Verhandlungsklima zu stören drohten, wies Bundesjustizminister Dehler am 4. November 1950 vor dem Bundestag namens der Bundesregierung alle Hoffnungen auf eine Änderung der alliierten Rückerstattungsgesetze nachdrücklich zurück.[43] Erntete Dehler damit im Ausland die erhoffte positive Resonanz,[44] wurde er auf deutscher Seite heftig für seine Ausführungen gescholten. So ernannte ihn die *Bayerische Hausbesitzer-Zeitung* quasi zum Justizminister der Alliierten und bezichtigte ihn wütend der Kapitulation »im Angesicht des ungeheuren, an zahlreichen hilf- und rechtlosen Staatsbürgern sich vollziehenden Unrechts vor den von ihm befürchteten Angriffen aus dem Ausland«.[45]

Der rheinland-pfälzische FDP-Landtagsabgeordnete Alfred Sieger schrieb 1950 im ersten Heft der *Restitution*: »Das fluchwürdige Verfahren der Enteignung und der Diffamierung, vom nationalsozialistischen Staat gegenüber den Juden und anderen in seinen Augen mißliebigen Kreaturen angewendet, feiert seine Auferstehung. Die moralischen Auswirkungen werden katastrophal sein.«[46] Woraus speiste sich nun derartige Larmoyanz, die auf die Behauptung hinauslief, daß den ehemaligen »Ariseuren« quasi im Gegenzug der Judenstern angeheftet werde? Und was verrät dies über die Einstellungen zur Judenverfolgung im Dritten Reich?

Gewiß gab es einige Punkte in diesen Gesetzen, die auch dem unbefangenen Beobachter als hart erscheinen mögen. So etwa der Umstand, daß der Rückerstattungspflichtige zwar Anspruch auf die Rückzahlung des seinerzeitigen Kaufpreises hatte, dieser Betrag aber der Währungsreform unterlag und damit auf ein Zehntel gekürzt wurde. Doch traf das gleiche Schicksal auch denjenigen Rückerstattungs*berechtigten*, der statt der Naturalzurückerstattung die Nachzahlung der Differenz zwischen dem erlangten und dem angemessenen Kaufpreis wählte. Weniger der Auseinandersetzung um die Frage von Recht und Unrecht als der Mobilisierung latenter antijüdischer Affekte diente hingegen das von Walter Schwarz so bezeichnete »Spiel mit den Zahlen«.[47] Durch die Lancierung astronomischer Beträge, die zudem durch – wie es hieß – trustartige jüdische Nachfolgeorganisationen ins Ausland transferiert würden, suggerierten Gegner der Rückerstattung den Ausverkauf und »völligen Ruin der Währung und der gesamten Volkswirtschaft«.[48] In diesen Zusammenhang gehörte auch die eingangs zitierte

Äußerung Werner Hilperts. Die Demagogie dieser Argumente wird offensichtlich, wenn man den in der Diskussion immer wieder genannten Schätzungen von 37 Mrd. DM das tatsächliche Ergebnis der Rückerstattung von ca. 3,5 Mrd. DM gegenüberstellt.[49]

Ein Großteil der Kritik zielte aber auf die der Restitutionsgesetzgebung zugrundeliegende Auffassung über den Pflichtigen, der sich im Gegensatz zu den Bestimmungen des Bürgerlichen Gesetzbuches nicht darauf berufen konnte, sein Geschäft im guten Glauben getätigt zu haben, sondern im Regelfall einem Hehler gleichgestellt wurde. Im Gegensatz dazu drängte die Pflichtigenlobby auf die strenge Unterscheidung der sogenannten »loyalen Erwerber« (zu denen sich fast alle zählten) von den »bösartigen Erwerbern«. Bei letzteren, so die Argumentation der Pflichtigenlobby, habe es sich zudem fast stets um den Staat gehandelt, der den Zwang auf die jüdischen Erwerber »bis zum äußersten getrieben und ausgenutzt« habe. Andererseits befänden sich die meisten der strittigen Gegenstände heute in privater Hand. »Unter diesen Fällen wiederum sind diejenigen in der großen Mehrzahl, wo die Erwerber sich als solche keines Zwanges gegenüber den Veräußerern schuldig gemacht haben«.[50] Als Beispiel für diese Gruppe dienten immer wieder diejenigen »Nicht-Nazis«, ja, so wörtlich, »vermutlichen Nazigegner, die man als Landwirte enteignet habe, um Autobahnen zu bauen oder Rüstungsanlagen zu schaffen, und die man in Land entschädigt habe, für das irgendeine öffentliche Stelle als Eigentümer im Grundbuch eingetragen gewesen sei, und bei denen es sich dann herausgestellt habe, daß dieses Land einige Jahre vorher einem Juden weggenommen worden sei«.[51] Anknüpfend an die unbestreitbare Tatsache, daß in manchen Fällen der Käufer aus freundschaftlicher Haltung heraus und unter möglichster Wahrung der Interessen des bedrängten jüdischen Verkäufers den Handel getätigt hatte, wurde gleichfalls immer wieder darauf verwiesen, »daß Kaufwillige den verkaufenden Juden die Möglichkeit [gaben], sich nach dem Ausland abzusetzen, sich damit vor Schlimmerem zu retten«. Feinsinnig setzte Hans Dilt, der Autor dieser Zeilen, hinzu: »Hätten sich damals im Bewußtsein der heute gesetzlich formulierten Unsittlichkeit solcher Kaufverträge die Käufer geweigert, jüdisches Eigentum zu erwerben, so wäre manchem Auswanderer infolge des Bargeldmangels nur der Weg nach Auschwitz geblieben.«[52]

Stellt man einmal das Gedankenspiel an, als einzige Quelle zur Geschichte der »Arisierung« im Dritten Reich existierten die Darstellungen der Rückerstattungspflichtigenlobby, so ergäbe sich etwa folgendes Bild: Von 1933 bis 1935 könne von einem »Zwang« im üblichen Sinne des Wortes nicht gesprochen werden. Helmut Köhrer beispielsweise, der sich in seiner 1951 veröffentlichten Dissertation zuvor auch gründliche Gedanken über den, so wörtlich, »sozialen Platz der Juden im Gastvolk« gemacht hatte, schrieb, in dieser Zeit hätten »alle Entschließungen zu den Rechtsgeschäften [...] dem freien Willen« unterlegen. Vom Zeitpunkt des Erlasses der Nürnberger Gesetze an sah jedoch auch die Pflichtigen-Lobby einen zunehmenden Zwang zur Veräußerung auf die Juden wirken, doch sei dieser fast ausschließlich seitens des Staates ausgeübt worden. Dies sollte gleichfalls für die nach dem November 1938 entstandenen Rückerstattungsfälle gelten, bei denen auch nach Auffassung der Restitutionspflichtigen »kein freier Wille des Eigentümers« mehr möglich gewesen sei.[53] Bis zu diesem Zeitpunkt sei jedoch »kaum einem der Käufer die Ausübung eines individuellen Zwanges nachzuweisen«.[54]

Was nun aber mit den Käufern, die schon vor dem November 1938 jüdisches Eigentum meist günstig erworben hatten? Köhrer antwortet: »Die auftretenden Interessenten und Käufer stellten volkswirtschaftlich unanfechtbare Nachfragende dar, die zwar indirekt Nutznießer der staatlichen Entrechtungsmaßnahmen wurden, indem sie zu niedrigen Preisen kaufen konnten, denen jedoch auf Grund ihres ökonomisch rationalen Handelns deshalb kein Vorwurf gemacht werden kann.«[55] Der Ariseur erscheint hier als Homo oeconomicus, der sich bar eigener Verantwortung unter den allein vom Staat gesetzten und auch zu verantwortenden Rahmenbedingungen bewegt. Zweck dieser auf seiten der Rückerstattungspflichtigen gebetsmühlenartig wiederholten Argumentation war, die Verantwortung für die »Arisierungen« nach Möglichkeit auf den Staat abzuwälzen; der Nationalsozialismus wurde auf diese Weise quasi zu einem exterritorialen Phänomen der deutschen Gesellschaft. So galt es als unerläßlich, »baldigst die zweite Hälfte des Rückerstattungsproblems zu lösen: Ein solches Gesetz muß dem loyalen Rückerstattungspflichtigen genauso den Ersatz seines Schadens gewähren, wie die bisherige Gesetzgebung dem Veräußerer grundsätzlich die Rückerstattung des entzogenen Vermögenswertes zuerkennt.«[56]

Während die Redaktion der *Restitution* im allgemeinen erfolgreich vermied, offene antijüdische Bezüge in ihren Spalten zuzulassen, waren andere Blätter in dieser Hinsicht weniger konsequent. So argumentierte die in Berlin, einem Brennpunkt der Rückerstattungsdiskussion, erscheinende Hauseigentümer-Zeitschrift *Der Grundbesitz,* daß »ganz allgemein in der Arisierung die tatsächliche Wiedergutmachung gesehen« worden sei, hätten doch jüdische Spekulanten in der Inflationszeit in großem Umfang Immobilien zu Spottpreisen errafft.[57] Doch auch wenn der Antisemitismus der vergangenen Epoche nur selten so offen zur Schau gestellt wurde, in einem waren sich praktisch alle Gegner der Rückerstattung einig: daß diese, indem sie Unschuldige bestrafe, die Ursache eines neuen, zuvor nicht vorhandenen Antisemitismus sei.[58]

Daß bestimmte drakonische Aspekte der Rückerstattung antijüdische Affekte revitalisierten bzw. schufen, ist nicht von der Hand zu weisen. Tatsächlich zielte deren Grundintention auch weniger auf die »Resozialisierung« der Rückerstattungspflichtigen als auf die Wiederherstellung der Rechte derjenigen, die oft schon zehn oder 15 Jahre auf Wiedergutmachung warten mußten. Als die deutsche Bundesregierung 1951/52 bei den Verhandlungen um die Ablösung des Besatzungsstatuts versuchte, manche Erleichterungen zugunsten der Pflichtigen zu erreichen, machte sie gleichfalls wiederholt geltend, daß andernfalls mit einem Anwachsen antisemitischer Tendenzen zu rechnen sei.[59] Die daraufhin konsultierten amerikanischen jüdischen Organisationen gaben jedoch deutlich zu verstehen, daß sie in keiner Weise gewillt seien, auf derartige Argumente Rücksicht zu nehmen: In ihren Augen war das deutsche Volk in dieser Hinsicht ohnehin verdorben, mit einem gewissen Maß an Antisemitismus müsse man so oder so rechnen.[60]

Fazit

Am Ende stellt sich die Frage, was der heftige Widerstand der Rückerstattungspflichtigen eigentlich bewirkte und welche Bedeutung er für die politische Kultur der frühen Bundesrepublik besaß.

Tatsächlich blieb die Wirkung der Lobby der Rückerstattungspflichtigen trotz des beträchtlichen parlamentarischen und öffentlichen Rückhalts gering. Die Gründe dafür lagen vor allem auf außenpolitischem Gebiet: Die Alliierten nahmen ihre Rechte in dieser Angelegenheit kompromißlos wahr. McCloy, der hier eine zentrale Rolle spielte, hatte gegenüber dem amerikanischen Landeskommissar für Bayern, George N. Shuster, Mitte 1951 erklärt: »Auf unserer abschließenden Tagesordnung gibt es wenige Dinge, die wichtiger sind als die Rückerstattungsfrage.«[61] Damit bewirkten die deutschen Proteste hauptsächlich, daß die Alliierten massiv auf Beschleunigung der Verfahren drängten, um auf diese Weise ein Ende der Turbulenzen zu erreichen. Ende 1953 waren bereits über 90 Prozent der Verfahren abgeschlossen.[62] Nicht enthalten waren darin wohlgemerkt die als »Dritte Masse« bezeichneten geldlichen Rückerstattungsansprüche gegen das Deutsche Reich, die erst durch das Rückerstattungsgesetz von 1957[63] geregelt wurden.

Unter sozialgeschichtlicher Perspektive scheint es, daß das konfliktreichste Element der Rückerstattung jenen Bereich betraf, in dem die wirtschaftliche Verdrängung der Juden dazu gedient hatte, soziale Aufstiegs- bzw. Umverteilungsprozesse im Dritten Reich zu finanzieren. Insoweit als die »Arisierung« wirtschaftliche Spielräume für eine rudimentäre »Sozialrevolution« oder Mittelstandspolitik geschaffen hatte, konnte die Rückerstattung im Gegenzug zu einer erneuten sozialen Degradierung führen, was die teilweise Verbissenheit der Auseinandersetzung erklären könnte. Diese Hypothese stützt sich vor allem auf den Befund, daß die »großen Brocken« viel häufiger als die kleineren Werte auf dem Vergleichswege geregelt wurden.[64] Solche vorläufigen Vermutungen müßten freilich noch durch entsprechende breit angelegte systematische Untersuchungen empirisch untermauert werden.

Sicher ist hingegen, daß seit Beginn der fünfziger Jahre in der Bundesrepublik immer mehr Tendenzen erstarkten, die Opfer des Nationalsozialismus und die des Krieges auf eine Stufe zu stellen. So erklärte etwa der Baden-Badener Bürgermeister Holdermann 1950, »daß mit Bezug auf die Wiedergutmachung nur die Lösung als billig hingenommen werden kann, die auch die berechtigten Ansprüche der aus dem Osten vertriebenen und geflüchteten Millionen von Deutschen berücksichtigt«.[65] Die Judenverfolgung wurde so im Bewußtsein breiter Kreise – wenigstens was die Dringlichkeit einer Entschädigung betraf – auf eine Stufe mit Flucht, Vertreibung, Bombenkrieg gegen die Zivilbevölkerung etc. gestellt.[66] Daraus resultierte, daß der Ausbau der Wiedergutmachungsgesetzgebung in der Bundesrepublik vielfach nach dem Muster von Koppelungsgeschäften verlief. So spielte der Wunsch nach einem Ausgleichsgesetz zugunsten der Rückerstattungsgeschädigten eine zentrale Rolle im Vorfeld des 1953 verabschiedeten Bundesentschädigungsgesetzes.[67] Die Forderung der Rückerstattungsgeschädigten nach Entschädigung der »loyalen Erwerber« wurde hingegen erst nach Ablauf einer gewissen Schamfrist 1969 durch das Gesetz zur Abgeltung von Reparations-, Restitutions-, Zerstörungs- und Rückerstattungsschäden[68] weitgehend erfüllt. Damit gibt die Auseinandersetzung um die Rückerstattung »arisierten« Vermögens auch Gelegenheit zu einem Anflug von historischem Optimismus: Der Widerstand der Restitutionspflichtigenlobby wirkte – freilich ohne daß dies dort in irgendeiner Weise intendiert gewesen wäre – als Motor für die Entschädigungsansprüche der NS-Verfolgten. Wenn auch sozusagen nur unter Schmerzen, und weniger aus Rücksicht auf die Wünsche der Bevölkerung als auf die Staatsräson der Bundesrepublik, wurde deren politisch-moralische Vorrangigkeit wenigstens in diesem Punkt schließlich doch anerkannt.

Anmerkungen

1 Süddeutsche Zeitung vom 31. 1. 1950, »Wenig Hoffnung auf Wiedergutmachung«.

2 Zur »Arisierung« vgl. insbes. Genschel, Helmut, Die Verdrängung der Juden aus der Wirtschaft im Dritten Reich, Göttingen usw. 1966; Barkai, Avraham, Vom Boykott zur »Entjudung«. Der wirtschaftliche Existenzkampf der Juden im Dritten Reich 1933–1943, Frankfurt a. M. 1988; ders., Deutsche Unternehmer und Judenpolitik im »Dritten Reich«, in: Geschichte und Gesellschaft 15 (1988), S. 227–247 (hier in leicht überarbeiteter Fassung abgedruckt auf S. 247–272); Die Juden in Deutschland 1933–1945. Leben unter nationalsozialistischer Herrschaft, hrsg. v. Wolfgang Benz, München 1988; Ludwig, Johannes, Boykott – Enteignung – Mord. Die »Entjudung« der deutschen Wirtschaft, Hamburg/München 1989; Bajohr, Frank, »Arisierung« in Hamburg. Die Verdrängung der jüdischen Unternehmer 1933–1945. Hamburg 1997; Goschler, Constantin / Lillteicher, Jürgen (Hg.),

»Arisierung« und Restitution. Die Rückerstattung jüdischen Eigentums in Deutschland und Österreich nach 1945 und 1989, Göttingen 2002.

3 Zu dieser Legende siehe etwa Adolf Arndt vor dem Deutschen Bundestag, 229. Sitzung am 11. 9. 1952, Stenographische Berichte, Bd. 12, S. 10435.

4 Zur Kontroverse um diese Frage vgl. Dipper, Christof, Der deutsche Widerstand und die Juden, in: Geschichte und Gesellschaft 9 (1983), S. 349–380.

5 Regierungserklärung. Anlage zum Bericht Ernst Kaltenbrunners an Martin Bormann, 5. 8. 1944, in: Spiegelbild einer Verschwörung. Die Kaltenbrunner-Berichte an Bormann und Hitler über das Attentat vom 20. Juli 1944. Geheime Dokumente aus dem ehemaligen Reichssicherheitshauptamt, hrsg. v. Archiv Peter, Stuttgart 1961, S. 149. Der SD zog daraus die Schlußfolgerung: »Wenn daher in einigen Äußerungen auch theoretisch der Rassegedanke des Nationalsozialismus bejaht wird, so würde doch die Verschwörerclique im Ergebnis eine Judenpolitik durchgeführt haben, die die Juden zumindest wirtschaftlich in ihre frühere Rechtsstellung eingesetzt und ihnen eine freie Betätigung gestattet hätte.« Kaltenbrunner an Bormann, 16. 10. 1944, ebenda, S. 450.

6 Zu der Auseinandersetzung mit der nationalsozialistischen Judenverfolgung und zu den Wiedergutmachungsplanungen im Kreis des deutschen Widerstands vgl. Constantin Goschler, Wiedergutmachung. Westdeutschland und die Verfolgten des Nationalsozialismus, 1945–1954, München 1992, S. 25–40.

7 Charles Fahy an Chief of Staff, 15. 1. 1946, in: Archiv des Instituts für Zeitgeschichte, München (IfZ-Archiv), MF 260, OMGUS, AG 1945–46/109/1. In der weiteren Entwicklung der öffentlichen Meinung kehrte sich dieses Verhältnis allerdings um: Die Anerkennung der Vorrangigkeit der Rückerstattung vor einer allgemeinen Entschädigung ging gänzlich verloren.

8 Vgl. dazu Goschler, Wiedergutmachung (wie Anm. 6), S. 95 ff.; Schwarz, Walter, Rückerstattung nach den Gesetzen der Alliierten Mächte, München 1974, S. 28 ff.

9 Roemer, Entwurf eines Gesetzes zur vorläufigen Wiedergutmachung der aus Gründen der Rasse, Religion oder des politischen Bekenntnisses zugefügten Vermögensschädigungen, 11. 10. 1945, in: Archiv des Bayerischen Justizministeriums, München (BayMJ), 1101 a, H. 1.

10 JCS 1067, Abs. 48, in: Um den Frieden mit Deutschland. Dokumente zum Problem der deutschen Friedensordnung 1948, hrsg. v. W. Cornides u. H. Volle, Oberursel (Ts.) 1948, S. 72.

11 Siehe dazu National Archives of the United States (USNA), RG 59, 462.11. E.W., Box 1925–1931.

12 Byrnes an Murphy, 4. 9. 1945, in: USNA, RG 59, 462.11/9–445.

13 Gen. Oliver P. Echols an OMGUS, 15. 3. 1946, in: IfZ-Archiv, MF 260, OMGUS, AG 45–46/109/1.

14 James K. Pollock an Erich Rossmann, 9. 4. 1946, Bayerisches Hauptstaatsarchiv, München, (BayHStA), Bev. Stuttgart 71.

15 Ebenda.

16 »Text of a Draft Law for Restitution Measures«, 7. 6. 1946, in: USNA, RG 59, 740-00119 E.W.

17 Hielscher, Vormerkung betr. Vermögenskontrolle und Wiedergutmachung vom 18. 6. 1946, in: BayHStA, MA 114253.

18 Ebenda.
19 Es handelte sich dabei um den World Jewish Congress, das American Joint Distribution Committee, die Jewish Agency for Palestine, das American Jewish Committee und zunächst auch noch die American Jewish Conference.
20 Siehe dazu die Protokolle des Sonderausschusses »Eigentumskontrolle«, in: Bundesarchiv Koblenz (BAK), Z 1, 1290 ff. Vgl. auch Goschler, Wiedergutmachung (wie Anm. 6), S. 108 ff.; Schwarz, Rückerstattung (wie Anm. 8), S. 31 ff.
21 So etwa Rabbi Philip S. Bernstein (Advisor on Jewish Affairs to the Theater Commander) an General Joseph T. McNarney, 1. 7. 1946; in: IfZ-Archiv, MF 260, OMGUS, AG 45–46/109/1; ferner Henry Monsky (American Jewish Conference) an Byrnes, 19. 6. 1946, in: USNA, RG 59, 740.00119 E.W.
22 Minutes of the Meeting of the Property Disposition Board, 19. 6. 1946, in: IfZ-Archiv, MF 260, OMGUS-BICO 11/13–1/16.
23 Niederschrift über die Sitzung des Sonderausschusses »Eigentumskontrolle« am 19. 9. 1946, in: BayHStA, Bev. Stuttgart 71.
24 Vgl. Schwarz, Rückerstattung (wie Anm. 8), S. 366.
25 AJC Contributions to Postwar Economic Rehabilitation of Jewish Victims of Nazi Persecution, September 1965, in: Archiv des American Jewish Committee, New York, (AJC-Archiv), JSX, Subject Restitution 65–66. Vgl. auch Cohen, Naomi W., Not Free to Desist. A History of the American Jewish Committee 1906–1966, Philadelphia 1972, S. 278.
26 Denkschrift von Ludwig Kastl, 9. 10. 1946, in: BayHStA, MA 130348.
27 Kastl an Hoegner u. a., 7. 11. 1946, in: BayHStA, MF 69409.
28 Albert Glaser und Florian Witzmann, Münchener Bankvereinigung, Leitung: Bayerische Hypotheken- und Wechsel-Bank, 9. 11. 1946, in: BayMJ, 1101 a, H. 2.
29 Kastl an Hoegner u. a., 7. 11. 1946, in: BayHStA, MF 69409.
30 Text der Entschließung des Länderrats vom 11. 3. 1947 in Schreiben Arnims an Roemer, 17. 3. 1947, in: BayHStA, Bev. Stuttgart 71.
31 So Walter Schwarz, Wie kam die Rückerstattung zustande? Neue Erkenntnisse aus den amerikanischen und britischen Archiven, in: Friedrich Biella usw., Das Bundesrückerstattungsgesetz, München 1981, S. 808.
32 Vgl. Goschler, Wiedergutmachung (wie Anm. 6), S. 122–126.
33 So sah der deutsche Gegenvorschlag vor, daß die Nachfolgeorganisationen für erbenloses jüdisches Eigentum unter deutscher Staatsaufsicht stehen und ihren Sitz in Deutschland haben sollten. Zweitens enthielt der deutsche Entwurf eine Härteklausel für Arisierungen vor 1938. Drittens sollte ein loyaler späterer Erwerber eines arisierten Objektes nicht unter allen Umständen einem Hehler gleichbehandelt werden. Und viertens wollte der deutsche Entwurf einen loyalen Erwerber nicht mit der Haftung dafür belasten, wenn der von ihm seinerzeit gezahlte Kaufpreis nicht zur vollen Verfügung des Verkäufers gelangt war oder das Objekt durch Kriegseinwirkung an Wert verloren hatte. Vgl. Darstellung Otto Küsters auf der Pressekonferenz am 11. 11. 1947, in: BayMJ, 1101 a, H. 4.
34 Gesetz Nr. 59 der US-Militärregierung vom 10. 11. 1947 (USREG), Amtsblatt der amerikanischen Militärregierung, Ausg. G, Nov. 1947, S. 1 ff.
35 Darstellung Küsters auf der Pressekonferenz am 11. 11. 1947 (Anm. 33).

36 Gesetz Nr. 59 der britischen Militärregierung v. 12. 5. 1949 (BrREG) über die Rückerstattung feststellbarer Vermögensgegenstände an Opfer der nationalsozialistischen Unterdrückungsmaßnahmen, Verordnungsblatt für die britische Zone, Nr. 26, 28. 5. 1949, S. 152 ff. Ähnlich auch die Regelung für West-Berlin, Rückerstattungsordnung 49/180 der Alliierten Kommandantura v. 26. 7. 1949, Berliner Verordnungsblatt I, S. 221 ff.

37 Verordnung Nr. 120 der französischen Militärregierung über die Rückerstattung geraubter Vermögensgegenstände v. 10. 11. 1947, Amtsblatt der französischen Militärregierung, Nr. 119, S. 1219 ff.

38 Wiedergutmachungsgesetz vom 14. 9. 1945 in: Regierungsblatt für Thüringen, Teil I: Gesetzessammlung, S. 24–26. Die Grundgedanken gingen auf deutsche Initiativen, namentlich auf Hermann Brill, zurück. Das ergibt sich auch aus den Unterlagen im Thüringischen Hauptstaatsarchiv Weimar, Akten des Landes Thüringen 1945–1952, Nr. 1193.

39 Dazu u. a. Office of the U. S. High Commissioner for Germany, Press Release, 19. 12. 1949, in: USNA, RG 59, 262.0041, Box 1041, und Ansprache McCloys in Stuttgart am 6. 2. 1950, in: John J. McCloys Reden zu Deutschland- und Berlinfragen. Publizistische Aktivitäten und Ansprachen des Amerikanischen Hochkommissars für Deutschland 1949–1952, hrsg. v. Erika Fischer u. Heinz D. Fischer, Berlin 1986, S. 67; Ansprache McCloys in Hannover am 22. 5. 1950 vor Kulturpolitikern, ebenda, S. 89 f. Die Liste ließe sich erheblich verlängern.

40 Dazu z. B. Antrag der Abgeordneten Nöll v. d. Nahmer usw. betr. Vereinheitlichung des Rückerstattungsrechts vom 4. 11. 1949, Drucksache Nr. 159, Deutscher Bundestag, 1. Wahlperiode 1949–1953, Anlagen-Bd. 1. Anfrage Nr. 125 der Fraktion der CDU/CSU betr. Rückerstattungsgesetz Nr. 59 und V. O. Nr. 120, 10. 10. 1950, Drucksache Nr. 1455, ebenda, Anlagen-Bd. 7.

41 Vgl. Elisabeth Noelle und Erich Peter Neumann, Jahrbuch der öffentlichen Meinung 1947–1955 Allensbach 1956, S. 130.

42 Dazu etwa Dehler an MdB Nöll v. d. Nahmer, 17. 1. 1951, in: BAK, B 126/12360.

43 Deutscher Bundestag, 1. Wahlperiode 1949–1953 Drucksache Nr. 1567, Der Bundesminister der Justiz (Dehler) an den Präsidenten des Deutschen Bundestags, 4. 11. 1950, betr. Anfrage Nr. 125 der Fraktion der CDU/CSU, Anlagen-Bd. 7.

44 Dazu u. a. Office of the United States High Commissioner for Germany, Office of Economic Affairs, Property Division, Report for the Month Ending November 30, 1950, in: USNA, RG 59, 262.0041, Box 1044.

45 Ulrich König, Eine Gefahr für den inneren Frieden, in: Bayerische Hausbesitzer-Zeitung. Offizielles Organ des Landesverbandes Bayerischer Haus- und Grundbesitzer-Vereine e.V., 2. Jg., Nr. 8, 15. 4. 1951. Die Prügel waren ohnehin nicht ganz verdient: Dehler richtete hinter den Kulissen große Anstrengungen auf einen von deutscher Seite zu schaffenden Ausgleich für die sogenannten gutgläubigen Rückerstattungspflichtigen. Vgl. dazu Goschler, Wiedergutmachung (wie Anm. 6), S. 286 ff.

46 Alfred Steger, »Restitution – aber loyal«, in: Restitution, 1 (1950), H. 1.

47 Schwarz, Rückerstattung (wie Anm. 8), S. 74.

48 Köhrer, Helmut, Entziehung, Beraubung, Rückerstattung. Vom Wandel der Beziehungen zwischen Juden und Nichtjuden durch Verfolgung und Restitution, Baden-Baden 1951, S. 170.

49 Vgl. Schwarz, Rückerstattung (wie Anm. 8), S. 364. Hinzu kamen etwa vier Mrd. DM, die im Zuge des Bundesrückerstattungsgesetzes gezahlt wurden. Vgl. Bericht der Bundesregierung über Wiedergutmachung und Entschädigung für nationalsozialistisches Unrecht sowie über die Lage der Sinti, Roma und verwandter Gruppen vom 31. 10. 1986, Deutscher Bundestag, Drucksache Nr. 6287, 10. Wahlperiode, Anlagen-Bd. 341, S. 22.
50 Eugen Schilcken, Denkschrift vom 16. 10. 1949 betr. Rückerstattung an das Bundesjustizministerium, in: Die Restitution, 1 (1950), H. 2, S. 18–21.
51 Hans Ewers (DP) im Protokoll der 269. Sitzung des Bundestags-Ausschusses für Rechtswesen und Verfassungsrecht am 18. 6. 1953, in: BAK, B 141/621.
52 Hans Dilt, Zum Rückerstattungsgesetz der britischen Zone, in: Die Restitution, 1 (1950), H. 4, S. 58.
53 Köhrer, Entziehung (wie Anm. 48), S. 84.
54 Dilt, Rückerstattungsgesetz (wie Anm. 52), S. 58.
55 Köhrer, Entziehung (wie Anm. 48), S. 83.
56 Schilcken, Denkschrift vom 16. 10. 1949 (wie Anm. 50).
57 Der Grundbesitz, Nr. 5, Mai 1948, S. 29.
58 Exemplarisch findet sich diese Argumentation auch bei Köhrer, Entziehung (wie Anm. 48), S. 95 ff.
59 Siehe etwa Protokoll der Besprechung Adenauers mit den Hohen Kommissaren vom 8. 1. 1952, in: Adenauer und die Hohen Kommissare 1952, hrsg. v. Hans-Peter Schwarz in Verb. m. Rainer Pommerin, bearb. v. Frank Lothar Kroll u. Manfred Nebelin, München 1990, S. 2 f.
60 Department of State, Memorandum of Conversation, Geoffrey W. Lewis mit Nahum Goldmann und Jacob Blaustein, 14. 1. 1952, in: USNA, RG 59, 262.0041/1–1452. Siehe auch Acheson an HICOG, 11. 11. 1952, in: Washington National Record Center, Suitland, (WNRC), RG 466, McCloy Papers, Box 36.
61 McCloy an Shuster, 24. 7. 1951, in: WNRC, RG 466, McCloy Papers, Box 29.
62 Vgl. Tabelle 2: Rechtshängige, erledigte und noch anhängige Fälle ohne Reichsansprüche (Ohne Nachfolgeorganisationen), in: Schwarz, Rückerstattung (wie Anm. 8), S. 386.
63 Bundesgesetz zur Regelung der rückerstattungsrechtlichen Geldverbindlichkeiten des Deutsches Reichs und gleichgestellter Rechtsträger (BRÜG) v. 19. 7. 1957, BGBl. I, S. 734 ff.
64 So meldete McCloy im März 1950 nach Washington, daß unter anderem die Kaufhauskette Hertie, Aktien der Deutschen Magnetit AG im Wert von 10 Mio. DM, eine Zellulosefabrik im Wert von 7 Mio. DM und einige andere größere Objekte auf dem Wege des außergerichtlichen Vergleichs rückerstattet worden seien. Siehe McCloy an Acheson, 15. 3. 1950, in: USNA, RG 59, 262.0041/3–1550.
65 Holdermann, Vom Recht, das mit uns geboren, in: Die Restitution, 1 (1950), H. 2.
66 Vgl. dazu Goschler, Wiedergutmachung (wie Anm. 6), S. 221–228.
67 Bundesergänzungsgesetz (BErG) v. 18. 9. 1953, BGBl. I, S. 387 ff.
68 BGBl. I, Nr. 13, S. 105 ff.

Clemens Vollnhals

Zwischen Verdrängung und Aufklärung

Die Auseinandersetzung mit dem Holocaust in der frühen Bundesrepublik

Als entscheidende Zäsur in der öffentlichen Erinnerung wird zumeist die Ausstrahlung der amerikanischen Fernsehserie »Holocaust« 1979 genannt. Erst sie habe tiefe Betroffenheit hervorgerufen und eine breite, die Bevölkerung wirklich bewegende Auseinandersetzung in Gang gesetzt. Für diese Einschätzung spricht die einzigartige Resonanz, die »Holocaust« zum Medienereignis schlechthin werden ließ. Doch stimmt der von einer kritisch-engagierten Publizistik nahezu einmütig vermittelte Eindruck, in früheren Jahrzehnten sei die Erinnerung allgemein verdrängt, die Ermordung des europäischen Judentums totgeschwiegen worden? Ist die Geschichte der Auseinandersetzung mit der NS-Vergangenheit tatsächlich beinahe so beschämend wie diese selbst, so daß man gar von einer »zweiten Schuld« sprechen müsse? Die populäre These von der permanenten Verdrängung hat freilich auch entschiedenen Widerspruch hervorgerufen, da ihr ein moralischer Rigorismus zugrunde liege, der selbst das Resultat einer historischen Verdrängung darstelle.[1]

Die konträren Positionen beruhen nicht allein auf unterschiedlichen Interpretationen und Wertmaßstäben, in ihnen spiegelt sich zudem eine doppelte Entwicklung wider: Zum einen hat mit zunehmender zeitlicher Distanz die Auseinandersetzung mit dem Nationalsozialismus an emotionaler Schärfe gewonnen, in anderen Bereichen dagegen ist im Zuge des Generationenwechsels die Erinnerung verblaßt. So ist es nicht verwunderlich, daß gerade in der Publizistik die Ansicht vorherrscht, in der frühen Bundesrepublik sei kaum etwas zur Aufarbeitung des Holocaust geleistet worden. Den Blick fest nach vorn gerichtet, sei die deutsche Gesellschaft nach dem Zusammenbruch des NS-Regimes ungeniert zur Tagesordnung übergegangen und habe im Zuge des bald einsetzenden Wirtschaftswunders kollektiv jegliches Schuldbewußtsein verdrängt. In weiterer Zuspitzung lautet dann die These, die Judenfeindschaft sei lediglich einem von oben verordneten Philosemitismus gewichen, dessen biedermännische Fassade nur notdürftig das ungebrochene Fortwirken nationalsozialistischen Ungeistes kaschiert habe.

Für eine solche Sichtweise lassen sich in der Tat genügend Belegstellen beibringen, fehlte es doch der deutschen Nachkriegsgesellschaft nicht an einer gehörigen Portion moralischer Verstocktheit, intellektueller Uneinsichtigkeit und larmoyanter Selbstgerechtigkeit. Dennoch: Dem NS-Regime trauerten nach 1945 nur kleine Grüppchen von Unverbesserlichen nach. Bemerkenswerter als das zähe Fortleben alter und das heißt in aller Regel: vornationalsozialistischer Denkstrukturen und Mentalitäten ist vielmehr die vielfältige Auseinandersetzung mit dem Nationalsozialismus, die den 1945 auf staatlicher Ebene erfolgten normativen Bruch mit der Vergangenheit gesellschaftlich begleitete und absicherte.

Eine differenziertere Sicht ergibt sich, wenn verschiedene Ebenen des Geschichtsbewußtseins, des eigentlichen Zentrums von »Vergangenheitsbewältigung«, betrachtet werden. Hierbei erweist sich die Unterscheidung zwischen der offiziellen, der öffentlichen und der privaten Ebene als sinnvoll: Das offizielle Geschichtsbild, wie es von staatlichen Organen und Herrschaftseliten geprägt wird, kommt vor allem im politischen Selbstverständnis und im staatlich organisierten Bildungswesen zum Ausdruck. Davon zu unterscheiden ist die öffentliche Überlieferung durch die Massenmedien – Bücher, Zeitungen, Hörfunk, Fernsehen – und mit wesentlich geringerem Wirkungsgrad durch die Historiker. Als dritter Bereich ist schließlich die informell-private Überlieferung im Familien- und Bekanntenkreis von der älteren auf die jeweils jüngere Generation zu nennen. Sie entzieht sich der unmittelbaren Kontrolle durch Staat und Öffentlichkeit, wird aber durch das offizielle und öffentliche Geschichtsbewußtsein in vielfältiger Form beeinflußt.

Verdrängung und Wiedergutmachung: die fünfziger Jahre

Als Theodor Heuss am 7. Dezember 1949 den Begriff der »Kollektivscham« prägte, formulierte er das normative Selbstverständnis der noch jungen Bundesrepublik. In seiner Ansprache vor der »Gesellschaft für christlich-jüdische Zusammenarbeit« in Wiesbaden erklärte der Bundespräsident in Gegenwart des amerikanischen Hohen Kommissars John McCloy, zwar gebe es keine Kollektivschuld, doch sei das deutsche Volk durch Hitler in eine Kollektivscham gezwungen worden. Die Deutschen müßten sich des »scheußlichen Unrechts«, das den Juden zugefügt worden sei, stets bewußt bleiben: »Wir dürfen nicht vergessen die Nürnberger Gesetze, den Judenstern, die Synagogenbrände, den Abtransport von jüdischen Menschen in die Fremde, in das Unglück, in den Tod [...]. Und das Schrecklichste ist, daß dieser Vorgang sich nicht sozusagen emotional vollzog, sondern sich der Paragraphen bediente und eine Weltanschauung für lange Zeit sein sollte.«[2]

Die moralische und politische Verurteilung des Nationalsozialismus verband als tragender Grundkonsens alle Parteien. Das Bekenntnis zum radikalen Bruch mit der Vergangenheit, wie es in zahllosen Leitartikeln und Reden führender Politiker zum Ausdruck kam, vermochte freilich nur langsam das Vertrauen der überlebenden jüdischen Opfer zu gewinnen. Wie sollten sie auch nach der traumatischen Erfahrung des systematischen Massenmords an Neubesinnung und innere Umkehr glauben können? Dennoch kam es zu keiner völligen Auflösung der jüdischen Gemeinden, wie dies von zionistischen Organisationen nachdrücklich gefordert wurde. Aus den Restgruppen in Westdeutschland verbliebener osteuropäischer und deutscher Juden entwickelte sich der Neuanfang jüdischen Gemeindelebens. Zu Beginn der fünfziger Jahre lebten in der Bundesrepublik etwa 15 000 Juden. 1959 zählten die jüdischen Gemeinden rund 21 000 Mitglieder, in den sechziger Jahren wuchs ihre Zahl auf etwa 26 000.[3] Das Verhältnis der deutschen Umwelt zu den überlebenden Opfern des Holocaust war und blieb höchst ambivalent; es umfaßte alle Schattierungen von aufrichtiger Scham und Hilfsbereitschaft über stille Gleichgültigkeit bis hin zu gegenseitiger Verachtung. Heinz Gänther beschrieb 1953 in dem von ihm herausgegebenen Almanach »Die Juden in Deutschland« die Erfahrungen jüdischer Emigranten bei ihrer Rückkehr wie folgt: »Sie erzählten, wie warmherzig sie 1947 bei ihrer Ankunft von Bevölkerung und Behörden begrüßt worden waren, wie man sich gefreut hatte, wenigstens einige von den einstigen jüdischen Mitbürgern wieder ›zu Hause‹ zu haben. [...] Sie sollten bald auch erfahren, daß dies keine leeren Worte waren. Man half ihnen bei der Unterbringung, bei der Existenzgründung – man half, wo man konnte. Bei meiner Ankunft – 1950 – hatte sich mittlerweile schon wieder manches geändert. Es gab keine Willkommensgrüße mehr und keine spontane Bereitschaft zur Existenzhilfe.«[4]

Die Kluft zwischen der eingangs zitierten Rede des Bundespräsidenten und der erfahrenen Realität war zu Beginn der fünfziger Jahre tief, manchen Beobachtern erschien sie unüberbrückbar. Am 17. November 1950 war in der »Allgemeinen Wochenzeitung der Juden in Deutschland« zu lesen, wer sich ein Bild von der politischen Situation machen wolle, brauche nur einen Blick in die Tageszeitungen zu werfen: »Wir haben am 9. und 10. November je über 100 Zeitungen gelesen und kamen zu dem überraschenden – oder der deutschen Mentalität nach selbstverständlichen – Ergebnis, daß sage und schreibe vier Zeitungen des 12. Jahrestages der Vernichtung jüdischer Gotteshäuser, jüdischer Wohnungen und des Beginns der Liquidierung des Judentums gedacht haben.« Symptomatisch für das deutsch-jüdische Verhältnis dieser Jahre war auch der Aufruf des im Juli gegründeten »Zentralrats der Juden in Deutschland« zum Tag der Opfer des Nationalsozialismus am 10. September 1950: »Fünf Jahre nach der Befreiung stehen wir an den wenigen übriggebliebenen Gräbern und in Gedanken vor den unübersehbaren Feldern menschlicher Asche, die vom Winde verweht den Boden von Auschwitz, Treblinka und Majdanek gedüngt hat. Heute, nach fünf Jahren, sind wir weiter entfernt denn je, eine Anerkennung für dieses Opfer in dem Land zu erhalten, das als erstes verpflichtet gewesen wäre, in innerer Einkehr und Demut die Sühne für das Opfer unserer Gemeinschaft auf sich zu nehmen.«[5]

Die Verbitterung, die in solchen Äußerungen zum Ausdruck kam, war nur zu verständlich. Gebannt von der eigenen Not und dem eigenen Leid, nahm die deutsche Bevölkerung nur geringen Anteil am jüdischen Schicksal. Der Religionsphilosoph Romano Guardini umriß 1952 in einem Vortrag die geistige Situation mit den Worten: »Es ist, als ob das Gewissen der Allgemeinheit vor der Furchtbarkeit des Geschehenen ratlos stünde. So sitzt es wie ein stummer Block in seinem Gemüt; unbewältigt und gefährlich.«[6] Das deutsche Volk sei noch nicht im Besitz der nötigen moralischen

Kategorien, um das Geschehene bewältigen zu können, und verdränge es deshalb aus dem Bewußtsein.

Auch Bundeskanzler Konrad Adenauer sprach in seiner ersten Regierungserklärung am 20. September 1949 nur von der Verpflichtung gegenüber den Kriegsopfern, den Vertriebenen und Ausgebombten. Es blieb dem Oppositionsführer Kurt Schumacher überlassen, auf die Pflicht zur Wiedergutmachung an den Opfern des Nationalsozialismus, insbesondere an den Juden, hinzuweisen.[7] Die moralische Verpflichtung der Bundesrepublik zur Wiedergutmachung sprach Adenauer erstmals am 11. November 1949 an, als er in einem Interview dem Staat Israel als »erstes unmittelbares Zeichen« des guten Willens einen Betrag von zehn Millionen DM in Aussicht stellte.[8] Der von Adenauer signalisierten Bereitschaft folgten aber zunächst keine Taten. Vielmehr bedurfte es mehrjähriger, äußerst schwieriger Verhandlungen, bis am 10. September 1952 in Luxemburg das sogenannte Wiedergutmachungsabkommen unterzeichnet werden konnte. Innerhalb von zwölf Jahren sollte Israel drei Milliarden DM als Globalentschädigung für die Integration von rund 500 000 jüdischen Flüchtlingen erhalten, die zwischen 1933 und 1951 aus Deutschland und dem ehemals nationalsozialistischen Herrschaftsbereich nach Palästina bzw. Israel gelangt waren. Weitere 450 Millionen DM wurden der »Claims Conference« zugesagt.[9]

Welche anhaltenden Widerstände auf deutscher Seite gegen das Abkommen bestanden, zeigte sich bei der entscheidenden Abstimmung im Deutschen Bundestag am 18. März 1953, bei der von 402 Abgeordneten nur 360 anwesend waren. Mit »Ja« stimmten 239 Abgeordnete, mit »Nein« 35, 86 enthielten sich der Stimme. Von den Abgeordneten der bürgerlichen Regierungskoalition kamen nur 106 Ja-Stimmen, so daß die Regierung ohne die Zustimmung der SPD-Opposition, die als einzige Partei geschlossen für die Ratifizierung eintrat, gescheitert wäre. Die Einstellung der deutschen Bevölkerung vermögen einige Umfrageergebnisse zu erhellen. Im August 1949 bejahten 54 Prozent die Frage, ob Deutschland gegenüber den noch lebenden deutschen Juden eine Pflicht zur Wiedergutmachung habe. 31 Prozent antworteten mit »Nein«, 15 Prozent waren unentschieden.[10] Als jedoch das Allensbacher Institut für Demoskopie im September 1952 die Meinung der Bundesbürger zum

Wiedergutmachungsabkommen mit Israel erforschte, befürworteten es nur 11 Prozent »ohne Einschränkung«. 44 Prozent der Befragten bezeichneten das Abkommen jedoch als »überflüssig«; 24 Prozent traten zwar für die Wiedergutmachung ein, hielten aber die Entschädigungssumme für »zu hoch«, 21 Prozent äußerten sich unentschieden.[11] Um so höher wird man die Leistung Adenauers bewerten müssen, der das Abkommen gegen massive Widerstände im Kabinett und aus eigenen Parteireihen durchsetzte. Es waren freilich nicht allein moralische Erwägungen, die zum Vertragsabschluß führten; er sollte auch »politische Dividenden«[12] abwerfen und als Zeichen des Bruchs mit der NS-Vergangenheit zur Wiedererlangung des moralischen, politischen und wirtschaftlichen Kredits Deutschlands beitragen.

Von finanziell ungleich größerer Bedeutung war die Regelung individueller Entschädigungsansprüche durch die Wiedergutmachungsgesetzgebung. Zwar waren in verschiedenen Bundesländern noch während der Besatzungszeit Gesetze zur Rückerstattung jüdischen Eigentums erlassen worden, auch gab es erste Ansätze zur materiellen Entschädigung für persönliche Verfolgungsschäden, doch blieben alle Regelungen bis 1953 Flickwerk.[13] Den Grundstein für eine einheitliche Gesetzgebung legte das erst relativ spät, nicht ohne alliierte Einflußnahme verabschiedete »Bundesergänzungsgesetz für Opfer nationalsozialistischer Verfolgung«. Es trat am 1. Oktober 1953 in Kraft. Seine endgültige Gestalt erhielt das Gesetzeswerk mit dem »Bundesgesetz zur Entschädigung für Opfer der nationalsozialistischen Verfolgung« vom 29. Juni 1956, das rückwirkend zum 1. Oktober 1953 in Kraft trat. Das Schlußgesetz, das mancherlei Verbesserungen brachte, erging 1965.[14]

Von einigen Ausnahmen abgesehen, lag der individuellen Wiedergutmachung das Territorialitätsprinzip zugrunde. Als entschädigungsberechtigter Verfolgter wurde nur anerkannt, wer deutscher Staatsbürger war bzw. in einer »räumlichen Beziehung« zur Bundesrepublik oder zum Deutschen Reich in den Grenzen von 1937 stand oder gestanden hatte. Verfolgte, die nicht zu bestimmten Zeitpunkten in Deutschland gelebt und außerhalb der Reichsgrenzen Opfer nationalsozialistischer Verfolgung geworden waren – dies galt für den größten Teil der NS-Opfer –, gingen daher zumeist leer aus. Charakteristisch für die enge Definition des Verfolgungsbegriffs war auch, daß die Gesetzgebung keine Entschädigung für das Millionenheer der Zwangsarbeiter, für die Euthanasieopfer und Opfer von pseudomedizinischen Versuchen, für die »nur« seelisch Geschädigten oder die Sinti und Roma vorsah. Das Schicksal dieser Gruppen sollte erst in den achtziger Jahren in das Blickfeld der öffentlichen Diskussion gelangen. Die finanziellen Aufwendungen für die Wiedergutmachung fielen weit höher aus als ursprünglich angenommen. 1953 schätzte man den Gesamtaufwand noch auf vier Milliarden DM. Bis zum 31. Dezember 1985 wurden im Rahmen des Bundesentschädigungsgesetzes rund 60 Milliarden DM aufgewandt, die gesamte materielle Wiedergutmachung belief sich bis dahin auf 77 Milliarden.[15]

Das Luxemburger Abkommen und die Wiedergutmachungsgesetzgebung leiteten eine neue Phase der deutsch-jüdischen Beziehungen ein. Betrachtet man die Berichterstattung der deutschen Presse, so läßt sich seitdem eine deutliche Sensibilisierung für das jüdische Schicksal feststellen. Der Wandel wurde von der »Allgemeinen Wochenzeitung« sorgfältig registriert. Sie berichtete 1953 über den 15. Jahrestag des Novemberpogroms, daß in »zahlreichen größeren deutschen Städten« öffentliche Kundgebungen unter reger Beteiligung von Persönlichkeiten des öffentlichen Lebens, der Kirchen sowie der Verfolgtenorganisationen stattgefunden hätten. »Auch die deutsche Presse, der Rundfunk und das Fernsehen erinnerten in ausführlichen Artikeln, Kommentaren und Sendungen an die tragischen Ereignisse der ›Kristallnacht‹.«[16] Die Presseartikel waren mit Schlagzeilen überschrieben wie: »Ein Tag bitterer Beschämung«, »Für die Opfer der Kristallnacht«, »›Das werden wir nie vergessen‹« oder »Die Schande der Kristallnacht«.[17] Anlaß für die Berichterstattung bildeten zumeist örtliche Gedenkveranstaltungen, die Ausdruck ehrlichen Bemühens waren, in Form und Ablauf nicht selten aber auch eine gewisse Hilflosigkeit widerspiegelten.

Andere Zeitungen stellten in erster Linie das historische Geschehen in den Mittelpunkt. Die »Frankfurter Neue Presse« widmete dem Novemberpogrom und seinen Folgen eine ganze Seite. Neben Augenzeugenberichten waren in der Ausgabe vom 7. November Auszüge aus dem Gerstein-Bericht über die Massenvernichtung und aus dem Vernehmungsprotokoll Hermann Görings vor dem

Internationalen Militärgericht in Nürnberg abgedruckt.[18] Am 18. November brachte auch das vom Presse- und Informationsamt der Bundesregierung herausgegebene »Bulletin« einen ausführlichen Bericht. Am umfassendsten informierte die Wochenzeitung »Das Parlament«, die am 11. November mit einer 19seitigen Beilage vertrieben wurde. Der von Hermann Graml, einem Mitarbeiter des 1950 gegründeten Instituts für Zeitgeschichte in München, verfaßte Aufsatz »Der 9. November 1938. ›Reichskristallnacht‹« wurde unter gleichem Titel auch in die Schriftenreihe der Bundeszentrale für Heimatdienst übernommen und fand in mehreren Auflagen weite Verbreitung. Die »Süddeutsche Zeitung« stellte in ihrer Wochenendausgabe vom 7./8. November 1953 Erich Kuby eine ganze Seite zur Verfügung. Kuby verband die Erinnerung an den 9. November 1938 mit dem 9. November 1918, der Ausrufung der Weimarer Republik, und dem 9. November 1923, dem gescheiterten Hitler-Putsch in München. Diese Verbindung wurde auch in anderen Blättern gezogen.[19]

Daß die »Kristallnacht«, wie der Sprachgebrauch allgemein lautete, kein spontaner Ausbruch des Volkszorns, sondern eine von der NS-Führung organisierte Aktion gewesen war, wurde in vielen Artikeln hervorgehoben. Selten findet sich jedoch eine so eindeutige Formulierung wie in der Gewerkschaftszeitung »Welt der Arbeit«: »Die Erinnerung an den 9. November 1938 aber gibt Anlaß, erneut auf die Wiedergutmachung als einer wirklichen Ehrenpflicht unseres Volkes hinzuweisen.«[20] Auch in der DDR erinnerte man 1953 an das Novemberpogrom. Hier verband sich allerdings das Gedenken an die Opfer mit scharfen Angriffen auf die Bundesrepublik: »Dort bestimmen gerade die Mörder und Schläger der ›Kristallnacht‹ die Politik der Adenauer-Regierung.«[21]

Einen wesentlichen Beitrag zur Aufklärung und Überwindung antisemitischer Vorurteile leisteten die Gesellschaften für christlich-jüdische Zusammenarbeit. Die ersten Gründungen waren 1948 auf Initiative der amerikanischen Militärregierung und des amerikanischen »National Council of Christians and Jews« in München und Wiesbaden erfolgt. 1950 existierten sieben Gesellschaften: Berlin, Frankfurt am Main, Freiburg, München, Offenbach, Stuttgart und Wiesbaden. Sie gründeten im gleichen Jahr als Dachverband den »Deutschen Koordinierungsrat der Gesellschaften für Christlich-Jüdische Zusammenarbeit«. Ein Jahr später zählte man bereits zehn Gesellschaften mit rund 10000 Mitgliedern.[22] 1958 entstand in Köln die 22. Gesellschaft. 1963 gab es 37 Gesellschaften, 1973 waren es 45.

Einer breiten Öffentlichkeit wurden die Gesellschaften vor allem durch die seit 1952 alljährlich stattfindende »Woche der Brüderlichkeit« bekannt, die seitdem als offizielles Begebnis von den Länderregierungen und städtischen Behörden gefördert und über Jahrzehnte vom Bundespräsidenten mit einer Ansprache über alle Rundfunksender eröffnet wurde. 1953 fanden in zwölf Städten zahlreiche Veranstaltungen zur Woche der Brüderlichkeit statt. 1959 beteiligten sich 17, 1964 37 Städte. Allein in Berlin zählte man 1964 102 Einzelveranstaltungen.[23] Neben öffentlichen Veranstaltungen aller Art organisierten die Gesellschaften zahlreiche Diskussionen mit Schulklassen und Jugendgruppen sowie Fortbildungsseminare für Lehrer und Mittler der politischen Bildung. Einen weiteren Schwerpunkt bildete das Gespräch mit den Kirchen zur Überwindung antijudaistischer Tendenzen in Theologie und Religionsunterricht.[24] Bleibende Verdienste erwarben sich hierbei auch der von katholischer Seite seit 1948 erscheinende »Freiburger Rundbrief« sowie einzelne Rundfunkanstalten. Große Beachtung fand 1960/61 beispielsweise die Sendereihe des Süddeutschen Rundfunks »Juden, Christen, Deutsche«; ihre 46 Folgen erschienen auch als Buchausgabe.[25]

Die Breitenwirkung dieser und anderer Aktivitäten läßt sich schwer abschätzen. Eher skeptisch äußerte 1959 der Herausgeber Karl Marx in der »Allgemeinen Wochenzeitung der Juden in Deutschland«: »Ohne die gewaltige Arbeit, die von diesen Gesellschaften geleistet wurde, in Abrede zu stellen, muß an dieser Stelle klar ausgesprochen werden, daß ethische Ideale nicht durch organisierte Programme verbreitet und noch weniger verwirklicht werden können. In den Gesellschaften für christlich-jüdische Zusammenarbeit werden jene erreicht, denen ohnehin der Gedanke der Toleranz Herzensanliegen ist [...]. Kurz, es ist Schulbeispiel eines ewigen Kreislaufes.«[26]

Andererseits gab die Kasseler Gesellschaft 1958 anläßlich ihres fünfjährigen Bestehens an, der französische Dokumentarfilm über die Konzentrationslager »Nacht und Nebel« sei in 55 Vorführungen von rund 5500 Menschen gesehen worden, der Spielfilm »Ehe im Schatten« in 15 Vorführungen von mehr als 2500. »Ehe im Schatten«, eine ostdeutsche DEFA-Produktion von Kurt Maetzig aus dem Jahre 1949, handelt vom Schicksal des Schauspielers Joachim Gottschalk und seiner jüdischen Frau; beide wählten 1941 den Freitod, um der Deportation in ein Konzentrationslager zu entgehen. Andere Veranstaltungen wiederum zählten nicht mehr als 20 Teilnehmer.[27] 1962 wurden von den Gesellschaften insgesamt »mehr als 1500 ausgezeichnet besuchte Vorträge initiiert und organisiert sowie Zusammenkünfte von Lehrern und Schülern aller Konfessionen zu Wochenendtagungen«.[28] In Minden besuchten 1968 fast 1200 Schüler mit ihren Lehrern die örtliche Synagoge. In Siegen sahen im selben Jahr 2300 Zuschauer, »die unsere Veranstaltungen sonst nicht besuchen«, die Theaterstücke »Die Ermittlung« von Peter Weiss, Max Frischs »Andorra« und Bertolt Brechts »Flüchtlingsgespräche«.[29]

Ihre größte Bedeutung und Wirksamkeit dürften die Gesellschaften wohl in den fünfziger und sechziger Jahren besessen haben. Danach nahm im Zuge der allmählichen Normalisierung des deutsch-jüdischen Verhältnisses die Berichterstattung in Presse und Rundfunk ab, auch wuchs die Kritik an überlebten bildungsbürgerlichen Veranstaltungsformen. Ende 1969 berichteten die Zeitungen zum 20jährigen Bestehen der Gesellschaften von weithin nachlassendem Interesse.[30]

Im Bereich der politischen Bildung ist an erster Stelle die Ende 1952 gegründete Bundeszentrale für Heimatdienst zu nennen. Sie wurde 1963 in Bundeszentrale für politische Bildung umbenannt und untersteht dem Bundesministerium des Innern. Zu der im Gründungserlaß formulierten Aufgabenstellung, »den demokratischen und europäischen Gedanken im deutschen Volke zu festigen und zu verbreiten«, kam bald ein weiterer Schwerpunkt hinzu: die Auseinandersetzung mit der nationalsozialistischen Vergangenheit. Im Tätigkeitsbericht der Bundeszentrale von 1955 wurde dann erstmals die »Bekämpfung des Antisemitismus und verwandter Geisteshaltungen« als eine von insgesamt vier Aufgaben genannt.[31]

Zwischen 1952/53 und 1961 wurden von der Bundeszentrale 254 politische Sachbücher und Broschüren angekauft und an Multiplikatoren (Journalisten, Lehrer, Pfarrer) und Mittler der politischen Bildung auf allen Ebenen verteilt. Die thematische Schwerpunktsetzung läßt sich der folgenden Aufstellung entnehmen.[32]

Von der Bundeszentrale für politische Bildung verteilte Bücher, 1952/53–1961 Themenbereiche	Anzahl der Titel	%
Förderung des demokratischen Gedankens	34	13,4
Über die Bundesrepublik	50	19,7
Bekämpfung von Vorurteilen	10	3,9
Bekämpfung des Antisemitismus	27	10,6
Europäische Integration	29	11,4
Widerstand gegen den Nationalsozialismus	20	7,9
Geschichte der jüngsten Vergangenheit*	23	9,1
Osteuropa	7	2,7
Kommunismus in Theorie und Praxis	50	19,7
Wiedervereinigung	4	1,6
	254	100

* Davon 16 zu Drittes Reich/Nationalsozialismus und Zweiter Weltkrieg und 7 zu Weimarer Republik bzw. Sonstiges.

Die Bundeszentrale förderte von Anfang an Arbeiten über die NS-Judenverfolgung, die als Eigenpublikationen erschienen. Zu nennen sind hier: Hermann Graml, Der 9. November 1938. Reichskristallnacht (1953); Dokumentation zur Massenvergasung (Gerstein-Bericht) (1954); Helmut Krausnick, Zur Zahl der jüdischen Opfer des Nationalsozialismus (1954); Edgar Kupfer-Koberwitz, Als Häftling in Dachau (1957); Josef Wulf, Vom Leben, Kampf und Tod im Ghetto Warschau (1958); H. G. Adler, Der Kampf gegen die »Endlösung« der Judenfrage (1958); Grete Saulus, Eine Frau erzählt (1958). Weiterhin ist die Tätigkeit der verschiedenen Landeszentralen für politische Bildung zu erwähnen, die ebenfalls in großem Umfang Verlagspublikationen zu den genannten Themenbereichen ankauften und verteilten.

Eine wesentlich größere Breitenwirkung erzielte die seit 1954 regelmäßig erscheinende Beilage »Aus Politik und Zeitgeschichte« zur Wochenzeitschrift »Das Parlament«. Ihre Auflage betrug 1954

22000, Ende 1956 60000 und 1960 75000 Exemplare. Bereits 1954 erschienen zwei Dokumentationen, eine zum Novemberpogrom 1938 und eine zur weiteren Entwicklung der NS-Judenpolitik. Ihnen folgten bis 1960 fünf Aufsätze und vier persönliche Erlebnisberichte, die teils in mehreren Folgen publiziert wurden. An Aufsätzen erschienen: H. G. Adler, Die Rolle Theresienstadts in der Endlösung der Judenfrage (1955); Alex Weissberg, Die Geschichte von Joel Brand (1956); H. G. Adler, Der Kampf gegen die »Endlösung« der Judenfrage (1958); Josef Wulf, Vom Leben, Kampf und Tod im Ghetto Warschau (1958); Josef Wulf, Lodz. Das letzte Ghetto auf polnischem Boden (1960).

Daneben erschienen zahlreiche Beiträge von anerkannten Fachhistorikern zur deutschen Geschichte, insbesondere zum Nationalsozialismus und zum Zweiten Weltkrieg. Die von der Bundeszentrale herausgegebene Beilage »Aus Politik und Zeitgeschichte« war das Organ, das am meisten zur Verbreitung zeitgeschichtlicher Forschungsergebnisse beitrug und damit einen kaum zu unterschätzenden Beitrag zur intellektuellen Auseinandersetzung mit dem Nationalsozialismus leistete. Nimmt man die Aufklärungsbemühungen anderer Kulturzeitschriften – »Frankfurter Hefte«, »Merkur«, »Die neue Gesellschaft« oder »Deutsche Rundschau« und »Der Monat« – hinzu, so ergibt sich ein beachtliches Potential, das in den Schul- und Erziehungsbereich hineinwirkte.

Eine Übersicht über den deutschsprachigen Buchmarkt zwischen 1945 und 1960 gibt die Bibliographie »Deutsch-Jüdisches Schicksal«.[33] Sie weist unter der Rubrik »Die Jahre des Schreckens. Antisemitismus, KZ-Lager, Nürnberger-Prozesse« 264 Bücher und Broschüren nach und nennt zum Thema »Das andere Deutschland. Widerstand. Wiedergutmachung« weitere 157 Titel.

Legt man den Buchmarkt als Indikator zugrunde, so lassen sich drei klar voneinander abgrenzbare Phasen der öffentlichen Auseinandersetzung unterscheiden: In den vier Jahren von 1945 bis 1948 erschienen 103 Bücher, die sich mit dem Dritten Reich und der NS-Judenverfolgung befaßten. 1949 ging dann das Verlagsangebot drastisch zurück. In dieser zweiten Phase, die bis 1954 dauerte, erschienen jährlich nur mehr 8,3 Publikationen. Ab 1955 stieg die Zahl der Neuerscheinungen zu der genannten Thematik deutlich an und erreichte 1958 erstmals wieder den Stand von 1945. Seitdem hat sich das Angebot bekanntlich enorm vermehrt. Allein 1987 erschienen zu diesem Thema mehr Neuerscheinungen als in den fünfziger Jahren.[34]

Jahr	»Die Jahre des Schreckens«	»Das andere Deutschland«
o. D.	4	
1945	20	2
1946	32	6
1947	25	12
1948	26	13
1949	10	19
1950	11	16
1951	6	6
1952	7	6
1953	10	9
1954	6	10
1955	14	5
1956	15	4
1957	13	10
1958	21	12
1959	19	13
1960	25	14
Insgesamt	264	157

Auch in den großen Tageszeitungen erschienen ab Mitte der fünfziger Jahre vermehrt Berichte, die sich mit dem Antisemitismus und der NS-Judenvernichtung befaßten. Neuerscheinungen wie das Werk von Léon Poliakov und Josef Wulf »Das Dritte Reich und die Juden«[35] wurden ausführlich rezensiert, teils auch in Auszügen nachgedruckt. Ebenso wurde die Berichterstattung anläßlich der Gedenktage zum Novemberpogrom und der Zerstörung des Warschauer Ghettos ausführlicher und dichter.

Aufs Ganze gesehen blieb aber die Auseinandersetzung mit der nationalsozialistischen Vergangenheit das Anliegen einer engagierten Öffentlichkeit; das breite Publikum nahm davon im ersten Nachkriegsjahrzehnt wohl nur in geringem Umfang Kenntnis. Die tiefe Kluft zu dem in der Bevölkerung vorherrschenden politischen Bewußtsein und Geschichtsbild verdeutlichen einige Umfrageergebnisse des Allensbacher Instituts für Demoskopie: Auf die Frage »Würden Sie sagen, daß Hitler ohne den Krieg einer der größten deutschen Staatsmänner gewesen wäre?« antworteten 1955 48 Prozent der Befragten mit »Ja«, 36 Prozent mit »Nein«, 1960 dagegen bejahten diese Frage nur noch 34 Prozent (1967: 32 %), 43 Prozent verneinten sie (1967: 52 %).[36] Die Überzeugung, daß Deutschland die Alleinschuld am Zweiten Weltkrieg trage, wurde 1951 nur von 32 Prozent der Bevölkerung geteilt, 1962 stieg der Anteil auf 53 und 1967 auf 62 Prozent. 1952 glaubten noch 23 Prozent an Verrat und Sabotage als Grund für die Kriegsniederlage, 1967 nur noch 10 Prozent.[37]

Aufschlußreich ist auch die Stellung zum deutschen Widerstand. 1951 nahmen 40 Prozent der Befragten Partei für den 20. Juli, 30 Prozent dagegen. 1954 bejahte aber nur ein Viertel die Frage, ob Widerstandskämpfer hohe Regierungsämter einnehmen sollten. 24 Prozent lehnten dies ab, weitere 29 Prozent meinten, es komme auf den Einzelfall an. Noch schlechter schnitten die Emigranten ab. Hier sprachen sich nur 13 Prozent für die Übernahme hoher Ämter aus, 39 Prozent dagegen. Die Benennung einer Schule nach Graf von Stauffenberg lehnten 1956 49 Prozent ab, während nur 18 Prozent dies bejahten.[38]

Auf das schwärende Fortwirken eines dumpfen Antisemitismus verweist eine repräsentative Erhebungsreihe, die das Allensbacher Institut zwischen 1952 und 1965 durchführte. Befragt wurden jeweils 2000 Personen:

»Würden Sie sagen, es ist für Deutschland besser, keine Juden im Land zu haben?«[39]

	1952 Dez. %	1956 April %	1958 Mai %	1963 Mai %	1965 März %
Ja, besser	37	29	22	18	19
Nein, nicht besser	20	35	38	40	34
Unentschieden, kein Urteil	43	36	40	42	47
	100	100	100	100	100

1951 waren 21 Prozent der Bevölkerung, wie eine repräsentative Umfrage des DIVO-Instituts unter 1200 Personen ergab, der Meinung, »daß die Juden es sich selbst zuzuschreiben haben, was ihnen während des Dritten Reiches geschehen ist«. 53 Prozent vertraten die gegenteilige Ansicht, 26 Prozent äußerten keine Meinung. Als das Frankfurter Institut für Sozialforschung die Umfrage 1961 und 1962 wiederholte, waren allerdings nur mehr 12 bzw. 10 Prozent der Meinung, daß die Juden selbst schuld gewesen seien.[40]

Die Umfrageergebnisse, so bruchstückhaft und anfechtbar die Daten im einzelnen auch sein mögen, sind in ihrer Tendenz eindeutig: Sie verweisen bis weit in die fünfziger Jahre auf das zähe Nachleben nationalsozialistischer Propagandaparolen und älterer politischer Mentalitäten, die vom demokratischen Neuanfang 1945 zunächst nur oberflächlich berührt worden waren.[41] Die Umfragen zeigen aber auch – und dies ist das eigentlich Interessante –, daß trotz vielfältiger Abwehrmechanismen und Verdrängungsvorgänge ein tiefgreifender Einstellungswandel einsetzte, daß die zahllosen Aufklärungsbemühungen letztendlich nicht erfolglos blieben.

Neue Auseinandersetzung mit der Vergangenheit im Anschluß an die NS-Prozesse

Einen erheblichen Anteil an der Schärfung des öffentlichen Bewußtseins hatte 1958 der Ulmer Prozeß gegen Angehörige des »Einsatzkommandos Tilsit«. Ausgelöst durch einen hohen Polizeioffizier, der seine Wiedereinstellung in den Staatsdienst nach Artikel 131 GG betrieb, führte der Prozeß nach Jahren faktischen Stillstands in der Strafverfolgung von NS-Verbrechen zur Verurteilung von zehn Angeklagten zu Zuchthausstrafen zwischen 15 und drei Jahren. Der Prozeß fand in der Presse große Beachtung, allein in der »Frankfurter Allgemeinen Zeitung« erschienen über 30 Artikel.[42] Mit dem Ulmer Einsatzgruppen-Prozeß gerieten die Judenvernichtung und die große Anzahl bislang ungesühnt gebliebener NS-Verbrechen erneut ins öffentliche Bewußtsein. Noch im selben Jahr wurde die »Zentrale Stelle der Landesjustizverwaltungen zur Aufklärung nationalsozialistischer Gewaltverbrechen« gegründet; sie schuf die Voraussetzungen für eine systematische Strafverfolgung und für die großen NS-Prozesse der sechziger und siebziger Jahre.[43]

Der Stimmungswechsel schlug sich auch in einem schärferen Vorgehen gegen erklärte Antisemiten nieder, die nun in stärkerem Maße als früher zur Verantwortung gezogen wurden. 1958 wurde, soweit bekannt, erstmals in der Geschichte der Bundesrepublik ein Gymnasiallehrer, der durch antisemitische Hetzreden am Wirtshausstammtisch hervorgetreten war, aus dem Schuldienst entlassen und wegen Beleidigung und fortgesetzter Verunglimpfung des Andenkens Verstorbener zu einem Jahr Gefängnis verurteilt. Die Reaktion der deutschen Publizistik auf den Fall Zind, der sich der Haftstraße durch die Flucht nach Ägypten entzog, war, wie die »Neue Zürcher Zeitung« urteilte, »überwiegend eindeutig und eindeutig negativ«.[44]

Nicht minder negativ fiel die Reaktion im Fall Nieland aus. Gegen den 62jährigen Holzhändler und Verfasser einer antisemitischen Hetzschrift mit dem Titel »Wieviel Welt(Geld)-Kriege müssen die Völker noch verlieren?« hatte die Hamburger Staatsanwaltschaft Ende 1957 Anzeige wegen Staatsgefährdung und Verleumdung erstattet. Die Große Strafkammer des Hamburger Landgerichts lehnte jedoch mit formaljuristischer Argumentation die Eröffnung eines Hauptverfahrens ab und wurde in ihrer Entscheidung, gegen die der Hamburger Generalstaatsanwalt Beschwerde einlegte, vom Ersten Strafsenat des Oberlandesgerichts in zweiter Instanz bestätigt. Damit war der Fall aber keineswegs zu den Akten gelegt, vielmehr entwickelte er sich nun zu einer hochpolitischen Justizaffäre. Am 9. Januar 1959 begab sich der Hamburger Bürgermeister Max Brauer eigens nach Bonn, um mit Bundeskanzler Adenauer das weitere Vorgehen abzustimmen. Zugleich erhob die Hamburger Bürgerschaft gegen die Gerichtsbeschlüsse in einer interfraktionellen Entschließung einstimmig scharfen Protest, während sich die Presse eingehend mit der fragwürdigen Vergangenheit des Vorsitzenden der Großen Strafkammer befaßte, der daraufhin um seine Versetzung nachsuchte. Wenig später, am 13. Januar, wurde vom Landgericht Hamburg auf dem Wege einer einstweiligen Verfügung, die der Zentralrat der Juden angestrengt hatte, die Weiterverbreitung des Pamphlets unterbunden.[45]

Die entschiedene Reaktion der verantwortlichen Politiker aller Parteien und die breite Berichterstattung führender Presseorgane über das untätige Verhalten der Hamburger Justiz kündigten eine neue Gangart an. Die für die fünfziger Jahre so charakteristische Diskrepanz zwischen veröffentlichter und öffentlicher Meinung war damit allerdings noch nicht überwunden: Von 49 Prozent der Bevölkerung, die überhaupt vom Fall Nieland gehört hatten, sprach sich ein Drittel für seine Bestrafung aus; ein Drittel war dagegen, ein weiteres Drittel unentschieden.[46] Die Bekämpfung des Antisemitismus wurde nun jedoch wesentlich entschiedener geführt und, wie der Fall Nieland zeigt, auch gegen erhebliche Widerstände durchgesetzt. 1960 beschloß der Bundestag die Aufnahme des Tatbestands der Volksverhetzung in das Strafgesetzbuch (§ 130 StGB).

Den letzten Anstoß dazu lieferte die antisemitische Welle im Winter 1959/60, die in der Nacht vom 24. auf den 25. Dezember mit der Beschmierung der erst im September 1959 neu eingeweihten Kölner Synagoge einsetzte. Dieser Vorfall, über den die Presse ausführlich berichtete, löste eine Kettenreaktion von Nachahmungstaten aus. Bis zum 28. Januar 1960 registrierten die Behörden nicht weniger als 685 antisemitische und nazistische Schmierereien. Von ihnen entfielen, wie die »Welt« am 18. Februar unter Berufung auf Angaben der Bundesregierung ausführte, 39 auf Baden-Württemberg, 69 auf Bayern, 123 auf Berlin, sieben auf Bremen, 50 auf Hamburg, 59 auf Hessen, 105 auf Niedersachsen, 167 auf Nordrhein-Westfalen, 34 auf Rheinland-Pfalz, drei auf das Saarland und 29 auf Schleswig-Holstein. Unter den bis dahin ermittelten 234 Tätern befanden sich 35 Kinder und 95 Jugendliche im Alter von 14 bis 20 Jahren.[47]

Die antisemitische Welle rief in der Öffentlichkeit tiefe Bestürzung und Empörung hervor, zumal in der Presse schon 1959 eingehend die Frage diskutiert worden war, ob es in der Bundesrepublik einen neuen Antisemitismus gebe.[48] Die Vorkommnisse machten, wie Paul Sethe und andere Kommentatoren hervorhoben, »ein gewisses geistiges Versagen sichtbar. Wenn wir uns alle, jeder in seinem Kreise, darum bemüht hätten, die Vergangenheit so zu bewältigen, wie sie allein bewältigt werden kann, nämlich durch das Aussprechen der Wahrheit, so hätte es keine Synagogenschändung gegeben.«[49] Das Unbehagen an unbestreitbaren Defiziten und Versäumnissen bündelte sich im Schlagwort von der »unbewältigten Vergangenheit«. Die Schmierwelle zwang auf breiter Basis zur selbstkritischen Reflexion und beschleunigte als Katalysator den Wandlungsprozeß der politischen Kultur.

So nahm etwa Hans Lamm, der Kulturdezernent beim Zentralrat der Juden, in der »Allgemeinen Wochenzeitung der Juden« vom 5. Februar 1960 dezidiert gegen Presseberichte Stellung, die die Gespenster der Vergangenheit heraufbeschworen: »Weite Teile der Jugend wollen unleugbar über die jüngste Vergangenheit lernen. Ihr Urteil ist scharf und oft erstaunlich unbestechlich.« Die Demonstrationen junger Menschen, wie sie in Berlin, München, Hamburg, Bonn und anderen Städten stattgefunden hatten, seien nicht verordnet, sondern »spontan und echter Protest« gewesen: »Protest gegen Schandtaten der Vergangenheit, Missetäter der Gegenwart und ein allzu gesättigtes Lebensgefühl weiter Kreise, die Vergangenheit und Gegenwart glauben auf die leichte Schulter nehmen zu können, sprach aus ihnen.« Wie Lamm sahen auch andere Beobachter in der öffentlichen Mobilisierung – in Berlin nahmen 40 000 Menschen an einem Schweigemarsch teil[50] – das eigentlich bemerkenswerte Ereignis. Die Anteilnahme und Empörung der Bevölkerung hob auch Karl Marx, der Herausgeber der »Allgemeinen Wochenzeitung«, in einem Presseinterview nachdrücklich hervor.[51]

Bemerkenswert ist auch das Ergebnis einer repräsentativen Untersuchung, die das Frankfurter Institut für Sozialforschung Mitte Januar 1960, auf dem Höhepunkt der antisemitischen Welle, durchführte. Danach hegten 16 Prozent der befragten Frankfurter Bürger »Sympathie für antisemitische Einstellungen«, doch selbst von ihnen distanzierten sich die meisten von den Vorfällen. Die geschlossene Front von Politik und Massenmedien verfehlte nicht ihre Wirkung: Wer sich öffentlich zu antisemitischen Ausschreitungen bekannte, beging eine schwerwiegende Tabuverletzung und mußte mit gesellschaftlicher Ächtung rechnen. Die von Max Horkheimer angeregte Studie kam denn auch zu dem Schluß, es sei »kaum zu fürchten, daß extremistische Gruppen mit Diffamierungsaktionen gegen die Juden in größeren Kreisen der Bevölkerung unter den gegenwärtigen politischen und wirtschaftlichen Bedingungen Beifall finden könnten.«[52]

Die massiven öffentlichen Reaktionen drängten den unterschwellig fortlebenden Antisemitismus in den Bereich privater Ressentiments zurück, wo er keine politische Virulenz mehr entfalten konnte. »Diejenigen, die die Neigung empfinden, provokatorisch gehässige und bösartige Dinge über Juden zu sagen«, konstatierte auch Franz Böhm 1959, »stehen heute einer anderen Atmosphäre gegenüber als in den ersten Jahren nach dem Kriege. Das Publikum ist weniger duldsam, vor allem selbstbewußter geworden.«[53] Dieses gesellschaftliche Tabu, das sich in den fünfziger Jahren auf breiter Basis herausbildete, erwies sich als recht wirkungsvoll, wenn man die Unterscheidung zwischen privatem und öffentlichem Antisemitismus, zwischen Einstellung und Verhalten zugrundelegt. Zwar gab es auch späterhin immer wieder antisemitische Vorfälle, insbesondere Friedhofsschändungen, die die publizistische Öffentlichkeit alarmierten, eine nennenswerte gesellschaftliche oder gar politische Solidarisierung mit den Tätern war jedoch nicht zu verzeichnen.

Eine unmittelbare Folge der antisemitischen Schmierwelle war die verstärkte Verankerung der Zeitgeschichte in den Lehrplänen, die mit einer leidenschaftlich geführten Diskussion über den Zustand der historisch-politischen Bildung einherging. »Zeitgeschichte: befriedigend bis mangelhaft« lautete etwa der Titel einer Sendung des Bayerischen Rundfunks, die sich mit der Darstellung des Nationalsozialismus im Schulbuch befaßte. Sie schloß mit dem Kommentar: »Es ist beunruhigend genug, daß in den letzten Jahren Hunderttausende von Schulkindern mit einem schiefen Geschichtsbild ins Leben entlassen worden sind.«[54]

Eine erste Bestandsaufnahme der Darstellung des Judentums und des Holocaust in deutschen Schulbüchern legte 1960 der Verband Deutscher Studentenschaften (VDS) vor. Die Durchsicht ausgewählter Geschichtsbücher aller Schulstufen ergab, »daß von Juden im allgemeinen lediglich an zwei Stellen die Rede ist: bei der Behandlung des Alten Orients und im Zusammenhang mit den Verbrechen des Dritten Reiches«.[55] Wenngleich die Bilanz durchweg unbefriedigend ausfiel, betonte ihr Verfasser, Ekkehard Krippendorff, doch auch, daß in einigen Schulbüchern »entschieden mehr« über die Rolle des Judentums gesagt werde, als in den Lehrplänen im allgemeinen vorgeschrieben sei. 1963 legten Saul B. Robinson und Chaim Schatzker im Auftrag des 1952 gegründeten Internationalen Schulbuchinstituts in Braunschweig erstmals eine systematische Schulbuchanalyse vor. Sie ließen sich dabei von der methodischen Überlegung leiten, daß die bloße Unterrichtung über die NS-Judenverfolgung für sich allein noch kein emphatisches Verständnis des jüdischen Schicksals begründe. Notwendig sei vielmehr die Vermittlung der gesamten jüdischen Geschichte, was von kaum einem Geschichtsbuch geleistet werde. Die Studie konstatierte aber auch, »daß es unter den untersuchten Büchern kaum ein einziges gibt, das die Vorgänge unter dem nationalsozialistischen Regime unerwähnt läßt«.[56]

Bei allen Defiziten und Blindstellen, die die Schulbücher und in noch stärkerem Maße die Unterrichtspraxis aufwiesen, die moralische Verurteilung des NS-Regimes und seiner Verbrechen stand außer Frage. Die Schulbuchkritik der frühen sechziger Jahre veranlaßte die Verlage in der Folgezeit zu erheblichen Überarbeitungen.[57] In den Neuauflagen wurde der Holocaust nun nicht mehr als abstrakte Monstrosität geschildert, sondern als direkte Konsequenz der NS-Judenverfolgung seit 1933. Auch wurden die Leiden der jüdischen Bevölkerung und das System der Konzentrationslager nun wesentlich eindringlicher und detaillierter dargestellt und durch Quellenauszüge und Bildmaterial veranschaulicht.

Die Auseinandersetzung mit dem Nationalsozialismus bestimmte auch die politische Bildungsarbeit der Jugendverbände. 1958 beschloß der Bayerische Jugendring als Jahresthema »Bewältigung der deutschen Vergangenheit«. Ein Jahr zuvor hatten in den ehemaligen Konzentrationslagern Dachau und Flossenbürg erstmals Gedenkstunden anläßlich des Novemberpogroms von 1938 stattgefunden, an denen alle bayerischen Jugendverbände teilnahmen. Im Herbst 1959 beschloß die bayerische Gewerkschaftsjugend, sich der würdigen Ausgestaltung aller KZ-Gedenkstätten und -gräber anzunehmen. Die Filme »Nacht und Nebel« und »Machtergreifung« waren, wie der Bayerische Jugendring 1960 angab, mit acht bzw. 22 Kopien »ständig im Einsatz und wurden bereits von Zehntausenden junger Menschen mit entsprechender Einführung und anschließender Diskussion gesehen«.[58]

Als Reaktion auf die antisemitische Welle von 1959/60 entschied der Schulausschuß der Stadt München, eine erste Besuchsgruppe von Lehrern und Schülern nach Israel zu entsenden und dafür 50 000 DM an Reisekosten zu übernehmen. Insgesamt reisten 1960 rund 40 Jugendgruppen nach Israel, drei Jahre später wurden über 200 Studienfahrten mit öffentlichen Mitteln gefördert.[59] 1964 empfahl das bayerische Kultusministerium, im Rahmen des Unterrichts eine KZ-Gedenkstätte zu besuchen, »um einen besonders eindringlichen Anschauungsunterricht über die verbrecherischen Handlungen der nationalsozialistischen Staatsführung zu geben«.[60] Allerdings kamen bis in die siebziger Jahre nur relativ wenige Schulen dieser Empfehlung nach: 1966 zählte man in der KZ-Gedenkstätte Dachau 327 Schulklassen, 1970 waren es 583. Bis 1980 verzehnfachte sich dann die Zahl der Schulklassen. 1983 besuchten 356 000 Deutsche die Dachauer Gedenkstätte; die Gedenkstätte Neuengamme zählte rund 50 000 Besucher.[61] Dem Aufruf der 1958 auf der evangelischen Synode in Berlin-Spandau gegründeten »Aktion Sühnezeichen« zur Versöhnung und Wiedergutmachung folgten bis 1966 1200 junge Menschen. Insgesamt haben bis 1983 rund 10 000 Personen einen ehrenamtlichen Arbeitseinsatz von sechs bis zwölf Monaten in Israel, Holland, Polen, Rußland und anderen Ländern geleistet.[62]

Eine herausragende Bedeutung für die öffentliche Auseinandersetzung mit dem Judenmord erlangten der Eichmann-Prozeß in Jerusalem 1961 und wenig später der große Auschwitz-Prozeß in Frankfurt, der von Dezember 1963 bis August 1965 dauern sollte. Der Prozeß gegen den Leiter des Judenreferats im Reichssicherheitshauptamt der Reichsführung SS fand in den deutschen Medien, die mit über 40 Sonderkorrespondenten in Jerusalem vertreten waren, größte Beachtung. Die elf Rundfunksender der Bundesrepublik berichteten täglich, zum Teil mehrfach, über das Verfahren, ebenso das Deutsche Fernsehen in seinen Nachrichtensendungen. Weiterhin strahlte das Fernsehen während der mündlichen Verhandlungen vom 11. April bis zum 14. August 1961 zweimal wöchentlich eine Sendung von jeweils 20 Minuten aus, die unter dem treffenden Serientitel »Eine Epoche vor Gericht« stand.[63] Rund 95 Prozent der Bevölkerung waren über den Prozeß informiert, fast drei Viertel der Befragten hatten zumindest zwei oder drei Berichte gelesen. Die Wahl Kennedys zum amerikanischen Präsidenten hatten dagegen im November 1960 nur etwa 70 Prozent verfolgt.[64] Das öffentliche Interesse schlug sich auch in einem vermehrten Verlagsangebot zur Judenverfolgung nieder. 1961 erschienen allein neun Bücher über

Eichmann,[65] andere Werke wie Gerald Reitlingers »Endlösung« oder »Das Dritte Reich und die Juden« von Poliakov und Wulf erreichten als verbilligte Taschenbuchausgaben neue Leser.

Die NS-Prozesse riefen in der deutschen Öffentlichkeit ein eher negatives Echo hervor. Im August 1958 plädierten 34 Prozent, wie Umfragen des Allensbacher Instituts für Demoskopie ergaben, für einen »Schlußstrich unter die Vergangenheit«, während 54 Prozent für eine weitere Strafverfolgung eintraten.[66] Im Oktober 1963 sprachen sich hingegen 54 Prozent und im Januar 1965 52 Prozent für einen Schlußstrich aus, während 34 bzw. 38 Prozent meinten, aufgespürte NS-Verbrecher müßten bestraft werden.[67] Die Ablehnung weiterer Prozesse wurde vor allem mit der nationalen Ehre begründet. Mehr als die Hälfte der Prozeßgegner stimmte dem Satz zu, es müsse ein Schlußstrich gezogen werden, »weil wir Deutsche endlich aufhören sollten, unser eigenes Nest zu beschmutzen«. Sehr beliebt war auch die Schuldverrechnung mit alliierten Kriegsverbrechen, die ja auch nicht verfolgt würden. Mitleid für NS-Verbrecher machte hingegen kaum jemand geltend.[68]

Die Ablehnung weiterer Strafverfolgung bedeutete keine Rechtfertigung der Täter, sondern ist als Ausdruck sozialpsychologischer Verdrängungs- und Abwehrmechanismen zu verstehen. Klaus Harpprecht beschrieb diese Reaktion 1965 unter Bezug auf den Auschwitz-Prozeß: »So tief ist die Betroffenheit, die bohrende Qual, ist das Leiden an dem Entsetzen, das der Prozeß vor uns ausbreitet, daß ein erschreckend hoher Prozentsatz der Bevölkerung keinen anderen Rat weiß, als sich in die Forderung zu flüchten, nun müsse ›endlich Schluß‹ sein. Ja, anständige Bürger sind bereit, Henkern und Schindern wie Kaduk und Boger Schutz hinter den Barrieren zu gewähren, die sie selbst zwischen sich und der ›Vergangenheit‹ aufgerichtet haben. Sie billigen die Scheußlichkeiten nicht, sie rechtfertigen nicht die Verbrechen, und es wäre ungerecht, sie einer heimlichen Sympathie mit den Mördern zu verdächtigen. Es ist die eigene Betroffenheit, die sie zu defensiven Gesten herausfordert, es ist die Furcht vor dem eigenen Anteil an der kollektiven Verantwortlichkeit [. . .], die sie mit Trotz, Mißtrauen und vielleicht sogar einem neuen heimlichen Haß erfüllt.«[69]

Die Bedenken konnten aber auch, wie die großen Verjährungsdebatten im Deutschen Bundestag 1965, 1969 und 1979 zeigen, auf vielschichtigen, prinzipiellen Erwägungen rechtsstaatlicher wie politisch-moralischer Natur beruhen: Für NS-Verbrecher sollte kein politisch motiviertes Sonderrecht geschaffen werden.[70] Die mehrfache Verschiebung und schließliche Aufhebung der Verjährung für Mord – die Verjährung für Totschlag war bereits 1960 wirksam geworden – zeigt, daß sich der Bundestag der »Schlußstrichmentalität« nicht beugte. Hierin wurde er von führenden deutschen Presseorganen nachhaltig unterstützt. Zu ihnen zählten die großen überregionalen Tageszeitungen wie die »Süddeutsche Zeitung«, die »Welt« und die »Frankfurter Allgemeine Zeitung«, aber auch Boulevardzeitungen aus dem Springer-Verlag wie »Bild« und »Hamburger Abendblatt«. Für eine weitere Strafverfolgung sprachen sich prinzipiell auch die Wochenzeitung »Die Zeit«, die Illustrierte »Stern« und das Nachrichtenmagazin »Der Spiegel« aus. Die genannten Presseorgane erreichten etwa 30 Millionen Leser.[71] Die NS-Prozesse der sechziger Jahre, wobei nochmals auf den dreijährigen großen Auschwitz-Prozeß hinzuweisen ist, erfüllten wie die Nürnberger Prozesse eine eminent öffentliche Funktion, die weit über die Aburteilung einzelner NS-Täter hinausging. Im historischen Rückblick wird man die hier geleistete Aufklärungsarbeit über den verbrecherischen Charakter des Nationalsozialismus kaum unterschätzen können, so unbefriedigend die aus vielerlei Gründen erst spät einsetzende Verfolgung von NS-Verbrechen und das oft kritisierte Strafmaß unter moralischen Gesichtspunkten auch bleiben sollte.

Es war vor allem die heranwachsende jüngere Generation, für die der Nationalsozialismus zunehmend zum Synonym für Krieg, Verbrechen und Terror wurde. So ergab eine während des Eichmann-Prozesses 1961 durchgeführte Repräsentativbefragung von über 2000 Jugendlichen im Alter von 15 bis 20 Jahren folgendes Ergebnis:

»Wie ist Ihre Meinung über Hitler und den Nationalsozialismus?«[72]

Er ist anzuerkennen	3 %
Er hat mehr gute als schlechte Eigenschaften gehabt	7 %
Er hat mehr schlechte als gute Eigenschaften gehabt	37 %
Er ist völlig zu verurteilen	37 %
Keine Angaben	16 %

Unter den Gründen, die die Mittelgruppe und die Gruppe der völlig Verurteilenden in freier Formulierung nannten, stand mit weitem Abstand die Judenverfolgung (45 %) an erster Stelle, gefolgt von Größenwahn (19 %), Kriegsanstiftung (19 %), Diktatur (18 %) sowie allgemein Konzentrationslager, Mord und Verbrechen (12 %). Die Auswertung der Tiefeninterviews faßte Walter Jaide in dem Resümee zusammen: »Wer an der politisch-moralischen Ansprechbarkeit der Jugend Zweifel hegt, – angesichts dieser Legion zwangloser Aussagen muß er sie ablegen.« Auch wenn man die Wirkung des Unterrichts, den Einfluß der Massenmedien und die Anpassung an gängige Meinungsschablonen in Rechnung stelle, »so lebt in diesen Aussagen doch auch vieles Spontane, Unmittelbare, Jugendliche, Generationseigentümliche. Das spürt man in der Unbedingtheit der Verurteilung und in der tiefgreifenden Erschütterung, die mit ihr bei vielen Jugendlichen einhergeht. Für sie gehören jene Greuel schon zu den legendären Leiden und Verbrechen der Menschheit. Sie haben für sie bereits eine metahistorische, fortdauernde Aktualität gewonnen.«[73]

Tiefe Betroffenheit löste bei Schulkindern und Jugendlichen vor allem »Das Tagebuch der Anne Frank«[74] aus. Eine deutsche Ausgabe erschien zuerst 1950 im Schneider-Verlag, ohne jedoch ein größeres Echo zu finden. 1955 nahm dann der Fischer Verlag das Tagebuch in seine Taschenbuchreihe auf. Bereits ein Jahr später überschritt die Auflage 100 000, bis 1960 wurden in rascher Folge 700 000 Exemplare verkauft. Das Tagebuch der Anne Frank wurde damit zum mit weitem Abstand erfolgreichsten Taschenbuch jener Jahre; weitere Ausgaben erschienen für verschiedene Bücherclubs. Die deutschsprachige Gesamtauflage liegt derzeit bei über 2,2 Millionen. Im März 1958 erschien im Fischer Verlag Ernst Schnabels biographische Annäherung »Anne Frank. Spur eines Kindes«, im Juni 1960 gelangte bereits das 101- bis 112tausendste Exemplar in den Buchhandel. Die aus den USA stammende Bühnenfassung des Tagebuchs feierte am 1. Oktober 1956 gleichzeitig in Berlin, Dresden, Düsseldorf, Hamburg, Karlsruhe, Konstanz, Wien und Zürich Premiere. In der Bundesrepublik erlebte das Theaterstück bis Mitte 1959 2150 Aufführungen, die von rund 1,75 Millionen Menschen besucht wurden; der amerikanische Spielfilm über das Leben Anne Franks (1957) erreichte über vier Millionen Kinogänger.[75]

Symptomatisch für das geänderte geistige Klima ist auch die erstaunliche Breite von Lokalstudien zur Geschichte der örtlichen jüdischen Gemeinden, die seit Anfang der sechziger Jahre von den Kommunen angeregt und finanziert wurden.[76] Die Intention dieser Arbeiten kommt in einem Geleitwort des Bürgermeisters der württembergischen Gemeinde Thalheim aus dem Jahre 1963 exemplarisch zum Ausdruck: »Mit der Geschichte der jüdischen Gemeinde Thalheim [...] wollen wir Bürger Thalheims unsere Mitschuld an dem furchtbaren Unrecht, das unseren jüdischen Mitbürgern in der Zeit des sogenannten Dritten Reiches zugefügt worden ist, bekennen und ihr Andenken ehren. Möge dieses Buch unserer Generation Verpflichtung, künftigen Generationen aber Mahnung sein!«[77]

Als Reaktion auf die antisemitische Welle von Anfang 1960 wurde in diesem Jahr die »Forschungsstelle für die Geschichte des Nationalsozialismus in Hamburg« unter Leitung von Werner Jochmann gegründet. Außer durch eine lange Reihe wissenschaftlicher Untersuchungen hat sie durch mehrere Ausstellungen, u. a. über die Judenverfolgung in Hamburg, durch Publikationen für die politische Bildungsarbeit und durch zahlreiche Vorträge aufklärend zu wirken versucht.

1961 wurde die »Kommission zur Erforschung der Geschichte der Frankfurter Juden« gegründet, ein Jahr später folgten die »Historische Kommission für die Geschichte der Juden in Hessen« und die Stuttgarter »Dokumentationsstelle für jüdische Schicksale«. 1963 wurde in Hamburg das »Institut für die Geschichte der deutschen Juden« errichtet. Unter den vielfältigen Initiativen, die zur Aufarbeitung der NS-Vergangenheit und der Judenverfolgung beitrugen, ist nicht zuletzt die Anfang 1959 auf privater Vereinsbasis unter Vorsitz von Heinrich Böll gegründete Kölner Bibliothek zur Geschichte des deutschen Judentums hervorzuheben.[78] Die »Germania Judaica« erwarb sich große Verdienste durch die Herausgabe der gleichnamigen Zeitschrift, die sich besonders an Lehrer und Erzieher wandte. In diesem Zusammenhang ist auch die große Kölner Ausstellung »Monumenta Judaica« zu nennen; sie zählte von Oktober 1963 bis März 1964 114 350 Besucher, darunter 44 592 Schüler.[79] Andere Ausstellungen erinnerten speziell an den Holocaust. Im November 1963 wurde in der Frankfurter Paulskirche eine Wanderausstellung über die Zerstörung des Warschauer Ghettos im Jahr 1943 gezeigt.[80] 1965 folgte in Hannover eine Ausstellung über das Vernichtungslager Auschwitz,[81] im gleichen Jahr erinnerte die Stadt Nürnberg an das Schicksal ihrer jüdischen Mitbürger.[82]

Den wohl bedeutendsten Beitrag zur öffentlichen Auseinandersetzung mit dem Nationalsozialismus leisteten jedoch die Rundfunkanstalten, wie am Beispiel der Fernsehsender ARD und ZDF gezeigt werden kann. Die ARD, die ihr bundesweites Programm 1954 aufnahm, strahlte bis Ende 1959, Wiederholungen nicht mitgerechnet, insgesamt zwölf Dokumentationen über das Dritte Reich aus, darunter drei Sendungen zum 20. Juli 1944. 1957 wurde der französische Dokumentarfilm »Nacht und Nebel« von Alain Resnais über die nationalsozialistischen Konzentrationslager in das Programm übernommen. Im November 1958 sendete die ARD mit »Schicksalstag des deutschen Volkes. Der 9. November« erstmals eine Dokumentation, die sich auch mit dem Novemberpogrom von 1938 befaßte. Im gleichen Monat fand in der Reihe »Gespräch des Monats« eine Diskussion über die Strafverfolgung von NS-Verbrechen (»Morde, die nicht verjähren«) statt.

Auch das ZDF trug seit 1963 zur Erfüllung des dreifachen Programmauftrags – Bildung, Information, Unterhaltung – der öffentlich-rechtlichen Anstalten bei. Zu nennen sind neben Dokumentationen vor allem die Übernahme ausländischer Spielfilme, die die Judenverfolgung und das Grauen der Konzentrationslager thematisieren: »Der neunte Kreis« (1963), »Zwei Halbzeiten in der Hölle« (1965), »Romeo, Julia und die Finsternis« (1965), »Das Geschäft in der Hauptstraße« (1966) oder die »Passagierin« (1966). Wie die demoskopischen Institute Infratest und Infratam ermittelten, verzeichneten die genannten Filme eine »starke, positive Zuschauerresonanz« und hohe Einschaltquoten. Durchschnittlich waren 36,6 Prozent der Fernsehgeräte, die damals das ZDF empfangen konnten, eingeschaltet. Die höchste Sehbeteiligung erzielte der ungarische Spielfilm »Zwei Halbzeiten in der Hölle« mit 6,4 Millionen Zuschauern.[83]

Zwischen 1958 und 1967 strahlten ARD und ZDF nach Angaben einer Untersuchung von Georg Feil insgesamt 174 Sendungen zum Themenbereich Nationalsozialismus aus, die im Programmschema überwiegend zur besten Abendsendezeit plaziert waren. Neben

Dokumentationen oder Dokumentarspielen sind hierbei auch Spielfilme, Romanverfilmungen sowie Familien- und Abenteuersendungen mit ausgeprägt historischem Hintergrund mitgerechnet. Die Zeit des Dritten Reiches ist damit überaus stark vertreten, denn mit der deutschen Geschichte bis zum 18. Jahrhundert befaßten sich in irgendeiner Form 49 Sendungen, mit der Zeit bis 1918 gerade 25.

Fernsehsendungen zum Nationalsozialismus 1958–1967 (ARD und ZDF)[84]	Anzahl
1933 bis 1945, Allgemeines	51
Nationalsozialismus und Krieg	33
Verfolgung durch das Regime, Juden	28
Widerstand und 20. Juli 1944	18
Ende des Nationalsozialismus	34
NS-Prozesse nach 1945	10
	174

Die mit Abstand beste Dokumentation jener Jahre war die vom Westdeutschen und vom Süddeutschen Rundfunk gemeinsam produzierte Serie »Das Dritte Reich«. Ihre 14 Folgen von je 50 bis 60 Minuten Länge wurden erstmals zwischen Oktober 1960 und Mai 1961 jeweils am Freitagabend von der ARD gesendet und am Montag vor der nächsten Folge im Anschluß an das Abendprogramm wiederholt. Die Serie fand mit einer durchschnittlichen Einschaltquote von 58 Prozent, wie sie sonst nur beliebte Unterhaltungs- und Sportsendungen erreichten, ein ungewöhnlich großes Interesse. Mit Familienangehörigen und Bekannten sahen, wie Infratest in einer umfangreichen Begleitstudie schätzte, mindestens 15 Millionen Zuschauer die Sendereihe. Rund drei Viertel der Fernseher beurteilten die Sendefolgen als den Tatsachen entsprechend, »wenn auch ›erschütternd‹ und mitunter fast ›zu grausam‹«, während ein Viertel bis ein Drittel der befragten Fernseher »eine gewisse – häufiger bis zu weitgehender Ablehnung reichende – Abneigung« dagegen äußerten, »diese ›Vergangenheit‹ noch einmal ›aufzuwühlen‹, an all das ›Furchtbare zu erinnern‹«.[85] Jugendliche Zuschauer im Alter von 15 bis 24 Jahren beurteilten die Folgen im Durchschnitt günstiger als die älteren, deren Reaktionen stark von eigenen Erlebnissen und Erfahrungen der NS- und Nachkriegsjahre belastet waren. Insgesamt gelangte die Begleitstudie zu dem Ergebnis, die zahlreichen spontanen Stellungnahmen zeigten, »daß viele Zuschauer sich mit den Berichten wirklich auseinandersetzten, daß sie sich bemühten, aus persönlichen Erinnerungen und gebotenem Material ein neues, eigenes Bild von den Geschehnissen in jenen Jahren zu gewinnen«.[86]

Besonders heftig, auch mit stärkerer Kritik, reagierte das Publikum auf die achte Folge »Der SS-Staat«. Welche Emotionen die eindringlichen Bilder dieser Folge hervorriefen, die die Judenverfolgung von ihren ersten Anfängen 1933 bis zur Vernichtung in den Konzentrationslagern dokumentierte, läßt sich verschiedenen Pressestimmen unmittelbar nach der Ausstrahlung entnehmen. Der Kommentator der »Berliner Morgenpost« schrieb am 25. Februar 1961: »Ich war auf vieles gefaßt. Diese Bilder aber verschlugen mir den Atem und trieben mir die Schamröte ins Gesicht. Solche Ungeheuerlichkeiten durften im Namen Deutschlands und damit in unser aller Namen geschehen. Besser als mit diesen Dokumenten konnte das Dritte Reich nicht charakterisiert werden.« Die »Bergische Landeszeitung« urteilte am selben Tag: »In erschütternden Bildern, die einem das Herz stocken ließen, wurde die mit dem deutschen Namen verbundene Schande noch einmal und rechtens mahnende Wirklichkeit.« Und in der »Westdeutschen Allgemeinen Zeitung« hieß es: »Die unfaßbare Grauenhaftigkeit des SS-Staates war [...] mit einer Härte dokumentiert, daß keinerlei Zweifel an der Authentizität mehr ermöglicht wurde. Und selbst der sparsame Kommentar war nicht mehr fortzusetzen.« Die Sendereihe wurde von Januar bis Mai 1963 im Sonntagnachmittagsprogramm wiederholt.

Neben der deutschen Nachkriegsliteratur, in der die literarische Aufarbeitung des Nationalsozialismus und der Judenverfolgung von Anfang an einen festen Platz eingenommen hatte,[87] wandte sich auch das Theater Mitte der sechziger Jahre dieser Thematik zu.[88] Eine lang anhaltende Kontroverse löste nach der Uraufführung im Februar 1963 Hochhuths Erstlingswerk »Der Stellvertreter. Ein christliches Trauerspiel« aus. Im Mai 1963 griff auch die ARD mit der Sendung »Darf der Papst schweigen? Pius XII. und die Juden« die öffentliche Diskussion auf, die noch im selben Jahr in zwei

Sammelbänden dokumentiert wurde.[89] Der »Stellvertreter« wurde in Berlin unter der Regie von Erwin Piscator 117mal gespielt. In der Spielzeit 1963/64 führten 13 Bühnen das Stück in insgesamt 504 Vorstellungen auf. Damit zählte Hochhuth zum führenden zeitgenössischen Autor dieser Spielzeit.

Ebenfalls der Gattung des dokumentarischen Theaters zuzurechnen ist »Die Ermittlung. Oratorium in 11 Gesängen«. Peter Weiss folgte bis in den Wortlaut den Gerichtsprotokollen des Frankfurter Auschwitz-Prozesses, die er in szenischer Verdichtung zitiert. Obgleich die Umsetzung des Stoffes bei der professionellen Theaterkritik vielfach auf scharfe Kritik stieß,[90] gehörte es zu den meistgespielten Stücken. Die »Ermittlung« kam im Oktober 1965, einige Wochen nach der Urteilsverkündung, in 17 parallelen Uraufführungen heraus und wurde bis 1967 von über 30 Bühnen nachgespielt; zahlreiche ausländische Theater folgten. Im März 1966 strahlte die ARD die Aufzeichnung einer Bühnenfassung aus. Dieser Erfolg ist um so bemerkenswerter, als Weiss die Judenvernichtung nicht auf den irrationalen Rassenwahn der Nationalsozialisten zurückführt, sondern letztendlich das kapitalistische System für den Holocaust verantwortlich macht.

Als letztes Beispiel für den tiefgreifenden Neuorientierungsprozeß, der in den frühen sechziger Jahren auf breiter Basis zum Durchbruch gelangte, sei auf zwei kirchliche Stellungnahmen zum Problemkreis des christlichen Antisemitismus und Antijudaismus hingewiesen. Wegweisend für die weitere Diskussion in der evangelischen Kirche wurde die Erklärung der Arbeitsgemeinschaft »Juden und Christen« auf dem Berliner Kirchentag von 1961. Sie beginnt mit den Sätzen: »Juden und Christen sind unlösbar verbunden. Aus der Leugnung dieser Zusammengehörigkeit entstand die Judenfeindschaft in der Christenheit. Sie wurde zu einer Hauptursache der Judenverfolgung. Jesus von Nazareth wird verraten, wenn Glieder des jüdischen Volkes, in dem er zur Welt kam, als Juden mißachtet werden. Jede Form von Judenfeindschaft ist Gottlosigkeit und führt zur Selbstvernichtung.«[91] Ein entsprechendes Dokument grundsätzlichen Umdenkens stellte auf katholischer Seite die Erklärung »Nostra aetate« dar, die das Zweite Vatikanische Konzil im Oktober 1965 nach jahrelangen Beratungen verabschiedete.[92]

Wandel des Geschichtsbewußtseins im Generationenwechsel

Die politische und moralische Verurteilung des Nationalsozialismus als »Irrweg einer Nation«,[93] der in »die deutsche Katastrophe«[94] führen mußte, prägte nach 1945 das offizielle Selbstverständnis der Bundesrepublik wie der DDR. So unterschiedlich dieses Selbstverständnis auch akzentuiert war, so galt doch der normative Bruch mit der NS-Vergangenheit in beiden deutschen Staaten als die unabdingbare Voraussetzung für den staatlichen und gesellschaftlichen Neuanfang. Die moralische Abrechnung mit dem NS-Regime sollte mit der Einsicht in die Verfehlungen der Vergangenheit die Basis für eine neue Identität bilden.

In der Sowjetischen Besatzungszone legitimierte der Antifaschismus zugleich die radikale Umwälzung der Gesellschaftsstrukturen und die Entwicklung der DDR zur »realsozialistischen Volksdemokratie« nach sowjetischem Vorbild. In den westlichen Besatzungszonen beschränkten sich hingegen die Besatzungsmächte im wesentlichen auf eine politische Personalsäuberung. Aber auch nach dem Ende der weitgehend gescheiterten Massenentnazifizierung blieb der Antinationalsozialismus als konstitutiver Bestandteil des politischen Grundkonsenses in der Bundesrepublik erhalten. Er verband im Doppelsinn von moralisch-politischer Distanzierung und Vorbeugung alle Parteien und gesellschaftlichen Großverbände, von den Gewerkschaften bis zu den Kirchen, so gegensätzlich ihre Positionen auch sonst sein mochten. Darüber hinaus erfüllte das antinationalsozialistische Selbstverständnis eine wichtige außenpolitische Funktion: Es bildete die Grundlage für die Resozialisierung der westdeutschen Nachkriegsgesellschaft, für die rasche Westintegration und die internationale Anerkennung der Bundesrepublik.

Auf der staatlich-politischen Ebene erfolgte der normative Bruch mit der NS-Vergangenheit durch die neue politische Elite rasch und umfassend; ihre öffentliche Selbstdarstellung ließ an der Distanzierung keinen Zweifel aufkommen. Weniger eindeutig war unterhalb dieser Ebene die Bereitschaft, sich eingehend mit den Ursachen des Nationalsozialismus auseinanderzusetzen und die Verantwortung – im Sinne einer Kollektivhaftung des deutschen Volkes – für den

Holocaust zu übernehmen. Dies spiegelte sich insbesondere in der zögerlichen Haltung bei der Wiedergutmachung wider, deren Grundlagen erst 1952 mit dem Luxemburger Globalentschädigungsabkommen mit Israel und ein Jahr später mit dem »Bundesergänzungsgesetz für Opfer nationalsozialistischer Verfolgung« gelegt wurden.

In diesen Jahren setzte auch die Umsetzung des offiziellen Selbstverständnisses in die gezielte Breitenaufklärung der Bevölkerung über den verbrecherischen Charakter des NS-Regimes mit größerer Entschiedenheit ein. Im Dezember 1952 wurde die Gedenkstätte im Konzentrationslager Bergen-Belsen durch den Bundespräsidenten Heuss eingeweiht. Dieser Staatsakt hatte, wie die ebenfalls 1952 erstmals begangene Woche der Brüderlichkeit, mehr als nur symbolischen Charakter. Im selben Jahr wurde die Bundeszentrale für Heimatdienst gegründet, die im Bereich der politischen Bildung rasch an Bedeutung gewann und seit 1955 die Bekämpfung des Antisemitismus zu ihrem primär volkspädagogischen Auftrag zählt. Es dauerte jedoch bis 1960, bis die Kultusministerkonferenz der Länder in einem Beschluß die Behandlung der »jüngsten Vergangenheit« im Geschichtsunterricht verbindlich vorschrieb und eine entsprechende Lehrerausbildung forderte. An der moralischen Verurteilung des NS-Regimes, insbesondere der Judenverfolgung, ließen die staatlichen Richtlinien und die Schulbücher keinen Zweifel, auch wenn die Darstellung und erst recht die Umsetzung im Unterricht vielfältige Defizite aufwies. Eine ähnliche Entwicklung läßt sich auch in der Geschichtswissenschaft feststellen. Die Erforschung des Nationalsozialismus blieb über lange Jahre die Domäne einer außeruniversitären Einrichtung, des bereits 1950 gegründeten Instituts für Zeitgeschichte in München, während an den Universitäten bis Mitte der sechziger Jahre die NS-Zeit kaum gelehrt wurde.

Die Aufklärung über den verbrecherischen Charakter des Nationalsozialismus wie die Aussöhnung mit den überlebenden jüdischen Opfern bildete in den fünfziger Jahren das Anliegen einer kleinen engagierten Öffentlichkeit, namentlich der Gesellschaften für christlich-jüdische Zusammenarbeit. Sie wurden in ihren Bemühungen von weiten Teilen der Presse, gerade auch von der Springer-Presse, und des Rundfunks unterstützt. Betrachtet man das Bücherangebot, die Berichterstattung in den Medien sowie die vielfältigen Aktivitäten im Bildungsbereich, so wird man kaum sagen können, daß es an Aufklärung gefehlt habe.

Die dargebotene öffentliche Aufklärung führte aber im informell-privaten Bereich, sieht man von der kurzen Phase echter Scham und ehrlichen Entsetzens unmittelbar nach Kriegsende ab, als die deutsche Bevölkerung erstmals mit dem ganzen Ausmaß der NS-Verbrechen konfrontiert wurde, nicht zu einer befreienden Katharsis, sondern eher zur Verhärtung überkommener Wertorientierungen und Einstellungen, zur Abwehr einer vermeintlichen Kollektivschuldanklage aus trotzigem Nationalstolz oder aus Selbstmitleid. Einen ähnlich tiefgreifenden Bruch wie auf der staatlich-politischen Ebene konnte es in der kollektiven Identität, im Bewußtsein des Durchschnittsbürgers, nicht geben. Vielmehr verstärkte die Abwehr eines dumpf empfundenen Schuld- und Leidensdrucks auf gesellschaftlicher Ebene das Bedürfnis nach identitätsstiftender Kontinuität. Als Ausweg bot sich die Abspaltung einer kleinen, alleinverantwortlichen Clique von NS-Verbrechern, mit Hitler an ihrer Spitze, vom deutschen Volk und damit von sich selbst an. Entlastung brachten auch der Kalte Krieg und die Totalitarismustheorie, die mit der Gleichsetzung von Nationalsozialismus und Kommunismus einerseits Distanzierung und zugleich die Anknüpfung an ein überliefertes Feindbild erlaubte.

Die »gewisse Stille«, die vor allem die erste Hälfte der fünfziger Jahre kennzeichnete, ergab sich – in historischer Perspektive – zwangsläufig aus der Tatsache, daß die große Mehrheit der deutschen Bevölkerung den Nationalsozialismus mit getragen hatte und sich gegen einen radikalen Bruch mit der eigenen Vergangenheit sperrte. Sie war, wie Lübbe wohl zutreffend urteilt, »das sozialpsychologisch und politisch nötige Medium der Verwandlung« der deutschen Nachkriegsbevölkerung in die Bürgerschaft der Bundesrepublik Deutschland.[95] Die notwendige Integration des Millionenheeres ehemaliger Nationalsozialisten stand in einem untergründigen Spannungsverhältnis zum offiziellen antinationalsozialistischen Selbstverständnis und behinderte den geforderten Bewußtseinswandel. »Man wollte sich«, wie es in einem 1961 in der »Germania Judaica« publizierten Beitrag prägnant formuliert wurde, »von der Vergangenheit gelöst wissen, sich ihrer entledigen, wie man eine befleckte Weste ablegt, und wußte sich doch jederzeit untrennbar mit ihr verbunden«.[96] Nicht zuletzt war es gerade die Singularität des Holocaust, die in der unmittelbaren Nachkriegszeit einer vorbehaltlosen Auseinandersetzung entgegenstand. Wie sollte man sich diesem einzigartigen Verbrechen stellen können, das so unauflösbar mit dem NS-Regime verbunden war, einem Regime, mit dem sich viele Deutsche identifiziert und für das sie im Zweiten Weltkrieg große Opfer gebracht hatten? Auch hier bot sich als Ausweg in erster Linie die Aufspaltung in vermeintlich gute und – davon getrennt zu sehende – schlechte Seiten des Nationalsozialismus an.

Die Verurteilung blieb weithin abstrakt und ersparte den Bürgern die Zumutung, »die abstrakt-allgemeine Vergangenheit als jeweils eigene gegen sich gelten zu lassen«.[97] Ob eine direkte Konfrontation in den frühen fünfziger Jahren eine größere Tiefenwirkung in der Bevölkerung, im Bereich der informell-privaten Überzeugungen und Einstellungen, erzielt hätte, erscheint als fraglich. Ein solches Verhalten der politischen Elite hätte im pluralistisch verfaßten Gesellschaftssystem der Bundesrepublik wohl eher massive Gegenreaktionen hervorgerufen und die damals noch schwache Identifikation mit der parlamentarischen Demokratie mehr erschwert als gefördert. Die moralischen Kosten des eingeschlagenen pragmatischen Kurses sind freilich nicht zu übersehen: Es waren vor allem fragwürdige, mitunter skandalöse Personalentscheidungen, die das Ansehen der Bundesrepublik immer wieder belasten sollten.

Wie auf der offiziellen Ebene, nahm auch im Bereich der öffentlichen Überlieferung durch die Massenmedien ab Mitte der fünfziger Jahre die Auseinandersetzung mit dem Nationalsozialismus zu. 1953 fiel die Berichterstattung anläßlich des 15. Jahrestags des Novemberpogroms wesentlich umfassender aus als an früheren Gedenktagen. Ab 1955 stieg auch die Zahl der Neuerscheinungen auf dem Buchmarkt deutlich an und erreichte 1958 erstmals wieder den Stand von 1945. Die Auseinandersetzung mit der NS-Vergangenheit und mit einem unterschwellig fortlebenden Antisemitismus gewann nun an moralischer Schärfe und an politischer Intensität. Die »Ära der Vergeßlichkeit und der Verdrängung« ging in den späten fünfziger Jahren zu Ende. Es handelte sich dabei um keine abrupte Zäsur, sondern um eine allmähliche Entwicklung, die sich einer eindeutigen Datierung entzieht. »Es brauchte«, wie Klaus Harpprecht 1959 in einem scharfsinnigen Essay schrieb, »ein gutes Jahrzehnt, damit Deutschland wieder zu sich selbst kam. Es brauchte eine mühsame Restauration der Gesellschaft, eine zuverlässige Ordnung des Staates, eine wenn auch wenig attraktive und vielleicht nur provisorische Heimat für das allen Fugen entratene Geschichtsbewußtsein, damit die Deutschen überhaupt zu einer Selbstdarstellung fähig wurden. Das Schuldgefühl und die Bereitschaft zur Buße mögen 1945 leidenschaftlicher gewesen sein; daneben waren aber Verstocktheit und Zweifel härter.«[98]

Die Reaktionen und Debatten, die der Ulmer Einsatzgruppenprozeß 1958, die antisemitische Welle im Winter 1959/60, der Eichmann-Prozeß 1961 und schließlich der große Frankfurter Auschwitz-Prozeß von Ende 1963 bis 1965 hervorriefen, markieren einen tiefgreifenden Wandel der politischen Kultur. Nach Jahren faktischen Stillstands wurde nun die Strafverfolgung von NS-Verbrechen wieder aufgenommen, während früher selbst die Kirchen vehement für die Amnestie von verurteilten NS-Verbrechern eingetreten waren. Nun rückte die Erinnerung an zahllose ungesühnt gebliebene NS-Verbrechen erneut ins öffentliche Bewußtsein. Zugleich alarmierte die Konfrontation mit antisemitischen Vorfällen Politik und Massenmedien. Das von kritischen Intellektuellen geprägte Schlagwort von der unbewältigten Vergangenheit erlebte seine erste Hochkonjunktur. Anfang der sechziger Jahre erschienen die ersten Schulbuchanalysen, strahlten Hörfunk und Fernsehen zahlreiche Sendungen über das Dritte Reich und die NS-Judenverfolgung aus. Nun kamen auch die ersten aufklärerischen Jugendbücher auf den Markt, finanzierten die Kommunen in erstaunlicher Anzahl Lokalstudien zum Schicksal der jüdischen Gemeinden, reisten Jugendgruppen, erschüttert vom Tagebuch der Anne Frank, nach Israel.

Wenngleich weite Teile der Bevölkerung die Vergangenheit lieber vergessen wollten, da die Erinnerung schmerzliche Fragen nach dem eigenen Verhalten und der persönlichen Mitverantwortung hervorrufen mußte, so blieben die vielfältigen Aufklärungsbemühungen doch nicht wirkungslos. Sie führten bereits Anfang der sechziger Jahre zu einem deutlich konstatierbaren Einstellungswandel. Er kam besonders in der Jugend zum Tragen, die ohne persönliche Belastung aufwuchs und sich unbefangener mit der

NS-Vergangenheit auseinandersetzen konnte. Sie begriff den Nationalsozialismus, entsprechend der offiziellen Überlieferung im Schulunterricht und der öffentlichen Geschichtsvermittlung durch die Massenmedien, zunehmend als Synonym für Krieg, Terror und beispiellose Verbrechen. Bei der älteren Generation dagegen stieß die Konfrontation auch in späten Jahren auf vielfältige Abwehrhaltungen und führte eher zu Schweigen oder Selbstrechtfertigungen. Beides erschwerte das notwendige Gespräch zwischen den Generationen und gab der Studentenbewegung 1968 ihren so charakteristischen moralischen Impetus und Rigorismus.

Der Wandel im informell-privaten Geschichtsbewußtsein ist aufs engste mit der politischen Generationenfolge verbunden. Bei Gründung der Bundesrepublik hatten rund zwei Drittel der über 15jährigen Bevölkerung ihre politische Sozialisation noch während der Weimarer Zeit oder im späten Kaiserreich erfahren. Ihr Anteil sank bis Ende der siebziger Jahre auf fast ein Viertel. Noch 1970 war aber fast die Hälfte der über 15jährigen Bevölkerung in ihrer politischen Erfahrungs- und Erinnerungswelt durch die Zeit vor dem Zweiten Weltkrieg geprägt. Die Generation der nach 1935 Geborenen, die unter bundesdeutschen Nachkriegsverhältnissen politisch sozialisiert wurden, stellte 1968 etwas mehr als ein Drittel, zehn Jahre später die Hälfte und Ende 1986 57 Prozent der über 15jährigen Bevölkerung.[99]

Die vor allem für das erste Nachkriegsjahrzehnt so charakteristische Kluft zwischen dem offiziell und öffentlich vermittelten Geschichtsbild einerseits und der informell-privaten Einschätzung des Dritten Reichs durch die Bevölkerung andererseits ist heute bei weitem nicht mehr so stark ausgeprägt: 1951 war nur ein Drittel der Bevölkerung von der Alleinschuld Deutschlands am Zweiten Weltkrieg überzeugt, 1967 hatte sich dieser Anteil auf rund zwei Drittel erhöht. 1979 suchten 82 Prozent der Befragten die Hauptschuld am Zweiten Weltkrieg bei Hitler-Deutschland, 77 Prozent bei Hitler und den Nationalsozialisten und 5 Prozent beim deutschen Volk; 12 Prozent schoben die Hauptschuld ausländischen Mächten zu.[100] Als Lernerfolg sind auch die Ergebnisse einer anderen repräsentativen Umfragereihe zu werten. 1964 stimmten 54 Prozent der Bevölkerung der Ansicht zu, das Dritte Reich sei ein »Unrechtsstaat, ein Verbrecherregime« gewesen; 1979 waren es 71 Prozent.[101] Dennoch weist die private Deutung des Nationalsozialismus noch immer deutliche Abweichungen auf, die ihrerseits eng mit dem Bildungsgrad und dem Alter gekoppelt sind. Wenngleich das wechselnde Ausmaß anteilnehmender Erinnerung und abwehrender Verdrängung im einzelnen nur schwer bestimmbar ist, so lassen sich doch drei Phasen besonders intensiver Auseinandersetzung feststellen: Anfang der sechziger Jahre, 1979 nach der Ausstrahlung von »Holocaust« und 1988 anläßlich der 50. Wiederkehr des Novemberpogroms von 1938.

Mit der zunehmenden zeitlichen Distanz ist die Erinnerung nicht schwächer geworden, vielmehr hat mit dem Generationswechsel die öffentliche Auseinandersetzung an Schärfe und Tiefe gewonnen. Trotz manch skandalösem Mangel an moralischer Sensibilität läßt sich doch sagen, daß die Erinnerung an Auschwitz in die Identität der (alten) Bundesrepublik »geradezu eingebrannt« ist.[102] Dieser Feststellung steht nicht entgegen, daß man sich aus heutiger Sicht vielfach ein entschiedeneres Verhalten zur Durchsetzung des politisch und moralisch Gebotenen gewünscht hätte. Daß die gesellschaftliche Aufarbeitung der NS-Vergangenheit aus strukturellen Gründen hohen moralisch-ethischen Erwartungen nicht gerecht werden konnte, begründet für den Historiker keine wohlfeile Apologie bestehender Verhältnisse und Defizite; das Wissen um die träge Beharrungskraft kollektiver Mentalitäten und die labile politische Kultur posttotalitärer Gesellschaften sollte jedoch auch eine engagierte Publizistik davor bewahren, die unternommenen Anstrengungen und das erreichte Niveau der öffentlichen Geschichtserinnerung geringzuschätzen.

Anmerkungen

1 Vgl. Graml, Hermann: Die verdrängte Auseinandersetzung mit dem Nationalsozialismus, in: Essays zur Periodisierung der deutschen Nachkriegsgesellschaft, hrsg. von Martin Broszat, München 1990, S. 169–181. Aus der zwischenzeitlich erschienenen Literatur seien u. a. genannt: Bergmann, Werner/Erb, Rainer/Lichtblau, Albert (Hrsg.): Schwieriges Erbe. Der Umgang mit dem Nationalsozialismus und Antisemitismus in Österreich, der DDR und der Bundesrepublik Deutschland, Frankfurt a. M. 1995; Brochhagen, Ulrich: Nach Nürnberg. Vergangenheitsbewältigung und Westintegration in der Ära Adenauer, Hamburg 1994; Frei, Norbert: Vergangenheitspo-

litik. Die Anfänge der Bundesrepublik und die NS-Vergangenheit, München 1996; Kittel, Manfred: Die Legende von der »Zweiten Schuld«. Vergangenheitsbewältigung in der Ära Adenauer, Frankfurt a. M. 1993 (zitiert im Titel: Giordano, Ralph, Die zweite Schuld oder Von der Last Deutscher zu sein, Hamburg 1987); Reichel, Peter: Politik mit der Erinnerung. Gedächtnisorte im Streit um die nationalsozialistische Vergangenheit, München 1995; Stern, Frank: Im Anfang war Auschwitz. Antisemitismus und Philosemitismus im deutschen Nachkrieg, Gerlingen 1991; Wilke, Jürgen: Holocaust und NS-Prozesse. Die Presseberichterstattung in Israel und Deutschland zwischen Aneignung und Abwehr, Köln 1995.

2 Heuss, Theodor: Politiker und Publizist. Aufsätze und Reden. Ausgewählt und kommentiert von Martin Vogt, Tübingen 1984, S. 382 f.

3 Vgl. Richarz, Monika: Juden in der Bundesrepublik Deutschland und in der Deutschen Demokratischen Republik, in: Jüdisches Leben in Deutschland seit 1945. Hrsg. von Micha Brumlik u. a., Frankfurt a. M. 1986, S. 22.

4 Die Juden in Deutschland. 1951/52 – 5712. Ein Almanach. Hrsg. von Heinz Gänther, München 1953, S. 5.

5 In: Allgemeine Wochenzeitung der Juden in Deutschland vom 1. 9. 1950.

6 Guardini, Romano: Verantwortung. Gedanken zur jüdischen Frage. Eine Universitätsrede, in: Geschichte und Unterricht 3 (1952), S. 457. Vgl. auch Tillich, Paul: Die Judenfrage, ein christliches und ein deutsches Problem. 4 Vorträge, gehalten an der Deutschen Hochschule für Politik, Berlin 1953.

7 Verhandlungen des Deutschen Bundestags. Stenographische Berichte, 20. 9. und 21. 9. 1949, S. 22 ff., 36 f.

8 Allgemeine Wochenzeitung der Juden in Deutschland vom 25. 11. 1949.

9 Vgl. dazu und zum folgenden: Jena, Kai von: Versöhnung mit Israel? Die deutsch-israelischen Verhandlungen bis zum Wiedergutmachungsabkommen von 1952, in: VfZ 34 (1986), S. 457–480; Huhn, Rudolf: Die Wiedergutmachungsverhandlungen in Wassenaar, in: Wiedergutmachung in der Bundesrepublik Deutschland, hrsg. von Ludolf Herbst und Constantin Goschler, München 1989, S. 139–160; Wolffsohn, Michael: Globalentschädigung für Israel und die Juden? Adenauer und die Opposition in der Bundesregierung, ebenda, S. 161–190; Sagi, Nana: Wiedergutmachung für Israel. Die deutschen Zahlungen und Leistungen, Stuttgart 1981.

10 Jahrbuch der öffentlichen Meinung 1947–1955, Allensbach 1956, S. 130.

11 Ebenda. Vgl. auch Wolffsohn, Michael: Das Wiedergutmachungsabkommen mit Israel: Eine Untersuchung bundesdeutscher und ausländischer Umfragen, in: Westdeutschland 1945–1955. Unterwerfung, Kontrolle, Integration, hrsg. von Ludolf Herbst, München 1986, S. 203–218.

12 Schwarz, Hans-Peter: Adenauer. Der Aufstieg 1876–1952, Stuttgart 1986, S. 899.

13 Vgl. Goschler, Constantin: Wiedergutmachung. Westdeutschland und die Verfolgten des Nationalsozialismus (1945–1954), München 1992.

14 BGBl. 1953 I, S. 387 ff.; BGBl. 1956 I, S. 559 ff.; BGBl. 1965 I, S. 1315 ff.

15 Heßdörfer, Karl: Die finanzielle Dimension, in: Wiedergutmachung in der Bundesrepublik (vgl. Anm. 9), S. 55–60.

16 Allgemeine Wochenzeitung der Juden in Deutschland vom 19. 11. 1953. Vgl. Schmid, Harald: Erinnern an den »Tag der Schuld«. Das Novemberpogrom von 1938 in der Geschichtspolitik, Hamburg 2001.

17 Telegraph vom 10. 11. 1953; Der Tag vom 10. 11. 1953; Hamburger Echo vom

9.11.1953; Berliner Nachtausgabe vom 8.11.1953. Den folgenden Ausführungen liegt die Presseausschnittsammlung des Instituts für Zeitgeschichte zugrunde.

18 Vgl. auch Neuer Vorwärts vom 6.11.1953; Westfalen-Post vom 7.11.1953; Berliner Montags-Echo vom 9.11.1953.

19 Vgl. Berliner Stimme vom 7.11.1953; Norddeutsche Zeitung vom 9.11.1953; Welt der Arbeit vom 13.11.1953.

20 Welt der Arbeit vom 13.11.1953: Ein Schicksalstag unserer Zeit.

21 BZ am Abend vom 6.11.1953. Vgl. auch Neues Deutschland vom 11.11.1953; Berliner Zeitung vom 12.11.1953; Märkische Volksstimme vom 12.11.1953.

22 Allgemeine Wochenzeitung der Juden in Deutschland vom 16.2.1951. Vgl. Foschepoth, Josef: Im Schatten der Vergangenheit. Die Anfänge der Gesellschaften für Christlich-Jüdische Zusammenarbeit, Göttingen 1993.

23 Vgl. Veranstaltungskalender, in: Allgemeine Wochenzeitung der Juden in Deutschland vom 6.3.1964.

24 Vgl. die Bergneustadter Thesen von 1960, in: Der ungekündigte Bund. Neue Begegnung zwischen Juden und christlicher Gemeinde, hrsg. von Dietrich Goldschmidt und Hans-Joachim Kraus, Stuttgart 1962, S. 266ff. Vgl. aus der zeitgenössischen Literatur weiterhin: Judenfeindschaft. Darstellung und Analyse, hrsg. von Karl Thieme, Frankfurt 1963; Judenhaß – Schuld der Christen?!, hrsg. von Willehad Paul Eckert und Ernst Ludwig Ehrlich, Essen 1964; Veit, Otto: Christlich-jüdische Koexistenz, Frankfurt a.M. 1965.

25 Juden, Christen, Deutsche, hrsg. von Hans Jürgen Schultz, Stuttgart 1961.

26 Allgemeine Wochenzeitung der Juden in Deutschland vom 6.3.1959.

27 Allgemeine Wochenzeitung der Juden in Deutschland vom 18.7.1958.

28 Allgemeine Wochenzeitung der Juden in Deutschland vom 8.3.1963.

29 Allgemeine Wochenzeitung der Juden in Deutschland vom 15.3.1968.

30 Vgl. Die Welt vom 23.11.1969; Der Tagesspiegel vom 23.11.1969; Berliner Morgenpost vom 25.11.1969.

31 Vgl. Widmaier, Benedikt: Die Bundeszentrale für politische Bildung. Ein Beitrag zur Geschichte staatlicher politischer Bildung in der Bundesrepublik Deutschland, Frankfurt a.M. 1987, S. 44.

32 Ebenda, S. 45.

33 Deutsch-jüdisches Schicksal in dieser Zeit. Wegweiser durch das Schrifttum der letzten 15 Jahre. 1945–1960, hrsg. von Joseph Melzer, Köln 1960; Wegweiser durch das Schrifttum. Deutsch-jüdisches Schicksal. Nachtrag 1960/61, Köln 1961.

34 Vgl. Literatur zum Judentum, hrsg. von Rachel Salamander, München 1987. Diese Bibliographie weist für 1987 unter den mit »Jahre des Schreckens« vergleichbaren Rubriken: Antisemitismus, Nationalsozialismus, Biographien Überlebender und Auseinandersetzung mit dem Dritten Reich 156 Neuerscheinungen aus.

35 Vgl. Der Tag vom 9.2.1956; Frankfurter Neue Presse vom 18.2.1956; Kölner Stadt-Anzeiger vom 10.3.1956; Die Welt vom 26.5.1956; Sonntagsblatt vom 5.8.1956; Westdeutsches Tageblatt vom 7.8.1956; Rheinischer Merkur vom 12.11.1956.

36 Jahrbuch der öffentlichen Meinung 1978–1983, München 1983, S. 191.

37 Jahrbuch der öffentlichen Meinung 1965–1967, Allensbach 1967, S. 146.

38 Jahrbuch der öffentlichen Meinung 1947–1955, Allensbach 1956, S. 138; Jahrbuch der öffentlichen Meinung 1958–1964, Allensbach 1965, S. 235.
39 Jahrbuch der öffentlichen Meinung 1965–1967, Allensbach 1967, S. 96.
40 Schmidt, Regina/Becker, Egon: Reaktionen auf politische Vorgänge. Drei Meinungsstudien zur Bundesrepublik, Frankfurt a. M. 1967, S. 124. Vgl. auch Bergmann, Werner/Erb, Rainer: Antisemitismus in der Bundesrepublik Deutschland. Ergebnisse der empirischen Forschung von 1946–1989, Opladen 1991.
41 Vgl. Reichel, Peter: Vergangenheitsbewältigung als Problem unserer politischen Kultur. Einstellungen zum Dritten Reich und seine Folgen, in: Vergangenheitsbewältigung durch Strafverfahren? NS-Prozesse in der Bundesrepublik Deutschland, hrsg. von Jürgen Weber und Peter Steinbach, München 1984, S. 146–163.
42 Kröger, Ullrich: Die Ahndung von NS-Verbrechen vor westdeutschen Gerichten und ihre Rezeption in der deutschen Öffentlichkeit 1958 bis 1965 unter besonderer Berücksichtigung von »Spiegel«, »Stern«, »Zeit«, »SZ«, »FAZ«, »Welt«, »Bild«, »Hamburger Abendblatt«, »NZ« und »Neuem Deutschland«, Diss. phil. Hamburg 1973, S. 176.
43 Vgl. Steinbach, Peter: Nationalsozialistische Gewaltverbrechen. Die Diskussion in der deutschen Öffentlichkeit nach 1945, Berlin 1981; Rückerl, Adalbert: Die Strafverfolgung von NS-Verbrechen 1945–1978. Eine Dokumentation, Karlsruhe 1979.
44 Neue Zürcher Zeitung vom 14. 4. 1958.
45 Vgl. Der Tag vom 10. 1. 1959; Tagesspiegel vom 10. 1. 1959; Allgemeine Wochenzeitung der Juden vom 23. 1. 1959.
46 Zit. nach Der Monat 11 (1959), H. 128, S. 13.
47 Vgl. auch Bergmann, Werner: Antisemitismus als politisches Ereignis. Die antisemitische Schmierwelle im Winter 1959/1960, in: Antisemitismus in der politischen Kultur nach 1945, hrsg. von Werner Bergmann und Rainer Erb, Opladen 1990, S. 253–275.
48 Vgl. z. B. Der Kurier vom 26. 3. 1959: Ist der Antisemitismus überwunden?; Die Zeit vom 10. 4. 1959: Gibt es bei uns einen neuen Antisemitismus?; Harpprecht, Klaus: Im Keller der Gefühle. Gibt es noch einen deutschen Antisemitismus? in: Der Monat 11 (1959), H. 128, S. 13–20, sowie die Diskussion in den Folgeheften; Frankfurter Hefte 154 (1959), S. 161 f.: Die Antisemiten am Werk; Pechel, Rudolf: Gegen den Antisemitismus, in: Deutsche Rundschau 85 (1959), S. 105–108.
49 Die Welt vom 5. 1. 1959.
50 Die Welt vom 10. 1. 1960.
51 Die Welt vom 2. 1. 1960.
52 Schönbach, Peter: Reaktionen auf die antisemitische Welle im Winter 1959/1960, Frankfurt a. M. 1961, S. 29.
53 Eine Wendung zum Besseren, in: Der Monat 11 (1959), H. 129, S. 83 ff.
54 Sendung vom 29. 6. 1960. Vgl. auch Judentum und Antisemitismus. Aus Untersuchungen über das Gesellschaftsbild unserer Schulbücher. Sendung des SFB vom 9. 2. 1960.
55 Erziehungswesen und Judentum. Die Darstellung des Judentums in der Lehrerbildung und im Schulunterricht, hrsg. vom Verband Deutscher Studentenschaften, München 1960, S. 59.

56 Jüdische Geschichte in deutschen Geschichtslehrbüchern, Braunschweig 1963, S. 10 f.
57 Vgl. Kolinsky, Martin und Eva: The Treatment of the Holocaust in West German Textbooks, in: Yad Vashem Studies 10 (1974), S. 149–216.
58 Verständigung mit Israel. Eine Aufgabe der deutschen Jugend, in: Germania Judaica, NF, Nr. 6/1964, S. 8.
59 Heck, Bruno: Jugendaustausch zwischen Bundesrepublik und Israel. Rückblick und Erwartungen, in: Tribüne 4 (1965), S. 1605.
60 Amtsblatt des Bayerischen Staatsministeriums für Unterricht und Kultur 1964, S. 249.
61 Distel, Barbara: Schulklassen und Jugendgruppen in der KZ-Gedenkstätte Dachau, in: Internationale Schulbuchforschung 6 (1984), S. 168; Hötte, Herbert: Museumspädagogische Arbeit mit Jugendlichen im Dokumentenhaus KZ Neuengamme, ebenda, S. 173. Vgl. allg. Gedenkstätten für die Opfer des Nationalsozialismus. Eine Dokumentation, hrsg. von der Bundeszentrale für politische Bildung, Bonn 1987; Lehrke, Gisela: Gedenkstätten für die Opfer des Nationalsozialismus. Historisch-politische Bildung an Orten des Widerstands, Frankfurt a. M. 1988.
62 Rabe, Karl-Klaus: Umkehr in die Zukunft. Die Arbeit der Aktion Sühnezeichen/Friedensdienste, Bornheim-Merten 1983, S. 87. Vgl. auch Skriver, Ansgar: Aktion Sühnezeichen, Brücken über Blut und Asche, Stuttgart 1962.
63 Der Eichmann-Prozeß in der deutschen öffentlichen Meinung. Eine Dokumentensammlung von Hans Lamm, Frankfurt a. M. 1961, S. 71.
64 Schmidt/Becker: Reaktionen auf politische Vorgänge (vgl. Anm. 40), S. 108 ff.
65 Brand, Joel: Adolf Eichmann. Fabeln und Fakten, Frankfurt a. M. 1961; Eichmann und die Eichmänner. Dokumentarische Hinweise auf den Personenkreis der Helfer und Helfershelfer bei der »Endlösung«, Ludwigsburg 1961; Einstein, Siegfried: Eichmann. Chefbuchhalter des Todes, Frankfurt a. M. 1961; Der Kastner-Bericht über Eichmanns Menschenhandel in Ungarn. Vorwort von Carlo Schmid, München 1961; Pearlman, Moshe: Die Festnahme des Adolf Eichmann, Frankfurt a. M. 1961; Pendorf, Robert: Mörder und Ermordete. Eichmann und die Judenpolitik des Dritten Reiches, Hamburg 1961; Reynolds, Quentin/Katz, Ephraim/Aldouby, Zwy: Der Fall Adolf Eichmann, Konstanz 1961; Wiesenthal, Simon: Ich jagte Eichmann, Gütersloh 1961; Wucher, Albert: Eichmanns gab es viele. Ein Dokumentarbericht über die Endlösung der Judenfrage, München 1961.
66 Jahrbuch der öffentlichen Meinung 1958–1964, (vgl. Anm. 38), S. 221.
67 Jahrbuch der öffentlichen Meinung 1965–1967, (vgl. Anm. 39), S. 165.
68 Vgl. Schnellumfrage des Allensbacher Instituts vom Mai 1965, in: Schmidt/Becker, Reaktionen auf politische Vorgänge (vgl. Anm. 40), S. 118.
69 Die Deutschen und die Juden, in: Die neue Gesellschaft 12 (1965), S. 709.
70 Vgl. Steinbach, Nationalsozialistische Gewaltverbrechen (vgl. Anm. 43), S. 55 ff. Zu den Debatten vgl.: Zur Verjährung nationalsozialistischer Verbrechen. Dokumentation der parlamentarischen Bewältigung des Problems 1960–1979, hrsg. vom Presse- und Informationsamt des Deutschen Bundestags, 3 Bde., Bonn 1980.
71 Vgl. Kröger, Ahndung von NS-Verbrechen (wie Anm. 42), S. 320 ff.
72 Jaide, Walter: Das Verhältnis der Jugend zur Politik. Empirische Untersu-

chungen zur politischen Anteilnahme und Meinungsbildung junger Menschen der Geburtsjahrgänge 1940–1946, Berlin 1963, S. 96.

73 Ebenda, S. 105.

74 Vgl. Rüttenauer, Isabella: Bemerkungen zum »Tagebuch der Anne Frank« im Geschichts- und Deutschunterricht, in: Geschichte in Wissenschaft und Unterricht 9 (1958), S. 35–38. Zum Jugendbuch vgl. Otto, Bernd: Die Aufarbeitung der Epoche des Nationalsozialismus im fiktionalen Jugendbuch der Bundesrepublik 1945–1980. Ein politikwissenschaftlicher Beitrag zur Jugendbuchforschung, Frankfurt a. M. 1981.

75 Education for Democracy in West Germany. Achievements – Shortcomings – Prospects, hrsg. von Walter Stahl, New York 1961, S. 265 f.

76 Vgl. die Literaturberichte von Ernst G. Lowenthal: In the Shadow of Doom. Post-War Publications on Jewish Communal History in Germany, in: Leo Baeck Institute Year-Book XI (1966), S. 306–335; XV (1970), S. 223–242; XXIII (1978), S. 283–308; XXIX (1984), S. 419–468.

77 Nebel, Theobald: Die Geschichte der jüdischen Gemeinde in Thalheim. Ein Beispiel für das Schicksal des Judentums in Württemberg, hrsg. von der Gemeinde Thalheim, 1963.

78 Vgl. Müller-Jerina, Alwin: Germania Judaica – Kölner Bibliothek zur Geschichte des deutschen Judentums. Die Entwicklung und Bedeutung einer wissenschaftlichen Spezialbibliothek, Köln 1986.

79 Eckert, Willehad Paul: Köln in der Nachkriegszeit: Das Verhältnis zu den Juden, in: Köln und das rheinische Judentum. Festschrift Germania Judaica 1959–1984, hrsg. von Jutta Bohnke-Kollwitz u. a., Köln 1984, S. 478.

80 Allgemeine Wochenzeitung der Juden in Deutschland vom 29. 11. 1963.

81 Ormond, Henry: Auschwitz-Ausstellung Hannover. Vom 17. November 1965 bis 14. Dezember 1965, Hannover 1965.

82 Schicksal jüdischer Mitbürger in Nürnberg 1850–1945. Ausstellungskatalog mit Dokumentation. Bearb. von Stadtarchiv und Volksbücherei Nürnberg, Nürnberg 1965.

83 Jüdischer Pressedienst, Nr. 2/1967: Filme über Konzentrationslager.

84 Feil, Georg: Zeitgeschichte im deutschen Fernsehen. Analyse von Fernsehsendungen mit historischen Themen (1957–1967), Osnabrück 1974, S. 34. Aufstellung der Filmtitel mit Autor und Sendetermin: S. 167 ff.

85 »Das Dritte Reich«. Eine zeitgeschichtliche Sendereihe des Deutschen Fernsehens im Urteil der Zuschauer und der Presse, o. O., o. J. (1961), S. 10. Exemplar im IfZ-Archiv.

86 Ebenda, S. 10.

87 Vgl. Müller, Heidy M.: Die Judendarstellung in der deutschsprachigen Erzählprosa (1945–1981), Königstein/Ts. 1984, S. 198: »Bundesdeutsche Autoren befaßten sich früher, ausdauernder und intensiver als andere mit der Darstellung der Kriegs- und der unmittelbaren Nachkriegszeit, wobei Juden bis gegen 1960 fast durchwegs in der Rolle von ehemaligen Nazi-Opfern gezeigt werden.«

88 Vgl. Nehring, Wolfgang: Die Bühne als Tribunal. Das Dritte Reich und der Zweite Weltkrieg im Spiegel des dokumentarischen Theaters, in: Gegenwartsliteratur und Drittes Reich. Deutsche Autoren in der Auseinandersetzung mit der Vergangenheit, hrsg. von Hans Wagener, Stuttgart 1977,

S. 69–94; Feinberg, Anat: Wiedergutmachung im Programm. Jüdisches Schicksal im deutschen Nachkriegsdrama, Köln 1988.

89 Summa iniuria oder Durfte der Papst schweigen? Hochhuths »Stellvertreter« in der öffentlichen Kritik, hrsg. von Fritz Raddatz, Reinbek/Hamburg 1963; Der Streit um Hochhuths »Stellvertreter«, hrsg. von Reinhold Grimm, Willy Jäggi und Hans Oesch, Basel 1963. Vgl. auch Jan Berg, Hochhuths »Stellvertreter« und die »Stellvertreter«-Debatte. »Vergangenheitsbewältigung« in Theater und Presse der sechziger Jahre, Kronberg/Ts. 1977.

90 Vgl. Salloch, Erika: Peter Weiss' »Die Ermittlung«. Zur Struktur des Dokumentar-Theaters, Frankfurt a. M. 1972, S. 142 ff.

91 In: Die Kirchen und das Judentum. Dokumente von 1945 bis 1985, hrsg. von Rolf Rendtorff und Hans Hermann Henrix, Paderborn 1988, S. 553 f.

92 In: Ebenda, S. 40 ff.

93 Abusch, Alexander: Der Irrweg einer Nation. Ein Beitrag zum Verständnis deutscher Geschichte, Berlin 1947.

94 Meinecke, Friedrich: Die deutsche Katastrophe. Betrachtungen und Erinnerungen, Wiesbaden 1946.

95 Lübbe, Hermann: Der Nationalsozialismus im deutschen Nachkriegsbewußtsein, in: Historische Zeitschrift 236 (1983), S. 585.

96 Judentum und Antisemitismus, in: Germania Judaica 3 (1961), H. 3, S. 3.

97 Kielmannsegg, Peter Graf: Lange Schatten. Vom Umgang der Deutschen mit der nationalsozialistischen Vergangenheit, Berlin 1989, S. 17.

98 Im Keller der Gefühle. Gibt es noch einen deutschen Antisemitismus?, in: Der Monat 11 (1959), H. 128, S. 17.

99 Vgl. Reichel, Peter: Politische Kultur der Bundesrepublik, München 1981, S. 112; Statistisches Jahrbuch für die Bundesrepublik Deutschland, Stuttgart 1988, S. 62.

100 Zit. nach Geißler, Rainer: Junge Deutsche und Hitler. Eine empirische Studie zur historisch-politischen Sozialisation, Stuttgart 1981, S. 33.

101 Allensbacher Jahrbuch der Demoskopie 1978–1983, München 1983, S. 191.

102 Meier, Christian: 40 Jahre nach Auschwitz. Deutsche Geschichtserinnerung heute, München 1987, S. 64.

Die Autoren

Angress, Werner T., geb. 1920, Dr. phil., Professor em. der State University New York, lebt in Berlin

Barkai, Avraham, geb. 1921, Dr. phil., Research Fellow am Institut für Deutsche Geschichte der Universität Tel-Aviv, Kibbuz Lehavoth Habashan

Benz, Wolfgang, geb. 1941, Dr. phil., Professor, Direktor des Zentrums für Antisemitismusforschung an der Technischen Universität Berlin

Boberach, Heinz, geb. 1929, Dr. phil., Leitender Archivdirektor i. R., Koblenz

Büttner, Ursula, geb. 1946, Dr. phil., Referentin an der Forschungsstelle für Zeitgeschichte in Hamburg, apl. Professorin an der Universität Hamburg

Goschler, Constantin, geb. 1960, Dr. phil., Privatdozent für Zeitgeschichte an der Humboldt-Universität Berlin

Grenville, John A. S., geb. 1928, Dr. phil., Professor em. für Moderne Geschichte an der Universität Birmingham

Greschat, Martin, geb. 1934, Dr. theol., Professor em. für Kirchengeschichte und Kirchliche Zeitgeschichte an der Justus-Liebig-Universität Gießen

Gruner, Wolf, geb. 1960, Dr. phil., Historiker, Research Fellow an der Harvard-Universität

Hermle, Siegfried, geb. 1955, Dr. theol., Pfarrer, Professor für Evangelische Theologie an der Universität Köln

Johe, Werner, geb. 1932, Dr. phil., Wissenschaftlicher Oberrat i. R. an der Forschungsstelle für Zeitgeschichte in Hamburg

van Laak, Dirk, geb. 1961, Dr. phil., Privatdozent am Historischen Institut der Friedrich-Schiller-Universität Jena

Matzerath, Horst, geb. 1937, Dr. phil., bis 2002 Direktor des NS-Dokumentationszentrums der Stadt Köln und apl. Professor an der Universität Duisburg

Nellessen, Bernd, geb. 1924, Dr. phil., Journalist in Hamburg

Petter, Wolfgang, geb. 1942, Dr. phil., Wissenschaftlicher Direktor am Militärgeschichtlichen Forschungsamt in Potsdam

Vollnhals, Clemens, geb. 1956, Dr. phil., Stellvertretender Direktor des Hannah-Arendt-Instituts für Totalitarismusforschung an der Technischen Universität Dresden

Geschichtswissenschaften
Eine Einführung
Herausgegeben von Christoph Cornelißen
Band 14566

Das unentbehrliche Kompendium
für Studienanfängerinnen und -anfänger.

Geschichtswissenschaften heute
Das Studium – Die Geschichtswissenschaft am Ende
des 20. Jahrhunderts – Der Beruf des Historikers

Epochen der Geschichte
Antike – Mittelalter – Frühe Neuzeit –
Geschichte seit 1789 – Zeitgeschichte

Klassische Felder der Geschichtswissenschaften
Politische Geschichte – Sozialgeschichte –
Kulturgeschichte – Militärgeschichte –
Wirtschaftsgeschichte – Osteuropäische Geschichte –
Imperialgeschichte

Neue Felder der Geschichtswissenschaften
Mentalitätsgeschichte – Technikgeschichte –
Geschichte der Erinnerungskulturen –
Religionsgeschichte – Geschlechtergeschichte –
Historische Anthropologie

Fischer Taschenbuch Verlag

fi 14566/ 1

Dan Diner

Das Jahrhundert verstehen

Eine universalhistorische Deutung

Band 14766

Was war das 20. Jahrhundert, und was bleibt von dieser Epoche? Dan Diner legt eine tiefenscharfe Deutung des Säkulums vor, das durch die Konfrontation von Werten und Ideologien geprägt wurde, dem aber auch die traditionellen Konflikte um nationale Hegemonieansprüche ihren Stempel aufdrückten.

»Auf dieses Buch wird man immer wieder zurückgreifen.
Dan Diner ist sein Meisterwerk gelungen.«
Bruno Schoch, Die Weltwoche

Fischer Taschenbuch Verlag

fi 14766 / 1

Ernst Klee

Auschwitz, die NS-Medizin und ihre Opfer

Band 14906

»Die Machthaber des Dritten Reiches boten
Medizinern etwas unerhört Verlockendes,
in der Welt bis dahin Einmaliges:
Statt Meerschweinchen, Laborratten
und Versuchskaninchen konnten sie Menschen
massenhaft zu Versuchszwecken benutzen.«

Ernst Klee

Für dieses Buch,
das auf Platz 1 der Sachbuch-Bestenliste
stand, erhielt Ernst Klee den
Geschwister-Scholl-Preis.

Fischer Taschenbuch Verlag

fi 14906 / 1

Wege in die Gewalt

Die modernen politischen Religionen

Herausgegeben von Hans Maier

Band 14904

Um die Gewaltexplosionen des 20. Jahrhunderts erklären zu können, ist eine Auseinandersetzung mit der quasi-religiösen Faszinationskraft moderner Ideologien unerlässlich.

Omer Bartov, Philippe Burrin, Peter Krüger, Hermann Lübbe und andere renommierte Fachleute aus dem In- und Ausland diskutieren diesen neuen ideengeschichtlichen Interpretationsansatz, der nach den Wurzeln totalitärer Gewalt fragt.

Fischer Taschenbuch Verlag

fi 14904 / 1

Götz Aly

Macht Geist Wahn

Kontinuitäten deutschen Denkens

Band 13991

»Götz Aly ist ein brillanter und verdienstvoller Historiker der deutschen Schandjahre zwischen 1933 und 1945. Seine Maxime (...) ›Wer sucht, der findet‹ ist nicht akademisch, sondern bissig-investigativ; und er kann schreiben und Emotionen wecken. Deswegen greift man mit Interesse zu seinem Band, den der sorgfältig recherchierende Polemiker gerade vorgelegt hat. Man wird nicht enttäuscht.«

Die Woche

»Als Journalist und Historiker zerstört Aly manche liebgewonnene Legende. Besonders delikat sind seine Funde in der Abteilung ›Ostforschung‹ er deutschen Historikerzunft. (...) Wir dürfen von dem Historiker Aly sicher auch weiterhin Aufsehenerregendes erwarten.«

Süddeutsche Zeitung

Fischer Taschenbuch Verlag

fi 13991 / 1

Gesine Schwan

Politik und Schuld

Die zerstörerische Macht des Schweigens

Band 13404

Was bedeutet nicht verarbeitete Schuld für die politische Kultur einer Demokratie? Diese Frage mußte und muß die deutsche Gesellschaft in diesem Jahrhundert zweimal beantworten: nach 1945 und nach 1989. Die Autorin streitet mit ihrem Überblick über ein Menschheitsthema gegen die naive und falsche Hoffnung, daß unverarbeitete Schuld sich mit der Zeit, gewissermaßen biologisch, von selbst »auswachse«.

Fischer Taschenbuch Verlag

fi 13404 / 1